中国人民解放军战史丛书

华北野战部队战史

解放军出版社

图书在版编目（CIP）数据

华北野战部队战史 / 华北野战部队战史编写组编.
-- 北京：解放军出版社，2017.7（2019.12重印）
（中国人民解放军战史丛书）
ISBN 978-7-5065-7357-3
Ⅰ.①华… Ⅱ.①华… Ⅲ.①华北野战军－中国人民解放军战争史
Ⅳ.①E297.465

中国版本图书馆CIP数据核字（2017）第153266号

书　　名：中国人民解放军战史丛书·华北野战部队战史

作　　者：华北野战部队战史编写组
责任编辑：闫永春　胡雅琼
责任校对：秋　毫
装帧设计：闫可钦
出版发行：解放军出版社
社　　址：北京市西城区地安门西大街40号　邮编：100035
电　　话：010－66531659
经　　销：全国新华书店
印　　刷：中煤（北京）印务有限公司
开　　本：720毫米×1000毫米　1/16
字　　数：424千字　　插图：29幅
印　　张：30.25
版　　次：2017年7月第1版
印　　次：2019年12月北京第2次印刷
书　　号：ISBN 978-7-5065-7357-3
定　　价：65.00元

《中国人民解放军战史》丛书
出版说明

军队因使命而立，军人为打仗而生。党的十八大以来，习主席多次强调指出，能打仗、打胜仗是强军之要，军队首先是一个战斗队，是为打仗而存在的，必须牢固树立战斗力这个唯一的根本的标准，坚持一切建设和工作向打仗聚焦用力。

中国人民解放军是中国共产党创建和领导的人民军队，自1927年八一南昌起义，已经走过了90年的光辉历程。在党的领导下，我军为民族独立自由、人民翻身解放和当家做主而战，为保卫人民和平劳动成果，为捍卫国家主权、安全和领土完整而战，辉煌战绩，彪炳史册。今天，虽然战争年代的硝烟已经散去，但世界并不太平，我国国家安全形势依然严峻。

为帮助人民群众和广大官兵了解我军光辉的战斗历程、建立的丰功伟绩、取得的宝贵经验，传承红色基因，发扬革命传统，特别是官兵树立当兵打仗、带兵打仗、练兵打仗的思想，积极投身强军兴军实践，经中央军委批准立项，解放军出版社对上世纪80年代以来由军委立项编修出版的13部军战史进行了内容订正[①]并重新装帧，以《中国人民解放军战史》丛书的形式集中再版。其中，土地革命战争时期4部，分别是《中国工农红军第一方面军史》《中国工农红军第二方面军战史》《中国工农红军第四方面军战史》《中国工农红军第二十五军战史》；抗日战争时期4部，分别是《八路军第一一五师暨山东军区战史》《八路军第一二〇师暨晋绥军区战史》《八路军第一二九师战史》《新四军战史》；解放战争时期5部，分别是《第一野战军战史》《第二野战军战史》《第三野战军战史》《第四野战军战史》《华北野战部队战史》。《中国工农红军第一方面军史》是反映红一方面军历史的综合性史著，主体内容是战史，考虑到尊重历史事实、保持丛书完整性和权威性，故将该书纳入丛书体系，只校订内容，不更改书名。革命战争时期的其他部队战史和新中国成立后的部队战史，因种种原因，此次未能收入丛书，待条件成熟时再行出版。

新中国成立后，中央军委就编修战史工作作出统一部署。老一辈无产阶级革命家、开国将帅对战史编修工作大力支持，有的还亲自主持编写工作，各有关单位及编写机构做了大量艰苦细致的工

---

① 各书订正所依据的版本如下：解放军出版社1993年10月版《中国工农红军第一方面军史》，责任编辑孙阿冰、于华东；解放军出版社1992年8月版《中国工农红军第二方面军战史》，责任编辑孙阿冰、于华东；解放军出版社1989年10月版《中国工农红军第四方面军战史》，责任编辑朱冬生、孙阿冰；解放军出版社1990年2月版《中国工农红军第二十五军战史》，责任编辑于华东、孙阿冰；黄河出版社2005年8月版《八路军第一一五师暨山东军区战史》，责任编辑张勍、葛春亮；原兰州军区1997年4月版《八路军第一二〇师暨晋绥军区战史》，责任编辑钟成；解放军出版社1991年2月版《八路军第一二九师战史》，责任编辑谢钢；解放军出版社2000年6月版《新四军战史》，责任编辑王成刚、谢钢；解放军出版社1995年5月版《中国人民解放军第一野战军战史》，责任编辑倪齐生；解放军出版社1990年2月版《中国人民解放军第二野战军战史》，责任编辑谢钢；解放军出版社1996年7月版《中国人民解放军第三野战军战史》，责任编辑王成刚、谢钢；解放军出版社1998年10月版《中国人民解放军第四野战军战史》，责任编辑倪齐生；解放军出版社2011年2月版《中国人民解放军华北野战部队战史》，责任编辑闫永春。

作。由于多种原因，战史编修工作几经周折，直至上世纪80年代开始陆续出版。这是我军的“官修”战史，是我军战史的“标准版”，是后人了解战史、研究战史的权威依据。这13部军战史，相互独立，出版时间跨度较长，受历史条件和资料占有所限，书稿还存在一些人名、地名、部队番号等史实方面的讹误，以及体例格式、字词语句和标点符号等方面的问题。这次再版对上述问题进行了校订。

丛书的校订出版，受到中宣部、国家新闻出版广电总局的高度关注，中央军委政治工作部将此事提上重要日程，军委政治工作部宣传局给予有力指导，专门组织军事科学院、国防大学、中央文献研究室、中央党史研究室等单位的党史军史专家进行集中会审。军事科学院军事历史与百科研究部专家提出了宝贵的订正意见。出版社按照丛书要求和新的编纂体例规范，统一进行了编辑、排版、设计和校对。为了尊重历史，保留原书的编审机构不变，原书的说明（含编写说明、修订说明、卷首语、序、序言）、后记等也保持原貌。

丛书史料繁杂、涉及面广，难免仍有疏漏和不当，敬请读者批评指正。

丛书出版者

二〇一七年七月

《中国人民解放军华北野战部队战史》编辑委员会

《中国人民解放军华北野战部队战史》编辑领导小组

《中国人民解放军华北野战部队战史》

编审人员

编　写　组　田乃前　陈建军　牛慧光　贾云福　王虎星
黄新斌　李　勇　骆中吉　姜文章　白振忠
田锡平　牛俊法　杜志刚　李小德　赵　允
张金春　刘　博　王东华　李　平　李崇祥
陆海丰　张　旭　赵俊峰　鲜春艳　田长旭
王　宇　宋玉欣　刘鑫夫

专家审定组　唐义路　华国富　温瑞茂　赵一平　杨贵华

出版说明

《中国人民解放军华北野战部队战史》是一部全面记述解放战争时期华北野战部队作战历程的史书。主要反映解放战争时期，晋察冀军区暨华北军区野战部队在中国共产党的统一领导下，在中央军委的直接指挥下，在兄弟部队、地方武装和广大民众的支持配合下，以华北地区为主要战场，以晋察冀暨华北军区野战军为主要力量，同国民党军队进行浴血奋战的战争史实。根据中央军委关于编写出版《中国人民解放军华北野战部队战史》的指示精神，考虑已出版的一些专著，内容相对简略，已不完全适应部队传统教育和建设的需求，军区决定，在原《华北第三次国内革命战争史》的基础上，本着“正确的坚持，不足的补充，错误的纠正”的原则，进行重新编写。它是对原《华北第三次国内革命战争史》一书的继承与发展，与已经出版的第一、第二、第三、第四野战军战史，并列为中国人民解放军全国解放战争时期五大野战部队战史。

全国解放战争，是继土地革命战争、抗日战争之后，中国革命力量与反革命力量所进行的一场最后决战，战场之广阔，交战之频繁，厮杀之惨烈，投入之巨大，在中国战争史上都是空前的。解放战争时期的晋察冀暨华北解放区，大致为陇海铁路以北、渤海及津浦铁路以西、平绥铁路以南、同蒲铁路以东的广大地区。它作为连接中原、山东、冀热辽和晋绥解放区，瞰制东北、东南、西北、西南等多个方向的地区，战略地位极为重要和特殊，是国共双方聚力争夺的焦点，是解放战争的一个主要战场，其斗争的艰巨性、复杂性和地域性十分突出。编写《中国人民解放军华北野战部队战史》，旨在通过全面回顾华北野战部队的作战历程，再现华北战场解放战争画卷，进一步总结我党、我军的军事斗争经验，充实和完善我军的战史体系，为保证我军打得赢、不变质提供史鉴。它对于继承和发展毛泽东军事思想，发扬人民军队的光荣传统，加强新时期军队的革命化、现代化、正规化建设；对于弘扬我军先进的军事文化，更好地服务部队、奉献社会，激励后人、继往开来，具有十分重要的意义。

华北野战部队，包括晋察冀暨华北军区野战军及军区其他所属野战部队，是在抗日战争时期国民革命军第八路军（简称八路军）晋察冀军区部队基础上发展起来的。其前身是八路军第一一五师一部和晋察冀军区冀中、冀东地区的民众抗日武装。抗日战争胜利后，内战全面爆发，为适应新的斗争形势，八路军晋察冀军区部队主力组建为晋察冀军区野战军，大致经过晋察冀军区第一、第二野战军，晋察冀野战军和华北军区野战部队三个阶段，逐步形成了以华北军区野战军为主，其他地方性野战部队为辅的华北野战部队。这支部队在中共中央、中央军委和毛泽东主席的正确领导下，以华北解放区为主要战场，历经战略防御、战略进攻、战略决战和跨区转战，军政素质不断提高，部队不断发展壮大，至 1949 年 2 月，已经发展为 48 万余人（含军区其他野战部队 21 万余人），成为中国解放战争的一支重要力量。

华北野战部队，是一支由中央军委直接掌握和指挥的战略机动部队。作为中国人民解放军五大野战部队之一，根据中共中央、中央军委和毛泽东主席的战略部署，在解放战争中肩负着消灭华北地区国民党军，保卫党中央和中央军委，配合东北、中原战场作战，支援西北、西南方向作战等重大历史使命。其作战行动始终是紧紧围绕全国解放战争的全局进行的。为迎击国民党军的大举进攻，华北野战部队适时捕捉战机，转守为攻，先后发起正太、青沧、清风店等战役，及时扭转了华北战局；为配合东北、中原战场战略决战，华北野战部队积极向国民党统治区实施宽大机动进攻，有力地打击和拖住了关内以及黄河以北的国民党军，确保了华北、东北和中原三大解放区的战略联系；为全歼华北地区国民党军主力，华北野战部队先会同东北野战军举行了平津战役，后乘势会攻太原，解放绥远，赢得了全华北的解放；为支援西北作战，华北野战部队以主力一部，参加解放大西北的作战，从而加速了解放全中国的进程。历时 4 年的解放战争，华北野战部队听党指挥，服从大局，作风顽强，骁勇善战，越战越强，不断从胜利走向胜利，先后实施重要战役 28 次，歼灭国民党军 101 万余人，为中国人民的解放事业作出了突出贡献。

编写出版《中国人民解放军华北野战部队战史》，主要以中央军委〔2002〕呈字第 144 号、〔2003〕呈字第 37 号批件关于编写出版《中国人民解放军华北野战部队战史》的指示精神为依据，以华北野战部队历经的主要战事史实为主线，坚持辩证唯物主义和历史唯物主义，坚持无产阶级党性，突出党对军队的绝对领导，突出人民战争思想，突出华北野战部队听党指挥，决战决胜，为解放全中国作出的重大贡献。具体编写，主要参照相关的历史文献，按照“以作战为主，以重大战役为主，以野战军行动为主”的原则，侧重叙述直接关联全局的主要战场、重大战役、团以上部队作战行动，既总结典型战役、战斗的成功经验，也总结个别战事的失利教训等，适当反映与作战相关的军队建设、根据地建设、地下党斗争和统一战线等情况。时间从 1945 年 9 月抗日战争结束起，至 1950 年 5 月全国大规模的战事结束止。

编写《中国人民解放军华北野战部队战史》，是由原华北部队老首长杨成武生前提议，经中央军委批准，军事科学院审查，由北京军区具体负责实施的。整个编写工作，一直是在中央军委和北京军区党委首长的领导支持下，军事科学院的帮助指导下和原华北军区老首长、老同志的关怀下进行的。成书过程中，原华北军区的薄一波、杨成武、徐信等老首长，以及北京军区党委首长曾多次作出重要指示，为编写工作指明了方向。原华北野战部队的一些老首长、老同志提了许多宝贵意见，军事科学院的有关专家学者，对书稿进行了认真负责的修改、审定，给予了具体指教。中央档案馆、解放军档案馆以及北京军区机关对编写出版工作也给予了大力支持。在此一并致谢。

编写《中国人民解放军华北野战部队战史》一书，涉及史料浩繁，间隔年代久远，编写难度较大，加之我们水平有限，肯定会有错漏之处，诚望熟悉这段历史的首长和同志们批评指正。

编 写 组

二〇一〇年七月

目　　录

第五章　向国民党统治区进攻，加速华北解放进程

（1948 年 2 月—11 月）

第一章

贯彻向北发展、向南防御战略方针，扩大与保卫晋冀热察战略基地

（1945年9月—1946年5月）

第一节 抗日战争胜利后形势，国民党和共产党的方针

1945年8月9日，中共中央主席毛泽东就苏联对日宣战发表声明，指出最后战胜日本侵略者的时间已经到来，号召全国一切抗日力量举行全国规模的反攻。10日，日本政府向美、英、苏、中四国政府发出乞降照会，表示接受《波茨坦公告》，15日宣布无条件投降。9月2日，在停泊于东京湾的美国军舰“密苏里”号上，举行日本国向同盟国投降签字仪式。至此，中国抗日战争经过14年艰苦卓绝的斗争，取得了最后胜利，中国人民的革命斗争进入一个新的历史时期。

一、抗战胜利后国际国内形势

经过世界反法西斯战争，国际政治力量发生了前所未有的变化。社会主义的苏联更加强大，在国际政治舞台上成为主要强国之一。东欧和亚洲一些国家，在共产党领导下建立了人民民主政权。各殖民地和附属国人民的民族解放运动正在兴起。战前的6个帝国主义强国中，法西斯主义的德国、意大利、日本被打败，英国、法国也受到严重削弱，美国成为头号强国。社会主义和民主进步力量的发展壮大，殖民主义和帝国

主义势力的削弱，为世界人民和中国人民的解放事业创造了有利条件。但是，随着美国经济实力的急剧增长和军事力量的壮大，其国家战略由战前的“孤立主义”变为战后的“全球主义”。美国政府声称“世界未来的和平在很大程度上取决于美国是否表现出真正有决心继续在国际间起领袖作用”，并打着“反对共产主义”的旗帜，勾结各国反动派，实行全球扩张政策。因此，当日本宣布投降后，美国便在对华问题上，制定和执行了一系列的扶蒋反共政策。主要是在政治、经济以及军事上支持蒋介石政权，只承认“中国国民政府”；阻止共产党领导的八路军、新四军接受日本军队投降；提供大批飞机、军舰，帮助输送国民党军队向解放区大举进攻；以允许加入在蒋介石领导下的“统一”政府为条件，让中国共产党交出军队和解放区政权。企图从政治、经济、军事、外交诸方面向中国共产党施加压力，在实现国民党独裁“统一”的条件下，把中国纳入美国势力范围，使抗战后的中国局势更加复杂。

随着日本的投降，民族矛盾的解决，中国国内形势也发生了深刻变化。以蒋介石集团为代表的大地主、大资产阶级同以中国共产党为代表的人民大众之间的矛盾，迅速上升为中国社会的主要矛盾，国内政治形势呈现出错综复杂的情况。第一，以蒋介石集团为代表的反动势力依然强大。至日本投降前夕，国民党军队仍拥有500余万人，控制着中国的主要政治、经济和外交，以及绝大部分城市和主要交通干线。第二，中国共产党及其领导下的人民革命力量空前发展。经过8年全民族抗战锻炼，中国共产党党员已经发展到120多万，建立了拥有120余万军队、260余万民兵和1亿多人口、100万平方公里的解放区。第三，全国人民的政治觉悟大大提高。饱受战争苦难的中国人民渴望和平与安定，坚决反对内战和独裁，迫切要求实现民族独立和政治民主，早日建立一个自由、富强的新中国。第四，中国民主力量在政治舞台上发挥着重要作用。中国各民主党派和进步团体，积极响应中国共产党提出的政治纲领，主张实行“民主统一，和平建国”的方针，国民党内部也有一部分人强烈反对打内战。上述情况表明，抗战胜利后的中国面临着实现国内和平和爆发大规模内战的两种可能。

二、国民党推行独裁方针，加紧进行内战准备

国民党以中国“合法政府”的名义，利用各种手段，在全面推行独裁专制的同时，积极备战，企图消灭中国共产党领导的人民武装力量。8月11日，蒋介石借“抗战最高统帅”之名，连续发布命令：令八路军、新四军“就地驻防待命”，不得向日伪军“擅自行动”；令国民党军“积极推进”“勿稍松懈”，并利用美军的飞机、军舰紧急运兵到华东、东北、华北，抢占大城市及交通要道，分割包围解放区；令日伪军不准向八路军、新四军投降，并以“负责维持地方治安”为由，在全国各沦陷区委任伪军头目以要职，大量收编伪军，组成地下军、先遣军，帮助国民党军抢占地盘，固守战略要地和交通线。13日，国民党政府军事委员会作出对日军受降部署，把在华北、华东、华中等地被解放区军民包围的日伪军纳入国民党军的受降范围，不但完全剥夺了解放区军民的受降权，而且妄图借受降之机向解放区发动进攻，仅在日本宣布投降后的几天内，便形成了蒋、日、伪的大合流。

国民党的上述举动，遭到共产党和解放区军民的坚决反对和抵制，国际社会对其持保留态度，而美、英、苏三国则从自身利益和长远战略目标考虑，也不赞成中国再发生内战，加之国民党发动内战的准备尚未完成，因此，蒋介石开始玩弄两面手法。他一方面电邀毛泽东到重庆进行和平谈判；另一方面加紧调动兵力向解放区推进，积极准备内战。蒋介石在给各战区司令长官的一份密电中说：目前与中共谈判，“乃系窥测其要求目的，以拖延时间，缓和国际视线，俾国军抓紧时机，迅速收复沦陷区中心城市，待国军控制所有战略要地、交通线，将寇军完全受降后，再以有利之优越军事形势与奸党作具体谈判，彼如不能在军令统一原则下屈服，即以土匪清剿之”①。29日，在国共谈判开始的第一天，国民

① 《中国共产党历史》第1卷下册，中共党史出版社2002年9月版，第868页。

党政府陆军总司令何应钦命令，秘密重印蒋介石亲手编成的《剿匪手本》，下达给各战区军队，进行“动员戡乱”。不久，蒋介石即发布进攻解放区的密令，要求国民党军队将领“督励所属，努力进剿，迅速达成任务”。其战略企图是：完全占领长江以南地区；着重夺取华北战略要地和交通线，以分割和压缩解放区，并打开进入东北的通道；然后利用中苏条约中对国民党政府有利的条款，出兵占领整个东北。同时，加紧调运兵力，沿平绥、同蒲、平汉、津浦铁路向解放区推进，准备发动大规模的进攻。并在美国的帮助支援下，加紧进行海上、空中大规模输送兵力的准备。

三、共产党提出与国民党针锋相对的方针，坚决保卫人民胜利成果

针对蒋介石集团抢夺抗战胜利果实和消灭人民革命力量的行动及企图，中共中央提出“针锋相对，寸土必争”的总方针。即以中国共产党的真和平对付国民党的假和平，以军事自卫对付国民党的军事进攻，从而保卫人民的胜利果实，争取和平建国。

8月11日，中共中央作出《关于日本投降后我党任务的决定》，指出：“目前阶段，应集中主要力量迫使敌伪向我投降，不投降者，按具体情况发动进攻，逐一消灭之，猛烈扩大解放区，占领一切可能与必须占领的大小城市与交通要道，夺取武器与资源，并放手武装基本群众，不应稍有犹豫”；“将来阶段，国民党政府可能向我大举进攻，我党应准备调动兵力，对付内战，其数量与规模，依情况决定”①。13日，毛泽东主席在延安干部会议上作了题为《抗日战争胜利后的时局和我们的方针》的讲演，指出：目前的斗争表现为蒋介石要篡夺抗战胜利果实和我们反对他篡夺的斗争，蒋介石是寸权必夺，寸利必得，我们的方针是针锋相对，寸土必争。今后，虽然我们还要以极大的努力和耐心领导人民来制止内战，但内战危险是十分严重的。他一再告诫全党全军，要吸取党在1927年对蒋介石的突然袭击毫无准备而招致失败的历史教训，把一切工作的立

① 《毛泽东军事文集》第3卷，军事科学出版社、中央文献出版社1993年12月版，第1—2页。

足点放在国民党打内战的基点上，积极做好反击国民党军进攻解放区的准备。

为了制止内战，争取和平，8 月 16 日，中共中央以朱德总司令的名义，向国民党提出关于制止内战的“六项主张”。23 日，召开中共中央政治局扩大会议，决定同国民党进行谈判，以争取通过和平谈判实行一定的政治改革，维持国内和平和促进政治民主化。25 日，中共中央发表《对日前时局的宣言》，提出“和平、民主、团结”三大口号，阐明建设新中国的主张。28 日，派出毛泽东、周恩来、王若飞为代表，赴重庆与国民党蒋介石进行和平谈判。同时，中共中央在党内又连续发出指示，要求全党对蒋介石绝不应有任何幻想，绝对不要因为谈判而放松对蒋介石的警惕和斗争。在国民党统治区应当扩大民族民主统一战线，组织广大群众，反对内战，发动要求民主、惩治汉奸、挽救经济恐慌、救济失业工人等项运动。在解放区要集中力量从日伪军手中夺取一切可能夺取的城镇和交通要道，以扩大解放区，特别是要大力争取东北。并要站在自卫的立场上，把向解放区进攻的国民党军队，坚决、彻底、干净、全部消灭之。

9 月 19 日，在反复酝酿的基础上，中共中央向各中央局发出《中央关于目前任务和战略部署的指示》，明确提出：“全国战略方针是向北发展，向南防御。”① 确定了撤离南方几个解放区，全力争取东北，控制热察两省，保卫华北、华中的部署。要求全党全军继续打击敌伪，发展东北地区人民武装力量，加强各解放区和国民党统治区人民的斗争，争取和平民主及国共谈判的有利地位，保障中国人民的胜利。中共中央还要求各解放区迅速编组野战的正规兵团，加强训练，提高战斗力；同时保留一定的地方兵团和游击队，迅速扩大民兵武装，组织生产，保证军需民食；在新解放区实行减租减息政策，放手发动与组织群众，迅速确立和巩固党在群众中的基础。

在中国面临重大历史转变和决定国家前途命运的紧要关头，中共中

① 《刘少奇选集》上卷，人民出版社 1981 年版，第 372 页。

央和毛泽东主席对抗日战争胜利后中国面临的国际国内政治形势作了科学分析，提出一系列方针、政策和策略，统一全党全军的思想，为动员与组织解放区军民投入新时期的伟大斗争，反对蒋介石篡夺抗战胜利果实，争取国内和平，制止、推迟全面内战爆发，发展中国人民的革命事业并夺取最后的胜利指明了方向。

第二节　扩大抗战胜利成果，晋察冀军区实行军事战略转变

正当中国人民以流血牺牲，收复大片国土，逐步扩大解放区、缩小沦陷区的关键时期，一向消极抗日的蒋介石集团，在美国支持下，调兵遣将，甚至与日伪合流，抢占人民胜利果实。中国共产党领导下的解放区军民，奋起抗争，分别向日伪占领的大中城市进军，展开保卫和扩大抗战胜利成果的英勇斗争。晋察冀根据地部队遵照中共中央军委受降和配合苏军作战的命令，在地方武装和民兵支援下，分别向天津、保定、北平、张家口、石门（今石家庄）、大同和东北挺进，迅速解放了以张家口、承德为中心的察哈尔、热河两省和河北、山西、绥远三省的广大地区。晋察冀中央局、边区行政委员会、军区领导机关由涞源迁到张家口后，为适应新的形势需要，组织全区军民开始以游击战为主向运动战为主的战略转变。

一、向日伪军占领区推进，扩大晋察冀解放区

晋察冀解放区地跨晋、察、冀、热、辽五省，东与山东解放区、西与晋绥解放区、南与晋冀鲁豫解放区相毗连，环抱北平、天津、保定、石门、太原、大同等大中城市和平汉、津浦、北宁、平承、平绥、正太、同蒲等铁路交通干线，是发展与控制东北的首要依托，战略地位十分重要。因此，抗日战争胜利后，晋察冀地区就成为国共两党、两军聚力争夺的主要战略目标之一。

（一）向大中城市和交通要道的出击

1945 年 8 月，在日军败局已定，宣布投降之际，晋察冀军民全力以赴进行保卫和扩大解放区，向周边地区日伪占领区推进的战略反攻。

10 日，日本政府发出乞降照会当天，在延安的晋察冀军区司令员兼政治委员聂荣臻、副政治委员刘澜涛遵照中共中央指示和朱德总司令的命令，致电晋察冀中央局，要求全区部队立即部署，向北平、天津、保定、石门、大同、阳泉、张家口、唐山、山海关等城市进军，并要冀晋军区第 2 军分区抽 2 个团向太原逼近，与晋绥军区贺龙所部相配合，夺取太原附近地区。11 日，聂荣臻向日军华北方面军司令官下村定发出受降通牒，勒令在晋察冀边区管区范围内的日伪军交出武器、物资，依照规定地点分别集中，听候处理，若拒绝投降，将遭到武力消灭。

为了不失时机地向拒绝投降的日伪军进攻，晋察冀军区部队一面进行补充扩编，一面组织开进与作战。扩编中，将原来的小团扩编为大团，将一大批地区队、县支队和县大队编组为野战团，使部队员额在很短时间内增加 1 倍。扩编后，晋察冀军区辖有冀晋、冀中、冀察、冀热辽 4 个二级军区，计 19 个军分区、93 个团。其中：冀晋军区辖 4 个军分区、15 个团；冀中军区辖 5 个军分区、29 个团；冀察军区辖 5 个军分区、23 个团；冀热辽军区辖 5 个军分区、26 个团。开进中，共分 6 路向日伪军所占大城市、交通要道全面推进。

第 1 路，由冀察军区司令员郭天民、政治委员刘道生统一指挥冀察军区第 1、第 11 军分区，冀中军区第 10 军分区和冀热辽军区第 14 军分区部队，以及龙关、怀来、延庆支队，向北平进攻。从 8 月 12 日至 20 日，北线冀热辽军区部队在破坏古北口至通县间的铁路后进到通县，占领了机场；南线和西线冀中、冀察军区部队进至长辛店、丰台、南苑，对北平形成三面包围态势。

第 2 路，由冀中军区司令员杨成武、政治委员林铁指挥冀中军区第 8、第 9、第 10 军分区 13 个团，向天津进攻。各部相继攻克韩柳堡、杨柳青、杨村、静海城和陈官屯，控制杨村火车站和机场，切断平津间的交通。

并从西、南两面进抵天津市郊，一度袭入天津西火车站，同日伪军展开巷战。至8月24日，进攻天津各部队受到日军第3装甲师团、第9混成旅团及伪军万余人的激烈抵抗，遂主动撤至城市外围。

第3路，由冀察军区以第12军分区、第13军分区部队5个团，以及龙烟、宣化、怀安、蔚县、涿鹿支队和察绥骑兵支队，向察哈尔省会张家口挺进，破坏平绥铁路怀来至沙城段，阻止张家口之日伪军东窜，在苏联红军配合下，夺占张家口。20日，在张家口东、北两个方向的部队，率先对张家口日伪军发起攻击，并控制清水河东岸部分地区。22日，在西、南两个方向攻击部队协同下，将日伪军压缩到清水河西岸和火车站附近地区。至23日拂晓，市内残余日伪军被全部肃清，张家口获得解放。这是对日大反攻以来，人民军队夺取的第一个省会城市。此役，经过4天激烈争夺，共歼灭日伪军2000多人，缴获步枪1万余支、轻重机枪20多挺、山炮5门、弹药库10余座、物资仓库60多座、骡马上万匹；生俘伪蒙疆政府副主席于品卿和伪张家口市市长等要员。

第4路，由冀热辽军区司令员李运昌负责，组成东进工委和东进指挥部，率部分部队向东北挺进；由冀中军区参谋长沙克率1个团进抵辽西，配合行动。冀热辽军区留在冀东的部队，重点夺取唐山、秦皇岛诸要点，肃清境内日伪军。进攻唐山的冀热辽军区部队，在起义矿工接应下，连续攻克古冶、赵各庄、越河等据点，解放了开平城。

第5路，由冀晋军区司令员赵尔陆、政治委员王平指挥冀晋军区第2、第3军分区6个团，配合晋绥军区部队进攻太原；以第5军分区部队夺取丰镇、集宁等城，并相机进攻大同。配合晋绥军区进攻太原的冀晋军区部队，在收复盂县后，从东、北两面进抵太原附近。进攻丰镇、集宁、大同方向的冀晋军区部队，攻占兴和、集宁、丰镇、阳高后，从东、北两面逼近到大同城郊，并有一部于商都与苏蒙联军会师。

第6路，以冀中军区第6、第7军分区部队为主，在冀晋军区第4军分区3个团协同下，攻占石门、保定等城。进攻保定的冀中军区部队，在攻克保定外围据点北大冉、张登后，一举袭入保定西关。进攻石门的冀晋、冀中军区部队，连续拔除外围据点多处，并以一部收复束鹿县城和磨头等 16 个据点，石门市内的日伪军惊恐不已，假以谈判投降，行缓兵之计。

（二）改向中小城市和乡村进攻

对于解放区军民的大举反攻，国民党统治集团为抢夺抗战胜利成果，公然与日、伪相勾结，极力阻挠共产党扩大解放区。日本政府宣布无条件投降后，蒋介石任命日本驻中国战区派遣军总司令冈村宁次为“中国战区日本官兵善后总联络部长官”，指令其“负责维持地方治安”。8 月 23 日，国民党陆军总司令何应钦命令冈村宁次，要日军对共产党受降部队“作有效之防卫”，并重新夺占和收复“失地”。美国政府鉴于“蒋介石的权力只及于西南一隅”，十分担心整个中国被中国共产党所夺取，授权美军统帅麦克阿瑟向侵华日军下令，只能向国民党政府投降。日军大本营也命令中国战区日军“在局部地区实行自卫措施”，对解放区军民继续进行抵抗。在华北地区，国民党政府一面网罗日伪军，将其改编为“志愿军”继续“维持治安”，抗拒解放区军民受降；一面急调河套地区的国民党军傅作义部倾巢而出，沿平绥线东犯；国民党嫡系胡宗南部则沿同蒲、正太、平汉线进犯，抢占石门、北平等战略要点。

鉴于蒋、日、伪勾结造成的严重局势，仍坚持夺取大城市显然难于实现。中共中央和中央军委遂决定改变夺取大城市及交通要道的作战方针。8 月 20 日，中共中央决定，撤销中共中央北方局，分别成立中共中央晋察冀局和中共中央晋冀鲁豫局；22 日，指示各地：以相当兵力威胁大城市及要道，使敌伪向大城市要道集中，以必要兵力着重于夺取中小城市及广大乡村。中央军委还命令华北各战略区破坏所有铁路，以利于围困大城市，夺取小城市，增加国民党军抢夺胜利果实的困难。

遵照中共中央和中央军委新的军事斗争方针，中共中央晋察冀局和晋察冀军区确定，调整反攻部署：除挺进东北、热河的部队和在察哈尔省方面执行任务的部队仍按原计划行动外，其余部队于 24 日放弃对平、津、唐、保、石等大中城市的进攻，回师内地和解放区边缘，攻取日伪军占据的中小城镇。29日，中共中央晋察冀局和晋察冀军区向所属各区党委、军区下达“破坏铁路的指示”，进一步区分各区作战和破路任务。冀中军区部队分3个方向发展进攻，并将主要进攻方向指向大清河以北地区。在北线，先后攻占霸县、永清、容城、安次县城和旧州镇、牛驼镇、礼贤镇、王庆坨、葛沽、小站、咸水沽等据点20多处；在南线，连续攻克深县、赵县、宁晋、晋县县城和西阳台、魏家桥、高古庄、磨头、王家井、贡家台、辛集镇、辛安火车站等据点；在西线，相继收复博野、安国、蠡县、安新县城和高阳城外围各据点。冀察军区部队在解放张家口后兵分三路，一部沿张家口至多伦公路搜索前进，扫除零散逃窜之日伪军；一部由张家口沿平绥铁路东进，克复宣化城，并迫使沙城伪军投降；一部西出柴沟堡，攻占怀安城。冀热辽军区留在冀东的部队除以一部继续围困唐山守军外，大部向日伪军占领的县城发展进攻，连克开平和乐亭县城，收复秦皇岛，并对蓟县、玉田、丰润等城镇形成合围。冀晋军区部队在收复阳高、灵寿县城的同时，展开交通破袭战，切断太原至阳泉、大同至阳高和大同至集宁间的铁路，阻遏了国民党军沿铁路线的机动。

（三）建立人民政权，巩固解放新区

9月9日，聂荣臻同萧克、刘澜涛、罗瑞卿等同志一道，由延安乘飞机返回晋察冀。10日，中共中央晋察冀局在张家口正式成立。聂荣臻为书记（兼晋察冀军区司令员和政治委员），程子华、刘澜涛、罗瑞卿为副书记（兼晋察冀军区副政治委员），成员有赵振声（即李葆华）、萧克、刘仁、许建国、胡锡奎、朱良才、成仿吾、赵尔陆、李运昌、詹才芳等。晋察冀边区党政军领导机关随之迁到张家口。

中共中央晋察冀局和晋察冀军区，在分析形势的基础上，明确当前主要任务是：肃清平绥线残余伪军，反击傅作义部的进犯，迅速建立新的革命政权和社会秩序。确定军事打击、政治斗争、社会改革同时并进，以达到保卫察哈尔和巩固张家口的目的。在军事上采取抽调主力于平绥线，集中歼灭傅作义部。具体部署是：以冀晋军区第5军分区4个团在大同、天镇间担任机动防御，阻击傅作义部东进；以冀晋军区第3、第4军分区 3 个团集结于阳高、浑源地区，伺机打击突入之敌；以冀察军区部队围歼怀来、天镇等地伪军，并抽调该军区第 1 军分区部队至平绥线待命；以冀中军区 11 个团至张家口附近，担负机动作战，并以一部扫除察南残敌，围歼蔚县、广灵等地拒降的日伪军；其他部队继续执行收复日伪军占据的中小城镇和破坏铁路公路的任务。

遵照晋察冀军区的部署，各部队迅速开进到指定地域，发起攻击。冀察军区部队连续攻克察南的新保安、怀来、延庆、永宁和察北的龙关、赤城，收复平绥铁路康庄至聚乐堡段沿线的全部城镇；冀晋军区在察南的部队，迅速攻取暖泉镇、广灵县城和蔚县县城，使察哈尔省 1 个市、19 个县、18 个镇完全获得解放；冀热辽军区留在冀东的部队从 9 月 1 日开始，先后收复秦皇岛、蓟县、玉田、宁河、香河、宝坻、迁西、抚宁、乐亭、卢龙、丰润、平谷、顺义、遵化、迁安、三河等县城和冀东广大地区。其间，晋察冀军区各地方武装在民兵配合下，也展开对残余日伪军的围攻，取得重大战果。冀中区收复雄县、高阳、藁城、固安、无极等城；冀察区收复满城、涞水、易县等城；冀晋区收复灵寿、完县、唐县、行唐、曲阳等城。同时还对津浦、平汉、正太、平承等铁路线进行分区分段连续破击，迟滞了国民党军北进。

随着新解放区迅速扩大，建立人民政权、安定社会秩序已成为当务之急。11 月间，根据中共中央迅速召开热察两省人民代表大会，成立省政府，抵制国民党政权的指示，热河、察哈尔完全解放后，两省分别召开人民代表会议。察哈尔省人民政府在宣化成立，张苏任主席；热河省人民政府在承德成立，李运昌任主席。11 月 25 日，内蒙古西部地区人民代表大会在张家口召开，决定成立“内蒙古自治运动联合会”，乌兰夫任主席兼军事部长。随之，各地、县、市也相继成立新的人民政权。

为巩固人民政权和安定社会秩序，晋察冀解放区广大人民群众在共产党的领导下，展开轰轰烈烈的反奸、反霸、减租减息斗争，着重打击一贯作恶、危害社会的日伪豢养的爪牙、地主恶霸、封建把头和国民党暗藏的特务，彻底清除日伪残余，对汉奸、恶霸的土地、财产，采取了清算斗争、没收分配的政策，保护人民既得的政治、经济利益。经过这一运动，长期遭受压迫的人民群众扬眉吐气，政治热情和生产积极性空前高涨，广大青年踊跃参军、参战，支援前线，工农业生产也得到迅速恢复和发展。

抗日战争胜利后，在蒋、日、伪合流的严峻形势下，晋察冀军区部队遵照中共中央和中央军委的战略部署，适时转变斗争方针，将进攻重点由夺取大城市转向中小城市，取得辉煌战果。经过 3 个多月的反攻作战，到 11 月，晋察冀军区部队共歼敌 7 万多人，解放了察哈尔、热河两省全境和张家口、承德两个省会，以及河北、山西、绥远三省的广大地区，形成以张家口为中心的晋、冀、察、绥、热、辽数千平方公里的战略基地，解放区辖 2 个省政府、3 个行署、32 个专署、191 个县（旗），人口将近 4000 万。虽然未能夺取北平、天津、保定、石门、大同等城市，但在总体上形成对上述城市的包围态势，为而后夺取大城市创造了有利条件。

二、抽调部队挺进东北，为后续部队战略展开打开通道

东北地区包括黑龙江、吉林、辽宁和热河四省，与苏联、蒙古、朝鲜相接壤，是瞰制华北进而控制全国的战略基地。中共中央认为，东北地区工业发达、交通便利、物产丰富，全力控制东北，建立一个稳定的后方，一旦内战爆发，东北将成为人民武装力量实施战略展开和反攻的重要基地和依托。日本政府宣布投降后，中共中央把迅速向东北和冀东进兵及运送干部，确定为关系全国大局的战略行动。朱德总司令连续发布命令，命令驻河北、热河、辽宁边境的冀热辽军区李运昌部立即向辽宁吉林进发，配合苏联红军对日伪作战，并迅速占领东北地区，在发动群众、组织群众的基础上，扩大人民武装，建立人民政权。

晋察冀军区坚决贯彻中共中央“向北发展，向南防御”的战略方针，把派兵出关作为重要的战略任务，立即展开部署。8 月 13 日，中共冀热辽区委、冀热辽军区在丰润县大王庄召开紧急会议，决定由中共冀热辽区委书记、军区司令员李运昌，冀热辽行署副主任朱其文，地委书记

李子光、焦若愚，区委宣传部长李荒，军区副参谋长王亢，组成“东进工作委员会”和前方指挥部。抽调 8 个主力团和 2 个支队，连同军区警卫营共 1.3 万多人（占冀热辽军区部队的 2/3）组成出关部队，并抽调 2500 名地方干部（其中包括 4 个地委书记）随军行动，负责开辟地区。

出关部队分两个梯队：第一梯队由靠近辽宁和热河的第 14、第 15、第 16 军分区部队组成，于 8 月中旬分东、中、西三路，北出长城，向东北挺进。

东路部队：由第 16 军分区司令员曾克林、政治委员徐志、副政治委员唐凯、参谋长王衍率领第 12、第 18 团和卢龙、抚宁、昌黎支队及朝鲜义勇队约 4000 人，由九门口出关，与苏军先遣队在绥中会师。8 月 30 日，曾克林率第 16 军分区主力配合苏联红军一举攻克山海关，然后沿北宁铁路向锦州、沈阳、吉林挺进，9 月 5 日进入沈阳市。徐志、王衍率第 18 团留在锦州，组成中共辽西地委、辽西专署和锦州卫戍司令部，负责开辟辽西地区。

中路部队：由第 15 军分区司令员赵文进、地委书记宋诚率领第 11、第 51 团共约 2800 人，经喜峰口向热河、平泉、凌源、赤峰、朝阳进军。该部在平泉与苏军会师，并在平泉外围解除伪满军 1 个旅的武装，接管县城 8 座，俘日伪人员 5000 多人。

西路部队：由第 14 军分区司令员舒行、政治委员李子光、副政治委员黄文率领第 13 团和北进支队共 2000 人，由平谷县出发，经兴隆向承德进军。该部在兴隆县争取伪满热河军管区西南地区司令黄方岗及所部万余人起义，解放了兴隆、承德、滦平、丰宁。原在围场活动的北进支队王文部，解放了隆化、围场等县城，进入承德与苏军会师。

第二梯队由李运昌率前方指挥部、军区警卫营和第 15、第 46、第 47 团共 5000 余人及大批地方干部，于 9 月初出关。为防止国民党军从秦皇岛方向北进，前方指挥部令第 17 军分区副司令员张鹤鸣率第 46、第 47 团扼守山海关；第 15 团、警卫营随指挥部沿北宁铁路前进，14 日进入沈阳。

除上述两个梯队外，冀热辽军区还根据中央军委命令，组织近千人的侦察支队，携3部电台，深入辽宁黑山、辽中、辽阳、康平、清源、岫岩等地，特别是苏军未到地区，侦察军事与社会情况，并将所得情况及时电告中央军委。冀中军区第31团1500余人，在军区参谋长沙克率领下，9月7日由冀中向东北开进，于10月上旬到达锦州。

冀热辽部队挺进东北后，首先与苏军会合，经过会谈达成协议，接管了原属冀热辽宁根据地的热河省、锦州省（辖辽西14个县）。随即，成立沈阳卫戍司令部，由曾克林任司令员，唐凯任政治委员。9月14日，第16军分区部队开始开赴辽南地区，相继接管鞍山、辽阳、营口、抚顺、本溪等城市，消灭辽南日伪军残余。同日，曾克林偕同苏军代表飞赴延安，向中共中央汇报冀热辽部队出关后情况，苏军代表向中共中央转达东北苏军总指挥马利诺斯基元帅的照会。15日，中共中央决定成立以彭真为书记的中共中央东北局，并作出由各解放区调遣大批部队和干部开赴东北的决定。10月31日，经中共中央批准，成立东北人民自治军（后改称东北民主联军）总司令部，由林彪任总司令，彭真、罗荣桓分别任第一、第二政治委员，统一指挥进入东北的部队。

冀热辽部队率先挺进东北，在苏联红军配合下，先机控制辽西、热河、辽南等广大地区的行动，为各解放区部队大批进入东北，开辟了通道。东北抗日联军也在吉林、黑龙江等地区接管许多城市，使国民党通过外交途径从苏联红军手中接管东北的企图归于失败。于是，国民党政府在美国的直接援助下，加紧从空中和海上向北方大量调运部队。从10月底到11月初，美蒋空运第92、第94军到达北平、天津；从海上航运第13、第52军在秦皇岛登陆。美国和蒋介石集团的战略目标是：抢先占领平、津，控制华北，打开进入东北的通道，以武力抢占东北。11月1日，国民党军开始向山海关发动进攻。冀热辽部队第19旅2个团、第22旅1个团及进入东北的山东军区第7师3个团等部队计万余人，在山海关、九门口、城子峪一线，展开山海关保卫战。至10日，国民党军在空中火力配合下，连续进攻受阻。11日，又调整部署，改正面进攻为迂回进攻，以4个师正面钳制，2个师实施侧后攻击，于15日占领九门口、中前所，对山海关守军形成合围，并于16日发起总攻。守军在顽强抗击后，于当晚撤离山海关。冀热辽部队和山东军区第7师在重兵围困下，英勇阻击，反复争夺，于16日晚撤出山海关。山海关保卫战，冀热辽部队和山东军区第7师顽强作战，历时半个月，抗击六七万国民党军，给其以沉重打击，从战略上迟滞了国民党军的进攻，争取了时间，达到了接运干部、掩护出关部队进入东北的目的。

在此期间，为了适应形势的发展，冀热辽出关部队迅速进行扩编，在短短的两个月时间内，由原来出关时的1万多人扩大到10万人。扩编后的部队以原来冀东子弟兵为骨干，在老部队的基础上，以连扩编为营、团，团扩编为旅的方式，组成11个步兵旅、2个炮兵旅和10个独立团、2个支队。并从当时接收看管的日本关东军苏家屯军火仓库，取出大批武器弹药装备部队。新部队的成员很多是产业工人、学生和被日寇抓到关外的劳工，也有一些是收编的伪满军警武装。一部分成分不纯的新部队，在国民党军进攻后发生叛变，大多数部队经过整编，成为东北民主联军的组成部分。10月下旬，经中共中央东北局批准，由抵达锦州的冀中军区第31团与黄永胜、文年生率领的陕甘宁边区3个团共4700余人改编为第27旅，并与部署在辽西的冀热辽部队第19、第22、第30旅及炮兵混成旅和特务第1团等2.5万余人，合编为辽西部队，统归东北人民自治军指挥。

11月26日，国民党军占领锦州，辽西一线的作战基本结束。12月，辽西部队将第19旅拨归进入东北的山东军区第7师，其余部队改编为热辽纵队，黄永胜任司令员，朱涤新任政治委员。12月下旬，东北人民自治军主力北撤，李运昌根据中共中央指示率热辽纵队返回热河，仍隶属于冀热辽军区。

这时，东北战场已成为国共两党两军争夺的重点，根据中共中央迅速开辟东北地区、支援东北人民自治军作战的战略部署，晋察冀军区除抽调成建制的主力部队出关作战外，又筹集25个架子团，配齐各级军政干部和骨干进入东北。并专门开辟张家口经古北口、承德、朝阳到东北和冀中经冀东到东北的两条交通线，以保证进军东北部队的物资供应。1946 年 1 月，李运昌率热辽纵队返回冀热辽军区时，为支持新开创的东北区的工作，又将以热辽部队为基础新组建的第 21 旅（旅长杨树元，政治委员刘光涛）、第 23 旅（旅长宁宪文）、第 24 旅（旅长马谡）、第 25 旅（旅长李忠智）、炮兵旅（旅长贾涛），以及朝鲜义勇队（队长李益星）、黑龙江支队（支队长李海涛，副支队长王化一）、冀热辽军区直属的第 15 团（老团）、特务团和几个独立团，共约 6 万人，拨归东北人民自治军总部。李运昌只带回第 22、第 27、第 30 步兵旅和 1 个野炮团，坚持冀热辽地区的斗争。

晋察冀军区在本区面临强大敌人的情况下，坚决贯彻中共中央的战略意图，从全国大局出发，把支援东北作战放在重要位置，为后续主力部队挺进东北，建立东北战略基地，争取先机之利，创造极为有利的条件，作出了重要的贡献。聂荣臻回忆这一段斗争历史时指出："我们支援东北，主要是为了贯彻中央的战略意图。我当时是这样考虑的：晋察冀是老根据地，基础好，区域大，人口多，不愁没有发展的余地，比如说我们可以向南发展。而东北地区则正在初创，各方面的基础比较薄弱，又是中央确定要首先夺取的地区。如果我们党占有了东北，进行解放战争就有了可靠的基地，这对全局是非常有利的。"①

三、适应军事战略转变，组建晋察冀野战军

在蒋介石集团积极抢夺抗日战争胜利果实，蓄谋发动全面内战的形势下，中共中央和中央军委根据新的任务、作战对象和人民军队力量的变化，及时作出继续进行军事战略转变的决策。即由游击战为主的作战形式向运动战为主的正规战实施全面过渡。从军事体制、军队编组、作战指挥、教育训练、后勤保障等方面着力调整，以便有效地集中优势兵力，抗击国民党军的大规模进攻。8 月 20 日，中央军委向各地区下发迅速编

① 《聂荣臻回忆录》下册，解放军出版社 1984 年 10 月版，第 605 页。

组野战兵团的指示。9 月 21 日，中共中央书记处又就进一步适应新的斗争形势，贯彻军事战略转变决策问题，下发《中央关于扩兵与编组野战军的指示》，对野战兵团的编组与指挥关系等问题作了明确规定。

根据中共中央和中央军委的决策，晋察冀军区在执行扩大解放区、挺进东北等作战任务的同时，积极进行军事战略转变，加紧调整部署，着手组建野战兵团。10 月 2 日，中共中央晋察冀局在张家口召开有 700 余人参加的干部会议，聂荣臻作了目前形势与今后任务的报告，部署了实行军事战略转变、组织调整和组编野战兵团等项任务。

晋察冀军区机关经过整编，由聂荣臻任司令员兼政治委员，萧克任副司令员，程子华任第一副政治委员，刘澜涛、罗瑞卿任副政治委员，唐延杰任参谋长，朱良才任政治部主任（后罗瑞卿兼），耿飚、曾涌泉任副参谋长，潘自力（罗瑞卿之后代理政治部主任）、蔡树藩任政治部副主任，封永顺任供给部部长，吴先恩任供给部政治委员，杨直亭任供给部副部长，彭威任供给部副政治委员，殷希彭任卫生部部长，姜希贤任卫生部政治委员，刘再生任工业部部长，张珍任工业部副部长，张乃更任工业部副政治委员，孙西帆（后刘宜贵）任兵站部部长，赵镕任兵站部政治委员。

所属部队的整编工作是在将地区队、县支队、县大队编组为野战团，将小团扩编为大团的基础上展开的。至 12 月，晋察冀军区分别编组了野战军与地方军。

（一）组建野战军

8 月—12 月，晋察冀军区组成第 1 野战军和第 2 野战军。

第 1 野战军，由聂荣臻兼任司令员与政治委员，耿飚兼参谋长，下辖 4 个纵队：

冀晋纵队（亦称陈正湘纵队），1945 年 8 月由冀晋军区部队一部编成。司令员陈正湘，政治委员王平，参谋长唐子安，政治部副主任方国华，供给部部长杨步金，卫生部部长王之义。下辖：第 3 旅（由冀晋军区第 4 军分区第 30、第 47 团，第 3 军分区第 49 团编成），旅长马龙，政治委员傅崇碧，辖第 1、第 10、第 12 团；第 4 旅（由冀晋军区第 5 军分区第

35、第 6、第 11 团编成），旅长陈坊仁，政治委员黄文明，辖第 5、第 6、第 11 团。

冀察纵队（亦称郭天民纵队），1945 年 10 月由冀察军区部队一部编成。司令员郭天民，副政治委员刘杰，副政治委员兼政治部主任李天焕，参谋长易耀彩，供给部部长况开田，卫生部部长张禄增。下辖：第 6 旅（由冀察军区第 1 军分区第 3、第 25、第 45 团及新 1、新 3 团编成），旅长萧应棠，政治委员龙道权，辖第 16、第 17、第 18 团；第 7 旅（由冀察军区第 11 军分区第 7、第 44 团及第 12 军分区第 40 团编成），旅长萧文玖，副政治委员兼政治部主任李水清，辖第 19、第 21、第 23 团；第 9 旅（由冀察军区第 13 军分区第 20 团及新 8、新 9 团编成），旅长熊奎，政治委员黄连秋，辖第 25、第 26 团；骑兵旅（由冀察军区第 19 军分区 3 个骑兵大队编成），旅长陈宗坤，政治委员李光辉。

冀察纵队（亦称刘道生纵队），1945 年 10 月由冀察军区部队一部编成。政治委员刘道生，参谋长萧思明。下辖：第 8 旅（由冀察军区第 12 军分区第 10 团，新 6、新 7 团编成），旅长詹大南，政治委员刘国梁，辖第 22、第 24、第 29 团；第 10 旅（由冀察军区第 11 军分区新 4、新 5 团，第 13 军分区新 10 团和第 1 军分区新 2 团编成），旅长马辉，政治委员严庆堤，辖第 20、第 27、第 28 团。

冀中纵队（亦称杨成武纵队），1945 年 9 月由冀中军区一部编成。司令员杨成武，政治委员林铁（兼），副政治委员兼政治部主任李志民，参谋长沙克。下辖：第 11 旅（由冀中军区第 7 军分区第 22、第 26、第 33 团编成），旅长杜文达，政治委员廖鼎琳，辖第 31、第 32、第 33 团；第 12 旅（由冀中军区第 8 军分区第 23、第 61、第 64 团编成），旅长贾士珍，政治委员周彪，辖第 34、第 35、第 36 团；第 13 旅（由冀中军区第 9 军分区第 24、第 27、第 28 团编成），旅长兼政治委员王道邦，辖第 37、第 38、第 39 团。纵队直属团有暂编第 40 团、第 41 团（由冀中军区第 11 军分区第 77 团、第 6 军分区第 32 团改编）。

第 2 野战军，司令员萧克（兼），第一政治委员程子华，第二政治委员罗瑞卿（兼），参谋长彭寿生（后李聚奎），下辖5个纵队：

晋冀鲁豫第1纵队（亦称杨得志纵队），1945年10月由冀鲁豫军区部队编成，11月奉命挺进东北到达热河，12月遵照中央军委命令由晋冀鲁豫军区调属晋察冀军区。司令员杨得志，政治委员苏振华，副司令员曾思玉，参谋长芦绍武，政治部主任崔田民，供给部部长马景赢，供给部政治委员惠世如，卫生部部长蒲荣钦，卫生部政治委员尹痴生（后王云林）。下辖：第1旅（由冀鲁豫军区第8军分区第7、第6、第4团编成），旅长杨俊生，政治委员邓存伦，辖第1、第2、第3团；第2旅（由冀鲁豫军区第11军分区第10、第12团及第1军分区第3团编成），旅长尹先炳，政治委员戴润生，辖第4、第5、第6团；第3旅（由冀鲁豫军区第10军分区第20团，第9军分区第16团及第8军分区第2团编成），旅长李东潮，政治委员陈云开，辖第7、第8、第9团。

热辽纵队（亦称黄永胜纵队），1945年11月由陕甘宁警备第1旅、教导第2旅1个团及热河部队编成。司令员黄永胜，政治委员朱涤新，副司令员文年生，供给部部长李汎山，供给部政治委员汪易，卫生部部长徐宏图，卫生部政治委员尹明亮。下辖：第22旅（由陕甘宁警备第1旅第2团，冀东第16军分区第18团及地方武装一部编成），旅长欧致富，政治委员陈志彬，辖第64、第65、第67团；第27旅（由陕甘宁教导第2旅第1团，冀中第8军分区第31团及地方武装一部编成），旅长丁盛，政治委员韦祖珍，辖第31、第70、第71团；第30旅（由陕甘宁警备第1旅第1团及地方武装一部编成），旅长张德发，政治委员谢镗忠，辖第60、第68、第69团；混成旅，旅长王衍，政治委员李志明，辖炮兵第1团、步兵第3团。

冀东纵队（亦称詹才芳纵队），1945年12月由冀东军区部队一部编成。司令员詹才芳，政治委员李楚离（兼）。下辖：第12旅（由冀东军区第15军分区第17、第50团及第18军分区第56团编成），旅长刘水源，政治委员林茂源，辖第17、第18、第50团；第13旅（由冀东军区第17军分区第14、第2、第60团编成），旅长萧全夫，政治委员李振声，辖第 14、第 2、第 60 团；第 14 旅（由冀东军区第 18 军分区第 57 团及第 16 军分区第 1、第 16 团编成），旅长何能彬，政治委员徐光华，辖第 1、第 57、第 61 团。

冀晋纵队（亦称赵尔陆纵队），1945 年 11 月由冀晋军区和冀东军区各一部编成。司令员兼政治委员赵尔陆，副司令员韩伟、杨梅生，参谋长张开荆，政治部主任张平凯。下辖：第 1 旅（由冀晋军区第 2 军分区第 4 团及第 3 军分区第 2、第 42 团编成），旅长李湘，政治委员曾美，辖第 1、第 2、第 3 团；第 2 旅（由冀东军区第 14 军分区第 13 团和地方武装一部及冀晋军区第 2 军分区第 19 团编成），旅长黄方刚，政治委员覃国翰，辖第 4、第 5、第 6 团；第 3 旅（由冀东军区地方武装一部改编），旅长赵文进，政治委员陈仁麟，辖第 7、第 8、第 9 团。

冀中纵队（亦称黄寿发纵队），1945 年 11 月由冀中军区部队一部编成。副司令员黄寿发，副政治委员帅荣，政治部主任谭冠三。下辖：第 1 旅（由冀中军区第 8 军分区第 62 团、第 6 军分区第 71 团及第 9 军分区第 73 团编成），旅长周仁杰，政治委员漆远渥，辖第 62、第 71、第 73 团；第 2 旅（由冀中军区第 10 军分区第 76 团、第 7 军分区第 81 团及第 8 军分区独立总队编成），旅长萧新槐，政治委员张如三，辖第 76、第 81 团及独立总队。

晋察冀军区直属教导师，下辖教导第 1、第 2 团（新组建团）和警卫团（由第 4 军分区第 36 团改编而成）。

野战军组建后，晋察冀军区根据保卫以张家口为中心的战略基地和配合东北地区作战的需要，区分了两支野战军的任务：第 1 野战军所辖 4 个纵队及军区直属教导师位于晋察冀西线地区，协同晋绥军区部队打击傅作义和阎锡山所部的进犯，保卫张家口；第 2 野战军所辖 5 个纵队位于晋察冀东线冀热辽地区，打击进攻冀热辽地区的国民党军，协同东北民主联军的作战，同时配合地方军与民兵对津浦、北宁、平承等铁路线进行分段破击，迟滞国民党军的进攻。

（二）加强地方武装建设

在组建野战军的同时，晋察冀军区将地方部队10.4万余人，编为4个军区，各军区军政主官同时兼任野战纵队领导职务。西线为冀中、冀晋、冀察军区，东线为冀热辽军区，辖冀东、热河军区。此外，还组建了张家口卫戍司令部。序列如下：

冀中军区，司令员杨成武（兼），政治委员林铁，副司令员孙毅（后代司令员），副政治委员兼政治部主任李志民，副参谋长黄寿发，政治部副主任王奇才、吴西，卫生部部长顾正钧，卫生部政治委员吴志远。下辖第6、第7、第8、第9、第10军分区。第6军分区，司令员马泽迎，政治委员邓可运；第7军分区，司令员于权伸，政治委员张庆春；第8军分区，司令员贾士珍，政治委员周彪；第9军分区，司令员魏洪亮，政治委员陈鹏；第10军分区，司令员刘秉彦，政治委员旷伏兆。

冀晋军区，司令员赵尔陆（兼），政治委员兼政治部主任王平，副司令员陈正湘，副政治委员刘秀峰（兼），参谋长唐子安，政治部副主任方国华，供给部部长封永顺，供给部政治委员王之平，卫生部部长贺云卿，卫生部政治委员萧平生。下辖第2、第3、第4、第5军分区。第2军分区，司令员曾美（后廖鼎祥），政治委员张连奎；第3军分区，司令员李湘，政治委员马天水；第4军分区，司令员马龙，政治委员丁莱夫；第5军分区，司令员陈坊仁，政治委员黄文明。

冀察军区，司令员郭天民，政治委员刘道生，副政治委员刘杰，副政治委员兼政治部主任李天焕，参谋长易耀彩，供给部部长况开田，卫生部部长彭方复，卫生部政治委员李真。下辖第1、第11、第12、第13、第19军分区。第1军分区，司令员萧应棠，政治委员杨世杰；第11军分区，司令员萧文玖，政治委员高鹏飞；第12军分区，司令员詹大南，政治委员陆平；第13军分区，司令员熊奎，政治委员吴光；第19军分区，司令员陈宗坤，政治委员李光辉。

冀热辽军区（1945年10月划归东北解放区，11月9日，中共中央冀热辽分局由原属中共中央东北局改属中共中央晋察冀局领导，冀热辽军区亦同时由东北人民自治军划归晋察冀军区。12 月 15 日，晋察冀军区第 2 野战军指挥机关与冀热辽军区合并），司令员萧克（兼），第一政治委员程子华（兼），第二政治委员罗瑞卿（兼），副司令员李运昌，参谋长李聚奎，政治部主任刘随春，副参谋长朱军，供给部部长张令彬，供给部政治委员孙文采，卫生部部长李资平，统辖冀东、热河两个军区。

冀东军区，司令员陈伯钧，政治委员李楚离，副司令员詹才芳，政治部主任李中权，后勤部部长程儒珍。下辖第 14、第 15、第 16、第 17、第 18 军分区和第 11 旅（由第 14 军分区第 16、第 53、第 54 团编成）。第 14 军分区，司令员曾雍雅，政治委员方治平；第 15 军分区，司令员曹致富，政治委员杨文翰；第 16 军分区，司令员李道之，政治委员刘亦如；第 17 军分区，司令员李雪瑞，政治委员王世煜；第 18 军分区，司令员兼政治委员田心；第 11 旅，旅长曾雍雅，政治委员李振声，辖第 16、第 53、第 54 团。

热河军区，司令员段苏权，政治委员黄火青，副司令员杨梅生，副政治委员李子光，参谋长舒行，政治部主任苏启胜，政治部副主任杨建新，供给部部长汤池，供给部政治委员王进轩，卫生部部长张达成。下辖热西、热中、热东、热北 4 个军分区。热西军分区，司令员钟辉（后钟辉琨），政治委员谢明；热中军分区，司令员赵福兴（后刘兴隆），政治委员黄文；热东军分区，司令员刘兴隆，政治委员段德彰；热北军分区，司令员俞楚杰（后钟辉），政治委员王逸伦。

张家口卫戍司令部（1945 年 8 月张家口解放，为维护城市秩序，晋察冀军区指示冀察纵队负责卫戍工作，由冀察纵队司令员郭天民兼任张家口卫戍司令员。后因冀察纵队执行机动作战任务，改由萧克兼司令员，刘澜涛兼政治委员，蔡树藩兼政治部主任。9 月后正式组建了卫戍司令部领导机关），司令员郑维山，政治委员刘秀峰（兼中共张家口市委书记），副参谋长张挺（后任参谋长，纪亭榭任副参谋长）。下辖 2 个警卫团、1 个警卫大队。

在这次整编前后，晋察冀军区还依据中共中央军委指示，加强了特种兵、军事院校和军区机关的建设。日本投降后，晋察冀军区即派干部赴张家口地区搜集火炮，经半个月努力，搜集到各种火炮52门，随后以原炮兵干部训练队为基础成立晋察冀军区炮兵团，团长高存信，政治委员王英高，下辖3个炮兵营和教导队。1945年冬，晋察冀军区将直属工兵连和由延安调属军区的教导第2旅工兵连合编组成工兵训练队，半年后又将工兵训练队改编为3个工兵营的架子，经过调整与补充，分别编为晋察冀野战军第2、第3、第4纵队的工兵营，军区司令部成立工兵室，专司全区的工兵建设。

经过这次整编，晋察冀军区共辖2个野战军、9个野战纵队、1个教导师、26个旅、81个团，21.53万人；4个军区、1个卫戍司令部、23个军分区，10.47万人。总兵力32万余人，有组织的民兵约90万人。至此，晋察冀军区部队从组织编制上初步完成由分散兵力打游击战为主到集中兵力打运动战为主的军事战略转变。

第三节　举行绥远战役，反击傅作义部东犯

绥远省地处北部边疆，东界察哈尔，西接宁夏，南界山西、陕西，北与蒙古为邻，面积30多万平方公里。平绥铁路自北平经张家口、大同、丰镇、集宁、归绥（今呼和浩特）至包头，全长800余公里，为华北通向西北的交通干线。绥远属蒙古高原，秋冬交替短促，9月即有冰雪，冬季严寒且多暴风雪，对军事行动影响较大。该地区是晋察冀边区的屏障，通向苏蒙的要道，中共中央所在地陕甘宁边区的北大门，战略地位十分重要。从1945年8月开始，国共两党围绕这一地区展开激烈争夺。

一、国民党东西夹击与晋察冀军区两线作战的形势

当晋察冀军区各路大军向日伪军占领城市、交通要道胜利进军的时候，国民党第12战区司令长官傅作义，按照蒋介石关于沿平绥线向东推进，努力进剿铁路沿线共军的密令，指挥第35军、暂编第3军、第67军、

东北挺进军骑兵第5师和新编骑兵第4师等部共5.1万余人，由绥远西部的临河、陕坝、五原等地倾巢出动，并联合伪蒙军，向绥远、察哈尔解放区大举进攻，企图建立所谓“绥察防共隔绝地带”，切断西北、华北、东北解放区的联系，配合国民党中央军控制华北，争夺东北。1945年8月18日，当晋绥军区部队攻入归绥城正要歼灭日伪军的时候，傅作义部向其侧后发起突然攻击，进而夺占归绥。接着，傅部又纠合伪蒙陆军部长李守信部及伪蒙绥西联军司令王英部，继续沿平绥线东进，连续侵占解放区军民从日伪手中解放的武川、卓资山、陶林、清水河、凉城、集宁、丰镇、兴和、尚义等城和绥东、绥南广大地区。

蒋介石对傅部的东进行动大加赞赏，称他“行动迅速确实足见指导有方，深堪嘉许”①。与此同时，在绥远以东广大地区，蒋介石加紧向主要城市和交通线调运兵力。从9月起，国民党第1战区胡宗南部、第11战区孙连仲部等，在晋察冀解放区正面相继展开了6个军、17个师，19.5万余人。其分布为：第92军驻北平近郊及平承铁路沿线，第94军驻天津市郊、津浦铁路沧县至天津和北宁铁路天津至唐山段；第13、第52军从秦皇岛登陆，侵占了山海关与北戴河车站；第16军经同蒲、正太、平汉铁路进到北平以北的昌平、南口地区；第3军的两个师进占石门、正定地区。第2战区阎锡山部迅速抢占太原，以其骑兵第1军的第4师沿同蒲路北上，进占大同及其周围地区。上述部队连同他们收编的伪军在内，总兵力达43.4万人，在国民党政府军事委员会委员长北平行辕李宗仁的统一指挥下，形成对以张家口为中心的热、察两省战略基地的东西夹击态势。其战略企图是：以华北各主要城市及交通要道为立足点，切断晋察冀地区与东北地区的联系，分割华北解放区，侵占热、察、绥广大地区，实现其抢占各解放区战略要点的目的。

根据“向北发展，向南防御”的战略方针，中共中央和中央军委对晋察冀和晋绥军区的作战任务作了具体部署。先后提出：“晋察冀（除冀

① 中国人民解放军总部编印：《中国人民解放战争军事文集》第1卷，1951年版，第195页。

东外）及晋绥两区以现有力量对付傅作义、马占山向察哈尔张家口之进攻及将来胡宗南由北平向张家口之可能的进攻，坚决打击傅、马及其他可能进攻之顽军，完全保障察哈尔全境、绥远大部、山西北部及河北一部的占领，使之成为以张家口为中心的基本战略根据地之一”；“晋绥军区应协助聂军区夺取大同，巩卫张家口”，考虑到“傅顽主力东进，绥境空虚，晋绥区应有夺取绥远全境、收复归绥与晋察冀军区在察省配合彻底消灭傅作义全部的任务”①。为了集中力量重点打击傅作义、马占山部，中央军委还指示晋绥军区对山西的阎锡山部暂取守势，要求冀热辽军区在山东军区主力的协助下，完全控制冀东、锦州、热河，并在苏军撤退时阻止国民党军进入东北、热河。

9月初，傅作义之先头部队东北挺进军马占山部进占大同，其骑兵第5师进到张家口以西怀安县柴沟堡、渡口堡一线，伪蒙军一部亦进至阳高附近之王官屯。为了挫其锋芒，保障张家口之安全，晋察冀军区部队兵分两路：以冀察军区部队在柴沟堡歼灭国民党东北挺进军骑兵第5师大部，并乘胜追击，收复了尚义、兴和两城；以冀晋军区第30、第35团在阳高县马官屯地区设伏，将伪蒙军王英部骑兵旅击溃，给了国民党军当头一击。此时，国共两党的重庆谈判，因蒋介石毫无诚意，已陷入僵局；而沿津浦、平汉、同蒲、平绥4条铁路线向解放区进攻的国民党军正在加速推进中。

11日，中央军委给各地的指示中指出：为促进谈判，推迟国民党军深入华北、东北，争取全部占领察热，争取东北优势，必须布置几个有力战役。晋察冀、晋绥两区立即组织察绥战役，消灭傅作义部，解放绥远，收复归绥，夺取雁北13县。要求晋察冀军区必须集结2.5万人以上的兵力，除一部巩固张家口守备外，其余全部集结整训，针对傅作义的动向实施重点打击，以夺取绥远、雁北全部。晋绥军区应以一部在绥远、雁北积极开展游击战争，破坏铁路公路，消灭、分散与疲劳傅部兵力，阻

① 《刘少奇选集》上卷，人民出版社1981年版，第372页。

碍阎锡山部北援。同时要求晋绥野战军司令员贺龙亲自指挥 7 个主力团，集结于岢岚，积极补充，10 天内完成准备，协同晋察冀区向绥远进攻。

晋察冀和晋绥两区首长根据中央军委的指示，立即部署，加紧进行战役准备。当时，两区部队正处在由分散到集中、由游击战到运动战的战略转变时期，各纵队、各旅的领导机关刚刚建立，团以下部队正在陆续编组。基层干部和战士没有经过很好的战术、技术训练，缺乏大兵团协同作战特别是缺乏攻坚战的经验。针对这种情况，各部队在调动途中，仅对人员组织、武器装备等作了些局部调整。截至 24 日，晋察冀军区东线部队在攻克新保安、怀来两城后，进至南口附近。同时对蔚县、广灵、阳原等城固守的伪军，派队扫荡，使冀察、冀晋完全连成一片，并准备在平北地区对赤城、龙关、延庆等地伪军实施扫荡，使冀察、热辽连成一片。在西线，王平部（包括陈坊仁部）约 8000 人，进至天镇、阳高之神池；郭天民主力至柴沟堡、西合营一带；杨成武部约 1.8 万人，进至西合营后，除以一部扫荡蔚县、广灵等地伪军外，余部 1.3 万人至张家口附近集结整训。为防止出现孙连仲、傅作义东西两面夹击的不利局势，晋察冀军区计划用半个月的时间，把集结在张家口及其周围各处约 4 万人的部队组编成大团，进行必要训练，除“东面”警戒、“北面”[①] 接防外，以 3 万人的兵力用于绥远方向，实施主攻。25 日，中央军委批准了上述计划，并要求积极准备，争取在 1 个月内胜利结束讨傅战役，以便转移兵力对付胡宗南、孙连仲两部。

在晋察冀军区加紧反击部署的同时，傅作义为了保存实力，避免被解放军各个击破，也对其东进部署作了相应调整。26 日，傅作义令东进各部队“采取后退战法”，以一部退守大同，主力则撤回绥西地区集结，依托有利地形守卫归绥、包头，相机转移攻势。调整后的部署为：马占山、王英部由柴沟堡、聚乐堡退守大同，牵制晋察冀部队北进；傅部第 67、第 35 军，新骑第 4 师、暂编第 5 师退守卓资山，凭借该地区有利地形和

① “东面”指张家口以东的怀来、南口地区，“北面”指张家口、大同以北的兴和、商都、尚义等地区。

工事进行抵抗，而后以第 67 军为掩护，主力逐渐向归绥转移；暂编第 3 军，暂编骑兵第 4、第 6 师及别动队担任绥包守备，并加强工事；暂编骑兵第 1 旅由陶林退守包头以北后口子地区。集结于包头各部队归城防司令董其武指挥。这样就形成了主力相对集中，沿平绥路丰镇至卓资山一线展开的态势：第 35 军军部率第 101 师、新编第 31 师 2 个团及炮兵第 25 团一部位于集宁；暂编第 3 军之暂 17 师（欠 1 个团）位于卓资山；新编第 32 师位于丰镇、红沙坝；第 67 军军部率新编第 26 师位于官村；新编骑兵第 4 师大部和新编第 31 师之第 91 团位于隆盛庄，新编骑兵第 4 师另一部位于张皋镇；暂编骑兵第 6 师位于三水岭；暂编骑兵第 5 师位于凉城；暂编骑兵第 1 旅位于陶林。傅部连同地方的杂牌军、伪军和阎锡山部驻大同附近的部队，总兵力 9.7 万余人。

鉴于傅部东进主力收缩于卓资山一带暂取守势，晋察冀军区提出两区协同、会攻归绥的战役构想。28 日，聂荣臻、萧克、刘澜涛、罗瑞卿向中央军委提出建议，由贺龙带电台及必要人员与晋察冀军区共同组织战役，并由贺龙和聂荣臻统一指挥两区的作战行动。考虑冀中部队给养不济、敌情地形不熟悉、大军区机构不健全，组织大规模作战困难等情况，30 日，又向中央军委提出初步作战意见：战役最早在 10 月 16 日开始。以晋察冀第 1 野战军主力攻集宁，并进占集宁至大同以北铁路；以晋绥军区许光达、孙志远等部从陶林、武川方向，贺龙率晋绥野战军主力从凉城以北方向，分别进逼归绥。如集宁攻下，晋察冀第 1 野战军则沿铁路西进，与贺龙部协同会攻归绥。10 月 2 日，中央军委经与两区领导人反复商议，正式决定：绥远战役由聂荣臻统一指挥，贺龙暂时不去张家口。11 日，中央军委特别指示，绥远战役最好在 20 日以前开始行动，以便 11 月初转移兵力对付胡、孙两部的 10 个军，过迟即影响冀热辽工作的开展以及适时进大军于东北。

根据中央军委的指示，绥远战役分绥东作战和会攻归绥两期实施。聂荣臻决心：绥东作战第一阶段消灭集宁、丰镇、凉城及商都以南之敌；第二阶段聚歼归绥外围的傅部主力。12 日，晋察冀军区拟制了绥东战役计划，15日，向所属参战部队下达绥东战役作战命令。各参战部队按照晋察冀、晋绥两区首长的命令和作战部署，积极进行战前的各项准备。至18日，晋察冀第1野战军之冀中（杨成武）纵队第11、第12、第13旅经过千里跋涉到达张家口以西新平堡地区；冀察（郭天民）纵队第6、第7、第9旅和骑兵旅集结于兴和、怀安一线；冀晋（陈正湘）纵队第3、第4旅在解放阳原、浑源后，北进到阳高地区。以上部队准备由东向西进攻，其中冀中纵队、冀察纵队首先迂回钳击隆盛庄、三水岭、张皋镇的敌人，求得歼灭之，并准备打击集宁、官村增援之国民党军；冀晋纵队主力向丰镇东北机动。晋绥野战军分南北两路：南路第358旅、独立第1旅、独立第3旅集结于左云、右玉地区，准备经杀虎口北越长城，由南向北进攻，首先夺取歼灭凉城、新堂，攻占后主力速转至丰镇西之天成村、马草梁、二道一线，再向丰镇、集宁进攻；北路独立第2旅、绥蒙军区骑兵旅进到集宁东北之商都地区，准备歼灭商都、陶林间的国民党军，得手后向集宁方向前进，截断集宁至卓资山之间的铁路，钳制该方向的国民党军。以上任务达成后，绥蒙军区部队主力控制商都地区并向陶林进攻，晋察冀、晋绥两区部队准备协同向丰镇至集宁线上的各点进攻，求得歼傅部东进主力于绥东地区。

二、出击绥东，截击傅作义部西退

10月18日，绥远战役开始。晋察冀第1野战军在第一阶段主要是围绕攻歼隆盛庄、丰镇、集宁国民党军，配合晋绥野战军攻占卓资山行动所展开的。

隆盛庄是一个距集宁东南近百里的城镇，公路北通集宁，西南通丰镇，有国民党骑兵新编第4师和新编第31师第91团驻守。战役发起后，冀察纵队以骑兵旅两个团从兴和地区向隆盛庄以西迂回，以第6旅在隆盛庄东西两面展开；冀中纵队由新平堡地区直取张皋镇、三水岭，策应冀察纵队攻歼隆盛庄的国民党军。19日3时，冀察纵队第6旅向隆盛庄发起攻击，在攻占东西两面外围工事后，迅速突入围寨，但由于后续部队没有及时赶到，守军兵力较强，攻击未果，被迫撤出阵地。隆盛庄守军除留第91团和1个骑兵连据守外，主力乘机突围西撤。当日黄昏，冀察纵队第7旅第23团加入战斗，对隆盛庄实施强攻，战至20日，歼灭守军1个营又1个连。傅部第91团主力向西突围中，被冀中纵队第13旅截击，大部被歼，残部向红沙坝逃窜。隆盛庄被冀察、冀中纵队攻占。

与此同时，担负向丰镇东北机动的冀晋纵队，19日，一部进占大同以东聚乐堡；20日主力进占红沙坝，当晚沿铁路南进丰镇，守军新编第32师沿公路北逃；21日拂晓进占丰镇，歼傅作义部200余人。冀中纵队在21日占领官村后，傅部第67军新编第26师退向卓资山，冀中纵队乘胜进占苏集、老平泉等地，向集宁进逼。晋绥军区部队也分别向凉城、陶林之傅部发动了强大的攻势。至21日，南、北两路部队分别攻占凉城、八苏木、天成村，商都、陶林间的七大顷、段家村等地区，歼灭国民党军700余人。

在晋察冀野战军的猛烈攻势下，傅部国民党军全线后撤。当毛泽东获悉傅作义收缩主力向归绥、包头方向撤退时，提出以主力猛烈西进，截断傅作义部归路，争取在野战中歼灭其主力的作战方针。21日，聂荣臻下令各部队转入第二阶段作战，从不同方向截击退却的国民党军。晋察冀第1野战军主要负责攻歼集宁至丰镇以东地区国民党军，晋绥野战军主要肃清集宁至丰镇以西外围国民党军。22日20时，毛泽东指示聂荣臻、萧克、贺龙、李井泉等："傅部主力必须歼灭，归绥、包头、五原、固阳必须占领，如有可能则占领临河。大同必须占领，如能速占则速占之，否则待回师时再占，请按此方针部署作战。如傅部固守归绥，则先将包头、五原、固阳占领，使傅部绝粮突围，然后歼灭之。如我能迅进，可能速占归绥。"①

在毛泽东发出指示的当天，攻占丰镇的冀晋纵队，分兵一部攻克大同以北的孤山、孤店，切断了丰镇与大同的联系；绥蒙军区部队一部占

① 《毛泽东军事文集》第3卷，军事科学出版社、中央文献出版社1993年12月版，第71页。

领陶林，切断了集宁至卓资山之间的铁路。这时，傅作义所属各部拼命西逃，集宁只留第35军军部及第101师。聂荣臻决心乘机以冀察、冀中2个纵队首先攻占集宁，聚歼该部守军。具体部署是：由冀察纵队进占集宁以西的十八台，切断该部守军退路，以冀中纵队担任主攻，夺占集宁城。23日，冀中纵队占领集宁以南的榆树湾、脑包山，将第101师1个团击溃，并以一部兵力前出到集宁以西。集宁守军乘夜弃城西逃，被晋绥军区独立第1旅2个团堵截在魁盛庄东北，经8小时激战，西逃守军虽然受到重大打击，但最终得以突围。24日，集宁获得解放。至此，平绥铁路从大同以北之孤山、丰镇至集宁250里之线全部被晋察冀第1野战军控制，截断了阎锡山与傅作义之间沿铁路线的联系。

晋察冀第1野战军在集宁一带作战的同时，晋绥野战军也对卓资山一带的国民党守军发起攻击。卓资山西距归绥75公里，东距集宁48公里，是扼制平绥铁路集宁至归绥段的天然屏障。21日，国民党第67军军部及其新编第26师、新编第22师、伪蒙骑兵第5师一部等，分别从集宁、官村、新堂等地撤到卓资山及附近地区，转入仓促防御。针对这种形势，贺龙命令晋绥野战军改变原定向丰镇、集宁进攻计划，直插卓资山，以打乱国民党军的西撤部署。22日至24日，晋绥野战军第358旅和独立第1、第2、第3旅分别从凉城、新堂、天成村地区向卓资山疾进。24日黄昏，第358旅在独立第1、第3旅的配合下，从卓资山西南和东北两个方向向守军发起猛烈进攻；独立第3旅击退新编第32师2个团的增援后，占领福生庄，切断了守军向归绥方向的西逃退路。战至25日10时，战斗胜利结束，歼灭傅部新编26师4000余人。

三、围困归绥，回击傅作义反扑

傅作义部在绥东受到严重打击后，继续收缩兵力。至10月26日，除第67军、伪蒙骑兵第5师等残部撤至萨拉齐、包头外，其主力6个师由三道营、旗下营、白塔等地撤至归绥城内及其外围，积极加修工事，组织防御。

归绥，为绥远省省会，有新、旧两城。新城东西约 2.5 公里，四周城墙高 12 米，旧城有土围墙高约 1.3 米。为了凭城固守，傅作义在新、旧城及周围构筑了大量工事、掩体，城内街口两侧均筑有巷战工事，城防前沿挖有外壕，设置铁丝网、鹿寨、电网等障碍物。归绥城四周，东面为河滩，南面为湿地，西面及北面地势开阔。傅作义在归绥城布防为：以骑兵挺进第 2、第 4、第 5 纵队担任外围及城周 50 余个村庄之防守，暂编第 3 军暂编第 11、第 17 师分守新、旧城，第 35 军新编第 31、第 32 师和第 101 师及新编骑兵第 4 师为机动部队。城防及外围兵力共 6 个师 2.4 万余人，由傅作义亲自指挥。鉴于新、旧城的工事及地形条件，傅作义判定旧城城北必为晋察冀、晋绥军区部队主要突击方向，故将防御重点置于城北，以主力防守旧城，机动部队控制新城，以地方杂牌武装在外围武川、托克托等地进行袭扰、破坏活动。

中共中央军委及毛泽东对绥远战役作战极为关注，晋察冀第 1 野战军收复集宁后，毛泽东就指示聂荣臻、萧克：要“乘胜长驱，直至五原、临河，歼灭傅部及一切参战杂牌”。10 月 27 日，又电令聂荣臻、贺龙：部队抵达后，“应在卓资山附近休息数天，完成一切进攻准备，然后集中全力歼灭傅顽，夺取归绥”。“此次作战，必须达成歼灭傅顽主力之目的”，在进攻方向上，应将“主力运动到傅顽阵地背后去，由西向东打，方可聚歼，并须准备血战多天”[①]。当得知蒋介石将山炮第 1 团于 3 日内由重庆空运归绥时，毛泽东再次指示聂、贺：要迅速进攻归绥并占领之，迟则恐难占领。

形势紧迫，事关大局。晋察冀、晋绥两区野战军主力在卓资山一带胜利会师后，聂荣臻与贺龙、李井泉立即着手研究下一步作战行动。两区商定，第二期作战以收复归绥、聚歼归绥至陶卜齐一线之傅顽为目的，先肃清外围，合围归绥，再行攻城；并派一部兵力，西出包头切断傅作义部后路，孤立归绥守军，以利于在其动摇恐慌时予以歼灭。30 日，聂

---

① 《毛泽东军事文集》第 3 卷，军事科学出版社、中央文献出版社 1993 年 12 月版，第 89 页。

荣臻、贺龙、李井泉、张经武、耿飚向两区部队下达攻取归绥的作战命令。具体部署是：晋绥野战军第358旅和独立第1、第2、第3旅等部，在平绥铁路以南、大黑河以北地区从东向西肃清什兰岱、后不塔气、范家营等各点之国民党军，向归绥旧城以南逼近。晋察冀第1野战军以冀察纵队肃清铁路以北自古楼板、哈拉沁、红山口、坝口子及讨速号、鹤心营子等地区之国民党军，占领坝口子；冀晋纵队以第3旅（附第4旅第6团）配属冀察纵队执行任务，其余部队担任对大同国民党军之警戒；冀中纵队集结于陶卜齐地区为总预备队，并以一部进占归绥城以东阵地，配合晋绥部队和冀察纵队完成对归绥之合围，控制绥远城西南及西北地区。完成对归绥合围后，晋绥野战军独立第1旅、绥蒙军区骑兵旅、冀察纵队骑兵旅第2团等部沿绥包路向西挺进，以截断傅作义部归绥与包头之联系；冀察纵队及晋绥独立第3旅逼近沿绥以西铁路，做攻城或打援准备。

30日黄昏，归绥外围作战全面展开。31日，晋绥野战军部队占领前后不塔气、陶号板、大小台石、范家营、后八里庄等地；晋察冀野战军部队占领鹤心营子、红山口、坝口子、西孔家营子、乌素图等地，迫近并从外围形成对归绥的包围。11月1日，两区部队继续扫荡归绥外围残存据点及城周据点，与反扑之守军展开激战。

晋察冀和晋绥野战军的攻势行动和归绥被围的严重局面，使傅作义深感死守城池不是万全之策，必须“以攻为守”，方能挫败“共军”的攻势。于是他亲临前线，坐镇指挥，指令负责城防的暂编第3军袁庆荣军长寻找战机，主动出击。

11月1日下午，国民党军出动飞机2架，3次对白塔南北之乔家营、五路及右力半乌素之间各村实施轰炸，并低空扫射陶卜齐车站。与此同时，国民党军归绥新城机动部队新编第32师全部3000余人从北面向坝口子、红山口、哈拉沁方向突击，企图夺回失守阵地。经6小时激战，被冀察纵队击溃，傅部死伤400余人，副团长以下180余人被俘。2日8时，傅作义又以第35军新编第31、第32师3个步兵团3000余人，在3门山炮、2门野炮支援下，向西孔家营子、后八里庄一线出击。晋绥野战军独立第2旅第27团冒着炮火坚守阵地，激战至黄昏，在增援部队的配合下，将该部击溃，傅部遗尸300余具，伤700余人。

面对傅作义部的疯狂反扑，3日、4日，贺龙、李井泉、张经武提出了推迟数日攻城的作战方案，并对歼灭城外据点的部署进行调整。决定首先肃清外围攻占旧城，消灭出击的国民党军；占领旧城与车站后，以坑道爆破或强行攻占新城，并消灭可能突围的守军。具体行动方案是：冀察纵队首先歼灭上下石头沁营子守军，以3个团控制红山口、坝口子、乌素图一线阵地，3个团在归绥西北角攻城，5个团控制旧城西北地区，消灭反扑的国民党军；独立第2旅以4个团在归绥西南角攻城，初期控制2个团打击出城的国民党军；第358旅首先歼灭太平庄守军，控制旧城西南地区，为突击队，并歼灭由西南方向出动的国民党军；冀中纵队首先歼灭前后乔尔包守军，以3个团控制归绥东面大小石台一线地区，2个团控制归绥北面曹家营子一带地区策应南北两面，主力在归绥东南面攻城。为了求得在围城夜战中削弱傅部有生力量，减少其火力杀伤作用，各部队均于5日黄昏后开始攻击。

6日，中央军委就围攻归绥的战法问题，指示聂荣臻、贺龙可采取以下办法：一是兵力、士气、技术如均占优势，最好以强攻方式速取归绥；二是隐蔽主力，以一部兵力佯攻，诱其出击歼灭之；三是围坚攻弱，以小部弹性的围困归绥，主力西进，攻克萨拉齐、包头、五原后，回头再攻；四是发动群众，久困重围，主力集结机动位置，待其粮尽弃城，实施歼灭。特别强调，具体采取何种办法，须根据具体情况决定。接到军委上述指示后，聂荣臻、贺龙指挥部队对归绥守军的情况又进行具体侦察，考虑两区部队在归绥、包头虽略占优势，但劳师远征，供应困难，再要增兵难度很大，且严冬将至，久拖不决会带来更多不便。于是决定仍按已经展开的作战部署实施攻城。由于归绥城防设施坚固，两区攻城部队多次强攻未能奏效，双方形成僵持局面。

8日、9日两天，傅部均各以1个团1000余人向东出击，并有飞机4架助阵，遭冀中纵队打击，被毙伤100余人。10日拂晓，傅部以两个师2500余人，分三路向城东南、西南及以西出击，自早到晚，发射山炮、野炮炮弹数千发，晋绥野战军第358旅与独立第2、第3旅和冀中纵队顽强抗击，将该部击溃，毙伤其100余人。12日，傅作义亲自率领第35军新编第31、第32师和第101师，向西八里庄、水磨、瓦窑、孔家营子一线出击，冀察纵队和晋绥野战军部队与傅部激战至黄昏，晋察冀第1野战军调集3个团，配合扼守阵地之部队进行反击，毙伤傅部1000余人，将傅部击溃。

此间，冀晋纵队第3旅一部还攻入归绥破坏了飞机场，迫使傅部不得不在新、旧两城之间原跑马场旧址重新修筑机场。从11月1日至12日，傅作义所组织的各次反扑均被击溃，共伤亡3000余人，被迫转入凭坚固守。

四、转攻包头，孤立归绥傅作义主力

包头，位于平绥铁路西端，是通向黄河后套的门户和傅作义设在后方的重要补给基地。相对归绥，其守军力量薄弱。为了孤立归绥傅部主力，11月初，聂荣臻、贺龙根据中共中央军委“如傅部固守归绥，则先将包头、五原、固阳占领，使傅部绝粮突围，然后歼灭之”[①]的电示精神和绥远战役统一部署，指令晋绥野战军独立第1旅、绥蒙军区骑兵旅和晋察冀第1野战军冀察纵队骑兵旅第2团，组成西进部队，统由独立第1旅旅长王尚荣、绥蒙军区副政治委员张达志指挥，迅速西进，攻击包头。

11月1日，西进部队沿绥包铁路向包头推进。当天攻克兵州亥，歼灭国民党暂编骑兵第4师1个团。2日占领毕克齐，并在黄尼善旦击溃国民党暂编骑兵第6师。3日攻克察素齐，歼国民党骑兵挺进第3纵队4个团1300余人。4日占领陶思浩。7日又占领萨拉齐、沙尔沁，逼近了包头。同时，晋察冀野战军部队还先后攻占和林格尔、武川及忽洞兔等地，共歼灭国民党骑兵挺进第5纵队和暂编骑兵第4师1000余人，巩固了大部

① 《毛泽东军事文集》第3卷，军事科学出版社、中央文献出版社1993年12月版，第71页。

队的后方。

包头是一座坚城，城墙高近 7 米，厚 2—3 米，城周长约 10 公里，有大东门、小北门、大西门、西北门、大南门 5 个城门。城外有深宽各 2.5 米的外壕，城下及部分墙角有水泥浇筑的明暗碉堡，外壕内侧险要地带设有电网，布满地雷，城外各据点与城内有明壕沟通。特别是城东面及东北角转龙藏高地、玉皇庙高地有原日军修筑的钢筋水泥碉堡，地势高、火力强；城南电灯公司及火车站一带，筑有各种野战工事。城内囤有大量物资，设有各种仓库，补给方便。

包头原有国民党守军第 101 师补训团、新编第 31 师补训团、新编第 32 师补训团、暂编第 17 师 1 个步兵团、第 12 战区别动队（该队有 800 余人，美械装备，战斗力较强）等部，加上由绥东西撤而至的第 67 军军部、特务营及新编第 26 师残部和李守信骑兵第 4、第 5、第 6 师残部等，总兵力约 1.2 万人。该守军正规战斗部队少，新兵多，建制混乱。为统一组织防御，11 月 7 日，傅作义急令战区政治部主任董其武兼任包头城防总指挥，第 67 军军长何文鼎为包头城防司令，暂编第 3 军副军长王雷震为副司令，包头县长马秉仁为警备司令，并于当日下午派专机把董其武从归绥城送到包头。

董其武上任第二天，立即对城市防御作出部署。具体为：第 101 师补训团担任西北门以东至大东门城墙地段的防守，并派 1 个营担任大南门外面粉厂、发电厂的防守；新编第 31 师补训团、新编第 32 师补训团、暂编第 17 师 1 个步兵团、第 12 战区别动队担任大东门至大南门城墙地段的防守，并派 1 个团担任大南门外靠近城墙院落的防守；第 67 军军部及特务营和李守信骑兵第 4、第 5、第 6 师残部担任西大门至小北门城墙地段的防守；新编第 26 师担任东城外水源地、水库的防守，并派一部分兵力担任火车站的防守；达拉特旗保安队森盖部，担任转龙藏高地南端的防守。

针对上述情况，西进部队决心先扫清包头外围据点，然后实施攻城。8 日晚，西进部队直插包头城西北之庙圪堵、二道河村一带，与守军安恩达骑兵旅一部发生遭遇战，毙伤其近百人，安旅不支，退回城内。西进部队遂进至陈户窑子、河东村、邓家营子等地区。当日，攻击部队分多路对包头外围据点发起进攻。激战 3 个昼夜，相继攻占了转龙藏制高点、原日本小学、包头火车站等据点及附近地域，迫使守军纷纷放弃阵地，逃入城内。为加强进攻包头的兵力，贺龙令第 358 旅主力由归绥地区西援包头。11 日晚，第 358 旅第 8 团加入战斗，向玉皇庙发起攻击。至 12 日，除电厂、玉皇庙两个据点外，城北、城东、城南的外围据点基本被扫除，从而对包头形成了半包围态势。由于玉皇庙可以瞰视全城，发电厂是包头唯一的电源，董其武严令部队死守这两处要点，并以城内炮火进行有力的支援，因而攻包部队久攻不下。同时，城内守军加固城门，凭坚死守，双方形成相持局面。

12 日深夜，攻城部队集中力量对包头城发起第一次攻击。第 358 旅第 8 团继续攻击玉皇庙守军；独立第 1 旅第 4 团继续攻击发电厂；骑兵旅于城西担任警戒。独立第 1 旅第 2 团和第 358 旅第 715 团担任主攻，在迫击炮火掩护下，向包头城西北门发起猛烈攻击，一举登上城墙，突入城内，与守军展开巷战，接连攻下了西营盘等重要阵地，控制了城内约 1/3 的街区。13 日，守军集中优势兵力火力连续进行反冲击。突入城内的部队与守军展开白刃战，但终因众寡悬殊，弹药耗尽，又加不善巷战，被迫撤出战斗，第一次攻包失利。16 日夜，攻包部队除以部分兵力继续对玉皇庙、发电厂两处据点实施牵制性攻击外，以绝大部分主力从东、南、西、北四面再次向城内守军发起了猛烈攻击。战至 17 日下午，第二次攻城也没有成功。

由于包头不能迅速攻克，两区部队在绥远战场面临东西扯制、两面作战的形势。在包头，除双方在地面对峙以外，北平国民党军每日派 3—6 架飞机前来侦察、轰炸，对民众和房舍摧毁甚大；在归绥，晋察冀、晋绥部队围城近半月，没有明显进展，守军除原有的 6 个师外，又空运加强 1 个重炮团，兵力达到 2.4 万人，火力进一步加强。

据此，聂荣臻、贺龙、李井泉作出分兵两面作战的部署：贺龙、李井泉率晋绥部队全力西援，进占包头，并打击由五原、临河、陕坝向包头增援的马鸿逵部。晋察冀部队则继续围困归绥，主力集结麻西八，策应晋绥部队的攻包行动。中央军委接到聂贺改变部署的报告后，于 16 日午时下达了以主力全力西进的指示，指出：绥远战役在突破丰镇时，主力未及时猛烈西进，截断傅顽归路，以致失去野战歼灭敌主力机会。目前改变部署，贺李率所部先取包头是好的，但为确保胜利，须集中力量，准备消灭东西可能增援包头之敌，故聂应率晋察冀主力与贺李一同西进，留部分适当兵力控制归绥城周围要点，弹性围困，封锁袭扰，如包头能迅速攻下，应即攻占，否则贺李全力西进，消灭马鸿逵援兵，夺取五原、临河、陕坝，聂主力控制包头、萨拉齐地区，隔断绥包傅顽联系，相机攻取包头，引敌出击，求得野战，贺李完成任务后，一部控制五原、陕坝、临河，主力回师与聂合力再攻取归绥城，夺取东胜。17 日，贺龙、李井泉率领的晋绥野战军主力和冀晋纵队第 3 旅（欠 1 个团）并第 4 旅第 6 团全部进到包头附近。

对于中共中央军委以野战军主力全力西进的指示，晋察冀、晋绥两区领导人分别进行了讨论研究。聂荣臻司令员认为：“这基本上是一个置归绥于不顾，而倾全力取包头的方案，这显然是不妥的。”17 日 20 时，聂荣臻就目前困难情况及部署经过，向中央军委陈述了三点意见：“第一，如果晋察冀部队主力西进，围城部队即转为劣势，而敌人必然乘机反击，全部战局有恶化的危险。第二，如以全部主力西进，去夺取五原、临河、陕坝，这样，就分为归绥、包头、河套三个战场，相距 800 余里，势必兵力分散，三处力量皆弱，难以相互策应。第三，绥远地区并非根据地，没有巩固的后方补给线，粮食、弹药无法迅速前运，伤员后送也是个大问题。”① 因而他主张仍按原部署进行，视情况发展，必要时考虑结束战役。19 日，贺龙、李井泉致电中央军委表示“同意军委十六日电示”，坚持首先夺取包头、五原、临河，孤立绥远傅作义部。并提议晋察冀部队再抽

① 《聂荣臻回忆录》下册，解放军出版社 1984 年 10 月版，第 612—613 页。

出3个团，协助攻包，配合打马家援军和加强攻城突击力量，这样攻下包头的兵力更优，把握更大。同日23时，聂荣臻、萧克、耿飚得知宁夏马其良率骑兵师3000余人已经五原东进，新骑第4师又由归绥西援的情况，为确保攻包突击力量，解除贺李部攻包的东西顾虑，遂令围困归绥的冀晋纵队第3旅（3个团）由马龙、傅崇碧率领全部西上，以两日行程进抵萨县，归贺李指挥。

中央军委在接到聂荣臻、贺龙、李井泉报告后，于22日复电，再次阐明中央战略意图和发动绥远战役的意义，并提出打破僵持局面的3个办法：一是按照聂荣臻的意见执行，以晋察冀部队围困归绥，贺李全力攻取包头，但短期内不会获得结果，天气渐冷，不是上策。二是放弃围困归绥，聂、贺两部主力集中攻取包头，并打击可能增援部队，但后方可能被傅部截断。三是围困归绥与攻取包头两个任务均放弃，战役暂告结束，部队撤退到机动位置整理，等候机会再打，但战略任务未能完成，傅部仍为大患。以上办法，中央倾向执行第二种，即集中力量攻取包头。23日，中央军委又致电指出，如果在短期内没有把握攻下包头、归绥，可以考虑将部队撤退到机动位置进行整训，相机再计划以后的行动。

24日，聂荣臻分别致电中央军委和贺龙、李井泉，如果攻包头确实有把握，即按原计划行动，否则，为避免与敌僵持，撤至机动位置。贺龙、李井泉经过反复研究，认为攻占包头是战役转变的关键，决心再次攻包。

根据傅作义派兵从归绥突围西援和马其良部从宁夏东援的情况，贺龙、李井泉决定先打援，后攻城。第一步围城打援，首先阻击和消灭东、西援军；第二步阻援攻城，以少部兵力阻击援军残部，集中大部兵力攻打包头。截至29日，担负阻击西援任务的独立第2、第3旅在二十四顷地以南地区将傅部新编骑兵第4师和骑兵挺进第4纵队击溃，歼援军2个连，其余逃向托克托；担负阻击东援任务的绥蒙军区骑兵旅、独立第1旅、冀晋纵队第4旅第6团等部，分多路向马其良部骑兵第10师两翼东圪堵、背锅窑子发起攻击，将援军阻于打拉亥、公庙子一带。之后，东、西阻援部队除留部分兵力分别控制磴口和达拉亥、沙坝子等地，继续担负阻援任务外，其余均立即回师包头，参加攻城。

12月3日黄昏，攻包部队集中力量，对包头城发起攻击。晋绥军区第358旅、独立第2、第3旅向包头城西北面实施突击；冀晋纵队第3旅一部在东南、东北两面助攻；独立第1旅为预备队。由于守军已加强了西北面的防御，加上天气寒冷，虽然连续发起多次猛攻，但均未奏效。基于这种情况，贺龙、李井泉考虑到已进入塞外严冬季节，各种补给十分困难，士兵服装单薄，病员日增，战斗力下降，而守军则御寒物资齐备，弹药粮秣充足，战役持续下去对攻城部队十分不利，遂决定停止进攻。4日夜，攻包部队撤出战斗。

董其武在当时的战地日记中写道："包头地处塞上高寒地区，现已进入隆冬季节，朔风呼啸，冰雪皑皑，平均气温在零下10多摄氏度。为了增加共军攻城难度，每天夜间，我令部队往城墙外侧浇水，水随浇随冻，包头四周城墙变成冰雕雪铸的一般"，"加上包头东北地势偏高，西南地形平坦开阔，濒临黄河，多为沼泽地带，使共军行动困难，虽然数次突破城防，并一次攻入城厢，但却功败垂成"，"即使如此，连日以来每到入夜，共军仍然攻城不止，双方激战甚酣，共军有一次还用烈性炸药炸开一处豁口，但是当即被我军堵住。20多天来，我军先后击退共军数十次进攻，虽然付出了重大代价，幸赖天助我等，总算城池未失，不然真是无颜向傅将军交代"。12月13日，晋察冀军区司令员兼政治委员聂荣臻、副参谋长耿飚下达了关于结束绥远战役的命令。第二天，参加绥远战役的各部队均先后撤出了对包头、归绥的包围，集结主力控制绥东、绥南地区，准备新的机动。绥远战役遂告结束。

绥远战役经过近两个月的作战，晋察冀、晋绥两支野战军紧密合作，以伤亡约7000人的代价，先后歼灭傅作义2个师、4个团的大部，共1.2万余人，收复了丰镇、集宁、卓资山、陶林、和林格尔、凉城、武川、萨拉齐等城镇，解放了绥东、绥南60万人口的广大地区。绥远战役把猖狂进犯解放区的傅作义部队，由集宁、丰镇一直打回归绥、包头，割断了绥远、山西国民党军的联系，粉碎了国民党军进攻张家口、夺取察绥两省的企图，给了傅作义部以沉重的打击，对于保卫以张家口为中心的战略基地，巩固和扩大解放区，争取国共谈判的有利地位，具有重要意义。同时，也使部队在大兵团运动战方面得到了锻炼。

1945 年 12 月 8 日，中共中央军委在给晋察冀、晋绥军区主要领导人的电报中指出：绥远战役虽未消灭傅顽主力，未全部完成战役任务，但由于全体指战员英勇奋战，已给了傅顽以严重打击，消灭了最反动的 26 师主力，解放了绥东 6 县，孤立了大同敌顽，减轻了西面对张家口的威胁，创造了发动绥东、雁北新解放区近百万群众的有利条件，在战役中取得了宝贵的经验教训，将成为下次战役胜利的基础。

绥远战役是在抗日民族战争向国内革命战争、游击战向运动战转变的初始阶段展开的一次大兵团正规作战。晋察冀、晋绥两区部队刚编成野战兵团，各级指挥机构很不健全，特别是作战思想、战役指导、组织指挥等方面，大多还停留在游击战争的阶段，不能够适应打运动战、歼灭战等要求，缺乏大兵团协同作战的经验和必要的思想、物资准备。致使在战役筹划、力量使用、组织协调、作战保障上存在诸多矛盾和问题，难于达成在运动中歼灭傅部主力的战役目标。

绥远战役是在平绥铁路沿线广大地区展开的一次大规模机动作战。参战部队在收复丰镇、集宁前后，不是集中主力及时西进，一举楔入傅部纵深，割裂其部署，在运动中创造和捕捉战机，实施各个歼灭，而是采取全线正面平推的战法，击溃战多、歼灭战少，使傅部迅速西撤，集结于归绥、包头，凭坚固守，负隅顽抗，使参战主力失去野战歼敌的有利战机，被迫转入攻坚。在攻城中，由于装备技术条件差，攻坚火力严重不足，难于有效摧毁守军坚固的设防工事，加之部队缺乏攻坚经验，尤其是攻城主力分兵绥、包，两面作战，相互掣肘，致使绥、包两城攻击部队均兵力不足，久攻不下，形成对峙局面。

绥远战役是在远离解放区、深入傅部纵深地带展开的一次长时间攻势作战。参战部队对傅作义长期经营绥远，具有完整的设防体系，及其部队地形熟悉、流窜性大等特点，缺乏充分的估计；参战部队大多来自县区武装，有的团70%以上都是未经过任何训练的新兵，且部队又脱离后方，长途远征，相当一部分人员存有思想问题，特别是深入国民党占领区后，补给困难，地形不熟，又缺乏群众基础，思想和物资准备均明显不足，遇到实际困难难以解决；绥远地区地处塞外高原，进入冬季，气候恶劣，给战役持续作战带来巨大影响，也制约了作战任务的完成。

第四节　展开东西两线作战，保卫晋察冀解放区战略要地

当晋察冀第1野战军在绥远地区实施反击作战的同时，全国其他解放区的军民也遵照“针锋相对，寸土必争”的方针，奋起自卫，粉碎了国民党军的多路进犯，给蒋介石集团以沉重打击，为共产党在重庆谈判中赢得了主动。1946年1月10日，蒋介石迫于国内外和平民主力量的压力，为了争取时间调动军队，加紧内战准备，只得答应中共代表团提出的停战建议，与共产党签订“停战协定”。13日24时，“停战协定”生效后，全国表面上出现暂时的和平局面。但是，蒋介石对于实现国内和平毫无诚意，只是在和平的幌子下，继续加紧向解放区进攻的准备。

一、晋察冀野战军反击国民党军东西两面攻击的准备

停战协定达成后不久，蒋介石就背信弃义，挑起各种事端，极力推行其独裁统治。在军事上，蒋介石于1月7日就密令国民党军队“星夜前进”，在停战令生效以前，“抢占战略要点”，为而后进行大规模内战建立前进基地。并要求苏联红军延期从东北撤退，等待他们去接收。

为了加强对晋察冀解放区的进攻，国民党军参谋总长何应钦还飞到北平，对已进驻北方的国民党军孙连仲、阎锡山、傅作义等部专门作了部署：在热河、冀东地区，首先攻取古北口、喜峰口，然后配合由朝阳沿锦州、承德铁路前进的军队会攻承德，分割东北与华北解放区的联系；在绥东、雁北地区，夺取卓资山、集宁、丰镇、左云、浑源等要点，打

通归绥、大同间的铁路交通，切断晋察冀与晋绥解放区的联系，以便从东西两面构成对晋察冀解放区首府张家口进攻的态势。

对于蒋介石集团的这一阴谋，中国共产党早有警觉。1945 年 12 月 30 日至 1946 年 1 月 13 日，中共中央和中央军委连续发出关于保卫承德、张家口等战略要点的指示，指出："国民党在停战前可能向我作突然袭击"，"企图在停战前控制更多的要点，造成对彼有利之形势，然后实行停战，望各部提高警惕，坚守阵地，对于来攻击的敌人，须坚决彻底消灭之"，着重强调了保卫热河"关系热、察、东北大局"，"对全国战略意义及我党在全国的地位均有极大关系"，要求晋察冀军区"迅速集中冀东及杨苏主力等，不惜一切牺牲打击进攻热河之顽军，以保卫承德"，并对西面可能向张家口方向进攻的国民党军，给予坚决打击。

根据中共中央、中央军委的指示和中共中央晋察冀局 1945 年 12 月 25 日所作"关于坚决保卫张家口与热察两省的决定"，晋察冀军区在 1946 年 1 月 3 日作出如下部署：

在承德方向，以第 2 野战军冀中（黄寿发）纵队第 1、第 2 旅配置在平泉以东锦承铁路沿线，担任阻击；热辽（黄永胜）纵队第 22、第 27、第 30 旅和混成旅集结在平泉和叶柏寿地区，为第 2 梯队；杨得志、苏振华之第 1 纵队主力集结在承德、古北口一线，为预备队；冀晋（赵尔陆）纵队（亦即热河纵队）第 1、第 2、第 3 旅从永宁地区前出到古北口，并指挥冀东第 14 军分区部队，阻击沿平承铁路北犯的国民党军；冀察（刘道生）纵队随时准备东进，配合冀晋（赵尔陆）纵队歼灭进犯古北口的国民党军。

在平绥线上，以第 1 野战军冀中（杨成武）纵队第 11、第 12、第 13 旅位于康庄、怀来地区，冀晋（陈正湘）纵队第 3、第 4 旅位于阳高、丰镇地区，配合晋绥军区部队防止绥远方向傅作义部可能的东犯和大同阎锡山部的骚扰。

正如中共中央的判断，当晋察冀军民积极备战之时，华北地区国民党军即按照蒋介石的密令，倾巢出动，从东、西两面向晋察冀解放区实施进攻。晋察冀军区各部队针锋相对，奋起迎战，展开反击国民党军抢夺战略要点的作战。

二、承德保卫战

承德位于晋察冀解放区北部，是热河省的省会和连接华北与东北地区的重要门户。其以西方向的古北口、以南方向的喜峰口，为长城要隘，是承德至北平必经之地；以东方向的平泉是晋察冀通过承德连接东北的重要通道。为抢占该战略要地，截断晋察冀与东北解放区的联系，在停战令生效前后，国民党军第 11 战区孙连仲部，按照何应钦的部署，以进入辽西的第 13、第 52 军和进占北平地区的第 94、第 92、第 16 军等部配合，分 3 路会攻承德。西路由第 16 军 1 个师、第 92 军 2 个师和伪治安军 1 个师组成，沿平承铁路北进，企图夺取古北口，进占承德。中路由第 94 军 1 个师另 2 个团及伪军一部组成，在停战令下达当天，由唐山出发，进犯冀东腹地，企图北出喜峰口，进攻承德。东路由国民党军第 13 军和第 52 军各 2 个师组成，由阜新沿锦承路西犯热河，策应第 92、第 16 军之古北口作战。

针对孙连仲部 3 路进攻的态势，晋察冀军区第 2 野战军萧克、程子华、罗瑞卿、李聚奎等领导，按照晋察冀军区的指示，决心采取钳制西路、打击东路的方针，在平泉东西选择适当位置与东路国民党军决战。并作出如下部署：冀晋纵队调回热河，接替第 1 纵队防守古北口、鞍匠屯一线；第 1 纵队移防后，主力集结承德以东，第 2 旅集结上下板城；冀中纵队配置在平泉、凌源；热辽纵队主力于朝阳东阻击或伏击西进之国民党军；冀东纵队主力集中遵化、撒河桥一线，伺机北上参战。

在承德以西方向，1 月 10 日，国民党军以 1 个师的兵力向古北口西南的兵马营及新开岭、湘水峪进攻，遭到冀东军区第 14 军分区部队英勇阻击。12 日，国民党军以 2 个师的兵力，在飞机掩护下，攻占了兵马营及新开岭，进到了东起南台、贾家峪，西至王堡子一线，距古北口仅七八公里。这时，冀晋纵队第 1 旅经过 5 天急行军，从永宁赶到古北口，在古北口以南的磨石山及南台东北一线组织防御，从正面阻击国民党军的进攻。第1旅展开后，在民兵和人民群众的支援下，连续打退了国民党军的10多次冲击，为组织反击赢得了时间。其中，第1团第2连和第3团第5连，与国民党军展开了白刃格斗，打得十分英勇顽强，第5连还出现了以一换十而光荣牺牲的“八勇士”。13日下午，反击开始。第1旅兵分两路，直插馒头山国民党军阵地，恢复了大、小新开岭阵地，并乘势发起追击。14日，冀察纵队主力赶到，西路国民党军逃退到密云东北的石匣一带，古北口之战结束，共毙伤国民党军3000余人。

在承德以南方向，1月13日，国民党军进占丰润后，其先头部队继续北上，向喜峰口进犯。冀东纵队第13旅及工人总队、两个县支队在民兵配合下，采取以一部兵力正面阻击，主力向侧翼迂回，实施攻击的办法，首先歼灭了1个杂牌先锋营，然后把国民党军1个团阻于遵化城以南的青草坞、古石城一带。14日，国民党军主力进占玉田城、榛子镇。15日，冀东纵队等部开始全线反击，分别收复了玉田城、榛子镇等地，迫使国民党军于18日缩回唐山。

在承德以东方向，国民党军接到蒋介石关于抢占承德的密令后，采取突然行动，沿锦承路向平泉、承德进攻。从1月4日至10日，先后进占北票、朝阳、叶柏寿、凌源等地。此时，由于热辽纵队刚刚编成，且部队分散驻扎，又加事发突然，联系中断，难以达成集中主力，阻击国民党军于朝阳以东地区的目的，只得仓促组织部队向赤峰方向转移。11日、12日，第1纵队第2旅，以及冀中纵队1个旅和冀东纵队2个旅另1个团，先后赶到平泉、五十家子附近，13日拂晓，根据司令员萧克的命令，分两路迅速出击，在平泉以东及东南地区与国民党军3个师展开激战。16时国民党军一部突入平泉，战至深夜，萧克见“停战协议”已到生效时限，而国民党军仍攻势甚猛，权衡利弊，决定停止战斗。14日拂晓，第1纵队和热河纵队停止反击，主动撤出平泉城。

晋察冀解放区东部军民的英勇抗击，挫败了国民党军抢占战略要地承德的企图。但是国民党军已深入热河腹地，抢占了锦承铁路的大部，对于保卫热、察两省，巩固华北与东北两个战略区的联系是不利的。

三、晋北、绥东反击战

国民党军孙连仲部集中主力向承德方向进攻的同时，在晋察冀解放区西部的晋北地区和绥蒙地区，国民党军阎锡山部与傅作义部也遥相呼应，倾巢东犯，企图在停战令生效前抢占阳高、浑源、丰镇、集宁等地，打通大同、绥远之交通。驻大同的阎锡山部以骑兵第 4 师、省防第 5 军和东北挺进军马占山部、伪蒙骑兵王英部，向阳高、浑源、丰镇等地进攻；驻归绥的傅作义部以暂编第 3 军，第 35 军新编第 31、第 32 师，骑兵挺进第 5 纵队，新编骑兵第 4 师及伪蒙骑兵第 2 集团军李守信部，向陶林、和林格尔、卓资山、集宁等地进攻。

面对上述国民党军的进犯企图，晋察冀第 1 野战军决心集中冀晋纵队第 3、第 4 旅，冀察纵队骑兵旅和冀中纵队第 13 旅等部队，首先以一部兵力在遇驾山、聚乐堡以西、浑源一带，打击由大同东犯阳高之阎锡山部；以一部兵力扼守孤山、丰镇诸要点，打击进攻丰镇之国民党军马占山、王英部。而后，集中力量向集宁方向进击，配合晋绥野战军保卫集宁，打击东犯之傅部国民党军。按照这一部署，各部队立即围绕遇驾山、浑源、孤山、丰镇、集宁等重点作战地区，展开了迎击国民党军的各种作战行动。

（一）遇驾山阻击

遇驾山位于大同以东 23 公里，平绥铁路北侧，是控制大同至阳高铁路、公路的重要制高点。该地由冀晋纵队第 4 旅第 11 团担负守备任务。1 月 13 日，阎锡山部骑兵第 4 师 2000 多人，配属收编的日军，在坦克掩护下，分两路由大同出动，经二十里铺、倍加皂等地，向遇驾山阵地发起了攻击。防守遇驾山的第 11 团第 1 营，占据有利地形，以密集火力给蜂拥而至的国民党军以严重杀伤。国民党军正面攻击受挫后，以一部兵力向遇驾山西北的四十里铺迂回；另一部在日军坦克掩护下，向遇驾山阵地侧后的西湾子进攻，分别遭到在南庄和四十里铺设防的第 11 团第 2、第 3 营的坚决阻击，双方展开激战。中午，第 4 旅第 5、第 6 团相继赶来增援，进至遇驾山附近后，立即对国民党军翼侧及侧后发起反击。下午4时，国民党军见归路被截，不敢恋战，于黄昏夺路逃跑。第4旅各部乘胜追击，一直将国民党军追至大同城下。遇驾山之战，共毙伤俘国民党军1000多人，解放和进占了周士庄、倍加皂、二十里铺、采凉山等10多个村镇和要点，从而堵住了大同阎军东进的门户，使之处在冀晋纵队的严密监视之下。

战后，冀中纵队第13旅第38、第39团由平绥东线乘火车赶到阳高，第38团接替大同以东之警戒；冀晋纵队第4旅第5、第11团，第13旅第39团和在阳高地区的冀晋军区第5军分区独立第12、第13团奉命南下驰援浑源；第6团北上孤山，参加该地区作战。

（二）收复浑源

浑源位于雁门关以北，大同东南，西濒浑河，东倚恒山，是雁北通往北岳区的要冲。在阎部进犯遇驾山之前，其省防第5军第14师2000余人，便于10日夜偷渡桑干河，11日上午占领吉家庄，12日晚抢占了浑源县城。遇驾山战斗结束后，驰援浑源的冀晋纵队第4旅第5、第11团和冀中纵队第13旅第39团，连同冀晋军区第5军分区独立第12、第13团，奉命赶往浑源，在第4旅旅长陈坊仁、政治委员黄文明的统一指挥下，相互配合，歼击抢占浑源的阎部省防第5军第14师。

第4旅第5、第11团经过一昼夜急行军，赶到吉家庄，在消灭第14师的后方运输部队一部后，徒涉桑干河，于14日下午进到浑源城下。旅长陈坊仁、政治委员黄文明当即命令第5团和第11团第2营先占领西关，然后进城，由西向东实施主要突击；第11团第1营和第3营首先攻占张庄村，然后由东向西对浑源城形成合围；第5军分区独立第12团在西关实施辅助突击；第13团在水磨町担任警戒，阻止应县之阎部支援。

傍晚，战斗正式展开。实施主攻的第5团和助攻的独立第12团等部，同时扑向西关，一举攻上城墙，歼灭守军近1个营，夺占了西关大部。第11团主力攻入张庄村内，与守军巷战达五六个小时，毙俘150余人，缴获步枪200多支，守军残部溃逃到县城。第11团主力乘势进击，歼其

1个排后，因浑源城防范甚严，攻城未果。同时，第11团第2营一部兵力进占西关堤坝一线，保障主攻部队侧后安全。15日，缩入城内的阎部守军为了保住原有阵地，以既成事实，等待“停战执行小组”前来调处，纠集优势兵力向进占西关的第5团发起反冲击。第5团官兵顽强抵抗，与阎部守军展开了激烈的肉搏战，并以2挺重机枪封锁西城门，先后击溃了阎部守军的3次反扑。当日16时，应县之阎部前来增援接应，行至浑源西南8公里之水磨町时，遭到独立第13团的坚决阻击，被迫退回应县。

17时，第4旅巩固西关阵地后，以第5、第11团等部分别从东西两个方向，同时对浑源城发起攻击。第5团等部在轻、重机枪火力的掩护下，攻占了西门，登上西门城墙，以白刃格斗打垮了守军，并向东压进。浑源守军见大势已去，增援无望，不敢恋战，为免被全歼，乘夜幕降临时，从城东北处突出，向大同方向逃窜。第4旅连夜穷追该部到桑干河边，配合赶到该地的第13旅第39团两面夹击，当即截俘300余名，其余四处溃散，仅有少数逃回大同。浑源县城及其周围村庄重新获得解放。

（三）坚守孤山

孤山位于丰镇东南25公里，与丰镇南北呼应，构成对大同至集宁间公路、铁路的双重扼制。大同之国民党军在侵犯遇驾山、浑源的同时，以马占山部骑兵第5、第6师及特务营2200余人，于12日，由大同出动，分3路向孤山、丰镇进犯。东路骑兵第5师及特务营约1200人，由马占山亲自率领，经榆涧村向孤山实施主要攻击；中路骑兵第6师约800人，经常箭岭、七里村向李化庄、赵家窑方向攻击；西路骑兵一部约200人向杨家窑行动，迂回攻击孤山侧后阵地。

鉴于孤山对保卫丰镇的重要意义，孤山的守备一直由冀晋纵队第3旅第12团担任。12日，当获知马部向孤山进犯的动向后，冀晋纵队第3旅旅长马龙、政治委员傅崇碧立即令第1团第2、第3营前往孤山增援。13日拂晓，第1团2个营行至杨家窑附近，与西路迂回至孤山侧后的马部一队骑兵遭遇，战斗1小时，歼其大半，残部向西北溃逃。随后，根据丰镇防守需要，第1团2个营又返回丰镇。

东路马占山部于同日凌晨 4 时许，向守备山底村北山阵地的第 12 团第 3 营进攻。第 3 营前沿部队进行了顽强的反击，后因处势不利，随即转移至孤山车站以西阵地继续抗击。12 时后，马占山部又增兵 300 余人，并附山炮 2 门，向孤山西北阵地猛攻。第 3 营打退马部 12 次冲锋，转移至榆涧西北阵地后，又打垮马部数次进攻，双方形成对峙状态。

中路向赵家窑第 12 团第 2 营进攻之马部，于 13 日 6 时开始发动猛攻。经激战，因众寡悬殊，第 2 营转至赵家窑以北阵地抗击。马部占领赵家窑后，企图向窨子沟推进，遭猛烈反击未逞，不得不退守赵家窑，双方亦形成对峙之势。

为了打退马部的猖狂进攻，收回原有阵地，当晚，第 12 团充分发挥近战、夜战的特长，以强袭动作进行了反击，先后夺回赵家窑、榆涧等阵地。马部遭突然打击，阵脚大乱，仓皇退至孤山、北羊坊一带。至 17 日 3 时，第 3 旅第 12 团在第 4 旅第 6 团一部的配合下，又对孤山、北羊坊一带的马占山部发起攻击。该部担心被歼，沿孤山东南凹地向古店村方向退逃。至此，全部恢复了冀晋纵队在孤山一线的防地。

（四）保卫丰镇

丰镇南距大同约 40 公里，北距集宁约 70 公里，西距凉城约 60 公里。是沿大同至集宁公路、铁路连接晋察冀与晋绥解放区的必经之地。在马占山部骑兵第 5 师、骑兵第 6 师进犯孤山的同时，12 日晚，伪蒙军王英部骑兵第 1 集团军及马占山部骑兵一部 3500 余人，由石家寨出发，绕过孤山防地，沿御河东岸经镇川堡、官屯堡，向丰镇迂回进袭。13 日黄昏，进至沟门山、关岛一带。其进攻部署是：骑兵第 1 师攻丰镇南门及车站，向十字街以南发展；骑兵第 2 师攻丰镇西门，向城西北发展；骑兵第 3 师攻丰镇东门，向十字街以东发展；王英于寺城凹亲自指挥，企图尽速抢占丰镇，配合傅作义部夺取集宁、卓资山重镇。

大兵压境，驻守丰镇城的晋察纵队第 3 旅，城内只有第 1 团第 1 营和旅部旅直等部队，情况十分危急。第 3 旅决定，令增援孤山作战的第 1 团 2 个营立即回撤，固守丰镇车站及城北、城东高地，控制东、西门要点，同时急调阳高方向的第 10 团于 13 日连夜赶往丰镇，配合第 1 团组织防守。

14 日拂晓，王英等部利用第 3 旅警戒分队的防守间隙，经城东南河滩接近了城垣，并立即向丰镇城发起了攻击。该部骑兵第 1 师首先从南门突入城内，然后分头向县府街推进；骑兵第 2 师从西门突入，分头向城西南车站及城西北进攻；另有一路 300 余人顺南城墙向西进攻。守城部队虽然在旅长马龙的沉着指挥下，依托城内院落顽强抵抗，但力量悬殊，丰镇城危在旦夕。

此刻，第 10 团在旅政治委员傅崇碧的率领下，昼夜兼程，赶至丰镇城东巴州营子一线，立即投入战斗。该团第 1 营沿城东公路向丰镇城进击，第 2 营由城东的北山向西攻击，第 3 营进至丰镇河东之平顶山担任预备队，配合先期到达的第 1 团 2 个营共解丰镇之围。

战至 11 时，第 1 团主力与守城部队内外配合，先后夺回车站附近的交通门、戏院、邮电局一线阵地和北城墙、万泉塔以东之阵地，重新占领了大、小东门等要点。第 10 团一部由大西街搜索前进，击退遭遇之王英部，控制了大西门及大西街。从而，对突入丰镇的王英等部形成了东西对进、内外夹击之势。随后，第 3 旅命令各部队集中力量，向王英等部发起了猛烈反击。其中，第 1 团第 1 营主力由大东街向南反击；第 2 营由城西北向东南反击，经大西街攻占县府一带阵地后，继续向县府街以南地区压缩；第 10 团由河东阵地分别向城东、城西及城内进击。经过激战，王英等部全线溃退，被打死打伤 400 多人，被俘 300 多人，余部突围南逃。第 3 旅一部乘势追击 25 公里，又歼其 200 多人，缴获战马 100 余匹。下午 3 时许，战斗胜利结束。

（五）驰援集宁

在绥蒙地区，与马占山、王英部遥相呼应的傅作义等部，由绥、包等地东犯，在停战令生效前，先后进占和林格尔、陶林和卓资山以西等地。14 日，停战令生效后，傅部新编骑兵第 4 师及伪蒙骑兵第 2 集团军李守信部，共 4000 余人，继续东犯，抢占了绥蒙军区所在地集宁，对绥东地区及张家口的安全构成了严重威胁。

为了反击傅作义部背信弃义的进攻行动，冀晋纵队以第3旅第12团在孤山、丰镇地区继续钳制马占山、王英部的同时，由旅长马龙率旅主力第1、第10团和第4旅第6团一部，立即从丰镇分乘4列火车驰援集宁，协同进至集宁以东地区的冀察纵队骑兵旅，配合晋绥军区部队，打击东犯的傅部，夺回集宁。攻击的总体部署是：晋绥军区第9、第27团由土城子出发，经骆驼脖子绕至集宁城西北面，向城内攻击，消灭通顺街以北地区守军，并以一部兵力控制铁路北阵地；第21团由六间房子经赵雄沟、边家沟攻占卧龙山、玻璃图、天门山阵地，掩护主力攻城；晋察纵队骑兵旅占领煤窑村一带阵地，堵击傅部溃逃之路和陶林方向可能的增援；晋冀纵队第3旅等部夺取集宁外围的黄家梁山、老虎山，并以主力由西南向城内攻击，消灭通顺街以南地区守军，然后向二马路以南地区扩展战果。

16日傍晚，晋冀纵队第3旅等部到达集宁以南8公里的苏集车站后，立即会同兄弟部队向攻击出发地开进。是夜，各部队顶着风沙向老虎山、黄家梁山、卧龙山攻击前进。经彻夜冲杀，到第二天拂晓前，占领了集宁外围的全部阵地。天亮后，傅部连续组织3次反扑，均被击退，被迫撤守集宁城。17日，双方在城下对峙终日。黄昏，第3旅等部配合城西北绥蒙军区部队，按照统一的信号，从正北、正西、西南、正南4个方向，向集宁发起猛攻。

这时，傅作义连向北平军事调处执行部告急，企图以抢占集宁的既成事实，得到美蒋代表的庇护。晋察冀军区首长立即督令第3旅等部会同晋绥军区部队，不惜任何代价，坚决尽速歼灭集宁傅部守军，力争在18日10时前结束战斗。攻击开始后，晋绥军区攻城部队首先由西北角突入。从城西南方向攻城的晋察冀部队，连续发起三四次冲锋，均未成功，部队伤亡很大。

此时，晋冀纵队等参战部队连续多日征战于阳高、浑源、丰镇、集宁地区，指战员均十分疲劳。为使总攻集宁一战获胜，第3、第4旅旅团干部亲临前线勘察，决心改变主攻方向，以少量兵力分别佯攻城西南角和东门，集中 3 个团的主力转至城西北，由晋绥军区部队打开的突破口，向城内扩展战果。18 日 6 时，冀晋纵队攻城部队向集宁发起总攻。但是，城西北角之突破口已被守军密集的火力封锁，部队难以进入。第 10 团遂以第 2 营选择城西北角有裂缝的城墙进行爆破。第 4 连战士、共产党员魏占祥等人前仆后继，舍身爆破，终于炸开一个缺口，为突击部队打开了通路。各路突击部队潮水般冲进集宁，与守军展开激烈巷战，并迅速向城内东南及东面扩展战果。傅部数次反冲锋被击退后，混乱不堪，全线崩溃，相继从北门出城向东北方向溃逃。

8 时许，攻城部队收复集宁城，生俘国民党军 2000 多人，缴获战马 1700 匹。随后，晋冀纵队第 3 旅等部以一部兵力对向三岔口方向溃逃之傅部展开猛烈追击，绥蒙军区也令其一部分别追击向武川、陶林方向溃逃之傅部，至 11 时，战斗全部结束。当日 12 时许，北平军事调处执行部执行小组乘飞机到达集宁，战场已打扫完毕，美蒋代表在事实面前找不到庇护国民党军的任何借口，不得不承认集宁城在晋察冀军区的控制之下。

在停战前后反击国民党军抢夺战略要点的斗争中，晋察冀军区军民坚决执行中共中央“针锋相对，寸土必争”的方针，给挑动内战的蒋介石集团以坚决有效的还击，在政治上和军事上都取得了胜利。

第五节　进行反蚕食斗争，做好应付全面内战的准备

停战令下达后，虽然国民党军大规模的军事进攻暂时停止，但却变换方式，以蚕食手段对解放区进行围攻、压缩、渗透，并不断制造摩擦，升级事态，伺机挑起全面战争。中国共产党在力争实现和平民主的同时，要求各解放区军民必须坚持有理、有利、有节的斗争原则，站在自卫的立场上，给进犯者以坚决打击。晋察冀军区根据中共中央军委关于反顽伪蚕食斗争的指示，采取积极的防御，坚决保卫解放区。同时，进行应付国民党军发动全面内战的各项准备。

一、辽西、热东地区反击及破击作战

在热河方向，国民党军在相继抢占朝阳、叶柏寿、凌源，并攻入平泉后，利用关内停战机会，又不断地向锦承铁路两侧的解放区挑衅，图谋偷袭承德，进而为其抽兵进攻东北创造条件。2 月中旬，国民党军冀东绥靖区第 94 军第 5 师由冀东调往热河后，经绥中、建昌、刀尔登进至平泉以南之梣罗树地区，连同第 13 军第 4、第 195、第 54 师等部，集中于平泉南北黄土梁至八里罕一线 70 公里地区，对承德正面形成战役展开。

当时，冀热辽军区面临的问题是：热南山区和热北赤峰地区匪患严重，需要发动群众，剿灭土匪，巩固秩序；许多部队属于新编或扩编，骨干较少，成分不纯，亟须整顿和训练。因此，内忧外患并存，面临形势严峻。2 月 15 日，中共中央下达了“关于配合东北自卫作战给热河我军的任务”，指出：热河部队有牵制热河境内国民党军不使其东犯，配合东北作战的任务，要求坚决消灭由平泉、凌源向南北发展进攻的国民党军，并对平泉、凌源、叶柏寿、朝阳之铁路线形成威胁，相机破坏一段铁路，迫使其处于防御地位。

鉴于保卫热河解放区对配合东北作战的重要性，冀热辽军区司令员萧克、政治委员罗瑞卿等根据上述指示，决定使用冀东、冀晋、热辽等 3 个纵队的主力，在热东（平泉）地区展开，集中力量歼灭梣罗树一带的国民党军第 5 师，粉碎其进攻图谋。具体部署是：由冀东纵队司令员詹才芳统一指挥该纵队第 12 旅，冀晋纵队第 2、第 3 旅，热辽纵队第 27 旅歼灭国民党军第 5 师，恢复 1 月 13 日停战前位置；以杨得志、苏振华之第 1 纵队及冀东纵队第 14 旅位于平泉正面，向平泉作顽强防御；热辽纵队另以一部保卫赤峰，一部分散剿匪，以第 22 旅主力 3 个团南下破坏叶柏寿、朝阳间铁路公路；冀中纵队第 1 旅以两个团进至凌源、周家子间破路。

25 日，国民党军第 5 师进占梣罗树一带后，继续向承德与平泉之间的大石桥、盆窑沟阵地发动进攻，冀热辽军区组织全线反击。

在椁罗树方向，26 日夜，詹才芳统一指挥第 12、第 2、第 3、第 27 旅，首先切断了国民党军第 5 师的退路，而后将其主力四面包围在椁罗树附近地区。27 日，各部队分多路向国民党军发起攻击。经过两天一夜的激战，至 28 日黄昏，各部队连克国民党军第 5 师盘踞的郭杖子、门杖子、倪杖子、东大梁、八十亩地、黄土梁子、杨杖子、金杖子等外围村庄 10 余个，并将该师师部及第 13、第 14 团全部压缩包围于郭杖子、杨杖子两村之间狭小地带。之后，国民党军第 5 师第 15 团自东来援，由于第 27 旅一部未能有效阻截，已经攻占的东大梁附近阵地被其夺去。3 月 1 日，就在重新部署全歼被围国民党军之际，“国、共、美”三方军事调处执行部承德小组到达战场，在美蒋代表的袒护下，国民党军第 5 师逃脱全部被歼命运，丢弃 800 余具尸体，载着 30 多卡车伤兵，分两路撤向平泉。2 日，詹才芳率第 3、第 27、第 12 旅乘势进占马杖子、刀尔登一线。

在小寺沟方向，冀东纵队第 14 旅奉命在承德、平泉之间小寺沟及其附近地区扼守阵地。27 日，平泉之国民党军以 2 个团以上的兵力，分两路南犯。一路以 1 个团以上的兵力，向平泉东南冀东纵队第 14 旅第 61 团李家梁子阵地进攻，战至黄昏，攻占了李家梁子、大营子阵地，后被第 61 团阻住，前进受挫。另一路以 1 个团的兵力沿铁路南下，于当日 17 时攻占冀东纵队第 14 旅大石桥、瀑河沿前沿阵地，当晚进占马杖子、杨杖子，经激战与第 14 旅一部形成对峙。28 日黄昏，该两路国民党军同时发起进攻，相继占五十家子、黑山口、后甸子、小寺沟，在小寺沟西北山地、阎杖子与第 14 旅形成对峙。当日晚，第 1 纵队司令员杨得志、政治委员苏振华率该纵队第 2 旅连夜进至阎杖子、大杨树。3 月 1 日晨，第 14 旅一部展开反击，于 10 时后收复小寺沟、后甸子。2 日，国民党军再度进攻，进占后甸子。杨得志、苏振华统一指挥第 2、第 14 旅在小寺沟阻击，与国民党军形成对峙状态。

在建平方向，担负破击叶柏寿至朝阳间铁路的热辽纵队第 22 旅，于 27 日收复建平，28 日进至榆树林子。3 月 1 日继向南进，先后攻克公营子、波罗赤车站，并继续向叶柏寿进攻。直至椁罗树停战，该部才停止攻击，转而消灭分散小股顽匪，开展地方工作。与此同时，在凌源方向，冀中纵队第1旅也在三十家至凌源段展开了破路行动。

平泉以南地区反击作战，冀热辽军区共歼灭国民党军第94军第5师等部1300余人，破袭了锦承线朝阳至平泉段的铁路、车站多处，给了南犯的国民党军以当头一击。但是，国民党军驻热河的部队并不甘心于局部的失败，仍然不断地向锦承、北宁铁路沿线的辽西、热东解放区进犯。

4月4日，针对国民党军违约在南满发动攻势，并增调2个师向四平进逼的态势，中共中央军委发出指示，要求冀东纵队加紧破坏北宁路山海关至大凌河段的铁路，以阻止关内国民党军再向东北调动。5月3日，中共中央又专门对朝阳、平泉铁路沿线的作战问题发出指示，要求冀热辽部队在一星期内发动对朝阳、平泉铁路线上顽军之进攻，及彻底破坏该段铁路线。各部应集中力量，诸点攻击。

5月中旬，冀热辽军区一方面发表声明，抗议国民党军违背停战协定，大规模调动军队向热河解放区发动进攻，在政治上争取了主动。另一方面，根据中共中央和中央军委的指示，在辽西、热东地区发起了对北宁（山海关至大凌河段）、锦承（朝阳至平泉段）铁路的破击作战。

5月12日，各部队按计划相继展开。经过为时一周的破击作战，至19日，在辽西地区，冀东军区部队和辽西支队等地方武装，以及挺进山海关至绥中北宁路之冀东纵队，摧毁了山海关至锦州段铁路的大部桥梁，占领了小松岭、沙河、石河桥、高岭等重要据点与车站，使北宁铁路一度中断；在热河东部，热河军区独立第1、第2旅及热中、热辽、热东各军分区部队，向赤峰至叶柏寿铁路南段及凌源至义县间铁路线出击，控制了赤峰至叶柏寿间铁路130公里，歼灭国民党第13军第54师第162团全部以及炮兵营2个连，并占领金岭寺、公营子、波罗赤、小平房、三十家子及其车站，使热东铁路和公路交通陷于瘫痪；在平泉至八里罕甸子一线，第1纵队和热河军区独立第3旅也进行了出击作战。

在上述作战的同时，晋察冀军区还以冀察纵队等部进入察北地区，剿灭活动在张北、万全、尚义、商都、化德、康保、宝昌、多伦、沽源等地之土匪，并协同地方进行了发动群众、减租反霸等工作。

二、冀中、冀晋地区反蚕食作战

冀中和冀晋地区，地处华北中心，北连平津要地，直接威胁着国民党军在华北的指挥中心和北宁、津浦、平汉铁路运输大动脉，是国民党军对晋察冀解放区进攻和蚕食的重点目标。特别是停战协议签订后的几个月里，国民党军对该地区进攻和蚕食，活动越来越频繁，规模也越来越大。3 月以前，国民党军主要是利用伪军、还乡团、义勇队等地主土匪武装，向解放区边缘进犯骚扰；4 月以后，则以正规军实施大规模的进攻和蚕食，并摧毁解放区基层的民主政府，建立保甲连坐，组织反动武装，向农民反攻倒算，使解放区民众遭受了巨大损失。

为打击出犯蚕食之国民党军和伪军，晋察冀军区及冀中、冀晋军区多次发出指示，要求各地在解放区边缘地带实行军政一元化领导，以武装力量为主，各种斗争方式相结合，向国民党军展开“合力斗争”。并从野战部队抽调部分骨干加强地方主力部队，协同县区武装与民兵向蚕食的国民党军实施有力反击；对伪军及地方匪特，实行宽大与镇压、军事打击与政治瓦解相结合的政策，给进攻者以沉重的打击。

位于冀南津浦路沿线的伪军徐春霖部，被国民党收编以后，继续与人民为敌，作恶多端，曾于 1945 年秋在运河掘堤放水，使青县、沧县、交河三县顿成泽国，并用机枪扫射抢险的群众；1946 年春，又几次扒堤放水，使交河县 129 个村庄蒙受灾害，7 万亩麦田变成汪洋，广大农民生命财产蒙受巨大损失。5 月初，徐部又袭击交河县保安中队，将俘获的 60 余人尽皆枪毙，尸体投入运河。为讨伐该部，冀中军区令第 8 军分区第 18、第 63 团和回民支队，在山东渤海军区第 1 军分区第 17 团的配合下，于 5 月 5 日对徐春霖部发起进攻。经过激战，歼其 1100 余人，占领和解放了泊镇、冯口及其周围地区，将可控制的津浦路段又向北推进了近 30 公里，使冀中与渤海解放区连成一片。当军调部执行小组前往调查时，美蒋代表目睹群众受害的惨状和对徐匪罪行的悲愤控诉，狼狈不堪，不得不承认冀中部队的正义行动和进占现实。

5月中旬，国民党军第11战区孙连仲部以李文为指挥，调集第16、第94、第92军各一部及武清、通县保安团近万人，分两路向冀中解放区发起进攻。一路以第16军第22师一部和第94师第280团等部，进攻北运河与永定河之间解放区，得手后向大清河以北进攻，控制该地区所有县城；一路以第94军第121师第361、第362、第363团、第43师第129团1个营及第5师工兵营，第92军第21师第63团等部，在飞机、坦克掩护下，向津西重镇胜芳进犯。

冀中军区代司令员孙毅、政治委员林铁，决心采取固守要点、结合外围突击之作战方针，打击进犯之国民党军，保卫大兴县以南庞各庄、平津之间安次（今廊坊）及大清河以北的胜芳诸要点。具体部署是：以位于平南地区之第10军分区第75团在当地地方武装配合下保卫庞各庄；调冀中纵队第13旅第38团至胜芳，在位于津西地区之第9军分区第38、第63、第64团和军区特务团以及当地地方武装配合下保卫胜芳。

5月15日，国民党军第16军第22师第64团1个营由北宁线南下攻击礼贤镇，遭大兴保安队阻击。该师第66团附坦克3辆，由黄村南下对庞各庄实施主要进攻。驻守庞各庄的为冀中军区第10军分区第75团。战斗打响后，第75团以1个营坚守阵地，主力从外线对国民党军第66团攻击部队实施侧击，双方展开激战。至黄昏，国民党军第66团一部突入庞各庄。16日，国民党军第94师第280团由黄村赶至庞各庄，与第66团一起，在坦克、飞机配合下，继续猛攻庞各庄。冀中军区第10军分区第75团奋力抗击，毙伤国民党军百余人，击毁坦克1辆，至下午4时撤出庞各庄，转向南榆垡防守。17日，国民党军第66团在坦克、飞机掩护配合下，又向南榆垡进攻，至黄昏占领该地。同日，驻万庄的国民党军第94军一部配合伪军数百人进占旧州。国民党军侵占以上地区后，继续向附近地区扩展，先后占领了永定河北岸十几个村庄。19日以后，向庞各庄地区进攻的国民党军除部分兵力在该地建点、“清剿”外，主力返平津线。

在上述国民党军蚕食庞各庄地区的同时，另一路也开始向大清河以北地区进犯。5月14日，第121师第361团、第43师第129团，共1500余人，由天津乘车向西北方向出动，并在原驻落垡地区之伪保安第5团800余人配合下，分3路向安次城发起攻击；第21师第63团由通县南下，向安次城北之大、小王庄发起攻击。冀中军区第9军分区第38团及安次支队与之展开激战，连续挫败其8次冲锋，并以2个连向城南反突击，收复仇庄等3个村庄。15日16时，国民党军发起全线冲锋，第38团及安次支队因众寡悬殊、弹药将尽，相继向西撤出，退守葛渔城。国民党军进占安次后，以第63团第2营及伪保安第5团一部担任守备，其余各部于16日分路南下，配合由王庆坨西犯之第121师第362团，向葛渔城进攻，当夜12时进占该地，继续南犯。

18日，冀中军区第9军分区第38团与军区特务团在下官村、辛庄、四堡、马道口一线，与进犯的国民党军各部展开了野外攻防战。激战一昼夜后，第38团实施反突击，毙伤国民党军200余人，至20日2时后撤，转守东府港、杨芬港、徐家堡、得胜口一带。8时许，又在以上地区与国民党军展开反复争夺，战斗异常激烈。其中，坚守徐家堡村的1个排，在房屋和阵地被国民党军炮火全部轰塌摧毁的情况下，殊死抗击，激战半日，杀伤国民党军200余人。该排人员大部伤亡，最后仅有5人撤出。战至21日，第38团、军区特务团阵地相继被突破，部队撤至胜芳地区。

22日—24日，国民党军各部先后进至辛章、策城、东府港、十里铺、何家堡、三里亭子及胜芳外围，积极构筑工事，并发炮轰击胜芳。25日10—18时，胜芳外围国民党军在炮火、坦克、装甲车掩护下，向胜芳正东、正北、东北、东南阵地连续发起进攻。防守胜芳的冀中纵队第13旅第38团和冀中军区第10军分区第75团等部，以手榴弹、机步枪火力先后击退国民党军12次冲锋，并多次组织反击，前沿阵地失而复得。19时，防守部队利用夜暗主动出击，第13旅第38团以2个营向胜芳外围之熟妥房子、亭子处、十里铺进袭，第9军分区第38团以1个连向何家堡进袭，战至21时，共歼灭国民党军600余人。

26日，国民党军第121师副师长杨文泉亲自到亭子处督战，令部属在12小时内拼死攻下胜芳。是日，国民党军先后出动飞机数架次向胜芳投弹扫射2小时，第121师等部乘机进占陈家堡、田家堡、大小桃园，并一度突入胜芳前沿阵地。胜芳防守部队经两次反突击，将原阵地恢复。至27日，国民党军暂时停止进攻，在胜芳外围驻守待援，双方转入对峙。

为迅速打破胜芳僵局，双方均调兵遣将，增援胜芳。27日，冀中军区急令冀中纵队第11旅由高阳北上驰援胜芳，28日，该旅进至胜芳西北的崔庄子。同日，国民党军第21师2个团经落垡、安次赶到胜芳东北葛渔城。当晚，冀中军区第9军分区第63团1个营向葛渔城袭击，激战半小时退出战斗。29日，国民党军援兵主力抵达堂二里后，改向信安镇、王庄子迂回，企图占领胜芳外围大清河北堤，实施对胜芳的包围，并切断胜芳守军与后方的联系。针对国民党援军的包抄企图，先机到达的冀中纵队第11旅当即决定在王庄子设伏，打击迂回之国民党军。部署完成后，第11旅一部在防守部队配合下，对进入伏击圈的国民党军发起突然袭击，当即毙伤国民党军团长、营长、连长各1名，所部失去指挥，纷纷溃退。第11旅等部乘胜占领信安镇，并向冯家柳国民党军指挥所攻击。国民党援军慑于被歼，于30日被迫撤回葛渔城。同日，围攻胜芳之国民党军见援军无望，于午夜陆续向平津铁路沿线撤退。至此，胜芳胜利解围。

在庞各庄、安次和胜芳一带的反蚕食作战中，冀中军区部队共歼灭国民党军1800余人，击毁坦克3辆，缴获大批武器，给违约进犯的国民党军以沉重打击，迫使其不得不暂时停止对冀中解放区的进犯。6月3日，晋察冀军区通令嘉奖了保卫胜芳作战的部队，并号召全区部队高度警惕，加紧训练，准备继续打击一切来犯的国民党军。

三、整军整训，加强全区部队建设

在反击国民党军蚕食进攻的同时，晋察冀军区各部队按照中共中央的指示，进行了练兵、减租（土改）与生产三大中心工作。毛泽东在《一九四六年解放区工作的方针》中指出：不论野战军、地方军、民兵，都要“利用战争间隙着重练兵”；并强调提出：“减租与生产两大任务是否能够完成，将最后地决定解放区政治军事斗争的胜负，各地切不可疏忽。”历史发展的事实证明，这三项工作，对于应付时局逆转，加强战争准备具有重要的战略意义。

军政练兵从1946年2月开始。2月至4月以政治练兵为主。全军开展了以保卫人民胜利果实为中心内容的回忆运动。通过形势教育，回忆、诉苦、谈心，加强了部队为人民解放事业而斗争的思想，提高了指战员战胜敌人、保卫边区的决心和信心。同时还开展了拥政爱民和尊干爱兵运动，密切了军内、军外的团结。从5月开始以军事训练为主。各纵队集训了营以上干部，部队进行了射击、投弹、刺杀三大技术训练和班排战斗教练，提高了干部的指挥能力和部队的战斗技能，特别是由游击队升编不久、基础较弱的部队，进步更为明显。

在此期间，晋察冀军区还进行了精简整编工作。根据中央关于此次精简整编主要是“裁减老弱及无职务、无武器人员，合并机关，减少非战斗单位，充实部队，减少财政支出，利于长期打算”的原则和要求，晋察冀中央局从当时的斗争形势和减轻人民负担考虑，3月1日作出决定，按野战军二、地方军一的比例，野战军编15万人，地方军编7.5万人，全区军队共编22.5万人，复员转业约10万人。整编工作从3月开始，至6月基本告一段落，7月正式统一了各纵队及旅、团番号。

整编中，晋察冀军区的各级领导、机关和部队均作了一定调整。调整后的军区和军区机关领导为：司令员兼政治委员聂荣臻，副司令员萧克，副政治委员刘澜涛、罗瑞卿，参谋长唐延杰，政治部主任罗瑞卿（兼），副参谋长耿飚、曾涌泉，政治部副主任潘自力、蔡树藩，后勤部部长查国祯，供给部部长封永顺，供给部政治委员吴先恩，卫生部部长殷希彭，卫生部政治委员姜齐贤，工业部部长刘再生，工业部政治委员杨城，兵站部部长张西帆，兵站部政治委员尚英。机关和部队的调整，主要是撤销了晋察冀野战军指挥机构，将原来的9个纵队缩编为4个纵队，由军区直接指挥。以原晋冀鲁军区第1纵队编为第1纵队，杨得志为司令员，苏振华为政治委员，辖第1、第2、第3旅；以晋察军区2个纵队合编为第2纵队，郭天民为司令员兼政治委员，辖第4、第5旅；以冀中军区2个纵队合编为第3纵队，杨成武为司令员，李志民为政治委员，辖第7、第8旅；以冀晋军区2个纵队合编为第4纵队，陈正湘为司令员，胡耀邦为政治委员，辖第10、第11旅。晋察冀军区直属1个教导队、1个炮兵团。地方军编为6个二级军区、21个军分区、13个独立旅。西线3个军区：冀晋军区辖3个军分区和独立第1、第2旅，司令员赵尔陆，政治委员王平；冀察军区辖4个军分区和独立第4、第5旅，司令员郭天民，政治委员刘道生；冀中军区辖4个军分区和独立第7、第8旅，司令员孙毅，政治委员林铁。冀热辽军区，司令员兼政治委员程子华，副司令员李运昌、陈奇涵、黄永胜，副政治委员黄火青，下辖冀东、热河、热辽3个军区和10个军分区。冀东军区辖4个军分区和独立第10、第11、第12旅，司令员詹才芳，政治委员李楚离；热河军区辖3个军分区和独立第13、第14旅，司令员段苏权，政治委员黄火青（兼）；热辽军区辖3个军分区和独立第16、第17旅，司令员黄永胜（兼），政治委员胡锡奎。各军分区编有1—2个团，各县仍有1个游击大队，除边缘区外，区游击小队撤销。各地方部队仍受同级地方党委领导。

这次精简整编，是按照中共中央指示进行的。虽然整编后部队更加精干，指挥更加便捷，且节省了财政开支，特别是在整编基础上，部队经过军政大练兵，官兵军事技术和战术水平有了一定提高，思想作风上的游击性和地方性有了明显克服，部队战斗力得到进一步加强，为以后反击国民党军大举进攻，创造了必要的条件，但由于晋察冀军区复员人数较多，野战军实力有所减少，对而后实施大规模运动战带来一定影响。

在整编整训的同时，晋察冀中央局和晋察冀军区领导下的全区军民，继续发动群众，进行减租减息、反奸反霸斗争，组织群众生产，部队也展开了生产节约运动，减轻了人民负担，改善了生活。1946年5月4日，党中央颁发了《清算减租及土地问题的指示》，提出坚决支持农民的土地要求，实现“耕者有其田”。晋察冀中央局于7月1日作了传达布置，军区政治部7月19日训令全区部队积极参加土地改革运动。这一运动得到了解放区人民和部队指战员的热烈拥护，并在各新老解放区迅速展开。这样，不仅大大调动了农民生产的积极性，而且有力地促进了广大群众参加反蚕食斗争和支援前线的革命热情。

1946年上半年停战期间，晋察冀解放区军民在共产党的领导下，同国民党进行了针锋相对的斗争，有力地打击了国民党军抢占战略要点的进攻和对边区的蚕食进犯；开展了轰轰烈烈的减租和反奸反霸的群众运动，扫除了敌伪残余，打击了封建势力，进一步巩固与加强了民主政权的建设；整编了野战军和地方军，进行了政治和军事训练，提高了部队战斗力。所有这些，都为迎接解放战争的胜利打下了基础。

第二章

执行夺取“三路四城”战略计划，迎击国民党军大举进攻

（1946年6月—1947年2月）

第一节　全面内战爆发时形势及晋察冀解放区的任务

1946年6月下旬，国民党军以围攻中原解放区为起点，向解放区展开大规模的进攻，发动了一场中国历史上规模空前的内战。解放区军民在中国共产党的领导下奋起抗击，以革命的自卫战争反击国民党反革命的战争，揭开了全国解放战争的帷幕。

一、全国军事形势和共产党反击国民党军大举进攻的战略方针

全面内战爆发前夕，国民党军在美国支援下，利用停战的时机，将大后方的大批军队调运到关内、关外各战区前沿，基本控制了平汉、陇海、津浦、同蒲、北宁、沈吉铁路等交通干线和重要港口，完成了对各解放区的进攻部署。从6月底开始，先后向中原、晋南、苏皖、鲁西南、胶东及冀东、热河等解放区发起疯狂进攻，并把其80%的正规军用于内战前线，在双方力量对比上占明显优势。从兵力上看，国民党军总兵力已扩展到约430万人（正规军总共约356万人），相当于解放区总兵力127万人（野战部队61万人）的3倍还多。从武器装备上看，国民党军接收了侵华日军100万人的装备，得到美国大量武器装备和物资的援助，装

备的是美国新式“飞机、坦克、大炮”，而解放区人民军队仍是抗日战争时期的“小米加步枪”。从战争资源和工业生产水平上看，国民党统治区土地面积和人口占全国的70%以上，并控制着全国各大城市和绝大部分的交通干线、矿产资源、近代工业等国民经济命脉，军工生产也具有一定规模。而解放区面积仅为200多万平方公里，人口1.3亿，以及为数不多的小工业和规模很小的军工生产，远不及国民党的资源雄厚。

为了尽快消灭中共武装，国民党军统帅部决定采取全面进攻、速战速决的战略方针，企图在3—6个月，首先消灭关内各战场的人民军队，占领解放区；然后再集中力量解决东北问题。提出了战争初期的3个“战略目的”：“第一是要占领匪军的政治根据地，使他不能建立政治中心，在国内外丧失其号召力。第二是要摧毁其军事根据地，捣毁其军需工厂与仓库，使其兵力不能集中，补给发生困难。第三是封锁其国际交通路线，使之不能获得国际的援助。”强调在作战中，要以占领城市及交通线为基点，“把匪军所占领的重要都市和交通据点一一收复”，然后“由点来控制线，由线来控制面，使匪军没有立足的余地”[①]。

国民党军的大举进攻，使全国解放区军民面临着严重的考验。这时，虽然各战略区已基本完成由游击战向运动战转变的战略部署调整、野战军集结、战争动员和必要的物资准备，但部队编制装备调整还只是初步的，特别是野战军编制体制还很不正规，机动兵团在整个作战力量中的构成比例还比较少，兵力很不充实，武器装备也很差。如有的野战纵队是3个旅、9个团，有的仅2个旅、4个或6个团；兵力少的团不足千人，多者也仅1500人左右。与国民党军相比，不仅兵力数量少，而且也没有空、海军和重型武器，甚至中小口径的火炮也极少，等等。

面对强弱悬殊的严峻形势，8月6日，毛泽东在《和美国记者安娜·路易斯·斯特朗的谈话》中，提出“一切反动派都是纸老虎”的著名论断，指出真正强大的不是美蒋反动派，而是觉醒了的中国人民，反动派总有

① 国民党中央委员会党史委员会编：《总统蒋公思想言论总集》第22卷，第292页。

一天要失败，人民总有一天要胜利。依据国际国内形势，中共中央确定了以自卫战争粉碎国民党反动派的进攻，以期恢复国内和平的正确方针，为全国解放区军民制定了一个以主力向国民党统治区实行外线出击、力争“以打促和”的战略计划。至9月，中共中央、中央军委先后对各战略区作出向国民党统治区举行大规模自卫反击的战略部署，多次发出指示，突出强调“以集中兵力打运动战为主，以分散兵力打游击战为辅”、“集中优势兵力、各个歼灭敌人”的基本方法。坚持这种方法，必须不计一城一地得失，在运动中主动创造和捕捉战机，不断地打击国民党军；必须“以歼灭敌军有生力量为主要目标”，力争在每一战役、战斗中造成局部优势，“断其一指”，实现速决、全歼。通过这样长期的斗争，逐次消灭和削弱国民党军，促成双方力量对比的优劣转换，最终夺取战争的胜利。

中共中央除了在军事斗争方面制定了一系列的方针、原则外，在政治上，还制定了放手发动群众，团结一切可以团结的力量，建立最广泛的民族民主统一战线，彻底孤立和最大限度地瓦解国民党反动集团等方针。在经济上，制定了坚持节省使用人力和物质资源，作持久打算；努力生产，实现一切必需品，特别是粮食和布匹完全自给；依靠自力更生、艰苦奋斗等政策措施，为解放区军民迎击国民党军的大举进攻提供了重要保障。

二、晋察冀军区面临的形势和任务

晋察冀解放区是国民党军全面进攻中的一个重要地区。截至1946年6月，国民党军共向该解放区及周围调集了11个军30个师约33万人。其中，第11战区司令长官孙连仲部的第3、第16、第53、第92、第94军，分布在北平、天津、唐山、保定、石门地区；第12战区司令长官傅作义部的第35军、暂编第3军、东北挺进军马占山部，分布在归绥、包头、大同地区；第2战区司令长官阎锡山部的第19、第33、第43军，分布在太原和大同地区。此外，还有东北保安司令部所属的第13、第93军，分布在热河东部和西部地区。其进攻企图是：首先占领热河的承德和冀东地区，而后以孙连仲、傅作义部东西对进，夺取晋察冀解放区的首府张家口，以期控制平绥路和同蒲、平汉路北段及北宁路、锦承路，分割晋察冀与晋绥、东北解放区的联系，进而分别消灭各解放区的野战军。

6月19日，中共中央依据时局发展，对晋察冀军区部队下半年的基本任务，作了明确指示。指出，内战爆发后，晋察、冀热辽主力应对付热河及平津方面蒋军主力，以一部协助晋绥军区对付傅作义及夺取同蒲北线，以又一部协助晋冀鲁豫军区夺取正太线及同蒲南线。6月28日，中共中央对北线作战进一步部署，指示晋察冀军区："在国民党大打后，你们基本任务是保卫地方与夺取三路四城。"[①]"当敌进攻承德时，你们的主力不是保卫承德，而是乘敌北进，集中杨、杨、郭、赵四个纵队及冀中、冀晋全力举行平汉战役，占领从长辛店至石门整个平汉路，相机占领保定石门两城。""平汉胜利后，即以主力三个纵队不少于二十团四万人入晋，充当夺取山西之主力，首先配合山西各区，夺取正太、同蒲两线，扫清太原、大同以外一切敌据点，使冀晋、晋绥、吕梁、太行、太岳五区打成一片，然后相机夺取太原、大同。"考虑到夺取三路四城均属攻坚战，中央要求"立即训练攻城技术，多备黄色炸药，制造黄色炸药之工厂日夜加工"。并"须准备六个月或较多时间，但是必须完成此任务"[②]。

对于晋察冀军区而言，上述任务是十分艰巨的。因为解放区的土地改革刚刚开始，群众还没有充分发动起来，人力物力在长期抗战中消耗很大，加上以张家口为中心的战略基地处在受国民党军两面夹击的不利地位，形势十分严峻。聂荣臻等军区领导人考虑，平汉路和平津唐两线驻有国民党8个军、21个师和5个纵队，而山西太原以北地区只有国民党2个军、7个师，显然要弱得多。在双方优劣悬殊又无晋冀鲁豫军区配合的条件下，执行中央的指示，以晋察冀主力南下，首先攻打平汉路和保定、石门是困难的。为此，向中央建议，采取"西攻东防"的作战方

① 三路：平汉路北段和正太、同蒲路；四城：保定、石门、太原、大同。

② 《毛泽东军事文集》第3卷，军事科学出版社、中央文献出版社1993年12月版，第305—306页。

针，并先用半个月时间，与晋绥配合打下大同，而后视战局发展，创造条件，分步实现既定的战略目标。随后，中共中央复电表示赞同，并根据晋察冀军区的意见，对原作战步骤作出了调整：第一步，以晋绥军区主力部队和晋察冀军区一部进行晋北战役，夺取同蒲路北段诸城，割断太原、大同的联系；晋察冀军区主力则留置冀东作战。第二步，以晋察冀、晋绥军区主力夺取大同，以一部兵力阻击北平之国民党军西进。第三步，视情况发展进行平汉战役，首先夺取平汉路北段，并相机攻占石家庄、保定等城，然后再夺取正太路和太原。

按照中共中央的部署，晋察冀中央局和晋察冀军区领导着解放区军民，一方面立即展开了“西攻东防”的部署行动，以杨得志、苏振华之第1纵队控制平绥路东段及平北地区，以一部位于承德及古北口地区；以郭天民之第2纵队位于平北及昌平以东地区；以杨成武、李志民之第3纵队位于平绥路岔道至新保安段；以陈正湘、胡耀邦之第4纵队主力位于平绥路大同以东至阳高段。一方面广泛开展了战争动员和各项准备，号召全区紧张地动员起来，坚决勇敢地投入自卫战争中去，彻底粉碎蒋介石进攻；进一步发动群众，进行土地改革，努力生产节约，支援战争；动员翻身农民参军，扩大武装力量，大力加强地方部队和民兵的建设；建立健全战争勤务工作，为争取战争的胜利而奋斗。解放区成立了战争动员委员会，在军队和群众中，广泛进行了揭露美蒋战争罪行的教育；广大青壮年争先恐后踊跃参军，复员军人纷纷重返前线；民兵展开了射击、投弹、埋雷的训练，准备广泛开展地雷战、游击战；边区的群众实行空舍清野，配合当地部队投入紧张的反蚕食护秋斗争；各地积极组织群众运送粮食、弹药，结队出征，妇女日夜赶做冬装、军鞋，支援前线；工厂、机关、学校开展了增产节约和献金、献工、劳军的运动，全区迅速掀起全民总动员，彻底粉碎蒋介石进攻的备战高潮。

第二节　向同蒲路北段反击，发起晋北和大同集宁战役

内战全面爆发后，晋察冀和晋绥军区最先面临的是国民党阎锡山、傅作义部向晋北、绥东地区的侵犯。中央军委曾指示两区，首先消灭阎锡山部，控制山西高原，切断同蒲路北段，割裂太原、大同之联系，孤立并相机夺取太原。依据这一指示，晋察冀和晋绥军区确定在晋北、绥东地区组织战役，先拿下同蒲路北段各重要城镇，然后再乘胜攻取大同、集宁，以积极的行动，反击阎锡山、傅作义部的进攻，消除国民党军对该地区的威胁。

一、南下同蒲路，夺取晋北诸城

晋北，一直是国民党阎锡山部不断扩张、长期盘踞的重要地区。1946年五六月间，阎锡山部在蚕食汾河以东地区后，又相继占领崞县、忻县等12座县城，并将这一地区划为北岳、关南（雁门关以南）两个作战区。其中，北岳区包括大同、怀仁、山阴、应县、朔县5个县，部署1.5万余人，由第43军军长楚溪春为总指挥；关南区包括宁武、崞县、代县、繁峙、五台、定襄、忻县7个县，驻有1.53万余人，由第19军副军长于振江任总指挥。另外，该地区北起大同，南至黄寨（今阳曲），沿交通线建有大小据点140余个，均以收编的日伪军驻守。

6月4日、9日，中央军委先后电告晋绥军区："可以同时或先后攻取朔县、宁武两点，得手后再考虑攻取山阴、岱岳两点"，"不要调动北线主力，不要惊动傅作义"[①]。贺龙遵照中央军委电示，决定以晋绥军区的部队为主，晋察冀军区一部配合，发起晋北战役。首先夺取朔县、宁武、崞县，继而再攻代县、原平、五台、定襄、忻县，争取在傅作义东犯前，消灭阎军1—2个师。而后，即挥师北上，再取应县、怀仁，控制同蒲路

① 《毛泽东军事文集》第3卷，军事科学出版社、中央文献出版社1993年12月版，第261页。

北段，切断大同与太原的联系，最后孤立围困并相机夺取大同，扫清阎锡山在晋北的势力，使晋绥和晋察冀解放区连成一片。

6月16日，晋北战役开始。晋绥军区独立第2、第4旅和雁门军区地方部队，以及晋察冀军区第4纵队第11旅及冀晋军区第1、第2军分区部队各成一路，分别在同蒲铁路东、西两侧地区展开攻势行动：晋绥军区部队进攻朔县、宁武等地；晋察冀军区部队进攻繁峙、代县等地。

当晚，晋绥军区部队率先对朔县发起攻击。朔县是阎部北岳区南端的一个城镇，也是其北岳区与关南区的接合部和晋北防御体系的中间一环，守军约1300人。根据中共地下工作者提供的重要情报和守军兵力部署图，独立第2旅一部和地方部队共3个团发起攻击后，迅速突入朔县城内，战至第二天清晨，朔县守军全部被歼。解放朔县后，晋绥军区部队继续沿同蒲线南下，向宁武进击。宁武位于内长城以南，属阎部关南区第一城，由保安第12团和暂编第40师第3团一部约1400人驻守。29日夜，晋绥军区独立第2旅冒雨对宁武县城发起攻击，至30日先后扫清城周外围据点，当夜开始攻城。城内守军1100人不敢抵抗，趁雨夜弃城突围，沿途遭袭后，大部逃往大牛店和原平。至此，晋绥军区部队连克朔县、宁武两城，切断了同蒲铁路，分割了北岳区与关南区的阎军。

与此同时，为配合晋绥军区部队作战，晋察冀军区部队也在同蒲铁路以东地区对山阴、繁峙、应县等地发起攻击。21日，冀晋军区第1军分区副司令员刘苏指挥独立第12、第13团，会同雁门军区第5军分区第2、第3团，在山阴、怀仁县2个县大队配合下，收复了山阴县城，逼近岱岳镇。同日，岱岳守军暂编第38师第3团逃奔大同，岱岳只留挺进支队、自卫团等1000余人，以原日军修筑的防御工事为依托，据守顽抗。23日夜，第1军分区部队在岱岳镇东、南、西三面展开，完成了对岱岳的包围；第5军分区部队进至岱岳以北地区，向北警戒大同、怀仁方向援军。刘苏决心以独立第12、第13团担任主攻，以县大队和千余民兵堵截外逃守军。24日拂晓，在炮火的猛烈轰击下，岱岳土城墙及四周碉堡多处被炸塌，守军乱作一团。攻击部队乘势突入镇内，俘守军自卫团及政府人员

500余人。上午8时许，守军挺进支队残部400余人由镇北逃至北周庄村南，遭镇外堵截部队迎头痛击，经2小时激战，死伤30余人，其余全部被俘。山阴县城和岱岳镇两处作战，共歼阎军1000余人。之后，冀晋军区第1军分区和雁门军区第5军分区的部队继续北上，分别向应县、怀仁县城逼近。

当冀晋军区第1军分区等部队向山阴、岱岳进击之时，晋察冀军区第4纵队也开始由阳高县聚乐堡、马官屯一带出发，向应县推进，企图歼灭驻守该县的国民党雁北挺进纵队乔日成部。6月19日拂晓前，第4纵队第10旅所属第28、第29、第30团并附3个炮兵连，隐蔽运动到应县城东北的郭家寨、东西辉耀、南北马庄地区。随后，由第10旅旅长邱蔚、政治委员傅崇碧指挥该旅，在冀晋军区第1军分区独立第12、第13团和怀仁、应县2个县大队配合下，向应县发起攻击。其部署是：以第10旅3个团担任主攻，以独立第12团及怀仁、应县2个县大队在南宴庄、毛家皂打援，以第13团控制韩家坊，准备歼灭应县突围之乔部。担任攻击任务的3个团，以第28团（附野炮3门、反坦克炮1门、迫击炮4门）主攻东关，突破后夺取县城十字街以东地区；第29团（附第33团2个连及野炮、反坦克炮各1门）主攻西关，突破后夺取十字街以西地区；第30团为第二梯队，随时准备增援第28团。

20日16时30分，攻击开始。第28团在猛烈炮火轰击和支援下，向东关东南角堡垒发起冲锋，19时占领该地，继续发展进攻时，被东关街内地堡及两侧火力所阻；第29团在发起攻击后，以迅速动作将守军击溃，18时占领西关，并向西门进击。是日午夜，上述两团分别对城东关和西门发起攻击，第29团激战3小时未克；第28团在炮火掩护下，经连夜激战将东关占领。21日10时，东西两面攻击部队同时突击登城，数次冲到城根，由于守军火力密集，突击队伤亡很大，被迫撤出战斗。

23日、24日，乔部在城东北角的2座制高堡垒被攻克后，立即收缩兵力，将城外守军全部退守城内。其第1团守东城墙，第2团守南城墙至西门一段，第3团守西门至东北角一线，骑兵作为驰援力量待机。

经过数天准备，攻城部队于28日8时30分，对应县城再次发起攻击。第28团首先在东门实施坑道爆破作业，因时间仓促，测量不准，没有炸到城门。同时，攻城部队也没能利用爆破之机，对混乱的守军及时发起冲锋，结果待突击队冲到城根时，遭守军猛烈火力打击，伤亡较大，只得撤出战斗。第29团利用猛烈炮火在西门南侧轰开一个缺口，先后两次突击登城，均遭乔日成亲自督战之守军的拼命反扑，冲锋未果。激战中，攻城部队曾一度登上城头，将乔日成击毙，使守军陷入混乱，但第30团在国民党飞机的轰炸扫射中跟进受阻，攻城后续不济，致使整个行动再次停止。此战，毙伤乔部守军300余人。

7月3日，由阳高南下之晋察冀军区第4纵队第11旅在旅长陈坊仁指挥下猛扑繁峙，俘守城总指挥宫志成、国民党县长张帆，全歼守军1000余人。攻克繁峙后，第11旅继续南进，挥师代县。位于繁峙西南的枣林阎部守军及国民党地方官员，慑于南下部队的攻势，纷纷向代县方向溃逃，5日被第11旅第33团包围于二十里铺。当天下午3时，第33团在代县支队的配合下，向二十里铺发起攻击，战至傍晚，占领该地，毙、俘阎军220余人。当晚，陈坊仁旅长率第11旅第31、第32团进占代县西南之阳明堡，并与第33团会合，逼近代县城。驻代县城阎部省防军第12团及国民党地方县政府人员随之弃城，星夜南逃。6日，代县解放。

当天，中央军委根据晋北战场情况，电示贺龙、李井泉、聂荣臻、刘澜涛：宁武、繁峙夺取后，两部应即统一指挥，协力夺取崞县、忻县等地，指令晋察冀军区将陈坊仁旅交由晋绥军区指挥。据此，晋绥军区组织了晋北野战军司令部，由晋绥军区副司令员周士第任司令员兼政治委员，指挥晋绥军区的独立第2、第4旅，雁门军区等地方部队；晋察冀军区第4纵队第11旅及冀晋军区第1、第2军分区等部队，共1.5万余人。8日，周士第率晋北野战军司令部及独立第2旅、雁门军区部队抵达崞县附近，把第一个攻击目标指向崞县。与此同时，第11旅也由代县进抵崞县城南一带。

崞县县城坐落在大同至太原公路上的崞阳镇，驻有阎部暂编第40师第2团1700余人，及崞县、代县民团等，共2300余人，工事坚固，防守严密。11日，晋北野战军司令部决定以独立第2旅对崞县城实施主要进攻；以第11旅阻击原平方向援军和截击崞县出城守军；以雁门军区地方部队袭击上阳武守军、破坏忻县至太原交通和警戒太原方向；以冀晋军区第2军分区部队在五台、定襄之间牵制阎部。当日夜，独立第2旅在扫清崞县外围据点后，分别从城西北、西南和北门同时发起攻城。23时，攻城部队炸开城门，迅速突入城内与守军展开巷战。至次日晨，守军大部被歼，残部突围后又被第11旅截歼，崞县从此获得解放。

崞县攻克后，原平、忻口、五台、定襄等地的守军，闻风逃往忻县。晋北野战军乘胜南下，向忻县方向进发。忻县是太原北部屏障，阎部设防坚固，重兵防守，守军为暂编第40师第3团及各地逃往忻县的阎军共达8000余人。14日，第4纵队第11旅作为先头部队进占原平、忻口后，继续向忻县逼近；17日、19日，冀晋军区第2军分区部队相继占领五台县城、东冶镇和定襄，五台、定襄（除智村）全境解放。20日，忻县守军被晋北野战军四面包围，对太原构成了威逼之势，阎锡山急令驻黄寨的第68师前往增援。22日晚，由太原北援之阎部第68师2个团共2000余人进至平社地区。贺龙和周士第得知这一情况后，决心留置少量部队监视忻县城内守军，集中独立第2旅等部首先歼灭援军，而后再转兵攻城。遂令独立第2旅2个团和雁门军区3个团乘阎部援军立足未稳，立即发动攻击。至23日凌晨，歼灭第68师2个团共1500余人，师长许鸿林仅率残部400人逃回黄寨。30日晚，晋北野战军冒雨会攻忻县城。经一夜战斗，独立第2旅将南关外围据点扫清，第11旅攻入城外匡村、营盘守军阵地，但因雨大道路泥泞，守军工事坚固，部队攻击行动困难，天快明时晋北野战军决定各部队撤出战斗，返回原地休整。天亮后，阎锡山又派出飞机对攻城部队扫射、骚扰，第11旅当即将其1架击落。8月11日，晋北野战军对忻县城再次发动进攻，突入守军部分阵地，与之展开数次冲锋与反冲锋，但战至次日凌晨3时许，天空又降大雨，攻击速度明显迟缓，至天亮时再次撤出战斗。鉴于连续攻城成效甚微，又加大同、集宁方向的作战已经展开，15日晋北野战军决定以一部兵力围困忻县城，主力转入休整，结束晋北战役。

晋北战役从6月16日开始至8月15日止，历时2个月。晋绥军区和晋察冀军区部队共攻克阎军据点100余个，歼灭阎军8600余人，击落飞机1架。控制和破坏黄寨以北到大同附近的同蒲铁路北段250公里，切断了阎部大同与太原之联系；解放了忻县以北至大同以南的广大地区，打通了晋察冀与晋绥解放区在晋北地区的联系，使大同之阎部陷入孤立。

二、北围大同，发起外围战与攻城战

在晋北战役期间，考虑到晋北战役胜利后，大同将形成孤立。为了执行中共中央“夺取三路四城”的战略计划，晋察冀军区和晋绥军区的领导决心首先夺取大同。此时，东面国民党军孙连仲部向张家口进攻的准备尚未完成，抓住这一时机，用15—20天时间攻占大同，既可使两区完全连成一片，又能够减轻张家口西顾之忧，也有利于下一步集中更多的兵力用于平汉线作战。7月5日，聂荣臻致电中央军委，提出两区配合，先攻大同，再出平汉的建议。25日，中央军委复电表示同意，并要求两区精心计划，充分准备，坚决夺取之，同时准备歼灭傅作义的增援部队。

大同，位于晋、察、绥三省交界处，平绥、同蒲两铁路的交会点，背山面水，是山西北部的战略要地，历来为兵家所必争。当晋北战役发起后，大同守军判断晋北野战军必攻大同，遂积极修筑城防及外围据点，同时大肆抢掠粮食，征抓壮丁，拟凭坚固守。国民党军北平行辕主任李宗仁和第2战区司令长官阎锡山亦亲飞大同部署坚守事宜，并陆续空运大批粮弹到城内。为坚守大同，阎部守军依持12米高的城墙，居高临下，在城周筑有多种堡垒，分高、中、低3层，高处城墙上面有子母碉，城墙当中有枪眼，城墙外大小碉堡有交通壕连接，并有地下堡垒，碉堡外部有铁丝网、外壕、拒马等障碍物，守城部队配有滚雷，构成了要塞式的坚固工事防御体系。守军分布是：阎部第33军暂编第38师师部及第1团、大同保安教导总队（内有改编的日军800余人）、坦克车队驻城内；

暂编第38师第2团驻口泉，第3团驻怀仁；东北挺进军马占山部骑兵第5、第6师驻白马城、卧虎湾、北关及车站；保安第2团驻西关及车站；广灵、浑源、阳高等县自卫队分布在城东及东南各据点。共约1.9万余人。

8月2日，为研究和部署攻打大同，聂荣臻在阳高主持召开联席会议。到会的有晋察冀军区副政治委员刘澜涛、罗瑞卿，晋绥野战军副司令员张宗逊，第2纵队司令员兼政治委员郭天民，第3纵队司令员杨成武，第4纵队司令员陈正湘，张家口卫戍司令员郑维山等。会议在分析研究大同守军和周围形势的基础上，根据大同守军兵力不强，但城防坚固的特点，确定以5个旅围攻大同，先各个歼灭外围守军，不使其退集城内，而后在围城的同时，另部署4个旅打击傅作义可能的增援。为便于协同作战，决定组成前线指挥部，由晋绥野战军副司令员张宗逊任司令员、晋察冀军区副政治委员罗瑞卿为政治委员，第3纵队司令员杨成武为副司令员，统一组织指挥两区野战军和地方武装共9个旅30个团的兵力，实施大同、集宁战役。具体攻城和准备打援的部署是：以晋绥野战军第358旅、雁门军区第5军分区第2团和晋察冀军区第3纵队（第7、第8旅）、教导旅（2个团）、炮兵团、冀晋军区第1军分区独立第12、第13团，担任攻击大同任务，第4纵队第10旅攻取应县后亦北调参加大同作战；以晋绥野战军独立第1旅于卓资山，独立第3旅1个团在集宁，骑兵旅1个团于集宁西北之土城为阻援右翼兵团；以独立第3旅1个团、骑兵团、第2纵队第4旅、教导旅完成大同外围作战后，于新堂、凉城地区为阻援左翼兵团。攻打大同后，估计很可能牵动南口方向的国民党军3个师向怀来进攻，因此令杨得志、苏振华指挥第1纵队隐蔽开进至延庆、永宁地区应付东面可能之情况。

此时，大同外围的作战已经展开。7月31日，杨成武首先以2个旅及地方部队分别从西南、东北两个方向对大同外围各据点发起进攻。在西南方向，以易耀彩之第8旅和刘苏之冀晋第1军分区、王赤军之雁门第5军分区部队，扫清城南及城西南的怀仁、口泉等据点；在东北方向，以李湘之教导旅肃清御河以东沙岭子、曹府楼等据点。当日，第8旅及第1、第5军分区等部队密切配合，占领了里八庄、秀女村，歼守军1个连，切断了大同、怀仁间的铁路。8月1日，第8旅第23团攻占毛家皂，歼阎部守军200余人，另有1个连投降。这时，国民党军决定收缩兵力，集中坚守大同。2日，为接应怀仁守军撤退，大同城内守军以2个团2000余人的兵力，附坦克8辆，向城南13里的里辛庄出援，当进到里八庄、白家窑子一带时，被守卫白家窑子的第8旅第23团一部阻于村子周围的阵地，遭到大量杀伤。15时，第8旅令第23团、第24团主力分别从东、西两面迂回围攻该股国民党援军，毙伤其400余人，缴获坦克1辆，迫使援军退回大同。为阻止大同守军再援怀仁，尽快拿下怀仁县城，2日晚，杨成武一方面令第8旅副旅长宋玉琳率一部兵力，利用夜幕作掩护，在大同城南的南大庙一线挖出一条2.5公里长的防坦克壕，切断了阎部援兵及坦克的通道。另一方面令第8旅主力和冀晋军区第1军分区、雁门军区第5军分区部队向怀仁城发起攻击。21时许，主攻城东的冀晋军区第1军分区独立第12团率先攻克东门。驻怀仁守军暂编第38师第3团1500余人从西门方向分两路向大同方向突围、撤逃，至三里庄、北七里寨、甄家庄一带时，遭第8旅第22团和主攻城西的雁门军区第5军分区第2团，以及大同、怀仁支队的阻截，被毙伤400多人、俘900多人后，仅有一小部逃到口泉。雁门军区第5军分区等部队乘胜占领怀仁城。

4日凌晨，在大同城西面方向，第1军分区部队占领口泉后，继续向北推进，与平旺及王家园守军展开激战，大同城内守军又出动800余人，乘火车两列，前来接应，遭第1军分区部队与第8旅一部侧击，战至黄昏，两列火车被缴，援兵及大同城西侧的宋庄守军，撤回大同车站。第1军分区部队乘势攻占平旺及王家园电厂，第8旅一部攻占城西的马军营、五里店，歼守军2个连。在大同城东北方向，教导旅于5日攻占城东北的海立村，继续向城东曹府楼及东南的沙岭攻击，3次攻打沙岭均未克。城北之孤店守军撤退到卧虎湾。在扫清大同外围的战斗中，虽歼国民党军2000余人，但由于参战部队分兵扫点，行动不一，缺乏整体协调，未能迅速将各据点守军和出城援军分割包围，各个歼灭，使国民党军得以收缩兵力退集大同城内。同时，也忽略了对城东南机场的控制，使国民党军从包头空运交通警察第 16 总队第 3 大队进入大同，从而加大了进攻大同的攻城难度。

8 月 6 日，大同前线指挥部下达“关于大同战役作战准备工作的训令”，要求各部队集中优势兵力，以坚决的战斗手段和政治攻势，用有力的炮兵摧毁守军城防各种设施，不放弃以坑道爆破，掩护和配合攻城主力实行强攻，歼灭大同守军。为此，要抓紧时间进行破坏及通过障碍物、登城、巷战、步炮协同、反坦克战术动作等内容的训练。之后，在继续向大同前线集结兵力的同时，各部队暂时停止攻击，转入近郊作战及攻城准备。

11 日，前线指挥部重新对大同近郊作战和集宁打援作战作出部署。确定：大同近郊作战，主要突击方向为南、北两关，以晋察冀第 3 纵队第 7 旅主力和晋绥第 358 旅第 715 团攻北关，以第 8 旅和冀晋第 1 军分区部队攻南关；助攻方向为东、西两关，以雁门军区第 5 军分区部队攻城西各点，以第 7 旅第 35 团攻占城东关，以第 7 旅第 21 团接替教导旅任务，肃清御河以东守军；攻打应县的第 4 纵队第 10 旅除留第 30 团配合地方武装继续围困应县外，主力调到大同前线作为攻城的预备队。预定各部队在攻占四关后，以第 358 旅为主力从西北面强行攻城，其他部队采取坑道爆破的方式突破城垣。集宁打援作战，以晋绥野战军独立第 1 旅于卓资山，独立第 3 旅第 27 团于集宁，绥蒙军区骑兵旅于集宁西北之土城子，绥蒙军区第 9 团于十八台，晋察冀军区第 2 纵队第 4 旅于商都、贲红之线，作为打援的右翼兵团，统由绥蒙军区司令员姚喆指挥；以独立第 3 旅（欠第 27 团）、绥蒙军区第 7 团、独立骑兵团于凉城，教导旅于新堂，作为打援的左翼兵团，统由独立第 3 旅旅长杨嘉瑞指挥。

8 月 14 日黄昏，各部队经过 1 周时间的准备，对大同城郊和四关发起攻击。至 16 日，在对城北、城东、城南几个强固的城防据点攻击中，各部队指战员虽英勇顽强作战，但由于多采用正面攻击，炮火分散，步炮协同不好，因而进展迟缓。前线指挥部感到攻击艰难，一举攻克大同的预想不易实现，遂决定采取逐步压缩、步步为营、稳扎稳打的战法，大力改造地形，攻占一点，巩固一点。并令预备队第 10 旅投入战斗，作为攻击城东据点的主力。17 日晚，对大同城周据点的国民党军再次展开新的进攻。

在城南方向：守军根据城南地形开阔的特点，构筑了坚固的集团工事和多道障碍，作为城垣的屏障和主要支撑点，企图凭坚据守，控制南郊。攻击开始后，冀晋第 1 军分区部队迅速对毛家皂附近的据点实施包围，守军 300 人慑于被歼，在营长朱耀武的率领下投诚。随后，第 1 军分区部队与第 8 旅并肩作战，攻占了智家堡、七里村、大地和水泉湾，当继续向纵深发展时，遭到国民党军的顽强抵抗。经过昼夜连续激战，至 23 日，在冀晋第 1 军分区部队的配合下，第 8 旅先后摧毁飞机 1 架，控制了飞机场，一部突入南大庙，与守军短兵相接，展开白刃血战，旅之主力分 3 路向周家店进攻，24 日，该旅第 22 团占领该地。25 日，大同守军暂编第 38 师师长韩步洲率领城内机动部队 2400 多人（其中有 500 名收编的日本兵），以 5 架飞机为掩护，7 辆坦克作先导，向南大庙、周家店反扑。占领该地的第 8 旅第 22 团和第 23 团一部及冀晋军区第 1 军分区部队，依托既得阵地，同对方展开白刃格斗，打死打伤国民党军 500 多人，击毁坦克 4 辆，迫使其余部退回城内。28 日，该股国民党军加强保安总队、交警第 3 大队，在飞机、战车的掩护下，兵分 3 路，由大同守军最高指挥官楚溪春亲自随军指挥，再次向周家店和南大庙凶猛反扑，又被第 8 旅和冀晋第 1 军分区部队全部击退。 31 日，南大庙据点守军 300 多人企图突围逃跑时，被第 8 旅乘势全歼。至 9 月 4 日，第 8 旅等部又相继攻占城南瓦窑村、兴国寺，将南关外围据点全部肃清。

在城北方向：守军凭借坚固建筑物、堡垒群、大量布雷区构成的大纵深设防体系，与攻击部队展开逐碉逐点、逐房逐院的争夺。8 月 14 日晚 10 时，驻北关白马城之东北挺进军马占山部骑兵第 15 团 300 余人，在团长海福龙率领下宣布起义，发出通电痛斥蒋、阎与日伪勾结的罪行，表示退出内战，愿为和平民主独立而奋斗。当日夜，晋绥野战军第 358 旅第 715 团占领了城西北面的梅津营房、板本营房、陈庄和天主教堂，晋察冀军区第3纵队第7旅主力占领了城东北面的白马城和卧虎湾，向火车站及马占山部驻地面粉公司逼近。15日拂晓，守军骑兵第5师、保安大队及交警第3大队各一部在4辆战车、2门战防炮的掩护下，向白马城和天主教堂反扑，被击退。第7旅乘胜向城北关攻击。18日，国民党军飞机俯冲扫射，被击落1架。第358旅和第7旅各一部肃清天主教堂与面粉公司负隅顽抗之守军，并占领火车站北机器房。21日至28日，第7旅和第358旅第715团攻入火车站，先后炸毁车站北面水塔及周围碉堡，全歼以此为依托的守军，占领了车站月台及水塔以东、车站以北地区。9月1日，第358旅第8团投入战斗，加强了城北攻击力量，与第7旅第21团猛攻车站，迅即有了新的突破。第二天，击退了守军骑兵第5师一部向车站附近的疯狂反攻。战至4日，攻击部队将东大街、北关车站、车站西大街、北关操场、面粉公司、酒精公司等处守军歼灭，北关外围全部攻占。

在城东方向：守军暂编第38师第1团和浑源保安团、广灵保警队以及还乡团等部共千余人，主要依托御河，盘踞在沙岭村据点。该点东北、西北和南面修筑了坚固的大型碉堡，东面路口筑有暗堡，四周挖有近7米深、宽的堑壕，并布满了电网和地雷。8月14日晚，晋察冀军区教导旅2个团将沙岭村全部包围，并发起进攻，守军拼死顽抗，教导旅连日多次攻击均未奏效。18日，从应县调来的第4纵队第10旅接替教导旅，继续向沙岭村进攻。由于守军工事坚固，火力封锁严密，并且时有小股出击，攻击部队多次冲锋均遭火力压制，双方形成拉锯战。数日后，守军渐渐不支，被包围压缩于两座院子内。攻击部队为避免过多伤亡，每天晚上以少部兵力佯攻，用大部兵力挖掘地道，一直挖到沙岭村里。24日深夜，第10旅一部从地道出其不意地突入守军营盘，与之展开激战。26日，第10旅另一部占领了郝家坡。此时，大同城内暂编第38师第2团1个营在2门山炮掩护下增援沙岭村，沙岭村守军妄图乘机突围。结果，援军被第10旅第29团击退，突围守军被拦腰切为数段，全部被歼。29日，第10旅第28团以连续7次爆破，占领曹府楼，全歼了该处守军。至此，御河东岸守军据点全部攻克。9月1日，第10旅渡过御河，一度攻入东关。

在城西方向：8 月 14 日，经彻夜激战，晋绥野战军第 358 旅一部攻占陆军医院和天主教堂，主力向羊坊推进。21 日后，雁门军区第 5 军分区向宋家庄、警察学校推进，遭到保安第 2 团的顽抗，经数日激战攻占警察学校。至 9 月 4 日，第 358 旅和第 5 军分区部队攻占了西关车站，守军溃逃。至此，西关外围守军被全部扫清。

在大同近郊作战中，守军依托坚固的工事和星罗棋布的碉堡坚守顽抗，攻击部队打得异常艰苦，每前进一步几乎都要白刃相搏。许多阵地夺而复失，几度易手。截至 9 月 4 日，晋察冀、晋绥两区部队协同作战，将大同城四周守军据点全部荡除，共毙伤和俘虏国民党军 5000 余人。随后，攻城部队直抵大同城垣。

前线指挥部根据大同最后一道防线墙高城坚、重兵设防、易守难攻的特点，在认真分析守军设防情况的基础上，决定以坑道爆破配合炮火轰击的方式进行强攻。从 9 月 5 日开始进行坑道作业，积极准备攻城。

在大同作战中，雁北人民为支援前线，作出了重大贡献。冀晋一专署、一分区、各县都组成支前领导小组或支前委员会，动员 10 万余人支前。仅大同县就动员了上万人，经常服务于前线的达 2000 人。阳高县委书记刘模亲自带 1000 副担架和数百辆大车支前。雁门五地委、五专署、五分区和各县党政机关，全力进行了支前，发动组织大批民兵、群众，除给军队运粮食、物资等外，还配合部队进行作战。左云县在大同战役开始后，全县选拔出 300 名民兵，组成 5 个民兵连开赴前线。同时还从自卫队中抽出 900 人，组成 150 副担架队随军行动，并动员出 130 辆大车和 250 匹骡马，专门为前线部队运送粮草和物资。围攻大同 40 多天时间，仅左云县就供给部队粮食、面粉 10 万斤，胡油 1.2 万斤，食盐 1 万斤，饲草 22 万斤。大同、怀仁、右玉等县，除出动上千副担架外，还在本县成立了伤员运转站、招待所，每当伤员运来时，始终给予热情护理和招待。在战斗最紧张时刻，大同人民把自己的 900 余名子弟送上前线，补充兵员。作战所需的军用物资，几乎全部由雁北人民供应。民兵和担架队经常在作战第一线配合部队行动，涌现出许多可歌可泣的英雄事迹。

三、分兵打援，保卫集宁

集宁地处绥东，是平绥路上的战略要地。占据该地，向东南可出兵丰镇、隆盛庄、大同，控制晋北地区；向东可出兵尚义、张北，直下张家口，控制察哈尔。因此，国共双方无论谁想控制绥东、晋北广大地区，或是夺取大同、张家口战略要地，集宁都势在必得。

当晋察冀、晋绥军区围攻大同之时，蒋介石为促使傅作义积极出兵解围，将原属阎锡山第2战区所辖的大同划归傅作义第12战区管辖。傅作义受命后，果然于9月2日召开团以上军官紧急会议，进行了作战筹划和准备。虽然傅作义及其将领都明白蒋介石此举的真正用心，但从自身利益出发，不愿丢失新划拨的“领地”。于是傅作义决定，一面以“和平解决”为名，派代表同大同前线指挥部谈判，以掩护其行动；一面集中第35军3个师，暂编第3军2个师和4个骑兵纵队（师）共3万余人的兵力，以平绥路为轴线，分南、中、北三路向集宁进犯，企图一举攻克集宁，南援大同，而后相机攻取张家口。至9月5日，傅作义部3路增援部队先后由陶林、归绥等地区出动，并分别与先期展开的晋绥、晋察冀军区前沿部队接触。北路，以骑兵第1、第10、第14纵队及骑兵保安师共3000余人，由陶林向集宁正西方向进攻，进至集宁西北大小土城，遭绥蒙军区骑兵旅阻击。南路，以新编骑兵第4师所部1000余人、骑兵第2纵队及保安旅等部，由归绥地区向凉城方向进攻。其左翼新编骑兵第4师一度占领卓资山附近之毫切；右翼骑兵第2纵队进到凉城西北之阳坡窑子，企图夹击凉城、新堂，被晋绥军区独立第3旅、绥蒙军区第7团、独立骑兵团和察冀军区教导旅击退。中路为主攻，以暂编第3军暂编第11、第17师，第35军第101师及新编第31、第32师各2个团和炮兵第25团共14个团，由归绥附近地区沿平绥路北侧山地（新编第31师自陶林向卓资山）东犯。其先头暂编第11、第17师和新编第31师分别经旗下营、火石坝，进占福生庄、刘家窑子、察汗哈达地区后，傅作义部拟以暂编第17师从西面在铁路以北至孔独岭地段向西山顶实施主要突击；

以新编第31师从北面由灯笼素向卓资山东北侧高地进攻；以暂编第11师沿铁路南侧高地进攻，企图从卓资山东北和西南方向进行包围，以其优势兵力，夺取卓资山。

根据上述情况的变化，大同前线指挥部决心暂缓攻城行动，转兵北上，与先期展开的部队相配合，首先消灭傅作义部援兵，然后再攻取大同。决定除留晋察冀军区第3纵队和第4纵队第10旅、冀晋军区第1军分区、晋绥军区雁门军区第5军分区的部队，由杨成武、李志民指挥，继续围困大同外，抽出晋绥野战军第358旅由张宗逊、罗瑞卿率领北上集宁，加强打援的指挥和力量；另派陈正湘、胡耀邦前往集宁以西之十八台，统一指挥第2纵队第4旅和教导旅等部在卓资山地区的阻援行动。

从5日清晨开始，进至南山顶、孔督林及牡丹沟附近地区后的中路之董其武部2个师，分别从西、北、东北三面，向驻守在卓资山的晋绥独立第1旅阵地发起进攻。经8小时激战，独立第1旅虽毙伤国民党军1200余人，但外围阵地已被大部占领，加之双方兵力悬殊，遂于当日14时后被迫撤出卓资山阵地。

卓资山失守后，大同前线指挥部判断该路国民党军可能沿平绥铁路进犯集宁，或沿公路经凉城、新堂进攻丰镇，以解大同之围。为对付这两种可能的情况，集中优势兵力打援，前线指挥部决定将在五台地区休整的晋察冀军区第4纵队第11旅增调集宁前线，并将第1纵队第1、第2旅由平绥铁路东段车运丰镇为战役预备队，连同第358旅等部，分别集结在丰镇和代海滩附近的麦胡图、新堂地区。至此，集宁方向两区部队已增至25个团。同时，增调晋绥野战军独立第2旅参加围困大同。

7日，国民党军傅部主力新编第31师和暂编第11、第17师，绕经平绥铁路以北的火石坝，到达集宁西北地区隐蔽集结。8日晚，前线指挥部得知这一情况后，遂决定集中主力向集宁以西地区运动，准备乘其展开进攻时，从侧后发起攻击，予以歼灭。10日8时许，暂编第11师和新编第31师各1个团的兵力，在空军火力支援下，向集宁城西、城北两侧阵地发起猛烈进攻。遭到守城部队猛烈还击，伤亡很重，进展迟缓。之后，董其武投入后续部队加强攻势，攻占了卧虎山，并进而猛攻天门山及西门外阵地。虽然各点防守部队连续进行反击，但最终未能阻止董其武部的攻势，被迫于14时退守城垣第二阵地。

鉴于集宁战局的发展变化，当日，毛泽东亲自起草电报致张宗逊、罗瑞卿并告聂荣臻、贺龙："敌攻集宁，正是歼灭傅部良机。""速令杨得志部四个团开到集宁西南地区作为最后决战之用。""严令集宁防军死守一星期，我军主力务于三天至七天内彻底歼灭窜至集宁附近之敌。""歼敌方法最好将我主力突入敌后，由西向东打，集中绝对优势兵力（例如四对一）先解决一个师，得手后再解决一个师，最后全部解决该敌。望按实情处理。"[①] 此时，两区主力先后赶到集宁前线。前线指挥部当即作了新的部署：晋察冀军区教导旅和第2纵队第4旅进到集宁以西土城子地区，切断国民党军退路，由西向东进攻；晋绥野战军第358旅（欠第715团）、独立第1旅进到集宁西南，向翟家沟、黄家梁方向进攻；晋察冀军区第4纵队第11旅于城南由南向北攻取卧龙山；第1纵队第1旅在第11旅右翼投入战斗；第2旅进到苏集为战役预备队；绥蒙军区骑兵旅在集宁西北担任战场侦察，相机追歼可能逃跑的国民党军；独立第3旅特务团、绥蒙军区第7团、骑兵团于凉城地区，向归绥方向警戒。

10日晚，晋察冀、晋绥两区参战部队在统一号令下，从四面包围了傅部主力3个师于集宁城下，双方展开激战。11日拂晓，傅部一面对外围展开阻击，一面组织兵力从西、南两面继续攻城，企图夺取集宁，固守待援。攻城之傅部当即遭到守城部队的顽强抵抗，伤亡400余人，至8时，傅部见攻城无望，企图全线西撤，但退路已断，被迫困守集宁西北脑包山、卧龙山诸要点。11时，两区部队分别向傅部各阵地发起攻击，经一昼两夜激战，歼灭暂编第11师大部和暂编第17师第3团，共5000余人，其中俘傅部副师长以下2000余人。至12日晨，两区部队控制了三岔口、脑包山、玻璃图、天门山、石灰山等地，及卧龙山部分阵地，将新编第

① 《毛泽东军事文集》第3卷，军事科学出版社、中央文献出版社1993年12月版，第468页。

31 师及暂编第 17 师大部和暂编第 11 师残部压缩在集宁城西南的卧龙山脚下及西、南营房的狭小地区，并袭击了暂编第 3 军司令部和暂编第 17 师司令部，摧毁了电台，使坐镇归绥指挥的傅作义与董其武率领的中路援军中断电信联络达四五个小时之久。但是，由于两区部队未能抓住这一有利时机组织连续攻击，致使该部得以喘息，开始作困兽之斗。

12 日中午，傅部为了夺取有利阵地，再度攻城，在空军配合下，一部突入城内与守城部队展开巷战。晋察冀军区第 1 纵队第 1 旅第 1 团增援城内，阻止了傅部的进攻，并与守城部队合力夺回了一些阵地，与傅部形成对峙。此时，傅部大部兵力被紧逼围困在城西南一带的山坡上，危在旦夕。16 时，两区攻击部队开始向傅部发起总攻。就在这关键时刻，傅作义主力第 101 师赶来增援，其先头部队已进占集宁城西数十公里之大脑包山阵地。前线指挥部遂决定暂时停止对集宁城下之董其武部的攻击，留下第 11 旅和城内防守部队对其实施包围、监视，调转主力立即西出，向大脑包山前进，歼灭傅部第 101 师。由于受命西出的部队，是在部署临时改变，情况不甚明了的情况下，仓促展开的作战行动，尽管第 358 旅和独立第 1 旅攻占了大脑包山第 101 师的一部分阵地，第 1 纵队的 1 个团也适时投入战斗，与第 101 师展开激战，但终因决策指挥上的失误，不仅未能达成歼灭援军第 101 师的计划，而且还错过了聚歼集宁城下董其武部的良好机会。13 日晨，董其武部乘围攻部队主力西出打援之际，重新恢复了卧龙山、天门山、石灰山等阵地，并向小脑包山攻击，策应第 101 师东进会合。下午，傅部新编第 32 师、新编骑兵第 4 师尾随第 101 师也赶到集宁，并迅速发起反围攻作战。至此，傅部已有 6 个师的兵力会集于集宁城郊，两区部队在集宁附近歼灭傅部援军的计划已不可能实现，如继续恋战，处境将更为不利。在这种情况下，部队被迫于当晚放弃集宁，撤出战斗，向东北方向转移。

集宁一战失利后，傅部主力继续向大同逼近，企图与大同守军配合，对围城部队实施夹击。形势对执行既定的攻城计划十分不利，大同不宜再围。9 月 16 日，为了寻求新的战机，晋察冀军区决定撤围大同，杨成武等部开往老根据地易县集结。大同、集宁战役遂告结束。

大同、集宁战役历时一个半月，两区部队在当地人民群众的积极支援下，密切协同，并肩作战，发扬了英勇顽强、连续作战的战斗作风，歼灭傅部1个师大部、3个师各1部等，共1.2万余人，给国民党军以沉重打击。部队在战役实施过程中经受了考验，得到了锻炼，获得了宝贵的经验。但战役未能达到攻城、打援的预期目的，尤其是未能歼灭傅作义部主力于集宁城下，使张家口乃至整个解放区面临更为不利的局势。主要教训：一是在指导思想上，打运动战、歼灭战的思想还没有真正树立起来，贯穿于战役行动的全过程，特别是在运动中想方调动对方，设法歼灭其有生力量的意识还很不强，以至于平推外围据点，使守军收缩城内；对城内守军出援，不是乘机截击围歼，而是单纯拦阻、击溃；集宁打援，不善于创造和捕捉战机，甚至有利战机出现时也未能很好把握，加之力量使用分散，导致大同攻坚久围未果，集宁打援陷入被动。二是在战役指挥上，把夺取“三路四城”战略任务的突破口选为大同攻坚，而不是以消灭对方有生力量为战役目标。就晋察冀、晋绥两区部队而言，大同攻坚带有初战性质，在条件尚不具备的情况下围城攻坚，必然抑制运动战特长，造成持续重大的消耗。三是对敌情估计不足，准备不充分。虽然大同守军较弱，但与坚城结合，负隅顽抗，就会由弱相对变强。由于各级对大同攻坚作战的难度估计不足，各项准备工作仓促，加上缺乏应变措施，以致使整个行动陷入被动。

傅作义对集宁战役的经验教训亦进行了检讨。他说：“集宁会战，按当时的情形，我们是相当的危险，很有失败的可能，最后能得到胜利，我认为是一个侥幸。第101师参加战斗之后，共产党犯了一个错误，就是在12日晚上，他没有去攻击新编第31师，而去全力打101师，这是共产党失败的原因。如果他那天晚上去攻新编第31师，我们的情况就相当危险了。”①

① 《聂荣臻回忆录》（下），解放军出版社1984年10月版，第630页。

第三节　抗击国民党军向解放区核心地带进攻，组织张家口保卫战

张家口，位于平绥铁路东段，北依长城，南傍洋河、桑干河，是连接察绥、大同、晋北地区的一个重要城市，也是晋察冀解放区的首府，特别是经过抗日战争胜利一年以来的建设，张家口已经成为解放区政治、经济、军事的中心，具有重要的战略地位。进攻张家口，是国民党蓄谋已久的战略计划。在大同、集宁战役期间，国民党军东北行辕和北平行辕就制定了针对热南、冀东的第 1、第 2 期作战计划，以及针对张家口的东西对进作战计划，并在东北国民党军的配合下，由第 11 战区孙连仲部与第 12 战区傅作义部，分别沿平绥路，发动向张家口方向进攻。

一、以张家口为核心的攻防态势

8 月 21 日，当晋察冀军区主力在大同、集宁方向作战时，国民党军东北行辕以 3 个军 7 个师向热河省南部的承德发动进攻。其第 13 军 3 个师由凌源、天义（今宁城）、八里罕向承德进攻；第 53 军 2 个师由绥中向青龙进攻，第 93 军 2 个师由锦西向建昌方向进攻，以策应第 13 军在承德地区的行动。27 日，第 13 军主力由平泉向承德出击。由于原在承德地区的晋察冀军区第 1 纵队已西调参加大同战役，留守承德的地方部队已奉命在不利情况下主动撤离，所以，国民党第 13 军主力于 28 日进占承德。第 13 军一部于 29 日进占头沟（承德东 45 公里）、隆化、张三营子（隆化北）地区。

国民党军占领承德后，第 11 战区孙连仲部又集中 6 个军 14 个师的兵力，连同非正规军共 10 万余人，于 9 月 4 日分别从北平、唐山、山海关等地出动，向冀东解放区发动进攻。冀东军区部队奋勇反击，至 21 日，虽歼灭国民党军 5000 余人，但终因力量悬殊，被迫撤出迁安、乐亭、青龙、抚宁、丰润、遵化、玉田、宁河、蓟县、宝坻、武清、平谷、三河、香河、

兴隆15座县城，转入广大农村开展游击战争。

承德和冀东大部县城的沦陷，以及集宁的失守，使张家口东西两面遭受国民党军夹击的形势更加严重。乘此时机，蒋介石命令第11战区孙连仲和第12战区傅作义等部迅速沿平绥路，分别从东、西两线向张家口发起对进攻击。在东线，孙部以第16、第53军由南口、怀柔等地向张家口进逼，第94军在北平为战役预备队，东北兵团第13军出丰宁、沽源，作牵制性的佯动；在西线，傅部以4个师、1个骑兵纵队及第2战区阎锡山部暂编第38师配合，由集宁、丰镇、大同一线待机行动，会攻张家口。

国民党军东、西两线进攻张家口当面的兵力约为30万人，而晋察冀军区只有4个野战纵队、9个旅，不到6万人，加上地方部队也只有10万余人。双方力量对比悬殊，整个军事态势对晋察冀军区非常不利。中共中央晋察冀局和晋察冀军区从战争全局出发，为扭转被动局面，寻找新的有利战机，歼灭国民党军有生力量，9月17日，聂荣臻、刘澜涛和罗瑞卿致电中央军委：在国民党军东西夹击张家口时，野战军能守则尽量守，形势不利时准备放弃张家口。18日，中央军委复电指出："集中主力于适当地区待敌分路前进，歼灭其一个师（两个团左右），得手后看情形如有可能，则再歼其一部，即可将敌第一次进攻打破。依南口至张家口之地形及群众条件，我事前进行充分准备，各个歼敌，打破此次进攻之可能性是存在的。""此种歼敌计划是在保卫察哈尔之口号下进行动员，但以歼灭敌有生力量为主，不以保守个别地方为主，使主力行动自如，主动地寻找好打之敌作战。如届时敌数路密集不利于我，可以临时决定不打。若预先即决定不打，则将丧失可打之机，对于军心士气亦很不利。""每次歼敌一个团二个团，并不需要很多兵力，以几个团钳制诸路之敌，集中十个至十五个团即有可能歼敌一个旅（两个团）。"同时，还明确指示："张家口应秘密进行疏散，准备于必要时放弃之，这种准备和积极布置歼敌计划并不矛盾。""晋绥部队担任钳制傅作义，冀中、冀晋担任破坏平汉路，热河、冀东担任钳制敌后尾。”[1] 这些指示表明，中央军委实际上已经暂时搁置了在北线夺取“三路四城”的外线作战计划，而改为内线消灭国民党军的作战方针。

遵照中共中央军委的指示和要求，晋察冀军区判断：国民党军的主攻方向将是东线平绥铁路东段之康庄、怀来地区，西线之国民党军可能经兴和或沿平绥路进攻，与东线之国民党军会师于柴沟堡地区，并估计在东线国民党军未攻下怀来之前，西线的国民党军不会轻易东进。因此，决心以歼灭沿平绥路进攻怀来之国民党军为目的，以晋察冀军区部队在晋绥军区一部的协同配合下，分东、西两线实施防御，进行张家口保卫战。9 月 20 日、22 日，晋察冀军区分别发出“关于保卫张家口战役的部署命令”和“为保卫张家口西线部署命令”。同时，奉命恢复了晋察冀野战军指挥机构，由萧克兼司令员，罗瑞卿兼政治委员，统一指挥晋察冀野战军第 1、第 2、第 3、第 4 纵队。

东线，由萧克、罗瑞卿指挥晋察冀野战军第 1 纵队 3 个旅、第 2 纵队 2 个旅、第 3 纵队 1 个旅和第 4 纵队 2 个旅，配置于怀来、延庆地区，在主要防御方向上打击由北平出动的国民党军第 35 集团军（李文兵团）第 16 军。具体部署是：以第 2 纵队第 5 旅 1 个团在岔道、康庄间，采取运动防御消耗、迟滞国民党军，旅的主力和第 4 旅第 12 团控制在怀来地区，坚决抗击国民党军的进攻；以冀察军区独立第 5 旅在延庆东南的黄花城、九渡河地区，进行运动防御，阻止国民党军从侧翼进攻。以第 1 纵队第 1、第 2、第 3 旅，第 2 纵队第 4 旅（欠第 12 团），第 3 纵队第 7 旅，控制怀来以南的松棚寺、井沟、代庄、镇边城、横岭地区，如果国民党军主力从正面进攻，上述部队则由南向北突击，如果国民党军经马刨泉、横岭迂回进攻，上述部队则由北向南突击。

西线，由晋绥野战军副司令员张宗逊、晋察冀野战军第 4 纵队司令员陈正湘指挥，将晋绥野战军第 358 旅，独立第 1、第 2、第 3 旅，晋察

---

[1] 《毛泽东军事文集》第 3 卷，军事科学出版社、中央文献出版社 1993 年 12 月版，第 487—488 页。

冀野战军第4纵队及地方武装置于张家口以西柴沟堡、天镇、阳高地区，准备随时打击由西向东进攻之国民党军；冀察军区第6军分区部队于兴和以西活动，监视傅作义部可能经兴和向张家口方向的进攻；冀察军区第7军分区部队位于张北担任警戒任务；张家口卫戍区司令部教导旅警戒守备张家口市区，维护秩序，另以1个团进驻孔家庄、万全，对西北方向警戒，保证晋察冀党政军机关由张家口安全撤离到冀西地区。

为配合张家口东西两面作战，由第3纵队司令员杨成武、冀晋军区政治委员王平，指挥第3纵队第8旅和冀晋、冀察、冀中军区的5个独立旅，于平汉线保定以北地区发起攻势行动，以牵制和分散国民党军兵力，掩护主力侧翼，并在保证晋察冀野战军主力完成任务后，南下紫荆关，转移到平汉线作战。同时，命令冀热辽军区部队主力向热西进击，牵制国民党军第13军，一部出击北宁、平承铁路，破坏交通，配合主力作战。

9月23日，中央军委致电聂荣臻、刘澜涛、萧克、罗瑞卿，充分肯定了这一部署，指出切忌犯平分兵力错误，要集中绝对优势兵力与兵器，首先歼灭一两个团，这是此次胜敌关键。

二、怀来阻击战

怀来，位于平绥线东段，北平至张家口中间，是国民党军沿平绥线进攻张家口的必经之地。自9月中旬，担负怀来阻击任务的前线部队和地方民众以战斗的姿态，在怀来和延庆地区，进行大规模的地形改造，依托村庄和有利地形地物，构筑数百个以地堡为核心的梅花形掩体，开挖了总长45公里的纵横交通壕，形成了掩体和交通壕相连接，大纵深、支撑点式的3道防御阵地。9月20日，晋察冀野战军司令部在怀来西南之下八营设立东线指挥所，聂荣臻、萧克、罗瑞卿、耿飚等军区和各纵队的领导，亲临前沿阵地检查指导部队设防情况。至9月下旬，战役准备工作大体完成。

29日，东线国民党军第16军第94、第22、第109师和第53军第130师共4个师的兵力，在空军、坦克配合下，沿平绥铁路分两个梯队向怀来进攻。先头部队第94师和第22师主力在飞机、坦克掩护下，向岔道、南园攻击，以第22师1个团同时向程家窑、黄土梁攻击，企图首先攻占延庆，再迂回怀来。守卫前沿阵地的第2纵队第5旅第15团，凭借野战工事沉着应战，英勇抗击，击退了国民党军的多次进攻。至10月2日，国民党军先头部队占领了岔道、南园、内泡、东西花园地区。

2日夜，国民党军调整部署，以第二梯队第109师投入战斗。3日4时，国民党军第94师由马圈子沿铁路北侧，第109师由东西花园、祁庄沿铁路南侧，在怀来以东火烧营、南北七里桥、焦庄、五里铺、达子营地区10多里宽的正面上，展开全线进攻，并出动飞机100多架次、发射炮弹7000多发予以掩护和配合。晋察冀野战军一线部队冒着猛烈的炮火，坚守阵地，进行了英勇抗击。坚守火烧营阵地的第5旅第14团第2营，以密集的火力给进攻的国民党军以大量杀伤，并用集束手榴弹和汽油瓶击毁坦克4辆。14时，国民党军第94师集中全力，在十几辆坦克和五六架飞机支援下，再次发起猛攻。野战军一线部队勇猛插进对方阵形，与其展开白刃格斗，战斗至黄昏，终于阻止了数倍于己的国民党军进攻。入夜，国民党军第94师退回马圈子，第109师后撤至东西花园、太子庄、祁庄、西旧榆林堡地区。同时，向延庆以南地区进攻的第22师一部占领了百眼泉、南辛堡。

晋察冀野战军在怀来正面的顽强作战，给东线进攻的国民党军以沉重打击。野战军前线指挥部决定，利用国民党军进攻喘息之机，发起防守反击。决定以主力第1纵队向国民党军攻击部署的翼侧之第109师进攻，以第2纵队第5旅向当面第94、第22师进攻。东西花园位于第16军进攻部署的翼侧突出部，驻有第109师第325团。该团由于连日进攻，遭受打击严重，疲惫饥饿，尚处在刚撤下来调理休整状态。3日晚，第1纵队反击部队以神速动作突然接近东西花园，发起猛攻，并乘第109师惊慌大乱、茫然失措之机，一举突入村内，仅4个小时激战，歼该部第325团全部和第327团1个营，缴获坦克3辆，完全恢复了火烧营阵地。4日晚，野战军再次以第1、第2纵队和第3纵队第7旅各一部向祁庄、太子庄、南辛堡地区第109师残部反击，歼其独立营、炮兵营、特务营各一部，使部分阵地失而复得。此外，由怀柔出动，向峪口、一渡河攻击的国民党军第53军第116师，于4日进到九渡河、黄花城、西太垢地区，也遭野战军猛烈反击，被迫退回西台、东宫一线。经过野战军连续几天的抗击和反击，东线国民党军从正面进攻怀来受阻，第16军伤亡惨重，失去突击力量，被迫停止进攻，转为守势。

这时，蒋介石派其参谋总长陈诚带着北平行辕副主任陈继承，亲自从北平到南口，重新部署进攻怀来的行动，主要是将驻北平的预备队第94军主力调往前线，从怀来东南20公里的马刨泉、横岭迂回晋察冀野战军侧背。10月7日，国民党军以车运方式，将第94军第43师及第121师（欠1个团）调至沙河一线；第53军第116师也由西台、东宫一带转移至青龙桥地区，以增强进攻怀来的力量。针对国民党军的上述企图，晋察冀军区决定由杨得志、苏振华指挥第1纵队全部，第2纵队第4、第5旅，第3纵队第7旅和刚从西线调来的第4纵队第10旅第30团在马刨泉地区设伏，准备痛歼迂回的国民党军。

马刨泉地形复杂，是沙河到怀来的必经之地。杨得志、苏振华以第1旅1个加强团隐蔽在马刨泉东南山，负责断后阻援；以第3旅在杨村，第4旅附第10旅第30团在镇边城，第7旅在横岭城，第2旅在大村、南石岭，担任突击任务；以第4旅第11团控制马刨泉西北山要点，负责阻断去路；以第1旅主力在西口子为预备队。7日后，国民党军进到距马刨泉约35公里的峰山村、高崖口，野战军各部也随即进入伏击位置。8日18时，蒋介石嫡系部队全部美械装备的第43师第127团（欠1个营）及3门山炮连进入马刨泉。与此同时，隐蔽在东南山上的阻击部队迅速切断了该团退路；担任突击任务的各部队居高临下，立即发起冲击。经4个小时激战，该部1600余人全部被歼。国民党军后续部队见势不妙，撤回阳坊。

9日，国民党第94军不甘心受挫，迅速调整进攻部署，将后续部队第43、第121师主力，兵分两路，分别向南石岭、镇边城东南发起攻击，企图一举突破晋察冀野战军的阻截，经镇边城和横岭城继续迂回怀来。10日，第43师主力被野战军第2旅一部阻于南石岭下，死伤600多人；第121师在镇边城东南的山神庙和大村附近，被野战军第3、第4、第10旅和第2旅主力阻击，死伤1000多人。至此，国民党军从侧翼迂回怀来的行动又告失败。

平绥东线晋察冀野战军经10多天的作战，歼灭国民党军2个整团又1个营共1万余人，将国民党军6个师之重兵阻遏于怀来东南地区。

三、平汉路破击战

为配合野战军主力在怀来方向的作战，进至保定以北地区的第3纵队第8旅和冀晋、冀察、冀中军区等部队，按照晋察冀军区的统一部署，在第3纵队司令员杨成武、冀晋军区政治委员王平的指挥下，也同时向平汉铁路北段的国民党军发起了攻势。

位于平汉路北段的保北地区，处在华北国民党军重点防守的平、津、保三角地带，北连北平，东指天津，南通石门，有着独特的战略地位。杨成武、王平决心首先破坏交通，开辟战场，然后采取围点打援的办法，积极调动和歼灭国民党军。9月下旬，杨成武下令各部队分别在保定南北地区展开，对铁路沿线国民党军各要点同时出击，以迅速猛烈的破击行动给其以震撼，争取牵动国民党军由平绥线南下和由保定北援，从而捕捉有利战机，集中兵力歼其一部。

29日21时，各部队在广大民兵配合下，以突然动作向平汉路北段的国民党军各据点展开全线攻击。第3纵队第8旅，冀察军区独立第4旅，冀中军区独立第7、第8旅和当地武装，向南起漕河、北到涿县段出击；冀晋军区独立第1、第2旅带领地方部队，向保定南于家庄到东长寿段出击。当夜便炸毁了北河、徐水、漕河、定县、新乐等处铁桥，攻克了北河店、固城、漕河、王京等车站和据点多处。30日晚，独立第1旅进攻望都城，炸开南门，攻入城内，全歼国民党军守军500余人；独立第7旅进攻徐水城，于第二天上午占领该城，歼国民党守军800余人。10月2日，冀中军区第10军分区部队攻占了容城。同日,第3纵队第8旅冒雨进至定兴后,于黄昏涉水渡过正在暴涨的拒马河,占领了城关和车站,3日15时向定兴城发起攻击。第22团从北面主攻,以爆破炸开了北门,突入城内。城东面的第24团也炸开了城门,插入城内。战至18时,国民党守军暂编第1路军第1纵队直属队和定兴县保安队1500余人全部被歼,第1纵队少将副司令康慕飞被生俘。与此同时,为配合野战军主力“拔点”,冀晋、冀中数万民兵和群众,在保定以北70余公里、以南50余公里的铁路线上,展开了大规模的破袭行动。炸铁轨、拆枕木、平路基,彻底截断了国民党军的交通动脉;砍电杆、剪电线、毁水塔,破坏了沿线铁路的各种设施和国民党军残余碉堡。冀中民兵爆炸英雄李混子带领爆炸组,炸毁了国民党军的铁甲车1列、汽车1辆,炸死国民党军44名。

杨成武、王平所部在平汉铁路北段的作战,5天内攻克望都、徐水、定兴、容城4座县城,夺占高碑店至漕河和于家庄至清风店之间的全部车站,控制铁路120多公里,歼国民党军8300余人,缴获大批弹药、物资,仅电线就缴获近7万公斤,给国民党军第11战区以极大震撼,迫使其紧急从平绥线东段方向抽调第94军第5师和第121师1个团,于10月5日南下增援,有效地减轻了北面作战的压力。对此,毛泽东以中央军委名义致电晋察冀军区:对杨成武、王平所率各部在平汉线的胜利,给予传令嘉奖。

此外,为配合保卫张家口的作战,冀热辽军区部队和各地方武装也在平汉路破击战前后积极出击,共歼灭国民党军7000余人。其中,冀东军区部队利用国民党军把主力抽去进攻张家口的时机,对北宁铁路沿线地区的国民党军展开了广泛进攻,先后占领青龙、乐亭、宁河等县城和重要据点多处,恢复了北平东北及滦河以东大部地区,并在卢龙县石梯子歼灭国民党军整编第62师第452团一部和保安队、伙会武装1300余人,使冀东的形势逐步好转。热河军区部队也在热东展开各种攻势行动,并于9月25日在宁城歼国民党守军第93军暂编第18师1600余人,10月4日又在建昌歼东北保安第4支队1000余人。

四、撤守张家口

东线国民党军进攻的接连受挫，使蒋介石感到靠嫡系部队抢先夺占张家口的希望渺茫，于是故技重演，将张家口划归第12战区，促使一直按兵不动、窥视东线作战的傅作义部加紧从西线进攻。傅作义为尽快得到蒋介石新划拨的“领地”，继续扩大自己的地盘，迅速调集兵力，乘张家口西北地区防守空虚，按照“由西向东佯动，由北向南袭击”的计划开始行动。10月5日，傅作义一方面以第35军第32师1个团的兵力伪装成主力，白天从集宁、大同乘火车东进，夜间返回，如此反复佯动，并出动铁甲车、炮兵等，虚张声势，以造成大兵团沿平绥路东进、向张家口进攻的假象，诱骗晋察冀部队错判其主攻方向。另一方面，傅作义令暂编第3军（2个师）并指挥第35军的新编第31师、第101师、骑兵第4师等部共2万余人，从集宁以东地区出发，沿玫瑰营子、尚义、张北一线日夜兼程，向张家口侧背奔袭，企图出其不意一举夺占该城。

鉴于晋察冀野战军集中主力在平绥东线作战，张家口以西地区防御力量较薄弱，中央军委令晋绥野战军第358旅，独立第1、第2旅东调怀安地区，并于10日前在阳高以东、柴沟堡以北地区展开，以协同晋察冀野战军作战。由于晋察冀军区判断西线傅部进攻张家口的主要方向在兴和、柴沟堡，而对其主力经察北草原向南迂回张家口的行动缺乏警觉和防备，加之情报不灵，所以，晋察冀野战军第4纵队第11旅也一直展开在柴沟堡地区，等待迎击傅部的进攻。8日，当傅部主力先头突然进抵尚义、大青沟一线时，驻在张北的冀察军区第7军分区还误认为是小股国民党军进袭，遂由司令员陈宗坤率所部2个团绕道出发，前去围歼，张北县城仅有2个连防守。当日，傅部先头骑兵第4师主力乘虚而入，未遇任何抵抗便插至张北城下。张家口卫戍司令员郑维山得知这一情况后，立即命令警卫团团长李金时率5个多连前去增援。9时，李金时带1个步兵连和机枪连一部搭乘汽车首先赶到张北。10时，傅部骑兵700余人开始攻城。警卫团一部与守城连队在李金时的指挥下，依托城墙顽强抗击，掩护该县和分区党政军机关人员转移。战至12时左右，傅部攻城兵力增至2000多人，并在炮火轰击下，迅速从城西门突入城内，与守城部队进行巷战。15时，待张北县党政干部撤出后，守城部队分散突围，张北失守。虽然当日16时，警卫团后续4个连徒步赶到张北城南，但遭到国民党军飞机的轰炸和骑兵的袭击，部队被冲散，损失严重，余部只得边收容边向狼窝沟退守。

狼窝沟位于张北城南25公里，是扼守张家口以北地区的最后一道屏障，一旦失守，不仅张家口难保，而且党政军机关等也将撤离不及。此时，由于对傅作义的主攻方向、兵力使用情况等仍不甚掌握，主力部队相距较远，张家口附近可用于作战的部队仅有教导旅，而且经过1个多月的大同集宁战役，该旅刚刚归建，未得充分休整补充，所以情况万分危急。为阻击国民党军进攻，争取时间，掩护市内党政军机关、学校和大批物资的转移，经聂荣臻批准，郑维山命令教导旅长李湘、政治委员张明河立即率部出发，抢占狼窝沟。教导旅进抵该地后，依据周围地形，构筑了多道防御阵地，以一部兵力置于前沿，主力则置于纵深；警卫团将退守该地的部队合编为3个连，扼守沟口左侧阵地；旅长李湘将指挥所设在狼窝沟以北沟口的阵地上，亲临一线指挥战斗。

10日，傅部骑兵第4师轻取张北后，连同后续部队暂编第17师连夜南下，进至狼窝沟及长城一线。当日10时，骑兵第4师以3个团的兵力，在飞机大炮的掩护下，向狼窝沟阵地发起多次攻击。教导旅依托有利地形，连续打退国民党骑兵的集团冲锋17次。担任正面阻击任务的教导旅第1团，多次以白刃格斗将突入阵地的国民党军击溃。战至中午，终因寡不敌众，教导旅第一、第二道阵地相继被突破，部队立即转入机动防御。傅部从北面进攻张家口的势头，使晋察冀野战军大出意料，深感增援不及，张垣危急，并及时报告了中央军委。13时，中央军委电示聂荣臻、刘澜涛："进攻张家口任务蒋已交傅作义，我们必须严防傅部于数日内进攻张垣，你们必须数日内布置好巩固张垣之防务，傅部来攻至少有两个步兵师及一个骑兵师，约一万五千人左右。”[①] 此时，傅部先头突破狼窝沟后，继续向南推进，距张家口已不足40公里，后续部队主力也在张北以南展开。教导旅随即利用狼窝沟至张家口公路两侧的有利地形，以前面阻截、两翼侧击、背后袭扰等机动手段，节节抗击，17时，转至张家口南天门以北地区后，再次部署防御，进行坚决抵抗。至11日，在教导旅的掩护下，张家口市内晋察冀党政军机关、人员和物资，顶着国民党飞机的轰炸、扫射，顺利地实施了转移。当日9时，傅作义集中4个师的兵力，倾全力向张家口进攻，教导旅顽强抵抗一整天，在完成后续掩护任务后，于当晚撤出阵地，撤离了张家口。

张家口的失陷，使东线怀来等地的晋察冀野战军主力处于腹背受敌境地，已不宜继续在原地作战，遂于12日在第4纵队的掩护下，也撤出阵地，向察南地区转移。

张家口保卫战，历时半个月，晋察冀军区部队在人民群众的热烈支援和兄弟部队配合下，歼国民党军1个师部、5个团，共2.25万余人，显示了解放军顽强的战斗精神和解放区人民的伟大力量。特别是平绥路东段的阻击和平汉路北段出击，有力地顿挫了国民党军的东线进攻，证明了以张家口为钓饵，大量地消灭国民党军是完全可能的。而在西线，由于对傅作义部进攻张家口主要方向的判断出现失误，缺乏兼顾张北方向的战场布置，也未能及时地根据战场变化情况，果断地调整部署，致使张家口过早失守，没有达成大量歼灭国民党军有生力量的作战目的。这虽然对整个战场形势带来非常不利的影响，但就晋察冀军区部队而言，从此摆脱了国民党重兵集团夹击的严峻局面，为而后更加主动灵活地实施机动作战创造了条件。

① 《华北第三次国内革命战争史资料选编》第4册，第88份，北京军区档案馆。

第四节　依托内线歼灭国民党军有生力量，发起易满、保南战役

1946年10月，国民党军对解放区的全面进攻达到最高峰，投入攻击的兵力已占总兵力的56%，并夺占了解放区城市63座。然而，国民党军愈深入解放区腹地，战线就愈长，守备任务就愈重，兵力就愈分散，补给就愈困难，全面进攻的势头也就日渐减弱。而人民军队在主动放弃一些城市和地方后，战线明显缩短，兵力逐步集中，机动作战的能力进一步增强。特别是部队成建制地歼灭了一些国民党军后，初步积累了大兵团打运动战、歼灭战的经验，武器装备有所改善，力量不断壮大，对战胜美械装备的国民党军也更有信心。虽然，在战略上国民党军仍处于优势和主动的地位，但战局正朝着有利于人民军队的方向发展。

一、阻击国民党军“追剿”

国民党军进占晋察冀解放区首府张家口，全线打通平绥路以后，一方面，以部分兵力继续向察北、察南扩展占领区；另一方面，集中主要力量打通平汉铁路北段；同时在冀东、冀西等地区继续压迫和蚕食解放区广大农村。北平行辕总的企图是：深入晋察冀解放区腹地，占领要点，封锁关隘，切实控制平汉、平绥、北宁、津浦各条交通干线，切断华北与东北、西北的联系，把晋察冀军区主力困锁于山区，进而包围歼灭。为此，计划在1946年底前打通平汉路、津浦路，将华北划成“平汉路西、太行山以东；平汉路东、津浦路以西；津浦路以东至渤海”3个作战地区，以分区包围、稳扎稳打的方式，进行“扫荡追剿”。

10月13日，北平行辕针对晋察冀野战军主力向平绥路西南、一部向龙关（宣化东北）地区转移的行动，着令第11战区以第16军分由矾山堡（位于怀来以南）、涿鹿南下，进占蔚县，相机向灵丘进击；以第94军一部沿平汉路南下，向西扫荡房山以西地区，攻击易县，并向紫荆关

进击，待第16军确占蔚县后，配合其进占涞源；以第94军主力经涿县南下，于20日占领定兴、涞水两城，恢复平汉铁路北段的交通。同时令保定地区的暂编第1路军第2纵队第3总队向北出动，配合第94军的“追剿”作战。

为阻击国民党军的分割、进剿，保证已转至涞源地区的主力部队休整，晋察冀军区命令位于平汉路北段地区的第3纵队，在阻击国民党第94军主力由平西南下的同时，集中力量，首先歼灭由保定向北出动的国民党军保安第3总队3个团。第3纵队司令员杨成武当即令冀察军区独立第4旅和冀中军区第7旅在涿县以南地区节节抗击国民党第94军主力，以冀中军区独立第8旅、第3纵队第8旅兼程南下，歼灭由保定北上的第3总队3个团。两个旅经一个下午的急行军，于24日晚将第3总队3个团分割、包围于漕河头一带的几个村庄里。经过短暂准备，即对立足未稳之第3总队发起进攻。第3纵队第8旅首先歼灭位于西漕店的第3总队总队部和1个营，使其失去了指挥。经过一夜激战，独立第8旅又歼灭位于太保营的第3总队第1团主力。25日天明后，位于北常堡的第3总队第2团向南突围，被独立第8旅消灭大部，余部逃到徐河桥，被第3纵队第8旅截获。第3总队第3团是该总队的主力团，武器装备好，战斗力较强，被第8旅第22、第23团包围在漕河头村内，依托着几个地主大院负隅顽抗。第8旅副旅长宋玉琳亲临一线，指挥仅有的两门炮在近距离上射击，同时命令第22、第23团借助炮弹爆炸的硝烟发起攻击。守军不支，弃村溃逃，被预设在村外漕河头河滩的机枪火力消灭。至10时左右，漕河头战斗胜利结束，晋察冀野战军第3纵队仅用一夜又半天的时间，就全歼国民党军保安第3总队3个团和直属队共计4600人，打了一个漂亮的歼灭战。这一胜利与华东涟水作战的胜利，被当时的延安《解放日报》并称为“南北两捷”。

国民党军第3总队在保定以北被歼，使进至定兴、涞水的第94军未敢贸然继续南进，直到10月底后续第53军赶到，才勉强逐段恢复平汉铁路北平至保定间的交通。10月29日，占领了平绥沿线城镇的国民党军，开始分路向察南地区进行“扫荡”式进攻。至11月5日，第35军新编第31、第32师及暂编第17师、新编骑兵第4师，先后进占化稍营、阳原、广灵；第16军及第94军第43师也分别进占灰窑子、石瓮子、桃花堡、西合营、深井一带。

其间，中央军委曾多次要求晋察冀军区，要采取“诱敌深入”的战法，集中一切力量歼灭国民党第16军全部。但由于分路南进的第16军等部深入察南腹地有限，且各路比较靠拢、难打，聂荣臻、萧克、刘澜涛、罗瑞卿等考虑，晋察冀主力部队连续作战，伤耗较大，又相对分散，行动极受限制，且察南地区的群众、物资、地形、气候等条件均不是太好，遂于11月1日、7日，分别致电中央军委：“提议必要时集中力量于平汉，求得在东面打开局面（郭天民纵队配备地方兵团坚持察南）。平汉战场条件易寻歼敌之机，若平汉战局能发展，定可调动平绥敌人，减轻察南负担”；“因涞源地区粮食困难，大军无法久留，故仍决心以主力先在东面寻机歼敌九十四军或五十三军，待敌十六军继续深入我区后，我们再全力逐次歼灭之”[①]。鉴于这种情况，中央军委于9日复电同意了晋察冀野战军主力东转平汉路作战的意见。

二、中共中央晋察冀局召开涞源会议

全面内战爆发以来，人民军队近4个月的作战实践表明，凡是依托解放区实行内线作战的，常能以较小的代价取得重大胜利；反之，困难就大，代价就高，胜利的把握也小。中共中央、中央军委在总结战争初期经验，并充分考虑各战略区指挥员合理建议的基础上，对战略指导作出重要调整，第一次明确提出“通过大量歼灭国民党军有生力量，适时实现由战略防御转入战略进攻”的思想，并对遂行运动战的战术原则和作战方法指示各战略区：要善于将主力移至主要作战方向，投入决定性的战役中，不搞分兵扼守；要善于将战略上的内线作战转变为战役战斗

① 《华北第三次国内革命战争史资料选编》第4册，第106、第109份，北京军区档案馆。

上的外线、速决的歼灭战；避免死守原地，被动挨打，避免在不利条件下与敌决战，打得赢就打，打不赢就走；为诱敌深入，歼其于预设战场，应主动放弃部分城镇，以获得调动和集中主力向敌后迂回包围的必要时间；要选择好打之敌，迅速解决之，不仅要重视歼灭国民党军的正规部队，也要重视打击和歼灭其地方武装。11月，中共中央、中央军委指示各战略区、各野战军，主要采取内线歼敌形式，而不要急于转入外线作战。进一步明确“以歼灭国民党军有生力量为主而不是以保守地方为主”的积极防御战略方针。为此，中央军委还要求各战略区进一步充实主力部队，力争将主力纵队的兵员充实到每团2000—2500人，经常保持满员；要求有条件的战略区组建二线兵团，训练新兵，组成若干个补充团；并有计划地组织地方武装升级，以利野战军的即战即补。对晋察冀军区部队的作战，中共中央、中央军委还多次指示：必须集中优势兵力打运动战，“应集中三个纵队一起行动，在运动中坚决歼敌”[①]，“争取每月歼敌两个旅左右”，“手里要经常掌握十二至十八个团一起行动，要能一次包围敌一个师（三个团）而歼灭之，就能打开局面”[②]。

对中共中央关于“以歼灭敌有生力量为主，不以保守个别地方为主，使主力行动自如，主动地寻找好打之敌作战”的思想，晋察冀军区各级有不少人尚缺乏正确认识，对主动放弃张家口的决策不理解，有埋怨情绪，这对于坚定必胜信念和增强内部团结是十分不利的。针对上述问题，为了进一步贯彻中共中央、中央军委的指示，统一思想，坚定信心，明确晋察冀军区在撤出张家口后的任务和作战方针，中共中央晋察冀局在书记聂荣臻主持下，于1946年10月下旬至11月初，在冀西的涞源县召开了扩大会议。

会议在学习中共中央《以自卫战争粉碎蒋介石的进攻》、《三个月总结》等指示精神的同时，认真分析了全国和晋察冀解放区的战局，认为

① 《华北第三次国内革命战争史资料选编》第4册，第108份，北京军区档案馆。

② 《毛泽东军事文集》第3卷，军事科学出版社、中央文献出版社，1994年12月版，第557页。

目前国民党军仍未停止其战略进攻，同国民党的斗争依然是长期、残酷的，今后数月是一个重要的困难时期，必须全党全军紧急动员起来，精心计划作战，从根本上转变军事形势。会议反思了前一时期胜利不足的教训，主要是对大规模的内战带来的严峻形势估计不足，在思想上、军事上、工作上对战争准备不足，对战胜美械装备国民党军的信心表现不足；缺乏打运动战、歼灭战的思想支撑，缺乏集中优势兵力各个消灭敌人的战略战术，以及指挥大兵团实施正规作战的经验。经过学习讨论，大家统一了认识，树立了信心，明确了今后的行动方向。在此基础上，会议作出了《关于张垣失守后的形势与任务的决定》，号召全区按照中央指示，坚持运动战、歼灭战的方针，大踏步地进退，积极寻求战机，力求更加自由主动地继续大量歼灭敌之有生力量，动员一切力量支持长期战争，从根本上转变军事形势。

会议要求，各级要认真学习毛泽东同志关于战略问题的论述，学习各兄弟解放区的经验，掌握集中优势兵力各个歼灭敌人的作战指导原则，无论在战役指挥上还是战术运用上，都要坚持用握紧的拳头打击敌人，反对平均使用兵力。要充分发挥各地方军区部队的作用，实行敌进我进，坚决勇猛地挺进敌后，变敌后为前线，广泛开展游击战争，配合主力作战。要加强党的领导，加强政治工作，精简机关，充实基层，放手发动群众，动员全体军民为争取战局的转变而斗争；全面彻底地实行土地改革，把土改和布置战场相结合，为保证战争胜利创造条件；开展大规模的生产节约运动，减轻人民负担，一切从长期打算，保证战争需要；认真改进工作作风，严格整顿纪律，深入工作检查。为保证主力部队充实壮大、经常满员，会议还决定要把加强野战纵队的建设作为各级地方党政组织的工作中心，成立武装动员部，有计划地从地方及地方部队选调优秀的党员、干部、新战士、青年到野战纵队中去，使前线战斗力更加充实。

涞源会议对于统一解放区党政军各级的思想，特别是高级干部正确认识形势，增强信心，提高贯彻执行运动战、歼灭战方针的自觉性，起到了重要作用。会议之后，中共中央晋察冀局为加强主力部队的建设，在冀中、冀晋、冀察、冀东 4 区共动员 4 万人的新兵，补充到了野战军。同时，升级部分战斗力较强的地方部队为野战军，并对部队战斗序列又作了一次较大调整。

12 月，第 1 纵队奉命归建晋冀鲁豫军区，该纵队司令员杨得志留在晋察冀军区。同时，为了充实和加强野战军，晋察冀军区将冀中、察哈尔、冀晋军区所属独立旅和晋察冀军区直属教导旅，分别调拨给第 2、第 3、第 4 纵队。其中：冀中军区独立第 8 旅拨归第 2 纵队，改为第 6 旅，旅长盛治华，政治委员钟华农；察哈尔军区第 11 旅（原属第 4 纵队）拨归第 3 纵队，改为第 9 旅，旅长陈坊仁，政治委员黄文明；军区教导旅拨归第 4 纵队，改为第 11 旅，旅长李湘，政治委员张明河；冀晋军区独立第 2 旅拨归第 4 纵队，改为第 12 旅，旅长曾宝堂，政治委员李志明。经过扩军补兵和调整、充实建制，晋察冀军区所辖的第 2、第 3、第 4 野战纵队均由原来的 2 个旅扩充到 3 个旅。第 2 纵队，司令员杨得志，政治委员李志民，辖第 4、第 5、第 6 旅；第 3 纵队，司令员兼政治委员杨成武，辖第 7、第 8、第 9 旅；第 4 纵队，司令员陈正湘，政治委员胡耀邦，辖第 10、第 11、第 12 旅。

与此同时，依据战局的发展，晋察冀军区除冀晋、冀中军区外，对所属的各二级军区也作了必要的调整。察哈尔军区：将冀察军区和张家口卫戍司令部合并为察哈尔军区，司令员郑维山，政治委员刘杰，辖第 4、第 6、第 22 军分区及独立第 4 旅和原第 4 纵队第 11 旅，管察南、平西及冀西北地区。冀热辽军区：司令员兼政治委员程子华，辖冀东、冀热察、热辽 3 个军区及骑兵旅。冀东军区：除原有的第 12、第 13、第 14、第 15 军分区外，又将原属热河军区的第 17 军分区拨归冀东军区，共辖 5 个军分区，司令员詹才芳，政治委员李楚离。冀热察军区：将原冀察军区所属的平北、察北地区划归热河军区并改称冀热察军区，司令员段苏权，政治委员刘道生，辖平北、察北、察东、热西 4 个军分区及独立第 5 旅、独立第 13 旅（由独立第 13、第 14 旅合并）。热辽军区：由原热辽军区的第 19、第 20、第 21 军分区和原热河军区第 18、第 22 军分区合并组成，司令员黄永胜，政治委员胡锡奎（后朱涤新），辖第18、第19、第20、第21、第22军分区及独立第16、第17旅。热辽军区成立后不久即行撤销，所属部队直属于冀热辽军区。

经过调整和补充，晋察冀军区所属野战军为3个纵队、9个旅，连同军区炮兵团，共7.7万余人。地方军主力为9个独立旅，以及各军分区所属的团队共15.9万余人。全区总兵力达到24万余人。

三、组织易满战役

11月初，深入晋察冀解放区腹地各路国民党军，先后侵占了察北全部县城和察南的涿鹿、阳高、广灵、阳原、蔚县等大部分地区，并继续向平汉铁路北段沿线地区进剿。至此，分布在晋察冀解放区各个战场上的国民党军兵力就达9个军、24个师（旅）。其中，第12战区的第35军、暂编第3军及新编骑兵第4师占领张家口及其南北地区；第11战区的第16军占领察南的怀来、涿鹿地区，正向南发展攻势；第53、第94军集结平汉线保定以北段及其两侧各要点，主要执行打通平汉铁路的任务；第92军分散守备冀东各主要城市，巩固、扩大其占领区；第31军（实际上只有青年军第208师1个师）、整编第62师及第3军分别驻防北平、天津、保定、石门诸战略要点。由于守备的点广、线长，能用于机动作战的兵力不足一半。在保北地区，漕河头一战结束后，国民党军为继续实现其分割、清剿计划，除以第53军和平汉线上的非正规部队维护交通外，决定以集结在涞水、定兴一线的国民党军第94军西攻易县，再击紫荆关，企图与察南之第16军东西呼应会攻涞源，将解放区分割成南北两部分，陷晋察冀野战军于不利地位。为粉碎国民党军进攻企图，晋察冀野战军决心以第2、第3、第4纵队及独立第1、第4、第7、第8旅等部，发起易（县）满（城）战役，歼灭其有生力量，保卫察南解放区。

（一）易县、涞水作战

易县位于涞源以东、满城以北地区，距涞水约20公里，东临平汉铁路，西接晋察冀老根据地山区，是晋察冀野战军主力东出平汉路的咽喉和阻击国民党军西犯的重要关口。晋察冀军区决心保卫易县，击退国民党军的进犯。具体部署是：以第3纵队附冀察军区独立第4旅攻歼进攻易县之第94军一部，以冀中军区独立第7旅在平汉路徐水、涿县段袭扰、牵制和阻击国民党军西援。待野战军主力由察南转至平汉线北段战场后，继续扩大战果。

11月2日，国民党军第94军第121师由涞水出发，沿公路向易县进犯。第3纵队司令员杨成武、政治委员李志民决心以第7旅第19团和独立第8旅一部采取运动防御、正面节节抗击的方式，诱敌深入；纵队主力及独立第4旅分别在易涞公路两侧之南北桥头、二十里铺、门墩子山一带设伏，准备寻机歼灭国民党军第121师一部。为此，第3纵队还提出“打好同美械化敌人作战的第一仗，歼灭蒋军主力，粉碎敌人进攻，保卫易县”的响亮口号。

3日晚，国民党军第121师先头第361团被诱进伏击圈。杨成武立即命令主力部队出击，第361团迅速龟缩一起，固守待援。第3纵队随即调整部署，以第7旅主力进至南北秋兰地区阻援断后；以第8旅、第7旅第19团和独立第4旅乘其立足未稳，予以全部围歼。当日21时，各部队以突然迅猛的动作，从南北两面向该团发起攻击，国民党军第361团凭借美械装备的炽盛火力，顽强抵抗。23时，徐信率领第8旅第22团攻占了台头村，张英辉率第23团攻占了樊家台，钟英率第24团占领了冀家沟东侧无名高地和二十里铺，国民党军第361团被压缩在南桥头村内固守。为不给其以喘息机会，4日0时，杨成武命令部队连续攻击，经彻夜激战，拂晓前从村南打开缺口，突入该村。国民党军第361团见固守不成，便从村东北方向突围，与由涞水绕道来援之第363团1个营会合后，仓皇向涞水退逃。各部队迅即前堵后截，展开追杀。由于第361团等部溃不成军，慌不择路，其中一部被抢先赶到的第7旅主力截歼于南、北秋兰一带，余部在各追击部队的前后夹击下，纷纷缴械投降。天亮时，国民党军第121师主力企图出涞水救援，被附近村落的民兵联防作战所钳制，终未得逞。至9时，国民党军美械化的第361团及第363团1个营 2600 多人全部被歼。晋察冀野战军缴获各种火炮 20 门，轻重机枪 79 挺及大批步枪、弹药，并击毁坦克、汽车各 1 辆。此时，进入察南地区的国民党军第 16 军在占领蔚县后，见第 94 军进攻受挫，不敢继续南进，第一次会攻涞源的企图宣告失败。

初犯易县的失利，并没有改变国民党军向解放区腹地进攻的企图，为增强攻击力量，北平行辕将位于平汉线北端的第 53 军和第 94 军第 5 师，调至涞水城及以北的南北涧头、石亭一带。11 月 13 日，集结于涞水及其附近地区的国民党军，分南北两路再攻易县。南路，第 94 军第 5 师附第 121 师 1 个团共 4 个团的兵力，沿涞水至易县公路，由东向门墩子山、易县进攻；北路，第 53 军第 116 师、第 130 师 2 个团在第 94 军右翼同时出动，由中、下车亭经永阳、居士，向易县进攻。15 日，第 94 军进到二十里铺、南北桥头、门墩山地区，第 53 军第 130 师进到东西垒子、永阳、居士村一线，第 116 师进到娄村镇。

这时，晋察冀野战军主力已由察南秘密转移至易县及其西北地区。在野战军司令员萧克、政治委员罗瑞卿的统一指挥下，决心采取“钳北打南”的战法，以部分兵力钳制国民党军第 53 军，集中主力歼灭第 94 军的 4 个团。战斗部署是：以第 3、第 4 纵队及冀中军区独立第 7、第 8 旅组成右纵队，由杨成武、李志民指挥，首先以第 3 纵队及独立第 8 旅由石赛、东茹堡地区向东北进攻，以第 4 纵队由石柱、长安城地区向西北进攻，分别楔入国民党军侧后，封闭其退路，并隔断其与第 53 军的联系，而后将其歼灭于门墩山、二十里铺地区；以第 2 纵队和独立第 1 旅组成左纵队，由郭天民、韩伟指挥，主要依托四风坡、南北留召，以铁路为分界线，由西北向东南进攻，配合右纵队行动，以一部钳制第 53 军。

16 日晚，野战军各攻击部队分别对进至易县以东地区的第 94 军 4 个团发起攻击。第 3 纵队向台头、范家台等地攻击；第 4 纵队向张家沟、二十里铺、南桥头等地攻击。由于国民党军的 4 个团猬集于 10 多个村庄，互为依托，经过一夜战斗，未能将其分割。面对这种情况，第 3 纵队司令员杨成武命令第 8 旅第 23 团第 1 营，乘夜暗迅速插入国民党军腹地——

樊家台北面的刘家沟，并迅速展开，割断了樊家台与南桥头之间的联系。17 日拂晓，樊家台的国民党军发现侧背受到威胁，急忙以 2 个团 3000 余人的兵力，从四面包围了刘家沟，并在坦克和大炮的配合下，向第 1 营发起了攻击，企图一举拔掉这颗楔入心脏的“钉子”。 第 23 团第 1 营的 240 名官兵，在营长朱彪的指挥下，凭借国民党军炮火准备时临时构筑的简单工事和几所深院大宅，与 10 多倍于己、全副美械化的国民党军展开了一场血战。经过几个回合激战，在国民党军千余发炮弹轰击下，刘家沟这个只有百余户人家的村落，房屋大部坍塌，第 1 营伤亡越来越大。为给主力全歼 4 个美械化团创造条件，多次负伤的营长朱彪，把全营仅剩的几十人召集在一起，决定“誓与阵地共存亡”，拼死也要坚守一整天。面对国民党军从四面向刘家沟的猛攻，第 1 营官兵用汽油瓶回击逼近的坦克，每人往返奔走于数个工事之间，用不间断火力阻击坦克后面的步兵，连续打退国民党军几十次冲锋，毙伤其 700 余人，击毁坦克 2 辆。坚持至黄昏，第 8 旅第 23 团打到刘家沟增援，第 1 营乘势配合其进行反冲锋，终于击退国民党军进攻。由此，该营受到晋察冀军区嘉奖，被纵队授予“钢铁第 1 营”光荣称号。

经过两天激烈的战斗，至 18 日，第 3 纵队攻占范家台，第 4 纵队从右翼攻占张家沟，共歼国民党军 1200 余人。当野战军右纵队正准备给国民党军第 94 军以致命打击时，由于左纵队未能及时赶到出击地域，按预定计划切断该军与第 53 军的联系，致使第 53 军向第 94 军靠拢，集结于二十里铺、南北桥头、门墩山地区，使野战军失去了分割围歼第 94 军 4 个团的有利时机，遂于当日晚撤出战斗，移师易县、满城、完县、唐县地区休整。19 日，国民党军亦东撤涿县、定兴一线。至此，国民党军两犯易涞地区均没有达到目的。晋察冀军区部队共歼灭国民党军 3800 余人，使国民党军在平汉线北段的攻势初步受挫。

（二）满城东部作战

国民党军在进攻易县多次受挫后，仍然坚持其分割解放区腹地的原定计划。为此，北平行辕经过近 1 个月的准备，重新调整了进攻部署，除仍以第 94 军由涞水第 3 次进攻易县外，另外集中第 53 军第 130 师、第 116 师各 2 个团及暂编第 1 路军第 1 纵队第 2 总队（2 个团），共 6 个团的兵力，继续向保定以北地区发动进攻，企图迷惑、钳制晋察冀野战军。从 12 月 16 日开始，第 53 军等部由保定、漕河镇一线出发，分左、中、右 3 路向满城方向进攻，主要夺取满城、下紫口、大王店，策应第 94 军攻取易县，迫使晋察冀野战军撤离平原，退守山地，以确保其平汉铁路及沿线各点之安全。进攻满城的国民党军吸取了以往的教训，行动极为谨慎，各路均采取梯次配备、钳形攻击，缩小间隔、相互策应，齐头并进、步步为营的战术，每天推进不足 10 公里，宿营后立即构筑工事，以防遭到突然袭击。至 19 日，国民党军右路第 130 师先头第 388 团进占满城东北的前、后大留，第 389 团进占杨庄、东南韩；中路第 2 总队进至满城以东之周家庄、道口、相庄地区；左路第 116 师进至满城东南之南、北奇村。

晋察冀军区 3 个野战纵队经过 20 余天休整，各部队认真总结了前段作战的经验教训，加强了平原村落作战的战术、技术训练，使部队的战斗力得到进一步提高。为使作战指挥更加集中、简便，晋察冀军区于 12 月初撤销了野战军指挥机构，由军区直接指挥各野战纵队。针对国民党军新的进攻动向，晋察冀军区决定组成满城前线指挥所，统一指挥参战部队，以小部兵力牵制进攻易县之第 94 军，同时乘国民党军运动之有利时机，抓住进犯满城的第 53 军等部，集中主力歼灭其 1—2 路。部署是：以第 4 纵队牵制由保定进犯之左路第 116 师及中路第 2 总队；以第 3 纵队歼击由漕河镇进犯之右路第 130 师第 388 团，得手后，即配合第 4 纵队全力歼击第 116 师及第 2 总队；以第 2 纵队 1 个团牵制第 94 军，主力 5 个团位于遂城镇以南为战役预备队。同时，以冀中军区独立第 7、第 8 旅出击平汉路的固城、保定段，阻遏第 94 军南援。要求各纵队先以地方武装和民兵迷惑、吸引国民党军，而将主力集结于一日行程之外，尽量避免形成胶着，以便捕捉战机，灵活用兵，出其不意地实施奔袭和割歼。

针对国民党军左路第 53 军第 116 师 2 个团进展较为缓慢，而右路第 130 师第 388、第 389 团和中路暂编第 2 总队 2 个团较为突出的情况，晋察冀军区命令杨成武统一指挥第3、第4纵队及独立第7、第8旅，消灭左路、中路的这4个团。19日晚，晋察冀军区第3、第4纵队分别从易县、完县集结地域向满城以东隐蔽开进。20日晚，第3纵队主力5个团猛插国民党军暴露的右翼，当即包围了进至满城东北后大留的第388团，另以1个团钳制第389团；第4纵队以主力5个团迅速绕到位于满城以东之周营、东营、道口、相庄等地的第2总队侧后，楔入其配置纵深，从四面向该总队占据的各点同时发起突然攻击，另以1个团进至满城东南的南、北奇村一带，钳制第116师，不使其北援。

攻击开始后，第4纵队第11旅旅长李湘、政治委员张明河率领该旅首先歼灭了驻周营的第2总队指挥所和炮兵阵地。该部失去指挥陷入一片混乱，其中一部向南、北奇村方向突围时，被驻该地的第116师误认为是“共军”向其进攻，遂展开相互射杀，死伤100余人。随后，第11旅又向道口、东营之第2总队第3团发起攻击。21日1时30分，该旅第31团首先对东营村东、南两面进行突击，第2营占领了村东面的前沿阵地，第3营在纵深火力掩护下，以迅猛的动作从村南面攻占了村边几栋独立家屋，遭国民党军第3团的拼命反扑，行动受阻。2时许，第32团从道口村西面和北面向第3团发起攻击，遭地堡密集火力封锁和障碍物的阻拦，攻击数次未果。鉴于上述情况，第11旅令部队暂停攻击，重新调整部署。5时30分，第32团在炮兵和重机枪火力的支援下，第2营在道口村西南突破前沿，第1营从村北突入村内，迫使该村守军向东营退缩；第31团从东营村东北角突破防线，占领村缘阵地。6时许，第2总队部及第3团残部见东营、道口均被突破，面临重兵合击之势，纷纷向高屯方向溃逃，被尾追而至的第11旅部队分割包围于野外开阔地带。此时，向温屯、相庄国民党军第2总队第2团发起攻击的第10旅，在旅长邱蔚、政治委员傅崇碧率领下，经过彻夜战斗，也将该团残部压缩于各村的少数院落。21日上午，各攻击部队转入围歼作战，将暂编第1纵队第2总队的2个团大部歼灭。

在第4纵队围歼国民党军第2总队2个团的同时，第3纵队也将国民党军右翼之第388团包围于后大留。第8旅第24团、第7旅第19团、第20团分别从后大留村东、南、西三面，同时发起攻击。国民党军第53军的王牌第388团，沿村四周设置了火力点和障碍物，在村内主要街口修筑了半掘开式工事，凭借美械化装备的火力优势，进行顽强抵抗。攻击部队连续几次爆破，虽炸开了通路，并连夜组织了几次强攻，但除了第24团占领村东几所独立家屋外，其他均遭守军密集火力封锁，攻击无果。21日，国民党军第130师后续第389团开始向后大留增援。为了迅速解决战斗，杨成武赶到前线第7旅指挥所，亲自部署协调第7、第8旅作战，并当即命令第8旅第23团前出至大马坊以北地区，坚决阻击援军。傍晚，各部队在打退守军多次反扑、击退援军之后，再次对第388团发起强攻。首先用野炮摧垮了守军前沿工事和大部炮兵阵地，以爆破等手段排除了鹿寨障碍，而后第7旅第20团从村西乘势突破前沿，冲进村内，第19团和第8旅第24团第1营也分别从南面、东面突破。第388团慌乱中夺路东逃，遭前后截击，被全部歼灭。面对右路、中路进攻的接连受挫，左路国民党军第53军第116师和第130师第389团异常惊恐，仓皇撤回保定；北线涞水、定兴的第94军也龟缩不前，未敢妄动。国民党军分割包围晋察冀解放区的计划就此粉碎，不得不退集于平汉路保定以北地区。当月底，晋察冀军区机关进驻完县的南山腰村。

满城东部一战，第3、第4纵队采取集中优势兵力火力突破一点，迂回、分割、包围、爆破、突击相结合的战术动作，全歼国民党军3个团，毙伤1500余人，生俘第130师第388团少将团长佟道、第2总队第2团团长隋宝辰和第3团团长胡金山及以下官兵2200余人，击落飞机1架，缴获各种火炮49门、枪1779支、弹药10万余发，其中第388团少将团长佟道是晋察冀军区俘获国民党军正规军的第一个将级军官。从而取得了晋察冀野战军撤出张家口以后的又一个大胜仗。

易县涞水和满城东部作战，晋察冀军区共歼灭国民党军4个团（正规军2个、非正规军2个）近8000人，担任该役主攻任务的第3纵队，以缴获的火器加强部队装备，各旅增编了战防炮连（辖炮排2个，炮4门；

火箭筒排 1 个，火箭筒 4—6 具）。易满战役的胜利，打破了蒋介石集团所谓美械装备之国民党军不可战胜的神话，鼓舞了解放区广大军民的战斗情绪，对而后扭转晋察冀地区的战局起了不可忽视的作用。

四、举行保南战役

国民党北平行辕几次进剿受挫后，第 11 战区将主力集结于平汉路北段铁路沿线地区，置重点于平、津、保三角地区，暂取守势；以部分兵力担负保定以南望都至正定段铁路的守备；并沿铁路及公路干线广泛修筑永久性工事，每公里筑一碉堡，各堡储备 10 天以上粮弹，守备兵员 10 天一轮换。企图长期分割冀中、冀晋两解放区，并伺机向铁路线两侧扩展其占领区，继续实施分期包剿平汉路北段西侧晋察冀军区主力的计划。

晋察冀军区根据中央军委关于要下大决心、打大胜仗，逐步扭转战局的指示精神，在分析平汉铁路北段国民党军的分布态势后，认为保定以南 100 多公里的铁路沿线，只有国民党军第 3 军第 32 师一部和保安第 5 总队及县自卫队驻守，力量比较薄弱。为打破国民党军对冀中、冀晋两区的封锁，主动求歼该地区国民党军有生力量，晋察冀军区决定在保定以南地区发起一次进攻战役。由第 4 纵队司令员陈正湘、政治委员胡耀邦统一指挥第 4 纵队、冀晋军区独立第 1 旅，在冀晋军区第 3 军分区和冀中军区第 9 军分区地方武装配合下，集中力量消灭驻守望都至正定间铁路各点的第 5 总队 4 个团；以冀中军区独立第 8 旅破袭保定至高碑店之铁路，牵制驻守保定的国民党军。第 2、第 3 纵队继续休整待机，随时准备打击出援的国民党军。

（一）攻击望都、王京

根据晋察冀军区总的作战意图和当面情况，第 4 纵队领导认为，定县以北地区是保安第 5 总队防守部署的侧翼，兵力薄弱，又是第 5 总队与保定守军的接合部，且距离纵队主力集结的完县、唐县较近，在此处下手，利于达成行动的突然性和打开战场。所以，决定集中主要力量，首先攻歼定县以北望都、王京守军，切断保定至定县的联系，而后视情况发展，再决定下一步行动。如果保定以北守军出援且兵力较大，第4纵队等部即在运动中寻机打援，集中全力先消灭援军有生力量；如保定以北守军不动或出援兵力不大，则立即南下，乘胜扩张战果，一举扫清定县至新乐间各据点守军，最后攻击定县城。此方案得到晋察冀军区批准。

1947年1月19日，天降大雪，寒风凛冽。第4纵队各部从完县、唐县一带出发，分别向预定目标隐蔽挺进。当日夜，第10旅以1个营的兵力在方顺桥一带构筑工事、钳制保定方向国民党援军的同时，主力则附野炮4门、山炮2门，包围了望都守军；第11旅在以第31团进至唐河北岸，阻击定县方向援军和王京守军出逃的同时，也令第32团附野炮、平射炮各2门对王京守军实施了包围。20日，正临农历除夕。这天拂晓，第10、第11旅主力顶着漫天风雪，趁守军疏于戒备之际，分别向望都、王京两处守军同时发起攻击。为了配合第4纵队主力的攻击行动，第3、第9军分区部队也分别向定县、新乐之间及定县城周围的据点发起了破击战。

王京，位于定县城北约12公里的平汉铁路线上，周围深沟高垒，障碍密布，设防坚固。该地由国民党军保安第5总队1个营和1个特务队共400余人防守。第11旅第32团在团长马卫华、政治委员张乃更的率领下，以第1、第3营分别从镇东北、东南两个方向实施主攻；以第2营在镇西南和西北方向实施堵击。团工兵排和各连爆破组，在火力掩护下首先破除障碍，连续炸毁地堡19座。接着，担负主攻任务的第1、第3营从各突破口迅速突入镇内，向纵深扩大战果。守军万没料到除夕之日遭此突然打击，仓皇应战，至下午2时许，被歼300余人，残部从镇西南方向突围，被担负阻击任务的第2营及第31团全部截歼。

与此同时，第10旅也向望都发起了攻击。望都城位于平汉路西侧，城墙坚固，城河环绕，守军为第5总队第3团和第5团1个营，计1100余人，另有地主武装100余人。第10旅以第28、第30团分别从城西北角和西南角担负主攻，第29团在城东实施堵击。第28团在团长陈信忠、政治委员粟秉成的指挥下，首先将城下的一些鹿寨炸毁，并以旅属野炮向城墙及其堡垒轰击，随后以第1营发起攻城。因守军凭坚固守，火力甚猛，加之攻击分队的步、炮协同不力，攻击一度受挫，双方遂转入枪炮火力互射。至下午2时，第4纵队领导见仍无进展，当即命令第10旅集中兵力，先以炮火集中轰击城西北角工事，打开缺口后，不失时机地登城、突破。第28团及时调整部署，以第2营接替第1营担任突击。3时30分，在炮火猛烈轰击下，望都西北角城墙被炸开一个大缺口，第2营趁机登上城墙，向守军两翼展开突击，掩护团主力从正面攻入城内，向纵深发展。此时，第30团也从城西南方向突入。守军见势不妙，趁暮色掩护，从东门突围。由于城东第29团疏于戒备，守军大部突围成功，沿铁路向南、北两个方向溃逃。此时，休整待机的第2纵队一部和第11旅第32团闻讯，立即在于家庄西南及王京东北的杨村、二十里铺地区实施截击。望都突围守军在溃逃途中全部被歼。

（二）设伏寨西店、十家町

解放望都、王京，切断了定县、保定间国民党军之联系，达成了保南战役第1期作战计划。为乘胜扩大战果，第4纵队等部队指战员顾不上欢度除夕，于21日夜立即分路秘密南下。陈正湘等率领纵队直属队和第10旅沿平汉铁路西侧进至寨西店西北之内化地区，第11旅沿平汉铁路东侧进至寨西店东南之明月店地区，准备横扫定县城南寨西店、新乐等点守军，然后攻取定县县城。

22日下午，当部队插至定县、新乐间时，侦知驻正定的国民党军第3军第32师第95团主力及保安第5总队第1团向北增援。针对这一新情况，第4纵队分析：就定县国民党守军而言，北面王京、望都的丢失，已使其失去了右翼，如果南面的寨西店、新乐诸点再失，将完全陷于孤立。而定县不保，必又危及华北战略要地石门的安全。对此，石门守军自然不会坐视不管。据此判断，正定守军出援的目标不仅仅是新乐，必会经新乐继续北进，以增强寨西店和定县的防御。

为了进一步调动国民党军，创造和捕捉更为有利的战机，第4纵队按照聂荣臻关于先打援的指示，令第11旅第31团于当日夜接替冀晋军区第3军分区部队对寨西店的攻击，并于23日拂晓前歼灭该地守军，夺取寨西店及其车站，以促使正定援军尽早脱离石门防御体系继续北开。而后，集中纵队主力于寨西店、三十里铺及其西南方向，在铁路、公路两侧地区隐蔽待机，以伏击手段，将正定援军围歼于定县西南一带。

寨西店位于定县西南约10公里的铁路线上，其以南地区地形开阔平坦、村落较为稠密，便于大部队隐蔽展开和发扬火力。为迅速打开战场，攻击部队按照纵队部署，立即展开夺点设伏行动。22日夜，第11旅以第31团向寨西店发起猛攻，激战一夜，夺取该地，歼灭守军200余人。之后，在团长谢正荣、政治委员王海廷率领下，以2个营进至寨西店东北之沟里、近同一带，以1个营进至三十里铺西南公路两侧，准备打击由定县城南出接应的守军。次日拂晓，第4纵队集中3个旅8个团的兵力，并配有野炮4门，分别进至寨西店、十家町一带布阵设伏、直接参战。伏击地域正面以寨西店为中心，右起小油村，左至三十里铺；右翼从小油村沿铁路西侧向西南，经相家庄、李家庄直达梁家庄；左翼由三十里铺沿公路东侧向西南直至侯家洼。具体分布是：第11旅主力进到明月店、侯家洼一带；第10旅前进至油村、孔庄子、相家庄地区，并以第29团第2营扼守寨西店；冀晋军区独立第1旅于梁庄、李庄地区隐蔽待机，并以1个营的兵力控制东西紫烟楼，监视援军的行动；冀中独立第7旅进到赵村、孟家庄及其以南地区为预备队；纵队指挥所位于李油村。从而，形成一个正面宽约4公里、纵深长达13公里的袋形伏击圈。此外，第4纵队还令冀中军区第9军分区部队袭扰、围攻定县城东、城南守军，以配合主力行动。

23日夜，伏击部队进至指定位置后，各级迅速组织实地勘察，进一步明确了各分队的冲击方向、道路和目标、各阶段的任务和动作要求，以及与友邻的协同事项，并派出侦察警戒，严密封锁消息，保障主力待机准备。24日7时许，国民党军第3军第32师第95团2个营和保安第5总队第1团1个营，共1000余人，从新乐城出发，成两路疏开纵队，沿铁路向寨西店方向北进。12时左右，其主力进至十家町，钻进了第4

纵队预设的袋形伏击地域。此时，国民党军并未发觉第 4 纵队企图，遂以 2 个营的兵力，在十家町以北地区展开战斗队形，并向寨西店实施火力袭击。当先头部队进到寨西店村南时，埋伏在正面的第 29 团第 2 营按预定方案，突然展开猛烈的火力急袭，两侧设伏部队实行拦腰截击。国民党援军遭到突然打击，乱作一团，拼命向十家町回窜，溃散在长约 1.5 公里的开阔地上。随即，伏击各部从四面八方同时向溃退的国民党军发起冲锋，并将其压缩在十家町村内。第 29 团首先抢占了村北阵地，并顺势直插纵深。其他部队也先后从东、南、西面攻进村子，同国民党军展开逐院争夺。经 4 个多小时激战，北援国民党军 1000 余人全部被歼。

（三）夺取定县

在十家町歼灭国民党援军后，冀晋军区独立第 1 旅挺进新乐，守军弃城而逃。这样，保定与正定之间只剩下定县孤城，而且冀中军区第 9 军分区部队又攻克城南面的车寄、刘庄、宣村等据点。鉴于攻取定县的时机已经成熟，晋察冀军区遂令第 4 纵队乘胜攻取定县；令第 2、第 3 纵队结束休整，分别开进到保定西南方顺桥地区，相机打击可能由保定南援之国民党军第 53 军；以冀晋军区独立第 1 旅及第 3 军分区部队位新乐以南，阻击可能由石门北援之国民党军。

定县城坐落在平汉路保（定）石（门）段的中间，是连接石门与保定的重要支点。定县城周 22 公里，城墙高约 10 米，墙外挖有深、宽各 3 米以上的壕沟，城墙上筑有砖木质的碉堡及野战工事，城下突出部筑有部分土质地堡，既可居高临下控制四周，又能互为依托构成交叉火网。该城由国民党军保安第 5 总队第 2 团、定县保安警备队以及曲阳、唐县、定县、安国的“还乡团”、“护路队”等约 3400 人防守。守军上层官员和大部骨干，均为匪特流氓、恶霸地主等反动分子，战斗中必然凭坚据守、殊死顽抗。

25 日，第 4 纵队曾思玉副司令员亲率侦察人员和分队，抵近定县城下。通过侦察了解到，该城北靠唐河，地形开阔，西为火车站，有重兵防守，东面城墙较高，不便攀登，且守备较严，均不利于攻城作战。只有城南城墙较低，城外有零星居民地和纵横沟渠，便于攻击部队隐蔽配置和实施突防，也易于向纵深发展进攻。因此，第 4 纵队将突破口选择在定县城的东南角和西南角两个地段。

27 日下午，第 4 纵队在定县城南的西朱古村召开团以上干部作战会议，确定以第 10 旅主力在城西南角实施突破、登城，夺取西门，分割车站与城内之联系，坚决阻止守军从西门突围；以一部同时攻占南门，配合主力控制西关，并保障其向西北方向发展进攻。以第 11 旅主力从城东南角突破、登城，并迅速攻占东门，向纵深发展进攻，直取守军第 2 团团部、国民党县政府及保安大队部；以一部兵力配合第 10 旅之一部攻占南门。以冀中军区第 9 军分区的第 79、第 80 团及定县县大队在东关以北，绕城至西北角一段，积极牵制守军，配合主力从南面突破城防，防止守军从北门突围；以小部队对董庄、八里店守军包围监视，并相机予以歼灭。以冀晋独立第 1 旅一部兵力控制新乐城，主力迫近该城城南之平安车站，准备打击石门、正定方面可能北援的国民党军。同时纵队党委还着重指出，作战中要对定县城内众多古迹加以保护，并给予首先登城的部队锦旗一面。各部队受领任务后，立即进行了实地勘察，根据守军的城防特点，组织突击队进行了反复演练，利用夜暗，完成了攻城各项准备。

28 日 6 时，第 4 纵队等部对定县发起攻击。首先以炮火轰击城上碉堡和垛口，以步兵火力封锁城下地堡，接着，各登城部队迅速冲出掩体，向城下运动。担任主攻的第 11 旅第 32 团第 3 营第 8 连，乘火力压制之机，利用炮火烟幕，在城东南角护城壕上架梯越壕，于 6 时 25 分登上城头。守军遭到突袭，慌忙沿交通壕后撤，并组织古塔附近守军 70 余人分为两路，从交通壕和东门内两面向突破口夹击、反扑，均被第 8 连击退。攻城部队抓住战机，迅速向两侧发展，占领了南门楼和东门楼。第 32 团团长马卫华指挥该团主力，以勇猛的动作向纵深发展进攻，很快攻占了伪县政府及其以西地区，控制了十字大街，摧毁了守军纵深之防御中心。与此同时，第 31、第 28、第 30 团也相继从东门、南门和西南角攻入城内，第 33 团主力也从第 32 团突破口加入战斗。第 10 旅第 28 团突入南门后，按预定方案，迅速向西发展进攻，一路俘敌600余名。守军在猛烈打击下，特别是失去有组织的抵抗后，张皇失措，渐渐不支，纷纷从西关和北门夺路北窜。攻城各部队立即猛追，协同城北堵击部队，将守军一部歼灭在定县城郊；另一部守军从西门突围后继续北逃，被部署于保定西南担任阻援的第2纵队全歼于望都以东地区。战后，第32团第3营第8连，被评为定县登城第一功，纵队授予该连“登城先锋”锦旗，荣记集体大功。

至此，历时9天的保南战役胜利结束。晋察冀军区第4纵队在冀晋军区、冀中军区部队的配合下，歼灭国民党军保安第5总队4个团及第3军第32师第95团2个营，连同各县保安团队，共8200余人，收复了望都、定县、新乐3座县城，控制平汉线保定以南铁路100多公里，切断了保定、石门国民党军的联系，达成了预期的战役目的。战役期间，在解放区党政机关的大力支持下，中共冀晋区委与第4纵队共同组成平汉保南战役委员会，动员了平汉路保石段沿线及其以西的8个县9.3万民工，组织大车3277辆，担架4674副参加支前，并发动民兵开展铁路大破袭，破坏路基38公里、铁轨25公里，平毁车站3个、碉堡35个，有力地配合了野战军的作战行动。

五、出击保北及各地游击战争

保南战役之后，北平行辕继续执行其封锁山区，控制平原，打通平汉线，巩固平津保的战略方针。2月6日，第94军附第16军第22师从涞水第4次向易县进攻；第53军集结在徐水、固城一线策应；独立第95旅在高碑店为预备队。晋察冀军区为诱敌深入，寻找新的战机，采取运动防御的战法，在给国民党军以一定杀伤后，于2月8日主动撤出易县，将国民党军诱向塘湖方向。10日，北平行辕以第94军第43、第121师和第16军第22师从易县向塘湖方向进犯；以第53军由固城西进，企图钳击晋察冀军区主力于满城以北之塘湖地区。晋察冀军区准备在塘湖地区将国民党军歼灭，但是由于该部进入塘湖后，仅停留2小时即东退潦水、南靠、北靠。第53军也进到姚村策应第94军。这样，预定在塘湖地区歼灭第 94 军的计划未能实现。

为了创造新的战机，晋察冀军区以第 2 纵队（欠第 4 旅）附第 4 纵队第 11 旅向平汉线固城、漕河段出击，威胁国民党军的侧后，求得调动第 53 军东转，孤立第 94 军。14 日夜，第 2 纵队一举攻克了漕河、田村铺、徐水车站等据点，并围攻徐水城。这一行动果然吸引了国民党军。15 日，第 53 军急忙回援徐水，第 22 师也东退固城，从而使退集姚村及附近村庄的第 94 军 5 个团陷入孤立。晋察冀军区决心抓住这一有利战机，集中第 3、第 4 纵队的 5 个旅，由杨成武统一指挥，求歼孤悬在姚村的 5 个团。16 日，第 3、第 4 纵队（欠第 11 旅）附第 4 旅，向姚村疾进。第 2 纵队在达成调动国民党军后，即撤围徐水，进到遂城以南，准备阻击国民党军的增援。当夜，第 3、第 4 纵队强行军 70 余里陆续到达作战地区，迅即向第 94 军展开围攻。经过 3 个多小时激烈战斗，攻占了外围黄山、孤山、辛木等要点，歼国民党军近 2 个营。

当日 16 时许，正当重新调整部署，准备发动总攻时，第 4 纵队的前沿部队战场观察所，误将大方、仪丰国民党军向姚村和东西留村出援的行动，判断为姚村国民党军已突围东逃，在未进一步查明的情况下，第 4 纵队和第 3 纵队第 7 旅即自行撤围，实施分路追击，待察觉情况有误，已不及收拢部队。午夜，前来接应的国民党军第 53 军逼近姚村附近的烟台一带，使“追击”部队处境十分不利。次日凌晨 4 时，第 3、第 4 纵队被迫停止攻击，撤出战斗。此役，晋察冀野战军主力虽然歼灭第 94 军 2100 余人，但错过了集中力量全歼第 94 军 5 个团的战机。

在晋察冀野战部队转战保定南北地区期间，冀东、冀晋、冀中、冀热察、察哈尔等各军区部队和民兵也围绕配合野战军主力部队行动，积极开展了游击战争，并主动寻机向国民党占领区出击，先后攻克了沽源、崇礼、宁河、乐亭、五台、赵县等县城，收复了部分地区。冀东军区部队在 1947 年一二月间，连克武清、宝坻两座县城，并一度攻入通县，威胁北平，先后歼灭保安团队 3000 余人，给予北平行辕很大的震动。冀热察军区部队在 1946 年 10 月至 12 月间，于宣化东北的赵川堡、平定堡，歼灭国民党军第 12 战区的精锐主力第 35 军第 101 师的 2 个营。冀热辽军区部队主动向敌占区进击，迫使国民党军困守在少数点线，收复大部地区，逐步巩固和扩大了解放区。察哈尔军区独立第 4 旅在涿鹿县南山口前村突袭国民党军 1 个团，歼其 800 余人。接着又在石瓮村痛击国民党军 2 个团，使国民党军的嚣张气焰大为收敛。从此，打开了察南地区的局面。同时，为了配合野战军行动，各地方军区部队还对北宁、平汉、平绥、锦承、正太各线铁路不断进行破击，使国民党军的主要交通线受到很大的威胁。

通过这些作战，使各区的地方武装不断发展壮大，战斗力得到锻炼和提高。同时，全区民兵发展到 200 万人，活跃在广阔的战场上。在边沿区，县区游击队、武工队，日夜出没在国民党军点线之间，围困和袭扰国民党军。不少地区实行村落联防，开展地雷战、“麻雀战”，打击向解放区“蚕食”进犯和小股出扰的国民党军。由于地方武装、民兵的积极活动，不但巩固和扩大了解放区，而且迫使国民党军分散守备，这就有力地牵制了国民党军，为军区野战部队机动作战创造了有利条件。

从 1946 年 11 月至 1947 年 2 月，晋察冀军区在 4 个月的作战中，成建制地歼灭国民党军 8 个团又 4 个营，连同地方武装共 2 万余人，粉碎了国民党军分割、占领晋察冀解放区腹地的企图，基本遏制了国民党军在这一战场的全面进攻，为扭转晋察冀战局奠定了基础。在作战过程中，冀晋、冀中地区都有上万民兵和群众支援前线，成为取得战役胜利的重要因素。在战役指导上，贯彻了集中优势兵力各个歼敌的原则，每战都在主要作战方向上集中较多的兵力，形成拳头，抓住国民党军的薄弱环节，或远距离奔袭，或打点阻援，或围点打援，机动灵活地各个歼灭敌人。这表明在中共中央晋察冀局涞源会议之后，晋察冀军区部队对运动战、歼灭战思想的运用有了明显进步。

第三章

主动作战、大踏步进退，从根本上扭转战局

（1947年3月—6月）

第一节　召开安国会议，确立“力争主动、大量歼敌”的指导方针

1947年3月，经过8个多月的作战，国民党军被解放军共歼灭71万余人，虽经补充重建，但其总兵力已由战争开始时的430万人减少为394万人。其间，国民党军四面攻城，到处略地，战线逐渐拉长，兵力日趋分散，战略上陷入被动。于是，蒋介石被迫将全面进攻改为对山东和陕北的重点进攻，在晋察冀和东北、晋冀鲁豫等战场转取守势。与此相反，中国人民解放军的总兵力已经由战争开始时的127万人发展到了168万人，同时随着大量的战场缴获，部队的武器装备有了较大改善，战斗力得到明显增强，全国军事形势，已向有利于人民的方向发展。毛泽东指出：“解放军如能于今后数月内，再歼灭国民党军四十至五十个旅，连前共达一百个旅左右，则军事形势必将发生重大的变化。”①

① 《毛泽东选集》第4卷，人民出版社1991年6月版，第1211页。

一、晋察冀地区在国民党军转入守势后的军事形势

在晋察冀地区，国民党政府北平行辕主任李宗仁部（辖保定绥署、张垣绥署）除被晋察冀军区部队歼灭的8万余人外，在晋察冀战场尚有部队34.4万余人，其中正规军10个军29个师（旅）84个团，约31.5万人。具体分布情况是：第3军驻石门地区，第53军驻保定，第94军驻徐水以北至涿州，青年军第208师驻北平附近，整编第62师驻天津、沧州，第92军驻冀东，第13、第93军驻热河，暂编第3军、第16军及第35军驻察南。由于北平行辕前一阶段作战中，集中兵力大举进攻，占领晋察冀解放区的一些城镇和铁路交通线，战线不断延长，用于守备的兵力增加，机动兵力减少。其所占领的大中城市和铁路交通线，也均被晋察冀军区部队割裂，且平汉铁路保定至石门段已被晋察冀军区部队控制，保定至北平段也经常处于瘫痪状态；北宁、津浦、平绥等几条铁路线，则经常被晋察冀军区部队切断。所以，在这10个军中，守备平、津、石等大中城市和主要铁路线的部队很难调动，守备冀东的部队也被解放军冀东军区部队的游击战拖住，动弹不得，能够机动的部队只有第53、第94、第16军和整编第62师中的4个师（旅），共12—15个团。这样，北平行辕虽然还保有局部性的进攻能力，但却很难组织起大规模的攻势行动，在晋察冀战场上已基本处于守势。

同时，北平行辕的部队还存在诸多难以克服的不利因素：一是兵力不充实，人员难补充。自内战开始以来，多数部队遭受过打击，作战单位缺编严重，满员率低，补兵非常困难。3月4日，天津《大公报》透露："冀省去年征兵三万余人，至今年三月尚缺万人"，并称，国防部已电令："现役及龄壮丁不足配额时"，"征抓老弱以补不足"。二是厌战思乡情绪增长，士气低落。反战的官兵日益增多，普遍不愿为国民党卖命打仗，第53军第130师第390团团长傅广恩常说："我的团不能打仗，不去抢孝帽子往

头上戴。”[①] 部队中开小差逃跑的人员大量增加，中下层军官企图请长假脱离部队者也大有人在。第一季度，仅在察南地区就有1982人投诚，冀东地区就有逃兵1000人。三是随着战线的延长和战场损耗的增加，军火供应和给养补充也变得越来越困难。

晋察冀解放军经过8个多月的作战，特别是在保定南北连续的攻势行动，不仅沉重打击了国民党军全面进攻以来的猖狂气焰，而且使全区军民的必胜信念更加坚定，战斗热情更加高涨。同时，地方部队积极配合野战军作战，主动出击，广泛开展游击战争，在战斗中得到不断发展。热河、冀东、察北、察南等地区被国民党军侵占的地方，部分得到恢复，冀中、冀晋两解放区连成了一片。国民党军虽然占据着大中城市和铁路交通线，但却处在晋察冀军民的包围之中。随着晋察冀解放区土地改革的深入，广大翻身农民为保田、保家，踊跃参军，大量经过教育的俘虏兵和缴获的武器装备补入部队，晋察冀军区部队不断壮大。至3月，部队已由1946年7月的20.7万人发展到28万余人，其中野战军由5.1万人发展到7.8万余人。各野战纵队均由2个旅扩编为3个旅，多数野战旅已按编制数补至7000余人。军区组建了炮兵团，辖3个营，装备各种火炮26门。各纵队组建了山炮、步兵炮混合营和工兵营。各二级军区也建立了山炮连。各纵队、旅和团，分别成立了随营学校、教导大队和教导队，大力培养干部，以满足部队的需要。地方各级人民政府按照晋察冀军区司令部2月24日公布的《晋察冀军区兵站工作条例草案》规定，建立与健全了战争勤务组织，进一步加强了支前工作的组织领导与实际力量。晋察冀军区通过总结作战经验和扩编整训，部队士气高涨，战术技术水平明显提高，战斗力进一步增强，为以后夺取新的更大的胜利创造了条件。

上述双方优劣情况的消长表明，晋察冀地区的军事形势正向有利于人民的方向发展。在国民党军转入重点进攻陕北、山东解放区的大背景下，

---

① 晋察冀军区：《军区敌军情况》，北京军区档案馆，1947年5月30日。

晋察冀解放军已经具备了在局部战场实施战略性反攻的条件。

二、晋察冀军区实行战略性反攻的作战任务

根据形势的发展和国民党军所采取的由全面进攻转入重点进攻的战略方针，中共中央军委确定，继续在内线作战，执行积极防御的战略方针。同时，要求晋冀鲁豫、晋察冀、东北等战场的解放军，依据各地的具体情况，举行战略性反攻，大量歼灭国民党军，逐步收复失地，以配合陕北、山东战场，粉碎国民党军的重点进攻，为之后转入战略进攻创造条件。

在前一阶段的作战中，晋察冀军区部队虽然取得了一定的胜利，部队建设有了较大的发展，但还没有完全掌握战场主动权，有些战役战斗是在被动情况下进行的，胜利也是不足的。对此，中共中央、中央军委曾多次对晋察冀军区的作战方针、原则问题作出重要指示。指出："你们最近时期在保定、易县间的争夺战，是在被动情况下进行的，故打不出好仗。"今后作战应采取"大踏步进退，不拘于一城一地之得失，完全主动作战，先打弱敌，后打强敌，调动敌人，各个击破"[①]的方针。要求各级指挥员树立起打大歼灭战的决心，"不轻敌亦不怕敌"，并提出了"打大歼灭战的两个条件：（一）以小部兵力钳制敌之其他部分，集中绝对优势兵力打一个敌人，决不可同时打两个敌人，也不可将很多兵力使用于钳制方面。（二）以一部打正面，以主力打迂回，决不可以主力打正面，以一部打迂回。希望你们按以上两条检查过去经验，部署新的作战，好好打几个大歼灭战"[②]。

1月29日，毛泽东以中央军委名义致电聂荣臻、萧克、罗瑞卿、刘澜涛、黄敬，在肯定平汉线上主动作战的同时要求，"望在今上半年用围城打援各个歼灭之方法，将平汉线上蒋系各军基本解决，以便下半年主力转入平绥线解决傅作义"[③]。2月21日，中央军委电示晋察冀军区下一阶

① 《毛泽东年谱》下卷，中央文献出版社2002年8月版，第170—171页。

② 《毛泽东军事文集》第3卷，军事科学出版社、中央文献出版社1993年12月版，第640页。

③ 《毛泽东军事文选》第3卷，军事科学出版社、中央文献出版社1993年12月版，第645页。

段任务时，进一步指出："你们部队休整若干天后，请考虑是否可以打第三军。其目的不在占地而在歼灭顽伪有生力量，并吸引保定以北之敌南下，利于第二步歼击之。"[①] 并对以后的行动步骤进行了明确：（一）打平津路，调动平保路上之敌来援而歼灭之。（二）打平保路，待平保路上之敌调动，该路敌兵力较弱时举行之。（三）打津沧路。（四）再打保石、娘子关线上之第三军，以上各项之步骤均以冀中为根据地进行，并可以反复举行。（五）待上列各步骤取得显著成绩后，可以主力出冀东、平北行动之时期。（六）然后出察南打傅作义。3 月 12 日，中共中央军委又指出："你们作战不论在什么地方，只要能歼灭敌人，就是对于他区的配合。"[②] 这些重要指示，对于晋察冀军区明确作战指导思想，提高战役指挥能力，夺取作战胜利，从根本上扭转晋察冀地区战局，具有极为重要的指导意义。

三、中共中央晋察冀局以扭转战局为中心召开安国会议

为了贯彻落实中共中央和中央军委的一系列指示精神，加快解放区军事斗争的发展，3 月 29 日，中共中央晋察冀局在安国县召开了扩大会议。会议在聂荣臻的主持下，认真学习了中共中央 2 月 1 日关于《迎接中国革命新高潮》的指示和中共中央军委、毛泽东主席对晋察冀军区在作战指导方面的历次重要指示，以批评和自我批评的精神，认真检查了在执行军事斗争、土地改革和生产三大任务中存在的问题，围绕从根本上转变晋察冀战局问题，分析形势，统一思想，提出"力争主动、大量歼敌"的作战方针，明确了"向国民党军守备薄弱的点、线出击"的作战任务。4 月 6 日，中共中央晋察冀局作出《关于执行中央"二一"指示的决定》。

会议认为，夺取军事斗争的胜利，是军事、土改、生产三大任务中，具有决定意义的首要任务。在过去的 8 个月中，全区虽歼国民党军 8 万多人，军事形势有所好转，但是没有完成中央赋予的任务，还没有完全

---

① 《毛泽东年谱》下卷，中央文献出版社 2002 年 8 月版，第 170—171 页。

② 《毛泽东年谱》下卷，中央文献出版社 2002 年 8 月版，第 175 页。

摆脱被动地位，国民党军还有力量向解放区进攻，有些地区还可能暂时沦陷或变成游击区，整个晋察冀的军事形势仍未发生根本变化。之所以形成这样一种形势和局面，主要原因：一方面是执行运动战方针不够，时常处于被动，没有很好地调动敌人，缺乏对情况的周密调查研究，对作战计划全面考虑商讨不够充分，在作战中有时表现决心不足，又因整补不及时，以致整补与打仗发生矛盾，亦影响作战决心。另一方面是在全面战争爆发前，缺乏对战争的充分准备，军队大量复员，练兵没有抓紧，影响了以后的扩军与部队战斗力。同时，放松了对边缘区斗争与地方武装的领导，也影响了游击战与运动战的配合。此外，政治工作薄弱亦为胜利不足的重要原因之一。对于转变晋察冀地区军事形势的问题，会议强调：经过几个月的作战与整训，部队战斗力已增强，只要虚心检讨与总结过去经验教训，贯彻毛主席运动战歼灭战的正确方针与游击战和运动战的有力配合，力争主动，大量歼敌，边区形势就一定可以改变。对于如何争取主动、大量歼灭国民党军的问题，会议指出：必须实行大踏步地进退，调动敌人，创造战机；集中绝对优势兵力，在运动中各个歼灭敌人；先打弱敌，后打强敌，主动向敌守备薄弱的点线出击；地方军区要加强对游击战争的领导，使游击战紧密配合运动战，并坚持与发展解放区；野战军与地方部队必须努力提高战术与技术，要使作战与训练相结合；加强与改进兵工生产；大力培养军事干部。

关于土地改革和生产问题，会议指出：土地改革，在晋察冀热辽绝大部分地区业已进行，但在有些地区还没有完全实现“耕者有其田”，没有完全满足农民的土地要求，甚至有个别地区存在侵犯中农利益的现象。今后要在全区彻底完成土地改革，深入复查，进一步满足无地少地农民的土地要求，中农利益不得侵犯，以调动广大农民参战、支前的积极性。会议还指出：在土地改革的基础上，开展大规模的生产运动，具有空前有利条件，对于支持长期战争，更有极大重要性。在大生产运动中，必须坚持发展农业为主的方针，组织广大基本群众的生产；必须进行切实具体的按户计划，以群众自愿为前提，组织换工与劳动互助，并争取组织大量妇女参加生产。各部队要进行拥护土地改革与支援群众开展生产运动的教育；认真爱惜民力，节省勤务，在不妨害战斗任务的条件下，从人力、畜力各方面帮助群众生产；厉行节约，发扬艰苦奋斗的作风，战胜困难。

为了全面贯彻中央军委的有关指示和中共中央晋察冀局的决定，在安国会议以后，晋察冀军区分别召集各纵队领导，认真检讨了以往作战的经验教训，专门对今后作战的指导思想、战役方向、作战方法、司令部工作、后勤建设、兵工生产等问题进行了充分研究和认识上的统一。3月下旬，为了进一步统一思想，加强部队的政治工作，晋察冀军区专门召开政治工作会议。针对军区部队的情况，提出了政治工作“激励部队发扬勇敢杀敌的精神，加强军内外团结”的总方针。同时，为了加强党对军队的领导，会议强调在部队各级必须建立健全党的组织，严格实行党委集体领导下的首长分工负责制，规定一切重大问题都要经过党委会的集体讨论决定，在作战等紧急情况下，首长有机断处置之权。

中共中央晋察冀局安国会议和晋察冀军区一系列的工作会议，对于进一步统一军区部队意志，提高凝聚力和战斗力，贯彻执行“力争主动、大量歼敌”的作战方针，从根本上改变军事斗争形势，具有极其重要的意义。

第二节　发起正太战役，夺取局部战场主动权

安国会议精神传达到部队后，立即得到广大指战员的热烈拥护。经过学习，主动出击，打运动战、打歼灭战的思想更加明确，决战决胜的愿望更加强烈，“人人立功、事事立功、处处立功”的口号深入人心，杀敌立功运动已经在部队上下普遍开展。此时，国民党军向陕北重点进攻，并占领延安的行动，激起了晋察冀军区全体指战员的无比愤慨，部队决心一定要用实际行动保卫党中央，保卫毛主席！根据晋察冀解放区的战场情况，晋察冀军区按照安国会议精神，决定集中全部主力，避开国民党军麇集的北平、天津、保定三角地区，主动出击正太路，求得在运动

中调动和消灭国民党军，同时扫清石门外围守军，把石门孤立起来，使晋察冀和晋冀鲁豫解放区连成一片。

一、筹划与准备正太战役

1947 年春，国民党北平行辕为确保北平、天津、保定等战略要点，保持与东北的联系，将主要兵力部署在平津保三角地区及平汉、津浦、北宁、平绥等铁路沿线，并企图使用驻平汉线、北宁线之第 16、第 94 军及整编第 62 师第 95 旅等部，侵占晋察冀解放区大清河以北地区。而在正太铁路沿线只部署了部分兵力。其中，石门周围和正太铁路东段（娘子关以东，含娘子关）由保定绥署孙连仲部守备，其第 3 军第 7、第 32 师主力在石门，第 7 师第 19 团及保安第 5 总队在滹沱河以北正定、辛安、平乐等地，保安第 17 总队在石门以南窦妪、元氏等地，第 32 师第 96 团和保安第 10 总队等部在石门以西至娘子关以东地区。正太铁路西段（娘子关以西）和太原由太原绥署阎锡山部守备，其第 43 军暂编第 49 师和第 33 军第 71 师第 213 团及暂编独立第 10 总队（欠 1 个团）、独立保安第 5 大队（阎锡山收编的侵华日军）等部在娘子关以西的平定、阳泉、寿阳以及盂县等地；第 33 军第 71 师（欠 1 个团）和暂编第 46 师在太原近郊。

石门外围及正太铁路沿线，国民党正规军较少，且正太铁路东、西两段分属保定和太原绥署两个系统的部队守备，他们各图保存实力，协调困难，互相支援的可能性不大。尤其自平汉铁路被晋察冀军区部队切断后，国民党第 3 军已处于孤立少援境地。因此，石门外围和正太铁路沿线，是国民党军守备薄弱、孤立的地方，便于实施各个击破。同时，对晋察冀军区部队来说，该地区是老解放区，群众条件好，地形熟悉。这是取得作战胜利的有利条件。鉴于上述情况，晋察冀军区于 3 月 31 日决定，以第 2、第 3、第 4 纵队全部及地方武装一部，发起正太战役，歼灭石门外围和正太铁路沿线之国民党军，彻底破击正太铁路。

战役预定分两期进行：第一期，着重在正太铁路东段作战，集中野战军 3 个纵队的全部和冀中、冀晋军区的地方武装各一部，歼灭石门外围分散守备之国民党军，孤立石门。具体部署是：以第 2 纵队（配属野炮 8 门、战防炮 2 门）及冀晋军区第 3 军分区 2 个小团攻取正定城，并破坏正定车站以南之铁路桥梁，阻击由石门北援之国民党军，扫清正定以东及西北地区之碉堡，截击可能由辛安、平乐南溃之国民党军；以第 3 纵队（配属野炮 2 门）采取东西钳击之战法，歼灭辛安、平乐线之国民党军，并扫清余庄、椮庄、曹村以北地区之守军；以第 4 纵队主力（配属野炮 4 门）附冀中军区第 11 军分区部队，首先攻歼石门东南地区方村、白伏等据点之国民党军，以攻占石门之势，钳制国民党军第 3 军主力，使其不能北援，尔后攻占石门以南之栾城、元氏，歼灭守军；以第 12 旅（配属山炮 2 门），首先歼灭石门西北地区据点之国民党军，尔后在第 9 旅的配合下，积极向石门、获鹿（今鹿泉）迫近，并相机攻占获鹿，破坏其附近铁路，配合主力作战；以察哈尔军区第 4 军分区部队、冀晋军区第 3 军分区之 1 个团及冀中军区第 9 军分区部队向保定、满城方向活动，监视保、满之国民党军，如其南援，则采取运动防御予以迟滞，以保证第一期作战取得胜利。第二期，以主力向正太铁路西段进击，歼灭沿途之国民党军，并准备歼灭由太原方向东援之国民党军。在第一期作战任务完成后，若平汉路北段之国民党军南援，好打时，先歼援军，尔后西进。战役预计于 4 月 8 日开始，大约用 1 个月时间完成。

为做好此次战役的准备工作，军区组织团以上副职指挥员及参谋人员提前出发，到作战地区察看地形，实施侦察，同时将大量弹药和其他作战物资向战地集中。

3 月底，正当晋察冀军区加紧进行正太战役准备之时，国民党保定绥署主任孙连仲集中正规军第 16 军第 22 师（欠第 64 团）、整编第 62 师第 95 旅 2 个团、第 94 军第 5 师第 15 团和第 121 师（欠第 361 团），共 7 个团的兵力，及地方团队河北保安第 3、第 7 总队和各县还乡团、警备队，在第 94 军军长牟庭芳统一指挥下，由松林店、高碑店、定兴一线及廊坊向晋察冀解放区大清河以北地区进犯。至 4 月 4 日，占领了牛驼、永清等地。晋察冀军区首长为集中主力进行正太战役，遂令冀中军区第8、第10军分区部队及独立第7旅、整训兵团和回民支队各一部，以及各县大队，在冀中军区司令员孙毅、政治委员林铁指挥下，采取内外线配合的战法，进行反击，以牵制大清河以北国民党军，使其不能向石门、获鹿等地增援。

二、歼灭正太铁路东段国民党军

4月3日、4日，晋察冀军区第2、第3、第4纵队分别由高阳、任丘等地区，向威庄、富头、东杨村一带和肃宁西北、蠡县以东地区出发，先后向战役集结地域开进。为了保守秘密，部队采取夜间行军，一律停止电台联络，沿途封锁消息。至4月8日，各部队均进到石门外围。其中，第2纵队到达无极西南地区，第3纵队到达行唐、新乐地区，第4纵队到达藁城以南地区。4月9日1时，军区各部队按预定计划，分两路同时向石门外围国民党军发起突然攻击。一路由第2、第3纵队等部向滹沱河以北正定、安丰之间攻击；一路由第4纵队等部向滹沱河以南石门以东地区攻击。

在滹沱河以北地区，第2纵队猛攻安丰、平乐、东西杜村、大小白庄等地，先后攻克大小白庄、东西杜村、赵庄等据点，歼守军一部，包围了第3军第7师第19团的1个营及新乐、行唐等县的保安团队；第3纵队攻克捌角铺、吴兴后，直扑辛安火车站，乘胜将守军第7师第19团主力及曲阳等县的保安团（队）包围。随后，各部队分别对被围守军发起攻击。在解放军强大的攻势下，各点国民党守军一触即溃，四散逃跑，大部被歼于途中，仅少数逃入正定城。10日，第2纵队推进至正定以东地区，第3纵队攻占正定火车站、正定城北关、西关及城南大杨庄，并炸毁滹沱河铁桥，切断了国民党军向石门的退路。之后，两纵队迅速将正定城合围。

正定城位于滹沱河北岸，距石门16公里，有公路铁路连接，是石门北面的重要门户。县城方圆20多公里，城墙高12米，上筑有坚固工事，城门、城角、城腰和突出部，有高低碉堡和射击孔300多处，形成上下、正侧交叉火力配系。城外地形开阔，有一条宽10米绕经城西、南、东三面的天然护城河，并筑有护城壕沟2道。守军为保安第5总队3个团和第3军第7师第19团等部共6000余人，其战斗力较一般国民党军地方团队要强。攻击部队进抵城下后，军区立即组织展开对敌情、地形的侦察，并对实施攻城作出具体部署：第2纵队第4旅从东门以北和北门以东、第5旅从南面和东门以南、第3纵队第7旅从西面和北门以西分别实施突破，第6旅为第二梯队。突入后，各攻击部队采取向心攻击的战法，围歼城内守军。为确保一举成功，各部队还组织了试涉护城河、攻坚战术演练等攻城准备。4月11日18时，在军区炮兵团2个营猛烈炮火支援下，第2纵队从东、南两面，第3纵队从西、北两面，向正定城发起攻击。第5旅第14团在集中火力摧毁当面堡垒和火力点的同时，第7连率先在城东南角突破。该连班长刘海等7人，抬着12米多长的大云梯，冒着国民党军绵密的火网，仅用10分钟就通过了护城河，并将梯子靠上城墙。紧接着，突击分队攀梯登城，两翼卷击，迅速打开了突破口。继第5旅突破城垣后，第4旅和第7旅也分别突入城内，向国民党守军纵深攻击。经过激烈巷战，歼灭守军大部，残余猬集于大佛寺、天主堂及正定中学一带，企图作垂死挣扎。12日晨，军区部队向守军发起总攻。激战至8时，第2、第3纵队等部将保安第5总队、第7师第19团残部和保安团队一部全歼，生俘国民党守军第7师少将副师长刘海东。

在滹沱河以南地区，第4纵队主力及冀中军区第11军分区部队在冀南军区部队的配合下，以奔袭战法，迅速攻占了石门以东、东南地区的韩通、白佛、方村等大小据点多处，歼灭了国民党军第3军第32师第95、第96团各1个连及保安团一部。4月9日，第4纵队在方村附近将由石门近郊紧急出援的1个保安大队全部歼灭。接着，第4纵队又以一部兵力直插石门以南的高迁、窦妪2个火车站，并包围了栾城。10日10时15分，第4纵队第11旅在冀中军区第11军分区部队的配合下，向栾城发起攻击，以连续爆破炸开城门，迅即突入城内，与守军展开巷战，至21时夺取该城，俘保安团800余人。与此同时，第12旅攻克了石门西北郊的南胡庄、北固城等据点，破坏了石门至获鹿间的铁路。第4纵队的积极进攻，有效地牵制了国民党军第3军主力，使其不敢贸然北援，有力地配合了主力部队在滹沱河以北的作战。

经过3个昼夜战斗，军区部队顺利地完成了正太战役第一期作战任务。攻克正定、栾城2座县城，石门外围据点90余处及辛安、正定、柳辛庄、高迁、窦妪5个火车站，控制铁路近50公里，歼灭国民党军第3军第7师第19团、第32师第95团和第96团各一部及保安第5总队等部共1.5万余人。军区野战部队共伤亡2100余人。

正当军区主力向滹沱河南北两岸发起战役的时候，国民党军也加紧了向冀中解放区大清河北地区的进攻。从8日起，第121师、第95旅等部，在炮兵、飞机支援下，开始对胜芳镇外围进行攻击。11日，在胜芳西北崔庄子受挫后，孙连仲从天津、沧县调整编第62师第151、第157旅加入战斗，13日占领崔庄子、于家坟，并向胜芳镇发起猛攻。冀中军区指挥第76、第77团在内线顽强抗击，同时指挥独立第7旅和第63、第64、第73、第75团于外线，集中破袭北宁铁路丰台到廊坊段。在攻克固安县柳泉镇国民党军后方补给点后，外线主力转至永清、霸县地区，在内线部队配合下，夹击向胜芳镇进攻的国民党军。至14日20时，经过7个昼夜激战，共歼灭国民党军2300余人，缴获长短枪400余支、轻机枪12挺，炸毁火车机车2辆、车皮40节。牵制了保定绥署正规军13个团，有力地配合了野战军在石门外围的作战。鉴于正太战役第一阶段的作战计划已经顺利完成，冀中军区部队遂于当日晚主动放弃胜芳镇，分别向左各庄、文安、霸县等地转移。

4月15日，中共中央军委致电聂荣臻、萧克、罗瑞卿，对正太战役第一期作战给予了充分肯定和鼓励，并指示传令奖励全军将士。同时，要求“彻底完成正太作战任务后，休整若干天再歼三军一部甚为必要，尽可能全部歼灭第三军”①。

---

① 《毛泽东年谱》下册，中央文献出版社2002年8月版，第182页。

三、向正太铁路西段进击

晋察冀军区部队在石门外围作战的胜利，并迫近石门，使国民党军第3军军长罗历戎非常恐慌，遂一面收缩兵力，凭坚据守石门，一面向保定绥署告急求援。奉保定绥署之命，国民党军第94军及整编第62师第95旅等部，15日进占胜芳镇后，于17日晨由煎茶铺等地经霸县急转平汉铁路，企图诱使晋察冀军区主力部队北上，以解石门之围。沿途遭冀中军区独立第7旅和第10军分区部队及民兵的尾击、侧击和阻击，行动迟缓。

面对这种情况，聂荣臻等不为北部国民党军行动所牵制，在命令冀中军区部队和民兵与其周旋的同时，决定野战军主力继续向正太路西段进击，实施第二期战役计划。具体部署是：以第3纵队主力首先歼灭井陉、娘子关之国民党军，尔后向阳泉、平定前进；以第2纵队（欠第6旅）主力首先歼灭阳泉以北白泉和上、下荫营等据点之国民党军，以一部向正太铁路沿线测石驿迂回，威胁阳泉国民党军之侧背，尔后协同第3纵队攻击平定之国民党军，造成会攻阳泉之势，吸引太原方向之国民党军东援，歼其于运动中。如国民党军不东援，第2纵队主力和第3纵队则首先歼灭阳泉、平定之国民党军，尔后继续西进，歼灭测石驿至寿阳间之国民党军，威胁太原。以第4纵队主力及太行军区第1军分区部队首先歼灭元氏之国民党军，尔后进之井陉以东地区，为战役预备队；以第12旅及第3纵队第9旅首先歼灭获鹿之国民党军，并相机击毁大郭村机场、火车站，尔后第12旅进之井陉与获鹿地区阻击可能由石门出援之国民党军，第9旅则归还建制；以第6旅主力担任正定卫戍任务，并阻击由保定方向增援之国民党军，另一部兵力协同冀中军区第11军分区部队、冀晋军区第3军分区部队积极破击正太铁路；以冀晋军区独立第1旅攻击盂县、定襄地区之国民党军，配合野战军主力作战。

4月14日黄昏，第2和第3纵队主力，经灵寿、平山沿滹沱河两岸秘密西进。15日夜间，第9旅及第12旅经过周密准备，一举攻克获鹿县城，全歼守军保安第10总队1个大队及还乡团一部，计1300余人。16日晚，第 3 纵队主力采取“掏心”战法，以第 8 旅攻占井陉城、第 7 旅夺取煤矿矿区为目标，乘夜暗秘密穿过沿途林立的国民党军碉堡群，大胆插入纵深，于 17 日突然出现在井陉及微水附近。经 14 小时激烈战斗，全部占领了井陉县城、井陉矿区、微水发电厂和火车站，国民党守军悉数被歼。战斗中，第 3 纵队还结合军事打击，展开强大的政治攻势，使王舍附近还乡团百余人投降，南寨、冯家沟等十几座碉堡的守军放下了武器。第 7 旅进入矿区的部队，严格执行战场纪律，完整无损地保存了矿区的所有设备，战后仅 4 小时，矿区秩序就恢复正常，5000 名矿工也复工生产。其间，第 4 纵队主力在太行军区第 1 军分区部队的配合下，曾两度对元氏国民党军发起攻击，但因城坚，加之各部队轻敌、协同不良，均未奏效。为保持整个战役主动，不因元氏一地未克而使主力受到牵制，晋察冀军区遂决定，第 4 纵队西转井陉地区待机。获鹿、井陉两县城和井陉矿区的攻克，为晋察冀军区部队西进打开了通路。

正在这时，已进抵保定及其附近地区的国民党军第 53 军及第 94 军第 121 师、整编第 62 师第 95 旅等部继续南犯，但惧怕被晋察冀军区主力掉头聚歼，故一直犹豫不决，徘徊在保定以南之望都、方顺桥、张登地区。21 日，聂荣臻、萧克、罗瑞卿电告中共中央军委，敌南援可能性最大，但晋察冀军区主力仍按预定计划完成正太战役第二期作战。战役完成休整若干天后，敌如未南援，则按中央指示继续歼灭三军；敌如南援，则以围点打援办法，向平保段或保石段出击。22 日，中央军委复电：“你们已取得主动权，如敌南援，你们不去理他，仍然集中完成正太战役，使敌完全陷入被动，这是很正确的方针。正太战役完成后，应完全不被敌之动作所迷惑，选择敌之薄弱部分主动地歼灭之，选击何部那时再定。这即是先打弱的，后打强的，你打你的，我打我的（各打各的）政策，亦即完全主动作战政策。”[①] 遵照中央军委的指示，聂荣臻、萧克、罗瑞卿等丝毫不为北面援军所动，毅然决定第 2、第 3 纵队主力继续向西发展进攻。

① 《毛泽东军事文集》第 4 卷，军事科学出版社、中央文献出版社 1993 年 12 月版，第 41 页。

22日晚，第2纵队主力隐蔽进至阳泉以北白土坡、北舁、马上固之线后，第4、第5旅对盂县、阳泉间的沟城、燕龛、上下荫营、白泉镇等据点阎锡山部守军发起攻击。经一昼夜激战，扫除了大小据点40多处，由北面逼近了阳泉。第3纵队夺取井陉后，稍作休整，即以第7旅西取娘子关；第8旅沿正太路向阳泉发展；第9旅沿正太铁路以南山地，夺取平定县城后，插向阳泉以西地区，准备截断守军退路。23日夜，第7旅向娘子关发起攻击。娘子关位于平定县东北45公里，是长城线上著名的关隘和出入山西的咽喉要地，由阎部保安第4团1000余人，依托关口两翼险要山势和坚固的碉堡群守备，被阎锡山称为固若金汤的“东方要塞”。攻击开始后，第7旅运用攻克井陉的作战经验，采取挖心战术，从正面及侧面数路同时揳入要地纵深，顺利夺取了磨河滩、地都、南峪、苇泽关等要点，逼向娘子关，并于24日3时，乘势向退守娘子关一带的阎部发起猛攻。守军凭险顽抗，借风纵火，企图阻止解放军的行动，但最终未能抵住，被迫撤退。第7旅一鼓作气，拿下娘子关，全歼保安第4团1个大队及保安队一部。这时，第8旅也越过娘子关，连战连捷，攻克了移穰、乱流等车站和据点。第9旅于24日扫除了平定外围据点和碉堡60余处后，即对驻守平定之暂编独立第10总队的1个团发起攻击，守军一部在外城被歼，大部退入内城顽抗。至此，第3纵队主力从东南和东两面逼向阳泉、平定，与第2纵队对阳泉构成了两路会攻之势。

晋察冀解放军直取阳泉及矿区的行动，使太原阎锡山部大为震惊。阳泉及黄丹沟煤铁矿区，是阎锡山重工业的主要原料产地，一旦被攻克，将对其工业生产造成重大影响。24日，为增强阳泉及矿区的防守，阻止解放军继续向西发展，阎锡山在晋察冀军区部队尚未完成对阳泉包围之际，急令其第7集团军总司令赵承绶率第33军第71师、暂编第46师（欠1个团），由太原、太谷乘火车东援。25日晚，第33军第71师等部进入阳泉，与守军暂编独立第10总队等部会合，总兵力达1.1万余人。同时，在寿阳附近也集结了暂编第49师、第71师1个团及暂编独立第8总队2个团、暂编独立第9总队1个团的1.2万余人。

为了集中兵力歼灭阳泉、平定之国民党军，并创造打援战场，晋察冀军区进行了新的部署：以第3纵队扫清阳泉至娘子关及平定外围据点，彻底孤立阳泉、平定之国民党军；以第2纵队首先攻歼盂县之国民党军暂编第49师，控制盂县，尔后切断寿阳至张净间正太铁路，歼灭该段之国民党军，创造打援战场，并防国民党军西窜；以第4纵队主力在第2纵队后跟进，并归第2纵队指挥。如寿阳等地国民党军东援，则以第3纵队一部监视阳泉、平定守军，以第2纵队和第3、第4纵队主力在寿阳、阳泉间合力将其歼灭；如其不东援，第2、第3纵队和第4纵队主力则歼灭阳泉、平定之国民党军。第12旅仍留在井陉以东地区，准备阻击石门西援之国民党军。

26日，在阳泉的太原绥署部队共6000余人，分三路经白羊墅、义井镇、义东沟、狮脑山和冠山增援平定。第3纵队为保证第9旅攻克平定，以第7旅和第8旅分别在冠山、白羊墅、义东沟以北山地展开顽强阻击。时至黄昏，国民党军之“飞龙”号铁甲列车抵白羊墅附近，当即遭到第8旅第24团的迎头痛击，被迫撤至白羊墅东200米的道沟内躲避。第24团立即以一部实施迂回，炸毁前后铁路，将其困住。战至27日拂晓，将9个车厢的国民党军全部消灭，缴获各种火炮4门、轻重机枪18挺、掷弹筒12具。同日，第3纵队考虑增援的国民党军已经迫近，平定内城又一时难以攻克，遂令正在攻城的第9旅主动向阳泉东南方向撤出；第7旅向测石驿东南、第8旅向平定以南地区转移。平定守军在援军的接应下，乘机弃城窜入阳泉。

与此同时，第2纵队主力以奔袭的方式攻克盂县城，歼灭国民党军暂编第49师1个营及自卫团一部。28日，第5旅挥师西南，直插寿阳以西地区，先后攻克上、下王村和赛头、解愁、宗艾、羊毛寺、双凤山等据点，全歼各据点守军。29日，占领黄丹沟矿区以及寿阳西南的上湖、马首火车站，并向寿阳城逼近。当日6时，第4旅攻击寿阳以北神山制高点，经过3小时激烈战斗，将守军1个加强连全部歼灭。14时，寿阳守军暂编独立第8总队和暂编第49师各1个团的大部，向神山、白矾岭反扑，企图夺回这些地方，作为其确保寿阳的北面屏障。这时，第 4 纵队主力经过 4 天急行军，绕过阳泉进至芹泉以北地区，在获悉国民党军暂编独立第 8 总队等部向神山反扑的消息后，立即以一部猛插神山、寿阳之间，与第 2 纵队第 4 旅密切配合，南北夹击，将其大部歼灭，生俘 1000 余人。当夜，第 2 纵队第 5、第 4 旅分别从南北两面包围了寿阳城；第 3 纵队各旅分别进至测石驿东南上下南菇、平定以南锁簧以及阳泉东南石门口地区，与第 2 纵队一部分别从东北及南面包围了阳泉守军；第 4 纵队攻克芹泉、张净、测石驿等车站和据点，炸毁桑掌铁桥，拦腰斩断阳泉至寿阳交通后，第 11 旅主力沿正太铁路向东西发展，第 10 旅进至寿阳东北地区，准备歼灭由寿阳出援之阎锡山部。这样，第 2、第 3 纵队和第 4 纵队主力就切断了阳泉、寿阳阎锡山部北窜、西逃之路，并从西北、南和东南三面将阳泉包围。

面对晋察冀军区主力强大的围攻态势，赶至阳泉增援的赵承绶慑于被歼，遂于 29 日下午，率所部第 33 军军部、第 71 师主力、暂编第 46 师，开始向寿阳突围。5 月 1 日，被阻于寿阳、阳泉间测石驿、坡头地区。同日，晋察冀军区首长针对该部连日东援西逃，疲于奔命，战斗力急剧下降的情况，决心集中兵力将其歼灭。遂令第 4 纵队主力和第 3 纵队分别由西面和东面实施夹击；以第 2 纵队主力集结在寿阳东北地区，准备打击由寿阳出援的国民党军。

这时，在盂县以西地区活动的冀晋军区独立第 1 旅，为策应主力行动，攻占了太原东北约 37 公里处的段王镇。对此，阎锡山误认为晋察冀军区部队即将进攻太原，遂于 5 月 1 日电令第 7 集团军赵承绶：敌已西侵，攻省城的征候甚显。我已令第 8 集团军集结第 34 军和第 19 军向东打；你速将阳泉部队集中寿阳，阳泉只留下几十个敌人打不了的力量即可，大敌来了能跑。等你把部队集中到寿阳，东西夹击敌人，以解太原之危。据此，赵承绶当即下令阳泉守军暂编独立第 10 总队总队长荆谊，率所部主力开赴寿阳。当日，晋察冀军区部队开始向阳泉全线压缩。2 日，阳泉守军除留独立保安第 5 大队守备阳泉以西的制高点狮脑山外，主力及保安第 4 团和部分伪政府人员共 8000 余人，以狮脑山作掩护，弃守阳泉，沿正太铁路向寿阳靠拢。19时，其先头乘隙进入测石驿，与暂编第46师等部会合。

狮脑山位于阳泉以西4公里处，是个制高点，地形险要，工事坚固。当阳泉守军主力开始西撤时，第3纵队第8旅对狮脑山守军发起围攻。经一天激战，第8旅第23团攻占了狮脑山发电厂，歼其一部，并切断了水源。在第8旅等部凌厉的攻势下，守军开始动摇，遂派人下山送信，表示接受投降。第23团团长张英辉当即派第3营营长马兆民前去谈判受降。3日14时，独立保安第5大队大队长滕田信雄（原侵华日军华北方面军独立混成第4旅团大队长）率残部500余人向第23团缴械投降。

当暂编独立第10总队继续西行，主力进至赛鱼、测石驿、狼峪地区，先头进到芹泉附近时，遭第4纵队迎头阻击，被迫回撤。随即第3纵队由东向西、第4纵队由西向东压缩，把国民党军第71师、暂编第46师和独立第10总队等部紧紧包围在旧街、狼峪、测石驿、坡头地区。2日夜，晋察冀军区部队向该地区的国民党军发起总攻。第4纵队以一部攻占旧街，国民党军大部退向狼峪附近；另一部于3日5时30分猛攻狼峪西北的高山，占领了主峰东北一个山头，并先后打退国民党军的6次反扑。7时，第4纵队再次发起攻击，占领了主峰。此后，国民党军虽集中炮火连续猛轰，并组织数次反扑，但均被围攻部队击退。第3纵队在2日夜攻占了新兴镇、测石驿车站，并向坡头西北高地攻击。该高地是测石驿附近的制高点，三面梯田，一面陡壁，守军利用梯田筑有9层工事，还设置了铁丝网等障碍。攻击部队在炮火掩护下，由南面主攻，连夺8层工事。第9阶梯有3米多高，部队连攻6次未果，后以一部兵力正面佯攻，以3个营分由翼侧夹击，终于占领了阵地，守军大部溃逃。战至3日22时，在测石驿地区的国民党军大部被歼。其第71师和暂编第46师残部，经桥沟掌、落磨寺镇，向西南方向退逃；暂编独立第10总队主力和保安第4团残部从高岭北山突围后，向盂县西南方向退逃。各纵队随即转入分头追歼。

第2纵队为了不使向北突围的阎部脱逃，除留一部监视寿阳守军外，主力立即北上实施堵截。先头部队于4日晨进到观音堂、东南营一线，截住了阎部逃军，主力赶到后，将其包围在东西郭村地区。16时，发起攻击，激战到22时，将其5000余人全部歼灭，生俘暂编独立第10总队少将总队长荆谊；第4纵队主力在太行军区部队的协助下，对向西南方向突围之阎锡山部实施前堵后击，在草帽山以南地区歼其一部，余部约1000人逃向芦家庄地区。4日，在寿阳的国民党军第7集团军总部、暂编第49师主力、暂编独立第8总队等部，见大势已去，乘第2纵队围城部队兵力薄弱之际，弃城向榆次逃窜。第2纵队乘势收复寿阳，并继续沿铁路向南进一步扩大战果，到5月10日，连克芦家庄、段廷、西洛、北合流等车站和据点，逼近了榆次城。至此，正太战役胜利结束，军区部队实现了全部战役计划，圆满完成了任务。

其间，为配合正太战役作战，察哈尔军区部队于4月初，在察南蔚县的大斜阳附近，歼灭了国民党军第16军第94师第280团2个营的大部，生俘营长以下525人，毙伤副团长以下200余人。冀热察军区部队攻克察北赤城县独石口，将绥东保安旅全部歼灭，毙伤俘1200余人。随之又攻克平定堡，歼灭国民党保定绥署补充兵总队直属队和1个团共1200余人，击落国民党军飞机1架。冀东军区部队袭入塘沽、天津间的新河飞机场，炸毁由美军陆战队看守的4个大军火库。冀中军区部队在平、津、保外围，积极开展游击战，袭击据点、车站，炸火车、破铁路，一日数起；在大清河北地区，主动出击，不断袭扰守军，迅速恢复地方工作。其中，清苑县西林水民兵与国民党军2个团周旋两天毙伤50余人，自己无一伤亡；独立第7旅和第10军分区部队于27日夜，连克霸县堂二里、安次县得胜口等重要据点，歼国民党军近千人，仅堂二里一战就全歼守军600余人。冀中军区部队和民兵的作战行动，有效地牵制了国民党军7个师13个团，几乎是可能机动的全部兵力，致使国民党军顾虑重重、行动困难，被迫放弃南援企图，于5月初撤回保定。

历时1个月的正太战役，晋察冀军区部队总计歼灭国民党正规军第3军第7师第19团全部，第32师第95、第96团各1个连，第33军第71师2个团大部、暂编第46师2个团全部，地方团队保安第5总队全部，暂编独立第10总队第2、第3团全部，暂编独立第8、第9总队各一部，独立保安第5大队及各县保安、还乡团等，共计3.5万余人，其中生俘2.5万余人，包括5名少将；缴获各种火炮247门、掷弹筒442具、各种枪支1.09万余支、弹药110余万发（枚）、电台（电话机）300余部、汽车21辆、火车7列、铁甲车4列；解放了正定、栾城、获鹿、井陉、盂县、平定、阳泉、寿阳、定襄9座县城，井陉、阳泉、黄丹沟3座煤铁矿，土地面积约2.3万平方公里，控制正太铁路西起东赵、东至头泉段180公里，车站26处，平汉铁路辛安至石门以北及高迁至元氏段，共45公里，车站5处。军区部队共伤亡6000余人。正太战役的胜利，沉重打击了国民党军保定绥署和太原绥署的部队，进一步孤立了国民党军华北战略要点石门，不仅使冀中和冀晋两解放区、晋察冀和晋冀鲁豫两大战略区连成了一片，而且使晋察冀军区部队开始在战场上掌握主动权。同时，也极大地鼓舞了解放区军民夺取新的、更大胜利的斗志和信心。

正太战役成功实践了集中优势兵力，主动出击，打运动战、歼灭战的作战方针，主要经验：一是把战役方向选择在国民党守备薄弱的地方。在全面分析研究双方力量和情况的基础上，把战役方向和战场选择在国民党军数量少，且采取一线部署，分属两个绥署系统的石门外围及正太铁路沿线，集中全部野战部队和部分地方部队的优势兵力，发起战役，从而奠定了战役胜利的基础，亦是贯彻毛泽东主席指出的“先打弱的，后打强的”方针的具体体现。二是坚持主动作战的方针。面对国民党保定绥署集中力量进犯大清河以北解放区的情势，军区果断集中野战部队主力在正太线发起战役。完成第一期战役计划后，军区仍然坚持“你打你的，我打我的”方针，不为国民党军的南援行动所动摇，在地方部队的策应下，继续挥师主力西进，按预定计划完成战役，牢牢把握住了战役战场的主动权。三是战术运用灵活。针对国民党军单线配置的具体情况，军区采取了分段割裂、各个击破、围点打援等作战方法，取得了在运动中集中优势兵力，歼灭2个正规师大部的战绩；针对国民党军内部派系复杂、协调困难，防线间隙较大、要点相对孤立等弱点，充分利用地形，大胆实施穿插分割、迂回包抄、越点攻击等战术，使其首尾难顾、顾此失彼，防不胜防；根据守军防御工事坚固，攻坚部队重火器缺乏的实际情况，广泛采取了火力压制与人工爆破的办法，弥补了火力不足，克服了攻城障碍，保证了进攻行动的顺利发展。四是围绕战役重心组织多方配合。为保证战役顺利实施，军区全面组织战区内各二级军区、军分区和独立旅部队及民兵，围绕总的战役企图和作战重心，积极以地雷战、麻雀战、破袭战等游击形式，展开迟滞、调动国民党军，或担任辅助攻击等不同的作战行动，有力地配合了野战军在主要方向上的作战。五是战前准备工作充分。在军区统一领导和组织下，各参战部队在思想上、军事上和物资上都做了充分准备：组织旅以上指挥员和参谋人员进行现地侦察，较准确地掌握了敌情与地形情况；部队利用半个月的时间，进行战术、技术训练，取得了良好的效果；针对攻坚作战需要，发动官兵开动脑筋，研究攻坚器材，出现了许多发明创造，增强了部队攻坚作战的信心。同时，动员战区内各级地方政府和群众积极参加支前。冀中、冀晋军区组织了庞大的人力、物力实施保障，确保了野战部队长驱数百里和在阎锡山制造的“无人区”里作战的行动；太行军区第 2 军分区组织了 3 万余人参加支前，仅 3 天时间，就把百万斤粮食、柴草等运上前线。

第三节　适应形势发展需要，晋察冀军区加强武装力量建设

正当华北战局发生变化的时候，刘少奇、朱德于 1947 年 3 月率中共中央工作委员会从陕甘宁来到晋察冀边区。在中共中央工委特别是朱德总司令的亲自指导下，为了适应战局的进一步发展，满足部队攻势作战的需要，中共中央晋察冀局和晋察冀军区根据战争规模不断扩大，部队机动范围逐步拓展，部队作战指导、力量扩充和后方保障任务越来越紧迫而繁重的形势，针对军区指挥机构不够有力，各野战纵队后勤供应自成体系，机关庞大、头重脚轻等不适应作战形势发展要求的问题，决定利用正太战役结束后，部队转入休整及夏秋季作战间隙，从理顺指挥关系入手，大力加强全区的武装力量建设。

一、加强野战军建设

6月上旬，在以刘少奇任书记、朱德任副书记，董必武、彭真、康生为常委，伍云甫为秘书长等组成的中央工作委员会的协助、督促下，中共中央晋察冀局、晋察冀军区报经中共中央军委批准，将晋察冀军区机关和野战军分开，再次组成在晋察冀军区领导下的晋察冀野战军指挥机构。同时明确，野战军指挥机构的任务就是组织打仗和训练。野战军以杨得志任司令员，罗瑞卿任第一政治委员，杨成武任第二政治委员，耿飚任参谋长，潘自力任政治部主任。

对于建立晋察冀野战军的领导机构和加强部队建设，中共中央和中央军委极为重视和关心。朱德总司令亲自找即将担任野战军领导职务的人员谈话，指出在当时情况下建立强有力的野战军领导机构，对于适应打运动战、打大歼灭战的需要，有极其重要的意义。同时对于如何搞好野战军建设，特别是如何加强领导班子建设作了重要指示。朱德总司令指出，搞好野战军建设，要团结，戒骄戒躁，做事要小心谨慎，不要粗枝大叶；要注意组织部队，保证部队满员，深入下层，帮助连队开展工作；要关心干部，直爽地和他们谈话，帮助他们；要注意巩固部队，严格纪律，保证物资交公，即为筹款立功劳；关于领导威信问题，上下之间有问题可以疏通，不要顾虑过多，要把工作做好；在处事处人上要有严密戒备，要谨慎，不要慌忙，多听人说，自己少说，不要乱说话；要关心机关干部，注意对下层实际问题的帮助解决；要加强自身修养，静坐当思己过，反省旧日说话做事对人不周之处，加以警戒、加以纠正、加以这方面的学习，团结大家、锻炼自己；对一切问题都要注意调查研究，综合群众的意见后再发言、再说话；要注意通过谈话、征求意见，了解情况、了解干部等。刘少奇也和野战军的领导谈了话，特别强调野战军领导的团结问题。他指出，组织起野战军后，要注意团结。团结一致就是力量。刘少奇还就边打仗边练兵、加强官兵之间、上下级之间的团结，加强地方的党政工作、拥政爱民、拥军优属、军政团结、军民团结等问题，提出明确具体的要求。

朱德、刘少奇的指示和要求，对重新成立的晋察冀野战军领导班子如何坚决贯彻中共中央军委的战略方针，加强领导班子自身建设乃至整个部队建设，指明了方向，起到了重要作用。

为加强野战军部队建设，晋察冀军区在进一步充实野战纵队兵员、改善武器装备的基础上，把炮兵和其他特种兵的建设放到了突出位置。5月25日晋察冀军区决定，以军区炮兵团为基础，集中各纵队的炮兵营，组建了野战军炮兵旅，辖3个炮兵团、1个教导大队，共5000人，装备有缴获国民党军的火炮和晋冀鲁豫军区制造的重迫击炮82门。野战军炮兵旅的组建，不仅使野战军的火力有了较大的加强，也为培养炮兵骨干力量构建了基地，为炮兵的不断发展壮大奠定了基础。同时，各部队还加强和充实了队属炮兵、工兵和通信兵的兵员和装备，提高了各专业技术兵种的作战保障能力。

野战军指挥机构成立后，下辖第2、第3、第4纵队和炮兵旅。第2纵队由陈正湘任司令员、李志民任政治委员，韩伟任副司令员兼参谋长，向仲华任政治部主任，赵冠英任副参谋长、刘国梁任政治部副主任、朱由芹任供给部部长、张禄增任卫生部部长，辖第4、第5、第6旅（各旅主官无变动）；第3纵队由郑维山任司令员、胡耀邦任政治委员，文年生任副司令员兼参谋长、王道邦任副政治委员，魏震任政治部主任，陶汉章任副参谋长、萧大荃任供给部部长、彭盛任供给部政治委员、王恩厚任卫生部部长、程襄文任卫生部政治委员，辖第7、第8、第9旅（原第8旅旅长易耀彩改任第7旅旅长，原第9旅政治委员黄文明改任第8旅政治委员，新任宋玉琳为第8旅旅长，蔡顺礼为第9旅政治委员）；第4纵队由曾思玉任司令员、王昭任政治委员，唐子安任参谋长、李昌任政治部主任，方国华任政治部副主任、王子修任供给部部长、范铁民任供给部政治委员、王义之任卫生部部长、汪克明任卫生部政治委员，辖第10、第11、第12旅（各旅主官无变动）；野战军炮兵旅由高存信任旅长、李呈瑞任政治委员。

通过调整整编，晋察冀野战军指挥机构更为精干，作战人员得到充实，装备有了一定改善，总兵力达到了 12 万余人，形成了一支适应打运动战、打大歼灭战的有力拳头。

二、加强地方部队建设

六七月间，中共中央晋察冀局和晋察冀军区根据形势发展的需要，还专门召开各二级军区、各区党委负责干部参加的武装工作会议，研究加强地方武装力量建设的问题。根据当时财政状况和人力状况，会议确定大力精简各级机关，充实作战部队，在确保野战军额定 12 万人、地方军额定 8.8 万人的基础上，再征集新兵和补充解放战士 3 万人，对各二级军区及军分区、独立旅等部队进行调整和扩充。

冀晋军区：唐延杰任司令员、王平任政治委员，张开荆任参谋长、张连奎任政治部主任，杨耕田任后勤部部长、李济寰任后勤部政治委员。全区由原来的 3 个军分区增编为 4 个军分区。第 1 军分区，王紫峰任司令员、田萍任政治委员；第 2 军分区，罗文坊任司令员、丁莱夫任政治委员；第 3 军分区，陈宜贵任司令员、赵汉任政治委员；第 4 军分区，王耀南任司令员、齐文俭任政治委员。冀晋军区除原有的独立第 1 旅（曾美任旅长、金行生任政治委员）外，又抽调各军分区独立团一部或全部，组建了独立第 2 旅，成少甫任旅长、钟炳昌任政治委员，辖第 4、第 5、第 6 团。

察哈尔军区：第 3 纵队司令员郑维山兼任司令员、刘杰任政治委员，萧文玖任副司令员、张洛任副政治委员，武光任参谋长、陆平任政治部主任（后调任第 3 纵队任政治部主任，该职由朱子明接任），萧永正任供给部部长、梁玉振任供给部政治委员，彭方复任卫生部部长。原第 4、第 6、第 22 军分区依次改为第 5、第 6、第 7 军分区。第 5 军分区，熊奎任司令员、周小舟任政治委员；第 6 军分区，纪亭榭任司令员、杨世杰任政治委员；第 7 军分区，萧思明任司令员、高鹏先任政治委员。所属独立第 4 旅，马辉任旅长、黄连秋任政治委员，部队由 2 个团扩编为 3 个团，依次为第 10、第 11、第 12 团。

冀中军区：孙毅任司令员、林铁任政治委员，周彪任副司令员，刘秀峰、李天焕、金城任副政治委员，黄寿发（后改为李波）任参谋长、王奇才任政治部主任，罗玉川任后勤部部长、金城（兼）后勤部政治委员，辖第 8、第 9、第 10、第 11 军分区。第 8 军分区，贾桂荣任司令员、刘青山任政治委员；第 9 军分区，李东潮任司令员、张庆春任政治委员；第 10 军分区，刘秉彦任司令员、旷伏兆任政治委员；第 11 军分区，叶楚屏任司令员、魏震（后阎子元）任政治委员。部队除原有的独立第 7 旅 3 个团外，以各军分区独立团编成 2 个新的独立旅，即：独立第 8 旅，徐德操任旅长、李志远任政治委员，辖第 22、第 23、第 24 团；独立第 9 旅，杜文达任旅长、谢继友任政治委员，辖第 25、第 26、第 27 团。

冀察热辽军区（1947 年 3 月由原冀热辽军区改称。辖：热河、冀东、冀热察 3 个军区），自承德、张家口被国民党军占领后，在地理上与晋察冀军区的联系即被割断，考虑其与东北解放区毗邻，由东北民主联军领导指挥更为便利，同时也有利于加强东北民主联军的力量，在东北民主联军领导人的建议下，3 月 30 日中央军委决定，将冀察热辽军区划归东北民主联军建制。至同年 7 月，在司令员程子华的率领下，先后调往东北的部队有：冀察热辽军区所属黄永胜、刘道生纵队，詹才芳、李中权纵队，冀热察、热河、冀东军区所属的 6 个独立旅、2 个骑兵旅以及 14 个军分区的地方武装共 10 余万人。

经过扩充整编，晋察冀军区地方部队建设有了新的增强。冀晋、察哈尔、冀中 3 个二级军区，增编为 6 个独立旅，所属 11 个军分区撤销了中心区及部分边缘区的区小队和县大队，编入独立团或数县联合支队。各军分区均编有 1—3 个独立团。全区地方部队（独立旅、团）合计 37 个正规团，总兵力达 11.8 万余人。7 月 9 日，为了支持长期作战，中共中央晋察冀局作出《扩军工作决定》，要求今后每年 2 月、8 月以军分区为单位，分别进行一次扩军。号召群众为保卫土地、保卫民主，为争取反攻胜利而积极参军。

三、加强后方勤务建设

7月，中央军委根据朱德总司令对部队考察后的提议和中共中央晋察冀局的意见，决定成立晋察冀军区后勤部，由军区赵尔陆参谋长兼任后勤部司令员（后改称部长），军区黄敬副政委兼任后勤部政治委员，吴先恩、程宏毅为后勤部副司令员（后改称副部长），查国祯任后勤部副政治委员，戴正华任后勤部参谋长，统一领导晋察冀军区部队的供应、卫生、兵站、军工生产、交通运输、补充新兵、训练俘虏等项工作。同时，对各部队原有的后勤机构进行了整顿，精简机关闲杂人员，充实野战部队，规定“小家务”一律上交，小商店、小作坊等统一移交军区后勤系统管理。通过调整，强化了部队的整体观念，加强了野战军的集中指挥，实现了武器装备及物资的统一供应，克服了各自为政的混乱现象，从而使各野战部队解除后顾之忧，更加灵活地实施机动作战，受到了全区上下的一致拥护。

针对晋察冀军区撤出张家口后，兵工生产水平低、武器弹药供应严重不足的问题，晋察冀军区在成立军区后勤部、统一管理后方勤务的同时，一方面将分散在各二级军区的生产单位集中起来，加强统一计划和领导，优化组织结构，进行生产整顿，狠抓产品质量和生产效率，充分利用正太战役缴获的机器开始建立新厂，扩大生产，进一步提高武器弹药的保障水平。另一方面集中人力物力，积极恢复和发展生产，组织技术难题攻关，降低生产成本，提高原料的保障使用效益，使生产得到大幅度增长。经过几个月的努力，从7月起，每月可生产82迫击炮弹1万发、炸药2万—2.5万公斤、手榴弹7万—10万枚，基本改变了兵工生产供不应求、难以满足作战需要的状况，达到了朱德总司令“不仅专为晋察冀够用，还应帮助供给各方”[①]的要求。

---

① 《朱德军事文选》，解放军出版社1997年8月版，第607页。

第四节　举行青沧、保北战役，配合东北夏季攻势

1947 年春夏之交，人民解放军在全国各战场上获得了重大胜利。山东和陕北战场，华东野战军、西北野战兵团重挫了国民党军的重点进攻，使其遭到巨大损失；晋察冀战场，晋察冀军区部队成功实施了正太战役，使国民党军更加被动；东北战场，东北民主联军发起强大的夏季攻势，打破了国民党军分割东北各解放区的局面。蒋介石为了确保东北这个战略要地，不惜“挖肉补疮”，命令北平行辕派兵增援东北。根据以上情况，中共中央军委于 5 月 8 日电示聂荣臻、萧克、罗瑞卿：“东北我军由北满出动主力八个师（每师约万人）入南满，向敌举行反攻，五、六、七月是重要关键，你们必须钳制关内敌军，不使东调，使东北取得胜利。”[①] 晋察冀军区首长认真贯彻中共中央军委指示和主动作战的方针，全面分析战区情况，选择既能拖住又能歼灭国民党军有生力量的战役目标，积极进行备战。

一、出击津浦线北段，发起青沧战役

5 月中旬，北平行辕所属部队主要是固守点线，并进行整训。其分布情况是：张垣绥署主任傅作义部第 35 军全部及暂编第 3 军主力驻阳高至怀来之线；保定绥署孙连仲部第 16 军仍在察哈尔省南部蔚县地区，主力第 53 军、整编第 62 师第 95 旅、第 94 军第 121 师驻保定周围地区，第 94 军主力则在涞水、易县、固城地区；整编第 62 师率第 157 旅在天津及杨柳青，第 151 旅在杨村、胜芳镇；被国民党军收编的原伪军万余人，则分散守备津浦铁路天津以南静海至沧县共 86 公里路段上；河北省保安第 2 总队及保警队一部共约 2000 人，守备静海、唐官屯及碱河铁桥；河北省保安第 8 总队及保警队一部共 2290 余人，守备青县至姚官屯一线；

① 《毛泽东军事文集》第 4 卷，军事科学出版社、中央文献出版社 1993 年 12 月版，第 66 页。

河北省保安第6总队和沧县、盐山、南皮、交河、献县、景县保警队共6000余人，守备沧县及其周围的捷地、娘娘庙、风化店地区。

根据战区内国民党军部署情况和军区任务，晋察冀军区主力的作战方向一共有4种选择：一是察南；二是平保间；三是大清河北、永定河南；四是津沧线。经过晋察冀军区纵队以上领导集体讨论，并经朱德总司令同意，军区主张先打津沧线。其理由是："察南敌第16军目前虽较分散，但该区城寨甚多（每村镇均有围子，为多年防匪患所筑），不易速决，且傅顽必大力增援，再者目前该区未到秋收割季，粮食甚为困难，且离根据地较远，更多后勤工作之难，因此进入该区作战目前尚不是时机，且在时间上（开进需时半月）对配合东北之作战意义不大。平保间集敌主力（计第94军〔欠第43师〕、第53军、第95旅）决战不易，仍以先调其分散，然后逐步歼灭为有利。大清河北地区守敌虽弱，但地区狭窄，我主力进入该地难于展开，且敌可自东、西、北三面增援，恐难于打好。津沧线虽有地形上若干限制（处于运河、捷碱河、碱河之间），工事较坚固，群众条件不很好，及大的打援困难，但守敌较弱易取，可直接威胁天津，可迅速调动敌人，对阻敌向东北增兵尚有作用。如津沧线获胜，平汉北段敌可能来援，可以调动敌人。因此，决定先出击津沧线，尔后再依情况向平保间或平津保三角地区发展。"①18日，聂荣臻、萧克、罗瑞卿等向中央军委提出举行青沧战役，歼灭津浦铁路静海至沧县段国民党军，直接威胁天津，拖住保定绥署之部队，使其不能增援东北的建议。接着，晋察冀军区按照中央军委21日批复的电报指示，积极着手进行战役准备。

29日，根据保定绥署主力第53、第94军及第95旅仍在涿保涞易之线休整；第5师第15团防门头沟后，复调平古路任机动守备；第22师师部及第65团仍在廊坊，第64团分驻黄村、南苑、门头沟一带；第92军第21师正在昌黎以东集结兵力；整编第62师除留置胜芳、津塘间各1个团外，已向天津集结；津沧线、静海以南全部为地方性顽伪守备等情况，

① 《华北第三次国内革命战争史资料选编》第5册，第41份，《晋察冀野司青沧战役概述》1947年8月，北京军区档案馆。

晋察冀军区首长决定发起青沧战役，并设立战役前方指挥所，以杨得志任司令员、罗瑞卿任政治委员、杨成武任副司令员，统一指挥各纵队、炮兵旅、冀中军区第 8 军分区及渤海军区参战部队，以全线攻击的方式，攻占唐官屯、青县、兴济、沧县各据点，歼灭该线守军。具体部署是：第 2 纵队全力围攻沧县及其附近地域之国民党军。其中，第 4 旅在扫除捷地、郝屯、王希鲁庄等外围据点后，由南向北攻击；第 5 旅占领火车站后，由东向西攻击；第 6 旅首先扫除河西岸碉堡，创造渡河条件，由南向东攻击。第 3 纵队攻击唐官屯至青县段国民党军，同时，依托北碱河构筑工事，准备阻击可能由天津来援之国民党军。第 4 纵队主力攻歼兴济、姚官屯守军，以一部攻歼窑丹口、辛庄之线守军，配合第 3 纵队阻援，并堵击可能由沧县、兴济北窜之国民党军。为配合晋察冀野战部队的行动，渤海军区以 1 个团围逼津南之小站，相机占领，并钳制、警戒天津之国民党军；以 1 个团控制北碱河水闸，防止国民党军掘堤放水，确保北碱河以南部队安全；以 1 个团配合第 2 纵队攻击沧县。冀中军区第 8 军分区部队向独流以西南王口、茁头、黄岔一带进攻；独立第 7 旅及第 10 军分区部队破击北宁铁路平津段，将重点置于北仓至廊坊间，并相机攻占永清；第 9 军分区部队于徐水、漕河间。察哈尔军区第 5 军分区部队于徐水、定兴间；第 7 军分区部队于涿县、良乡间；独立第 4 旅于松林店、高碑店间，连续破击平汉铁路，炸桥、翻车、袭点，迟滞国民党军的调动。冀晋军区第 3 军分区部队向保定佯动。为加强各纵队的火力，除将炮兵旅原属各纵队的山炮分别配属给原纵队外，另配属第 2 纵队野炮 8 门，第 3 纵队野炮 2 门，第 4 纵队野炮 4 门。战役定于 6 月 12 日 18 时发起。

战役作战计划和命令下达后，各部队抓紧时间进行攻坚战术、技术训练与河川战斗演练。其中，第 2 纵队针对沧县及其周围的国民党军多系收编的伪军和惯匪，战术多变、射击技术水平高的特点，研究确定了进攻战术：（1）在战斗发起后，要迅猛通过火力封锁地段，以四面包围的战法，歼灭外围据点守军；（2）沧县城四面临水，城墙脚下设有地堡，腰部挖有枪眼，易守难攻，各攻击部队要以智慧作战，组织好突击分队与火力的密切配合，使用炸药爆破；（3）作战地区距平、津较近，守军易得空中支援，应特别注意防空，并组织对空射击；（4）各级指挥员应不间断地进行抵进侦察，以便实施正确指挥。这些，对提高部队的战术、技术水平，保证战役胜利，都起到了重要作用。

6月初，各纵队分别由河北省平山、灵寿、行唐、曲阳地区出发，跨越平汉铁路，进入冀中平原。11日前，第3纵队和第2、第4纵队分别集结于大城和沧县以东望海寺、青县以东李村镇地区。

青沧地区曾沦陷于日寇铁蹄之下，人民群众饱受摧残。日寇投降后，国民党又收编了老牌伪军高洪基、刘佩臣等部，继续实施残酷统治，编组了所谓“快速部队”，常常远距离奔袭解放区的区、村政权和游击小分队，并组成暗杀团，进行暗杀活动。1946年8月、9月两个月，仅高洪基部即杀害共产党干部和人民群众千人以上，多次掘开运河大堤，淹没村庄和农田，以围护据点，阻止解放军进攻。当晋察冀野战军进入该地区后，人民群众纷纷要求报仇雪恨，广大指战员同仇敌忾，昼夜加紧战斗准备，并按预定计划发起进攻。

6月12日夜，第2纵队和渤海军区配属部队，首先向沧县外围国民党军据点发起攻击。沧县县城位于运河、碱河之间，周围系沼泽地带。城墙上端、腰部、底部均挖有射击孔，城墙顶部还修筑有工事，与城外星罗棋布的据点构成严密防御体系。第4旅由于家桥、张家坟间架桥渡过南碱河，沿岸保警队、壮丁队等惊恐万状、望风而逃，该旅攻击部队乘势分别向北及西北猛插，一路攻占王希鲁庄，歼灭沧县保警队第6中队等200余人；另一路攻占捷地火车站和捷地镇，歼灭沧县保警队400余人。第5旅由李天木、辛庄渡过南碱河，绕过达子店等据点，于13日7时攻占沧县火车站、东大圈，继续向南关攻击，17时全部占领南关，紧逼南门。第6旅攻占菜市口、十二户，全歼守军，并于13日14时进抵军桥。军桥是从西面入城的必经之路，国民党军在大桥两端构筑了高碉，中间设有3道障碍，并以火力严密封锁桥面。第6旅部队发起冲击前，首先以准确炮火掀掉高碉，随后在火力掩护下，仅用5分钟就扫除桥上障碍，占领了大桥，并乘势向前推进，到 16 时将城西面及西南面的守军全部肃清。渤海军区部队也由北面逼近沧县城门。

14 日 19 时，第 2 纵队攻击部队经过一昼夜准备，向沧县县城发起攻击。沧县城墙虽高不过 7 米，但城墙上下工事、碉堡比较稠密，护城河有的地方与沼泽相连，宽处达 500 多米。此时，天气突变，风雨大作，护城河及沼泽地中水势陡涨，道路泥泞不堪，给攻城增加了很大困难。第 6 旅第 16 团突击队在猛烈炮火掩护下，利用雷雨交加的有利时机，以架桥、爆破、登梯子三结合的办法，仅用 13 分钟即通过护城河，由城西南角登城，打开了突破口。后续部队源源而上，迅速向纵深发展。第 18 团团长张川组织各种火器，严密封锁西城门两侧火力点，并组织爆破队，用 150 公斤炸药，采取集团爆破，将西门炸开，随后组织部队用 15 分钟就突入城内。与此同时，渤海军区部队由北面，第 5 旅及第 4 旅 2 个营由东面相继突破城垣。只有南面攻击受阻。第 2 纵队指挥员迅速调动部队，由西南突破口攻入城内。各部队在城内与守军展开激烈巷战，进行逐街、逐房的争夺，并击退守军多次反冲击。21 时，守军 200 余人从新东门冲出，企图逃跑，被城外部队截歼。至 15 日晨，守军再次突围未成，被攻城部队全歼，沧县指挥官河北第 3 专署少将保安司令王维华被生俘。

战役开始后，第 3 纵队第 7、第 8 旅于 12 日 20 时，以隐蔽突然的动作徒涉运河，21 时分别向唐官屯、马厂等点发起攻击。第 8 旅仅 30 分钟就突入了唐官屯。战至 13 日拂晓，第 7 旅以 1 个团攻占马厂及其车站后，控制了北碱河铁桥，主力迅速进到北碱河南岸构筑工事，准备打援；第 8 旅攻占唐官屯及其车站后，乘势发展，又克陈官屯火车站。至 10 时许，全歼河北省保安第 2 总队 1 个大队 600 余人。第 9 旅于 12 日 22 时对青县城及火车站发起攻击。该城位于运河西岸，城周四面环水，由河北省保安第 8 总队一部及青县保警队共千余人守备。为了防止解放军攻城，守军把南、北、西 3 个城门堵塞，仅留东门出入。经彻夜激战，至 13 日 8 时，第 9 旅占领了青县火车站及南关。之后，两次攻城均未成功。黄昏，遂以一部向东关北侧积极佯动，吸引守军火力，以一部乘机徒涉齐腰深水的护城河，迅速夺取了东关，扼住了守军的咽喉。14 日 4 时，该旅第 27 团全部及第 26 团一部冒着倾盆大雨，向青县县城发起总攻。在密集炮火的掩护下，爆破组和突击队分别用炸药炸开东门和用梯子登上城头。攻城部队迅猛突入城内，与守军展开激烈巷战，至 5 时 30 分，攻占全城，歼守军大部，余部 300 余人向沧县方向突围逃窜，攻城部队第 26 团追击 40 公里，将其全部俘获。

第 4 纵队于 12 日 23 时开始向兴济、姚官屯等点发起攻击。由于战前该纵队曾组织各旅团指挥员进行了现地勘察，所以战斗打响后，各部进展顺利。至 13 日晨，邱蔚、傅崇碧率第 10 旅（欠第 29 团）攻克东窑子口、大朱庄、炕头等点，于 15 时进至屯贤集地区，修筑工事，准备阻击天津可能来援的国民党军。该旅第 29 团扫除兴济运河西岸各点后，一部协同纵队工兵营在运河架设浮桥，主力渡过运河，配合第 11 旅强攻兴济。第 12 旅在旅长曾保堂的指挥下，一举攻克姚官屯、徐官屯之后，主力集结在马落坡、豆店附近待命，准备阻击歼灭沧县可能突围守军。14 日 10 时，第 11 旅攻克高官屯等据点及兴济火车站后，在第 29 团的配合下，向兴济镇发起攻击。兴济镇是个有近 2000 户居民的大镇，西靠运河，东、南、东北三面环水，镇周有一道高约 4 米的土围墙，墙外挖有深宽各约 3 米的外壕，并与运河贯通，仅有南、北两条道路可通镇内，地形利于防守，并有较坚固、可以控制周围水面的工事。该镇由河北省保安第 8 总队 2000 余人守备。战前，为防止解放军的进攻，守军在镇子各通路要口、各个方向支点、围墙内外均筑有多层高碉地堡，设有多道铁丝网、鹿寨，并倚仗日美装备形成了高低结合、远近相辅、火力可互相支援的城防配系。守军总队长高洪基曾狂言："北平、天津可破，兴济不可破！"攻击开始后，由于纵队炮兵阵地选择不当，射界受限，火力未能发挥威力。第 32 团一部在步兵火力掩护下，虽一度从镇北突入，但由于后续部队被守军火力拦阻，突入部队遭遇高部 400 人的反扑，伤亡较大，被迫撤回原地。随后，第 32 团总结教训，将炮兵阵地前移，改从西北角突破，15 时发起第二次攻击。在纵队炮兵火力的有效封锁支援和第29团的积极配合下，第32团各突击队乘势越过水壕，炸毁城墙高碉，突入镇内，并歼灭反扑的守军1个连。此时，第33团也从镇南门及西南角突破守军防御，会同第32团，对守军进行分割围歼。战至19时，歼灭守军1200余人。高洪基见大势已去，率余部数百人，以骑兵开道突围，涉水向东南方向逃窜，大都被第11旅部队毙俘于水中。傍晚，兴济攻坚战胜利结束。

在各纵队向津浦路静海至沧县段进攻的同时，冀中、察哈尔、渤海军区的部队按照预定的战役计划，广泛出击，钳制当面之国民党军，有力地配合了主力行动。冀中军区独立第7旅及第10军分区部队，于13日攻克永清县城，全歼守军河北省保安第3总队主力1000余人，破坏了平津铁路；第8军分区部队，于12日—14日，攻击静海县王口、大王子头、义合庄、茁头等据点，歼灭国民党军400余人；第9军分区部队，破击了平汉线徐水、漕河段铁路。察哈尔军区独立第4旅，攻克了平汉铁路新城县高碑店、松林店据点；第5、第7军分区部队，破击了平汉铁路徐水至良乡段。渤海军区部队，于13日攻克了天津以南大八里口据点。各地方部队的积极行动，对青沧战役的顺利实施发挥了重要的作用。

6月15日，青沧战役胜利结束。此役，共歼灭河北省保安第6总队全部以及保安第2、第3、第8总队大部，青县、交河、新海、盐山县保警队、壮丁队、还乡团等共1.3万余人，其中生俘8327人，缴获火炮42门、轻重机枪258挺、掷弹筒81具、步枪9393支、各种弹药30.4万发、电台4部，解放沧县、青县、永清3座县城，攻克兴济、唐官屯、陈官屯、马厂等据点和火车站，控制津浦铁路陈官屯车站以南80余公里。

青沧战役的胜利，使晋察冀解放区与华东解放区沟通了联系，并造成了对天津的直接威胁，也调动了国民党军平汉路两侧部队的东移。6月14日，保定绥署副主任陈继承令第16军军长袁朴率第94军第22师（欠1个团）及第53军第116师由保定、丰台向静海地区增援。同时，冀东等地的国民党军第92军第142师及整编第62师一部亦向静海地区增援。

第 94 军第 43 师原拟增援东北，于 16 日到达天津后，被迫滞留原地不敢出关。这样，就牵制了北平行辕部分拟增援东北的部队，有力地配合了东北民主联军的夏季攻势作战。

青沧战役之所以能顺利实施，取得胜利，原因是多方面的。从军事上看，除战役方向、作战目标选择正确，地方部队密切配合野战军行动，以及广大指战员英勇奋战外，可靠的后勤保障起了重要的作用。战前，为减轻野战军的后勤保障任务，军区组织了后勤委员会，统一动用人力、物力，保证部队的供给和伤员转送。晋察冀解放区和渤海解放区的广大民众，派出上千副担架、数百辆大车，提供了大量的作战物资器材，积极支援前线，并派出慰问团，到前线慰问参战部队。所有这些，不仅在物资上给了作战部队以有效的保障，同时也极大地激发了官兵的战斗意志和胜利信心。

二、再出平汉线北段，组织保北战役

青沧战役后，国民党保定绥署部队主力东移，部分兵力被吸引到天津及其以南地区，使保定以北地区的守军兵力相对分散。在平津线上，国民党军整编第 62 师主力及第 94 军第 43 师（欠 1 个营）固守天津市区；第 16 军第 94 师仍在北平之西直门、丰台、张庄一线未动；第 22 师主力仍驻廊坊、安次地区，以营为单位在韩村及安次、永清之间地区“扫荡”；河北省保安第 3 总队第 2 大队守备安次；河北省保安第 4 师 1 个团及第 43 师第 129 团 1 个营守备固安。在平汉铁路平保段上，青年军第 208 师 1 个团驻守长辛店；第 94 军第 5 师主力在涞水、易县线，第 121 师驻守高碑店、定兴、北河店、田村铺、固城、徐水、阎台；整编第 62 师第 95 旅 1 个团守备松林店，另 1 个团于 19 日由孤庄营开赴保定；第 16 军第 109 师 1 个团驻徐水城，主力于 19 日从保定乘火车北开；河北省保安第 7 总队主力及新城保警队驻新城；河北省保安第 4 总队驻良乡、永乐之线；河北省保安第 2 师驻满城、江城及徐水南十里铺至保定火车站一线；河北省保安第 3 师驻保定东南地区及定县。

为更有力地配合东北民主联军作战，根据保定绥署在天津及以南地区兵力比较集中，而保定以北地区相对分散的情况，6 月 20 日，聂荣臻、罗瑞卿“决心乘雨季前，以野战军全部出击平汉线北河至漕河段，攻占徐水、固城、北河、容城、漕河等点，歼灭守敌，争取打援”[①]。确定以第 3 纵队向田村铺、固城、容城、北河店地区；第 2 纵队向田村铺以南至徐水城及火车站；第 4 纵队向徐水以南至漕河及火车站出击。冀中军区独立第 7 旅及第 10 军分区部队主力挺进至永定河北的庞榆地区，破毁平津铁路；第 8 军分区主力向津西进攻，配合渤海军区部队在津南之动作；第 9 军分区部队配合第 4 纵队行动，并归其指挥；察哈尔军区独立第 4 旅及平西军分区部队在高碑店、松林店、易县、良乡间积极活动。野战军炮兵旅的兵力使用同青沧战役。战役发起时间定为 6 月 24 日晚。具体作战统由杨得志、罗瑞卿、杨成武指挥。

按照军区首长的决心、部署，野战军各部队经过数日休整，即开始向保定以北地区进发。为隐蔽作战企图，达成战役的突然性，部队夜行晓宿，严密封锁行动消息，并于 6 月 24 日全部到达保北平汉铁路以东预定位置。此时，因天降大雨，军区首长决定，保北战役推迟一天举行。25 日晚，战役正式开始，各野战纵队按预定计划，同时向徐水、固城、漕河等点线发起攻击。

徐水位于平保之间的铁路线上，距保定 30 余公里，是保北地区的一座重镇，由国民党军第 16 军第 109 师第 325 团驻守。该城有南北两关，四周地势平坦，水系沟渠纵横，护城河宽深各 6 米，里面灌满河水，城墙上筑有明碉暗堡，与城内外交错的壕沟相连，构成严密的防御体系。第 2 纵队第 4、第 5 旅将徐水城包围后，利用城外交通壕，迅速接近了城关，并发起南北对攻。经一夜激战，26 日晨，第 4 旅攻占南关。当日 15 时，第 5 旅攻占北关和火车站；第 6 旅攻克了徐水以北田村铺及附近的各个点碉。紧接着，第 2 纵队主力对徐水城发起总攻。由于城内

① 《华北第三次国内革命战争史资料选编》第 5 册，第 38 份，《聂、萧关于进行保北战役的报告》1947 年 6 月 20 日，北京军区档案馆。

守军第109师第325团是在怀来作战时被歼灭后重建的，装备虽好，但组织松散，战斗力较弱，加之对白天攻城估计不足，所以戒备松懈，不堪一击。17时30分，第5旅第13团向城东北角发起冲击后，仅经10分钟战斗，就突破了城垣，并迅速向纵深发展。这时，第4旅也相继由城东南和南面突破，与守军展开激烈巷战。其中，第10团以1个营由东北角突破口进入，主动配合第5旅战斗。至23时，第2纵队主力仅用6小时，就将守军第325团全部歼灭，顺利攻占了徐水城。战后，第2纵队首长签发命令，给第5旅第13团记大功一次，给第4旅第10、第11、第12团各记功一次。27日，第2纵队挥师北上，进至北河店以西地区，准备打援。

固城镇为保定、定兴间国民党守军之重要据点，设防比较坚固。在镇东西两侧及镇北100米处的村落均为外围支撑点，西南角大庙处地形较高，为守军的主要制高点；镇周围有5米宽的外壕，通往镇内各主要路口均以暗堡控制，整个城防所筑大小碉堡500多个，伏地堡200多个，基本为钢筋混凝土的永备性工事。国民党守军第94军第121师主力第362团，是蒋介石的嫡系部队之一，全部美械装备，大部军官受过美军训练。团长张剑秋依仗美械装备和城坚地利，骄狂吹嘘："只要有我362团在，就是丢了北平，也丢不了固城"，"固城之防'固若金汤'。"[①]6月25日夜，第3纵队发起攻击，首先攻歼北河店至徐水间各点及大楼底之守军。经过一夜激战，第7旅攻克北河店及火车站，拔除了北河店以南至固城间沿线碉堡，全歼守军第362团5个连又1个排，并迅速在红树营东西地区构筑第一道防御阵地，转入向北阻援。第8旅并指挥第9旅第27团，在攻占、控制刘家庄、十五汲、九汲庄地区后，就地构筑了向北防御的第二道阵地，并再克田村铺、固城间碉堡，逼近和包围了固城。26日下午，第8旅和第9旅第27团攻克固城火车站，再歼守军1个连，随即进占东庄。18时，向固城镇守军发起攻击，由于主要突击方向选择不当，夺取城外

① 《杨成武回忆录》（下），解放军出版社1990年8月版，第87页。

居民地后至固城镇有上百米的开阔地无法克服，加之步炮协同不济，炮兵没能及时压制住守军，有效支援步兵冲锋，致使第8旅第22团3次冲锋均遭火力封锁，攻击受挫。担任助攻的第23团，也因将突破口选在镇西南角大庙守军较强的支撑点上，同样进攻受挫。27日14时，第3纵队对固城镇发起总攻。第8旅避开守军强点，改由南面向镇内实施主要突击。第23团第3营在营长马兆民的带领下，全营官兵脱掉上衣，手端刺刀，勇猛冲击，经2小时激战，突入镇内，击退守军2个连的反扑，巩固了突破口，为主力部队打开了通道。第9旅第27团从镇东面攻击，遭火力拦阻后，及时在阵地上召开军事民主会，研究并采取了以单兵滚进，小组爆破，炸毁大碉堡的战法，一举突入镇内。28日拂晓，为了迅速歼灭守军，第8旅第22团和第2纵队第6旅第16团也先后由东北角攻入镇内。各部采取分割围歼的战法，与守军展开激战，至16时，攻占固城，全歼国民党守军第362团。与此同时，第3纵队第9旅第25、第26团向容城及其西南1公里处的大楼底据点发起进攻。大楼底为容城屏障，守军为河北省保安第7总队王凤岗部第3大队。第9旅决定先攻大楼底，再取容城。由于大楼底村周筑有两层围墙，外壕深宽约6米，壕底布满陷阱、尖桩和地雷，守军火力组织严密，且有坚固防御工事，攻击部队战前没有进行周密侦察和细致准备，加上缺乏攻坚火炮，故连续3次攻击均未奏效，后又进行坑道爆破，亦未成功，突击部队伤亡较大。至纵队主力攻克固城后，奉命撤出战斗。

其间，国民党军保定绥署为解固城之围，一方面急令第94军第5师由涞水经高碑店南下增援；另一方面忙从天津及以南地区，将第16军和拟援东北的第94军第43师回调平汉路，以策应南下之第94军所部的行动。26日拂晓，其第5师先头部队被第7旅阻击部队击退后，主力相继进至红树营以北地区。第二天该师以3个团的兵力，在飞机大炮的掩护下，分两路向第7旅第19、第20团翼侧阵地发起猛攻，激战一整天，连续组织7次进攻，均被打退。此时，第16军已由天津赶至涿州，驻守高碑店的第94军第121师一部也集中于定兴、北河店之线。28日，国民党军为挽救固城守军被全歼的厄运，不惜重大伤亡，又增调第121师第363团加入其第5师的进攻。第7旅各阻击部队依托野战工事和村落房院，顽强阻击，节节抗击。其中，第20团在东刘庄、泥马铺，完成杀伤迟滞任务后，主动撤回十五汲一带，依托主要防御阵地，继续阻击国民党军的进攻。12时左右，国民党军向其南援的必经之地十五汲村发起猛攻。第20团第3营依托村沿工事顽强抗击，阵地几度复而又失，战斗越打越激烈，经2小时激战，第3营第8、第9连被迫转至村南，第7连被国民党军的2个营包围在村内。为坚守十五汲，第7连指导员宋双来在连长身负重伤，部队处境极其险恶的情况下，指挥全连依托房舍院落，与国民党军展开殊死搏斗，使其每占一座房院都要付出极大代价。战至下午，全连仅剩下14人时，仍扼守着村南的一个大院，打退了数倍于己的国民党军的反复冲锋。此时，为支援第7旅作战，已进至北河店以西地区的第2纵队，抓住南援国民党军进攻受阻的有利时机，以第6旅一部前出至红树营一带展开，向北河店方向插入，对国民党援军实施侧后攻击，迫使其退至北河店以北地区。

第4纵队和第9军分区部队自25日—27日，在保定东北地区相继攻克十里堡、荆塘铺、漕河、抬头、米家堤、孙村、樊庄等据点，歼灭河北省保安第2师第5团第3营全部及保安第3师一部，彻底破坏了徐水以南至抬头的铁路及沿线国民党军防御工事，有力地配合了第2、第3纵队在徐水、固城的攻坚作战。28日后，第4纵队按照预定的作战计划，进至固城以西的阎台、遂城镇地区集结待机。7月1日，中央军委电示晋察冀军区："如定兴、北平间有好仗可打，即集中全力向该段薄弱之敌进击，否则应即转移至永定河以北，向平津路进击"，"每次作战计划以歼灭孤立分散之敌为主，必须对敌方增援有充分之事先准备，但不要将计划重心放在打增援上。因在目前情况下，敌方往往畏惧增援，若决心增援，又往往集中兵力使我不易歼击。"[①] 这时，由于固城之战已经结束，南援国

① 《毛泽东军事文集》第4卷，军事科学出版社、中央文献出版社1993年12月版，第117页。

民党军也察觉到晋察冀野战军第 2、第 4 纵队北上的意图，故将其主力猬集于定兴、高碑店和涿州地区，暂取守势，不敢贸然再进。在这种情况下，晋察冀野战军再向北打，已不适宜，遂决定主力原地休整待机，第 4 纵队则向保定西部地区出击，以引诱保定守军出援，创造新的战机。7 月 4—6 日，第 4 纵队主力急袭保定西部外围守军，连克马厂、谢庄、南北奇村等点，全歼满城、完县保警队及还乡团共 1000 余人。但保定守军一直龟缩城内，按兵不动。至此，保北战役胜利结束。晋察冀野战军主力兵团撤至冀中地区休整。

此次战役，共歼灭国民党军第 16 军第 109 师第 325 团、第 94 军第 121 师第 362 团全部及第 363 团、河北省保安第 2 师各一部，连同还乡团、保警队等，共 8270 余人。缴获火炮 92 门、轻重机枪 200 余挺、步枪 3000 余支、掷弹筒 17 具以及大量弹药物资，解放徐水、固城两城，占领漕河、荆塘铺、田村铺、南北奇村等据点，控制平汉铁路漕河至北河店段 35 公里。晋察冀军区部队伤亡 4095 人。战役中，地方政府和人民群众给予了及时有力的协同与支持，仅平汉铁路西就设立了 9 个分兵站，从察哈尔地区第 5 专署为前线调运粮食 40 万公斤，派出担架 700 多副、驮骡 140 多头，转运伤员 700 余人、掷弹筒弹 2200 发、迫击炮弹 500 发、手榴弹 1.2 万枚、山炮弹 52 箱、炸药 2500 公斤，为战役胜利提供了可靠的物资保障。

青沧、保北战役共歼灭保定绥署部队 2.1 万余人，钳制了国民党军的出关，有效地配合了东北民主联军的夏季攻势。这两次战役之所以能在较短时间内取得全胜，主要是在战役指挥上，集中兵力攻击国民党军薄弱部位，速战速决；灵活机动，有利则打，不利则另选目标，开辟新的攻歼战场，始终掌握作战的主动权；战役部署周密，每次攻击均能分割包围，力争做到全歼；战场转移迅速，战役衔接紧凑，部队行动保密，保持了战役的突然性、连续性。此外，充分发扬勇敢顽强、不怕疲劳、不怕牺牲、连续作战的战斗精神，充分发动人民群众参战支前，也是取得胜利的重要因素。从安国会议以来，晋察冀军区部队坚决贯彻执行中共中央军委和毛泽东主席关于善于主动作战、集中兵力向国民党军薄弱地方进击等指示，纵横驰骋于华北大地，南下正太线，东击青沧，再战保北，三战三捷，歼灭国民党军5.6万余人，牢牢地掌握了战场主动权，从根本上改变了晋察冀解放区的军事形势，为转入战略进攻奠定了基础。

第四章

组织大规模攻势作战，开创华北战场新局面

（1947 年 7 月—1948 年 1 月）

第一节　解放军转入战略进攻，晋察冀部队继续执行内线作战任务

经过一年的解放战争，全国形势发生了重大变化。国民党军在各解放区军民打击下，损失巨大，战斗力锐减，总兵力已经由战争开始时的 430 万人减少为 373 万人，其正规军由 200 万人下降为 150 万人。军事上的连遭失败，使其士气沮丧，军心动摇；政治上的独裁统治，使其失去民心，日趋孤立；经济上的通货膨胀，使其民不聊生，陷入危机。虽然，国民党军对陕北、山东解放区实施的重点进攻还没有最后放弃，但从全国形势来看，国民党军的重点进攻已成强弩之末，战争正在发生着根本性的转变。

一、国民党军对解放区重点进攻失利

从全国战场来看，蒋介石政府发动的内战，悖于民意，失道寡助，虽然国民党军队的重点进攻还在继续，但势头已经大大削弱，战略上陷入内外交困境地。至 1947 年 6 月，蒋介石集团在各个战场上的屡屡失败，使其出现了空前的军事危机。

表现之一，有生力量被大量消灭，机动力量日趋减少。国民党军被人民解放军歼灭正规军78万余人，非正规军34万余人，共计112万余人，折合约426个团。在被歼灭或受到歼灭性打击的113个旅中，虽然多数得到了补充，但战斗力已大大减弱。在进攻解放区的227个（总数为248个）旅中，南线战场有157个，除担负防御、守备任务的以外，可作战略机动使用的仅有40个左右；北线战场有70个，大部担任对交通线和重要据点的守备，可作机动的兵力屈指可数；后方也非常空虚，在长江以南及西北19省境内只有21个旅，其中在湘、桂、黔、闽、浙、赣6省几乎没有正规军，二线后备力量已经枯竭。

表现之二，军队内部矛盾加深，相互间协调困难。国民党中央军（即蒋介石嫡系部队）和地方军（包括西北军、东北军、滇军、川军、晋军、粤军、桂军、马家军等），其比例大体各占一半。中央军与地方军之间，乃至中央军内部，均矛盾重重，各图保存自己实力，"各自为谋，同床异梦，胜则争功，败不相救"的现象，在战争中常有发生，且呈上升趋势。对此，蒋介石哀叹："匪诚无可畏，可畏者我将领意志之不能统一耳。"[①]

表现之三，战略态势不利，战局日趋恶化。国民党军对陕北和山东解放区的重点进攻遭到重挫，且被陕北、山东解放军拖住，进退两难。其两个战场中间地带（鲁西南、豫皖苏、豫西，直至大别山区）的兵力空虚，使之形成"哑铃"形的战略态势，极易造成中原被突破、腹地受威胁的不利局面。其他几个战场，主要战略集团已被分割，相互间难以配合，顾此失彼，虽然尚有部分机动力量，但只能被动防守，无力组织大规模攻势行动。

面对内战出现的种种危机，蒋介石集团不甘心其战略上的失利，他一方面发出"戡乱总动员"，整编军队，撤换高官，叫嚣要"加强剿匪军事力量，加速消灭共产党"；另一方面进一步乞求美援，仍然坚持把战争扭在解放区打，继续加强对山东、陕北解放区的攻势，力求速决这两区

---

① 蒋介石：《国军如何才能完成剿匪救民的任务》，1947年6月5日。

问题后，转移兵力于华北、东北，大量消耗解放区的人力、物力、财力，彻底破坏解放军的战略依托。

从华北战场上看，国民党军集中兵力实施重点进攻以后，虽占据了华北主要城市及交通干线，并持有一定的作战实力，但在晋察冀、晋冀鲁豫人民解放军的主动打击下，实际已经由进攻转入防御，处于战略守势。其兵力主要被压缩在平、津、保三角地带和石门、太原、大同、张家口等几座城市。其中，保定绥靖公署孙连仲集团有4个军11个师及整编第62师、青年军第208师，分布于平津保三角地区；张垣绥靖公署傅作义集团有3个军8个师又3个旅，分布于平绥铁路沿线；太原绥靖公署阎锡山部有3个军6个师，分布于同蒲、正太铁路沿线。各绥署区划的国民党军，大多数陷于对大中城市、交通干线和重要目标的守备，能作为机动的力量为数很少，其兵力不足、士气低落、区域自保、顾此失彼等弱点已经明显暴露。为保住华北这块阵地，蒋介石于1947年7月1日亲飞北平召集北平行辕李宗仁及各绥署主任、副主任等开会，确定了重点守备平、津两城及平绥、平汉、正太三线，并对平津保三角地区主动出击的作战方针，同时要求以第3军坚守石门，以保定绥署主力编成机动兵团，利用铁路公路在平津保三角地区往来机动。

二、人民解放军开始转入战略进攻

与国民党军相反，解放军在一年的作战中，总兵力已由战争开始时的127万人上升到195万多人，正规军由60万人发展到100万人以上，并且全部可以用于机动作战。国民党与共产党两军总兵力对比已由3.4∶1缩小为1.9∶1，正规军由3.5∶1缩小为1.5∶1。由于军事上的节节胜利和土地改革的普遍进行，野战军部队士气极高、兵源充实、装备大为改善，取得了丰富的作战经验，解放区民众为保田保家，踊跃参军参战，全力支援战争，后方更加巩固。虽然，战争已经深入解放区腹地，解放区面积有一定缩小，主要城镇、交通干线被国民党军占领，生产被破坏，损失很大，解放军人力物力的来源受到影响，在军队数量和装备上还劣于对方，但政治上的绝对优势、机动力量的开始转优和战场主动权的逐渐掌握，使得战争开始时国共双方的强弱态势已经发生改变。

中共中央、中央军委和毛泽东主席全面分析整个战局和革命形势的发展，及时领导全军由战略防御转入战略进攻。1947年6月底，根据中央军委的统一部署，刘伯承、邓小平率领晋冀鲁豫野战军主力，渡过黄河天险，挺进鲁西南，揭开了战略进攻的序幕。随后，向大别山挺进。接着，陈毅、粟裕率华东野战军外线兵团挺进豫皖苏边区；陈赓、谢富治率晋冀鲁豫野战军第4纵队等部挺进豫西，在外线向国民党军展开大规模进攻，以调动重点进攻陕北、山东的国民党军主力回援，改变整个战局。同时，西北野战兵团、华东野战军内线兵团，晋察冀、晋冀鲁豫军区和东北民主联军继续坚持内线作战，分批歼灭国民党军，收复失地，扩大解放区，策应外线兵团作战，并为最后全歼内线国民党军创造条件。

晋察冀解放区军民经过一年的作战，至1947年7月，已歼灭华北境内国民党军正规军6.5个旅，连同非正规军，共19.7万多人，生俘16万余人，收复县城39座。特别是从同年4月转入战略反攻以来，晋察冀野战军主动出击，机动灵活地消灭国民党军，通过正太、青沧、保北3个战役，彻底切断了平汉、正太线，孤立了平津保、石门、太原等地的国民党军，不仅使晋中、冀晋、察哈尔地区连成一体，而且也与晋冀鲁豫、山东两个解放区连成一片。从整个战场格局上看，防守在北宁、平绥、平汉（北段）各铁路沿线要点的国民党军主力，常为晋察冀野战军强大攻势所牵动，频繁调动，疲于奔命；困守在石门的国民党军第3军已被晋察冀解放区所割开、包围，成为陆上孤岛；山西阎锡山部受晋冀鲁豫、晋绥两区部队牵制，除占运城、临汾等孤立据点外，其主力大部龟缩于太原及其周围狭小地区，而无力应付解放区军民的攻势行动。晋察冀解放军已经扭转了战争初期的被动局面，牢牢掌握住了战场上的主动权。

在过去一年中，晋察冀军区虽然取得了很大成绩，但同其他战区相比仍有差距，主要是整师、整旅的歼灭战打得少，战绩不够大。原因是多方面的。就作战而言，是对中央军委运动战、歼灭战的思想领会不深刻，运用不得法。正如聂荣臻司令员兼政治委员曾指出的，战争爆发后，“军事指导上犯了一些错误，执行大踏步前进、大踏步后退的运动战的方针不够大胆。那时有一种保守性，‘怕失地盘’”。“在这样的思想下，主动性不足，集中主力主动进攻敌人，大量歼灭敌人，这种指导思想不明确，因而运动战的思想就不能很好贯彻。这使得我们的自卫战争，在这一年中胜利是很不足的。”尽管安国会议后，在正太、青沧、保北三战连捷，但“比起晋冀鲁豫等友邻区来，我们还是落后的”[①]。

保北战役后，晋察冀野战军转入冀中地区的无极、定县、深泽一带，进行了为期两个月的整训。其间，除了继续完成编制调整补充、健全完善支援战争转换的组织外，各级认真学习中共中央晋察冀局几次会议精神，总结正太战役以及青沧、保北战役的有益经验，深刻领会运动战、歼灭战的思想精髓，紧密结合形势任务教育，广泛开展射击、刺杀、投弹和土工作业等技术训练，着重研练部队攻坚战术与运动战、歼灭战的组织指挥。经过整训，各级打大歼灭战的决心和信心坚定，部队的士气旺盛、求战心切，战斗力又有了新的提高，都渴望能像其他友邻军区一样，打大歼灭战，整师、整旅地消灭国民党军，以自己积极有力的行动，完成中央军委赋予的各种作战任务。

此间，在晋察冀指导工作的朱德，在向中共中央汇报晋察冀情况时讲:“晋察冀工作，这三月来已有转变，前已电呈。现野战军已完全组成，所委人员已到职，人员补充也正在进行，约可得一万补充兵，大部是俘虏。”“后勤已组织好，支援前线已较前合理而有力。兵工有大进步，并有大希望，机器、原料及人工均不缺乏，本月整理后生产力增加一倍以上，前说迫击炮弹能产五千，现整理后七月能产一万八千颗。野炮弹、山炮弹均能生产，技术上已解决。”“我与董老商量，决心将此兵工厂现有机

① 《聂荣臻军事文选》，解放军出版社 1992 年 7 月版，第 259—260 页。

器及人力物力，尽量使用，多余炮弹、炸药可供各根据地前线使用。”[①]所有这一切都为转入战略进攻创造了条件。

三、晋察冀军区继续执行在内线作战的任务

1947年7月3日，中共中央军委就晋察冀野战军下半年的行动任务，电告朱德、刘少奇和聂荣臻、杨得志、罗瑞卿：“现在距雨季尚有一个月，主力应即照杨罗电移至高阳、雄县以东休息若干天，争取在午号或午有以前，在永定河以北（平津间）进行一个战役。此役完成后即回至石门以东休整一个月（八月），然后进行石门战役（九月）。打石门以后休整一时期，即应移至平绥平汉两路之间，对该两路之敌作战，计时约在十月半以后，准备以三四个月时间，将该两路之敌充分削弱，然后与我东北部队配合夺取平绥路。我东北部队目前须有一个多月休整，尔后即可以一半兵力向北宁路及热河、冀东进击，明春即可向平绥路进击，以占领整个平绥路，打通华北与东北联系为目标。”[②]

7月20日，朱德致信毛泽东、周恩来等：“最近，野战军进行青沧战役及徐固战役[③]后，引起敌人大集中。傅作义部开来两师：一〇一师、骑四师，十六军全部到冀，十三军的第四师也来北平。敌在平、津、保三角地带‘扫荡’，并来冀中。野战军正在休息补充中，有很好的运动战的机会，也不能打，只得补充足，整理好。以十个旅打击敌人十个团的计划来进行教育为目的。好好打一次十个团的歼灭战，此间敌人就能大转变，转到只能守，成为被动。”“在冀东、冀中两地打好几个大仗，消灭蒋、傅主力于此地，比消灭其于察热地带为有利，因是在主要根据地中，群众条件好，供给容易，我之交通运输容易，各种重炮均能使用。在平、津、保三角地带，可能寻求机动战，应在结冰时，在北宁路秦皇岛、唐山等地，攻其所必救。如在此打好了仗，对傅之察热的进攻容易。那时将配合内蒙、

① 《朱德军事文选》，解放军出版社1997年8月版，第611页。

② 《毛泽东军事文集》第4卷，军事科学出版社、中央文献出版社1993年12月版，第121页。

③ 徐固战役，徐指徐水，固指固城，即保北战役。

热河的骑兵，袭扰傅之绥远五原的大后方，作不断的袭扰，截断平绥路成为数段，再用大兵各个歼灭之。”①

按照中央军委及朱德总司令的指示精神和意图，晋察冀军区在野战军休整期间，认真分析形势，研究理解任务，并对下一步野战军的作战任务及行动，进行了总体筹划。决定在部队完成战略转换准备的基础上，首先以野战军主力，实施战略性反攻，在冀东、冀中地区连续打几个大的战役，分批消灭平汉、正太线上国民党军的有生力量，配合东北秋季攻势和中原外线作战，尔后，在友邻战区配合下，集中全力向国民党各占领区发动全面进攻，收复华北失地。

第二节　出击大清河北，粉碎国民党军“清剿”

大清河北地区位于北平、天津、保定之间，号称平津保三角地带，战略地位十分重要，是国共双方在华北地区争夺的焦点之一。为确保平津保地区的安全，在正太线和青沧、保北地区连遭晋察冀野战军打击的华北国民党驻军，于 1947 年 7 月中旬，调集第 16 军、第 94 军第 43 师及独立第 95 旅等近 5 个师的兵力，向大清河北地区进行了重点“扫荡”，至 8 月下旬，国民党军主力“扫荡”部队西撤，留下其第 16 军 7 个团、第 94 军 2 个团及河北保安第 3 总队、第 7 总队等部，继续进行“点线清剿”，企图依点控线制面，保持平、津、保三地联系，拱卫北平、天津。

一、野战军发起大清河北战役

为了粉碎国民党军对大清河以北地区的“清剿”，逐渐削弱北平行辕李宗仁集团，以利尔后配合东北作战，晋察冀野战军首长在部队休整期间，就开始研究各种作战方案。8 月 19 日 10 时，杨得志、罗瑞卿、杨成武、耿飚致电中央工委、军区并中央军委，建议出击大清河以北的平津保三

① 《朱德军事文选》，解放军出版社 1997 年 8 月版，第 611—612 页。

角地带，并提出两个作战方案。其一，集中 3 个纵队全部，进攻青县、马厂、静海地区，将国民党军东调后，再转至大清河北岸伺机作战。其二，为调动敌人寻其弱点歼敌，建议配置以第 3 纵队（熟习情况）向涞水、涿县、定兴地区进攻，目的是调动敌人主力西援；我主力（第 2、第 4 纵队）进至任丘西南及东南地区，待敌调动后，即进至大清河北歼敌。如敌主力不动时，第 3 纵队即将涞水攻下。24 日，中央军委按照朱德、刘少奇意见，复电同意了野战军的第二方案。8 月 30 日，朱德、刘少奇致电杨得志等："应寻求运动中消灭敌人"，要求野战军"部队行军宿营都要紧缩，灵敏，避免笨重累赘，善于利用群众掩护及地形熟悉的条件。即能寻求在运动中突然袭击或打埋伏的好机会去消灭敌人。如数次布置无效亦不必灰心，下级亦不宜说怪话，能长此灵活使用，一年内能一二次收效亦可算成功，或可大量歼灭敌人"①。按照既定的第二作战方案，晋察冀野战军并指挥冀中、冀晋、察哈尔军区部队，计划于 9 月 2 日发起大清河北战役。

战前，第 3 纵队司令员郑维山与其他纵队领导，认真研究作战任务和战场情况，慎重选择首战目标，向野战军提出建议：先以平汉路保定至徐水段国民党独立第 95 旅第 284 团及保安第 6 团的 2 个营为目标，采取奔袭的手段，予以歼灭。尔后，破击该段铁路，准备打援。这样，既可调动国民党军西援，达成战役掩护任务，又可创造战机，歼灭国民党军。如果此战不成，再打涞水。建议得到野战军司令部的同意。

2 日夜，第 3 纵队以 70 里的急行军奔袭保定、徐水段，但只攻克了漕河头及其附近数个点碉，歼守军独立第 95 旅一部。随后，在第 5、第 9 军分区部队破击固城至保定段铁路的掩护下，向北转攻涞水。6 日，郑维山率第 8、第 9 旅抵近涞水。涞水县城是保定以北地区的一个护路要点，也是平、津、保地区防御体系西翼的警戒阵地，守军为国民党军第 94 军第 5 师第 13 团。该城西靠太行山，东临拒马河，地域狭窄，设防坚固，火力较强，易守难攻。当日 22 时，第 3 纵队主力在扫清涞水、高碑店附

① 《朱德传》，人民出版社、中央文献出版社 1993 年 8 月版，第 574 页。

近地区国民党守军点碉后，向涞水城发起攻击，战至翌日晨，仅克十里铺、南郭下两个城外据点。8 日又攻占了该城东、南两关。

黄昏后，正当第 3 纵队继续攻城时，发现原在大清河北的国民党军第 94 军第 43 师及第 5 师第 15 团、第 121 师第 361 团已转至高碑店、定兴地区，并以第 15 团和第 361 团向涞水增援。同时，国民党第 13 军第 4 师、第 16 军第 22 师正向平汉路北段集结，也准备增援涞水；第 16 军第 109 师亦有西援的征兆。这样，大清河北就只有第 16 军第 94 师和两个保安总队等部守备。初步查明其分布为：第 109 师师部及 1 个团于雄县板家窝，第 94 师师部带 1 个团另 1 个营于雄县昝岗，第 94 师第 282 团分驻雄县城及开口，保安第 3、第 7 总队分驻霸县、容城地区。据此，晋察冀野战军决定第 2、第 4 纵队乘虚向大清河北出击，求歼孤立之第 94 师所部，尔后再视情况配合第 3 纵队夹击平汉线上的国民党援军。

为配合野战军主力向大清河北地区进击，第 3 纵队继续对涞水城发动进攻，并牵制增援的国民党军。此时，鉴于国民党援军先头已接近涞水，郑维山当即命令第 7 旅进占并守住拒马河东岸的南、北义安，控制位于两村间的拒马河便桥，阻击国民党援军过河。但第 7 旅在执行时，将坚守南、北义安两村，误认为只守北义安，结果，南义安被国民党军轻易占领，从而失去了对拒马河桥的有效控制，致使国民党援军源源而来。在这种情况下，第 3 纵队不得不于 8 日 24 时撤出涞水战斗，至拒马河西岸的石亭地区。

9 日 16 时，第 2、第 4 纵队分别由饶阳、定县疾进至大清河以南一线。当主力北渡大清河以后，发觉除了地方保安部队外，板家窝守军为国民党第 16 军第 109 师师部及 1 个团；昝岗守军第 94 师师部及 2 个团，并在吴家台、雄县各驻 1 个营，开口守军为第 94 师 1 个团；第 16 军第 22 师一部已由牛驼进抵霸县。虽然守军情况有些变化，但野战军仍然决定：以第 2 纵队攻吴家台、板家窝，第 4 纵队攻昝岗，冀中军区独立第 7 旅攻霸县，第 10 军分区部队攻开口，歼灭上述几处国民党军。当日 22 时，各部队陆续对当面守军发起攻击，但各点进展都不顺利。在板家窝，第2纵队首先向吴家台发起攻击，全歼守军第281团1个营后，逼近板家窝。10日24时，开始对板家窝守军第109师师部及1个团攻击。但因天降暴雨，联络中断，虽曾一举突入2个团，但整个攻击行动依然受挫。11日11时，第2纵队再度发动攻击，将守军压缩在板桥湾村西南与东南角。在昝岗，第4纵队于10日黄昏对守军第94师师部及2个团发起进攻，两次攻击均未奏效，后因暴雨受阻，遂停止进攻。第二天又连续发起两次强攻，均因守军工事坚固，攻击部队伤亡过大，被迫再次停止进攻。在霸县，冀中军区独立第7旅11日晨攻克霸县南关和东关后，于黄昏对霸县城发起攻击，22时攻入城内，歼保安警备队一部，并将守军第22师1个团及保安团一部压缩在城北关一带。在开口，第10军分区部队经过多次攻击，歼开口村守军第282团1个营，并于11日将该团主力压缩在村中3个大型碉堡内，战至12日才攻克其中一个。

由于对守军情况估计不足，加之连日暴雨不断，经过两天两夜的激烈战斗，第2、第4纵队等部未能按预期目的夺取以上4点。12日，国民党军第43师、独立第95旅由高碑店、徐水，第22师主力由独流、马庄向大清河北一线驰援。第2纵队主力遂主动撤至板家窝东南地区，保障第4纵队继续围歼昝岗守军。此时，国民党军第34集团军主力及第16军全部，已陆续集中于板家窝一带，并使其在大清河北的机动兵力达到20个团以上，企图与只有2个纵队18个团的晋察冀野战军在此进行决战。为避免陷入被动，第2、第4纵队于当晚撤出战斗，返回大清河南岸休整。大清河北战役就此结束。

大清河北作战与进攻涞水，共歼灭国民党军5278人，晋察冀军区部队伤亡6778人，没有达到预定战役目标，打了个消耗仗。究其原因，聂荣臻等军区领导在9月15日致中央军委、中央工委的报告认为：决心太厚，包围敌过多，因而兵力分散，故而不能速决，故不得不撤退。杨得志等野战军领导于16日的检讨报告认为，主要原因是侦察工作与情况研究不够，对国民党军的新式工事和火力加强估计不足。中央工委朱德、刘少奇同志认为，野战军大清河战役，因围敌过多，不能最后解决，但此次士气极旺，干部大有牺牲精神，较以前不同。9 月 24 日，中共中央军委复电朱德、刘少奇并聂荣臻、萧克、杨得志、罗瑞卿、杨成武，指出："此次大清河战役，歼敌一部，虽未获大胜，战斗精神极好，伤亡较多并不要紧。休整若干天，按照该区具体条件部署新作战，只要有胜利，无论大小，都是好的。一切按自己条件独立部署作战或休整，不要顾虑东北或别区配合问题。"[①]中央军委这一指示，既指明了晋察冀野战军的作战指导思想，又极大地鼓舞了全军的士气。

二、边区军民展开护秋作战

1947 年秋季，驻华北地区的国民党军，在重点对大清河北地区进行"清剿"，集中主力在正太线上与晋察冀野战军缠打的同时，各地国民党军及地方武装，为解决自身越来越严重的"粮荒"，纷纷组成"清剿队""抢麦队""运粮队"等，依托其所占之"点线"，在解放区边沿地带，开始以抢夺秋粮为焦点的蚕食和"清剿"。为全面粉碎国民党军的"点线清剿"，保卫人民的秋收果实，晋察冀军区一方面组织野战军主力向国民党军重点"清剿"的大清河北地区出击；另一方面组织全解放区广大军民，特别是与国民党军占领区相接的冀中、察哈尔、冀晋等边沿地区，以灵活机动的游击战为主要方式，积极开展反"清剿"斗争。

针对国民党军抢粮一般具有"点线附近、暂建据点，集中兵力、分股窜犯，突击抢掠、随抢随运"的行动特点，晋察冀军区早在 5 月 27 日就发出《关于保卫麦收工作指示》，要求各地党政军民：一要加强侦察，选择战场，研究具体对策，组织地方军主力兵团（独立团）主动出击粮食主产区的点线，迟滞国民党军抢粮行动，大胆奔袭外出抢粮之空虚据点，急袭消灭小股或大股分散的国民党军及警戒部队。二要控制县大队，机动支援区小队及民兵作战，打击国民党军之抢粮队，以高度灵活的游击封锁、袭扰爆炸、破击阻击，配合政治攻势、谣言攻势，抓捕镇压少数

① 《毛泽东年谱》下卷，中央文献出版社 2002 年 8 月版，第 236 页。

出外强征的顽伪特务，直接掩护群众收割埋藏。三要党政军民密切联系，形成一体，共同对付国民党军及顽伪的武装抢掠，适当从中心区县大队抽出一部，参加重点边沿区的护秋斗争。7 月 21 日、8 月 18 日，为使边区军民更有力地配合内线野战军主力的动作，先后电示冀中、察哈尔等区，广泛组织敌后游击战争，建立隐蔽或公开的根据地，以组成“飞行爆破杀敌队”的形式，将阻击、爆炸、捕捉、镇压顽伪恶霸的武装斗争引入国民党占领区；充分利用青纱帐之有利条件，瞄着群众最怕、最恨的反动分子，开展分散的射杀运动；积极发动、依靠和使用群众，把民众的力量引导到“反倒算、反抓丁、反征掠”的武装斗争中来。

入秋后，晋察冀解放区的农业又获丰收。各区县军民在积极支援野战军主力作战的同时，为了防止和打击国民党军的抢掠“清剿”，晋察冀军区组织边区军民，以各地方独立团、县大队、区小队和民兵武装为基本力量，从 9 月青纱帐起，至收割完的 10 月初止，展开了以游击战、破袭战为主要形式的护秋作战。

在冀中地区，冀中军区除以主力部队配合野战军实施战役作战外，遵照晋察冀军区 8 月 21 日“关于平津保三角地区作战方针”的电示，针对国民党军对大清河北地区实行分区“清剿”，疯狂掠夺人力、物力的严峻形势，全区军民展开了以保护群众利益为目的的自卫反击作战。组织在大清河北坚持斗争的 3 个独立团，适时采取集中与分散的行动方式，灵活打击分散抢粮与清剿的国民党军，主动避开其“清剿”锋锐，与之进行巧妙周旋；广泛开展游击射杀运动，各分区普遍从部队中选拔优秀射手，组成数十个“飞行射击”组，每组 3—4 人，利用冀中大地广袤的青纱帐，惩奸除恶，大量消灭国民党的散兵游勇和武装土匪；按照 1946 年 11 月 22 日冀察晋军区作出的《关于开展全军爆破运动的决定》，全区上下成立专门组织，使军区有工兵连，旅、军分区及所属团有工兵班或排，营（连）、大队（支队、中队）有工兵组，并以分区（旅）为单位开办了短期轮训班，专门训练爆破技术及战术运用；坚持“你打你的，我打我的”作战原则，结合地道战、地雷战和攻坚战，广泛开展爆破、破击、袭点等活动，时时处处给国民党军以有力毁伤，使其不敢轻举妄动。截至10月，仅“飞行射击”和爆破运动这两项活动，就歼灭国民党军及反动武装4000余人，摧毁各种堡垒、点碉、桥梁、居所等上百座（处），有力地保护了群众的利益和支援了正规军作战。

在冀晋地区，9月13日，冀晋军区以独立第1、第2旅向忻县、定襄出击，26日克定襄县智村据点，歼灭阎锡山部暂编第39师及定襄保警人队1600余人，同时逼退北义井等7个据点，解放大片土地。接着，部队乘胜向南发展，于10月4日奔袭寿阳县宗艾镇，击毙守军暂编第49师和民团80余人，俘国民党军副团长以下1140余人。10月3日，驻东井集之王奎保警队出动150余人，第4次到昝娘城村抢掠。天镇、阳高、怀安支队接到报告后，宋中和支队长即率队从后峪出发，一路从村北黑石头山、四沟山实施包围；一路从村南道口沟、乱坟沟卡住要道。下午3时，战斗打响后，天阳怀支队首先将王奎保警队阻击、压缩于3处院内，然后宋中和率队发起猛攻，仅用40分钟就解决了战斗，匪首王奎当场被击毙，缴获步枪120余支、轻机枪7挺等。天阳怀支队无一伤亡。19日晚，阳高民兵王守伟带领17名民兵埋伏在聚乐堡火车站以北的石桥处，12时40分将一列由阳高开出的国民党军火车炸翻桥下，使火车机车及6节车皮全部报销。

在察哈尔地区，察哈尔军区针对半年来国民党军突袭扫荡给察南察北带来的损失和教训，从军分区到区小队，上下发动，研究对策，充分运用以往武工队的经验，以县支（大）队、区小队为骨干，大量编组了“飞行爆破杀敌队”，广泛深入傅作义部队占领区，迫近城镇据点及交通线，埋地雷、抓俘虏、袭击守军指挥机构、摧毁伪政权基层组织、伏击小股分散国民党军等。10月间，察哈尔军区主力部队，在全力钳制北平国民党军南下保北的同时，积极组织力量打击平西地区疯狂抢粮的国民党军。独立第4旅在涿县、涞水等地民兵配合下首先出击房山，拔除了长操、大红煤厂、周口店、坨里等据点10余处，歼守军1000余人，旋即避开援军，转向突击昌平，歼灭妙峰山脚下的北安河、温泉、阳坊等据点的守军700

余人，缴获了大批武器弹药，并从国民党军手中夺回了大批的粮食和物资。从8月中旬起至10月底，察哈尔军区共组织大小战斗上百起，消灭国民党杂牌军及反动官员、顽劣分子、土匪武装等数千人。

第三节　发起清风店战役，歼灭国民党军第3军主力

9月中旬，东北民主联军开始发起“秋季攻势”，20日冀热辽部队率先向北宁路之锦州、山海关段进击。为挽救东北危局，9月底至10月初，国民党军统帅部先后从晋察冀地区抽调第92军第21师、第13军第54师、第94军第43师出关增援。这样，国民党军在华北兵力不足的弱点就进一步暴露。为此，晋察冀军区认真总结大清河北作战失利的教训，决意乘华北战场国民党军空虚之际，再击平汉线北段，以野战军主力积极的攻势行动，有力配合东北作战。

一、出击保北，调动国民党军增援

平津保地区国民党军主要机动力量东调出关后，北平行辕为防止晋察冀解放军进攻，遂将留驻该地区的部队相对集中，并加强了对铁路沿线的守备。其第16军（欠第22师）及王凤岗（河北保安第7总队队长）部驻守大清河以北雄县、霸县、板家窝、昝岗地区；第16军第22师（欠第66团）及保安第11总队于平津间维护交通；第94军主力（欠第43师）、独立第95师（原独立第95旅改称）、青年军第208师一部及新编第2军（顽伪刘化南部5个团）担任平保段的守备，其中第94军军部率第121师和独立第95师驻守涿县、涞水、定兴，第94军第5师驻守北河店、固城、徐水，新2军驻守保定；第62军第151、第157师驻守天津；第3军及第16军第22师第66团驻守石门。

为抓住有利时机，大量歼灭国民党军，根据晋察冀军区10月1日关

于“野战军于10月初再进行一次战役，目标指向平保段或大清河北”① 的作战意图，野战军于10月3日召开旅以上干部参加的前委（扩大）会，对下一步作战的两个方向（平保段或大清河北）进行了认真的讨论研究。认为再出大清河北，虽然国民党军数量不多，但仍须攻坚，背水作战，进退不便，如三四天不能打开战场，则援军到来，又将陷入被动，发展前途不大；而出击保北，主力可完全集中，进退自如，有创造打援的条件，能有效地牵制国民党军，配合东北作战。最后决定乘国民党军兵力空虚之际，集中野战军第2、第3、第4纵队和部分地方武装，再次出击保定以北地区，采取围城打援战法，围攻徐水，吸引南北两面国民党军来援，力求于运动中歼灭其有生力量。据此，杨得志、杨成武、耿飚于10月3日致电中央军委、中央工委和晋察冀军区，提出了出击保北的3个作战方案：（1）以第2、第4纵队及独立第7旅由东向西，第3纵队由西向东，攻克徐水、容城，扫清固城、保定间点碉，开辟打援战场。尔后，以一部由北向保定外围佯攻，引诱国民党军来援；以一部扼守徐水，主力准备在徐水附近歼灭援军。（2）扫清固城、徐水、保定间小据点，孤立固、徐、保3点，然后围城打援。如援军多，则西转隐蔽于遂城、姚村以西，诱其向遂城或姚村追击，而各个歼灭之。（3）以一部围攻涞水，争取于涞水、高碑店间打援。野战军认为以第一、第二案适宜。晋察冀军区决定：先攻徐水，调动国民党军增援，尔后集中主力歼击援军。

10月4日，晋察冀野战军发布作战命令：“乘东北我军大举出击，敌北平行辕为应援东北，在我区采取守势之际，我决再度发动保北战役”，“于徐保线开辟战场，力求在运动中歼敌援兵”。② 具体部署和任务是：第2纵队配属冀中军区独立第7旅围攻徐水，破坏徐水至徐河桥间的铁路，扫清沿线点碉，吸引国民党军出援。其中，以第4、第5旅攻城；独立第7旅进占徐水东北之芦草湾地区构筑第1号阻击阵地；第6旅以1个团于

① 《华北第三次国内革命战争史资料选编》第9册，第11份，北京军区档案馆。

② 《华北第三次国内革命战争史资料选编》第9册，第13份，北京军区档案馆。

漕河以南向保定方向警戒，其余集结在徐水以南地区。第 3 纵队主力集结于徐水、固城段铁路西侧地区，以一部兵力在麒麟店及其以西地区构筑第 2 号阻击阵地，一部兵力破击徐水至北河店间铁路，1 个团的兵力配合第 2 纵队攻击徐水车站。第 4 纵队集结在徐水以东之午方、北张村、三台镇地区，并构筑第 3 号阻击阵地，阻歼由东北方向来援之国民党军，同时相机夺取容城。另以冀中军区独立第 8 旅监视石门国民党军第 3 军行动，以地方武装破坏涞水至定兴间及琉璃河至良乡间铁公路，并分别向保定、门头沟、石门外围袭扰，监视其行动。

国民党军保定绥署主任孙连仲获悉晋察冀野战军将再战保北，急忙向统帅部报告，求取应付方策。10 月 6 日，蒋介石在北平召开军事会议，行辕主任、绥署主任、副主任和各军军长、各师师长等 40 余人到会。各军长在轮流报告情况时，都请求统帅部解决粮食的困难，而对作战中屡遭挫折的原因避而不提。蒋介石对此大为不满。认为这是“本末倒置，只顾到遭遇的困难而忘记了我们根本的任务”，要求会议“应该着重于剿匪的经验，要指出匪军的长处，检讨自己的缺点，并研究如何制胜匪军的方法”。蒋介石说：第 3 军现在驻石家庄，四面为匪军所包围，交通阻绝，真是孤军远戍，试问中央有什么办法来接济你们？示意其部下用抢粮办法来解决粮食困难。会后，蒋介石在召见第 3 军军长罗历戎时指出：“石家庄应该固守，可将第 3 军抽调一师到保定，加强机动部队。”[①] 罗历戎深感石门难守，乘机向蒋介石表示将亲率所部北开。

11 日 18 时，晋察冀解放区军民在军区的统一号令下，向保定以北的铁路、公路发起了全线破袭。一夜之间，铁路“大翻身”，公路被中断，国民党军防守的点线被割得七零八落。与此同时，晋察冀野战军第 2、第 3 纵队等部按照预定计划，向保定以北徐河桥至北平近郊的铁路沿线各点发起进攻。第 2 纵队以第 4 旅向漕河至徐水段、第 6 旅向漕河至头台攻击，第 5 旅以一部兵力袭扰徐水南北关；第 3 纵队以第 7 旅主力

① 《胡宗南部入侵华北和在清风店被歼经过》，《文史资料选辑》第 20 辑，文史资料出版社，第 156 页。

并第 5 军分区部队破击北河店至固城段铁路，并急袭了救援的国民党军，另以该旅 1 个团带工兵连至高、涿段破袭，第 8 旅并徐水独立营对徐水、固城段铁路破击，并攻歼高林营守军，第 9 旅位于鲜鱼、阎台地区准备打援。到 12 日晨，全部扫清了北河店以南至徐水沿线守军各点，徐水南北之铁路被全部破击。经一夜激战，即证实徐水守军为第 5 师第 15 团和师属炮兵连，固城为第 14 团，独立第 95 师主力位于容城以北杨村附近，保定守军新 2 军（刘化南部的 5 个团）连同保警队等共 8000 余人。野战军决心以第 2 纵队坚决歼灭徐水守军，以第 3、第 4 纵队集结兵力打援，求得在徐固间及徐容间于运动中歼灭向徐水来援的国民党军。第 4 纵队相机占领容城。

12 日 11 时，各纵队按照野战军司令部的命令展开行动。当晚 20 时，第 2 纵队第 4、第 5 旅向徐水抵进并开始改造地形，第 3 纵队第 8 旅第 24 团配合向徐水车站攻击。13 日晚，部队向徐水城发起总攻。第 4、第 5 旅分克南北两关，紧逼城垣，次日再度攻击，激战 3 小时，第 5 旅有 3 个连登城，遭守军猛烈反击，未能巩固住阵地。总攻受挫，遂采取紧缩包围，并进行坑道作业。

坐镇北平的蒋介石见解放军攻势甚猛，徐水危在旦夕，急调第 94 军 2 个师及独立第 95 师、北平行辕战车第 3 团，驻大清河北的第 16 军第 94 师、第 109 师，分别向固城、容城一线集结，由第 34 集团军总司令李文亲自指挥，分数路齐头南下；又令第 3 军罗历戎率其第 7 师及第 16 军第 22 师一部做好立即出动的准备，以 4 日行程由石门北上保定，企图从南北两面夹击围攻徐水的晋察冀野战军。

15 日上午，国民党援军第 94 军和第 95 师以 3 个团的兵力，分路向野战军第 1、第 2 号阻击阵地猛攻，经激战被独立第 7 旅和第 3 纵队第 8 旅击溃，下午全部退返田村铺、大里铺、北里一线；同日，第 4 纵队第 10 旅依托第 3 号阻击阵地，将从容城方向来援之国民党军第 16 军一部阻于野桥营、沙河营一线。16 日晨，固城、田村铺之线国民党军，复以 3 个团的兵力并坦克 7 辆，向第 2 号阻击阵地攻击，北里国民党军以 2 个团向第 1 号阻击阵地攻击，当即遭守备部队的猛烈阻击，击毁坦克 4 辆，战至午后，国民党军全部退返原地。容城、沙河营一线的国民党军亦向第 3 号阻击阵地攻击，战至下午 2 时，遭大量杀伤后全部退返野桥、野桥营一线。第 12 旅即行尾追，于 16 时乘机收复容城及西北地区。同日，第 2 纵队再次猛攻徐水城。徐水守军仗其城高垒坚，兼之该师全系美械装备，加有援军打气，拼命死守，故第 4、第 5 旅数度攻城不克。战到 17 日，增援的国民党军还是猬集一团，昼攻夜停，双方在徐水、固城、容城之间形成对峙局面。为打破僵局，野战军首长决定除留第 2 纵队继续围攻徐水外，主力向平汉铁路以西的遂城、姚村地区转进，企图引诱国民党北路援军西进，寻机在运动中歼其一部。当日下午，第 3、第 4 纵队开始向西运动。

二、转驰清风店，围歼国民党军第 3 军主力

正当双方在保北地区激战之时，国民党军第 3 军军长罗历戎奉命以第 32 师留守石门，自己亲率军部、第 7 师和第 16 军第 22 师第 66 团，携带 4 天粮秣，于 15 日 13 时出发，轻装向北驰援。16 日晚，渡过滹沱河，进至正定东北蒲城一带。17 日，继续北进至新乐附近。当天，聂荣臻得知这一情况后，即于下午电告并命令野战军杨得志等，野战军主力急速南下打援，“勿失良机”。同时令冀晋、冀中部队尽一切努力袭扰阻滞北上国民党军的前进与后退，为野战军主力南下聚歼创造有利条件。

由容城东马村西进的野战军领导杨得志、杨成武、耿飚等，在途中接到军区电令后，感到“这个敌人是送上门的，战机确实难得”！必须“尽快抓住罗历戎，打掉他，歼灭他”！当即决定改变西进计划，决心“以第四纵队全部并六、九两旅，立即兼程南进，阻歼该敌于望都、方顺桥及其以东以南地区”。杨得志认为，把歼击战场选择在望都、方顺桥地区，一是罗历戎部由新乐（当时驻地）孤军北援，要通过冀中解放区，沿途必将处处受击，朝夕不安，粮弹无源；而野战军则地形熟悉，有广大民众的全力支援。二是该部仅 1 个师另 1 个团，而晋察冀野战军则集中了 6

个野战旅（含 18 日增调的第 2 纵队第 4 旅），加上冀中军区已派出北进尾击、阻其南窜的独立第 8 旅等，兵力对比已达 5 倍之多。三是在该地区作战，北面国民党军在野战军两个纵队主力的阻击下，将很难向南增援；南面石门守军兵力空虚，且有解放区地方武装钳制，也不易再援，从而使野战军围歼行动两翼无大的顾虑。

此时，由于罗历戎部已进到新乐、定县之间，距清风店地区只有约 45 公里，而野战军主力离清风店最近也有 75 公里，最远达 125 公里。部队一昼夜要赶完 100 多公里的路程，只有走得快，才能抓住战机；只有战胜困难和疲劳，才有胜利的可能。所以，能不能打上和打好这一仗，关键看野战军主力能不能赶在罗历戎前边，到达清风店。为此，野战军首长分别于 17 日 18 时、18 日 10 时，下达口头命令，并作如下部署：以第 2 纵队司令员陈正湘、副司令员兼参谋长韩伟、政治部主任向仲华统一指挥第 2 纵队第 5 旅和第 3 纵队第 7、第 8 旅及冀中军区独立第 7 旅共 4 个旅，在徐水地区坚决阻击南下增援的国民党军；以第 4 纵队 3 个旅，第 2 纵队第 4、第 6 旅，第 3 纵队第 9 旅，经保定东西两侧，用 1 天时间，于 19 日拂晓前，赶到清风店地区，围歼国民党军第 3 军。其中第 4 纵队配属野炮 8 门、山炮 2 门，经保定以东的大因镇、范家桥，进到望都以东的阳城镇地区；第 2 纵队第 4 旅经善马庙、板桥镇，进到保定以南的温仁地区；第 3 纵队第 9 旅、第 2 纵队第 6 旅，经满城、大固店，于 18 日 24 时前进至方顺桥以西、以南地区。在赋予各部队任务的同时，中共晋察冀野战军前委颁发了紧急战斗动员令：要求全军“一、集中一切兵力、火力，猛打！猛冲！猛追！发挥三猛战斗作风。狠打、硬打、拼命打，毫无顾虑地冲垮敌人！包围敌人！歼灭敌人！二、不顾任何疲劳，坚决执行命令！不顾夜行军、急行军！不管没吃饭、没喝水！不管连天、连夜的战斗！不怕困难！不许叫苦！不许怠慢！走不动也要走！爬着滚着也要追！坚决不放跑敌人！全体干部以身作则，共产党员起模范作用。三、高度发挥作战机动性，哪里有敌人就冲向哪里，哪里枪响就冲向哪里，哪里敌人没消灭就冲向哪里！各连、各营、各团、各旅，步兵、炮兵在统一命令和指挥意图下，要积极主动，密切协同作战！谁消极观望就是犯罪！敌人顽抗，必须坚决摧毁；敌人溃逃，必须追上歼灭！”号召全体官兵“坚决、干净、彻底、全部歼灭敌人！活捉敌人军长罗历戎！活捉敌人师长、团长！创造晋察冀空前大胜利！看谁完成任务最多、最好，看谁胜利果实最大。打胜仗的比赛！缴枪捉俘虏的比赛！为人民立大功！”

各部队接到命令后，一面动员，一面向指定地区疾进。为加快开进速度，从野战军首长到各级指挥员和政治工作人员，都穿行在急速开进的队伍中，做鼓动工作。“坚决消灭第3军，活捉军长罗历戎”，成了指战员们战胜疲劳，克服困难的强大动力。各部队根据机动地区情况，实施了多路、多梯队的开进；团以上主要指挥员率领精干的指挥机构，携电台乘马车、军马、自行车等快速工具，实施迅速准确的指挥；各单位在沿途设立了供应点，筹措粮、柴、草等军需物资；各分队根据体力组织了互助组，开展群众性的团结互助活动；各级都组织了收容队，以减少和及时处理掉队人员。同时，为做好支前工作，冀中和冀晋两区专门成立支前指挥部，在保定至石门铁路两侧10余个县动员民兵和民工约9.8万人，牲畜9600余头，大车3400余辆，担架1万余副，担负战勤保障。一些老解放区的村庄，在部队到达之前，沿街两侧就摆满了由大缸、挎篮盛着的各种饮食，使路过的部队能一边疾进一边得到补充。清风店附近几十个村庄的民兵和群众，主动请求当向导、修工事、运粮草，有的还自动组织联防，配合部队作战。这些都有效地保证了部队的及时指挥和持续、快速地行进。其间，虽然国民党空军曾出动各型飞机30架次，对行进中的部队进行轰炸扫射，但始终未能达成迟滞野战军南进行动的目的。至18日12时，南下各部队先后进抵指定地区，第2纵队第4旅亦于19日下午进抵温仁西南地区。

罗历戎部在孙连仲的催促下兼程北进，其主力1.4万余人渡过滹沱河后，多次遭到阻击部队和民兵的袭击，行进速度缓慢。18日，进至定县城及其东西地区，19日晨8时继续向北推进。途中，罗历戎先后两次接到国民党空军投下的“我们发现共军大批密集部队南来，距你们很近，请第3军急作战斗准备”[①]的信袋，遂放弃到望都宿营计划，当日停在清风店附近的东南合、西南合、北合庄、南合庄等村庄宿营。午后，罗历戎进至清风店地区，发觉北上道路被截断，即命令部队加紧构筑工事，就地转入防御，同时请求北平行辕和保定绥署派兵接应。

为紧紧抓住罗历戎部，确有把握地歼灭，野战军首长决心先实施战役合围，尔后于20日拂晓发起总攻。19日14时起，第4纵队从东、北两面，第6、第9旅从西面，第4旅、独立第8旅从南面，向清风店地区攻击前进。至19日20时，第6旅进至北合地区；第10旅进至于合营以北地区；第11旅进至大、小瓦房；第12旅（欠第35团）进至市寺邑、东市邑地区，并控制了唐河渡口；第9旅进至清风店附近地区，与守军接触；第4旅并指挥第12旅第35团进至西南合以南、胡房西南地区；冀中独立第8旅和3个民兵团在第12旅以东唐河南岸的小鹿家庄、齐堡一线组织防御。至20日2时，晋察冀野战军达成了对国民党军罗历戎部的战役合围。

20日拂晓，杨得志、杨成武、耿飚发布命令，要求：“南面各兵团，坚决歼灭北进之敌，集中兵力、火力，发扬三猛战术，对北面不要顾虑，即使北面之敌进到望都，我仍要继续打下去，一直歼灭这股敌人为止”；北面阻援兵团应“用一切有效手段，求得在敌前进中歼灭其一部，大量杀伤消耗敌人，坚决阻敌南援”，待南面将国民党军第3军4个团歼灭后，“再放敌南来”。同时，还要求各兵团各级干部应不顾一切伤亡、消耗、疲劳，坚决完成各自的任务，活捉罗历戎。命令下达后，晋察冀野战军即向国民党军进占的各点发起攻击。

此时，罗历戎认为解放军主力虽已赶到，但十分疲劳，在同一时间里实行南北两面作战，既要消灭他的部队，又要挡住北面增援，几乎不可能；只要援军两三天内赶到，他就可以翻过手来两面夹击。因此，罗历戎一面不停地向北平行辕和保定绥署发电求援，一面采取整体收缩战

① 《胡宗南部入侵华北和在清风店被歼经过》，《文史资料选辑》第20辑，文史资料出版社，第157页。

法，有计划地把主力猬集在一起，以西南合为中心，形成互为掎角、互相支援的梅花形防御体系。因此，攻击开始后，外围各点守军一经接触，即主动撤离，收缩于南合营、高家佐、东西同房、东西南合等几个村子，凭借密集的兵力、火力，固守待援。20日上午，各攻击部队先后攻占清风店、南北支合、陈家佐、许家庄及大、小瓦房。12时，第6旅主力和第10旅1个团攻克北合，守军突围，第6旅乘势向南推进；第9旅逼近并向高家佐发起攻击。15时，第10旅主力攻克于合营，守军撤至南合营；第11、第4旅及第12旅一部继续对东同房、胡房分别攻击。战至黄昏，共歼守军第7师第19团1个营、第66团2个连，战果不大。

当日晚，通过分析，杨得志、杨成武、耿飚认为，目前国民党军成集团式防御，战役的关键是要迅速加以分割。考虑在其整体防御体系中，守备南合营的第19团已被歼1个营，是个防御弱点，只有集中主要兵力火力于该点，打掉其“梅花形防御”的一翼，使国民党第3军军部所在的西南合村暴露出来，然后再行围歼才能奏效。当即决定以第10旅配属第11旅之31团、军区炮兵团和第11、第12旅迫击炮分队各一部，担任主攻任务，负责攻歼南合营守军；第11旅主力攻击东、西同房；第9旅攻击高家佐；第4、第6旅南北对进，攻击第3军军部和第7师主力据守的中心——西南合。其中，第10旅成两个梯队，以第28、第29、第30团为第一梯队，分别从村东南、村西、村北实施攻击，以村西北角为主要突击点。第28团在南合营和西南合间构筑工事，以1个连占领该阵地。第29团在南合营西南侧百余米处构筑1个火力支撑点，由1个排配轻、重机枪各3挺占领该点，以交叉火力歼灭逃窜守军，并担负阻击增援任务。第31团为第二梯队。同时，为防守军向南突围，遂令独立第8旅并3个民兵团，于奇连屯向东至李家庄一线，沿河布防。当日夜，部队不顾疲劳，抓紧时间进行迫近土工作业，做好了攻击准备。

21日4时，各部队对南合营、南合庄、高家佐、西南合村的守军同时发起进攻。第10旅向南合营之守军第19团（欠1个营）发起攻击，首先集中各种火炮35门实施猛烈轰击，摧毁大部前沿工事。尔后，担任突击任务之第 29 团第 7 连在炮火掩护下，仅 5 分钟即从村西北角突入村内。守军先后以连、营规模的兵力从第 7 连正面和翼侧实施反冲击，遭猛烈火力杀伤后，被迫缩回。此时，该团第 5 连从村西南突入，第 28 团和第 30 团也相继从东面及东北面攻入村内，协同第 29 团夹击守军。守军见固守无望，即向西南合方向突围，被第 28、第 29 团部队阻住，除 20 余人逃至西南合外，其余全部被歼。南合营战斗历时 40 分钟即告结束，生俘团长以下 1100 余人。

第 9 旅第 27 团第 3 营，在北支合民兵引导下，乘夜暗袭入高家佐。驻守该村正准备突围逃窜的国民党军第 66 团第 3 营另 1 个连，遭到突然攻击后，仓促转入防御，虽多次反扑，均被击退。这时，第 27 团第 1、第 2 营和第 26 团分别从南面和北面攻入村内，激战至中午，将该部全歼。与此同时，第 12 旅攻克胡房，歼国民党军第 19 团 1 个营；第 11 旅攻克东、西同房后，继续向东南合进击，其守军慑于被歼，退集西南合。

第 4 旅和第 6 旅向西南合发起攻击后，第 4 旅第 10、第 12 团集中 4 个营的突击兵力，从西南方向撕开守军防御，一举攻入村内，并直逼国民党军第 3 军军部。第 3 军军长罗历戎亲自指挥，以密集队形进行反扑，企图夺回被打开的突破口。面对守军优势兵力的疯狂反扑，第 10、第 12 团率先突入的 2 个营，在后续部队的增援下，顽强分守在突破口附近的两所院落，多次打退守军的反冲击。此时，与西南合相邻的宿家佐守军 1 个团，慑于第 9 旅的攻击，弃村逃往该地，与第 12 团在突破口附近遭遇，使突入部队受到内外夹攻的双重压力。战斗竟日，各突入部队虽然伤亡很大，但始终坚守着突破口的阵地。当日 19 时，第 6 旅第 16 团在炮火的支援下，一举突破西南合村东北角守军前沿阵地，在守军防御体系上又打开一个缺口。野战军指挥部当即命令第 16 团巩固已得阵地，待完成全面部署后，发起总攻击。坚守突破口的第 16 团和第 12 团，经过 12 小时的激战，先后打退守军 9 次反扑，巩固了西南合村东北面和西南面的突破口，为最后歼灭罗历戎部创造了极为有利的条件。

在 21 日战斗中，国民党军先后出动 10 余架次飞机，对解放军阵地和后方实施低空扫射轰炸，并向猬集在西南合的罗历戎部空投补给物资。国民党军空袭中，野战军第10旅旅长邱蔚中弹负伤，参谋长钟天法光荣牺牲，部分部队及支前民工等有不同程度的伤亡和损失。各部队组织轻重火器相继展开对空射击，击落、击伤飞机各1架，生俘6名飞行员，致使飞机再不敢低空盘旋，空投的粮食和弹药也大部分落在解放军阵地上。

21日晚，为全歼罗历戎部，野战军决定采取四面包围战术，会攻西南合。第4旅及第12旅第35团由南向北攻击；第6旅由北向南攻击；第9旅由西向东攻击；以第10、第11旅分别由村东北、东向西攻击；冀中独立第8旅在唐河南岸堵击可能南逃的国民党军；第12旅第34团为预备队，集结于南同房附近，并协同冀中独立第8旅实施堵击；第36团进至望都以东九龙河南岸杨各庄东、西一线构筑阵地，阻击保定方向的援军。据此，各部队迅速调整了攻击部署，进行各项准备。这样，罗历戎部的万余人，就被严密包围在了西南合这个不足400户人家的村子里。

22日3时40分，野战军集中5个多旅的兵力，采取向心突击的战术，在强大炮火掩护下，向西南合罗历戎部发起了总攻。几万大军从四面八方一举突破守军防御，并迅速插入村内，将守军割成若干小块，与之展开激烈巷战，同时对其核心守备工事发起猛攻。第10旅第28团突入纵深后，首先炸掉了第7师指挥所，紧接着第4、第6、第11旅的突入部队又摧毁了第3军军部。失去指挥的各部守军，顿时乱作一团，纷纷放下武器缴械投降。7时许，罗历戎见大势已去，令副军长杨光钰和副参谋长吴铁铮继续指挥，自己与第7师师长李用章组织300余人向东南方向突围逃窜。第34团乘胜追击，与冀中独立第8旅将其包围全歼于唐河北岸的南合庄、白家庄地区，罗历戎及李用章等被独立第8旅部队俘获。至11时30分，国民党军第3军军部、第7师及第16军第66团各部共1.3万余人无一漏网，悉数被歼。其中，生俘军长、副军长以下官兵1.14万余人。清风店战役胜利结束。

三、徐水阻援，确保清风店歼灭战胜利

当晋察冀野战军主力在清风店及其附近全面展开后，能否在保北地区有效地阻止国民党军南援，就成了战役成败的关键。留在保北地区的第2纵队第5旅、第3纵队第7、第8旅及冀中军区独立第7旅等阻援部队，在陈正湘、韩伟、向仲华统一指挥下，按照野战军的命令，继续围攻徐水，佯装与国民党军摆开决战的阵势，并于17日晚18时前，对徐水南北地区的阻击部署作了秘密调整：第2纵队指挥独立第7旅仍控制芦草湾地区的第1号阻击阵地；第5旅以一部佯攻徐水城，一部进至徐水以南漕河以北接替第3号阻击阵地，主力集结于孝里、临水村以东地区作为机动突击力量；第3纵队第7、第8旅继续控制位于史各庄、十里铺、青庙营之线的第2号阻击阵地，并抽出2/3的兵力在阵地西侧作为突击力量。

18日，当国民党军从空中确认野战军主力已经变西移为南下，并直扑罗历戎部后，保定绥署孙连仲才如梦方醒，于是急令第34集团军总司令李文指挥第94、第16军和独立第95师共5个师19个团的兵力，立即向南猛进，企图越过徐水，进到保定以南地区实施援救。当日，国民党军以3个团的兵力在7辆坦克的助战下，分别向独立第7旅守备的史端、何家庄（第1号阻击阵地）和第3纵队第8旅守备的林庄、刘庄（第2号阻击阵地）发起试探性攻击。战至下午，独立第7旅当面国民党军被全部击退；第8旅一线阵地被突破，阻击部队退至梁庄、陈庄店继续抗击。

19日拂晓，国民党军改变了攻击战术，除出动第43师继续攻击第8旅阻击阵地外，集中第5师2个团、第121师2个团、第94师1个团，共5个团、30多门大炮，重点进攻独立第7旅的北营、何家庄阵地，妄图从翼侧打开缺口。战斗打响后，国民党军首先对独立第7旅阵地连续轰击了1个多小时，仅何家庄阵地就落了近万发炮弹。8时许，整营整团的国民党军在坦克掩护下，实施多梯次、轮番的集团进攻，其指挥官还下令督战队压阵，对后退者当场砍头。独立第7旅指战员，在“挡住敌人，保证保南决战胜利”的口号下，寸土不让，依托阵地工事，严密组织火力，

英勇顽强地抵抗，连续打退国民党军攻击达 7 次之多，主阵地多次失而复得。战至 15 时，国民党军占领了何家庄，并在徐水城守军向北出击的配合下，进抵徐水城北关，与守军会合。

当日黄昏，陈正湘司令员根据野战军首长关于“保存有生力量，相机放弃第一防御区，转到徐水以南，实行节节抗击”的指示，组织部队主动出击后，利用夜暗交替掩护，撤至徐水以南地区，组成新的防线。第 3 纵队第 7 旅转至张丰、仁里、吴家营一线布防；第 8 旅转至史各庄布防；第 5 旅撤出徐水北关、南关部队，转移至徐水以南漕河以北地区的青庙营以东一线布防。当晚 11 时许，各部队到达指定位置即开始构筑工事，准备阻击国民党军新一轮的进攻。

20 日，国民党军以 2 个师约 5 个团的兵力，在炮火掩护下，以密集队形分两路向第 5 旅和第 8 旅阵地发起进攻。第 5、第 8 旅依托青庙营、十里铺、史各庄一线第 2 号阻击阵地，节节抗击、逐道退守，一直坚持到黄昏。此时，被围的罗历戎部连连告急，要增援部队务必当天赶到清风店。保定绥署主任孙连仲严令李文集中所有兵力沿保北铁路两侧猛攻，务必打开通道，实施南下救援。21 日拂晓，李文倾其所有，集中了连同预备队在内的 15 个团，上百门大炮，以密集的冲击队形，向扼守铁路两侧阵地的第 5、第 8 旅猛扑。督战队还把重机枪架在卡车上，不断对落在后面的士兵射击、驱赶，孙连仲也飞临徐水上空亲自督战，企图一举突破阻击防线，打通南援之路。在路东，国民党军以 10 个团的兵力向半壁店第 5 旅阵地发起猛攻，经数小时激战，虽攻下刘祥店、山东营等点，但进展迟缓。为此，李文下令从不同建制单位调集一批老兵痞，赏以重金，组成“敢死队”，向第 5 旅一翼阵地猛攻，激战至中午，才突破第 5 旅第 15 团防御，占领了半壁店。在路西，国民党军以 3 个多团的兵力，向第 8 旅第 24 团所在的史各庄、西留营阵地猛攻，遭该团顽强抗击，直至 12 时才攻破史各庄。此时，为配合援军主力南下，保定国民党守军刘化南部乘双方扭打之际，以约 1 个团的兵力向北出击，开始对野战军阻援部队实施背后攻击。

面对以上形势，陈正湘等领导立即命令第 3 纵队第 7 旅和冀中军区独立第 7 旅迅速向南转移，先机抢占保定以南的陉阳驿、大魏村、大白团一线，建立第 3 防御区；第 2 纵队第 5 旅和第 3 纵队第 8 旅，继续依托村庄、沟渠、土坎、河堤顽强抗击，天黑前决不让南北夹攻的两支国民党军会合。12 时许，第 3 纵队第 7 旅和冀中独立第 7 旅开始向保南转移。至 16 时，路西国民党军占领西留营，路东国民党军占领荆塘铺、大营。第 5、第 8 旅相继转至漕河沿岸地区继续阻击。

当日黄昏，由保定出击的刘化南部，突破漕河以南第 8 旅向南防御阵地，占领了北常堡、大保营后，继续北进至与南下国民党军只有 6 公里之线。面对国民党军数倍优势兵力的夹击，第 5、第 8 旅发扬“有我无敌、敢于压倒一切敌人”的英勇气概，与国民党军展开了殊死搏斗，死死扼住了公路这条通道，使李文的 5 个师另刘化南部的 1 个团，直到天黑也没能越过漕河，打通南下道路。当晚 8 时，新的防御区在保定以南建立后，第 5、第 8 旅奉命从东、西两面绕过保定，向南转移，22 日晨进抵板桥镇、徐果庄一线集结。当日 12 时，李文部第 16 军 6 个团、独立第 95 师 2 个团及第 94 军一部，共约 13 个团的兵力，进抵保定周围集结，企图再行南援计划。23 日，其先遣部队乘 50 辆汽车刚出保定，进至陉阳驿及其以北地区时，得知罗历戎部已被全歼，还未同防御部队接触，便掉头退回保定。

保北阻击战，晋察冀军区以 4 个旅抗击国民党军 5 个师的轮番攻击，机动灵活，顽强阻击 4 个昼夜，歼其 4200 余人，彻底粉碎了国民党军南下救援的企图，保证了清风店歼灭战的胜利。晋察冀军区和野战军前委对这次战斗的评价是：没有保北阻击战的胜利，就没有清风店歼灭战的胜利。

清风店战役，晋察冀野战军等部队以损失 9192 人的代价，取得了一举歼灭 1.7 万余人，缴获各种火炮 72 门、轻重机枪 489 挺、长短枪 4338 支、电台 8 部，击落、击伤飞机各 1 架的战果。这是晋察冀军区转入战略进攻后取得的第一次重大胜利，对扭转华北战局起到关键作用，并为野战军下一步作战创造了有利条件。10月23日，中共中央致电晋察冀野战军表示祝贺，并称这次战役“创晋察冀歼灭战新纪录”[①]。朱德总司令以《贺晋察冀军区歼蒋第三军》为题，赋诗赞道：“南合村中晓日斜，频呼救命望京华。为援保定三军灭，错渡滹沱九月槎。卸甲咸云归故里，离营从此不闻笳。请看塞上深秋月，朗照边区胜利花。”[②]此外，东北、华东等各区领导，亦纷纷来电祝贺清风店大捷。

晋察冀野战军取得清风店战役胜利的原因是多方面的。第一，作战指导思想明确，坚持打运动战、歼灭战，在“动”和“变”中调动对手，捕捉战机，集中优势兵力，打大歼灭战。第二，把“走”作为战役制胜的关键环节，发扬不怕疲劳、连续作战的精神，采取各种措施保障战役机动，创造了一昼夜步行100余公里的行进速度，从而赢得了时间，争取了主动。第三，战役指挥果敢灵活，选择要害而薄弱的部位进行突击，敢于在守军密集防御中穿插分割，打乱其防御体系，达成了各个歼灭。第四，发挥了人民战争的威力，在尾随袭扰、阻击迟滞国民党军行动，封锁消息、侦察传送情报，修筑工事、前运弹药、后送伤员、看管俘虏，实施支前保障等方面，都得到了地方党政军民全力以赴的支援。同时，清风店战役的胜利与朱德总司令的直接指导也是分不开的。正如野战军第一政治委员罗瑞卿指出的：“朱总司令对战役的指导是非常具体的。为了使指挥方法适应打大歼灭战的要求，他根据党中央、毛主席的决定，指示我们成立了前线指挥机构。他鼓励我们一定要树立打大歼灭战的信心和决心，并且明确指出，善于调动敌人，集中兵力，是夺取战役胜利的关键。他从战略指导原则、战役指导思想到具体指挥方法，用毛主席军事思想武装了我们的头脑，为我们指明了胜利的方向。”“清风店歼灭战是我们贯彻毛主席运动战思想的一个生动体现，也是实践朱总司令关于学会调动敌人的指示的一个成功的尝试。”[③]

---

① 《毛泽东年谱》下卷，中央文献出版社2002年8月版，第247页。

② 《朱德传》，人民出版社、中央文献出版社1993年8月版，第576—577页。

③ 《我们的总司令》，湖南人民出版社1980年11月版，第297—298页。

第四节　攻克石门，首创夺取大城市的先例

石门市（今河北省石家庄市），1925年由石家庄和休门镇合称，平汉铁路纵贯其间，路东原为休门镇，路西原为石家庄。该地是平汉、石德、正太铁路的枢纽，扼平原与山地之陲，为华北战略要地。至1947年冬，石门辖区面积为121.8平方公里，人口28万，城区人口不足4万。内战爆发前，蒋介石将嫡系胡宗南部第3军从大后方运到这里，把石门作为连接太原、保定两个绥署及向冀中、冀南、太行各解放区进攻的基地。清风店战役后，石门国民党军与保定、太原的联系被彻底割断，处境更加孤立。守军虽有2.5万之众，但多为非正规军，且军心不稳。因此，乘胜夺取石门，对晋察冀野战军来讲，势在必行。

一、定下攻打决心，完成战役准备

国民党军为固守石门要点，在日伪所筑工事的基础上，连年加修，从市郊到市中心，以外市沟、内市沟和市区核心工事为骨干建成了3道防线：第1道防线为日军挖的经济封锁沟——外市沟，深约6米，宽约8米，周长30余公里；沟外设地雷群、铁丝网、鹿寨等副防御设施，并在外围村庄构筑工事，以东西三教、大郭村飞机场、云盘山和大北翟营诸点最为坚固；沟内侧设围墙、电网，每隔数十米筑一地堡，以交通壕与地堡、暗堡、散兵坑相连接。第2道防线以环市区的大建筑物和北兵营为依托，构成周长18公里的内市沟，宽、深各5米，环内市沟修筑碉堡、地堡和副防御设施组成的工事体系。在内外市沟间修筑大量碉堡和交通壕、暗沟，使点与点、碉堡与碉堡、村庄与村庄相互贯通。此外，在内外市沟间，修筑有一条长25公里的环形铁路，危急时铁甲列车昼夜巡逻，为活动的地堡。第3道防线以市区之正太饭店、大石桥、铁路工厂、电灯厂和火车站等构成核心阵地。名目繁多的碉堡达6000多个，可谓深沟层层，碉堡林立。此外，为加强城防力量，清风店战役后，国民党保定绥署又

将其独立团和第3军原驻保定的野炮营空运至石门，并补充弹药7.8吨。国民党军曾扬言："共军一无飞机，二无坦克，国军凭着工事可以坐打三年！"[①]石门地区守军为国民党军第3军第32师第94、第95、第96团，保定绥署独立团，河北省保安第5、第9、第10团及周围19县地方武装等，总兵力2.4万余人，统一由第32师师长刘英指挥。其外围的元氏、获鹿、大郭村飞机场和西、北焦诸要点，由河北省保安第5、第9、第10团分别防守；第1道防线的外市沟及附近各点，分别由绥署独立团及19个县的保安团、保警队、还乡团防守，并按防御方向组成"东进""北进""南进"指挥部分别指挥各个方向的防守；第2、第3道防线的内市沟和市区中心地带，主要由第32师及第3军直属2个坦克连、2个野炮营、1个山炮连等坚守。

鉴于石门城防坚固，但守军较弱的情况，10月22日，聂荣臻等向中央提出"乘胜夺取石门"的建议。次日，朱德、刘少奇复电同意，同时指出："即不能打开，亦可能引起李文、袁朴（时任国民党军李文所部第16军军长）等南援，在石、保间可能寻求大规模的运动战，对我有利。"[②]23日12时，中央军委批准了攻打石门的建议，并在复电中指示："目前如北面敌南下，则歼灭其一部，北面敌停顿，则我军应于现地休息十天左右，整顿队势，恢复疲劳，侦察石门，完成打石门之一切准备。然后，不但集中主力九个旅，而且要集中几个地方旅，以攻石门打援兵姿态实行打石门，将重点放在打援上面。"[③]

根据中央军委和中央工委的指示，25日，朱德赶到驻安国县南关的晋察冀野战军司令部，同野战军前委在驻地召开了旅以上干部参加的扩大会议。会议遵照中央军委、毛泽东主席和朱德总司令的指示，按照晋察冀军区夺取石门的战役意图，确定乘石门空虚之时发起攻击，同时做好打援的准备，并具体研究了攻打石门的作战计划，区分了作战任务，

① 《杨得志回忆录》，解放军出版社1993年1月版，第416页。

② 《朱德军事文选》，解放军出版社1997年8月版，第623—624页。

③ 《毛泽东年谱》下卷，中央文献出版社2002年8月版，第247页。

明确了战前准备工作。会议认为，在攻打石门时如国民党军抽调主力从平汉路北段南下增援，则于保、石间首先歼灭援军一部，或击溃其援军后继续攻城；如果国民党军不南援，则采取长围手段，力争攻克石门。为此，野战军决定集中第3、第4纵队，冀中军区独立第7、第8旅，冀晋军区独立第1、第2旅以及军区炮兵旅共5.6万余人攻打石门，首先攻占郊区外围据点，依托村庄改造地形，从地面伸展交通壕，构筑攻击阵地，尔后突破两道市沟，展开巷战，猛插核心工事，全歼守军；以第2纵队及冀中军区独立第9旅，第3、第9军分区部队展开于定县南北地区，依托唐河、沙河、滹沱河，选择有利地形，构筑4道阵地，防阻保定方向国民党军南援。具体攻城部署是：以第3、第4纵队担负主攻任务，分别从西南和东北相向攻击；以冀中军区部队从东南、冀晋军区部队从西北辅助进攻；炮兵旅和从华东军区调来的1个榴炮营，编成4个炮兵群。第1炮兵群，山炮、野炮、迫击炮共24门，支援第3纵队作战；第2炮兵群，山炮、野炮、战防炮、重迫击炮、榴弹炮共17门，支援第4纵队作战；第3炮兵群，野炮、迫击炮共15门，配属冀中军区独立第7旅作战；第4炮兵群，山炮、野炮共12门，为炮兵指挥所的机动火力。同时还决定，将清风店战役俘虏的国民党军官兵960余人，经教育后分批释放回石门，做分化瓦解工作。

夺取像石门这样设防坚固的城市，在解放战争中还是第一次。朱德总司令对打石门十分重视。除了亲临野战军前委扩大会议，听取各级指挥员的情况汇报外，他还提出“勇敢加技术”的口号，深入部队了解情况，研究炮兵、工兵技术问题，给予具体指示，强调各部队在作战中，要“以阵地战的进攻战术为主要方法，有组织、有步骤地去进攻，用坑道作业接近堡垒，用炸药爆破，加以炮击，各个摧毁，采取稳打稳进的办法”①。并要求物资必须准备充足，特别是炸药、炮弹。同时，为确保攻取石门的顺利实施和把对城市建筑、设施的损坏减小到最低限度，11月8日，

① 《朱德军事文选》，解放军出版社1997年8月版，第624页。

中共中央晋察冀局专门下发了《关于必须尽力保护石家庄不受破坏的指示》，规定战斗未解决和秩序未建立之前一律按作战分界线实行军管，各地群众不得入城等。此外，野战军前委也向参战部队发布了政治训令，提出约法九章：一是实行一切缴获归公，统一分配胜利品，坚决反对本位主义、自私自利、发洋财及贪污腐化现象。二是一切行动服从命令、听从指挥，入城后任何部队人员必须遵守卫戍机关公布的一切纪律和规定。三是严禁破坏机器、工厂、医院、电灯、自来水、电话电线、玻璃及一切城市建筑和设备（除军事行动必须）。四是不许自行搬、用一切物资资财，一切军用物资，除战场缴获者外，统归军区机关处理。五是加强对广大人民的宣传解释工作，不侵犯城市工商业，不侵占学校、不私入教堂，讲话和气，买卖公平，保护城市平民的生命财产。六是战斗结束之后，除逮捕奸犯外，严禁私自鸣枪或投掷炸弹等。七是加强战斗团结，防范部队之间、部队与地方人员的不团结、闹纠纷等现象的发生。八是严禁个别人员徘徊闲游茶楼酒馆、娼寮地区，注意军风纪与军装整齐。九是非因军事特殊需要，不准民工、民兵进入城市，并予以善意的说服解释。

各部队指战员热烈响应军区和野战军前委的号召，大力开展军事民主，召开各种类型的“诸葛亮会”，总结历次攻坚作战的经验教训，研究制定攻城措施；召集解放战士进行座谈，让他们介绍石门的设防情况，共同研究接近和通过市沟、破坏电网、穿过马路、爆破地堡以及对付坦克、铁甲列车的办法；抓紧时间制作模型，进行沙盘作业，寻找类似的地形地物进行攻坚演练，解决了许多战术、技术问题，大大提高了部队攻坚作战的能力和夺取胜利的信心。各地区党政机关和人民群众，先后动员参战民兵达 1.1 万余人，民工 8.2 万余人，担架万余副，大车 4000 余辆，牲畜 1 万余头，为部队准备或运送炮弹 8 万余发，各种枪弹 150 万发，炸药 3 万公斤，攻坚器材 20 万件，主副食品 12 万余公斤，并积极展开各种慰问活动，鼓励子弟兵多杀敌、打胜仗。

二、扫清城周据点，突破外市防线

11 月 5 日夜，担负攻打石门任务的晋察冀野战军各部渡过滹沱河向石门开进，当晚以隐蔽动作，相继进抵石门外围。6 日拂晓，各攻击部队对外围各点发起攻击，守军一触即溃，先后向市区退逃。第 3 纵队一举进占了西郊的留营、张营、大车行、北杜村、王村、五里庄、西三教、塔谈村；第 4 纵队进占了东北郊的柳辛庄、桃园村、小沿村、北翟营、南翟营、北宋、谈固村、方北村等点，并以一部兵力向云盘山进击；冀中军区部队进占了南市郊的东三教、东岗头、头岭；冀晋军区部队进占了西北郊的大安舍、小安舍、大马庄、大郭村、西三庄、赵林铺各点，并包围了大郭村飞机场；驻获鹿保安第 9 团一部，在野战军强大攻势下，弃城逃窜，冀晋军区第 4 军分区部队随即进占获鹿城。

6 日 8 时许，国民党军为了保障飞机场的安全，组织保安第 9 团主力，在飞机掩护下，向小安舍独立第 1 旅第 1 团第 3 营阵地实施连续反扑，均被第 3 营顽强抵住并打垮。7 日拂晓，冀晋军区独立第 1、第 2 旅分别由东北、西北两面出击，直插飞机场，将保安第 9 团 1 个营歼灭，占领了机场，切断了石门守军的空中通道。同时，第 4 纵队第 10 旅第 30 团第 3 营开始攻击云盘山。云盘山是石门东北郊的一个小山包，高出地面约 15 米，面积 240 平方米，距市外沟约 600 米，为石门东北的唯一制高点。国民党守军以山上的一座庙宇为核心，用钢筋水泥修了 3 层地堡。山下有内外壕沟，沟间有 2 道电网，山上山下和外壕都有地道相连，并与市内相通。守备该点的是保警队的 1 个加强连，有 4 挺重机枪、9 挺轻机枪、4 门 60 迫击炮，构成了严密的交叉火网，并吹嘘是“铁打的云盘山”。攻击开始后，第 30 团第 3 营第 9 连首轮攻击未能突破，遂决定调整兵力、火力，改由第 8 连担任主攻。经过一天周密准备，8 日 6 时，第 30 团集中全团炮火，支援第 8 连再次发起攻击。在炮火的掩护下，第 8 连以坑道爆破与地面爆破相结合的办法，把内壕和外壕炸成斜坡，开辟了突击道路，随即冒着浓烟乘势越过壕沟，冲上山头，仅 10 分钟即占领了云盘山。

至此，石门国民党守军设在外市沟以外的据点均被扫清。

在实施外围战的同时，攻城部队也相继进抵石门守军的第1道防线——外市沟。由于市沟附近地形开阔，障碍重叠，地碉林立，并有铁甲列车不断巡逻，很难接近，所以各攻击部队和民兵从6日夜间就开始改造地形，并提出“人到哪里，工事就挖到哪里”。第一梯队构筑进攻阵地；第二梯队构筑连接进攻阵地的交通壕；战役预备队和民兵、民工构筑通往后方的交通壕。经过两天两夜的土工作业，至8日晨，各个“鸡爪形”的冲击出发阵地和纵横交错的交通壕已推进到距外市沟百米以内，隐蔽坑道已经挖到外市沟外沿。其间，守军虽也组织过几次小规模的出击，企图破坏野战军的攻击准备，但均被攻城部队警戒分队所击退。在交通壕和工事的掩护下，所有攻击部队的人员、装备均按时顺利地进入进攻出发阵地，对此，国民党守军的地面和空中火力毫无办法。加之野战军炮兵火力连续轰击发电厂，断绝了全市电源，使防御前沿电网全部失效。

8日16时30分，野战军开始对外市沟发起攻击。各部队在强大炮火掩护下，结合坑道爆破，奋勇冲击，迅速突破外市沟。17时，第3纵队第7旅由西兵营突破，占领西里村、城角庄、农业实验所等点；第8旅由西三教突破，占领振头镇。第4纵队第10旅第29团首先在云盘山以西突破，旅主力旋即占领义堂村、花园村各点；第12旅在北宋以西突破，以一部配合第10旅第30团占领范谈村，主力包围了范村守军。冀中军区部队于18时30分从东南面突破，占领槐底，包围了元村、彭村的守军。冀晋军区部队从西北面突破，占领了柏林庄、高柱村、钟家庄、市庄，包围了北焦村的守军。至9日晨，石门内、外市沟之间大部据点被占领。此后，攻击部队除留置少部兵力对未被攻克的范村、元村、北焦村等据点实施围困外，其余继续改造地形，向内市沟推进。

三、发起内市攻坚，进行街区巷战

内市沟是国民党守军的第2道防线，也是主要防线。9日晚，晋察冀野战军各攻击部队展开土工作业，抢修交通壕和坑道。在夜色掩护下，部队和民工进入指定的地段进行分散作业。按顺序首先构筑单人掩体，然后再以交通壕逐步连接起来，形成进攻出发阵地。经过一夜突击，次日凌晨，从外市沟到内市沟外沿约2000米的纵深中，到处是纵横交错的堑壕和交通壕。通向内市沟的坑道、内部装药已经大部完成，拂晓前完成突破第2道防线的准备。

10日16时总攻开始。野战军以强大火力向国民党守军第2道防线急袭，以山炮打高碉，平射炮、步兵炮打低碉和火力点，轻重机枪封锁碉堡射孔，集中迫击炮火向预定突破的主要地段发射，重炮向纵深实施压制射击，并通过内部爆破和外部爆破，迅速摧毁了守军的防御体系。各突击部队，在统一的信号指挥下，从四面八方向内市沟发起冲击。其中，第3纵队首先从西南方向突入的第8旅第23团，成功地以坑道爆破将内市沟外沿炸成45度的斜坡，又以连续爆破摧毁市沟内各种障碍物和紧靠市沟的西南兵营围墙，一举撕开了突破口。该团突入后，连续打退守军第96团1个营在坦克掩护下的3次反扑，巩固了突破口。18时，守军第96团倾其主力，向第23团突破地段实施反冲击，第23团在团长张英辉、政治委员贺明的指挥下，以第2营在正面与其展开白刃战，第1、第3营从左右两翼向其侧后迂回攻击，经激烈拼杀，歼灭守军1个营，并乘势猛攻占领了东里村，掩护旅主力部队顺利通过内市沟，突入第2防线，占领了西南兵营。在西面担任攻击任务的第7旅第20、第21团，由于爆破内市沟的药室选择不当，未获成功，后先头连以梯子强行越沟，遭守军密集火力杀伤，全连血洒沟底，正面进攻受挫。随后，第7旅按照纵队命令，以第19团从第8旅第23团突破口进入，迅速向北卷击，猛攻西面守军侧背，接应旅主力向内市沟突入。至11日晨，第3纵队第7、第8旅全部进入市内，激战一个上午，占领中华路南北一线，并继续沿中山路向纵深发展。第4纵队在800多米宽的正面上分成6路（第10旅4路，第12旅一部2路）向守军展开突击。第10旅第29团采取“一点两面”战术，率先在东面突破内市沟，并迅速向左右迂回包围，扩大战果，顽强地击退国民党守军第94团的7次反扑，巩固了突破口。随后，主力迅速通过内市沟，第10旅主力攻占东兵营，第12旅第35团攻占休门，并沿中正路向西推进，全部投入巷战。第12旅留1个团配合独立第7旅围攻范村守军，调另1个团至柳辛庄、柳林铺之线，担任阻击与追击任务。冀中军区独立第8旅以一部围攻元村、彭村，主力向北伸展，并占领大兴纺纱厂；独立第7旅突破内市沟后，进击并攻占南兵营。冀晋军区部队独立第1旅攻占北焦，独立第2旅攻占市庄，歼守军保安第9、第10团共5个营。尔后，自市庄突破内市沟，占领汽油库，并向北兵营进击。

市内国民党守军，以火车站、大石桥和正太饭店为核心，在中正路、中山路及市中心铁路两侧高大建筑物上都筑有工事。其指挥中心设在大石桥。大石桥是一座铁路天桥，因以大块方石修成而得名。国民党军第3军进入石门后，罗历戎看重了这座桥并将其作为指挥所，下令将桥孔统统堵死，又在四周筑起了围墙，大石桥就成了一座能打能藏的巨大碉堡，并由此形成了以大石桥为中心的核心工事。为加速向纵深发展，进攻部队适时将第二梯队投入战斗。第4纵队第11旅于10日23时全部进入市区后，即展开多路突击：一路向中正路大街高大建筑物猛插；一路经民生路向火车站攻击；一路经休门镇直插守军核心工事。由于实施猛插分割，大胆迂回包围，第11旅协同第10、第12旅及冀中军区部队，于11日上午扫清了铁路以东的分散据点，逼近核心工事，国民党守军据守高大建筑物顽抗。第3纵队沿中山路两侧向东攻击前进，第7旅先后占领公共体育场、聚乐街、慧民路、黎明街，第8旅占领中山路以南各街巷，歼灭国民党军第95团反冲击部队及2个保警大队。至12时，第9旅从第7旅左翼投入战斗，沿平安路向纵深猛插。其第26团在冀晋军区部队配合下，与第25团会攻北兵营。18时，第25团以机枪和手榴弹打下守军吊桥后，第9旅等部趁势强行跨过外壕，攻占北兵营，俘守军300余人，并乘胜攻占花园饭店及三民街以东地区，向大石桥方向攻击前进。当晚，冀中军区独立第8旅亦攻克元村、彭村，全歼守军。

在街巷战斗中，为减少伤亡，增强攻击效果，各突击部队以排或班为战斗单位，避开层层街垒设防，广泛使用小包炸药，破墙开道，实施迂回包围、多路推进，使守军处处受击，部署大乱；各级指挥位置前移，通过使用报话机、步谈机，设置路标、标兵（调整勤务）及其他信号等手段，加强通信联络。同时，大力开展政治攻势，使大批的国民党军官兵被瓦解。第7旅第20团第1连2班班长张慧风率领全班穿墙破院，勇猛前进，通过喊话瓦解守军1个营；第2连2班班长梁振江率全班机智勇猛地插进守军炮兵阵地，俘400人，缴获坦克4辆、野炮8门、汽车28辆。第21团通信班副班长徐墩在传达命令返回途中，发现一楼房内有国民党军，便毅然冲进去严词警告，交代政策，劝说100余人放下了武器。第8旅第24团第2连，以军事打击和喊话劝降相结合的办法，仅以3人伤亡的代价，俘获国民党军1000余人。11日深夜，第10旅政治委员傅崇碧带领各团指挥员对火车站实施抵进侦察，第30团侦察连在前方掩护并搜索前进。接近车站发现有守军后，即乘夜暗占领了火车站水塔、水泵房，展开防御警戒，同时派出1个班继续向纵深实施侦察。该班在班长带领下，摸到距车站约500米的大石桥核心阵地，骗过守军岗哨，进入第32师指挥所，将师长刘英和参谋长等6名军官生擒回水泵房。随后，在傅崇碧的亲自指挥下，打死打伤国民党军200余人，粉碎了其营救企图。经过一昼夜激战，石门市区大部被攻占。

11月12日晨，国民党守军第32师残部，仍然据守在火车站、正太饭店和以大石桥为核心工事的地区负隅顽抗。退守车站的铁甲列车和坦克炮火不停地向攻击部队射击，轰炸机和战斗机也疯狂地轰炸、扫射攻击部队占领地及郊区村庄。为加快进攻速度，已在市内第4纵队指挥所的杨得志司令员，对最后的攻坚战斗进行了部署。命令第4纵队首先攻击火车站和正太饭店，尔后进攻大石桥核心工事；第3纵队集中力量攻击大石桥核心工事；炮兵向前转移，用直瞄火力轰击守军坚固工事，支援步兵前进。各部队接到命令后，步炮密切配合，奋勇展开攻击。在短促猛烈准确的炮火攻击下，第3纵队第9旅和第4纵队第10旅从北面开始向大石桥攻击；第11旅第31团以连续爆破炸毁了铁甲列车；第33团第4连指导员康德才带领战士杨大海乘爆破烟雾，迅速登上一辆坦克，命令坦克射手掉转炮口，向正太饭店和火车站射击。此时，傅崇碧已令刘英向仍在顽抗的残部下达了投降命令，大石桥守军遂放弃抵抗，等待晋察冀野战军纳降。火车站及正太饭店等守军，由于没有及时接到投降令，仍在顽抗。第 3、第 4 纵队及冀晋军区的部队继续向市中心攻击。经过激烈战斗，第 11 旅攻占了火车站和正太饭店。至 11 时，国民党守军除向北溃逃的 400 余人被第 2 纵队第 4 旅全歼于灵寿以东地区外，全部停止抵抗，缴械投降。至此，历时 6 个昼夜的石门攻坚战胜利结束。

四、乘胜挥师南下，解放元氏县城

攻下石门后，元氏守军已陷孤立无援之地，野战军决心以一部兵力乘胜南下，攻克元氏县城。元氏是一座极为坚固的石头城，城墙平均高约 12 米、厚约 5 米，沿城顶筑有绵密碉堡，城内主要街道与路口亦筑有各种工事与盖沟，城墙四角各有 1 个大型点碉。城外、关外各有一道围城沟，深宽各约 6 米，沿沟内外设有碉堡及鹿寨。守军为河北保安第 5 团、元氏保警团和赞皇、高邑保警队以及从石门逃去的赵县、柏乡等县保警队残部共 5000 余人，全部为反动的地主、特务、流氓、惯匪。该城守军以保安第 5 团为嫡系及基干，由团长兼元氏县县长魏永和总把持。该人惯以结拜拉拢、严厉镇压等手段对其所属进行统治，豢养了一批嗜血成性的亡命之徒，经常出城偷袭解放区地方部队和党政机关，杀人放火、奸淫掳掠，并亲手杀死过许多中共党员和地方干部，是国民党军留在冀中、冀南解放区内的一个反动堡垒。由于此前解放军曾几次攻城未克，其反动气焰十分嚣张。石门被解放军攻克，魏永和被蒋介石委任、提升为元氏、高邑等 8 县的“剿共总司令”后，他针对解放军可能的进攻行动，于 10 月 19 日前，调整了防务。即将原守各个城关的第 5 团 3 个营收缩于城内，作预备队及督战执法队机动使用，而将元氏保警团等杂部置于一线。其中，第 1、第 2、第 3 大队分别坚守南、东北和西面的城垣及围城沟，赞皇、高邑保警队分别坚守城东北角和东南角。同时，把城内所有的青壮年全部集中起来，组成“敢死队”，以加强守备力量，死守石头城。

根据以上情况，野战军司令部决定，由冀中军区前指率独立第7、第8旅迅速南进，在太行军区第34、第35团配合和华东军区榴炮营、晋察冀军区炮兵旅野炮营、第3纵队工兵营等支援下，对元氏县城发起围攻，攻克该城，全歼守军。其部署是：独立第7旅附各种火炮15门、工兵2个连另1个排，从城北面及东北面攻击；独立第8旅附各种火炮7门、工兵1个连另1个排，从城南面及东南面攻击；太行部队从元氏城西面攻击。作战分两步进行，第一步攻占第1道围城沟及“三关”；第二步攻进城内歼灭守军。攻击拟于11月19日开始。

17日黄昏，冀中军区前指率独立第7、第8旅等部由滦城西南之张家庄、大裴村、梅家村等地区，向元氏城开进。24时前均进入指定位置，各部队在县城周围与小股伪警均有小的接触，将其击溃后即行地形改造，向第1道围城沟行坑道作业。至19日，各部坑道均未挖到城沟外壁，故未能依原定计划开始第一次总攻。仅以独立第7旅第20团1个营，于当日黄昏在炮兵配合下，以数十分钟时间将突出至东关以东、第1道围城沟以外的孤小碉群攻克，并歼固守该地之保警团第3大队第10中队一部。

22日，各部坑道大致就绪，遂于当日下午4时20分发起第一次总攻。由于爆破点距外沟较远，各攻击部队先后对外沟进行连续爆破均未成功，后又组织强行攻击亦未成。23日，独立第8旅在炮火支援下，攀扶梯子强行过沟，3分钟后一部突入沟内，占领南关外一段围城沟内壁，并以此为阵地，继续向内发展，遭守军三面火力压制。独立第7旅、太行部队破沟行动受挫后，守军集中力量向第8旅第23团反突，该团在狭小的突破地段上顽强扼守，连续打退守军16次反突，迫使守军于当日下午自行将各关工事焚毁，撤出了第1道围城沟及东、南、西三关，退守城内，攻击部队顺势进占上述地带，并包围逼近城垣及第2道围城沟，展开土工作业。

12月2日，经过9天紧张激烈的坑道与反坑道斗争，各攻击部队除被守军以对挖坑道、城壕放水等办法破坏和挖废的8条坑道外，共挖掘成了6条直通城垣的坑道，且每条坑道都装填了3000公斤以上的炸药。

随后，立即展开对城垣的全面爆破和攻击。下午 3 时 20 分许，6 条坑道同时点火起爆，南门、西门的城墙顿时被炸塌，南门城楼上保安团 1 个连全部被炸死。攻城部队以爆破烟幕及火炮机枪火力为掩护，从爆破口打开进城通道，发起冲锋，与守军展开激烈巷战。20 分钟后，独立第 8 旅第 22 团由南面突入城内，第 24 团占领突破口时遭守军反击被迫撤下。同时，太行军区第 35 团由城西突进；第 7 旅第 19、第 20 团各一部从东面突入后遭守军猛烈反击亦被迫撤下，再组织数次攻击均未成。18 时，各攻击部队调整部署，独立第 8 旅第 24 团由城南第 22 团突破口，第 7 旅第 19 团及第 21 团主力由城西之太行部队突破口入城。21 时左右，第 7 旅第 20 团亦以秘密摸进方式，以突然动作占领突破口，向两翼发展。至此，各突入部队相继攻占城内大部地区，守军部署已被全部打乱，战至第二天拂晓，守军约有 2 个营的兵力开始向东北、西北突围，均被攻击部队和周围各县民兵解决。3 日早 7 时，魏永和被击毙，其保安第 5 团等部 5000 余人全部被歼，元氏县城宣告解放。至此，石门战役胜利结束。

石门战役，是晋察冀解放军继清风店战役后取得的又一个重大胜利，也是整个人民解放军自战略进攻以来攻克的第一个大城市。此役共击毙国民党军 3156 人，生俘师长以下 21132 人，合计 24288 人，缴获各种炮 133 门、轻重机枪 745 挺、长短枪 13122 支及许多弹药物资。晋察冀野战军和军区部队伤 5090 人、亡 988 人、失踪 69 人，共计 6147 人。11 月 13 日，中共中央发电，“庆祝晋察冀我军攻克石家庄，歼敌二万余人之大胜利”。并要求“在此有利形势下，尚望继续努力，团结全军，积极寻找机会歼敌，争取冬季作战之大胜利”①。朱德总司令也特令嘉奖全军，称：这次战役“是夺取大城市之创例”②。同时，赋诗一首：“石门封锁太行山，勇士掀开指顾间。尽灭全师收重镇，不教胡马返秦关。攻坚战术开新面，久困人民动笑颜。我党英雄真辈出，从兹不虑鬓毛斑。”蒋介石也

① 《华北第三次国内革命战争史资料选编》第 9 册，第 48 份，北京军区档案馆。

② 《朱德军事文选》，解放军出版社 1997 年 8 月版，第 624 页。

不得不承认，这是他们“一个重大损失”，也是“重要都市第一次失陷”。

石门战役的胜利，特别是城市攻坚的成功，为尔后人民解放军继续夺取大中城市提供了宝贵经验。1947 年 12 月 1 日，朱德总司令在晋察冀野战军团以上党员干部参加的前委扩大会上，就“打下石家庄的意义和经验教训”作了全面深刻的总结。指出这次胜利最大的收获是提高了战术，学会了攻坚，学会了打大城市。并将战役的具体经验概括为 4 个方面：

（一）有充分的准备。打石家庄准备了一年，情况了解得比较清楚，准备打两个月；准备的兵力很充足，相当于敌人的 4 倍，既准备攻坚，又准备打援，甚至准备以打援为主；物质条件的准备也很充分，有充足的攻城器械，准备的炸药和炮弹都没有用完。

（二）动员工作做得好。对军队、民兵、爆破英雄、老百姓都作了动员，发动广大群众起来打石家庄。战前，多数连队开支部会动员，宣布三大纪律八项注意。有的连队到了冲锋出发地，支部又根据实际情况进行具体布置和补充动员。由于动员充分，战士都打得很坚决，就是失掉联络，也能到别的连里参加作战，同样勇敢、听指挥。打街市战时，上级指挥有时达不到，就靠班长，靠战斗小组长，靠各自为战。

（三）讲究战术。战役中战士们不但很勇敢，还做到了勇敢加技术。第一，冲锋前，在冲击出发位置上挖了工事和交通壕，使部队都连接起来，缩短了冲锋距离，提高了隐蔽性，增大了发起冲击的突然性，同时减少了伤亡。第二，炸药使用得很好、很普遍，很多连队会用炸药炸开突破口和开辟通路，在炮还不很充足时，攻城应该把使用炸药放在第一位；打手榴弹的技术也很重要，特别是在巷战中，显示了手榴弹的巨大威力。第三，炮兵起了很大作用，采取集中几十门火炮打一个突破口的办法，炮、炸协同，打开突破口，炮、炸、步协同，突破口打开后即占领前沿，并巩固了突破口。第四，学会了集中火力突破一点，随即向两边扩张的战术，打进去后就赶快挖工事，像钉子一样钉住，再向两边发展。第五，一个班分成 3 个小组，互相掩护，分散前进。第六，巷战中除充分使用手榴弹、炸药及冲锋枪外，并会挖墙壁前进。

（四）善于利用俘虏。战前，就将在清风店战役中俘获的一批国民党军人员放回石家庄，对动摇守军军心起到了作用；战役过程中，向被俘人员交代政策，动员他们掉转枪口为解放军服务。有一个班长带两名战士晚上摸到一个营的门口，先抓到一个侦察兵，立即向他做工作，用这个侦察兵争取了一个排长，缴了一个排的枪，然后又利用这个排长，缴了一个营的枪；还有一个连缴获一辆坦克，马上把俘虏争取过来，利用坦克炮反打其阵地。

此外，严格入城纪律，注意保护工商业和城市各种设施，对指导以后的城市作战也具有很重要的意义。在战役实施前，中共晋察冀野战军前委就制定颁发政治训令，严格入城纪律；战役期间，中央工委致电野战军前委，要求做好城市工作，防止破坏，并特别指出要保护好大兴纱厂、机械厂、汽车修配厂等几个大工厂。朱德总司令还多次指示部队遵守城市政策。为贯彻落实中央指示，野战军第二政治委员杨成武进入市内，到第3纵队指挥所，召集各纵队指挥员开会，进行传达布置。各级政工干部也纷纷深入部队，检查落实。在整个战役过程中，部队严格执行有关城市政策和纪律，对重点单位制定保护措施，一经占领，立即组织守卫，使城市设施没有受到大的破坏。解放军在战斗中纪律严明，秋毫无犯，得到人民群众的赞扬。攻克石门后，为维持市内秩序，野战军司令部即命令第3纵队司令员郑维山兼任石门卫戍司令，第8旅负责执行城市卫戍任务，使市内生产、生活等迅速恢复了正常。不久，石门市改称石家庄市，并新组成了石家庄警备区，由曾涌泉任司令员，毛铎任政治委员（中共石家庄市委书记），叶楚屏任副司令员兼参谋长，梁达三任政治部主任。

第五节　破击平汉铁路北段，重创国民党军第35军

石家庄战役后，华北战局继续朝着有利于解放军的方向发展。为进一步适应战役规模不断扩大的需要，1947年11月底，晋察冀野战军适时转入休整，积极进行扩军备战。相形之下，国民党军孙连仲部的屡战屡

败和傅作义部的坐视不动，已使华北南部战场失去控制，平津保地区受到严重威胁。鉴于上述情况，年底，蒋介石再次飞抵北平，下令“保定、张垣两绥署即行撤销，另成立华北‘剿匪’总司令部，调傅作义、孙连仲兼北平行辕副主任，并特任傅作义为华北‘剿匪’总司令，晋、冀、察、热、绥五省军队归华北剿匪总司令管制指挥”①。此外，保留了太原绥署，并负责指挥太原附近军队作战。华北“剿总”负责指挥雁北地区的作战。

一、扩充作战力量，组建新的野战纵队

随着清风店、石家庄战役的胜利，晋察冀军区部队打运动战和攻坚战的能力不断增强，野战军的作用显得更加重要。早在7月间，中央军委就曾指示“晋察冀军区亦可于最近在冀中、冀晋、冀察3个军区各组建1个纵队，仍归军区指挥，以增强歼敌力量”②。为扩大和充实主力部队，加强野战军、地方军的建设，11月14日，晋察冀军区聂荣臻、萧克、赵尔陆等致电中共中央、中央军委和中央工委，报告了组建新纵队和调整军区的具体方案。按照中央军委批复，晋察冀军区于17日发布命令，将全区划分为北岳、冀中两个军区。其中，将冀晋军区与察哈尔军区合并为北岳军区，唐延杰任司令员，赵振声、王平任政治委员，萧文玖任副司令员，张开荆任参谋长，张连奎任政治部主任，刘彬任副参谋长，杨建新任政治部副主任，萧文玖兼后勤部司令员，张苏兼后勤部政治委员，朱志明任供给部部长，李植林任供给部政治委员，彭方复任卫生部部长，吴国华任卫生部政治委员。下辖6个军分区，即原冀晋军区第1、第2军分区和原察哈尔军区第4、第6军分区序号不变，原察哈尔军区第7军分区改为第3军分区，原冀晋军区第3军分区与察哈尔军区第5军分区合并为第5军分区。冀中军区仍辖第8、第9、第10、第11军分区。原各军区的独立旅抽出，组建新的野战纵队。新组成的石家庄警备区归晋察

① 刘绍唐主编：《国民大事志》，台湾1979年出版。

② 《周恩来军事文选》第3卷，人民出版社1997年11月版，第229页。

冀军区直接领导。11 月 29 日，聂荣臻签发了关于组建第 1、第 6、第 7 纵队及颁布建制番号的命令。据此，各新的野战纵队相继组建。

第 6 纵队，以原察哈尔军区机关为基础编成纵队指挥机构。文年生任司令员，向仲华任政治委员，萧新槐任副司令员兼参谋长，张挺任副参谋长，萧永正（后杨步金）任供给部部长，李思敬任供给部政治委员，王芝元任卫生部部长，胡安吉（后李敬恩）任卫生部政治委员。下辖第 16 旅（由冀中军区独立第 7 旅改编），旅长廖鼎祥，政治委员李斌；第 17 旅（由冀中军区独立第 8 旅改编），旅长徐德操，政治委员李致远；第 18 旅（由冀晋军区第 1 军分区独立第 13 团、察哈尔军区第 6 军分区独立团、冀晋军区第 4 军分区独立团编成），旅长罗文坊，政治委员严庆堤。全纵队计 1.7 万余人，于 11 月组成，归属晋察冀野战军序列。

第 1 纵队（北岳纵队），纵队主要领导由北岳军区首长兼任。唐延杰兼任司令员、王平兼任政治委员，萧文玖兼任副司令员、张开荆兼任参谋长、张连奎兼任政治部主任，朱志明兼任供给部部长、林鹤岭任供给部政治委员、刘辉荣任卫生部部长。下辖第 1 旅（由原冀晋军区独立第 1 旅改编），旅长曾美、政治委员丁莱夫；第 2 旅（由原冀晋军区独立第 2 旅改编），旅长成少甫、政治委员钟炳昌；第 3 旅（由察哈尔军区独立第 4 旅改编），旅长马辉、政治委员黄连秋。该纵队于 12 月组成，归属北岳军区序列。

第 7 纵队（冀中纵队），纵队领导由冀中军区首长兼任。孙毅兼任司令员、林铁兼任政治委员，周彪兼任副司令员、李波（即索立波）兼任参谋长。下辖第 19 旅（由原冀中军区独立第 9 旅改编），旅长杜文达、政治委员谢继友；第 20 旅（由原冀中军区第 10 军分区第 75、第 76 团及第 9 军分区第 81 团编成），旅长刘秉彦、政治委员马泽迎；第 21 旅（由原冀中军区第 11 军分区第 72、第 73 团及第 8 军分区第 64 团编成），旅长黎光、政治委员邓可运。该纵队于 1948 年 1 月组成，归属冀中军区序列。

在此基础上，各军分区则再编组新的独立团、营；炮兵旅补充了新缴获的火炮，并将迫击炮团改为自造的 150 毫米重迫击炮团；晋察冀军区还将军政干部学校扩编为7个训练大队，另附属第2、第3、第4、第6等4个随营学校，以满足部队扩编后培训干部的需要。经过这次扩编，晋察冀军区机动作战的主力部队已有4个野战纵队、2个地方纵队、1个炮兵旅，共12.9万余人，较之1947年7月的8.5万余人增加了近4.5万人；另有各二级军区所属军分区的10个地方独立团及若干独立营等4.4万人，连同后方机关、学校，全军区总兵力达21万余人。正如聂荣臻所说，扩编了纵队，“就把分散的小拳头握成几个大拳头。分属北岳、冀中的纵队，必要时也都集中使用。但还不够，我们的力量还要不断生长”①。

在加强野战军、地方军建设的同时，为了进一步贯彻中共中央和中央军委的战略部署，中共晋察冀野战军前委会还于1947年12月初，在晋县周家庄召开了团以上党员干部参加的扩大会议。会议认真传达了中共中央晋察冀局土地会议精神，部署了整党整军和土地改革工作，讨论了中共中央晋察冀局和晋察冀军区《关于军队贯彻整党、整军及执行土地改革任务的决定》。深入总结了大清河北、清风店、石家庄诸战役的经验教训，布置了新的作战任务。朱德总司令和晋察冀聂荣臻司令员兼政治委员等领导到会指导。朱德总司令在会议讲话中说，打下石家庄的意义很大，使敌人失去了防守大城市的信心，并且把晋察冀和晋冀鲁豫两大解放区连成一片。同时，朱德总司令还就打石家庄的经验作了分析总结，指出全体指战员都要好好学习战术，战术万分需要，是晋察冀军区部队的“补药”。聂荣臻在讲话中指出：“我们边区过去在军事上，也没有翻身，经过清风店、石家庄两大胜利，翻了一下，今后更好翻了。”现在，“形势给了我们严冬作战的任务。我们就要行动了，希望大家在已有的胜利基础上，不避艰苦，再接再厉求得新的更大的胜利”②。这次扩大会议，通过总结回顾和学习讨论，大家深刻认识到了在战略进攻中，运用毛泽东军事思想，贯彻运动战、歼灭战方针，连续获得胜利，对于边

① 《聂荣臻军事文选》，解放军出版社1992年7月版，第275页。

② 《聂荣臻军事文选》，解放军出版社1992年7月版，第269、277页。

区战局转变的重大影响，进一步坚定了听党指挥、敢打必胜的信念。会议精神在部队传达后，广大指战员深受鼓舞，并结合各自任务，展开冬季作战演练，为发起新的战役积极进行准备。

二、应对傅作义“新战法”，全面展开交通破击

以傅作义指挥华北地区的“戡乱”战争，是蒋介石企图挽救华北危局的一项重要措施。对此，时任美国国务卿的马歇尔“感到满意”，但认为晚了一年。[①] 李宗仁称“傅作义是一位卓越的军事领袖”，“同时也是一位杰出的行政人才”[②]。12 月 6 日，“华北剿匪总司令部”成立，傅作义在张家口就职，26 日将总部迁至北平西郊。傅作义一上台，就制定了“以主力对主力”“以集中对集中”的作战方略。核心是将正规军编为 3 个机动兵团，即以蒋系李文的第 34 集团军为平汉兵团，以侯镜如指挥的第 92、第 62 军（整编第 62 师改称）为津浦兵团，以傅系各军为平绥兵团，利用华北地区铁路、公路交通的便利条件，分别在平汉、津浦、平绥线这 3 个方向实行“机动防御”，与晋察冀解放军相对抗。同时，还实行了许多新措施，主要是大量扩编地方武装，把各地杂牌部队、地主武装统一编成保安旅、团或守护旅、团，以代替主力部队担负地方守备任务，增加机动作战兵力；保护地主势力进行反清算和反土地改革，破坏中共地下组织；大力强化保甲制度和特务控制，实行所谓军事、政治、思想、经济的“总体战”，等等。为确保其新方略的顺利实施，傅作义一方面将其嫡系第 35 军、暂编第 3 军、新编骑兵第 4 师部署在北平近郊和平津之间，并把进入热河的第 13 军调回延庆县石匣地区，以增大机动作战的兵力；另一方面派第 16、第 62、第 94 军各一部连续“扫荡”大清河北地区，并到处推广“王凤岗式”（即在平原开阔地域修筑隐蔽、小型的堡垒群）的工事，企图反守为攻，全面收复点线，消灭解放区人民武装力量，

① 《顾维钧回忆录》第 6 分册，中华书局 1988 年 7 月版，第 282 页。

② 《李宗仁回忆录》，广西人民出版社 1988 年 2 月版，第 608、616 页。

确保平津保三角地带的安全。同时，对驻守平津保地区的国民党军，也作了部分调整。调整后的主要分布是：青年军第208师仍驻防北平市郊；第94军（欠在关外的第43师）分布徐水、固城、北河店、定兴、高碑店、涞水、涿县之线；新编第2军暂编第32、暂编第33师（欠驻南口1个团）驻防保定，暂编第31师主力驻北平至古北口之线，一部在平津线之安定附近；第62军第95师分布平津线安次、廊坊之线；第92军（欠在关外的第21师）在天津西至胜芳、东至塘沽、南至陈官屯、北至杨村地区守备；第16军分布于平津保三角地区，主力在板家窝。另各地顽伪（除平北、冀东、察南地区）约1.7万人分守各县城堡点。

为打击傅作义上台后的嚣张气焰，打破其平、津、保互为掎角的机动防御态势，有效钳制关内国民党军，创造运动战机会，晋察冀野战军杨得志、罗瑞卿、杨成武、耿飚于12月6日致电中央军委和中央工委以及晋察冀军区首长：预定下一个战役行动，仍集中力量向平、保段击敌，以削弱敌人，孤立保定，抓住三角区之敌，配合东北为目的。中央军委7日复电同意后，野战军首长决定，以第2、第3、第4纵队及北岳军区第1纵队和北岳、冀中两区地方部队，发动平汉铁路之平保段和平绥铁路东段之战役攻势，以破击平汉铁路、进袭保定为重点，达成孤立该两段铁路沿线之大据点，肃清小据点，并争取围点打援之有利战机，大量歼灭国民党军。战役分两个步骤实施：第一步，全面破击平汉铁路北段和平绥铁路东段，孤立国民党军沿线各点，开辟战场，创造在运动中打歼灭战的条件。第二步，根据情况选择一点或几点攻击，如其来援就先歼援军，尔后攻点；如其不援，就坚决歼灭被围的守军。战役破击行动统一于12月27日18时开始。

19日后，野战军主力部队分别由晋县、藁城、无极等地出发。第2纵队以5日行程进至遂城、大王店以南地区，担任保定至徐水间破击任务；第3纵队配属炮兵旅山炮6门，以8日行程进至涿县以西地区，指挥第3军分区及涞水、涿县、房山等地方武装，破击高碑店至良乡段；第4纵队以6日行程至高里镇、杨威城、北辛地区，并指挥第5军分区部队，破击徐水至高碑店段；炮兵旅主力从安平、义里村出发，以5日行程进至满城西南的南腰山地区待命配属各纵队作战；北岳纵队由唐延杰率7个团的兵力，进至平绥线北平至南口段两侧地区，指挥冀热察之平北军分区部队，担任该段破击任务；冀中第7纵队第19旅以1个团进至保定、满城之间地区，担任对保定守军的警戒，旅主力及第9军分区部队积极向保定活动；第10军分区全力向北宁线平津段积极活动；第6纵队集结于定县以北，为战役预备队。同时，为配合晋察冀军区部队作战，冀热察、冀东和渤海军区也出动上万人的兵力，分别向平绥、北宁、津浦各铁路线进发，展开破击行动。

27日晚，晋察冀部队大规模的铁路破击战开始。野战军主力首先以少部兵力将保定至涿县间各城镇据点车站围困，然后军民联合将长约百余公里的铁路彻底大翻身，铁轨运往5公里以外地区。28日9时许，徐水守军出动200余人进至固城以南，北河店守军一部进至泥瓦铺，保定守军1个团北犯至后营，均遭第2纵队部队阻击后退回。北岳纵队等部则将所担负的清河至南口段的铁路大部炸毁，并相继摧毁沿线守军堡垒40余座，炸毁柴沟堡至天镇间铁路桥1座。冀中部队配合主力作战，先后击退静海、陈官屯、王庆坨守军的出击，同时摧毁扫清大清河沿岸大小堡垒22座。冀热察部队除破路炸桥外，29日晚攻克延庆以东的高山寺据点，全歼守军，次日晨歼援军2个营，余部撤回。至30日，晋察冀野战军在10余万民众的配合下，并在铁路工人的技术指导下，经过3个昼夜的大破击，将平汉铁路保定至涿县段，北宁铁路黄村至魏善庄段，津浦铁路静海至唐官屯段，平绥铁路南口至清河、沙城至青龙桥、聚乐堡至天镇各段，总长约400公里的铁路全部破坏，使平、津、保、张间的铁路交通陷于瘫痪。在破路的同时，晋察冀军区等部队先后解放平汉铁路沿线的雄县、白塔铺、田村铺、漕河头、太保营、徐河桥、头台等地；津浦铁路沿线的唐官屯、五里庄、大韩家、大小福庄、流河等点；平绥铁路南口附近的古城、阳坊、辛庄、白阳城、小汤山、八沟等据点。这种重点破击、全面开花的攻势行动，对傅作义实施“以集中对集中”的机动防御“新战法”，制造了巨大困难，同时也为解放军开辟战场、调动国民党军创造了有利条件。

三、实施涞水战役，重创国民党军第35军

当国民党军发觉晋察冀野战军主力于平保段，尤其是北平周围多处铁路被破击，直接威胁“华北‘剿总’”调兵出关后，傅作义急调已由察哈尔开通县、黄村地区，准备增援东北的第35军第101师、新编第32师，转向平汉铁路北段增援。新编第3军、第16军及新编骑兵第4师等部也分由北宁线和大清河北地区向平保段及新城地区靠拢。29日，上述国民党军和原在平汉铁路的第94军，分别推进至涿县、涞水、定兴、徐水、高碑店地区。30—31日，国民党第16军及第94军向涞水以北的薛家庄、魏村一线进攻。1948年1月1日，继而向赤土、东营房进攻。3日，转向涞水以南的长安城、杨威城、百楼。为调动和分散国民党军，创造各个歼灭的条件，晋察冀野战军主力转移至易县南北地区待机，以少量兵力节节抗击，诱其深入。6日，国民党军在付出4000多人伤亡的代价后，进至贤寓、龙华、固店地区。由于害怕遭到歼灭，未敢继续深入。于是将4个军12个师35个团猬集在涿县至徐水之间，并以第35军、新编第3军控制铁路线，第16、第94军控制铁路以西地区，作纵深配置，伺机而动。

针对这一情况，野战军决定以战役预备队佯攻保定，造成围攻与严重威胁保定之势，诱其增援，分散其主力，为在徐水以南地区待机的野战军主力创造打援战机。7日，第6纵队和第7纵队第19旅向保定西关、北关突然发起猛攻。当天，第6纵队攻占了水碾头、七里店、东廉良等10多处据点，歼守军200余人；第19旅攻占了北关外的韩村。傅作义部误认为野战军要进攻保定，急调第35军、新编第3军、第16军和第94军等部沿铁路线南下，9日均乘汽车分别进至保定、满城地区。另外，新编第3军暂编第10师进至定兴、北河店地区；新编第2军暂编第31师接防高碑店、涞水。此时，国民党军虽已被调动，但仍较集中，不利各个歼灭。

为继续分散国民党军兵力，晋察冀野战军首长决定，在继续放援军南下保定的同时，以第 3 纵队主力攻涞水；以第 2 纵队于涞水、定兴间的南北大位和高洛、吴村地区，截歼由定兴向涞水增援的国民党军；以第 1 纵队再度破袭琉璃河至松林店间铁路和松林店至涞水间公路，阻击由北面增援之国民党军；第 6 纵队停攻保定，转至保定西南牵制并吸引进到保定的国民党军向完县方向前进；以第 4 纵队出击大清河北地区，向雄县、霸县进攻；以地方部队破坏高阳、博野、定县、唐县、安国等地公路，阻挠国民党援军行动。

涞水守军为国民党军新编第 2 军暂编第 31 师的 1 个团和保安部队。城周设有堑壕、地堡及两层鹿寨、一道铁丝网和外壕，壕深 3 米多，宽 4 米。第 3 纵队以第 7 旅配属各团迫击炮连临时组成的迫击炮群，从南门至西南实施主要突击；第 8 旅第 22 团从东面和北面助攻；第 8 旅主力在涞水东北拒马河西岸，准备阻击从涿县方向来的援军；第 9 旅为第二梯队，在拒马河西岸西义安、史姑庄、庄疃地区占领阵地。11 日 19 时，第 3 纵队向涞水城发起攻击。激战一夜至 12 日晨，攻占东、西、南、北关，守军大部被歼，部分逃入城内。第 7 旅随即准备攻城。14 时 30 分，第 8 旅第 22 团攻克城外蚂蚱庙据点，歼守军 1 个连后，也转入了攻城准备。

野战军主力在涞水城的攻击行动，迫使已经南下保定的国民党军不得不分兵回援。12 日拂晓，按照傅作义的急令，第 35 军军长鲁英麟率领新编第 32 师及第 101 师全部，先后由保定乘汽车北上驰援。新编第 32 师由高碑店经北义安进至拒马河时，除留 1 个团（2 个营）保护设在桥头堡附近的军临时指挥所外，师长李铭鼎率师主力利用晨雾渡过拒马河，向庄疃方向搜索前进；第 101 师由定兴出发，过拒马河进至庄疃东南的高洛、吴村一线。根据情况变化，杨得志、罗瑞卿等决心先打援军，再攻涞水。遂令第 3 纵队除留一部围困与监视涞水守军，主力进歼庄疃之新编第 32 师，尔后配合第 2 纵队行动；第 2 纵队先以 2 个旅对高洛、吴村之第 101 师行钳制攻击，待第 3 纵队完成庄疃打援任务后，再会同第 3 纵队合力歼灭该师。第 1 纵队继续在涿县南北破路和阻击由涿县、高碑店方向的援军；第 4、第 6 纵队仍执行原任务，以牵制傅部主力集团。

12 日下午，新编第 32 师向庄疃第 3 纵队第 9 旅阵地展开进攻，遭第 9 旅第 27 团顽强阻击，至当日晚连续打退其 5 次冲击。第 26 团夺回拒马河桥头堡，截断了新编第 32 师的归路。第 25 团占领了庄疃西南的洼地，接应第 27 团撤出庄疃。至此，第 9 旅从南北两面将新编第 32 师合围于庄疃。与此同时，国民党军第 101 师 2 个团继续向南北大位推进，遭第 2 纵队第 5 旅坚决抗击，被迫退据吴村、高洛两点固守。第 35 军军长鲁英麟率领军部及第 95 团 2 个营进到北义安以东之温辛庄。从北平郊区南下驰援的国民党军暂编第 17 师和骑兵第 4 师，亦被第 1 纵队阻于涿县以南的松林店和高碑店地区。

庄疃紧靠拒马河西岸，河岸有两个桥头堡。河对岸是北义安，西北 4 公里是涞水城。在东、南、北三面都有国民党军而且相距不远的情况下，晋察冀野战军紧紧地包围了新编第 32 师。第 3 纵队除以第 7 旅一部继续监视涞水外，集中第 9 旅、第 7 旅第 21 团和第 19、第 20 团各 1 个营，第 8 旅第 23 团和第 22 团 1 个营，协同歼灭庄疃的新编第 32 师。正当第 3 纵队完成攻击部署之际，国民党军骑兵第 4 师，绕过第 1 纵队的阻击阵地，过了拒马河，扑向第 3 纵队第 8 旅背后。第 22 团团长徐信会同第 23 团团长张英辉，一方面指挥部队加紧完成围攻庄疃的部署；另一方面把两个团的机枪全部调到背后，呈一线摆开，在国民党骑兵冲到 300 米的距离时，同时开火，一举击溃了骑兵第 4 师的进攻，迫其退回拒马河以东地区，解除了第 3 纵队腹背受敌的险境。

当日 23 时，第 3 纵队按计划发起攻击。激战 30 分钟，第 21 团由村西，第 22、第 23 团由村西北，第 25 团由村西南分别突破防线，占领前沿阵地，并连续打退对方 10 多次反冲击，巩固了突破口。随即，第 3 纵队从涞水城下调来纵队山炮营和各团迫击炮连参战，并令第 8 旅主力投入战斗。13 日 5 时整，开始对庄疃进行炮火急袭，20 分钟后，各部队成多路向村内突击。至 6 时 30 分，第 23 团由西北角，第 25 团由南面及西面突入村内，接着，第 22、第 26、第 27 团的突击部队也冲进村内，与国民党军展开逐屋逐院的争夺。激战到9时许，新编第32师被分割成两块。第3纵队集中迫击炮，运用简便射击和抵近射击，掩护第23团和第25团直插村东街的师部和炮兵阵地。第25团第4连以炸药爆破突进新编第32师师部，国民党军乱成一团，纷纷向村东口逃跑，遭炮火集中轰击，师长李铭鼎毙命,残部纷纷放下武器投降。另有一股企图徒涉拒马河逃窜，遭第26团第3营迎头拦截，当即被歼。至11时，战斗胜利结束。号称傅系“虎头军”的新编第32师，除留在拒马河东岸的第95团2个营外，其余7000余人全部被歼。

当庄疃战斗激烈进行时，国民党军第35军军长鲁英麟见战局险恶、处境危急，忙率军部及新编第32师第95团2个营，向拒马河以东的温辛庄方向撤退。12日14时，第1纵队第1旅发现在北义安到温辛庄之间集结有大批汽车辎重，便果断地集中力量向其猛攻。当即打死第35军少将参谋长田世举以下200余人，俘虏校级军官以下430余人，缴获满载物资、弹药的汽车80余辆、美式105榴弹炮3门，并阻退由涿县向涞水方向出犯的国民党暂编第17师。鲁英麟绝望中仅带少数亲信，在骑兵第4师一部的接应下，逃到高碑店，次日晨在火车站的一节空车厢内开枪自杀。第35军军部的覆灭，使该军失去了统一指挥，也使得退守在吴村、高洛的第101师无心再战。13日15时，在第2纵队攻击下，该师被歼600余人后，放弃吴村、高洛两点，乘车逃回定兴城。第35军遭受如此重大打击，对从该部起家的傅作义来讲，是当头一棒，确实是“几声凄厉，几声抽泣！”[①]就在国民党军第35军遭受围攻之际，傅作义再从保定增调第16、第94军和暂编第3军及新编骑兵第4师北上，准备集结于高碑店、定兴、涞水地区，与野战军主力进行决战。为避其锋芒，保持主动，野战军决定放弃围攻涞水，主力撤出战斗，并隐蔽集结于塘湖以西和神石庄地区待机。

至15日，国民党军第16、第94军和暂编第3军及新编骑兵第4师，

① 蒋曙晨：《傅作义传略》，中国青年出版社1990年11月版，第148页。

分别进至固城、涞水、徐水、定兴、高碑店、涿县地区集结，并派出空军及小股部队进行侦察搜索，仍企图寻找野战军主力决战。此时，为防止猬集保北的傅部主力向易县、塘湖地区行报复性进犯，并以拖住其主力不得抽兵出关为目的，野战军首长抓住平保段两头守军相对空虚之际，决定以第6纵队一部再次攻击保定，第4纵队等部继续向大清河北地区发动进攻，以期进一步扩大战果，并创造新的战机。同时，令第1纵队转至张坊、石亭地区休整待机；第6纵队主力仍集结于满城及以西地区。16日，第4纵队及第19旅经高阳、任丘进至大苟各庄一带，18日18时，先头部队渡河北上后，即向雄县及东西侯留据点发起攻击，并掩护主力于22时进至雄县东北地区，24时攻占雄县及东西侯留据点，全歼守军200余人。同日晚，第10军分区部队进占昝岗、开口。19日，第4纵队主力分两路横扫雄县以东、以北地区，一路向王克桥、马庄、大营、板家沟、河口进击，并均于当日攻克；另一路攻克马务头、葛各庄、龙湾、毛尔湾等据点，并摧毁各点间碉堡连线。第10军分区部队攻占独流、岔河集两点。20日，第4纵队以第11、第12旅在第10军分区部队配合下，进击霸县南北地区，当晚攻克霸县城、牛驼镇和南孟据点，摧毁堡垒18座，歼灭守军王凤岗部第15、第17团各一部，使其在大清河北经营了3个月的“王凤岗式”工事全面崩溃。第6纵队一部也同时攻克保定南郊的南北沟头和阮庄等据点。至此，野战军破击平汉铁路北段战役胜利结束，各纵队转至保南铁路两侧地区休整。

涞水战役，历时26天，斩断了平汉、平绥、北宁、津浦4条铁路，重创了傅作义“王牌”第35军，解放了大清河北广大地区，取得了歼灭国民党军1.4万余人的胜利。其中，国民党军新编第32、第101师分别被歼灭、打垮，第35军军长鲁英麟、参谋长田世举和新编第32师师长李铭鼎毙命，给刚上台的“华北剿匪总司令”傅作义以沉重打击，有力地抑制了傅部的嚣张气焰，大大鼓舞了解放区军民的战斗意志和胜利信心。

这次战役的胜利，是晋察冀野战军扩充后取得的第一个胜利。在战役指挥上，认真贯彻了运动战思想，以灵活机动的战术，往返调动对手，创造有利战机，予以重点打击，取得了较好战绩。在作战中，全区军民联合行动，友邻部队密切协同。战役期间，部队得到了战区内 10 万多民工的直接配合，不仅对战役的进行给予了人力物力的巨大支援，同时也给予了作战部队精神上的巨大鼓舞。冀热察军区部队在永宁、大石岭地区歼国民党暂编第 11 师近 1 个团，并协同北岳军区第 1、第 6 军分区部队连续破击平绥铁路东段；渤海军区部队协同冀中军区第 8 军分区部队向津南地区出击，攻克新农镇等据点 20 余处，解放村镇 200 多个；冀东军区部队也连续破袭北宁铁路，在留守营以东歼灭国民党军第 56 师 600 余人，有力地配合了主力行动。同时，晋察冀军区所属各部队、各军区、各军分区认真贯彻中共中央晋察冀局土地会议精神，组织力量参加地方土地改革工作。野战军组织了 100 多人的土地改革工作团，分别到冀中、北岳两区工作。团以上单位组织了土改工作队，连队组织了土改工作组，一面战斗，一面积极参加当地的土地改革。“住一村帮助一村，走一村宣传一村，见一人宣传一人”已成为广大指战员的自觉行动。部队在新开辟的地区和国民党军据点周围，到处张贴《土地法大纲》，向人民群众宣传土改政策，协助群众镇压罪大恶极的地主恶霸，发动与组织群众对国民党军和反动地主作斗争。在老解放区还帮助地方组织贫农团，协助翻身农民保护在土改中获得的胜利果实。各地农民在军队坚决有力的支持下，土改运动搞得热火朝天，全军指战员也在直接参加土地改革的运动中受到了深刻的阶级教育，鼓舞了战斗意志。

第五章

向国民党统治区进攻，加速华北解放进程

（1948 年 2 月—11 月）

第一节　晋察冀野战军实行宽大机动作战

人民解放军转入战略进攻后，经过半年内外线配合作战，到 1947 年底，国共双方主要交战地区已经转向国民党统治区。蒋介石集团由于有生力量不断被歼，统治地区逐渐缩小，兵员物资补充日益枯竭，从 1948 年 1 月起，被迫采取了分区防御的方针，除在南线抛弃了一些有被歼危险的城镇据点外，在北线，国民党军则将主要兵力部署在沈阳及“辽西走廊”、平津保三角地带和晋中地区，以维护其各战略要点和交通干线。针对国民党军分区防御的战略，中央军委确定继续贯彻外线作战方针，并要求内线作战部队，向国民党军据守的点线实施机动进攻，以拔除据点为主，力求在运动中寻机歼灭国民党军。华北国民党军在第 35 军遭到重创后，傅作义慑于平汉线上解放军对平津要地的重大压力，被迫将其主要机动力量集中于平津保地区，企图继续“以主力对主力”，实行所谓的“总体战”。这样，就造成了国民党军在平绥路及察南、绥东、晋北广大地区的兵力空虚，为晋察冀野战军实施宽大机动，在运动中各个歼击国民党军，提供了广阔的作战空间和有利的发展形势。

一、适应形势需要，深入开展新式整军运动

随着战争形势的不断发展，作战规模和力量也迅速扩大，在补入部队的新成员中，不仅有从解放区参军的青壮年，而且有大批从国民党军解放过来的战士，部队成分发生了很大变化。由于战斗频繁，很难进行系统的政治教育，所以，组织不纯、思想不纯、作风不纯的问题严重存在，各种非无产阶级思想和不良作风有所滋长，并已经和正在影响着部队的战斗力和军内外的团结。就晋察冀军区而言，这些问题的主要表现是：一些地主富农分子混进了革命队伍，并利用在军队的地位，反对土地改革，寻找各种机会为地主富农阶级服务；大量补入从国民党军解放过来的战士，把国民党军队中的一些不良习气带到革命队伍中；长期的作战和不断的胜利，在一些官兵身上滋长了怕苦怕累、厌倦战争的思想和骄傲自满的情绪；个别领导干部凭教条或经验办事，不走群众路线，不了解情况乱发言，主观主义、官僚主义严重；不少部队还存有打骂地方干部，枪杀向导、逃兵，打骂体罚战士，损害群众利益的军阀主义；有的领导和机关干部到处议论上级，无中生有，诽谤领导，挑拨上下级之间、友邻部队之间和军地之间的关系，拉山头、搞宗派，纵容、包庇错误的人和事，自由主义、宗派主义倾向严重等。

为此，按照中共中央 1947 年“十二月会议”精神和中央军委的统一部署，晋察冀军区在部队作战十分频繁的情况下，利用战斗间隙，在全区上下开展了以诉旧社会和反动派给予劳动人民之苦为先导，以“三查”（查阶级、查思想、查作风）为中心内容，“三整”（整顿组织、整顿思想、整顿作风）为主要目的的新式整军运动。此项工作，从 1946 年 11 月就结合解放区土改同步展开，并在 1947 年 3 月的政工会议后进行了有关整改，但当时还没有把它提到应有的高度，致使这些问题没有得到有效解决。1948 年 1 月下旬，平汉路北段作战结束，晋察冀野战军转入休整后，晋察冀军区根据形势任务和上级的指示要求，在全区部队中集中开展了这项工作。

首先，部队普遍开展了诉苦运动。在诉苦中，各部队以官兵自我教育为主，让苦大仇深的战士，控诉旧社会各种剥削制度和地主阶级的罪恶；让解放军战士控诉国民党军队的黑暗和腐败。同时，还采取请进来、走出去的办法，请驻地贫苦农民和部队家属到部队诉苦，派部分代表到驻地附近访贫问苦。通过诉苦，极大地激发了广大干部战士对旧社会的阶级仇恨。在此基础上，开展了挖苦根，算细账，批判封建地主用来麻醉人民的“宿命论”思想，并以官兵的切身经历，进行两个阶级、两种社会、两种军队的对比教育，引导大家用阶级分析的方法，剖析劳动人民在政治上、经济上遭受压迫和剥削的阶级根源，从而把被剥削和压迫的仇恨，变为推翻蒋家王朝反动统治的动力。

在此基础上，进行了“三查三整”。主要是以党委（支部）扩大会的形式，采取个人检查与群众揭发相结合，普遍检查与重点批判相结合的方法对各级干部进行“三查”。至 2 月上旬，“三查”取得了显著成绩。为把“三查”引向深入，野战军前委又于 2 月 12 日在定县召开扩大会议，决定：目前全军中心任务之一，就是继续深入“三查”，彻底破除地主富农思想及一切非无产阶级思想，建设毛泽东思想。并结合晋察冀军区的具体情况，在搞好“三查”的基础上，把部队工作的重点放在“整顿纪律、整顿制度、整顿作风”上。

在整顿纪律上，强调服从命令和提高军队的集中性、统一性、组织性，以适应今后更大规模的作战要求。因此，从严查处了部队中一再发生过的违抗命令，或执行命令不坚决、不彻底，贪生怕死、临阵不打、打滑头仗、遇急不救、延误时间、谎报情况、欺骗上级、遗失机密、泄露军情、贪污腐化、侵犯群众利益、违反俘虏政策、丢失损坏武器、变卖或破坏公物、殴打谩骂战友、破坏政府法令等违反纪律的行为。在整顿制度上，军区与野战军对供给、民工动员与使用、处理俘虏、战地救护、报告与汇报、军械工作、收容、人员调动、干部工作、点名与点验等制定了 10 项制度，要求全军上下必须仔细研究，无条件遵守并认真执行。在整顿作风上，查思想的同时深入查作风，反过来又从作风中追查思想。经过查作风之后，要求全军必须广泛地确立与发扬英勇顽强的战斗作风、切实深入的工作作风和艰苦朴素的生活作风。

为了把“三查”和诉苦的成果落实到加强部队建设、提高部队战斗力上，各部队又进一步开展了政治民主、军事民主和经济民主教育。政治民主，主要是以民主大会的形式，对干部和党员进行批评与自我批评，让有缺点错误的干部和党员，在群众的帮助教育下，改过自新。同时，官兵共订尊干爱兵公约，互相监督执行，广泛开展谈心活动，互解思想疙瘩，使官兵关系和党群关系得到了良好改善，军队内部团结得到了有效加强。军事民主，主要是在训练中实行官教兵、兵教官、兵教兵的新式练兵方法，取长补短，并通过传帮带、小竞赛等形式，固强补弱，共同提高；在作战时，遇有难题大家在一起出主意、想办法，群策群力，共同研究战胜敌人的办法，及时总结战斗经验教训，做到打一仗进一步。经济民主，主要是健全和整顿了基层经济委员会和士兵委员会，按照群众的意见，实行伙食标准、财物、消耗“三公开”，加强伙食监督与管理，杜绝贪污浪费，开展群众性的节约活动，积极改善生活。

晋察冀军区的新式整军运动于3月上旬基本结束。通过整军，全体指战员的阶级觉悟与政策水平大大提高，部队的面貌焕然一新；部队组织得到纯洁，军内外团结得到进一步巩固；练兵热情空前高涨，战斗意志和作风普遍增强，战斗力空前提高；官兵组织纪律观念明显强化，执行命令、指示和规章制度更加坚定、自觉。这一切，为全面加强军队建设和最后夺取解放战争的胜利，起了重大作用。5月，罗瑞卿在总结这次整军运动时指出，“三查”“是洗涤军队中一切非无产非毛泽东思想，求得思想上升、工作进步、作风改善、团结加强、战斗力提高的有效办法，因此今后在军队中一年进行一次到两次有计划、有重点的‘三查’是必要的”。“在军队中实行正确的民主，对打破军阀主义、官僚主义，加强官兵团结，发扬群众的积极性、创造性与责任心，证明只有好处没有坏处”，“所谓正确民主就是要对民主有领导，这样既发扬了群众的积极性、创造性和责任心，又不至于与军队的集中统一、纪律、尊干等等相抵触，反而使这些方面更加得到巩固和保证”[①]。

二、矛头指向北线，确立宽大机动的作战方针

傅作义部第35军于涞水一役遭重创后，余部调怀来、康庄一线休整；暂编第3军（欠驻怀来的暂编第11师）附骑兵第12旅由涿县、良乡、房山地区，配合在高碑店、北河店、固城一线的第94军，正向涞水、易县南北“扫荡”中；第16军于霸县、永清、固安地区配合王凤岗残部修碉建点中；新编第2军仍在保定至徐水及定兴、涞水守备；第92军于天津、安次、香河、三河守备；第62军（第95师驻杨柳青）主力仍于芦台、唐山、滦县之线；暂编第4军主力驻宣化、龙关、赤城、张垣（第201师于归绥、集宁）；骑兵第4师于膳坊西南；骑兵第5、第11旅分驻张北、沽源和化稍营地区；补训第31、第17师分驻西河、蔚县、桃花堡和大同；暂编第38师驻左云、阳高、怀仁。

针对华北战区国民党军分布的基本态势，1948年1月31日，中央军委就晋察冀野战军下一步行动问题，致电杨得志、罗瑞卿、杨成武、耿飚等：“我们意见除冀中地方兵团外，野战主力及五台、察北一切部队，同时对北平、大同线举行攻势。但主力先打北平、张家口段，得手后向西再打张家口、大同段。此战役时间估计为一个月至四十天，然后休整一个月向冀东出动。”[②]明确指出了晋察冀野战军今后作战的主要方向：一是平绥路；二是冀东。2月7日，为使晋察冀野战军领导人领会宽大机动的作战思想，毛泽东致电朱德、刘少奇：该军须学会宽大机动的战略思想，他们一出平绥、出冀东，看见宽广的天地，眼光就扩大了，许多不必要的顾虑就可以扫除了。此点请朱、刘就近加以督促。

2月22日，晋察冀军区和野战军领导人经共同研究讨论，确定并上报了作战方案：“下一战役方向，如先出怀来、南口段，不能速决，敌主

① 《新式整军运动》，解放军出版社1995年2月版，第287—289页。

② 《毛泽东军事文集》第4卷，军事科学出版社、中央文献出版社1993年12月版，第383页。

力增援快，我军运动道路受限，有陷被动之虑。拟以二、三、四纵队（缺一个旅），首先歼灭蔚县、西河营、桃花堡守敌。尔后依情况向北、向东扩张战果。一、六纵队全部经浑（源）涞（源）向阳高、天镇线进击，歼灭守敌，破坏铁路，求得吸引敌一个至两个军援兵，造成主力机动有利的条件。如敌以主力（三至四个军）寻我主力决战，则野战军主力转向平绥路东段，或乘虚回师保北，一、六纵队继续向柴沟堡或大同外围扩张战果。野战军主力抽出一个旅，配合冀热察独二师及地方军各独立团向沙城、南口段破击铁路及汽路交通，迟滞敌向察南增援，保证主力方面作战计划成功。七纵队位于大清河以南，相机再出大清河北收复地区。”“为与东北行动协同，各部定于三月上旬开动。三月十五日以后开始攻击。一、六纵队提早一天至两天动作。”[①]23 日，中共中央军委复电同意，并强调指出:“此次行动是一年多以来你们主力部队第一次远出行动。你们必须克服干部中怕远出，怕山地作战，怕到人稀粮少地区作战，以及怕傅作义等项错误思想。干部中如果现在尚存有这类思想，你们必须坚决地加以克服。”[②]要求晋察冀野战军学习刘伯承、邓小平、陈毅、粟裕、陈赓、谢富治诸军敢于在江淮河汉之间远离后方，而能与强大敌人作战的艰苦奋斗精神；学习林彪、罗荣桓军敢于在零下 30 摄氏度气候条件下，在完全敌占区与强敌作战的精神，保证远出机动作战的胜利。

3 月上旬，野战军领导致电中共中央军委，认为“在作战上，我尚未解决的一个问题，即我集中敌亦集中，敌以三十个团左右的兵力堆在一起，我割他不开，咬他不烂，总是不好下手。在此情况下，往往不是打不成就是打不好”。数日后，中央军委复电指出 :“你们只有在宽大机动中大量歼灭敌人，迫使敌人分散配备，才能克服你们遇到的敌人大量集中不利我军歼灭的困难问题。”也就是说，战胜傅作义“以主力对主力”“以集中对集中”战法的最有效手段，就是实行宽大机动。关于晋察冀野

① 《聂荣臻军事文选》，解放军出版社 1992 年 7 月版，第 283 页。

② 《毛泽东年谱》下集，人民出版社、中央文献出版社 1993 年 12 月版，第 286 页。

战军的机动范围，中央军委认为："第一是整个平绥线包括绥远全省在内，第二是北宁线，第三是平承线，第四是平保线。目前所采出平绥线的方针，应当执行到敌人已经大量集中该线我军已无好仗可打之时为止。下一步主力的行动，可以出平保线打一二仗。调回敌人主力，然后再出平绥线。你们拟派两个纵队出绥远的计划是很好的。"同时，要求晋察冀野战军"主力必须建立向冀热察交界地区及冀东地区作战的计划，但出动的时机与出动兵力的数量应依情况决定。此外你们必须向全体指战员进行在新区工作的策略与政策教育，此点不知你们在此次休整中已做了没有，如果没有或不足，你们应在作战中补足之，此种教育极为重要"[①]。中共中央军委和毛泽东的这些指示，从战略思想、作战方针、作战范围、作战准备等方面，都给晋察冀野战军作出了明确规定，从而保证了该野战军在以后取得作战与扩大解放区的胜利。

三、出击察南、绥东，施行远距离机动作战

察南、绥东地区自 1946 年 10 月被国民党军侵占，经过傅作义近一年半的盘剥经营，已经成了傅部的重要后方基地。其主力开赴平津保地区后，该地只留驻部分兵力把守。至 1948 年 3 月上旬，暂编第 4 军主力分散于平绥铁路南口至张家口段担任守备，骑兵第 5 旅驻柴沟堡，暂编第 11 师和骑兵第 11 旅各一部驻化稍营和阳原县城，补训第 5 师（原补训第 17 师）驻天镇、阳高，补训第 6 师（原补训第 31 师）驻蔚县县城，暂编第 38 师分驻大同及附近地区。另外，还有地方保安团、保警队等 5000 余人分驻广灵、阳原、桃花堡、西河营、怀安等地。

根据中央军委的指示，晋察冀野战军决心，乘傅部后方虚弱之际，发动平绥东段战役，将 5 个纵队组成两个作战兵团，东击察南，西出绥东，分割歼灭国民党军。其中，第 2、第 3、第 4 纵队编为右翼兵团，由野战军直接指挥，以攻取桑干河以南的蔚县为主攻方向，进而夺取广灵、阳原、

① 《毛泽东军事文集》第 4 卷，军事科学出版社、中央文献出版社 1993 年 12 月版，第 428 页。

西河营、桃花堡等点，开辟战场并准备打援；第1、第6纵队编为左翼兵团，由第1纵队司令员唐延杰、政治委员王平统一指挥，以攻克天镇、阳高等据点为主要作战任务，并切断天镇至周士庄段铁路线，吸引傅作义主力部队增援。另从第3、第4纵队各抽1个旅与第7纵队，全部进至平保线两侧，择段破击，佯动、迷惑傅部主力。之后，该两旅北上归建，第7纵队进至大清河北地区作战。由于野战军主力的路程较远，战役定于3月7日前后开始机动，18日后发起攻击。

3月9日，为配合野战军行动，达到牵制傅作义部队之目的，晋察冀军区作出如下部署：第7纵队（7个团）于保定、安新、容城地区配合第3、第4纵队所派之旅佯攻后，主力出大清河北恢复地区，一部西调满城以北，保障野战军主力侧背安全，另以冀中第8军分区配合渤海军区1个团于18日晚积极向天津南及津浦路北段动作；冀东军区以独立第4、第5师及第14、第15军分区4个团，分向平古路及三河、通县、香河、武清地区出击配合；冀热察军区以冀察军分区部队破击南口、怀来段铁路、公路，蒙汉联军向张北附近活动；晋绥军区拟以3个步兵团、2个骑兵团及独立团向怀仁、大同、集宁线出动配合。抽石门警备部队（4个营）控制于阳泉西地区，协同北岳军区第2军分区监视太原方向，防阎锡山部乘机东犯。同时，为了隐蔽战役企图，要求部队开进前，充分搞好保密教育，认真采取伪装措施；部队出发之后，原地留置电台继续工作，迷惑国民党军耳目；部队开进过程中，严格行军纪律，以保证整个战役发起的秘密性和突然性。

随后，晋察冀野战军前线委员会颁发了动员令，指出："向国民党统治区大举进攻，是一年多来人民革命战争发展的必然结果，这是我晋察冀野战军神圣而光荣的任务。"号召全体指战员紧急动员起来，勇往直前，不畏艰难困苦，不怕流血牺牲，为最终推翻国民党的黑暗统治而斗争。各部队接受任务后，举行了誓师大会，并根据中共中央晋察冀局《关于我军进入敌占区作战几项政策的决定》和野战军前委的动员令，进行了深入动员与各项准备。部队经过新式整军运动，阶级觉悟普遍提高，士气高昂，一致要求赶快打到察南去、打到绥东去，为人民立新功。各部队同地方政府组成了支前工作动员会或工作团，按照晋察冀中央局确定的“就地取给”政策，严格掌握合理负担、贫者不征、富者多征之要求，筹集作战物资，保障作战部队的后勤供应。解放区的农民，这时也自愿报名随军出征，担负支前任务，仅随军出征的民工、民兵就达3.37万余人，担架5500余副，大车230余辆。部队高昂的战斗情绪和群众积极的支前热情，充分反映了新式整军和土地改革后的新面貌。

3月初，野战军主力相继北上，向战区开进。左翼兵团第1、第6纵队分别从易县、曲阳出发，以9日行程，进至灵丘附近及以西的东河南、南坡头、王庄堡一带集结；右翼兵团第2、第3、第4纵队分别从定县、唐县、安国出发，以8日行程，进至灵丘以东地区，李各庄、大河南地区，涞源以北之中庄、黄郊、东西团堡一带集结。其间，由于部队通过桑干河架桥延误，原定左翼兵团18日晚、右翼兵团19日晨的攻击时间，向后顺延2天。其他配合战役作战的部队仍按计划行动。

20日23时，左翼兵团首先向平绥线东段之周士庄至永嘉堡一线展开破击，第1纵队攻天镇、罗文皂、阳高段，第6纵队攻阳高、聚乐堡、周士庄段。21日，各部队相继攻占了周士庄、聚乐堡、王官屯、阳高、罗文皂等车站，并扫除沿线全部点碉。至24日，攻克天镇，全歼国民党补训第5师和保安第20团，控制了永嘉堡至周士庄铁路50余公里，切断了张家口至大同的交通线。

右翼兵团于21日拂晓展开攻击。第2纵队第6旅进攻广灵县城。广灵为察南第1道屏障，城墙高8米，厚5米，护城河宽7米。守军依托城墙和野战工事组成严密火网，拼死顽抗。21日5时，第6旅以突然动作发起总攻，用150公斤炸药炸开北门，仅半小时就结束战斗，歼灭守军1500余人。第4旅攻克了暖泉镇、洗马庄、揣骨町等据点。第5旅奔袭桑干河以北的阳原县城，于24日拂晓迅速完成了对阳原守军之包围，17时30分发起攻击，仅用15分钟，第13团和第14团就攻入城内，战至25日8时，全歼守军暂编第11师及骑兵第11旅各一部，共1500余人。

第 3 纵队攻占桑干河以南的桃花堡、吉家庄、白乐堡、北水泉等据点后，乘胜向桑干河以北挺进，攻打化稍营。化稍营为张家口至蔚县、宣化至大同公路的交叉点，北靠熊耳山，南临桑干河大桥，筑有 5 米高的围墙及外壕，由国民党军暂编第 11 师 1 个团和骑兵第 11 旅 1 个连防守。23 日，进攻部队顶着凛冽寒风，徒涉冰雪初融的桑干河。第 7 旅切断了化稍营守军的退路，第 8 旅攻占了桑干河大桥，并迅速完成了对化稍营的包围。24 日 22 时开始攻击外围据点，激战 2 小时，将其全部肃清。25 日 7 时发起总攻，用连续爆破炸开西门、东门，以迫击炮打开南门后，部队迅速突进城堡，展开村落战，至 13 时，战斗结束，共击毙守军 300 余人，俘虏团长以下 1500 余人。

第 4 纵队第 10 旅歼灭北峪口国民党守军后，直逼蔚县县城。蔚县县城是张家口西南面的主要城镇和据点，城墙高 14 米，宽约 6 米，筑有碉堡和射击孔。护城河宽约 10 米，水深 1 米。守军为国民党军补训第 6 师等部 2500 余人。纵队决定：以第 10 旅由城南、城西两面攻击；第 11 旅集结在代王城附近，负责监视化稍营方向，担任打援；第 12 旅由城东、城北进行攻击。攻击前，部队上下都做了充分准备，纵队将各旅的迫击炮全部集中使用，并把野炮和步兵炮配属给主攻部队。24 日 6 时 40 分，总攻开始。第 10 旅第 30 团的突击队在炮火掩护下，迅速从城东南角登上城头，连续打退守军多次反扑，巩固了突破口，保证了后续部队顺利登城，进而向东门、南门方向发展进攻。7 时 30 分至 8 时，东、西、南 3 个城门先后爆破成功，各部队乘胜突入城内，进行穿插、分割、包围，最后把守军压缩到玉皇阁。经 1 小时激战，守军被全部歼灭。

截至 3 月 25 日，战役第一阶段作战结束。晋察冀野战军连克广灵、阳高、天镇、蔚县、阳原 5 座县城和 10 多处据点，共歼灭国民党军 1.5 万余人，收复了察南广大地区。对此，中央军委当日 14 时电贺野战军取得了第一步作战的胜利。其间，为配合野战军主力平绥路东段的战役行动，向平保地区机动的部队，第 3、第 4 纵队各以 1 个旅伪装该纵队番号，分别进至姚村、大王店地区，与第 7 纵队一道，在保定、徐水地区展开佯动破击。8 日夜，各佯攻部队开始同时动作，先后破坏徐水至保定间公路、铁路数段，袭击并攻克北大冉、漕河、西伯楼等部分据点，9 日、10 日两日，第 7 纵队各旅一部对保定外围及市沟展开袭扰佯攻，迫退市沟以外守军收缩于市内，成功地在平保段上迷惑了国民党军。至 12 日，第 3、第 4 纵队各 1 个旅北上归建，第 7 纵队撤集高阳以东地区休整待战。同时，在绥远地区配合行动的晋绥军区部队，也相继收复怀仁、左云、丰镇和右玉等地。

为应对晋察冀野战军主力远距离出击察南的攻势，傅作义忙将平津保地区的暂编第 3 军、暂编第 4 军和第 35 军等部，共 6 个步兵师、1 个骑兵师、3 个骑兵旅，迅速西调张家口至柴沟堡地区集结，并将原察南的部署进行了调整。至 25 日，暂编第 4 军率第 210 师、暂编第 11 师进至柴沟堡、怀安；暂编第 3 军军部率暂编第 10 师进至柴沟堡一线，军主力进至宣化、下花园线；第 35 军率暂编第 26、第 17 师和第 101 师进至张家口、宣化地区；新编骑兵第 4 师骑兵第 5 旅在怀安地区，骑兵第 11 旅驻涿鹿以西，骑兵第 12 旅开往深井堡。这样，在察南地区又形成了“以主力对主力”的态势。而此时绥远地区只有独立第 7 师和补训第 2 师、第 3 师、第 4 师及地方保安警备队等非正规军，共计约 3 万人。于是，杨得志、罗瑞卿等决心西出绥远，以分散傅部西援主力，寻机歼灭。着令左翼兵团立刻挺进绥东，破击大同至集宁段铁路线，歼灭沿线守军，视情况攻打凉城、集宁，引诱傅作义主力部队西进；右翼兵团一部破击平张段铁路线，切断傅部后路，造成在察南广大地区进行运动战的机会，主力于阳原、蔚县、吉家庄地区待机。

3 月 25 日，左翼兵团 2 个纵队自天镇地区西进，27 日进至官屯堡一线，当日第 1 纵队以奔袭手段，一举攻克丰镇，破坏了集宁至丰镇间的铁路、公路，并迅速向西挺进。29 日，第 6 纵队进至大同以北孤山地区，以一部破击大同至丰镇间铁路、公路。傅作义发觉后，忙调暂编第 4 军等部 3 个师、1 个旅西援。当日，暂编第 4 军先头进至天镇地区，但主力仍在宣化至柴沟堡一线迟迟不进。为继续诱其主力队形向西拉开，30 日，杨得志、罗瑞卿等令左翼兵团向天成、新堂、凉城发起攻击。4月3日，第1纵队附绥蒙骑兵旅相继攻占天成、新堂；第6纵队以奔袭手段攻占凉城，歼补训第4师大部，毙俘守军1600余人，之后再克和林格尔，直逼归绥城（今呼和浩特市）。这一行动，果然奏效。傅作义误认为晋察冀野战军主力已西进绥远，准备端其老巢，急调第35军全部，并新编骑兵第4师、骑兵第5旅，由张家口、天镇西开。5日，第35军先头第101师、暂编第17师乘汽车经集宁进抵卓资山，暂编第26师随至集宁；新编骑兵第4师、骑兵第5旅抵达丰镇至集宁一线；暂编第4军率第210师和暂编第11师进占天镇西湾堡地域。

调动、分散傅作义主力部队的计划实现后，杨得志、罗瑞卿等及时抓住战机，命令右翼兵团迅速出击，首先歼灭天镇西湾堡地区的暂编第4军的5个团，尔后西进，与左翼兵团合歼傅作义第35军主力。7日黄昏，各攻击部队隐蔽北上。途中，由于夜遇塞外风暴，拖延了时间，故使暂编第4军5个团大部弃城逃往柴沟堡，右翼兵团奔袭天镇基本扑空。8日，第2纵队攻克天镇车站及谷后堡，毙俘第210师500余人；第3纵队攻占滹沱店，歼灭骑兵第11旅第12团大部，9日黄昏，对怀安发起围攻，守军大部经城北暗道逃遁。至此，傅作义亦查明晋察冀野战军主力之所在，慌忙复将西援部队东调收缩，并令在平绥铁路东段的部队西进接应。9日，暂编第3军除留暂编第27师于宣化、怀来段外，主力2个师开抵柴沟堡；第35军除留驻暂编第26师于集宁、归绥线外，第101师、暂编第17师于10日回抵兴和；暂编第4军退集到张家口；第94军主力亦自冀东调到宣化至下花园铁路沿线。此时，傅部主力再次猬集张家口东、西地区，又形成了“以集中对集中”“以主力对主力”的阵势。鉴于这种情况，加之在绥远地区的左翼兵团粮食补给困难，且无好仗可打，10日，晋察冀野战军决定：左翼兵团返至左云、右玉以南地区后，做夺取晋北应县准备；右翼兵团主力南下至东井集、蔚县、西合营、吉家庄一线休整，准备出击冀东。至此，察南、绥东之战遂告结束。

这次战役，历时20天，晋察冀野战军以伤亡和失踪3589人，消耗子弹54万多发、手榴弹16836枚的代价，取得了歼灭国民党军1.8万余人，缴获各种火炮50门、轻重机枪336挺、长短枪6712支及子弹64万多发、手榴弹13751枚，解放察南、绥东地区1.3万余平方公里土地和80万人口的重大胜利。这次战役，是晋察冀野战军经过新式整军后进行的第一个战役，也是野战部队与大批随军民工和民兵，不怕山高路远，不怕艰难困苦，机动距离最远（往返约1500公里）的一次作战，虽因情况发生重大变化，未能歼灭傅作义第35军主力，但从野战军出击察南、绥东，置傅作义后方于不利境地，迫使其主力往返驰援，而无法抽兵援助东北的效果上看，战役基本达到了预期目的。

四、拔除应县据点，阻击阎锡山部东犯

察南、绥东战役结束以后，晋察冀野战军主力休整待命，并作向冀东机动的准备。第1、第6纵队奉命东返晋北地区作战。4月12日，第6纵队首先由右玉向大同以西地区进击，15日占领平旺、口泉一线，并展开阻击大同守军可能出援的准备；第1纵队则在第6纵队的掩护下，于14日由左云东南地区出发，以奔袭的动作，在30余公里的正面上多路（每团2—3路）展开，向应县开进，15日17时即完成了对应县的严密包围。

应县位于山西北部，距大同60余公里，既是大同以南地区的重镇，又是通向雁门关的交通要冲，还是国民党太原绥靖公署阎锡山部在晋北解放区的一个顽固据点。守军为国民党军暂编第38师第1团（辖6个营）3500人，保安第23团（辖3个营）800余人，骑兵队150余人，工作团、复仇队等近1000人，共计5000余人。守军头目为国民党军暂编第38师第1团团长张朴。由于应县曾于1946年大同集宁战役期间遭到过晋察冀野战军第4纵队的围攻，虽然城未攻下，但前任头目乔日成却被当场击毙，守军也损失惨重。加之，雁北地区在执行土改政策时，有打、杀过激行为，致使许多地主、富农及兵痞、流氓拥入，使该县城猬集顽凶、恶霸、地主武装，成为政治上极其反动的顽固堡垒。因此，3月下旬，当获悉晋察冀野战军将再次攻打应县时，张朴心衔复仇之念，发誓顽抗到底。他令

部下强迫老百姓将城四周的树木全部砍倒，将靠城的房屋建筑一律拆毁，并数度加固和新筑工事，将高的改为矮的，明的改为暗的，使城外的主要交通道口、容易接近城区的地方，都设有铁丝网、鹿寨和地雷；重点在城门、城角、突出部修筑堡垒，使各碉堡均能直射、斜射、侧射，构成严密火网；在城墙腰部增设明暗射孔和掩蔽部、积弹所，并以墙内上中下3层、墙四周7条暗道，将城内外各地堡及外壕连通，甚至连城里辽代修建的、可鸟瞰四周数十里的木塔也作为了守城之用。

晋察冀野战军第1纵队完成了对应县县城的包围后，于16日至18日对现地进行了侦察。针对城外地势平坦，十分开阔，土壤沙质，松散疏软，水层很浅，不易进行坑道作业；古城应县小而坚，守军凭借空投供应，粮弹充足，易守难攻的情况，纵队制定了先扫清外围后围攻县城的作战方案。第2旅附野炮2门、山炮4门，先以一部夺取东关阵地，主力重点在城东南角实施突破；第3旅附山炮4门，主要在城西南角实施突破；第1旅并指挥第6纵队1个团及军政学校，除以1个团向北城墙进行坑道作业，配合第2、第3旅外，主力控制镇子梁、北马庄、东西辉耀、五里寨、范寨、吴庄、藏寨、花寨线及以北周庄、义井、韩家坊地区，完全阻歼可能向东北、北、西北逃窜的守军；第1军分区部队位于接马峪、南王庄、段家寨、大穗稔、剪子峪，除阻歼可能向南逃窜的守军外，准备攻下应县后担任城防。据此，各部队经过近7天的准备，开始对应县发起攻击。

20日19时40分，第1纵队在北岳军区1个团和1个县大队的配合下，展开扫清城外据点战斗。第2旅在旅长成少甫、政治委员钟炳昌、副旅长刘苏的指挥下，一举攻克了东关；第3旅由旅长马辉、政治委员黄连秋率领，迅速占领西关。其他外围据点守军见状，近千余人慌忙龟缩城内。22日16时，开始首次攻城。第2、第3旅的攻城突击队在炮火的掩护下，分别从城东南角和西南角，同时发起攻击。由于攻城部队炮火分散、弹药有限，对城墙工事摧毁不大，守军工事坚固如初，火力密集猛烈，所以突击队和梯子队刚运动到外壕，尚未接近城墙根部，即遭守军城上、城下、明暗火力的直射、俯射和侧射，伤亡惨重。至18时左右，攻城突击队3次攻击，均未奏效，且付出了第4团团长张一波负伤，副团长乔朴斋牺牲，伤亡营以下官兵300余人的代价，第1次攻城受挫。

第1次攻击失利后，第1纵队认真总结经验教训，克服“有优势，攻过坚”等骄傲自满情绪，群策群力研究登城办法，并调整了攻城部署。第2次攻城，由第1旅旅长曾美、政治委员丁莱夫统一指挥第1旅、第3旅、第6纵队第48团、绥蒙山阴独立营，担任主攻城西南角的任务；第2旅担任重点向城东南角的助攻。同时，为了防止守军从地道冲出来反击，专门组织了护架队，为梯子队进行火力掩护和在前面开辟通路。经过11天的准备后，于5月3日18时，第2次攻城开始。首先以14门山炮、野炮对城西南角进行了集中轰击。尔后在炮火支援下，护架队冒着炮火烟尘，越过外壕，把铁丝网剪断，将鹿寨拆除，向左右分开埋伏在突击道路的两侧，以阻止从城墙暗道冲出来的守军。紧接着，架梯队、突击队迅速到达城下，将梯子架到城墙上，突击队员李玉成、宋存来等8名勇士行动敏捷，飞快地攀扶梯子登上城头。但由于城下明枪暗堡的火力甚为猛烈，后续部队几经冲锋均被压制，没能及时接应；登上城头的突击队员人少力弱，遭到数倍守军三面火力封锁，大部伤亡，宋存来等两人不得不忍痛撤回。结果，第2次攻城又以伤亡400多人的代价，再次受挫。

第1纵队虽然两次攻城均受挫折，但指战员士气依然旺盛，决心再战。5月17日18时，经过近半个月的战场练兵和周密细致的准备，部队又发起了第3次攻势。由第1旅配属野炮5门、山炮6门、迫击炮2门，并统一指挥第3旅2个团，仍重点对城西南角实施主要攻击。第2旅配属野炮1门、山炮2门、迫击炮1门，重点攻击南门；其他部队配合攻城行动。攻击开始后，第1旅首先集中炮火将部队突击点的城墙炸开一个大豁口，紧接着爆破小组分批次向城墙底部跃进，前仆后继，一往无前。爆破小组组长马双喜在身体多处受伤情况下，以顽强的毅力把炸药包放置在城墙根部，并爆破成功，将突击点从上部豁口至墙底炸成一个斜坡。19时20分，第1旅第1、第2团的突击队乘势先后登上城头，与守军展开了猛烈拼杀，后续部队接踵而至，源源登城。战至深夜，第1旅登城部队在城西南角夺取了3个突出部，并逐步向南、向北两侧发展。这时，张朴迅速组织反击部队，在暗堡工事侧、后射击配合下，由正面进行迎击，登城部队几处阵地得而复失，数个营的兵力被压缩于突破口处，指挥也一度出现混乱，伤亡很大。第1纵队当即令第2旅第4团、第3旅第7团接替第1旅的2个团，继续向城内攻击。战至18日拂晓，虽然守军在攻城部队的英勇拼杀下伤亡惨重，城垣工事在炮火轰击下大部被毁，但仍拼死反击，继续抵抗。这时，第1纵队司令部同时接到两份报告，一是第3旅称国民党军有3个师的援军已近应县接应，且1个团已过桑干河（实际侦察有误，援军并未过河）；二是登城部队报告弹药不足，再战困难。纵队遂决心动摇，下令部队撤出城外，转为围困。第6纵队也奉命结束阻援，移兵浑源待机。

第1纵队三攻应县城未果转为围困后，受到重创的守军张朴部也感弹尽粮绝，再守难支，并不断请求大同方向出兵解围。5月24日，国民党军暂编第26师、暂编第38师、新编第7师等部共9个团的兵力出援应县县城，16时至桑干河北岸时，守军张朴部开始隐蔽撤退。由于城周部队未能及时发觉，加之纵队对迟报上来的情况唯恐有误，待再查确实后，已不及组织有力追击和截歼，致使守军余部得以逃脱，应县遂获解放。此役，晋察冀野战军第1纵队围困应县县城前后40天，伤团以下官兵1950人，牺牲348人，被俘8人，共损失2306人；消耗炮弹10608发，子弹436401发。击毙国民党应县守军504人，击伤1803人，俘虏113人，共计2420人；缴获轻机枪58挺，其他枪973支，汽车3辆及弹药物资一批。虽然最终解放了应县县城，但却打了一个消耗仗。究其原因，“首先是我们有轻敌观念，最后（三次攻击）我战术上与指挥上有错误。不管下级报告不确实，而我以后在城上详细察看后，深感自己战术上犯错误——攻上去不应撤下。指挥错误——即伤亡甚大，亦不能因下级报告夸大而动摇”[①]。此外，也有攻城工事构筑、弹药准备、攻击协同、确切侦察等方面的问题，教训亦是十分深刻的。

在围攻应县期间，阎锡山乘晋察冀野战军主力远征察南、石家庄防守兵力较少之际，以其第 43 军暂编第 49 师及第 8 总队一部，自山西寿阳、宗艾镇之线东犯，企图先以一部兵力占领盂县，尔后掩护主力沿铁路线经阳泉偷袭石家庄。野司得知这一情况后，即令第 6 纵队经五台兼程南进，并指挥冀中军区第 7 纵队第 21 旅、北岳军区第 2 军分区的 2 个团，阻歼企图偷袭石家庄之阎锡山部。4 月 30 日，第 6 纵队从浑源地区出发，经 9 日连续行军，于 5 月 8 日下午进抵盂县附近。同时，吕梁军区独立第 3 旅、第 7 旅及太行军区第 43、第 45、第 47 团亦奉命北上，钳制太谷地区守军，配合第 6 纵队作战。当日晚，阎部先头 1 个团与北岳军区第 2 军分区部队接触，被阻于翟家、上庄一线。9 日晨，阎部暂编第 49 师等部兵分两路，一路第 1 团进至南、北上社，另一路第 2、第 3 团经观音堂进至东、西郭村，继续向盂县县城进犯。第 6 纵队当即决定首先围歼进至郭村的国民党军。遂令第 16 旅首先从正面发起攻击，第 18 旅进至秀寨一线，切断其联络与退路，并阻上社之国民党军北援，尔后以第 17、第 18 旅会同第 2 军分区部队，歼灭南、北上社之国民党军。8 时许，第 16 旅隐蔽进入阻歼阵地，待国民党军接近后，先以突然、猛烈的短兵火力给予杀伤，歼国民党军一部后，展开全线攻击，并将余部压至郭村东侧 3 处山头，继续猛攻，又歼其一部。12 时许，该国民党军余部开始向西北逃窜，第 16 旅各团当即转入追歼。与此同时，上社国民党军暂编第 49 师第 1 团闻讯开始动摇，已进至秀寨一线的第 18 旅与第 2 军分区部队，乘机向其猛攻，该团除 1 个营突围外，其余全部被歼。至黄昏，暂编第 49 师第 1、第 3 团大部被歼，第 2 团等部亦溃不成军，开始分散逃窜。接着，第 6 纵队命令第 16 旅附第 52 团、第 21 旅及第 2 军分区部队，连夜展开追击。战至 10 日上午，暂编第 49 师等部大部被歼，残部分散向榆次方向逃窜，第 6 纵队乘胜占

① 《华北第三次国内革命战争史资料选编》第 10 册，第 34 份，北京军区档案馆。

领寿阳、宗艾。

此次作战，第6纵队等部共歼灭阎军4700余人，生俘第43军中将副军长兼暂编第49师师长张翼、副师长兼第1团团长赵俊义，并击毙师参谋长于泽晋、第3团团长杨至祥，彻底粉碎了阎锡山偷袭石家庄的图谋。第6纵队这种不怕疲劳、不怕牺牲、英勇顽强、连续作战的优良作风，受到晋察冀军区的通令嘉奖。

第二节　晋冀鲁豫军区部队在晋南、豫北的攻势行动

晋冀鲁豫军区，始建于1945年8月20日，其部队前身为八路军第129师。全国解放战争爆发后，军区司令员刘伯承，政治委员邓小平，副司令员徐向前、滕代远等，主要领导山西、河北、山东、河南4省边区军民与国民党军进行武装斗争，先后取得了上党、邯郸、定陶、鲁西南等战役胜利。刘伯承、邓小平率晋冀鲁豫南征野战军和陈赓、谢富治集团挺进中原后，留在华北战场上的晋冀鲁豫军区部队，在薄一波、徐向前、滕代远等的指挥下，继续坚持内线作战。1948年春，当晋察冀野战军出击察南、绥东，攻击北线傅作义后方之时，为配合西北野战军的宜川战役，在南线作战的晋冀鲁豫军区部队，继攻克运城之后，又对晋南、豫北等地区，发起了新一轮的攻势。

一、组织攻坚战役，拔除临汾孤点

临汾，位于晋南盆地北沿的同蒲铁路线上，东扼太岳，西靠汾河，北邻晋阳，南通豫陕。城池依自然地势建在汾河东岸的一个大土坡上，西为主城，东设城关，有城墙分别环连，内高外低，东高西低，状似卧牛，故有“卧牛城”之称。自纵贯山西南北的同蒲铁路通车后，临汾便成了该路南段的交通枢纽，既是晋南地区最大的城市，又是著名的军事要地。为此，解放战争一开始，胡宗南就派其整编第30师久驻于此，并

在原日伪军工事基础上又进行了加修加固，成为国民党军进攻解放区的重要基地。1947 年冬，当运城受到围攻时，蒋介石为保住临汾，牵制晋冀鲁豫部队对西北战场的支援，又将临汾改归阎锡山部据守。运城失陷后，使该城成为国民党军在晋南地区盘踞的最后一个据点。此时，临汾守军有阎锡山的第 66 师和 6 个保安团、2 个补训团，胡宗南的整编第 30 师第 30 旅（欠 1 个团）和第 27 旅炮兵营等部，总兵力 2.5 万人，且武器装备比较精良，并配有各种火炮 590 余门，守军总指挥是阎锡山部第 6 集团军副总司令兼晋南武装部队总指挥梁培璜。

梁培璜，保定军官学校毕业，是阎锡山部队中较有作战经验的一名将领。他在临汾城筑有 4 道防线：第 1 道防线是外围警戒阵地。以城东、城南、城北各 2.5 公里，城西 7.5 公里内的较大村镇为据点构成；第 2 道防线是护城阵地。以环城周围的 27 组碉堡构成，每组 3 个碉堡以水泥、片石构筑的主碉堡居中，距城 50—80 米，有的与城内有暗道相通；第 3 道防线是外壕和城墙阵地。外壕建在旧护城壕基础之上，深 20 米，宽 30 米，并紧靠由青砖垒砌的城墙。城墙高 15 米，上宽 10 米，底宽 15 米至 30 米。在城墙顶部 4 个角和 4 个城门楼上修有枪、炮和喷火器使用的据点工事。将城墙腰部挖空，修筑轻机枪、步枪和喷火器的发射掩体。底部墙根周围修筑地堡，由墙内出入，射孔朝向城外；第 4 道防线是城内纵深阵地和地道工事。城墙内有一条深 3 米、宽 6 米的内壕，壕内每隔 15 米修一伏堡。城内主要街道和高大建筑物上，共修了 11 个巷战据点。在城外的东关，高度略低于主城，也构筑了完备的工事，与主城融为一个整体。当地人说，临汾在历史上还没有被攻破过，连李自成也曾望城却步。面对坚固的城防工事，梁培璜极为得意。他说：“八路军作战，向来以多胜少；我们把临汾城周工事筑成法国的‘马奇诺’，来个以少胜多。”①

早在运城作战期间，徐向前、滕代远就开始酝酿攻打临汾的战役部署和实施计划，并致电中央军委，提出两个方案：一是继续以西北野战

① 《临汾攻坚》，山西人民出版社 1987 年 9 月版，第 3 页。

军第 2 纵队、晋冀鲁豫军区第 8 纵队并独立第 3 旅及地方部队 5 个团攻取临汾；二是如第 2 纵队西返，则第 8 纵队开赴豫北，结合太行、冀南 4 个独立旅及独立师共 8 个旅的兵力，攻取安阳、新乡、焦作等据点。中央军委当即复电指出:“攻克临汾对各方面（特别是对支持西北战争）极为有利。”[①] 据此，晋冀鲁豫军区于 1948 年 2 月上旬在山西阳城召开太岳区党政军联席会议，研究攻打临汾问题。会议决定组成前方指挥所，由军区第一副司令员徐向前任司令员，统一指挥第 8、第 13 纵队（由太行 2 个独立旅和华东独立师新组）6 个旅，吕梁军区 2 个独立旅，太岳军区 8 个步兵团等，总计 5.3 万余人，各种火炮 167 门，择机实施临汾战役。

针对临汾城墙坚固、守军设防严密和第 8、第 13 纵队多数为新“升级”或刚扩编的部队，攻城经验少、战斗力较弱，以及天寒地冻、野外作业困难等实际情况，徐向前指示各部队在开战前，普遍开展“土工作业，连续爆破，破坏外壕，坑道作业，攻击碉堡群、地堡，并打开城墙突破口，竖梯攻城。巩固突破口向两翼发展，纵深战斗及步炮工协同动作等项”攻坚训练。21 日至 23 日，前指在山西翼城召开营以上干部会议，第 8 纵队司令员王新亭介绍了运城攻坚经验，徐向前就临汾战役作了动员部署，他指出，军区今后的作战任务“就是要肃清内线的残余敌人，及其残留的据点”，“配合外线作战，同时要把我们晋冀鲁豫野战军培养成为专门的攻坚部队”。“春季攻势第一个战役计划，主要的对象就是临汾”。“这个战役，不仅影响本区，还将有力配合西北和黄河以南的野战军作战，并且打下临汾后，晋南就完全没有敌人的残留据点了”。在分析双方力量时，徐向前认为临汾攻坚“是有胜利把握的”。因为，对方城内“有胡宗南部队，有阎锡山部队，还有土顽部队，他们内部矛盾重重，互相摩擦、抵消”；守军“四周被我们解放区军民紧紧包围着”，“如果敌人来援，正是我欢迎的，我们就打援，在野外消灭他”；守军“总计不过二万五千来人，而且也受过我们的打击。临汾的工事，同运城差不多，可是临汾城

① 《毛泽东军事文集》第 4 卷，军事科学出版社、中央文献出版社 1993 年 12 月版，第 358 页。

的四周，比运城大得多，这也是便于我们突破的”。而解放军“内部是统一的，士气是旺盛的，我们有全边区三千万人民的支援，我们的兵力比敌强”。并强调指出，上述情况“只是解决问题的根据，要经过战斗才能解决问题”[①]。徐向前的报告，使参战各级指挥员明确了任务，增强了信心。会后，练兵活动立即展开，轰轰烈烈；攻城准备有条不紊，扎扎实实。

按照作战计划，临汾战役拟于3月10日开始行动，先扫清外围，尔后攻城。若有援军则先打援再攻城，若无援军即一举攻克临汾，再向晋中发展。为防止守军逃窜，以第8纵队第24旅进至浮山县大阳镇以西地区，会同原在霍县、洪洞、赵城以东地区的太岳军区4个团，控制同蒲铁路东侧；以吕梁军区独立第3、第7旅隐蔽配置在汾西地区，东西呼应，实施堵截。攻城部队则集结于翼城、曲沃地区，继续进行准备，并保证能在一天半行程内北上临汾，发起战役。

3月5日，西北战场传来消息，宜川战役大捷，西北野战军已乘胜南下黄龙山麓，直接威胁西安。此时，胡宗南唯恐老巢旦夕遭毁，便开始派飞机来临汾，企图空运整编第30旅回援。当天，已将该旅旅长及第90团1个营接走。同时得到情报，临汾守军第66师第189团及2个保安团、1个补训团南出襄陵、汾城地区，抢粮备战。为配合西北战场作战，阻止该旅空运，并乘临汾守军出扰之机将其歼灭，徐向前决定将战役发起时间提前至7日，先夺取临汾机场，封闭其空中逃路，尔后转入攻城。遂令第8纵队全部于7日拂晓前控制机场，肃清临汾以南外围守军；太岳军区以1个旅肃清城北外围守军；第13纵队于当日晚立即出动，先奔袭出扰守军，尔后顺势扫除汾河以西各点，并进抵临汾转入攻城。6日晚，第8纵队从南向北、太岳军区部队从北向南，同时逼近临汾。7日黎明，第8纵队第24旅以密集火力封锁控制了城南飞机场，一举击毁了正欲起飞的2架运输机，其余8架仓皇飞逃，粉碎了国民党军的空运企图。随后，南北攻城部队分别展开外围战斗。由于此前梁培璜已令外围据点守

① 《徐向前军事文选》，解放军出版社1993年7月版，第143—145页。

军边打边撤，逐次向城周各据点集中，所以外围战进展很快。攻城部队先后进占了城南的尧庙、东赵村、西赵村、柴村、孟家庄，城北的高河店、南北焦堡、南北孝村、樊家河、北营盘、玉皇顶、郭家庄等据点，并顺利完成了对临汾的合围。第13纵队于5日晚，西渡汾河，对出扰的国民党军实施奔袭，歼1个保安团、1个补训团大部后，一鼓作气将汾河西守军大小据点全部拔除，共歼国民党军1200余人，守军第66师第189团等余部逃回临汾东关。13日，第13纵队移至临汾城东，并扫除了城东的崔家疙瘩、黄土包、火车站、乱人坟等点。至16日，临汾外围据点及守军已全部肃清，各攻城部队各就各位，并随即展开土工作业，利用交通壕掩护，紧缩包围，向城垣攻击推进。

此刻，临汾守军总指挥梁培璜，因兵力所限，在收缩外围的同时，采取了“外强中干”的守城策略，以正规军主力坚守东关及外壕边沿主要据点，以杂牌部队填补空隙及次要据点，把防御重点置于东关及城周，企图进一步调整部署，固守待援。为给梁培璜、阎锡山打气，蒋介石在南京“国民大会”上宣称:“决心保卫临汾！”并派国防部次长林蔚请求美国派飞机助战。阎锡山也3次发电，并派第61军副军长娄福生飞到临汾，传达他的旨意，令梁培璜“依现有力量死守，不要希望援兵解围”，要“人尽物尽，城存成功，城亡成仁”①。对此，梁培璜也只得横下心来，做拼命抵抗、死守城池的准备，并颁布了“八杀”命令：凡“进攻或赴援迟缓者；放弃守地者；邻阵被攻不援者；邻阵被陷不坚持本阵地待援者；射击后阵地前无敌尸者；主官伤亡次官不挺身代行职务者”等都在被杀之列，妄图以这种恐怖手段胁迫部属死守城池。但在“山雨欲来”的情势下，守军内部矛盾凸显，特别是对蒋、胡嫡系第30旅的指挥不灵，使得梁培璜只能把所属第66师全部投放在东关、各保安团投放在城周第一线，而将装备精良的第30旅只好留在城中。

根据实地侦察和俘虏供述的情况，徐向前决定改变原定从南、东、

① 《阎锡山评传》，中共中央党校出版社1991年5月版，第419页。

北三面攻城方案，将登城困难且不易发展的城南改为助攻方向，将地势较高又利于登城和便于兵力、火力展开的城东、城北定为主攻方向。遂调整第 13 纵队从城东攻击东关及电灯公司；第 8 纵队第 23 旅、第 24 旅从北门以西攻击兴隆店等据点；太岳军区 4 个团从北门以东攻击第 4、第 5 号碉堡；第 8 纵队第 22 旅并指挥太岳军区 2 个团在城南助攻。部署调整后，攻城部队继续挖掘交通壕，向城周外壕逼近。

23 日晚，各部队全线发起攻击。在东关，第 13 纵队第 38 旅因作业坑道遭守军破坏，临时改用炮火开辟通路，4 门野炮耗弹 200 发，未能在其防御设施上打开有效缺口，加之天黑，步炮协同亦差，部队连续 3 次组织登城，均未成功。27 日拂晓，第 38 旅再攻东关，因坑道距离不够及炸药未全爆，缺口仍未开好，仅将前次略有加宽，攻城部队登城 30 分钟后，被复活的守军火力打下，伤亡甚大。在城北，第 8 纵队第 24 旅于 25 日攻占了兴隆店据点后，由于守军火力太强，被迫撤出。在城南，太岳军区部队第 41 团进攻第 4 号碉堡、第 47 团进攻第 5 号碉堡，均受挫未果。配合第 38 旅攻打东关的第 39 旅，于 23 日向北侧电灯公司据点发起攻击，一举占领了该公司的东北角和西北角，并连续打退守军 7 次反扑，巩固了已得阵地。26 日晚，第 39 旅又突破了守军第 2 道防线，并与东关来援之守军第 198 团及补训团第 3 营展开激烈争夺，最终将第 198 团所剩的百余人及第 3 营所剩的 9 人压缩于一所锅炉房院内。随后，利用坑道爆破将其攻克，并将电灯公司全部占领。

经过近 10 天激烈的城周战斗，攻城部队虽歼灭守军 3000 余人，取得了攻坚战的初步胜利，但也付出了与其相当的伤亡代价。为了总结战斗经验，争取最后胜利，晋冀鲁豫军区前指于 31 日召开团以上干部会议。徐向前作了《关于攻临外围作战检讨及今后作战等问题》的报告，指出：“阎锡山花样多，一贯主张防守战法，当我开始包围临汾时，敌远距离外围据点，不战而退；但近距离城壕外围据点则拼命固守，土顽换为正规军。”由于“守敌待援无望，突围有被歼之危险，只有死守一条路”，所以“我们人力物力消耗亦很大，也只有坚决打下临汾的一条路”。同时，他还特别强调，“坑道是对付这个敌人的最好手段”。“我们要用‘土行孙’的办法攻打临汾，非打下不可”[①]。为了创造有利的攻城条件，当务之急是夺取东关。为此，徐向前决定以第8、第13纵队分别从右、左翼联合攻取。4月1日，前指第2次调整部署：第8纵队第23旅和第13纵队第37旅，作为攻取东关的主力部队，全部炮兵集中进行掩护。旋即，两支劲旅展开坑道作业。第23旅依托电灯公司向城里伸出3条坑道，第37旅在小东门南以5条坑道并行向前延伸，至9日，各坑道挖成。10日17时，争夺东关战斗激烈展开。经2小时火力准备后，19时，第23旅3条坑道同时爆破成功，突击队乘烟雾立即登城，并迅速通过内壕，攻占了守军师部。第13纵队坑道作业未果，遂改由第8纵队炸开的缺口进入，向守军发起勇猛攻击。至11日上午，第8纵队第23旅、第13纵队第37旅等部将守军第66师大部歼灭，占领了东关。

东关失守后，临汾守军第66师仅剩700余人，整编第30旅虽有战斗力，但也遭炮火猛烈轰击，伤亡400余人。为填补守城兵力不足之缺，梁培璜在援军无望的情况下，竟强迫城里市民上前线充当炮灰，作垂死挣扎。为增强防御设施，还利用鼓楼、关帝庙等建筑设立据点，在城墙上每隔50米加修1个地堡，并将靠东城墙200米内的房屋全部平毁，加修内壕及地堡，在东、南、北三面城墙下挖防御坑道。同时，为对付攻城部队的坑道作业，城里遍设听音哨，强迫市民把大缸倒扣地上，测听地下声音，并以寻声挖掘实施反坑道作业，一经发现便进行爆破、放毒，给攻城行动制造了很多困难。对此，攻城部队指战员想出各种办法消音、防毒，与之对挖、对听、对炸，进行了紧张、持续的地下斗争。

19日，徐向前下达《临汾战役攻城作战基本命令》：集中第8、第13纵队全部和太岳部队主力，自东、南两面同时攻城，彻底歼灭城内守军，另以一部对城北、城西举行牵制攻击。其中，以第8纵队配属野炮8门、榴弹炮4门、战防炮2门、迫击炮14门，由东城门北侧突出部以南攻城，

① 《徐向前军事文选》，解放军出版社1993年7月版，第169—172页。

登城后以一部迅速攻占东城门楼；主力即向纵深发展，攻占梁培璜指挥部；以第 13 纵队配属野炮 4 门、迫击炮 6 门，由城南门楼至城东南角中间东段攻城；以太岳部队一部，由东城门北侧突出部以北攻城；以吕梁军区第 10 军分区主力，于临汾之河西岸积极活动，钳制城西守军。另以独立第 3 旅于总攻开始前一天，秘密进至土门东南地区集结，准备歼灭向西或西北突围的临汾守军，不使溃军窜入西山。同时，要求各部队加速进行攻城准备，争取于 4 月 28 日完成总攻一切准备。20 日，中央军委在电贺野战军歼灭守军第 66 师及取得临汾外围战胜利的同时，肯定了“坚持近迫作业，坑道爆破，并控制主力，决心长时间夺取临汾的计划是正确的”。5 月 2 日，徐向前发布《总攻临汾城的政治动员令》，指出，解放临汾已进入决战阶段，要求全体指战员紧急动员起来，以百倍紧张的状态，扫除一切倦怠、松懈、烦腻、迟疑的现象，发扬坚决、勇猛、积极、顽强和坚持最后 5 分钟的精神，争取解放临汾的最后胜利。

临汾战役至 5 月初，已用时近 2 个月，且部队消耗很大。仅弹药一项，就消耗子弹近 90 万发、手榴弹 30 万枚，平均要用 225 发子弹或 75 枚手榴弹才能杀伤 1 个国民党军。而就在此时，中央军委已获悉傅作义为解平绥线及应县、大同之危，亲赴太原商请阎锡山出兵偷袭石家庄的情况，随即要求徐向前立即从围攻部队中抽出 2—3 个旅，兼程赶赴太谷一带，策应晋察冀野战军消灭东犯的阎锡山部，保卫石家庄。在这种形势下，攻城计划只得向后再推，以至有些领导干部提出“莫如放弃临汾，回师东向，集中力量保卫石家庄”。 11 日，朱德在赴濮阳途中得知上述议论后，立即写信给薄一波、滕代远：“我很顾虑你们怕伤亡，又打不开，不如不打。这样决心，那就前功尽弃，敌人守城更有信心，我们攻坚的信心又会失掉，部队也学不会攻坚。如此损失更大，又毫无代价。”并嘱咐薄、滕全力支持徐向前，“撑他的腰”。并告诉副总参谋长叶剑英，“打临汾决不可自动放弃，更不可由后方下命令叫他放弃”[①]。朱德总司令的

① 《朱德传》，人民出版社、中央文献出版社 1993 年 8 月版，第 596 页。

信，对坚定指挥员攻下临汾的决心起了重要作用。12日，薄、滕致电朱德："攻临汾所需弹药等物资，全力供应，时间不受限制。"并报告，与徐向前"曾谈及不惜再以相同伤亡（时已伤亡8000余人）拿下临汾。只要拿下临汾，徐兵团对于攻坚攻城的难关就算渡过了。临汾城以历史上从没被攻克的迷信也可打破了"①。

至16日，经过一番紧张的地下掘进斗争，第8纵队攻城部队终于把2条各长110米的破城坑道，通过外壕底部挖到了城墙根基，并把6000公斤黑色炸药和3500公斤黄色炸药，分别装入破城坑道内。17日19时50分，总攻开始。首先，随着震天巨响，烟火弥漫，城墙被炸开2个分别宽50米及60米的大缺口，外壕也被倒塌的砖石土块填平，坑道爆破一举成功。尔后，第8纵队各突击部队立即发起冲击，向突破口两侧及纵深发展。第24旅第71团沿城墙向南攻击，很快控制了东城门楼；第23旅第68团沿城墙向北发展，迅速占领了城东北角。紧随其后，第13纵队第37旅也由此突入，直插纵深。此时的守军，因长期被困、连遭攻击，已溃不成军。攻城部队突入后，除内壕之守军尚有局部抵抗外，其他并无激烈战斗。23时，梁培璜、娄福生等率守军残部5000余人，开始向西突围，仓皇逃跑。溃退中，守军一片混乱，互相践踏，有的坠城而死，有的渡河淹亡，多数被预伏的第8纵队第22旅、第13纵队第39旅及地方部队所歼，少数乘隙北窜，又被追击部队消灭一部。其中，总指挥梁培璜在北门被俘获。至此，临汾守军除娄福生带300余人逃往灵石外，其余全被俘歼，战役结束。

临汾战役共进行72天，消灭国民党正规军1个师部、1个旅部、6个步兵团、1个炮兵营和非正规军8个团及军政机关等，打死打伤5000余人，生俘第6集团军中将副总司令兼晋南武装总指挥梁培璜、第66师师长徐其昌以下官兵1.8万余人，共计2.3万余人；缴获火炮554门、机枪1224挺、步枪1360支、炮弹7517发、手榴弹6.5万余枚、子弹217

① 徐向前：《民主的骄傲，人民的光荣——纪念朱德诞辰100周年》，《光明日报》1986年12月1日。

万发。临汾前线解放军伤亡 1.5 万余人，消耗炮弹 9.5 万发、子弹 164.5 万发以及炸药 5 万多公斤。从此，拔掉了晋南地区国民党军最后一个据点，使晋南地区获得全部解放，太岳和吕梁解放区也连成一片，有力地配合了中原和西北解放军的作战，并为尔后消灭阎锡山在晋中的主力部队创造了有利条件。19 日，中共中央致电晋冀鲁豫野战军："庆祝你们解放临汾，全歼阎、胡守敌的伟大胜利！尚望继续努力，为消灭全部敌军、解放全华北而奋斗！"同时，对在临汾攻坚战中，英勇善战、战功卓著的第 8 纵队第 23 旅授予"临汾旅"荣誉称号。

临汾战役是在特定条件下，以坑道作业为主要手段的十分典型的阵地攻坚战。作战双方不仅在空中、地面进行了常规对抗，而且在地下也进行了堑壕对堑壕、坑道对坑道的特殊斗争，所用工程器材和炸药之多、土工作业量之大，都是空前的。正如毛泽东指出："临汾阵地是很坚固的，敌人非常顽强。敌我两军攻防之主要方法是地道斗争，我军用多数地道进攻，敌军亦用多数地道破坏我之地道，双方都随时总结经验，结果我用地道下之地道获胜。"① 徐向前总结道："部队要由运动作战转到攻坚作战，的确是一个很大的阶梯。这中间必须解决一些战术和技术上的问题。一般士兵除了三大技术之外，人人掌握土工作业与爆破两大技术，步、炮、工必须密切协同，而各级指挥人员，则必须学会使用火力、爆破、突击三者紧密结合的艺术和精细组织战斗的本领。只要抓住了这样中心的几个环节，那我们就可以达到无坚不摧、无攻不克的要求。"② 战役中，晋南地区的民兵、民工和群众在"一切为了前线，一切为了胜利"的口号鼓舞下，组成浩浩荡荡的支前大军，源源不断地把大批粮食、弹药和军需物资送上前线，并踊跃担负起运送伤员、看押俘虏等战场勤务。其中，随军随队民兵、民工达 134 个连共 2 万多人，支援的各种器材仅门板、木檩就有数十万件，麻袋 6 万多条，有力地保证了作战需要。因此，临汾战役

① 《毛泽东军事文集》第 4 卷，军事科学出版社、中央文献出版社 1993 年 12 月版，第 472—473 页。

② 《徐向前将军谈临汾战役》，《人民日报》1948 年 5 月 29 日。

也是在当地人民群众全力支援下进行的一场人民战争。

二、坚持豫北斗争，配合野战军主力作战

豫北地区，位于黄河以北，山东、河北、山西三省交界处，是连接华北、中原、华东战场的枢纽地带，系晋冀鲁豫边区的一部分，分属太行、冀南、冀鲁豫军区。1948年春，该地区国民党军的主要分布是：整编第41师师部、第122旅全部、第373团、河北保安第12团和一些县自卫队，守备新乡、辉县、汲县地区；整编第47师第380团及一些县自卫队，驻守长垣、封丘、延津、阳武、原武地区；整编第40师第115团扼守黄河铁桥；整编第38师师部、第177旅全部及河南第4行政区集训总队、河南自卫第6总队，驻防焦作、获嘉、武陟、修武地区；整编第40师第39旅全部、第317团及河南第3行政区集训总队与河南自卫第1总队、第2总队、第3总队等，共守安阳、汤阴地区；冀南永年县城由河北保安第1总队和第2总队防守。其中，大部分正规军为被歼后重新组建，地方武装均以当地惯匪、逃亡地主和国民党特务为骨干组成，战斗力虽然不是很强，但政治上却十分反动。特别是晋冀鲁豫野战军主力转入外线、一部出击晋南后，这些国民党军和杂牌武装便不断向解放区进行流窜性袭扰，对晋察冀和晋冀鲁豫两解放区构成了严重威胁。

在徐向前率第8、第13纵队等部北上攻打临汾的同时，留在豫北地区的太行军区第4、第5军分区，冀鲁豫军区第4军分区等部队，继续在该地区坚持武装斗争。其主要任务是：进一步发动人民群众，广泛开展游击战争，积小胜为大胜，不断扩大解放区；抓住有利战机，集中一定兵力，以运动战或攻坚战，积极向盘踞在豫北的国民党军和地主武装展开进攻，歼灭国民党军的有生力量，以配合与支援野战军主力作战。

2月初，针对国民党反动武装经常昼伏夜出，小股行动，抓丁、抢粮、捕杀共产党干部和群众；与封建会道门相勾结，奔袭共产党组织机关和地方部队，欺骗、拉拢群众外逃等情况，豫北各地党委在薄一波、滕代远等的领导下，分别召开边沿地区工作会议，进行了研究部署。决定在

豫北国统区和游击区，建立革命的两面政权，以灵活的斗争形式，打击分化还乡团、保安队，并对危害性极大的封建会道门进行武装清剿。同时，以县（区）游击队在接合部活动，以武工队深入国统区，袭击小股土顽，配合地方军作战。3 月 24 日，太行军区第 5 军分区第 52 团在汤阴独立营的配合下，一举攻克了汤阴城，歼灭守军 360 多人，并连续拔除了附近各残余据点，解放了汤阴县全境。至 4 月中旬，经过一系列艰苦的工作和开展广泛的游击战争，豫北地方部队和民兵以政治争取、分化瓦解为主，教育了绝大多数受骗群众，打击了国民党特务和会道门的一些坏头头，镇压了极少数罪大恶极分子，匪杂武装的小股活动被遏制，封建反动会道门的叛乱被平息。与此同时，冀南地区的部队也以政治斗争和军事进剿相结合，平息了“白莲古教”在邯郸、广平、成安、肥乡县等地区的大规模叛乱。

5 月麦熟季节，国民党军将整编第 38、第 41 师南调中原后，在豫北成立了第 12 绥靖区，统领在新乡、焦作地区的整编第 40 师率第 106 旅，在安阳地区的第 39 旅，以及由特务组织集中编成的绥靖纵队（辖 3 个工作团，共 500 余人），并将整编第 40 师所部及地方杂匪武装组成 4 个抢麦集团，准备动武抢收，以解决守军粮荒问题。为保卫豫北地区的麦收，刚成立不久的晋冀鲁豫野战军第 14 纵队（2 月由冀南军区 2 个旅和太行军区基干武装各一部组成第 41、第 42 旅）及冀南各军分区武装，在纵队司令员韦杰、政治委员甘渭汉的率领下，于 5 月初迅即开赴豫北，尔后深入国统区，与原在豫北地区的太行部队一道展开护麦斗争。27 日，太行军区第 4 军分区部队攻克焦作、修武之间的据点苏蔺，并在道清铁路沿线不断进行伏击和突袭，半个月中歼灭抢麦国民党军 800 多人；太行军区第 5 军分区部队与冀鲁豫军区第 4 军分区部队相配合，多次击溃由新乡出动抢麦的国民党军，共同作战 137 次，攻克了槐树营、黄府、宋村等 7 个据点，歼灭抢麦国民党军和匪杂武装 2000 人，掩护了新乡、辉县、汲县一带群众的麦收。第 14 纵队主力进逼安阳城下，以第 41 旅指向安阳东北地区，以第 42 旅伸到安阳东南一带，保卫汤阴、邺县及安阳周围地区群众的麦收，并在白壁、崇固、韩陵山、袭家伍、马家庄等地，组织大小战斗10多次，先后在崇固地区击溃由安阳出动抢粮的守军2000多人，俘虏239人；在邺县李家山歼灭由陆寺出动抢粮的守军自卫第2总队1个营等，给偷袭抢麦的国民党军及匪杂武装以沉重打击。在护麦斗争中，为配合部队行动，各地武工队和民兵游击队在组织群众抢收的同时，还进行了县与县、区与区、村与村的联防，以大摆地雷阵的方式，将斗争推向国民党占领区，把地雷埋到碉堡前，挂在其营门上，使国民党军不敢轻易出犯。整个麦收季节，在军民并肩奋战下，共击毙、击伤、俘虏国民党军及匪杂武装5000多人。

第三节　成立华北军区，组建野战第1、第2兵团

随着全国解放战争形势的进一步发展，特别是在华北地区解放军转入战略进攻，刘邓大军挺进中原，把矛头指向国民党占领区后，坚持内线作战的晋察冀和晋冀鲁豫两区军民，不断扩大胜利成果，使边区联系越来越紧密，作战协同越来越频繁。自石家庄战役以后，晋察冀和晋冀鲁豫两大解放区已完全连成一片。因此，建立统一的华北解放区，实行党政军民的统一领导，加强整个华北解放区建设，既是加速华北解放战争进程的需要，也是使华北解放区成为支援全国各战场战略基地的需要。

一、成立华北军区

晋察冀与晋冀鲁豫两大区合并是一件大事。对此，中共中央、中央军委和毛泽东极为重视。1948年3月6日，按照刘少奇的提议，毛泽东以中共中央名义致电中央工委时指出，合并晋察冀、晋冀鲁豫“两个中央局，成立北方局，有利无害。时机亦已成熟，拖下去无必要。我们意见即以中工委为中心合并两个中央局成为北方局，刘少奇兼任北方局第一书记，薄一波任第二书记，聂荣臻任第三书记。两区的军政两项机构，暂时不合并”。“经过几个月，待党务及财经两方面工作在统一之后有了

头绪，再将军事机构合并”[①]。并将统一晋察冀与晋冀鲁豫两区事，于20日通报全党：“目前我们正将晋察冀区、晋冀鲁豫区和山东的渤海区统一在一个党委（华北局）、一个政府、一个军事机构的指挥之下（渤海区也许迟一点合并），这三区包括陇海路以北、津浦路和渤海以西、同蒲路以东、平绥路以南的广大地区。这三区业已连成一片，共有人口五千万，大约短期内即可完成合并任务。这样做，可以有力地支援南线作战，可以抽出许多干部输往新解放区。该区的领导中心设在石家庄。中央亦准备移至华北，同中央工作委员会合并。”[②]

同时，为适应快速发展的革命形势，加强对全国解放战争的指挥，毛泽东、周恩来、任弼时率中央和军委机关，当月21日离开米脂县杨家沟，由陕北东渡黄河，经晋西北，于4月11日进入晋察冀解放区，13日晚，到达晋察冀军区所在地阜平县城南庄。4月30日至5月7日，毛泽东在城南庄主持召开了中共中央书记处扩大会议。会上专门研究了关于华北、中原解放区的组织、管辖境地及确定人选的问题。9日，中共中央和中央军委就此向各中央局、野战军前委发出通知：“（一）晋冀鲁豫及晋察冀两解放区合并为华北解放区。原隶属晋冀鲁豫解放区之豫皖苏解放区改隶于中原解放区。原属太岳区沿同蒲路自赵城、洪洞（均含）以南直至蒲州以及路西各县，均划归晋绥解放区管辖；原属晋绥之太原附近各县，则划归华北解放区管辖。（二）晋冀鲁豫及晋察冀两中央局合并为华北中央局，以刘少奇兼华北中央局第一书记，薄一波为第二书记，聂荣臻为第三书记，以刘、薄、聂及董必武、彭真、叶剑英、徐向前、滕代远、罗瑞卿、刘澜涛、赵振声、王从吾、萧克、黄敬、杨立三、赵尔陆、杨秀林（峰）十七同志为委员，刘、薄、聂及董必武、彭真、滕代远、刘澜涛、黄敬八位同志为常委。（三）晋冀鲁豫及晋察冀两军区合并为华北军区，以聂荣臻为司令员，薄一波为政委，徐向前为第一副司令员，滕

① 《毛泽东年谱》下卷，人民出版社、中央文献出版社1993年12月版，第291—292页。

② 《毛泽东军事文集》第4卷，军事科学出版社、中央文献出版社1993年12月版，第435页。

代远为第二副司令员，萧克为第三副司令员，赵尔陆为参谋长，罗瑞卿为政治部主任，蔡树藩为副主任；以徐向前兼华北野战军第一兵团司令员及政委，调王建安为副司令员兼副政委；以杨得志为华北野战军第二兵团司令员，罗瑞卿兼第一政委，杨成武为第二政委。（四）晋冀鲁豫及晋察冀两边区政府在华北人民代表会议未召开前，暂成立华北联合行政委员会，以董必武为主席，黄敬、杨秀林（峰）为副主席，宋劭文为秘书长。”①

晋察冀军区与晋冀鲁豫军区，按照中共中央和中央军委的决定，于5月20日在原晋察冀军区所在地城南庄正式宣布合并，成立华北军区。聂荣臻任司令员，薄一波任政治委员，徐向前任第一副司令员，滕代远任第二副司令员，萧克任第三副司令员，赵尔陆任参谋长兼后勤司令员，罗瑞卿任政治部主任，王世英任副参谋长，蔡树藩任政治部副主任，黄敬任后勤政治委员，吴先恩任后勤参谋长。同时，军区领导机关也进行了统一整合。

司令部设8个处：第一处（作战、训练），下设作战科、教育科、制图科；第二处（侦察），下设第一科、第二科；第三处（通信），下设通信科、材料科、电话科以及无线电区队、通信队；第四处（管理），下设管理科、供给科并辖军区警卫团；第五处（队务），下设第一科、第二科；第六处（对外称气象局，实际是从事技术侦察工作）；第七处（机要）；第八处（航空）。另设防空司令部办公室、炮兵室和工兵室。

政治部设6个部（处）：组织部，下设组织科、干部科、直工科以及调查研究室；宣传部，下设宣传科、编辑科以及画报社、剧社、电影队、军乐队；保卫部，下设第一科、第二科、第三科；敌工部，下设第一科、第二科、第三科以及3个解放军官教导团；秘书处，下设管理科、供给科；军法处。另设印刷局及印刷厂。

后勤部设4个部（处）：供给部，下设财务处、军需处、直属队供给处，

① 《中共中央文件选集》第17卷，中共中央党校出版社1992年版，第151—152页。

并设政治部；卫生部，下设医务处、供给处、防疫处以及巡视团，并设政治部；兵站部，下设运输处、供给处以及 2 个办事处，并辖 2 个辎重大队；军械处，下设统计科、保管科、技教科。另设总务处、军药处、军教处。

27 日，新成立的华北党政军领导机构转入正常工作后，毛泽东等乘车到达西柏坡，与朱德、刘少奇、周恩来、任弼时会合。至此，中共中央机关和中国人民解放军总部也完成了从陕北到西柏坡的转移，中共中央和中央工委以及中央后委开始合并办公，原设中央工委、中央后委已完成使命，即行撤销。

二、编组野战第 1、第 2 兵团

随着晋察冀、晋冀鲁豫军区领导机构的合并，中央军委于华北军区成立的同时，将原属晋冀鲁豫野战军的第 8、第 13、第 14 纵队，晋察冀野战军的第 2、第 3、第 4、第 6 纵队，分别编为华北野战部队第 1、第 2 兵团。

第 1 兵团，由原晋冀鲁豫野战军 3 个纵队编成，徐向前兼任兵团司令员和政治委员，陈漫远任参谋长，下辖第 8、第 13、第 14 纵队。第 8 纵队：司令员兼政治委员王新亭、副司令员兼参谋长张祖谅、副政治委员周仲英、政治部主任桂绍彬，下辖第 22、第 23、第 24 旅，共 9 个团，依次为第 64—第 72 团；第 13 纵队：司令员曾绍山（未到职）、政治委员徐子荣、副司令员鲁瑞林、副政治委员袁子钦、参谋长白天、政治部主任郭林祥，下辖第 37、第 38、第 39 旅，共 9 个团，依次为第 109—第 117 团；第 14 纵队：司令员韦杰、政治委员甘渭汉、副司令员石志本、副政治委员兼政治部主任甘思和、参谋长高厚良，下辖第 41、第 42 旅，共 6 个团，依次为第 121—第 126 团。

第 2 兵团，由原晋察冀军区野战军 4 个纵队编成，司令员杨得志、第一政治委员罗瑞卿、第二政治委员杨成武、参谋长耿飚、政治部主任潘自力，辖第 2、第 3、第 4、第 6 纵队。第 2 纵队：司令员陈正湘、政治委员李志民、副司令员韩伟、参谋长赵冠英、政治部主任刘国梁，辖第4、第5、第6旅，共9个团，依次为第10—第18团；第3纵队：司令员郑维山、政治委员胡耀邦、副司令员兼参谋长王道邦、政治部主任陆平，辖第7、第8、第9旅，共9个团，依次为第19—第27团；第4纵队：司令员曾思玉、政治委员王昭、副政治委员王宗槐、参谋长唐子安、政治部主任李昌，辖第10、第11、第12旅，共9个团，依次为第28—第36团；第6纵队：司令员文年生、政治委员向仲华、副司令员肖新槐、副政治委员王紫峰、副政治委员兼政治部主任旷伏兆、副参谋长张挺，辖第16、第17、第18旅，共9个团，依次为第46—第54团。

此外，直属华北军区的野战部队还有北岳军区的第1纵队、冀中军区的第7纵队和炮兵第1、第2旅。其中，第1纵队领导仍由北岳军区领导兼任，辖第1、第2、第3旅，共9个团，依次为第1—第9团；第7纵队领导仍由冀中军区领导兼任，辖第19、第20、第21旅，共9个团，依次为第55—第63团；炮兵第1旅，原晋冀鲁豫军区炮兵旅改称，辖2个炮兵团；炮兵第2旅，原晋察冀军区炮兵旅改称，辖3个炮兵团、1个教导团。

三、调整军区建制

华北军区成立后，所属的6个二级军区分别为：原属晋察冀军区的北岳、冀中军区和原属晋冀鲁豫军区的冀鲁豫、太行、太岳、冀南军区。对这些军区所辖的各军分区和部分独立旅、团，也作了个别调整和重新明确。

北岳军区，在原军区领导及所辖各军分区建制不变的情况下，统一了各独立团番号。第1（雁北）军分区辖独立第1、第2团；第2（五台）军分区辖独立第3、第4团；第3（平西）军分区辖独立第7、第9团；第5（易水）军分区辖独立第5团；第6（察南）军分区辖独立第13、第14团。

冀中军区（兼第7纵队），原建制和领导不变，仍辖4个军分区：第8（津南）军分区，辖第22团；第9（保定）军分区，辖回民支队；第10（平南）军分区，辖第75团；第11（石东）军分区。

冀鲁豫军区，司令员赵健民，政治委员潘复生，副司令员刘致远，副政治委员甘渭汉、徐运北，参谋长傅家选（后刘德海），政治部主任郭影秋（后谢良）。原辖9个军分区、2个独立旅，华北军区成立后，将第1军分区划归山东鲁中军区建制，其余8个军分区为：第2（临河）军分区，辖基干团；第3（湖西）军分区，辖第1、第2基干团；第4（豫北）军分区，辖第356、第357团和独立团；第5（鲁西）军分区，辖第13团和南东独立团；第6（运东）军分区，辖第11团；第7（运西）军分区，辖第15团和基干团；第8（直南）军分区（后改称人民武装部）；第9（濮范）军分区（后改称人民武装部），辖独立团。2个独立旅为：独立第1旅，辖第1、第2、第3团；独立第3旅，辖第7、第8团。整编后，将第2（临河）军分区基干团、第3（湖西）军分区第1基干团、第7（运西）军分区第15团合编为独立第2旅，归冀鲁豫军区建制，各团依次改称第4、第5、第6团；各军分区其余部队统编为6个基干团，分别隶属有战斗任务的4个军分区：第3（湖西）军分区辖第1团，第7（运西）军分区辖第2团，第5（鲁西）军分区辖第3团，第4（豫北）军分区辖第4、第5、第6团。

太行军区，司令员鲁瑞林（后赵辉楼），政治委员赖若愚（后冷楚、陶鲁笳），副司令员赵辉楼（后陶国清），副政治委员张慧如，参谋长王远芬，政治部主任周光坦。下辖6个军分区：第1（邢台）军分区；第2（左权）军分区，下辖第42、第43团和榆次团；第3（长治）军分区；第4（焦作）军分区，下辖第46、第47团；第5（漳卫）军分区辖第49、第52团；第6（武安）军分区。为加强豫北地区斗争，将第4（焦作）军分区的2个团和4个独立营合编为独立第7旅，辖第19、第20、第21团，隶属太行军区建制；第5（漳卫）军分区除编成内第49、第52团外，又集中4个独立营、3个县大队，新编成独立第1、第2、第3团。这些地方部队编成后，主要是配合第14纵队作战。

冀南军区，司令员徐深吉（后王光华），政治委员王从吾（后马国瑞），参谋长张希才（后孙卓夫），政治部主任崔田民（后陈伯录）。由于冀南已无国民党军，原有地方部队大部编入中原野战军，一部于4月初，编入华北军区第14纵队，故冀南军区改称区党委武装部，对外仍称军区，所属临清、夏津、邯郸、南宫、衡水5个军分区只有少量的地方武装，亦改称地委武装部，执行地方党委军事部的职能，担负维护治安和领导民兵工作的任务。

太岳军区，司令员刘忠（后曹普），政治委员王鹤峰（后顾大川），副司令员兼参谋长方升普（后杨玉山），政治部主任高德西。第1军分区，辖第41、第42、第43团；第2军分区，辖第44、第45、第46团；第3军分区，辖第47、第48、第49团；第4军分区，辖第53团；第5军分区。华北军区成立时，太岳境内已无国民党军，太岳地方部队大部转向外线配合主力作战。

同时，为加强对军政干部的培养及待补入部队的地方青年、解放战士的培训教育，适应战争发展形势和军队建设需要，经中共中央和中央军委批准，将原晋察冀军区军政干部学校、步兵学校和原晋冀鲁豫军区军政大学、陆军中学、青年教导团5个单位合并，组成华北军事政治大学，校址位于石家庄西部获鹿县南新城。校长兼政治委员叶剑英，副校长萧克（后曾涌泉），副政治委员兼政治部主任朱良才，教育长谭家述，教育部部长陶汉章，校务部部长李钟奇。下设8个大队、3个直属队和步兵学校、妇女学校和高级干部队，总共12186人。7月1日，举行了隆重的开学和阅兵典礼。另将3月在石家庄地区成立的晋察冀补训兵团改称华北补训兵团，并决定以石家庄警备司令部的领导及机构兼任补训兵团的领导及机构。补训兵团司令员滕代远（兼），副司令员曾涌泉，副司令员兼参谋长叶楚屏，政治部主任旷伏兆。下辖4个补训旅、16个补训团，另1个教导队。每团3个营15个连，可同时接收学员2500—3000人。

完成两区合并后，整个华北解放区就包括了陇海路以北、津浦路以西和以东的部分地区，同蒲路以东、平绥路以南和以北的部分地区，并拥有人口4370多万，中共党员100万，耕地1.63亿亩。军区部队经过整编，指挥体系得到统一，编制结构更加合理，武器装备略有充实，特种兵建设明显加强，部队的规模也迅速扩大。至此，华北军区共有2个兵团9

个纵队计 23.4 万人的野战军和 6 个军区计 18 万多人的地方军，总兵力达 42 万人，成为全国解放战场上的一支重要战略力量。

第四节 第 2 兵团挺进热西、冀东，发起冀热察战役

1948 年春，东北野战军取得冬季攻势胜利后，把东北国民党军分割包围在长春、沈阳、锦州这 3 个互不联系的地区之间。蒋介石为挽救东北战场之危局，给东北“剿匪”总司令卫立煌壮胆鼓气，除将范汉杰兵团部及整编第 54 师（到东北后改称第 54 军）由青岛调至锦州外，还准备从华北抽调国民党军增援东北，并打通北宁线。为粉碎蒋介石的这一企图，中央军委在晋察冀军区实施察南、绥东战役期间，就指示晋察冀军区野战部队要准备向热河、冀东地区实施机动，以把傅作义集团紧紧拖在华北，使其无力出关。所以，在察南、绥东战役后期，原晋察冀野战军就计划以一部东进，一部作策应，在东、西两线同时展开，钳制、消灭在华北东部地区的国民党军。

一、挺进热西

察南、绥东战役结束后，华北“剿匪”总司令傅作义的主力部队仍摆在平绥铁路东段的察南地区，而在热河西部及冀东地区的守备兵力只有第 13、第 92 军及一些地方部队。5 月上旬，经中央军委同意，第 2 兵团司令员杨得志、政治委员罗瑞卿等决定：将第 2 兵团分成东、西线两个集团，在冀热察三省边界地区和平汉路北段发起战役。其中，第 3、第 4 纵队和第 2 纵队第 4 旅共 7 个旅的兵力组成东线集团，由杨得志、罗瑞卿、耿飚率领，于 15 日前后出动，向热西、冀东挺进，以宽大机动的办法，调动并寻机歼灭国民党军；第 1、第 2（欠第 4 旅）、第 6、第 7 纵队组成西线集团，由杨成武指挥，留在平汉路以西，择机发起攻势，钳制内线的傅作义部队，策应热西、冀东方面作战。

针对傅作义集团“以主力对主力”“以集中对集中”的战法，第 2 兵

团采取了“以分散对集中、以集中对分散”的机动作战方针，即对国民党军集中的主力，以相对分散的机动，大踏步进退，相机作战；对国民党军分散的部队，则集中兵力奔袭，迅速围歼。为执行这一新的作战方针，野战军还发出专门文告，号召全体官兵及民工：在分散时，不要怕在短时期打不出轰轰烈烈的大仗；要有大胆打向蒋傅占领区的勇气，准备克服外线作战的各种困难；行军是作战胜利的重要条件，不要怕夜行军、强行军，走“冤枉”路；不要怕严重的敌情，要机巧地调动、歼灭敌人；不要怕一时粮食困难，即使偶然吃不上饭也要同样行军作战；不要怕暂时的群众条件不好，要积极做群众工作。只要我们具有一往无前的精神，困难就一定可以克服。同时还指出：全国革命高潮已经到来，蒋介石的统治已是摇摇欲坠，华北敌人所处的形势异常紧张，全华北解放的日子已经不远了。这个号召增强了解放军指战员完成任务的信心，激发了克服困难、战胜国民党军的勇气。

随后，杨得志、罗瑞卿、杨成武、耿飚下达命令：以第3、第4纵队和第2纵队第4旅分3个开进序列，迅速突破平绥路，进入热河地区，在热西及平古线发起攻势。首先采取奔袭手段向热西丰宁地区及古北口、怀柔段展开攻击，力求速决，控制密云、石匣段铁路，歼灭古北口、丰宁、鞍匠屯地区国民党军，尔后视情东转，进入承德、平泉地区作战。战役机动及作战部署是：第3纵队以5日行程进至白阳城、阳坊间地区集结，16日黄昏以适当兵力分别钳制南口、包围昌平、警戒沙河，并破坏该段铁路公路，主力分别由昌平南北地段过路，首先经急袭动作，攻占石匣、怀柔等要点，彻底破毁并控制密云南北铁路公路，尔后适时东转，进入承德、平泉地区作战；第4纵队（欠第10旅）以3日行程进抵永定河以东，桃山嘴、十八家以南，并沟、化庄、石营岩地区集结，16日黄昏以一部兵力于怀康段破毁铁路公路，钳制怀来、包围并相机占领康庄，主力由怀康间通过铁路，先以一部兵力围攻并相机占领延庆，再以精干部队奔歼古北口地区制高点八角楼子守军，主力坚决攻占古北口，并破毁鞍石段交通，适时东进，协同其他纵队作战；野直并第2纵队第4旅、第4纵队第 10 旅以 7 日行程进至姚家河、陆家坡、陈家堡子地区集结，第 10 旅担任攻歼岔道、西拨子守军，掩护野直及第 4 旅于康庄西拨子间过路后归建，第 4 旅过路后进至延庆以东，并对大小白旗守军实施奔袭。同时，为策应配合东线集团作战，令第 2 纵队（欠第 4 旅）以 4 天行程进至矾山堡、桑园及以北地区集结。16 日黄昏以一部兵力于沙城段破毁铁路公路，包围攻占沙城之土木堡及车站等点，并向怀来、新保安警戒。

5 月 13 日夜，杨得志、罗瑞卿、耿飚率东线集团由蔚县地区出发，迅速向热西、冀东挺进。16 日黄昏，各路先头部队接近铁路，分别向预定目标发起攻击，掩护主力过路。当晚，第 4 纵队第 11 旅第 33 团与冀察热辽军区独立第 7 师相配合，一举攻克了延庆县城，歼灭国民党军 800 余人。第 4 纵队主力在第 2 纵队一部分兵力的掩护下，由怀来、康庄间越过平绥线。第 3 纵队和第 2 纵队第 4 旅于 16 日集结在西峰山、高崖口和大、小水峪地区，拟于 18 日黄昏从沙河、南口间的接合部越过平绥路，进抵昌平以北地区集结。

这时，傅作义集团为维持北平至南口间的铁路畅通及进行粮食储备，派遣第 92 军第 142 师分两路向白阳城、阳坊一带“扫荡”、抢粮。17 日黄昏，一路约 2 个团并带 20 余辆大车，进到上店、下店和南柳村，一路约 1 个团进驻阳坊、桥头村一带。尽管目前解放军东进的意图尚未暴露，但该股国民党军却对过路行动带来了妨碍。于是，杨得志等决心乘其立足未稳，处境孤立之际，以突然动作，首先歼灭上、下店和南柳村国民党军，尔后视情况向阳坊及桥头村出击。当即命令第 3 纵队并指挥第 4 旅发起攻击。主要部署是：第 8 旅附第 4 旅第 10 团担任攻歼上、下店国民党军，并以 1 个团位于土楼村、葛村担任东面的堵击与阻援；第 7 旅以 1 个团攻歼南山国民党军警戒部队，并插至上、下店及阳坊公路，对该两路国民党军实施监视、阻断、堵击，主力则攻歼南柳村国民党军；第 9 旅以 1 个团向南口佯动，并破坏南口以南铁路，主力位于刘庄、杨庄一线，阻击南口方向可能的援军；第 4 旅主力位于瓦窑、狼儿峪为总预备队。

当日 20 时后，各攻击部队分别由集结位置隐蔽开进。22 时，第 7 旅主力进至南柳村，因该地无国民党军驻扎，遂继续东进，由西南面配合第8旅攻击上店，24时许进抵上店村外及南山，同时一部亦进至阳坊西山及上、下店南大山阻援阵地；第8旅等部于23时与上、下店国民党军警戒部队接触，将其压退村内，并迅速完成对该地的合围，第22团于24时进至葛村、土楼一线，构筑了阻援阵地工事。同时，第9旅也进至阻援位置构筑工事，并以第25团对南口展开佯动袭扰。

18日2时30分，各攻击部队同时对上、下店发起攻击。第7旅第19团当即攻入上店，紧接着第8旅第24团从西面也攻入该村，与村内国民党军展开激战，并将其压缩于东北角几座高房。4时30分，上、下店之南山国民党军1个连，在第7旅第21团1个加强营的猛烈攻击下，弃守阵地逃往阳坊，途中被追歼一部。9时，攻击部队重新组织火力，再次对上店发动攻击，国民党军逐渐不支，遂向东北突围，被第4旅第10团截歼一部，余部逃入下店。第8旅第23团对下店发起攻击后，经3小时激战，占领村外部分房屋，8时25分再次组织攻击，国民党军开始动摇，一部200余人向东北突围，被全部截歼，同时部队攻入村内，与国民党军展开逐房逐院的争夺。第9旅第25团完成对南口袭扰及破坏南口至念头段铁路后，即进至北马庄、李家庄、陆庄、丈头一线阻援阵地。7时，南口守军一部向该团之北马庄阵地攻击；8时，辛店守军出动1个多团的兵力，向该团之丈头阵地攻击，连续5次猛攻均被击退，国民党军伤亡甚重。10时，上店战斗结束后，当第3纵队准备调集第19、第10、第12团会攻下店时，村内国民党军开始向东南突围，因第20团位置稍远，除先头一部200余人逃跑外，余部全被截歼。同时，驻阳坊的另一路国民党军也闻讯向东撤逃。上、下店战斗至12时胜利结束，共毙俘国民党军2000余人，缴获各种火炮14门、枪支近500支（挺）、炮弹370发、手榴弹1500余枚、子弹16.3万发、骡马48匹、大车12辆。同时，解放军也付出伤亡2000余人的代价。

傅作义察觉东线集团突破平绥路的意图后，急忙将部署在张家口、宣化地区的主力部队东调，妄图将野战部队东线集团阻于平绥路以南、以西地区。遂以第 16 军 2 个师及第 92 军第 142 师 1 个团集结在平绥线南口、沙河段进行阻拦；以暂编第 3 军、第 94 军尾随东线集团第 4 纵队进到延庆进行迟滞；以第 35 军进到土木，暂编第 4 军进到宣化实施围追。此时，东线集团大部已于 23 日前改由沙城、土木之间越过平绥路。其中，第 2 纵队第 4 旅进入汤河口以北杨木栅子地区；第 4 纵队进抵平承路以西宝山寺、琉璃庙地区；第 3 纵队也于 29 日全部进到怀柔以西黄花城、四海堡地区。傅作义的阻拦计划彻底落空。

与此同时，为配合华北野战部队第 2 兵团东线集团的行动，东北野战军第 11 纵队和冀察热辽军区部队，在前方第 2 指挥所司令员程子华的指挥下，于 5 月 25 日向隆化国民党军第 13 军第 89 师第 265 团发起进攻，经 21 小时激战，全歼守军 1400 余人，解放了隆化城，策应东线集团顺利进入热西地区。在攻击隆化中学守军受阻时，第 11 纵队班长董存瑞负伤后手托炸药包，炸毁桥上的暗堡，英勇献身，为部队开辟了通路。战后，董存瑞被授予“战斗英雄”“模范共产党员”称号，其生前所在班被命名为“董存瑞班”，冀热察行署把隆化中学改称“存瑞中学”。

二、转战冀东

东线集团越过平绥路、挺进热西地区后，就下一步的作战计划，杨得志、罗瑞卿、耿飚等总的想法是：部队休整数日后，“即以一个纵队结合冀东部队出击平古（路），四个旅进入热河，结合十一纵（会同东北野战军第 11 纵队）先打丰宁、隆化、滦平等，并准备打援。第一步打下丰宁、滦平，截断平古路；第二步夹击古北口，或围攻承德”[①]。同时，考虑与东北野战军的协同，曾分别报告了中央军委，并提议华北野战部队第 2 兵团主力在热河境内作战时，归程子华统一指挥。东线集团的这一想法和提议立即得到了中央军委的批准。

5 月 29 日，鉴于国民党军过早收缩于平古线上布防，其第 13 军第 4

① 《华北第三次国内革命战争史资料选编》第 10 册，第 40 份，1948 年 5 月 21 日，北京军区档案馆。

师及第89师附若干地方部队集中于承德；第92军主力及第63师集结于古北口、石匣地区；第95师亦运抵石匣、怀柔，使东线集团在平古、热西地区歼灭分散国民党军的目的难以达成的情况，杨得志、罗瑞卿、耿飚就下一步行动提出了两个方案：（1）集中力量打承德并包括阻援。就敌我各种条件对比看来，把握不十分大，粮食恐亦为大问题。（2）以热河部队围承德，我们结合冀东部队在冀东广大地区对平古、平津、津榆各段作战。就配合东北来说，似以第一方案为好，就歼敌来说，则第二方案较好。请军委就整个需要考虑决定。6月2日，中央军委复电指出：你们率部在古北口、密云之线以西或以东地区休息数日待命，或向冀东机动，或即在现地区机动，总之不打承德，也不去山海关以北。

据此，杨得志、罗瑞卿、耿飚等与程子华在承德西南地区会面，对下一步行动进行了具体商量、研究。认为，“目前平承段无好仗可打，又无饭吃，因而建议十一纵出榆关、兴城段，求歼守敌暂编第60师。华北二兵团主力向冀东机动，但唐山、玉田、三河之线以南河流水洼地区极多，大部队活动困难，雨季以后根本无法活动，所以拟第一步打滦河东西之北宁线，此对钳制范兵团①可达到目的。此计划完成后，看情况打平古或回击热河”②。随后，东线集团决定：“乘傅匪主力向平谷地区进攻，被我三纵钳制，北宁线敌较虚弱之际，决以四纵并四旅（为左翼兵团），于十三日晨奔歼丰润、榛子镇之敌，尔后相机出击北宁线。如敌主力东转增援，左兵团适时收缩，而以三纵及冀东、冀热察两个独立师（为右翼兵团），适时进击平古线。冀东地武③于十二日晚开始择段破击北宁线。”④

6月2日，右翼之第3纵队破击平古路东进后，国民党第92、第94、暂编第3军及第95、骑兵第4师等部，即向该纵队追击。5日，第3纵

---

① 范兵团：指国民党军范汉杰兵团。

② 《华北第三次国内革命战争史资料选编》第10册，第43份，1948年6月4日，北京军区档案馆。

③ 地武：指地方武装。

④ 《华北第三次国内革命战争史资料选编》第10册，第44份，1948年6月8日，北京军区档案馆。

队进至平谷附近的前温营、后温营、翟各庄、靠山集地区构筑工事，扭牵国民党军。6 日，傅部第 94 军、暂编第 3 军主力，在优势炮火和飞机掩护下，连续对前温营、后温营阵地发起集团进攻。第 3 纵队英勇顽强地坚守阵地，并不失时机地进行反冲击，打退了国民党军 10 多次的进攻。激战竟日，傅作义所部付出重大伤亡，被迫退居大王庄、小王庄和云峰寺一线。为诱其深入，第 3 纵队采取节节抗击、巧妙周旋的手段，以退为攻，主动撤出前温营、后温营一线阵地，有计划地向东引退，并提出了“牵着牛鼻子，拖住傅作义”的口号，进行拉锯式的反复扭击。至 11 日，第 3 纵队共歼灭国民党军 1200 多名，并将傅作义所部扭击于平谷靠山集地区，顺利完成了掩护左翼兵团由鞍匠屯、古北口地区隐蔽东进的任务。12 日，尾随第 3 纵队的傅作义所部停止追击，开始西撤。

同日，左翼兵团已秘密抵达遵化东北地区。当日夜，该部以奔袭动作，分割包围了榛子镇、丰润地区的守军。首先以小部队监视外围小点，主力插入守军纵深。13 日，第 4 纵队第 11 旅、第 12 旅第 34 团以优势炮火和兵力，攻击榛子镇守军第 151 师的 1 个营和 1 个自卫队，一举突破前沿阵地，继以小战斗群与守军展开激烈巷战，迫其 900 多人全部缴械投降。14 日，第 12 旅和第 11 旅第 33 团以突然动作歼灭了野鸡坨守军，第 2 纵队第 4 旅和第 4 纵队第 10 旅第 30 团歼灭了丰润、高丽堡守军。15 日，第 10 旅迅速出击，全歼了任各庄守军 1 个营。至此，左翼兵团用 3 天时间攻克国民党军据点 12 处，全歼守军保安第 27、第 37 团，第 151、第 157 师各 1 个营，以及部分地方武装，共 5370 人。随后，又乘胜向南扩张，攻克了赵各庄、开平等点，并逼近唐山，对北宁铁路构成了威胁。

此时，傅作义感到东线吃紧，急调暂编第 3 军、第 16 军、第 92 军共 7 个师的兵力，自平谷地区经三河、蓟县、玉田仓促东援，先头已进抵丰润附近；第 62 军第 157 师和独立第 95 师分由杨村、通县车运至唐山，企图与东线集团主力在此决战。但第 4 纵队等部已先机东转，至卢龙、迁安地区，使其扑空。乘傅部主力东援北宁线而平古线相对薄弱之机，杨得志、罗瑞卿、耿飚遂令第 3 纵队出击古北口至怀柔段。18 日，第3纵队第7、第9旅一举攻克小营、石匣，歼灭守军第7团2个营、保安第28团1个营、暂编第63师及地主武装各1部，共1800余人。这时，东北军区独立第4、第5师已将傅作义第13军暂编第63师隔离于古北口，杨得志等遂令第3纵队第8旅、第9旅第25团向该地发起攻击；第7、第9旅（欠第25团）在石匣、小营地区实施阻击；东北军区独立第4、第5师则相机攻歼鞍匠屯守军。

古北口，群山环抱，地形险要，是历史上有名的军事要塞。傅作义部利用长城和山势在其周围筑有大小碉堡数百个，并以堑壕和地道相互连通，形成坚固的防御体系。20日，第3纵队第8旅、第9旅第25团展开扫清外围战斗，先后攻占东南山和东北方向长城沿线阵地，守军一部被歼，大部退缩城内。21日3时30分，攻击部队向古北口镇发起冲击，经过激烈的前沿争夺，22时，连克南关、北关、车站、东营房，并在连续爆破和炮火压制支援下，对东关核心工事发起猛攻，先头5个连队一度突入防御纵深。恰在这时，东面北宁路上的守军调回密云，并向古北口增援。面对古北口一时难克、再战不利的情况，第3纵队为保持战场主动，遂撤出战斗，转至遵化地区待命。

东线右翼兵团在平承铁路线上的作战，虽未打下古北口，但却迫使傅作义东援所部向西回调，其第16军、暂编第3军西调三河、蓟县，第94军及第92军第21师由密云北援。左翼兵团之第4纵队和第2纵队第4旅，抓住这一机会，在东北野战军第11纵队配合下，于23日夜再次对北宁路滦县至昌黎段出击，至25日，以神速动作连克昌黎县城及石门街、景家庄、安山镇、后封台等据点，破坏了该段铁路线，全歼保安第21团，交警第3支队司令部、交警第8总队及交警第5总队大部，计4856人，控制滦东至留守营段铁路百余里。至此，转战冀东历时20余天，共俘国民党军中将司令、少将总队长以下9880余人，毙团长以下3450人，攻克县城2座、车站据点30余处。

6月22日，第2兵团东线集团前委将转战冀东情况，向毛泽东和华北、东北局作了报告。称此次作战，“一反我过去的行动规律，即采取差不多改为平分兵力左右开弓的打法。以三纵先在西面吸敌，而以四纵率四旅突然出现其东面，并预定三纵于四纵打响后，适时收缩隐蔽平古东侧，待敌东援时又突然出现平古北段”，如此采取灵活机动的战略战术和适时分散与集中的作战方针，反复调动国民党军主力，在运动中歼灭其分散的有生力量。毛泽东收到上述报告后，极其欣慰，于 23 日致电罗瑞卿等，指出：“只要有分散之敌可打，分兵打小规模及中等规模的仗，较之集中兵力作战更为有利。”①

东线集团在转战热西、冀东的 43 天中，共收复隆化、平泉、延庆、丰宁、滦平、丰润、昌黎 7 座县城（后 4 座被国民党军重占），毙伤国民党军 7041 人，俘虏 17351 人，共计 24392 人。缴获各种火炮 243 门，轻重机枪 586 挺，其他枪 10765 支，各种炮弹 12924 发，子弹 214 万余发，汽车 84 辆及其他物资。而两大军区参战部队仅阵亡 2191 人，负伤 8067 人，失踪 85 人，共计 10343 人。消耗炮弹 19830 发，子弹 85 万发。

三、再战保北

东线集团进入热西、冀东地区后，傅作义部主力也随之转向平古、北宁之线。这时，平汉铁路北段国民党守备兵力更加薄弱。大体分布是：第 94 军第 43 师驻守涿县，新编第 2 军暂编第 31 师守备定兴、高碑店、涞水各点，暂编第 32 师、第 33 师驻守保定及其周围地区，王凤岗部仍盘踞新城、永清、固安地区。为配合冀东方向的作战，并造成孤立保定的有利形势，由第 1、第 2（欠第 4 旅）、第 6、第 7 纵队等部组成的西线集团，在第 2 兵团第二政治委员杨成武的指挥下，乘平汉铁路涿县至保定段守军兵力薄弱，再次发起保北战役。这是解放战争以来，解放军对保定以北地区的第 5 次出击。战役计划：以第 1 纵队并指挥北岳军区第 3 军分区部队炸毁琉璃河及永乐南北铁桥，破坏长辛店至涿县段铁路和公路，阻击傅作义部向南增援；以第 2 纵队（欠第 4 旅）攻击涞水、徐水县城；

① 《毛泽东军事年谱》，广西人民出版社 1994 年 8 月版，第 651 页。

以第6纵队进攻定兴县城、北河店；以第7纵队并指挥冀中军区第10军分区部队攻取新城、高碑店、固城镇等地；以北岳军区第1、第6军分区部队破击张家口以西平绥铁路，策应保北作战。

7月15日，各部队按照计划分别发起攻击。第2纵队逼近涞水时，守军暂编第31师第2团第2营弃城东逃，于北义安被全歼。随即，第2纵队进至高碑店西北地区，准备阻击可能由涿县增援的傅作义部队，以保障第6纵队合围定兴的行动。定兴是国民党军进攻冀西和冀中的补给站，城内储存有大批军用物资，城墙高10米，外壕深5米，筑有碉堡以及鹿寨、铁丝网等防御设施，城外四周地势平坦，交通方便，增援迅速。当日黄昏，暴雨骤降，拒马河水位陡涨，第6纵队在向定兴城运动中，虽夺控了河桥，但桥小人多，过河速度太慢，部队前进受阻。为争取时间，部队和1万多民工，在守军火力封锁下实行了徒涉强渡。达成对定兴城的包围后，第16旅首先在城北发起攻击，吸引了守军兵力与火力。第17旅一部乘机炸开南门与东门，主力迅速从突破口插入城内，直捣暂编第31师指挥所，生俘师长陈治平。残军退集城西北角，凭借工事继续顽抗，至翌日12时30分被全歼，定兴解放。战斗结束后，解放军全体指战员不顾疲劳，冒着倾盆大雨，把5万多发炮弹、100多万发子弹、200多桶汽油抢运出城，并乘胜扩大战果，先后攻占北河店、大沟，全歼守军1个营。第1纵队原拟于15日炸毁琉璃河永乐大桥，因下雨拖延未成。16日，国民党军守桥部队又增防暂第17师1个团，该纵队只炸部分桥孔及桥头堡，破坏大桥未果，遂17日、18日两日转入破袭涿良段铁路、公路，控制了松林店至徐水间交通线，并歼灭担任守护任务的新编第2军暂编第31师第8团大部。第7纵队于15日发起攻击后，主力当夜攻克新城，并在外围歼王凤岗部1个营200余人，18日再克高碑店，歼守军1个团大部；一部于18日攻克固城镇，歼暂编第31师第1团第1营。

在第6纵队突破定兴城的同时，第2纵队以急行军速度沿平汉路南下，于17日包围了徐水城，并一举占领城周“四关”。尽管该城自解放战争以来屡被该纵队攻克，但守军暂编第31师第3团及保安部队，仍依托“王凤岗式”工事进行顽抗。19 日夜，攻城部队扫清抵近城下的各种障碍后，20 日拂晓开始攻城。在炮火的支援下，各突击队相继在北门、南门实施了爆破，并登上城头、突入城内，经 3 小时巷战，守军第 31 师第 3 团及保安部队全部被歼。

西线集团在保北地区的行动，使保定陷于孤立。傅作义急忙将暂编第 3、第 94 军（欠第 43 师）、独立第 95 师和新编骑兵第 4 师调至平汉铁路北段。17 日，暂编第 3 军车运进抵涿县以北下胡乡，第 94 军先头进抵良乡；18 日，独立第 95 师和新编骑兵第 4 师进至涿县以北。19 日，李文率暂编第 3、第 94 军沿铁路南下，与第 1 纵队激战竟日后，20 日晨，进至高碑店一带。此时，保定暂编第 32 师亦向北推进到漕河一带。鉴于国民党军南下的 7 个师数量较大，无好仗可打，而原拟诱歼从保定北上的暂编第 32 师，至漕河后又掉头缩回保定，未能就范，加之连日阴雨，河水暴涨，涿县以西、新城以南均成水区，不易行动，杨成武遂决定部队撤离战场，转入整训。

保北一役历时 6 天，由于指挥上保持了战役的突然性，打得迅速、彻底、干脆，西线集团仅以伤亡 4115 人的代价，取得了歼灭国民党守军 1.07 万余人的胜利。同时，缴获各种火炮 88 门、轻重机枪 330 余挺、步马枪 5300 余支、子弹 200 余万发，解放了涞水、定兴、徐水、新城 4 座县城，孤立了保定，调动并牵制了傅作义的主力，有力地配合东线集团在冀东的作战。

23 日，中央军委电示华北军区：“全军主力撤至平保线以西山地隐蔽休整，一部接近平保线休整。”同时，为配合东北野战军将要进行的北宁路作战，全歼东北国民党军，还赋予了华北野战军第 2 兵团新的战略任务：“杨成武立即开始组织西进兵团，担负向绥远作战之任务”；“杨罗耿部本月底结束在现地之作战，即行休整至八月十五日为止，准备于八月二十日左右直接接受林罗刘的作战任务。”[①] 为此，东、西两线集团先后于 7 月

① 《毛泽东军事文集》第 4 卷，军事科学出版社、中央文献出版社 1993 年 12 月版，第 544 页。

25 日和 7 月底进入指定地区休整待机。至此，杨得志、罗瑞卿、杨成武、耿飚等率部在热西、冀东和保北地区进行的冀热察战役，历时 2 个多月时间，告一段落。由于各部队东西配合，左右出击，实行高度的机动作战，腰斩平绥、平承、北宁、平汉铁路，取得了歼灭傅作义部 3 万余人的胜利，有力地拖住了傅作义集团，使其首尾不能相顾，无法增援东北，并牵制了锦州范汉杰兵团不能北进，完成了配合东北野战军的作战任务。

第五节　第 1 兵团横扫晋中，威逼太原

为把解放军的攻势进一步推向国民党军占领区，尽早结束阎锡山在山西的反动统治，按照毛泽东和中央军委的指示，华北军区在以第 2 兵团挺进热河、冀东地区作战的同时，由军区第一副司令员徐向前指挥第 1 兵团等部，继解放晋南地区后，乘势北上，对晋中地区发起新的攻势。晋中，泛指山西中部地区。北起忻县，南迄灵石，同蒲路纵贯全境，地势南高北低，系舟山、吕梁山、太岳山、云中山环抱，并有汾河、文峪河等流经其间，交通便利，土壤肥沃，是山西省的粮仓，也是阎锡山赖以生存的供应基地。因此，阎锡山极其重视对晋中地区的防守。临汾战役后，阎锡山集团对山西的统治，也只限于晋中地区的 15 座县城及附近乡村，并有 5 个军、14 个师、3 个总队及保安团队等约 13 万人把守。

一、进军晋中腹地

1948 年上半年，阎锡山为保卫晋中、固守太原，维持山西残局，极力加强以太原为中心、以同蒲铁路为轴线的晋中防御体系。在临汾被围时，他预感解放军下一步必向晋中发展，因此除将 13 万部队集中于该地区外，还认真总结了以往屡吃败仗的教训。他说：解放军“不要城可以想出了个不要城的办法，就是会跑，使我们打他，百打百空”，“我们有飞机，有大炮，沾了这飞机大炮的光，学了个守，受了飞机大炮的害，没有学下个跑”。为此，他在强调筑垒守御的同时，特别要求部下要学会机动，“一跑万有，

一跑万胜”，“我们今天是万事皆备，只欠东风。什么东风？就是只要我们军政能迅速配合起来跑，我们即可打通临汾、打通大同，恢复我们寿阳、平定”[①]。

根据这样的作战指导思想，阎锡山决定忻县、太原、榆次、太谷、汾阳、平遥为死守城，任何情况下不能撤退；其余各县城为固守城，必要时可以放弃。以主力组成“闪击兵团”，担负机动作战任务，固守点线，以攻为守。具体兵力部署是：第 34 军第 73 师、暂编第 44、第 45 师位于平遥、介休、灵石地区；第 19 军暂编第 37、第 40 师，第 33 军第 71 师，暂编第 46 师及暂编第 9、第 10 总队位于榆次、太谷、祁县一线；第 43 军率第 70 师及“亲训师”（第 61 军第 72 师）位于汾阳、孝义地区；第 61 军率第 69 师位于文水、交城地区；第 43 军暂编第 39 师、第 19 军第 68 师位于忻县、阳曲地区；工兵师位于晋源、清源等地；第 43 军暂编第 49 师、暂编第 8 总队以及各特种部队等守备太原。集中第 34、第 43、第 61 军的 13 个团组成“闪击兵团”，以高倬之为司令，进行机动作战。另有民卫军 3 万余人，分守各地。企图阻止解放军对晋中地区的进攻，并趁夏收季节，大量抢麦、抓丁，以缓解军粮及兵员的危机。

6 月 2 日，在国民党军准备大肆抢麦抓丁时，华北军区遵照中央军委指示，为保卫晋中麦收，削弱阎锡山部实力，并为尔后攻取太原创造条件，聂荣臻、薄一波等致电徐向前、周士第等：决定“由向前、士第统一指挥华北野战军第一兵团、太岳军区主力、太行军区二分区、北岳军区二分区全部地方军”，并“将太行军区二分区与北岳军区二分区部队，统组成一个集团，由萧文玖指挥”，发起晋中战役。同时，提请中央军委以晋绥部队予以配合。4 日，根据中央军委、华北军区有关指示和参战部队等情况，徐向前等决定以主力第 8、第 13 纵队 18 个团，太岳部队 9 个团，吕梁部队 10 个团，萧文玖集团 5 个团及晋绥部队 7 个团，共 49 个团约 8 万余人，共同实施战役。第一步，分进合围，割裂阎军防御体系，斩断其交通，

① 《阎锡山评传》，中共中央党校出版社 1991 年 5 月版，第 420—422 页。

分割包围其要点，肃清外围据点，清剿地方杂匪，确保晋中麦收。第二步，相机攻取要点，诱其主力出战，力求于野战中歼其一部，以达削弱阎军实力，为夺取太原创造条件之目的。9 日，第 1 兵团下达了战役命令，并对各参战部队作出如下部署：晋绥军区独立第 12 旅和陕甘宁警备第 2 旅于 6 月 16 日进至太原以北，切断忻县至太原间铁路，并向太原逼近，保卫忻口至太原间两侧地区麦收；吕梁军区独立第 3、第 7、第 10 旅及第 1、第 2、第 6、第 8、第 10 军分区在彭绍辉、罗贵波的指挥下，于 6 月 19 日进至汾阳、孝义、文水、交城地区，切断太原至汾阳公路，扫除外围据点，压缩阎军于少数孤立据点，确实控制该区域及清源之平原地区，保卫麦收，并调动阎军主力西进，以便野战军主力于太谷至灵石间的同蒲铁路东侧展开；太岳军区部队于 6 月 16 日逼近介休、灵石，扫除外围据点，相机攻取灵石，切断至平遥间铁路，保卫麦收，并准备机动，歼灭阎军主力；北岳第 2 军分区和太行第 2 军分区部队 6 个团，在萧文玖指挥下，于 6 月 9 日逼近榆次南北地区，切断榆次至太原、榆次至太谷间铁路和公路，阻止太原阎军向祁县、太谷增援，并派部队插入徐沟、太原、榆次三角地区保卫麦收；第 13 纵队于 6 月 19 日以一部扫除子洪地区据点，尔后攻占东观镇，切断太谷至祁县间铁路，保卫麦收，主力则集结于东观镇地区，待机歼灭阎军主力；第 8 纵队于 6 月 9 日以一部扫除平遥以东、以南外围据点，切断平遥、祁县间铁路，保卫麦收，主力集结于平遥以东地区，待机歼灭阎军主力。同时，动员民工 23 万多人，大车 2700 多辆，牲畜 13 万头，支援前线作战。

6 月中旬，华北野战部队第 1 兵团等部分别向晋中地区开进。为有效地调动阎军主力，徐向前令吕梁、太岳军区部队首先出动，掩护兵团主力第 8、第 13 纵队由太岳山区东侧，隐蔽向晋中开进。同时，在《人民日报》刊出《徐向前将军谈临汾战役胜利意义》的文章，进一步制造主力正在休整的假象。11 日，吕梁军区部队由西向东逼近汾河，主力独立第 3、第 7 旅攻占高阳镇后，进逼汾阳、孝义；太岳军区部队沿同蒲路北上，正面推进，并于 12 日趁机占领灵石县城。此时，阎锡山错误地判断徐向前的主力在临汾未动，仅有 2 支地方部队出来掩护麦收，遂于 13 日急令第 34 军军长高倬之率“闪击兵团”主力暂编第 44、第 45 师和第 73 师各 2 个团，分由汾阳、平遥、介休 3 路出动，以所谓“藏伏优势”和“三个老虎爪子”的战术，企图合击并一口吃掉汾河以西的吕梁军区部队。同时，以第 19 军军部率暂编第 40 师由榆次进至平遥，接替第 34 军防务。14 日，双方部队在汾河以西展开激战。其中，吕梁军区第 8 军分区部队在武家垣、神堂山一战中，毙阎军第 70 师师长侯福俊、参谋长刘承基以下 700 余人，俘 80 余人。为迅速结束战斗，阎锡山随后又将其“亲训师”和“亲训炮兵团”5 个连调来参战，另以第 33 军暂编第 46 师和第 71 师等部集结于平遥、介休地区机动。至 17 日，双方在汾河以西形成对峙状态。此时，华北野战军第 1 兵团主力第 8、第 13 纵队也已进至平遥、介休东南的山区。

阎锡山机动部队主力的西调，造成了平遥、介休铁路沿线及其以东地区的相对空虚。18 日，徐向前命令第 8、第 13 纵队及太岳军区部队，以突然的行动，向平遥、介休外围据点展开攻势，以诱其“闪击兵团”回援，在途中包围歼灭。当日夜，第 8 纵队向平遥外围发起攻击，连克东泉、岳壁、西泉、北旺、段村、湛金庄等据点；第 13 纵队于 19 日 4 时许，绕过子洪要塞，直出白狮岭山下，对不足 1 个团守备的元台沟、菩萨村发起突袭，至 16 时，主力攻占元台沟、菩萨村等据点，一部阻退了由太谷东观出援的国民党军；太岳部队于 18 日攻占洪山并包围了张兰镇、介休城。同时，萧文玖集团在榆次、太谷间出击，展开破袭战，炸毁了榆次郭村大铁桥，使运输中断，并准备阻击可能由太原方向南援之阎军。晋绥军区独立第 12 旅、陕甘宁警备第 2 旅，切断了太原至忻县间的铁路、公路，牵制太原守军，掩护群众麦收。

二、出击平遥、祁县

华北野战部队第 1 兵团第 8、第 13 纵队突然攻入晋中腹地，打乱了国民党军的部署。阎锡山以为徐向前兵力有限，只会沿同蒲路向北逐步推进晋中，并没料到会突然越过子洪要塞，直接杀入自己的腹地。为保太原老巢的绝对安全，阎锡山急令高倬之“闪击兵团”仓促东转，回援同蒲路，同时令榆次、太谷驻军南下祁县向“闪击兵团”靠拢，企图与徐向前兵团在祁县、平遥一带决战。19日，第34军从汾阳以东转向平遥，“亲训师”和“亲训炮兵团”经汾阳、介休北上平遥，与第19军会合。

此时，徐向前见阎锡山部已被调动，立即决定乘其运动之际，集中主力围歼“闪击兵团”主力第34军于平遥、介休地区。遂令吕梁部队进行尾击，第8纵队和太岳军区部队则于20日进至平遥西南地域，第13纵队进至祁县以南、洪善以东地区，实施堵截并阻击可能由祁县南援的阎锡山部队。然而，正当各部队按计划展开，准备伏击之时，原以为回开介休的高倬之部却从汾阳以东渡河，直插平遥县城，而阎锡山的“亲训师”“亲训炮兵团”则返介休。

20日傍晚，天降大雨。第8纵队发现国民党军有沿汾河西岸北上的动向后，司令员王新亭当即命令原担任第二梯队的第23旅直奔平遥城南的三狼渡口，截击改道回援的高倬之部；原在铁路沿线设伏的第24旅也立即撤出该地区，随第23旅后跟进。21日14时，第8纵队在平遥西南张兰镇以北的大甫、曹村一线与阎锡山的“亲训师”“亲训炮兵团”遭遇。第8纵队第24旅第71团迅速抢占有利地形，以突然猛烈的火力，立即对该部展开攻击，迅速将其行进队形打乱；第23、第22旅各一部，迅速投入战斗，并主动发起攻击。此时，太岳部队也尾追而至，猛打该师、团队尾；第23旅主力也从三狼渡口折回，参加围歼战斗。阎锡山“亲训”部队遭突然打击后，前缩后拥，乱成一团，被压制在汾河岸边开阔地带。第8纵队居高临下，对其密集队形实施了火力急袭、多路出击和穷追猛打，经3小时激战，毙伤“亲训师”“亲训炮兵团”2000余人，俘虏4000余人，缴获山炮24门、重迫击炮12门。少数残兵败将窜到张兰镇，又被太岳军区部队包围，连同驻该镇的阎军暂编第45师新兵团一起被歼灭。第34军乘隙从三狼村渡过汾河窜入平遥城。阎锡山苦心经营的“亲训师”“亲训炮兵团”就这样覆灭了。

为继续扩大战果，调动并歼灭平遥地区之阎锡山第 34 军，徐向前以第 13 纵队向祁县东南地区出击，以吕梁军区独立第 3、第 7 旅进到汾河西岸的徐家镇、南胡家堡一线配合第 13 纵队行动，独立第 10 旅在汾阳地区掩护麦收，并监视阎锡山第 43 军第 70 师的行动。21 日晚，第 13 纵队第 37 旅一部攻占梁官村，歼灭守军 1 个连；主力包围了祁县东南要点张名村，并于 22 日 3 时 30 分发起攻击。由于阎军第 71 师师部率 2 个团已于 21 日下午进驻该村，使守军兵力增至 3 个团，故第 37 旅的连续攻击一再受挫，双方各有 1000 多人的伤亡。随后，第 37 旅主动撤出战斗，张名村守军也在增援部队的接应下，退回祁县县城。

22 日晚，第 1 兵团前线指挥所从报话机获悉：阎锡山第 19 军军部率暂编第 40 师、太原“民卫军”及“亲训师”残部由平遥北开祁县。徐向前当即决定以第 13 纵队主力从东面迅速出击，在洪善车站以北地区设伏；以吕梁军区部队东渡汾河，从西面以实施堵击，以伏击手段将其歼灭于祁县、平遥之间。23 日晨，阎锡山第 19 军等部队由平遥出动，8 时许进到洪善车站，因受“亲训师”被歼教训，唯恐再中埋伏，便就地构筑工事、佯作守备，中午时分又离开铁路沿线分三路转向西北，企图绕路开向祁县。15 时，该部进入设伏地域，立即遭到第 13 纵队东西两面的突然打击。此间，由于汾河水涨，吕梁部队没能及时东渡堵击，国民党军暂编第 40 师除先头 1 个团及太原“民卫军”乘隙窜入祁县外，其余均被伏击部队压缩包围在北营村内。当晚，第 19 军军长温怀光、暂编第 40 师师长曹国忠见势不妙，率少数人员逃回平遥。24 日晨，经对北营村 2 小时的炮火轰击，伏击部队一举突入村内，将余部全部歼灭。此战，歼灭阎锡山 1 个军部、1 个师部、2 个团，共毙伤 1500 余人，俘第 19 军参谋长李又唐以下 4000 余人。与此同时，太岳部队于张兰镇全歼“亲训师”残部；第 13 纵队第 37 旅在东山湖、郑家庄、阎明村一线，击退向北营村方向增援的第 33 军 3 个团，保证了主力的作战。

三、聚歼赵承绶集团

阎锡山见“亲训师”等部被歼，十分恼怒，决心集其精锐第33、第34军（欠暂编第45师1个团）、暂编第10总队及暂编第37师全部，由第7集团军总司令赵承绶、副总司令原全福（原侵华日军独立步兵第14旅少将旅团长）统一指挥，企图于祁县、平遥间的洪山地区，与徐向前决一死战。6月23日，赵承绶、原全福率领以原日军官兵为骨干组成的暂编第10总队，由榆次进到太谷，并向祁县推进。25日，第34军由平遥北移，并与从祁县南下的第33军靠拢，集结在洪善地区。第1兵团因祁县、平遥、洪山之线均为国民党军控制，不便部队机动，且吕梁部队又被迫撤至河西，遂放弃原定在平、祁间进行运动战计划，决心集中主力，继续调动阎军向北，争取于太谷、祁县间寻机歼之。

鉴于太谷、榆次、祁县、徐沟地区仅有阎军暂编第8、第9总队和第19军暂编第37师的2个团驻防，兵力薄弱，且地域宽阔。29日，徐向前等决定部队向北进击。以太岳、北岳、吕梁等军区部队破袭榆次、太谷间之铁路，切断阎军北撤退路，迫其由榆次、徐沟之间投入预设的包围圈内；第8、第13纵队进至祁县、太谷间待机；晋绥军区部队的7个团切断黄寨至太原段铁路，威胁太原，牵制当面阎军2个师不使其南援，策应主力在太原以南地区作战。

徐向前兵团主力北移后，赵承绶惧怕第1兵团直捣太原，断其归路，便仓忙撤退。6月30日第33军沿铁路缩回，7月2日集结于太谷地区；第34军和暂编第10总队也北移至东观镇一带。3日，第13纵队逼近太谷、东观，控制铁路；第8纵队向祁县发起攻击；太岳军区部队协同萧文玖集团大举破击榆次至太谷间的铁路，炸毁了象峪河、董村两座铁路大桥，并迅速攻克北阳、东阳车站，控制了北起东阳镇、南至董村间的铁路线及其两侧地区。此时，赵承绶发觉向榆次的退路被断，遂令第33军第71师、暂编第46师和暂编第9、第10总队共9个团的兵力予以打通，继续北撤。3日至6日，第33军等部配属装甲车3辆、火炮70多门，在空军掩护下轮番猛攻董村阵地。扼守该地的太岳部队第41团以短促火力和阵前出击、反冲击，顽强坚守了三昼夜，将其击退，毙伤国民党军1000多人，战后荣获“稳如泰山”光荣称号。同时，南下策应的榆次守军第68师2个团及1个机枪团，亦为萧文玖集团所击退。这样，就把赵承绶集团主力全部拦阻在太谷及其以北地区，为主力部队围歼创造了条件。其间，吕梁军区部队在汾河以西纵横作战，打击阎军抢麦，连克交城、开栅镇等据点，逼退清源守军，控制了太原、汾阳公路的北段。

7日，位于东观镇的国民党军第34军被迫离开铁路，改由榆次、徐沟间夺路北撤太原。徐向前当即下达了聚歼该军的命令：以萧文玖集团在太岳部队协同下，自东阳地区向西猛插到车辋村、王家寨、小王村一线，切断阎军向榆次北逃之退路，并将其阻于徐沟以东大南庄地区；以第13纵队（附第22旅2个团）跟踪追击，并越过该军左翼，插到徐沟和尧城镇以东子牙河以南地区，切断其北撤道路，将其包围；以第8纵队攻克祁县后兼程北上，由南向西封闭合围圈，协同友邻各部队歼灭赵承绶集团；以吕梁军区独立第3、第7旅自汾阳以西迅速东进永康镇地区阻击北面来援之阎军。当日晚，赵承绶担心第34军被歼，亲率第33军、第10总队由太谷以北之胡村北进小常村、西范村地区与其靠拢，一并被徐向前兵团包围于太谷以北的大常镇、小常村、西范村、南庄等东西10公里、南北不足5公里的狭长地域内。

被围阎军拼死挣扎，企图从榆次、徐沟方向打开通路，突破包围。8日，企图从徐沟方向突围的第33军暂编第46师在炮火掩护下，由胡村向墩坊村阵地发起多次猛攻，均被顽强扼守该地的第13纵队第117团所击退。第34军和暂编第10总队各一部，由东、西贾村攻占了第13纵队第115团的杨李青、戴李青、温李青阵地，并进至东楚王村，另由徐沟策应之阎军已进到史家庄。在这紧急时刻，徐向前及时调第13纵队第38旅组织反击，夺回东楚王村，粉碎了赵承绶从徐沟打开退路的企图。此时，向榆次方向突围的阎军暂编第10总队在密集的炮火掩护下，自大常镇向车辋村、王家寨一线猛攻。据守该线的萧文玖集团，在长约5公里防御阵地上，依托沿大路、村边、院墙、沟坎构筑的工事誓死阻击，激战竟日，岿然不动。9日，赵承绶又以第34军2个团，在7架飞机和强大炮火掩护下，轮番发起攻击，亦未奏效。

在粉碎赵承绶集团突围企图的同时，第8纵队也于7日18时开始攻击祁县。首先以炮火对县城进行了50分钟的急袭，并在东城墙炸开缺口，随后在炮火支援下，第23旅从城东缺口突入城内，第24旅从城西搭梯登城，两旅攻城部队对进攻击，于城内会师。经4小时激战攻下祁县，全歼守军暂编第37师(欠1个团)及保警队，俘师长雷仰汤以下3200余人。随后，兼程北上，于8日进至戴李青西南地区与第22旅会合。吕梁军区独立第3、第7旅亦东进至榆次西南的永康地区阻援。

赵承绶集团突围失败后，只得收兵转入防御。其野战军总司令部和第33军龟缩在小常、南席、新戴等据点，第34军和暂编第10总队退守大常、西范、南庄、戴李青、温李青、杨李青和东贾村、西贾村，利用既有工事和坚固房屋进行顽抗。为不给赵承绶集团以喘息之机，徐向前于9日晚调整部署，以第13纵队和第8纵队分由西北和西南、太岳军区部队和萧文玖集团分由东南和东北，集中兵力，逐点攻击，紧缩包围，各个歼灭阎军。10日6时，随着总攻开始的统一号令，徐向前等部在晋中平原上展开了一场大规模的歼灭战。第8纵队（欠第22旅）主攻南庄一带的暂编第10总队及暂编第44师第1、第3团。该纵队首先对戴李青守军暂编第10总队的1个团发起攻击,并迅速突破其防线,展开白刃格斗,激战至当日下午，守军被全部歼灭。杨李青、温李青守军闻讯，慌忙向南庄逃窜,被追歼一部。随后,第8纵队趁势包围了南庄,并于11日9时,对该庄守军暂编第44师和暂编第10总队各2个团发起攻击。守军利用野战工事和坚固房屋进行顽抗，第8纵队遂以炮火逐点摧毁，并掩护步兵突入村内与守军展开激战，至12日傍晚，暂编第44师2个团被全歼，暂编第10总队2个团也死伤过半，残部逃入西范村。

在攻歼南庄阎军之时，第13纵队也对大常镇守军第73师及暂编第44师第2团发起攻击。大常镇为赵承绶第34军军部所在地，是其防守的重点，守军利用村中坚固房院筑有集团工事，构成东西两面防御体系。11 日晨，第 13 纵队第 37、第 38 旅首先突破守军前沿阵地，尔后在炮火掩护下，以连续爆破为主要手段，逐个摧毁碉堡、攻占院落，至 11 时，占领了大常镇西半部。守军被迫退集东半部，并把天主教堂作为指挥中心，依靠坚固的楼房进行死守。12 日拂晓，第 13 纵队以“单兵爆破、小组突击、火力掩护、部队跟进”的战术，实施多路攻击，并接连打垮守军多次反扑。其中，向镇东南猛攻的部队，一举将守军压缩到天主教堂指挥中心。第 13 纵队乘势集中炮火和部队猛打猛攻，迅速突进。战至午夜，除第 34 军军长高倬之负伤后化装逃走外，第 34 军军部、第 73 师和暂编第 44 师 1 个团全部被歼灭。

7 月 15 日，徐向前决心一鼓作气全歼赵承绶集团。第 13 纵队第 37、第 39 旅和第 8 纵队第 22 旅，以 100 多门大炮集中袭击西范村，10 时左右部队突破前沿阵地。赵承绶组织部队拼死顽抗，不断反扑，形成对峙状态。16 日晨，解放军再次组织攻击，阎军竟施放毒气，主攻部队 2 个突击连中毒受阻，但第 2 梯队随即投入，并迅速突入西范村，大部队接踵而至，歼灭了暂编第 46 师大部和暂编第 10 总队残部。此时，由于太岳军区部队攻占了南席和新戴，致使赵承绶总司令部、第 33 军军部和第 71 师等部 1 万多人全都退缩至小常村里，饥饿、疲困、溃败至极，斗志完全瓦解。当日 16 时，正当解放军部署就绪，将要发起围歼赵承绶集团的总攻之时，阎锡山又集中暂编第 45、第 49 师的 4 个团，进到榆次西南之怀仁镇、王都地区前来接应。徐向前当即以第 8、第 13 纵队各一部和萧文玖集团兼程北上，插到萧河以北地区阻援；其余部队一举攻入小常村内，前后夹击，将数度突围的守军全部歼灭，并将野战军副总司令原全福击毙。总司令赵承绶和第 33 军军长沈瑞见大势已去，打起白旗请降，并成为俘虏。

获悉赵承绶所部被歼的消息后，阎锡山派出的接应部队遂仓皇后撤；晋中地区孤立据点守军如惊弓之鸟，纷纷弃城北窜，各地所谓“兵农合一”的“民卫军”也随之纷纷瓦解。其中，太谷守军暂编第 9 总队沿铁路北逃至东内贾、西内贾一带，被第 8 纵队第 23 旅和太岳军区、吕梁军区部队歼灭；平遥、介休暂编第37师1个团，汾阳、孝义第43军军部和第70师，文水、交城第61军军部、第69师和暂编第40师1个团，被吕梁军区独立第3、第7旅与第8纵队第24旅组成的汾西集团截击、击溃于太原、交城之间，部队在当地民兵和群众配合下，展开了大搜捕行动。阎锡山部主力在晋中作战中的丧失，使太原陷于混乱。为稳定局势，蒋介石亲飞太原视察，并从西安空运整编第30师第27旅和第30旅1个团至太原，给阎锡山打气。17日，徐向前部队兼程北进，乘胜扩大战果。第13纵队主力北进至榆次，控制了太原以南的机场，占领鸣李车站，并切断榆、并（太原）段铁路；第8纵队主力推进到太原近郊并以火力控制了城西汾河大桥；汾西集团包围了晋源（即太原县）；太岳军区部队直逼太原东山脚下；晋绥军区独立第12旅和陕北警备第2旅占领黄寨以北要隘石岭关。18日夜，榆次守军暂编第8总队2000余人弃城北逃，萧文玖集团进占榆次城。19日夜，晋源守军乘大雨逃窜，汾西集团于追击途中歼阎锡山工兵师师部和1个工兵营，继以独立第3、第7旅攻击太原西之白家庄矿区。20日晨，忻县守军暂编第39师弃城南窜，至21日下午，被晋绥军区部队截歼于小豆罗地区。至此，徐向前兵团各部队从四面逼近太原城郊，完成了对晋中孤城太原的包围。

晋中战役从6月11日至7月21日，历时1个多月，解放军以损失1.7万人的代价，歼灭阎锡山1个兵团部、5个军部、8个整师、2个总队以及5个整团、14个整营、4个装甲车队等正规军74670人和保警队、“民卫军”2.6万余人，共10万多人。其中，俘虏将官16名；缴获各种火炮4341门、轻重机枪3469挺、步马枪2.99万支、炮弹13.59万发、子弹360万发、手榴弹27万枚，击落飞机3架；解放了晋中地区除太原市以外的县城14座及所有村镇。为此，中共中央特另给予电贺嘉勉，并指出：晋中战役对于整个战局帮助极大。现在我军已临太原城下，最后结束阎锡山反动统治的时机业已到来。

第六节　发起察绥战役，配合东北决战

随着华北野战部队主力兵团分别在南、北两线作战的胜利，华北战场形势发生了根本性的变化。南线集团在徐向前、周士第指挥下，横扫晋南、晋中，兵临太原城下；北线集团在杨得志、罗瑞卿、杨成武的指挥下，出击热西、冀东、保北，陷傅作义部主力于平津保地区疲于应付。1948年秋，中共中央、中央军委鉴于同国民党军进行战略决战的条件已经成熟，决定首先在东北发起大规模战役，歼灭关外国民党军。为拖住关内蒋系和傅系军队不能抽兵出关，全力配合东北野战军的辽沈决战，华北野战军遵照中央军委指示，决定抽主力组成西进兵团远征傅部老巢绥远，同时以一部出平绥路东段进行策应，进一步加速华北解放进程。

一、组织西进兵团

为确保东北野战军主力北宁线作战得手，7月下旬，中共中央军委、毛泽东采纳了林彪、罗荣桓、刘亚楼关于“设法派兵围攻大同，将傅作义部队分散到大同方面，以便我军能各个击灭敌人”[①]的建议，决定以华北野战军在平绥发动攻势，吸引傅作义主力部队西顾，使华北的国民党军不出或少出山海关增援东北，从而减轻北宁线作战的压力，并于23日致电华北军区，对西进部署作了进一步明确：“杨成武立即开始组织西进兵团，担负向绥远作战之任务，此兵团组成为一纵全部、二纵两个旅、六纵两个旅，共三个纵队七个旅，杨成武为西兵团之司令员兼政治委员。从二十六日起至八月九日止共十五天，为休整时间，八月十日开始西进，取道大同以南，务于八月二十五日左右到达归绥附近，并相机夺取归绥，尔后相机向包头、五原、临河地区攻击，占领整个绥西产粮区，或向归绥以东机动，吸引傅作义至少以一个军西援，以利东面之作战。”并明确

① 《毛泽东军事文集》第4卷，军事科学出版社、中央文献出版社1993年12月版，第542—543页。

规定："杨成武兵团从午宥[①]起，直接受军委指挥，其后方补给由华北军区担任，晋绥军区协助之，并以晋西北为后方，并须准备长期在整个绥远境内作战。华北局应即组织一批地方工作干部随军西进。"[②]

8月3日，中央军委领导在西柏坡召见聂荣臻、杨成武，就华北军区部队建制调整、杨成武兵团西进绥远、配合东北战略决战等具体问题，进行了当面部署。中央军委决定：将华北军区野战部队由2个兵团编组3个兵团，分别在平绥路东、西段和晋中地区作战。其中，第1兵团除原有的第8、第13纵队外，将太岳军区各军分区所属的10个团编组为第15纵队，仍在南线担负围攻太原任务；第2兵团以第3、第4纵队和第2纵队第4旅及华北军区2个独立旅组成，以主力出平承线，以一部出平张线，掩护第3兵团入绥作战和配合东北野战军在北宁线作战；第3兵团以第1、第6纵队和第2纵队2个旅组成，同时指挥西北野战军第8纵队、内蒙古2个骑兵师及晋西北地区地方部队，主要任务是挺进绥远，牵制并削弱傅作义集团，并为加速解放华北进程，创造更加有利的条件。在此作战期间，第3兵团受中央军委直接指挥。据此，华北军区立即对所属野战兵团、纵队和有关二级军区进行了调整。

第1兵团，除徐向前仍为司令员兼政治委员、陈漫远为参谋长外，周士第任副司令员兼副政治委员，胡耀邦任政治部主任，梁玉振任后勤部部长。下辖第8、第13、第15纵队。其中，第15纵队由太岳军区各军分区所属的10个团编成，司令员刘忠、政治委员袁子钦、副司令员方升普、参谋长熊奎、政治部副主任高德西；辖第43、第44、第45旅，共9个团，依次为第127团至第135团。原属第1兵团的第14纵队改为直属华北军区。

第2兵团，除原第二政治委员杨成武调任第3兵团司令员外，其他领导未变。下辖第3、第4、第8纵队。其中，第8纵队由第2纵队第4

① 午宥：指7月26日。

② 《毛泽东军事文集》第4卷，军事科学出版社、中央文献出版社1993年12月版，第544页。

旅和冀东军区独立第1、第2旅合编组成：司令员邱蔚、政治委员王道邦、副司令员兼参谋长萧应棠、副政治委员兼政治部主任蔡顺礼，下辖第22旅（原第2纵队第4旅）、第23旅（冀东独立第1旅）、第24旅（冀东独立第2旅），共9个团，依次为第64—第72团。原第2纵队及所辖第5、第6旅隶属第3兵团建制。

第3兵团，在河北易县组建。司令员杨成武、政治委员李井泉（兼）、副政治委员兼政治部主任李天焕、参谋长易耀彩。辖第1（原北岳部队）、第2（欠第4旅）、第6纵队。其中，第1纵队司令员唐延杰、政治委员旷伏兆、副政治委员兼政治部主任张连奎、副参谋长刘苏，辖第1、第2、第3旅，共9个团，依次为第1—第9团。第2纵队领导未变，辖第5、第6旅，共6个团，依次为第13—第18团。第6纵队领导未变，辖第16、第17、第18旅，共9个团，依次为第46—第54团。

另外，第7、第14纵队直属华北军区。太岳军区除将所属部队编成第15纵队归第1兵团建制、第5军分区划归中原的豫西军区建制、第3军分区划归晋绥的吕梁军区建制外，辖岳北、岳南、王屋3个军分区（原第1、第2、第4军分区改称）和1个警备团。新成立的晋中军区，由原北岳第2、吕梁第8、太行第2军分区组成，司令员兼政治委员罗贵波、副司令员萧文玖、副政治委员解学恭、参谋长唐健伯、政治部主任何辉，所辖第1（五台）、第2（交城）、第3（太谷）军分区分别由以上3个军分区改称，并将原属各军分区的9个团（支队），组编为独立第1、第2、第3旅，各团序号依次为独立第1—第9团。

第3兵团进军绥远，是中央军委为配合解放东北而采取的一个重大战略行动。按照中央军委要求，为了切实做好各项准备工作，经中央军委批准，华北军区决定推迟第3兵团西进时间，并于兵团成立之后，用了20天的时间进行各项准备。首先，在河北易县远台村组成了第3兵团指挥机构，召开了团以上干部会议，并由聂荣臻作了进军绥远的动员报告，杨成武传达了中共中央、中央军委和毛泽东的指示。随后，兵团所属部队分别组织动员教育，进行了运动战、攻坚战和打骑兵的针对性训练，并派出先遣支队提前进入绥远，进行现地侦察、架设通信线路和与蒙绥地方政府进行联络。同时，冀中、北岳军区还动员了400匹骡马、1000副担架，由民兵、民工携行随军远征。各级后勤保障部门筹措了大量布匹、银圆，作为进入战区的军需补给。

二、第3兵团远征绥远

绥远是国民党傅作义部的老巢。由于华北军区第2兵团在平、津、保地区的有力钳制，其绥远地区守备非常空虚，从丰镇至包头约388公里的铁路沿线，仅有国民党军新编的正规军3个步兵师、1个骑兵旅，计2.47万人，加上特种部队1400人及地方保安团队2万余人，总共4.6万余人。主要采取守点式布防：其新编第7师主力及暂编第2师一部、保安第5团等部驻守归绥；暂编第2师主力等部驻守包头、和林格尔、凉城；暂编第5师主力等部驻守集宁；暂编第5师第2团驻守兴和；新编第7师第19团、保安第2团等部驻守丰镇；骑兵第13旅等部守备萨拉齐、察素齐、毕克齐一线。

8月26日，杨成武率第3兵团，从河北易县、涞源分两路出发，以7日行程进至山西朔县、山阴、代县地区，与配属行动的北岳军区部队5个团及李井泉率领的入绥干部会合。9月2日，第3兵团前委在朔县米昔马庄召开了有晋绥党政领导干部参加的扩大会议，听取了第2纵队参谋长赵冠英的先遣情况汇报，研究了战役计划，制定了征借粮食、建立乡村政权和地方武装的各项政策，并抽调600余人的军、地干部组成工作团随进绥远。4日，部队开始向绥远进发（比军委规定时间提前了1天）。鉴于塞外地广人稀又是新区，为了隐蔽部队行动，进入绥远境内，均改为夜行军。沿途，广大指战员严守纪律，秋毫无犯，不顾长途疲劳，展开大量群众工作，使新区群众增强了对共产党和解放军的信任和拥护。

根据中共中央军委指示和绥远地区国民党军情况，第3兵团决心兵分两路，向绥远发起攻击，主力直取归绥，一部在集宁以东配合。具体部署是：西路以第1（欠第2旅）、第2、第6纵队为主，首先以奔袭手段攻取凉城、和林格尔、新堂等地，然后分路挺进归绥，并分别发起攻击，坚决攻取归绥之新、旧城及车站；东路以西北野战军第 8 纵队和第 1 纵队第 2 旅及北岳军区部队 5 个团，同时奔袭集宁、丰镇、红沙坝、隆盛庄及其附近地区的傅部守军，然后在集宁、丰镇以东选择有利地形，构筑工事，阻击由东面增援的国民党军，保障兵团主力攻取归绥的作战。

23 日晚，第 3 兵团等部从大同东西两侧地区，分别向归绥以东地区攻击开进。西路第 1 纵队经岱岳、吴家窑、左云、新堂、大榆树，进至归绥城东北地区集结；第 2 纵队经张家口村、北辛寨、西断川、高家堡、威远堡、右玉至杀虎口后，分两路经凉城、西沟门、辛盖板及符平、厂汉板，于归绥城以南地区集结；第 6 纵队经刘家口、平鲁、七墩镇、山波罗、砖窑沟、和林格尔、沙尔沁，于归绥城以西地区集结。东路北岳部队在西北野战军第 8 纵队 1 个旅的配合下，迅速北上包围、攻占丰镇，并在该镇以东地区展开，准备阻援；西北野战军第 8 纵队经丰镇以西向北推进，进袭十八台、玫瑰营、台基庙等点后，一部东进并相机占领兴和，主力则对集宁实施包围、攻歼。

24 日，东路两支部队向丰镇、集宁方向攻击前进。当日 2 时，第 1 纵队第 2 旅攻占隆盛庄，守军一部被歼、大部逃窜。6 时，北岳军区部队攻占丰镇，守军保安第 2 团、铁甲列车第 2 大队 600 余人沿铁路北逃时，被西北野战军第 8 纵队骑兵旅截击于红沙坝地区，战至 13 时，除 50 人逃窜外，全部被歼。25 日，骑兵旅越过平绥路继续北进，占领集宁西北之喇嘛囫囵，第 8 纵队独立第 11、第 14 旅及第 1 纵队第 2 旅乘势于 26 日 2 时将集宁城包围。集宁是绥东第一重镇，是张家口、大同通往归绥铁路的关键一站。该城筑垒坚固，城墙高 8 米、厚 4 米、长 4000 米，护城河环绕四周。城西有铁军山，城西南有卧龙山，城东南有老虎山，各山均筑有钢筋水泥工事，居高临下掩护全城。守军为骑兵第 12 旅、保安第 1 团 1 个营、保警大队等部约 2900 人。当日 18 时，第 1 纵队第 2 旅首先向卧龙山守军发起攻击，不到半个小时，就将守军歼灭，尔后迅速从南、西南两面攻入城内。23 时，第 8 纵队独立第 11、第 14 旅各 1 个团也相继从北面、西北面突入城内，并一举夺占了守军各个要点。其中，位于城东南的老虎山守军，在解放军的强大政治攻势下，自动放下武器投降。巷战至27日11时30分，守军被全部歼灭，俘伊盟警备司令奇玉山、蒙王以下2000余人，战马700余匹，汽车50余辆。集宁解放后，第8纵队留守集宁，第1纵队第2旅继续沿铁路西进。

与此同时，西路向归绥方向攻击前进的第3兵团主力各部，齐头并进，横扫绥南。第1纵队主力攻占新堂，并与该纵队第2旅会合后，于28日，占领卓资山及白塔以东铁路沿线地区；第2纵队于25日攻占凉城，守军惧歼北逃，该纵队追进并攻占归绥东南之西沟门一线；第6纵队于25日以一部占领清水河县城，主力沿水口村、红河岸、白旗窑子向北推进，当日攻退守军并占领和林格尔县城，26日，进至归绥东南之东西讨速号、郭家湾子、羊盖板一线，威逼归绥城。

在第3兵团等部北攻集宁及西进归绥作战中，由于这些地区守军多为骑兵，行动速度快、流窜性大，且情报灵通，尽管杨成武要求所部加快行军进击速度，以争取突然性，但终究未能大量截歼傅部有生力量于归绥城外。至此，第3兵团及晋绥军区等部队，解放绥东、绥南广大地区，歼灭国民党军共计5600余人，控制平绥铁路得胜堡至白塔段240公里，恢复车站17处，并进至归绥城郊，将其团团包围。为此，美国通讯社惊呼这是一次“绞杀性的进攻”，使傅作义老巢危在旦夕。

在这期间，东北战场上的辽沈战役已经展开，锦州国民党军正遭受东北野战军的围攻。为保锦州，南京国防部要求傅作义置华北解放军的行动于不顾，集中兵力沿北宁线向东攻击。而傅作义认为后顾之忧未解之前，此令难以执行，遂急忙从张家口、北平地区抽调第35军、暂编第4军等约10个师（旅）计6万余人的兵力，向西驰援，并以第35军（驻通县）和骑兵第5（驻康庄）、第11（驻怀来）、第12旅（驻柴沟堡）及交警第13总队（驻南口）为先头部队，于25日开始出动，至29日先后到达集宁以东的马连滩、玫瑰营和兴和、台基庙地区。同时，新编骑兵第4师也于28日自通县经孔家庄进抵隆盛庄、兴和地区。

按照中央军委关于“立即集结主力首先歼灭骑十一旅、骑十二旅、暂四军之三十二师，控制丰集兴地区，并准备连续战斗，接着歼灭三十五军”，“对归绥则应以一部举行佯攻，待上述敌军歼灭后，再打归绥”[①]的电示精神，第 3 兵团决定：在归绥方向，除留第 6 纵队、晋绥部队各一部监视归绥外，主力转向绥东；在集宁方向，留守部队主动撤出。28 日，第 3 兵团主力以 5 天 200 余公里行程，进至丰镇以西以北、卓资山以东以南地区集结待机。30 日，国民党援军第 35 军第 101 师进占集宁，骑兵第 5 旅向集宁西南方向搜索，第 11、第 12 旅则控制于集宁、玫瑰营之间。同时，暂编第 4 军率新编第 32 师、第 210 师经柴沟堡、兴和，进至土城子附近。

10 月 2 日，当北路第 2 兵团等出击赵川堡，歼傅部暂编第 31 师主力后，其第 35 军所部随即先后东返，并于 6 日全部抵达张家口；暂编第 4 军主力也退到兴和附近。此时，骑兵第 12 旅位于集宁，骑兵第 5、第 11 旅位于老平地泉及以东地区，新编骑兵第 4 师位于柴沟堡以西的西洋河。乘傅作义东转之际，杨成武决心：除留北岳部队 1 个团于西沟门在归绥活动外，集中兵团第 1、第 2、第 6 纵队及西北野战军第 8 纵队和北岳部队 4 个团，首先歼灭集宁、老平地泉地区国民党军，尔后在集宁附近诱歼来援的暂编第 4 军 1—2 个师或取兴和。7 日，各部开始行动，但集宁、老平地泉等地守军均先于攻击部队包围前逃退。当晚，第 1 纵队重占集宁。8 日，逃至官村、玫瑰营子以东地区的骑兵第 5、第 12 旅，向驻玫瑰营子的西北野战军第 8 纵队骑兵旅进攻，该旅在第 8 纵队独立第 11 旅的增援下，将其击溃。当日晚，第 1 纵队向兴和西北之大南海子以南地区集结；第 2 纵队由官村向三水岭以东及东北地区集结，第 6 纵队和北岳部队集结于张皋及附近地区；第 8 纵队以骑兵旅控制于台基庙，主力集结于大南海子以东及东北地区。

为复吸傅部第 35 军西援，9 日，兵团主力逼近兴和，该地暂编第 4

① 《毛泽东军事文集》第 5 卷，军事科学出版社、中央文献出版社 1993 年 12 月版，第 24 页。

军遂于当晚北退至西洋河、柴沟堡，仅留地方团队及骑兵一部驻守。10日晨，兵团主力克兴和、新平堡，次日克西洋河、马市口，各歼守军一部，余部东窜。鉴于“聚歼不成、诱其不至”的情况，第3兵团前委于11日在丰镇召开扩大会议，专门研究如何落实中央军委赋予的“歼灭国民党军6个旅”任务和“在1年内经营好全绥远”的问题。会议决定并报中央军委，除留西北野战军第8纵队独立第14旅和北岳军区部队在集宁、兴和地区掩护开展地方工作外，集中第1、第2、第6纵队和西北野战军第8纵队主力西转绥西、绥北，首先攻克毕克齐、察素齐、萨拉齐、托克托，相机攻取包头，以吸引傅部主力再次西援，尔后寻机歼其一部，配合北路第2兵团作战，并为夺取归绥创造条件。同日，中央军委复电同意，并强调指出:“主力到西边后，应确定一个时期内专打中等的及小的敌人，即用全力攻占毕克齐、察素齐、托克托、陶思浩、萨拉齐、包头及该线以西以北地区，广占地面，征集粮食。”“归绥城则作为将来之攻取目标，目前不要理他”，力避“又想打大仗又想打小仗两头失塌”[1]。

12日至14日，杨成武指挥第3兵团各纵队及配属部队分路向绥北、绥西进军。至23日，西北野战军第8纵队主力攻占陶林、乌兰花和武川，第1纵队攻占台格木、毕克齐，第6纵队攻占托克托、萨拉齐、察素齐和陶思浩，第2纵队攻占沙尔沁后，于22日向包头发起攻击，国民党守军第22军新编第11旅2个团及保警队、自卫队等5000余人连夜弃城西逃。第6纵队及西北野战军第8纵队骑兵旅一部旋即对该股逃军发起猛追，并于30日在包头以西120公里之哈拉忽洞将其1个团围住并全歼。23日，第2纵队进占包头后，第6旅第16团进入市区担任警备，主力集结包头萨拉齐地区，一部及第8纵队骑兵旅主力向北奔袭固阳、北安、红同、秦隆；第6纵队及第8纵队骑兵旅一部继续向西进击，乘势攻取长雅店、公庙店，当晚至长乐店又追歼逃军后卫百余人，并将其压至五加河以西后，部队东返休整，并准备围攻绥远孤城归绥。至此，西路第3兵团等部挺

① 《毛泽东军事文集》第5卷，军事科学出版社、中央文献出版社1993年12月版，第63页。

进绥远地区作战告一段落，发生大小战斗 50 余次，以伤亡 1420 人的代价，获得歼灭国民党军 8480 余人，缴获各种火炮近 50 门、炮弹 1 万余发、枪支 4000 余支（挺）、子弹近 30 万发、火车 7 列、汽车 140 余辆、战马 1530 余匹、骆驼 410 余头等，解放五加河以东之绥西、绥北广大地区的胜利。

三、第 2 兵团出击平绥铁路东段

为配合东、西两个方向的作战，杨得志、罗瑞卿、耿飚指挥的第 2 兵团，在平绥路东段担负着拖住傅作义主力，东不使其出关增援北宁线，西不使其妨碍第 3 兵团远征绥远的任务。为达此战略目的，按照中央军委和华北军区的指示，该兵团即于 9 月初开始，组织所属部队向平古路南段及平北地区发动积极攻势，直逼平张、平古两线，以吸引傅作义主力注意。8 日，第 4 纵队主力连克香河、武清之后，又在冀东军区第 14 军分区部队配合下，一举攻克三河县城，歼灭国民党军 1300 余人。随后又破坏了顺义至怀柔间的平承铁路，摧毁了沿线的据点、堡垒，并将傅作义集团第 35 军及新编骑兵第 4 师吸引至平承铁路沿线。第 3 纵队和冀察热辽军区的 3 个独立师则向平承铁路密云、通县之间和北平以北地区积极活动，直接威胁平绥、平古两线，并造成进逼北平之势。

傅作义部为解除解放军对平北地区的威胁，防止杨、罗、耿兵团再越平绥路，南下平津保地区，14 日，不得不以暂编第 3 军和第 16 军分由东西两路向平北山区进犯，以迫使第 2 兵团主力北靠。至 16 日，暂编第 3 军经永宁、黑河岭进至四海，第 16 军由怀密线进至渤海所及以北地区。第 2 兵团部队则采取运动防御、节节抗退的策略，诱其深入。20 日，傅部第 16 军经琉璃河、暂编第 3 军经南天门，会合于宝山寺、汤河口一带，并已深入解放区境内达 90 余公里。至此，第 2 兵团在平北地区共歼灭国民党军 3000 余人，并拖住了傅作义部 3 个军、10 个师（旅）的主力，不仅为掩护第 3 兵团进军绥远争取了时间，而且也积极策应了东北野战军在北宁线的作战。

这时，蒋介石感到东北战局吃紧，急令傅作义出兵增援，傅作义也发觉第3兵团等部已经西进，并在绥东地区展开，归绥老巢受到严重威胁，遂令进犯平北山区的部队南撤至平绥路沿线待机。21日，暂编第3军和第16军等部全线南撤。为乘国民党军撤退之际歼其一部，杨得志等当即令各部展开尾击。22日，第4纵队第11旅追击傅部第16军尾部，至大水峪北山，以火力将其杀伤一部。第3纵队全部及独立第1旅，以大量歼灭暂编第3军等部有生力量为目的，主力埋伏于周四沟、九里梁地区，以一部实施尾追。23日拂晓，暂编第10、第27师轻装向刘斌堡西撤，10时许至周四沟东西地区，第3纵队即令第7、第9旅和独立第1、第3旅全线出击。结果因山地观察、通信不便和指挥不力，第9旅和独立第1旅未能及时发起攻击，第7旅也因动作迟缓而没能截断退路，使其得以集中，并突围逃脱，虽给予了部分的火力杀伤，但却没能达成聚歼的目的。

25日，傅作义为解绥远老巢之危，置东北于不顾，从平、津、保地区抽调主力第35军、暂编第4军等约10个师(旅)的兵力，开始向西驰援。第2兵团为拖其回顾平北，更有力地配合第3兵团作战，决心再向平绥铁路东段地区发起进攻：先以全力分散在平张间及平古路南段展开破路，待傅部运转不灵、各点孤立后，再集中力量逐点歼灭。27日晚，第4纵队第12旅攻占通县以东之燕郊、白庙，并控制白庙大桥。守军为恢复该桥桥东堡垒，以保安第38团1个营向桥头部队反扑，被歼大部。28日，冀热察独立第7师攻克赵川镇，歼灭暂编第31师1个营及保安团等1000余人。第3纵队一部于29日、30日连续破击新保安至康庄段铁路，并击退自沙城、土木北援的国民党军；主力连夜西进，并于10月2日拂晓，包围了进驻宣化东、赵川堡西之贾家湾、贾家营的傅部暂编第31师2个团（共5个营）。之后，第7、第9旅分别围攻贾家营、贾家湾，第8旅在深沟一带截击、阻援。战至当晚24时，除一小部分乘夜暗西窜外，其余全部被歼，共毙守军600余人，俘该师副师长以下1200余人。当日，冀热察部队相继攻克崇礼、尚义两座县城，歼灭国民党军800多人。

第2兵团在东线的钳制行动，使傅作义认为解放军有“进窥张垣”

之企图，且深感平张沿线空虚，遂于 3 日后，以驻怀来地区的暂编第 3 军向赵川堡等地进逼，并将第 16 军主力由平承路调至怀来接防，将暂编第 4 军暂编第 11 师由张宣地区东调。同时，放弃援绥计划，令其王牌第 35 军及新编骑兵第 4 师于 4 日由绥东回援张家口、柴沟堡、宣化。为进一步牵其东调，以利第 3 兵团西返作战，第 2 兵团于 4 日将第 4 纵队由平古路东调至龙关东南地区，准备集中第 3、第 4 纵队主力和冀热察独立第 7 师部队，全力向平张线怀来东西段发动攻势。第 3 纵队破击怀来至宣化段，第 4 纵队主力及第 4 旅、独立第 1 旅破击怀来至南口段，第 4 纵队第 12 旅破击南口至昌平段。

9 日晚，第 3 纵队第 7 旅攻占沙城，歼灭守军第 11 团 1 个营；第 9 旅第 27 团于太平堡歼灭守军第 22 师第 64 团 1 个营。至 13 日，各部队连续 3 次大举破袭平绥路，收复新保安、沙城、土木等车站，控制铁路近 50 公里，并击退由下花园向新保安反击的暂编第 3 军 2 个师，使北平至张家口间铁路陷于瘫痪。

同时，第 4 纵队于 9 日晚发起攻击后，连克西拨子、岔道、青龙桥、八达岭诸点，歼灭守军第 12 团团部和 1 个营，并多次击退康庄守军团以上规模的反击。12 日，该纵队一部在康庄东北之郭家堡，歼灭守军第 94 师第 280 团全部，并击退第 35 军暂编第 26 师 2 个团的增援。14 日，康庄守军暂编第 94 师 2 个团及暂编第 26 师 1 个团与南口守军第 121 师一部向八达岭、青龙桥反扑，兵团遂以独立第 1 旅扼守该地，集中第 4 纵队全部并第 3 纵队 2 个旅对其实施包抄歼击，因第 3 纵队没能及时赶到，且采取全面包围，经两天激战，虽给予一定杀伤，并将其击溃，但第 4 纵队亦伤亡 2000 余人。15 日晚，部队自动撤出战斗，兵团主力在平绥路以北地区待机，第 3 纵队转至路南。至此，华北野战军第 2、第 3 兵团在察绥地区东、西两个方向上互相配合，连续作战 2 个月之久，以总伤亡 4374 人的代价，取得了拖住傅部主力 3 个军 10 个师于平绥路沿线地区，歼灭其 2.1 万余人的胜利，出色地完成了配合东北野战军进行辽沈战役的任务。

第七节　积极发展攻势，策应野战军主力行动

在第2、第3兵团钳制傅作义部主力于北线作战期间，华北南部的国民党军及反动武装，虽处于战略上的被动，但始终没有放弃对华北解放区腹地的进犯图谋，以期达到夺回失地、牵制解放军外线主力的目的。华北野战军南线各部队，按照中央军委和华北军区总的战略意图，坚持在冀中、晋中、豫北等广大地区展开内线攻势，以积极的行动，打击国民党军的各种袭扰，巩固和发展战区内的有利形势，主动配合和支援各个战略方向主力兵团的作战。

一、石家庄地区反偷袭作战

华北南部地区，包括冀中、豫北、冀鲁豫南部、晋中并太行、太岳部分地区，是整个华北的主要粮食产地。所以，入秋后，在华北野战部队主力实施察绥战役期间，边区军民与国民党反动武装之间，破坏秋收与保卫秋收、抢粮与反抢粮的争夺，显得更加激烈。特别是在平津保地区，国民党军为保障其就地供给，专门抽组部队，掩护和配合当地反动政府及武装，进行大肆强征抢掠。对此，冀中解放区军民与之展开了针锋相对的斗争。9月中旬，为保卫秋收，打击反动武装抢粮的嚣张气焰，冀中军区第7纵队等部在大清河北地区，主动出击，向猖狂抢粮的国民党军各个点线发起攻势。19日，第20旅及第10军分区部队继克牛驼镇后，一举攻下固安城，歼灭国民党土顽王凤岗部保安第2旅300余人；21日，第7纵队第19旅在第9军分区部队及回民支队配合下，又在安新县三言庄一带，歼灭由保定出犯的新编第2军暂编第32师470余人。10月3日，第7纵队集中主力于大清河北板家窝一线，歼灭王凤岗部主力保安第1旅及清河支队2100余人，给疯狂抢粮的王凤岗部以沉重打击。各地民兵在保卫秋收战斗中，也极为活跃，仅清苑县边缘地区民兵9月、10月两月就作战40余次。其中，10月中旬，清苑县白团、郎村、壁城等村民兵

连续五战五捷，粉碎了保定守军3000余人的出扰，杀伤国民党军250人，受到冀中军区通令嘉奖。

10月下旬，就在华北野战军第2、第3兵团内外线配合、南北部呼应，频频奏捷的时候，为使傅作义部摆脱在华北地区的被动境地，蒋介石乘华北野战军主力北上、西征南线空虚之际，亲飞北平与傅作义密谋，妄图以石家庄为目标，对中共中央和华北领率机关实行“空心”袭击，以偷袭行动，牵动华北野战军主力，解围太原和缓和北线压力。其部署是：以第94军（欠守涿县的第43师）附新编骑兵第4师、骑兵第12旅和第101军第272师（原新编第2军暂编第32师）组成偷袭梯队，对外称“援晋兵团”，由第94军军长郑挺锋任总指挥，并配汽车400余辆，装载大量炸药，向石家庄实施快速奔袭；以第35军、第16军2个师和第92军第142师为策应梯队，在平汉线保定南北地区进行策应活动。

中共中央、中央军委和华北军区根据党的北平地下组织和其他渠道提供的确切情报，立即作出反应，并进行了全面部署：一方面，命令第7纵队指挥地方武装，在保定以南地区，重点是新乐、正定之间，沿沙河、滹沱河两线设置抗阻阵地，实施节节抗击，阻其南进；指示冀中、北岳军区立即组织地方部队和民兵进行破路，开展村落联防战，沿途阻击国民党军。另一方面，由军区直接指挥第2兵团第3纵队，由察南兼程南进，以5日行程赶至满城以南地区，协同并指挥第7纵队主力作战；第2兵团主力相机越过平绥路，依情况直插平涿段破路或随第3纵队后南进，在保南地区寻歼进犯之国民党军。同时，中央军委还令东北野战军第2兵团作为先遣，迅速入关，与在绥东的第3兵团及察南地方武装，从东、西两个方向钳制北线国民党军南援。10月25日至31日，为配合军事打击，毛泽东亲自为新华社写了3则电讯，及时揭露了蒋介石的阴谋，给偷袭石家庄的国民党军以极大震慑。

尽管偷袭石家庄的阴谋已被揭穿，但国民党军的突袭行动仍如期展开。10月24日，“援晋兵团”自涿县南下，27日集结保定。28日，会同原驻保定的第101军第272师，兵分左右两路：右路为第94军2个师和爆破大队；左路为第101军第272师、新编骑兵第4师和骑兵第12旅，在10余架飞机掩护下，沿平汉铁路两侧公路，继续向南推进。为彻底粉碎国民党军进袭石家庄的企图，在华北局和华北军区的统一指挥下，除石家庄各机关部门进行了必要的疏散准备外，各地武装村自为战，三五人一组，在其南犯沿途展开了广泛的地雷战、破袭战，使其始终处于连连遭袭、缓慢推进状态。29日，国民党军骑兵部队先抵唐河北岸，其一部经师村渡唐河与第7纵队第21旅接触。第21旅因工事构筑仓促，未能及时将其阻住。鉴于该纵队于唐河以北阻歼国民党军的计划已难实现，军区除令第7纵队以2个旅在唐河南作纵深配备，以1个旅另第8军分区2个团赶到沙河南岸构筑第2线防御外，并电令第3纵队加速向曲阳、行唐、灵寿地区前进，以便通过平行追赶，及时投入战斗。30日14时，国民党军第5、第121师先头各一部，分别自清河、奇连屯渡过唐河南进，当即被第7纵队第19、第21旅部队击退。黄昏后，该先头部队强行渡河，再次发起攻击，经激战，最终以伤亡千余人代价，占领奇连屯、小奇连两点，其主力仍被阻于唐河北岸。同日晨，国民党军侧翼骑兵第12旅进抵东西四旺，被第7纵队第20旅击溃后，经安国附近向张登方向退却。当日晚,第7纵队等部除留第19旅1个团在正面运动防御外,主力于东亭、岳家庄一带集结待机。31日，第3纵队赶到燕赵、北留营、东邸村地区集结，准备于11月1日，当国民党军通过定县成行军队形时，与第7纵队等部聚力予以歼击。

傅作义发觉第3纵队南下后，唯恐第94军等部孤军深入被歼，当即令该部停止前进，等待第35军到后再寻机作战。至此，偷袭石家庄计划宣告破产，已占据奇连屯、小奇连的先头部队也连夜缩回唐河北岸。其第35军由平南乘汽车出发后，沿途因北河、漕河两桥遭第5、第10军分区部队破坏,及主要道路上的地雷袭击,至31日晚,其乘车部队始抵保定,步行之暂编第26师抵徐水，同日第94军等部北缩于望都附近。为截歼国民党军，第2兵团主力循第3纵队路线，昼夜兼程，于2日陆续进到易县、满城地区。此时，国民党第94军已回缩保定，第35军正在北开途中。为争取时间在徐水、固城之间歼灭在该军后尾步行之暂编第26师，华北军区电令第2兵团以先到兵力于徐、固间伏击；令第3纵队经唐县、完县北上归建；令第7纵队即取捷径向容城、徐水地区兼程前进，接受第2兵团指挥，进行协同作战。同时指示各地继续破击、迟滞国民党军行动，配合主力作战。

3日，第94军移至徐水、漕河头之线。4日，继续北进，受阻后，被压缩回徐水。杨得志等鉴于国民党军第94军集驻徐水，第16军集驻定兴附近，保定驻守第101军2个师，各地国民党军仅相隔1日行程，且有较坚固工事，另第35军集结平南郊区可随时南下增援，且部队连日行军比较疲劳，遂建议转入短期休整。中央军委为了尔后集中力量歼灭傅作义集团，决定暂取缓兵策略，抑留傅部据守平津，并电示第2兵团主力休整1周后，准备投入太原作战。

6日，东北野战军先遣兵团进到冀东蓟县、遵化地区，给平、津守军以严重威胁。12日，驻保定的国民党军第101军军部率第273师，在第35、第94、第16军等部北撤复返接应下北上。此时，保定仅留第101军第272师及保安第36团约万余人据守。乘此有利时机，华北军区当即以第7纵队全部、第8纵队（11月初以第4旅，独立第1、第2旅编成）2个旅和第8、第9军分区部队对保定发起攻击。经连续7个昼夜战斗，先后占领保定四关和火车站、飞机场，歼灭守军1500余人。19日，傅作义集中第16军第109、第22师，第94军第43师，第101军第272师等部南下增援。由于此情况已事先侦知，第7、第8纵队先于18日晚主动撤围。22日，保定守军第101军第272师、保安第36团及党政人员约8000余人，损毁了各种城市重要设施，在援军掩护接应下向北撤逃。当日10时，围城部队进入保定，该城宣告解放。

二、豫北地区配合作战

10月下旬，在豫北地区，中原野战军准备发起郑州战役。国民党为解郑州之危，将驻新乡的第40军军部及第106师南调郑州。为配合中原野战军作战，中央军委命令正在安阳、新乡地区紧张护秋的华北军区第14纵队和豫北地方武装，坚决夺取并保护黄河铁桥，阻止豫北国民党军南援，截击郑州守军北逃。第14纵队等部接到命令后，立即进行了部署：以第14纵队第41旅并冀鲁豫军区第4军分区部队占领新乡以南的小冀镇地区，警戒并拦阻新乡守军南下；以第14纵队第42旅直奔黄河北岸，配合南岸主力部队占领黄河铁桥。并要求各部队于10月23日拂晓前，秘密进抵指定位置。

22日夜，各部队从新乡东北的牛市屯地区出发，秘密通过了戒备森严的国统区，轻装向南挺进。23日黎明，按预定计划攻占了新乡以南小冀镇、亢村驿、忠义、詹店等车站，歼灭守军240余人。同时，在解放军强大的政治攻势下，河南保安第3团团长率部400余人投诚。太行军区第4军分区部队插入修武、获嘉、武陟地区，解放了徐营镇、谢旗营、宣阳驿等据点。第14纵队主力随即抵近黄河北岸，控制铁路线45公里，切断了新乡与郑州的联系。这时，从黄河以南传来中原野战军解放郑州的胜利消息，第14纵队迅速抵近新乡，进行攻歼黄河铁桥国民党守军的准备。24日，第14纵队第42旅和冀鲁豫军区第4军分区部队，冒着国民党军第115团密集的炮火，一举攻克了黄河北岸车站，并迅速夺占了桥头堡。此时，在黄河南北部队猛烈夹攻下，守军来不及点燃桥墩上已安装好的大量炸药，乘夜沿河滩仓皇西逃。第14纵队主力和太行军区第4军分区部队旋即转入追击。当夜，第14纵队和中原野战军各一部，在黄河大铁桥上胜利会师，并会同铁路工人，一面清除铁桥上的爆炸装置；一面抓紧抢修被破坏了的铁路，保障了黄河两岸交通大动脉的畅通。

25日15时，从黄河铁桥西逃的守军，在获嘉县徐营镇、西小吴一带，遭获嘉独立营拦截后，其第115团被及时赶到的第14纵队第41旅一举包围、消灭，其第106旅残部连夜逃往新乡。与此同时，位于焦作、木栾店、待王镇、李封、北朱村等据点的守军第4行政区集训总队和整编第40师补训第1、第2团等部共5000余人，东逃至修武东南地区，与向西北追击的第42旅第126团遭遇。该团机动灵活，猛打猛冲，一举歼灭其先头部队300多人，余部被压退于大尚村、郇封、雁门一带，转为守势，并被随后上来的第41旅等部队四面包围。26日11时，第126、第121、第123团分路向雁门、大尚村发起攻击，一经交火，守军便全部龟缩到郇封城里。各攻击部队一面紧缩包围，加紧攻城准备；一面展开政治攻势，积极争取守军放下手中武器。15时，修武、获嘉、博爱、武陟4县联合“剿匪”总指挥张志善率部5200余人投降。27日，第14纵队主力乘胜推进，兵临获嘉城下。获嘉县城是新乡外围的1个坚固据点，守军是获嘉、修武、武陟3县联合自卫总队，连同一些乡镇地主武装共4000多人。29日，第14纵队和太行军区第4军分区部队召开会议，认真分析了作战形势，部署了攻城任务。决定以太行军区第4军分区第46、第47团夺取西关，尔后攻城；以第14纵队第42旅第124团从城南突进；以第14纵队第41旅进驻获嘉以东地区担负阻击任务。另以工兵配属攻城部队开辟前进道路，并集中全纵队炮兵掩护攻城。11月1日黄昏，第46、第47团突破了西关阵地，第124团强渡2米多深护城河后攻下南关，炮兵、工兵相继炸开城门。紧接着，突击部队冲入城内，战至2日18时，守军全部被歼灭，获嘉城解放。7日，第14纵队又乘胜攻克了新乡东北的汲县县城，击毙守军200余人，俘虏550余人，并破袭了国民党特务中央调查统计局豫北站。至此，豫北的修武、阳武、原武、武陟、封丘、获嘉、汲县7座县城和焦作矿区均获解放，共歼灭国民党军1.28万人。豫北地区部队连续作战取得的胜利，有力地配合了中原野战军的作战，受到华北军区嘉奖。

第六章

与东北野战军联合发起平津战役，歼灭国民党军傅作义集团

（1948年11月—1949年1月）

第一节　华北战场形势与平津战役筹划

1948年11月，随着华东、中原野战军解放济南、开封、郑州并发起淮海战役，西北野战军在陕西发起冬季攻势，华北野战军在晋中、察绥地区重挫傅、阎集团以及东北野战军全歼卫立煌集团后将入关作战，国民党军的“重点防御”作战方针全面崩溃，其总兵力已由发动内战时的430万人下降为290万人，而人民解放军则由120万人迅速增至310万人。正如毛泽东指出的：“中国的军事形势现已进入一个新的转折点”，“从现时起，再有一年左右的时间，就可能将国民党反动政府从根本上打倒了。”[①] 在这种形势下，中央军委决定，集中东北、华北两大野战军主力发起平津战役，歼灭傅作义集团于华北战场，以加速解放战争进程。

一、华北国民党军的战略企图与部署

在解放军连续不断地打击下，华北“剿总”傅作义集团和太原绥署阎锡山集团战斗力日趋衰减，处境更加孤立。1948年9月以后，阎锡山

① 《毛泽东军事文集》第5卷，军事科学出版社、中央文献出版社1993年12月版，第218—219页。

部6个军16个师10万余人缩据太原孤城。傅作义部除1个军3个师约4万人驻守归绥，1个师万余人驻守大同外，其12个军42个师（旅）及地方保警部队共40余万人，分布于北宁路及平绥路东段沿线附近地区，仅占据部分重点城镇，完全处于被动防守地位。特别是辽沈战役后，卫立煌集团的全军覆没，使傅作义集团在应付华北野战军的同时，还将直接面对随时可能入关的百万东北大军，战略态势极为不利。

11月初，蒋介石鉴于东北战败和徐（州）蚌（埠）大战在即，举棋不定：既想固守华北，迟滞解放大军南下；又欲调傅作义部南撤，加强长江防线。美国政府见蒋介石已难撑败局，便转以傅作义为对象，扶植在华北的地方势力，直接从援蒋款项中拨出1600万美元的武器弹药等战略物资，专门供给傅作义，让其固守平津，以维护美国的在华利益。美国的这一举措，使本身就对蒋介石排斥、吞并异己深怀戒心，徘徊于守与撤、打与和矛盾中的傅作义，平添了一分固守平津的勇气和信心。他考虑，摆出一个固守的架势，不仅可捞取美援、扩充实力，对己大有益处，而且可根据时局发展，能守则守，不能守就西开绥远，不得已再南逃。傅作义认为，在战局不利的情况下，西退绥远“老家”是最有利的方案。因为傅作义的“老窝”在绥远，其嫡系部队官兵绝大部分来自当地，故土难离，很难将这些部队带往江南。加之他毕竟不是蒋的嫡系，若离开起家地盘，必将寄人篱下，被蒋排挤、吞并。但是，傅作义自己也清楚，西退绥远虽能保住自己的地盘、摆脱蒋介石掣肘，可又将面临中央军带不走、与西北马鸿逵难合作、绥远物乏人稀等困难，因此，不到万不得已，不会放弃平津而轻易西退。

4日，傅作义被召到南京，经与蒋介石讨价还价和反复磋商，最后决定采取“暂守平津，控制海口”的方针，以观战局变化。同时，为鼓励傅作义据守平、津，蒋介石除将华北党、政、军、财大权（包括中央银行的支付权）交傅作义外，还可以不经过南京政府直接接收美援，并答应用美援的7万支步枪和2亿发子弹补充傅作义所部。同时，指示南京联勤总部工程署在平、津、塘间加强和增设工事，令海军编成渤海舰队，到长山列岛筹建基地，协防塘沽及保持海口畅通。

为了固守平、津要地，力避在战略上的更加被动，傅作义在军事上采取了一系列的措施。一是加强工事，改“机动战术”为“堡垒战术”。在蒋介石的支持下，傅作义吸纳了阎锡山的筑垒防御战术，大量征集民工，加修北平、天津、张家口等城市的防御工事和塘沽海港的外围工事，并亲派“剿总”副总司令宋肯堂进驻塘沽，督导检查北宁路上的护路工事，还多次指示天津警备司令陈长捷等，加强天津城防，使“大天津堡垒化”。二是扩充兵力，储备粮食。为保持东北解放军入关后双方力量的平衡，傅作义按照扩军20万—50万人的计划，令河北、绥远两省尽速扩兵，每县编组1—3个保安团，以完成第1期扩兵20万的任务。当月13日，在北平召开地方专区长官及保安旅长会议，决定自18日开始将地方保安团编入正规部队。同时，指示各省、县抓紧征购粮食，以备战时之需。三是争取美国更多的军事援助。利用美国有意扶植地方势力，且蒋介石已同意傅可直接受援的有利条件，除争取美国更多的武器装备援助外，傅作义还指派天津市市长杜建时到青岛，恳求美国西太平洋舰队司令白吉尔，“以保侨和美国财产为名出兵天津”。但美方答复，可“以武器接济”，不愿直接出兵。四是调整部署，缩短战线。尽管蒋介石三令五申，要傅作义“以一部兵力守备北平，以主力确保津沽”，以便“在华北不能支持时，就经海上南撤”[①]。但傅作义以“顾及张垣系通绥、包唯一通道，不欲轻易撤离”为由，并未完全执行蒋介石和南京国防部的旨意，而是按照自己的意图，于11月中旬，开始将第13、第101军分别撤出承德、保定，向北平靠拢；将第86军撤出山海关、秦皇岛，向塘沽靠拢。至月底，傅作义集团以北平、天津为中心，在东起唐山，西至柴沟堡长达500公里的铁路线上，部署了一个兼顾东西撤逃的“长蛇阵”。其中，傅系部队主要置于北平以西的平绥路东段沿线地区，以确保其西撤绥远的退路；蒋系部队主要配置于北平以东的北宁线平津塘段沿线地区，

---

① 国民党史政局：《戡乱战史》，台湾1959年出版，第168页。

以阻挡东北解放军入关，并保持海上通道。这样，两系部队即可在形势不利时各奔西东。具体部署是：以傅系第 11 兵团部率第 105 军等共 8 个师（旅），防守张家口及柴沟堡、宣化、怀来地区；以华北“剿总”率第 4、第 9 兵团部及第 13、第 16、第 31、第 35、第 101、第 104 军等，共 18 个师，防守北平及南口、密云、通县、涿县地区；以蒋系第 17 兵团部率第 62、第 86、第 87、第 92、第 94 军等共 16 个师，防守天津及廊坊、塘沽、唐山地区。上述情况表明，傅作义在部署坚守平津塘地区的同时，也做好了西逃绥远或撤退江南的准备。正如中央军委、毛泽东分析的那样，华北国民党军已成“惊弓之鸟”，随时都有可能实施战略总撤退。

二、平津战役筹划及华北军区任务

自华北野战部队 3 个兵团在察绥、太原等地发起攻势以后，东线傅作义所指挥的华北国民党军主力 12 个军 52 个师（包括由保安部队新改编的师），已被限制在滦县、唐山、天津、北平、张家口、柴沟堡等铁路沿线各点和附近地区；西线在绥远的暂编第 5 军（辖暂编第 2、第 5 师，新编第 7 师）、大同的第 275 师（原暂编第 38 师）和南线在太原的阎锡山部 6 个军 16 个师及在豫北新乡、安阳的第 40 军等部，均已被华北解放军紧紧包围。华北国民党军在战略上已完全陷于被动防守、孤立无援的境地，最后歼灭华北战场上国民党军的条件业已成熟，时机也已到来。

从全国形势来看，辽沈战役胜利后，东北野战军经过一段时间的休整，即可入关作战，将傅作义集团特别是驻守在平津塘地区的主力抑留在华北就地歼灭，对今后战局发展最为有利。因为，歼其于平津塘地区，蒋介石的江南防线将大受削弱，从而加速其反动统治的崩溃；如其放弃平津，全部南撤或一部南撤一部西逃，虽可不战而得平津，但要延迟全歼该股国民党军的时间，对全局不利。从华北战场态势来看，华北第 1 兵团正在围攻太原，第 3 兵团正在围攻归绥，第 2 兵团在曲阳地区，准备开赴太原作战；东北先遣兵团 2 个纵队、1 个骑兵师，刚刚进到冀东地区。如果过早攻克太原和归绥，就会使傅作义感到过于孤立，促使他南逃或西撤。在这种情况下，如果傅部决心逃跑，将无法阻止。而撤围归绥，缓攻太原，则可利用其徘徊不定的心理，给其以缓和的错觉，最大限度地利用时间和空间，机动东北、华北野战军主力，一举将其歼灭。

基于上述考虑，中央军委、毛泽东毅然决定，以东北、华北军区部队联合发起平津战役。其基本方针是：抑留傅作义集团于平、津、张地区，在完成战略上的分割包围，切断其西退和南逃通路后，以“先打两头再取中间”、军事打击和政治争取相结合的手段，就地全歼傅作义集团。为实现这一方针，11 月中旬，中央军委作出如下决策：

一是撤围归绥。中央军委先后致电华北第 3 兵团，停止攻击归绥，除留晋绥军区第 8 纵队监视和钳制绥远守军外，第 1、第 2、第 6 纵队于 15 日迅速东进，以张家口为目标，实施突然包围，切断平张联系，阻止傅部西逃绥远和张家口守军向北平收缩，以吸引北平守军出援，牵制傅部南逃，待东北主力入关后，再相机攻歼。

二是缓攻太原。16 日，中央军委电示华北第 1 兵团前委：将太原外围要点攻占若干并确实控制机场后，即停止攻击，转入围困，进行政治攻势。部队固守已得阵地，就地休整。待明年初东北我军入关攻击平、津时，再攻太原。原定西进太原的第 2 兵团，转进涿县、涞水以西地区待命，依情况或出平绥线协同第 3 兵团作战，或在平西地区钳制打击北平守军；并令进攻保定的华北第 7 纵队停止攻击，改取包围监视。

三是东北野战军主力提前入关。令东北野战军主力立即结束休整，取捷径隐蔽快速入关，出其不意包围唐山、塘沽和天津，隔断北平与天津两地联系，争取对国民党中央军不战而降。同时，利用傅作义派代表谈判，与其保持接触之机，稳定其不致迅速决策逃跑，以便将其隔绝、包围、分割，尔后分别歼灭或瓦解于平、津、张、唐、塘诸点。

同时，中央军委决定，将战役首突方向指向平张线。首先以华北野战部队第 2、第 3 兵团向平张线发起攻击，包围张家口，迫使傅作义派兵西援，以抓住傅系、拖住蒋系，为东北野战军主力入关争取时间。27 日，中央军委正式下达了平张线作战计划：为在 12 月内吸引傅作义部几个军于平张线上，并歼其一部或大部，使东北野战军主力顺利切断平津、津唐诸线，打开主要地区的战局，决定以东北先遣兵团第4、第11纵队及1个骑兵师，华北第2兵团第3、第4、第8纵队，华北第3兵团之第1、第2、第6纵队，加冀热察地方兵团，由程子华、黄志勇统一指挥，发起平张战役。其部署如下：华北第3兵团于30日左右集中于柴沟堡、怀安附近地区，然后以迅速动作抓住柴沟堡、怀安或张家口、宣化诸点守军1个军左右兵力，并相机举行攻击，吸引东面国民党军向西增援；华北第2兵团于12月1日集中于易县西北紫荆关地区隐蔽待命，然后准备以5日行程进至涿鹿地区相机作战；东北先遣兵团于数日内再在平谷地区集结，准备完毕，待华北第3兵团在柴、怀、张、宣地区抓住几部国民党军之后，迅即超越密云、怀柔、顺义之线，向延庆、怀来地区前进，相机作战；冀热察军区部队于华北第3兵团在张、宣地区出现的同时，在宣化、怀来间破路，坚决阻止张、宣守军南退。如北平地区国民党军向张、宣增援，则节节阻击，迟滞其行动。同时指出：柴、怀、张、宣守军被困后，位于北平地区的第16、第35军有极大可能向西增援。各部队必须准备和国民党军13个步兵师、3个骑兵旅作战。“只要你们在十二月份内能抓住扭打上述步骑十六个师旅于平张线上，并歼灭其一部，打得该敌不能动弹，不能西逃也不能东窜，那就是极大的战略上的胜利。”[①]同时，对东北野战军入关作战任务和计划也进行了明确。一是在平津线上包围歼灭廊坊等地国民党军，切断平、津联系；二是歼灭天津、唐山之间芦台、汉沽及塘沽等地的国民党军；三是歼灭唐山守军；四是夺取天津，歼灭天津守军；五是歼灭北平周围国民党军，夺取北平。

为加强对平绥线作战的领导，中央军委决定，“在林罗刘入关以前，平绥线作战受军委直接指挥；在林罗刘入关以后，即交与林罗刘指挥”[②]。“杨罗耿到达宣化、下花园地区后，杨李即受杨罗耿指挥。待程

① 《毛泽东军事文集》第5卷，军事科学出版社、中央文献出版社1993年12月版，第281页。

② 《毛泽东军事文集》第5卷，军事科学出版社、中央文献出版社1993年12月版，第281页。

黄到达怀来后，即以程、黄、杨、罗、耿、杨、李七同志组织平绥前线委员会，以程子华为书记，罗瑞卿为副书记，统一领导平绥作战及粮食、弹药、处俘等项事宜。以全歼张、宣、怀等处敌人十个步兵师、三个骑兵旅，并收复张、宣、怀诸城为目标，争取一个月左右完成任务”[①]。

为支援和保障战役的胜利，根据中共中央指示，华北地区党政军民全力以赴，支援前线作战。冀中、北岳区党委立即进行大量人力、物力的组织与动员工作。各地、各级以区党委书记、行署主任、军区领导和地委书记、专员、军分区领导为首组成前方指挥部及分指挥部，负责战勤动员和组织工作。北岳区在平绥铁路沿线、冀中区在平津地区各设了3个分指挥部，分别组织支援张家口、北平、天津方向的作战。

第二节　发起平张线作战，对傅作义集团实施战略包围与战役分割

平张线为平绥路东段北平至张家口之线，是连接平津地区与傅系军队后方绥远的唯一交通线，张家口是该线上的战略要冲。为确保该线畅通，傅作义围绕张家口将其嫡系部队10个步、骑师（旅）部署在平张沿线上。其中，第11兵团率第105军（原暂编第4军）第251师和骑兵第5旅驻张家口；第210师、骑兵第11旅在怀安、柴沟堡；第259师和第101军第271师驻宣化、下花园；第310师驻怀来；骑兵第12旅和保安部队一部驻张北地区；第104军率第250、第269师驻南口地区。中央军委为了吸引傅系部队向西，抓住其主力，达到抓住傅系、拖住蒋系于平津地区，尔后就地歼灭傅作义集团于平津地区的目的，遂决定以华北第2、第3兵团和东北先遣兵团，首先在平张线上发起攻击。

---

① 《毛泽东军事文集》第5卷，军事科学出版社、中央文献出版社1993年12月版，第331页。

一、华北第3兵团围攻张家口，抓住傅系部队主力

11月中、下旬，华北第3兵团奉命撤围归绥，进入卓资山、集宁、丰镇地区休整。根据中央军委确定的平张线作战计划和包围张家口的任务，决定以第2、第6纵队共5个旅的兵力，采取先包围后各个歼灭的手段，于12月1日黄昏前发起攻击，攻歼柴沟堡、郭磊庄地区守军第210师和骑兵第11旅等部；以第1纵队1个旅于11月30日拂晓前奔袭怀安，主力于12月1日晚集结于怀安、左卫间地区，担任阻歼东逃守军，配合第6纵队歼击西援国民党军及破击张家口以西、以南之铁路、公路的任务。如柴、郭地区守军先期逃向张家口，则以第6纵队进占万全县城及孔家庄一带，以第2纵队进占太平庄、左卫及其以东地区，以第1纵队切断张家口、宣化间铁路线，构成对张家口之包围。

为配合华北第3兵团的作战行动，程子华、黄志勇令内蒙古骑兵第11师于12月1日前迫近并相机占领张北县城，然后从北面向张家口压迫；令冀热察军区部队于12月1日前在宣化、怀来间破路。同时，华北第2兵团第4纵队第12旅奉命在宣、怀间担负破路和阻击任务。

11月25日，华北第3兵团采取急行军的方式，分三路秘密东转，迅速向张、宣地区开进。由卓资山出发的第1纵队主力，进抵怀安、左卫间洋河南岸地区；由官村、隆盛庄出发的第2纵队，进至平堡一带；由集宁出发的第6纵队，进至张家口西南的洗马林地区。11月29日，各纵队按计划同时发起突然攻击，拉开了平津战役的帷幕。

30日拂晓，第1纵队一部进占怀安，主力沿洋河南岸向东推进；第2纵队占领柴沟堡、左卫；第6纵队占领万全、郭磊庄。由于原驻柴沟堡、郭磊庄、怀安等地守军第210师、骑兵第11旅等部，实际已于28日缩回张家口，所以经一昼夜战斗，第3兵团只歼保安部队2200余人。接着，第2、第6纵队继续向张家口以西发展，并攻占黄土梁、关家窑、孔家庄等张家口外围据点，第1纵队转向张家口以南进攻，并进至张宣间的洋河南岸地区。这样，第3兵团就从西、南两面形成了对张家口的包围态势。

面对解放军的迅猛攻势，驻守张家口的国民党第 11 兵团司令官孙兰峰，一面调整部署，收缩兵力；一面急电华北“剿总”，请求派兵增援。对此，傅作义吃惊不小，又有些犹豫。虽然按“暂守平津，控制海口”的方针，张家口准备逐步放弃，而且已将张家口的 3000 多户军政家眷和重要物资设备陆续运抵天津，但又顾及张家口为西退绥远的通道，不能轻易撤离。此时的傅作义，由于还不明解放军的战略企图，误认为此次进攻，不过是继察绥战役之后的又一次局部行动。因此，11 月 29 日晚，他决心乘东北野战军主力尚未入关，华北第 2、第 3 兵团兵力分散的时机，以主力部队驰援张家口，速战速决，一举将华北第 3 兵团击溃。遂将驻丰台的第 35 军 2 个师及驻怀来的第 104 军 1 个师车运西援，协同守军实施反击，确保张家口的稳定。同时，以驻怀来的第 105 军第 310 师增援宣化，驻昌平、南口的第 104 军（欠第 258 师）调至怀来，驻涿县的第 16 军移至昌平、南口地区，力保平绥路畅通，便于尔后机动。

30 日下午，第 35 军军长郭景云率第 101、第 267 师附 105 榴弹炮 1 个营，分乘 400 余辆汽车，由北平出发，第 104 军第 258 师乘火车由怀来出发，紧急驰援张家口。第 35 军等部抵达张家口后，会同守军共 4 个师（旅）的兵力，于 12 月 1 日向张家口以西的第 6 纵队阵地发起反击，一度占领万全县城；第 105 军等部共 3 个师（旅）兵力向张家口以南孔家庄一带阵地猛烈反扑，被第 2 纵队击退。当日黄昏，第 1 纵队渡过洋河，以强袭手段攻占沙岭子及车站，并破坏了张家口、宣化间的铁路，隔断了张、宣联系。当日晚，冀热察军区部队占领沙城、土木，并破坏了下花园至怀来间的铁路。华北第 2 兵团第 12 旅占领了新保安，主力正全力向平张线进发。至此，平张线被解放军切成数段，傅作义大部分嫡系部队（计 4 个军 16 个师旅约 10 万人）被牵制到平张线上。其中，张北为骑兵第 12 旅；张家口为第 105 军（第 210、第 251、第 259 师），第 35 军（第 101、第 267 师），第 104 军第 258 师，骑兵第 5、第 11 旅等；宣化为第 101 军第 271 师、第 105 军第 310 师；怀来为第 104 军（第 250、第 269 师），南口、昌平为第 16 军（第 22、第 94、第 109 师）。调动国民党军西援的目的达到后，毛泽东指出："此种形势，对我极为有利。"[①]

此时，面对被围的傅系主力部队，华北第3兵团认为：随着第2兵团和东北先遣兵团向平张线的逼近，张家口守军"向西逃的可能性增大"。遂以2个纵队部署在张家口以西地区，以1个纵队部署在张宣之间。12月2日，张宣守军近4个师，向沙岭子第1纵队第1旅阵地发动两面夹击。防守部队依托阵地，顽强阻击，多次击退国民党军进攻。经过连续3天激烈战斗，部队伤亡较大，遂放弃沙岭子，将主力撤至张宣线西侧洋河两岸地区，以1个旅位于张宣线东侧东西望山地区，监视张宣线。4日，张家口守军重占沙岭子，又打通了张宣联系。

4日16时，为迅速达成完全分割包围平张线上傅作义嫡系部队，中央军委及时对下一步作战进行了部署：华北第3兵团以2个纵队在张家口以西，向张家口压缩包围；以1个纵队在张、宣之间切断其联系，并迅速增强阻击阵地，准备打退和在阵地前大量消耗多次进攻的守军，坚决阻止宣化守军向张家口集中，以利尔后集中兵力歼灭之。华北第2兵团迅速行动，以主力包围宣化、下花园两处国民党军，并相机歼灭之（先歼下花园守军）；以一部隔断怀来、下花园之联系，确实阻止怀来及其以东地区向西增援的国民党军。东北先遣兵团速取捷径向怀来、南口之线疾进，到达后，相机各个歼灭该线守军，隔断其与北平间的联系。待上述三方面任务完成后，集中全力解决张家口守军。同时，要求各兵团之间每日互通一次情况，并告中央军委。

同日21时，中央军委再次电示参战的3个兵团：目前最大顾虑是在东北先遣兵团未到之际，张家口国民党军向东突围，而怀来、南口守军则向西接应。对此，特作如下补充：华北第2兵团不要忙于攻击宣化守军，务于5日在宣化、怀来之间一段，立即构筑向东、向西的坚固阻击工事，务使张家口国民党军不能东退，这是最重要的任务。如下花园只有1个团，则歼灭之；如有1个师，只包围之，等候东北先遣兵团到怀来、南

① 《毛泽东军事文集》第5卷，军事科学出版社、中央文献出版社1993年12月版，第315页。

口线后再打。华北第3兵团之第1纵队务必固守张家口、宣化间阻绝阵地，如兵力不足，应增加兵力。如张、宣国民党军绕道向北平撤退，华北第2、第3兵团则应在其运动中追堵包围之。

二、华北第2兵团疾驰新保安，包围傅部第35军

华北第2兵团奉命于11月26日由阜平、曲阳经易县、紫荆关，向涿鹿、下花园间疾进。由于部队多为山地行军，道路崎岖，河流阻隔及电台通信困难，加之对张家口国民党军东逃估计不足等原因，12月5日，该兵团主力方至大洋河以南地区，距预定到达平张线的下花园、新保安一带尚有一两天路程。东北先遣兵团奉命于12月2日从蓟县、三河地区出发，向怀来、南口疾进。3日，先头第11纵队进抵密云，扫清了外围据点，5日拂晓发起总攻，当日黄昏以伤亡1500余人的代价攻克密云城，歼国民党军第13军第155师等部6000余人。因密云战斗"耽误了一天的时间"，至7日，该兵团始进至四渡河、一渡河等地，亦未能按规定于8日到达平张线。

此时，平张线上的形势发生重大变化。12月4日，傅作义从北平飞抵张家口，召集军事会议，征求对防守张家口的意见。他指出：目前形势下，再"坚守张家口已无价值"，要准备撤退。傅作义返回北平后，获悉密云失守的消息，深感密云之失对北平威胁甚大。同时，根据空军侦察报告：解放军强大部队正从东、西两面迅速向平张线运动。他判断，东北野战军主力一部已经入关，并有与华北解放军合力切断平张线，直取北平之企图。在此形势下，放弃张家口，将全部部队、物资撤向北平已不可能。遂改变计划，电令孙兰峰固守张家口，令第35军及第104军第258师快速向北平撤退。为保障其第35军在解放军切断平张线前安全撤回北平，令驻怀来的第104军主力向西接应，并在掩护第35军通过怀来后，亦乘火车撤回北平；令南口地区的第16军西向康庄，以资策应。同时，为增加北平防守兵力，傅作义除令第35军等部东返外，又急调天津、塘沽地区的第92、第62军和第94军主力增防北平；令第13军放弃怀柔、

顺义，撤至通县附近；令第101军主力放弃涿县、良乡，撤至宛平、丰台、长辛店、门头沟一带。

6日上午，奉命撤返北平的傅部第35军在华北第3兵团第1纵队撤阻沙岭子的情况下，乘车迅速通过宣化、下花园，于当晚宿营于鸡鸣驿。7日拂晓，继续向新保安方向攻击前进。在其后跟进的第104军第258师，也于当日通过宣化。此时，在怀来至新保安间担任阻断任务的只有华北第2兵团第12旅和冀热察军区独立第7师及2个独立团，与东撤之第35军相比，无论兵力、火力，都处于明显劣势。加之，从新保安向东不足30公里便是怀来县城，该地驻有傅系另一主力第104军，如果在其接应下，第35军突过新保安与之会合，即可迅速撤至北平。情况十分紧急。

7日凌晨，中央军委和毛泽东得知第35军由张家口东逃的情况后，深感平张线作战面临着严重的困难，必须采取果断坚决的措施，方可摆脱目前的被动形势。否则，抓不住第35军，就抓不住整个傅系，平津决战计划也将因此受到严重影响。随即，给平张前线各兵团指挥员连发数电，严肃批评了华北第2、第3兵团和东北先遣兵团领导没有深刻领会中央军委意图、督率所部按期完成任务的错误。毛泽东在电报中分别向各兵团明确指示：如果第35军从平绥线跑掉，应由你们负责。同时还重新明确了各部作战任务：华北第3兵团今后“任务是包围张垣之敌，务必不使该敌向西向东或绕道跑掉（主要注意不使敌西逃），如敌逃跑则坚决全歼之”；华北第2兵团“应遵军委多次电令，阻止敌人东逃”，“必须将主力（至少两个纵队）用在敌之逃窜方向，即东面，以一部位于敌之侧面，务将三十五军与怀来之联系完全切断”；东北先遣兵团应“迅速到达并占领怀来、八达岭一线，隔断东西敌人联系，并相机歼灭该段敌人”[①]。

华北第2兵团领导接中央军委紧急命令后，深感事态的严重，能否在兵团主力赶到平张线前切断第35军等部东逃退路，并将其阻止在新保安地区，即成为影响平津战役全局的关键。为此，兵团领导一面急电第

① 《毛泽东军事文集》第5卷，军事科学出版社、中央文献出版社1993年12月版，第337—339页。

12 旅务必在新保安地区组织顽强防御，阻击、迟滞第 35 军东撤；一面组织第 2 兵团主力急速通过大洋河，向下花园地区疾进。兵团政治委员罗瑞卿严肃地对部队讲：“如果让 35 军从我们手里逃过新保安，和怀来的 104 军会合，那我们第 2 兵团是交不了账的，是要铸成历史大错的。”[①] 这时，华北第 2 兵团第 12 旅已在西八里和水泉、新保安、东八里及马家台地区构筑了纵深约 8 公里的 3 道阻击阵地。7 日，第 35 军在 18 架飞机的支援下，向新保安地区推进，在第 12 旅的节节阻击下，于当日晚占领新保安。该军副军长王雷震认为新保安地区狭隘，地形不利，不宜久留，主张连夜由新保安经沙城以南向怀来行进，只需要 2 小时，即可越过怀来。但郭景云骄横自负，根本没把当面解放军放在眼里，同时也担心夜间行动容易遭到伏击，遂令全军在新保安宿营，待天明后再走。

第 12 旅在新保安地区的顽强阻击和郭景云的错误决断，为第 2 兵团主力赶到新保安争得了宝贵的一昼夜时间。7 日夜，第 2 兵团广大指战员顶着河面的刺骨寒风，砸破薄冰，徒涉大洋河。8 日拂晓，主力各部赶到新保安地区，并立即展开。以第 4 纵队第 11、第 12 旅和第 3 纵队第 9 旅占领新保安以东的八里沟、东八里、崔黄口、吴家堡一线，组成了第一层包围；以第 3 纵队第 7、第 8 旅，分别占领碱滩、沙城、鸡鸣驿一线，构成第二层包围，坚决阻击第 35 军东逃和怀来方向第 104 军可能的接援。

傅作义获悉第 35 军在新保安被围后，立即任命第 104 军军长安春山为西部地区总指挥，统一指挥第 104、第 16、第 35 军，以内外夹攻的方式，迅速击破当面解放军的围堵，确保第 35 军安全撤返北平；并令张家口的第 105 军向下花园、新保安方向发动攻击，以策应第 35 军突围。安春山受命后，即令第 104 军第 250、第 269 师立刻由现地出发，连夜至沙城以南贾家营附近集结，于 9 日前攻占新保安外围的宋家营、赵家营、马圈，企图打通与新保安的通道，接应第 35 军向南突围；令第 35 军于 9 日晨向马圈发起攻击，与第 104 军两面夹击、打破解放军的包围，尔后

① 《平津战役》，解放军出版社 1991 年 10 月版，第 489 页。

从新保安以南地区，沿永定河以北公路经怀来撤回北平；令第 16 军派 1 个团，限 9 日 8 时前接替原怀来第 269 师的城防，主力固守于康庄，直至第 104、第 35 军全部通过。

8 日，第 104 军向土木进攻，遭冀热察军区独立第 7 师等部的有力阻击。当晚，该军绕道新保安南下湾子、宋家营和东西水泉一线进攻，复遭第 2 兵团第 3 纵队主力和第 4 纵队一部的顽强阻击。第 35 军亦同时向新保安东南方向猛攻，激战一整天，未能突破。9 日，第 104 军和第 35 军在 12 架飞机支援下，继续相向攻击，第 2 兵团第 3、第 4、第 8 纵队在冀热察军区部队配合下，依托临时构筑的野战工事，进行两面阻击，打退了国民党军多次进攻。当第 104 军进至赵家营、碱滩、马圈一线，距新保安不到 4 公里时，安春山即令郭景云“果断突围”，而郭景云则要第 104 军攻至新保安城下接应。双方互不配合，陷入僵持。至 10 日，在华北第 2 兵团的顽强阻击和东北先遣兵团的策应下，最终又将两军彻底割开，第 104 军撤回怀来，第 35 军退回新保安。第 2 兵团随即完成了对新保安第 35 军的包围。

与此同时，华北第 3 兵团也于 6 日复占沙岭子，重新切断了张、宣联系。宣化守军 2 个师遂于 7 日向张家口收缩，经沙岭子一役，守军第 271 师被第 3 兵团伏击歼灭，第 310 师撤逃张家口，宣化遂获解放。9 日，第 105 军奉命由张家口东进，策应第 35 军从新保安突围，行至沙岭子时，遭第 3 兵团第 1 纵队猛烈阻击，被迫退回。第 3 兵团乘势紧逼，完成了对张家口的包围。

三、东北先遣兵团进击康庄、怀来，东北野战军主力入关

在华北第 2 兵团与第 35、第 104 军激战于新保安之时，东北先遣兵团赶到平张线。9 日拂晓，先头第 4 纵队即向康庄守军发起攻击。首先以第 11 师进至马庄、石桥大小王庄一线，切断了康庄、怀来的联系；以第 10 师进占姬庄、泡儿山、西山、下屯、杏园、岳家庄等地，完成了对康庄的包围。尔后，对突围守军第 16 军第 109 师及第 94、第 22 师各 1 个团，

迅速展开追堵，实施前后夹击。至10日10时，除军长袁朴率警卫营及第22师1个团乘夜暗逃脱外，其余6600余人被歼灭于康庄东南之杨岭、泡儿庄一带。第4纵队旋即占领康庄、岔道、青龙桥，切断了第104军的归路，并转兵向怀来攻击前进，迫使第104军放弃对第35军的援救，回顾怀来。当日16时，第104军第250、第269师相互掩护，撤至怀来附近地区。此时，安春山已获悉康庄失守，守军第16军所部被歼，沿平张线东撤已不可能，遂决定全军从怀来以南经十八家子、横岭关、镇边城，走沙丰线，向北平撤退。

东北先遣兵团立即展开对第104军的追歼。第4纵队第11师跟踪猛追，经十八家子直插镇边城；第10、第12师取捷径，由康庄经大山口实施平行追击；刚到康庄地区的第11纵队由泡儿山进山，其先头第33师向南直插高岩口，第32师向东南直插白羊城一带，切断了第104军的退路。战至11日中午，将第104军1.3万余人全部歼灭于怀来以南的横岭关、白羊城地区。该军军长安春山被俘后，装成伙夫未被查出真实身份，解放军见其年迈，便发给还乡证和路费，使他得以逃回北平。同日，位南口、八达岭一线防守的国民党军，亦相继撤回北平。东北先遣兵团第4纵队随即占领该线，第11纵队则沿阳坊南下至北平西郊地区，加入包围北平。

至此，华北第2、第3兵团和东北先遣兵团等部在平张线上的作战，共歼灭傅系2个军部、5个师，并将第35军2个师包围在新保安，将第105军等7个师（旅）包围在张家口，完全控制了南口、八达岭、怀来一线，达成了对平张线傅系部队的分割包围，实现了中央军委关于抓住傅系，拖住蒋系，掩护东北野战军主力入关的战役企图。同时，迫使傅作义将天津、塘沽地区的蒋系第92、第94、第62军等部调到北平地区，使其津塘地区防守兵力大为削弱，为东北野战军主力挺进平津塘地区创造了条件。12月10日，中央军委在致林彪、罗荣桓、刘亚楼及程子华、黄志勇、杨得志、罗瑞卿、耿飚、杨成武、李天焕的电报中指出：此种形势，“对于大局极为有利”。并对遂行平张线作战任务的华北军区第2、第3兵团和东北先遣兵团以通令嘉奖。

与此同时，根据中央军委提前入关的命令，从11月23日起，东北野战军主力10个纵队及特种兵全部共70万余人，随军民工15万人，火炮千余门，坦克、装甲车40余辆，汽车3000余辆，大车8000余辆，战马10万余匹，在华北第2、第3兵团和东北先遣兵团发起平张线作战的掩护下，迅速向华北挺进。至12月8日，已有5个纵队越过长城入关：第5纵队进至蓟县及其东北，第3纵队进至丰润附近，第10纵队进至迁安附近，第9纵队进至建昌营及其东北，第6纵队进至喜峰口及其以北。另5个纵队及特种兵正在加紧入关途中：第8纵队进至建昌及其西南，特种兵进至绥中，第7纵队进至锦西附近，第1纵队进至朝阳附近，第2纵队进至黑山附近，第12纵队进至新民以北。

东北野战军主力入关后，人民解放军参加平津战役的部队有：东北野战军2个兵团、12个步兵纵队48个师、1个铁道纵队，以及特种兵部队共80万人。华北野战部队2个兵团、7个步兵纵队、1个炮兵旅，约13万人。连同东北、华北军区参战的地方部队，总兵力达100万人。

四、中央军委对傅作义集团“隔而不围，围而不打”的部署

12月10日，傅作义在其第35军等嫡系部队被分割包围于平张线后，又得知宝坻地区有解放军大部队向天津方向运动，判断东北解放军已大举入关，即感平、津间交通有被切断的危险。遂再次收缩兵力，调整部署，实施北平和天津、塘沽“分区防守”，并加强天津、塘沽的防御力量。即以第4兵团司令官李文兼北平防守区司令官，放弃南口、昌平、通县、宛平等地，集中兵力防守北平；以第17兵团司令官侯镜如兼津塘防守区司令官，放弃唐山、芦台、汉沽，将第86、第87军分别撤至天津、塘沽，令第62军从北平回防天津，以集中兵力防守天津、塘沽。

为彻底消除平、津地区国民党军从海上逃跑的危险，实现就地歼灭傅作义集团于平、津、张地区的既定方针，中央军委于12月11日提出了对傅作义集团实行“隔而不围”“围而不打”的部署。即：东北野战军和华北第2、第3兵团，从11日至25日内，基本的原则是对平张线上的

张家口、新保安等地只作战役包围，不作战术攻击；对北平、天津、塘沽等地只作战略性分割，隔断诸地间联系，而不作战役包围。“以待部署完成之后各个歼敌。尤其不可将张家口、新保安、南口诸敌都打掉，这将迫使南口以东诸敌迅速决策狂跑”[①]。同时，为防止傅作义集团逃跑，命令中原、华东野战军在淮海战场上，两星期内不作最后歼击部署，使蒋介石难下从海上撤退平、津兵力的决心；令华东军区集中若干兵力控制济南附近一段黄河，并在胶济线上预作准备，以防其向青岛方向逃跑。同时，命令华北军区集中一切可用之力量，沿平汉、津浦两路，进行阻击、迟滞部署，防其从陆上南逃，配合主力决战。

鉴于东北野战军即将全部入关，平、津、张、塘大战在即，中共中央、中央军委对整个战役的统一指挥和接管北平、天津等项工作重新作了规定，12月11日、13日、16日，中央军委先后致电华北局、华北军区和东北野战军领导人：平津作战“是一个巨大的战役，不但两区野战军应归林罗刘谭统一指挥，冀中七纵及地方兵团，亦应统一指挥”[②]；取消平绥前线委员会，先遣兵团即归东北野战军建制；从17日起，“华北第二、第三兵团之作战，归林罗刘直接指挥”[③]。成立了平津卫戍区司令部、北平军事管制委员会和天津军事管制委员会等机构。12月13日，中央军委任命“聂荣臻为平津区卫戍司令，薄一波为政委，彭真为北平市委书记，叶剑英为市委副书记、北平军管会主任兼市长，黄克诚为天津市委书记兼军管会主任，黄敬为天津市长。聂、彭、叶、黄等均于今明两日率干部由平山乘车分向平、津附近前进”[④]，与林彪、罗荣桓、刘亚楼、谭政密切联系，展开相关工作。1949年1月10日，中共中央电示：“为着统一领导夺取平津，并于尔后一个时期内（大约有3个月）管理平津唐及其附近区域一切工作起见，中央决定以林彪罗荣桓聂荣臻三同志组成总前委，林彪为书记，

① 《毛泽东军事文集》第5卷，军事科学出版社、中央文献出版社1993年12月版，第362页。

② 《毛泽东军事文集》第5卷，军事科学出版社、中央文献出版社1993年12月版，第374页。

③ 《毛泽东军事文集》第5卷，军事科学出版社、中央文献出版社1993年12月版，第406页。

④ 《毛泽东军事文集》第5卷，军事科学出版社、中央文献出版社1993年12月版，第397页。

所有军事、政治、财政、经济、粮食、货币、外交、文化、党务及其他各项重要工作均归其管辖，以一事权而免分歧。”“总前委与华北局为平行关系。”[①]

五、东北野战军对北平、天津、塘沽“隔而不围”

按照中央军委“隔而不围”部署，东北野战军主力及华北军区一部，从12日以后，以迅速勇猛动作，分别插入北平、天津、塘沽、芦台、唐山之间，隔断了上述诸点的联系。左路，以东北野战军第8、第9、第7、第12、第2纵队和特种兵主力及冀中第8军分区部队，分别进占唐山、芦台、军粮城、咸水沽一线和杨村、北仓、杨柳青、静海一线，隔断津、塘间联系，并形成对天津、塘沽的战略包围；中路，以东北野战军第3、第6、第10、第1纵队和华北第7纵队，进占廊坊、南苑、通州一线隔断了北平、天津之联系，并从东、南面威胁北平；右路，以东北野战军第4、第5、第11纵队，从北、西面进逼北平，占领沙河、门头沟、丰台、宛平、石景山、海淀一线，隔断北平以西之联系，与中路部队构成对北平的战略包围。至21日，继包围傅作义集团一部于张家口、新保安等地后，各路大军又将华北“剿总”和2个兵团部、6个军部、22个师计25万人隔断包围于北平；将2个军部、11个师计13万人隔断包围于天津；将1个兵团部、1个军部、5个师隔断于塘沽。完成了战役第一阶段分割、包围傅作义集团的任务。

其间，中共中央华北局和华北军区多次指示冀中、北岳军区和华北第7纵队：对东北人民解放军，要发挥真挚的兄弟般的友爱，给予充分的爱护；要不惜使用大的人力财力，全力支援东北野战军作战；要绝对听从林、罗、刘指挥，坚决执行命令，完成任务。林彪、罗荣桓、刘亚楼也电示各部：华北军区全力组织支前工作，并一再通令各部积极参加和坚决服从命令，这种精神很值得我们学习。东北野战军各纵、师在与华

---

① 《毛泽东军事文集》第5卷，军事科学出版社、中央文献出版社1993年12月版，第479页。

北同志接洽中，必须十分注意以阶级友爱的同志态度交涉问题，要充分了解他们的困难。向他们提出要求时，必须估计到客观情况；对于他们向我们提出的要求，必须尽可能地予以圆满答复。对于部队必须很好地管理和约束，使其遵守纪律和团结友爱。

在华北、东北两区的密切配合下，战役支前工作出现了前所未有的形势。伴随着野战军主力的行动，各地民兵、民工队伍和满载物资的骡马队、大车队，从四面八方、不分昼夜地向平津方向前进。成千上万的群众挥舞着锹镐抢修铁路、公路和桥梁，只 20 天就修复了平汉、津浦线路基 100 余公里，公路 160 余公里，使条条道路都能顺利畅通平津前线。大清河两岸的民众，在一夜之间组织起 4.4 万余人的破冰队，两天内就把长达 80 多公里的大清河冰面砸开，使白洋淀和大清河两岸的船只，沿着人工开封的航道，把各种物资源源不断地送往前线。

六、华北第 2、第 3 兵团对新保安、张家口“围而不打”

在东北野战军主力对平、津、塘地区国民党军实施“隔而不围”的同时，华北第 2、第 3 兵团按照中央军委“围而不打”的方针，积极调整部署，对新保安、张家口等地的国民党军实施了严密包围，并在完成分割包围的同时，做好“打”的各项准备。

在新保安地区，12 月 10 日，杨得志、罗瑞卿、耿飚曾致电中央军委，提出在不妨碍整个作战方针实施的情况下，待东北野战军第 4 纵队炮兵、弹药增援到来后，“先歼敌 35 军为好”的建议。11 日，程子华、黄志勇也向中央军委建议，待怀来追歼战结束后，即以兵团主力参加歼击敌 35 军。中央军委从平津战役全局考虑，为防止傅部第 94 军再次西进，接应第 35 军向北平方向突围，仍决定对新保安“围而不打”，在令冀热察军区部队速进怀来、康庄、八达岭之线外，着重强调：第 2 兵团必须以主力“对三十五军迅速完成诸层阻击阵地，确实围住该敌，抽出一部在沙城、土木构筑向东阻击阵地，以防九十四军的万一西进”。“目前全力防敌突围，大约十天以后方能攻歼该敌。你们预作攻击准备是可以的，但不要实行攻击”[1]。为此，杨得志、罗瑞卿深刻领会“围而不打”的战略意图，对部队做了大量耐心细致的说服教育工作，使广大指战员提高了对这一英明决策的认识，克服了急躁情绪。

根据中央军委关于重点防止第35军向东突围的指示，杨得志、罗瑞卿、耿飚当即调整了第2兵团的包围部署。以第3纵队主力位于新保安东南桥家营、东西水泉、宋家营、上下八齿、二台子一线，以1个旅位于新保安以南李家营、王家房、吴家堡、朱家堡、碱滩、马圈、小屯一线；以第4纵队位于新保安以东永安村、山青店（1个旅）及东北上下八里、枣口（1个旅）以及东南东八里、大屯、马家台、辛庄（1个旅）线；以第8纵队主力位于新保安以西及西南阎家房、金堂房、韩家房、西黄庄及西北梁庄、鸡鸣驿一线。各个部队在占领阵地后，构筑层层工事，有针对性地展开战地练兵活动，同时展开政治攻势，瓦解待歼的国民党第35军。

14日和16日，杨得志、罗瑞卿、耿彪向中央军委报告了攻击新保安的部署与计划。报告说：我兵团全部正对新保安进行土工作业，缩紧包围，一切攻击准备工作拟于16日完成，待中央军委命令攻击。预定攻击部署是：以第3纵队对城南及西南部攻击，重点是西门；第4纵队对城东关及东部攻击，重点是东门；第8纵队配合第3纵队由新保安西北角发起攻击，各纵炮火亦相互支援。虽然第35军是傅作义嫡系主力，可能作最大限度的抵抗，但在我兵力、火力上均占有优势，估计3天最多5天可攻歼该敌，也可能更快些。中央军委于15日复电指出：华北第2兵团加紧完成对第35军的攻击准备甚好。实行攻击时间尚待东北主力确实完成对平、津包围之后，大约在20日。

在张家口地区，为重点防止守军逃跑，第3兵团对包围部署也作了进一步调整：以第1纵队布防于张家口以南、以东和东北地区，控制沙家房、沙岭子、榆林堡、乌拉哈达、朝天洼、西甸子一线；以第2纵队布防于张家口西南地区，控制宁远堡、北辛渠、孔家庄、郭磊庄一线；以

[1] 《毛泽东军事文集》第5卷，军事科学出版社、中央文献出版社1993年12月版，第368页。

第6纵队布防于张家口以西、以北地区，控制南天门、汉诺坝、水关台、正北沟、苏家桥、万全一线。要求各纵队构筑3—4道阻击阵地，昼夜进行严密监视。各纵队按兵团部署进入指定阵地，迅速构筑工事，并将张家口对外的所有道路全部切断。至10日前，完成了对张家口的第一道包围圈。第3兵团前委还颁发了政治动员令，要求全军严格执行命令，克服一切困难，不怕任何牺牲，不轻敌、不疏忽，不让一个国民党军跑掉。10日后，张家口守军对北辛渠、宁远堡、朝天洼等阵地进行连续反扑，均被击退。15日，各纵队相机占领轿顶山、西甸子、十三里营房等外围据点，进一步收缩了对张家口的包围圈。同日，北岳军区部队及骑兵第3（原察北骑兵旅）、第4（原内蒙骑兵第11师）、第5师（原内蒙骑兵第16师）解放张北县城，旋即解放康保、商都等地，形成了第2道包围圈。同时，晋绥第8纵队及晋绥军区地方武装于集宁、丰镇、卓资山一线，形成了第3道包围圈。这样，张家口守军已被解放军层层包围起来。

面对张家口守军的1个兵团部、1个军部共7个师（旅）5.4万余人，华北军区第3兵团仅有8个旅，连同地方部队，也不足6万人，双方力量持平。鉴于在华北第2兵团攻歼第35军时，张家口守军有极大可能在飞机掩护和归绥守军接应下，集中兵力在张家口、万全公路以南、以北及清水河以西的宽大正面上向西突围，中央军委在征求华北第3兵团意见后，于16日8时电示林彪、罗荣桓、刘亚楼：张家口5万以上守军无论如何不应让其逃跑，应当在华北第2兵团攻歼第35军以前增加一部兵力，可考虑以东北野战军第4纵队主力3个师加强到张家口方面。同日16时，林彪等复电表示：第4纵队可全力开张家口，归杨成武、李天焕指挥，协同华北第3兵团作战。17日，东北野战军第4纵队3个师4万余人（1个师留南口地区布防）即从南口出发，20日抵达宣化、张家口地区，使解放军包围张家口地区的兵力增至近10万余人，在兵力上占据了较大优势。

此时，中央军委得知华北"剿总"驻归绥指挥所主任董其武根据傅作义指示，已令新编第7师等部约万人，由归绥附近出发，向卓资山、集宁进犯，有接应张家口守军突围逃跑的企图。从考虑全歼平绥线上傅系部队，一举解放绥远全境的角度出发，中央军委拟定了平绥线作战的全盘计划。其要点是：东北野战军第4纵队到达张家口并部署完毕后，华北第2兵团即对新保安发动攻击，以5天左右解决第35军；10天后，华北第3兵团及东北野战军第4纵队举行对张家口佯攻，旨在吸引由归绥东犯之新编第7师等部到达集宁、丰镇地区；华北第2兵团休整10天左右后，即经大同以南，隐蔽向归绥前进，并以突然动作包围、攻占之；同时以第3兵团及东北野战军第4纵队攻击张家口，或待华北第2兵团攻取归绥后，协力歼灭张家口守军，以不使归绥一带国民党军退往河套区域同邓宝珊、马鸿逵等部相结合，致使尔后难于追歼。

第三节　攻克新保安、张家口、天津，分别全歼国民党守军

东北野战军全部入关以后，在淮海战场华东、中原野战军“对杜聿明集团余部只作防御，不作攻击”的战略配合下，华北、东北两区部队，东西配合，联合行动，完成了对傅作义集团“隔而不围”“围而不打”的部署，将其分割包围于张家口、新保安、北平、天津、塘沽5个孤立地区，并做好了“打”的各项准备。这样，就使人民解放军处在了一个“打”有把握、“谈”有条件的有利地位，完全实现了中央军委、毛泽东提出的抑留傅作义集团于华北就地歼灭的战略意图。根据中央军委“先打两头，后取中间”的部署，平、津、塘地区的国民党军由东北野战军歼灭，平绥线上新保安、张家口和归绥地区的国民党军由华北第2、第3兵团等部歼灭，平津前委决定先打新保安、张家口，再攻塘沽、天津。

一、华北第2兵团围歼新保安国民党军第35军

自傅作义嫡系第35军军部及所属第101、第267师和保安部队等1.9万余人被围新保安后，该军军长郭景云曾几次开会研究突围方案：一是不要汽车，徒步向南突围，如能进入南山，即可脱险；二是出其不意向大

同方面突围，但因途中河流、山地所限，也不能将汽车带走。郭景云认为：这 400 多辆汽车是傅总司令的命根子，不能不要。因而，在沿平张线东返北平和西退张家口均遭失败的情况下，经请示华北“剿总”，决定在新保安“固守待援”。

新保安是一个仅有千余户人家的小镇，面积约 1 平方公里，四周有城墙环绕，墙高 12 米，顶宽 6 米，城墙表面用青砖堆砌，内部土层夯实，城墙上有东、南、西 3 座城门，城内十字街心的钟鼓楼，是全城的制高点。为坚守该城，郭景云在令其所部加紧构筑防御工事，依托城墙、房屋构筑碉堡火力点，并把所有汽车置于各主要街道路口，作为防御屏障的同时，以新保安中心为界，划分了东、西两个防守区。东防守区由第 267 师附保安团及 1 个山炮连防守，其中第 801 团防守城东南，第 800 团防守城东北，保安团防守东关，第 799 团为预备队；西防守区由第 101 师附 1 个山炮连防守，重点置于西门外，其中第 303 团防守西门以北，第 301 团防守西门以南，第 302 团为预备队；军部位于钟鼓楼附近；军炮兵阵地配置在西防守区内。为协调各部防守，还成立了新保安防守司令部，以第 101 师师长冯梓为防守司令，第 267 师师长温汉民为副司令。

面对第 35 军陷入重围，第 104 军增援被歼，再也无计可施的傅作义，只得一面派飞机空投粮弹接济，并滥施轰炸，破坏解放军的攻击准备；一面电示郭景云：“鼓励官兵发扬守涿州，守归绥的优良传统”[①]，拼死固守以待时局变化。同时，为稳定军心，郭景云也给部下打气：“要相信总司令，他决不会舍下第三十五军不管”[②]。冯梓也说：“傅总司令是不会不管我们的，最坏的结局，就是下令我们投降。”[③]但时值天寒地冻，近 2 万多人的粮弹消耗，完全依赖空投补给是远远不够的。守城官兵已饥寒交迫，士无斗志，各级军官也多有大难临头之感。

而华北第 2 兵团第 3、第 4、第 8 纵队共 6 万余人，在占据绝对兵力

① 《平津战役亲历记》（原国民党军将领的回忆），中国文史出版社 1989 年 1 月版，第 17 页。

② 《平津战役亲历记》（原国民党军将领的回忆），中国文史出版社 1989 年 1 月版，第 67 页。

③ 《平津战役亲历记》（原国民党军将领的回忆），中国文史出版社 1989 年 1 月版，第 76 页。

优势和一定火力优势，既无打援顾虑，又有充裕时间的情况下，进行了有条不紊的准备。一是进行政治鼓动，激发指战员高昂的战斗情绪。其中，第4纵队针对部队“艰苦斗争两年半，报仇立功在今天”的作战历程，响亮地提出了：“打掉傅军命根子，活捉郭景云！”[①] 的战斗口号。二是大力开展土工作业和战地练兵。各部克服天寒地冻的困难，在新保安周围掘成蛛网式的堑壕和交通沟。第8纵队第22、第23旅挖掘交通壕达2万多米，第3纵队第7旅和第4纵队第11旅甚至把交通壕挖抵守军阵地前沿数十米处，为突击部队开辟了有利通道。担任突击任务的部队，在组织各级指挥员反复勘察地形，研究协同方法的同时，还有针对性地训练了主攻（团）营和“尖刀连”。三是制定周密的攻城计划。即第3纵队主力由新保安西南辛庄地区向东攻击，以西门瓮城的西北角为突破口，该纵队第8旅位于新保安以南吴家堡地区，牵制并阻击守军南突；第4纵队主力由新保安以东及东北上下八里、枣口地区向西南攻击，首先扫清东关及车站守军，尔后以东门为突破口，该纵第12旅位于新保安东南东八里、大屯地区，为攻城预备队并防止守军东突；第8纵队主力位于新保安西北鸡鸣驿、水泉地区，攻击新保安西北角，该纵队第24旅主力位于城东南宋家营、鸡鸣驿地区，为兵团预备队。同时，为加强炮火攻击力量，林彪、罗荣桓、刘亚楼决定将东北野战军第4纵队炮兵团配属华北第2兵团作战。四是大力开展政治攻势。围城各部采取阵前喊话、书写标语、写劝降信等行之有效的“攻心”战术，瓦解守军斗志。华北第2兵团政治部敌军工作部部长甄华以同学名义写信给第101师师长冯梓，劝其认清形势，率部起义；第2兵团首长亦写信敦促郭景云率部起义或投诚，但均遭对方拒绝。

19日，东北野战军第4纵队越过新保安，向张家口地区开进，增强了该方面的力量。同日，第2兵团报告平津前委：攻歼新保安第35军一切准备就绪，拟于21日扫清外围，22日发起总攻。待平津前委请示中央

① 《平津战役》，解放军出版社1991年10月版，第547页。

军委批准后，21 日 14 时，第 2 兵团对新保安守军发起攻歼战斗。

当日，第 4 纵队一举攻占外围重要据点东关及东门附近的龙王庙；第 3 纵队在第 8 纵队配合下，攻占城西的水温泉、和尚庙等据点。22 日 7 时，第 2 兵团对新保安发起总攻。东北野战军第 4 纵队炮兵团和 24 个团属迫击炮连的百余门火炮，同时集中对守军东南和西北方向上的前沿阵地和城墙防御设施进行猛烈急袭，经 1 个多小时的炮火准备和外部爆破，大量阵地工事被摧毁，并在东面城墙上炸开一个大缺口。8 时 30 分，第 4 纵队第 11 旅率先发起冲锋，从东南面登上城头，激战一个半小时，巩固和扩大了突破口；第 10 旅随即以集团装药炸开了东门，协同第 11 旅分路向城内猛插。在西面和西北面的第 3、第 8 纵队，由于没有查明守军低层的火力配置，数度攻击均遭守军暗堡火力封锁，连续突破未果，与守军呈胶着状态。为配合城西部队的攻击行动，第 4 纵队将二梯队第 12 旅全部投入巷战，以“避开正面，向守军核心侧翼猛插”的战术，以多路小部队对钟鼓楼守军核心工事实施爆破攻击，很快将第 267 师和第 101 师分割开来。战至正午时刻，第 4 纵队占领东城大部及守军核心工事钟鼓楼，全歼第 35 军军部和第 267 师，生俘少将副军长以下 8000 余人。尔后，即向西北方向发展。14 时，第 3 纵队第 7 旅由城南、第 8 纵队第 23 旅由城北突入，猛攻第 101 师侧后。16 时，第 9、第 22 旅也分别由西面和西北面攻入，并会同第 4 纵队与守军第 101 师余部展开逐屋逐堡争夺。战至 17 时，占领新保安，全歼第 35 军 2 个师 1.6 万余人，保安部队 3000 余人，军长郭景云自毙，少将副军长王雷震和师长冯梓、温汉民被生俘。

第 35 军的覆灭，对傅作义是一个沉重的打击。该军装备精良，上层军官均是傅作义一手培养的“家生驹子”，是傅作义嫡系部队中的“王牌”，一直作为机动部队使用。郭景云在临死前曾发电质问傅作义：“你见死不救，眼看追随多年的部下，坐以待毙，于心何忍？”[①] 对此，傅作义无言以对，痛心疾首，只是不停地对左右幕僚大声斥责。22 日当天，中央军委

① 《平津战役亲历记》（原国民党军将领的回忆），中国文史出版社 1989 年 1 月版，第 17 页。

致电杨得志、罗瑞卿、耿飚表示祝贺，并指示第 2 兵团休整 10 天后，准备向西行动，攻击归绥。

二、华北第 3 兵团等部歼灭张家口国民党军第 11 兵团

张家口被围之初，国民党军第 11 兵团司令官孙兰峰即采取“依城野战”的方针，将张家口的部队区分为野战部队和城防部队。野战部队以第 105 军第 210 师、第 259 师、第 104 军第 258 师及骑兵第 5、第 11 旅等组成，由第 105 军军长袁庆荣指挥，担任机动作战任务；城防部队以第 105 军第 251 师、察哈尔省保安司令部所属 3 个保安团及独立野炮营、铁甲车大队和侦察大队等组成，由察哈尔省保安副司令兼张家口市警备区司令靳书科指挥，专司守城之责。野战部队白天出击骚扰，或抢掠马草饲料，夜晚协助城防，企图“坚守三个月”。

在华北第 2 兵团包围、歼灭新保安第 35 军时，华北第 3 兵团已悉数攻占张家口外的大小据点。特别是控制张家口西北 2 公里处的黄土岭、树儿山、帽儿山阵地后，既可观察到张家口守军的一切动静，又可以直接用炮火控制张家口北半部市区。遵照中央军委要防止张家口守军突围的指示，华北第 3 兵团认为：张家口守军突围时机，可能是在新保安第 35 军被歼之际或被歼之后，采取集团猛扑的方式，首先是向西的可能性较大，因西面地形开阔，便于大部队行动；其次是沿公路向张北方向的突围。根据这个判断，拟定了防备守军突围的方案。20 日，东北野战军第 4 纵队到达张家口东南后，杨成武、李天焕即对包围张家口的部署进行了调整：以东北野战军第 4 纵队接替第 1 纵队第 1、第 2 旅在宁远堡、沙岭子地区之防务；第 1 纵队第 1、第 2 旅集结于西南孔家庄地区，与第 2 纵队靠拢；第 2 纵队全部配置于孔家庄东西红庙及其以北以西地区；北岳军区部队配置于万全西南之腰站堡、杜谭庄、侯祈庄地区；第 1 纵队第 3 旅及第 6 纵队仍位于张家口东北及以北地区。部署的重点是防止守军向西面和西南面突围，在北面和东北面亦配置有力部队依山据守。

22 日，在第 35 军被歼的当天下午，傅作义密令孙兰峰、袁庆荣：“张

垣被围已无守备意义，可相机突围，转进绥远”，并令绥远董其武部予以配合。为了分散解放军的注意力，孙兰峰当即召集秘密会议，紧急决定分路突围：步兵从大境门撤出，骑兵从七里茶坊分数路向商都方向突进，两部最后向绥远移动。其部署是：察北绥东总指挥鄂友三（骑兵第 12 旅旅长）率该旅及安恩达、陈秉义等部，迅速攻占长城线之狼窝沟和神威台，以接应张家口突围部队；第 259 师为前卫，于 22 日夜出大境门，向陶赖庙方向攻击前进，打通至张北、崇礼之道路，掩护全军撤退后改为后卫，向商都前进；骑兵第 5 旅并指挥骑兵第 11 旅，从七里茶坊经孔家庄突围，然后向察北、商都一带前进；第 251 师为后卫，掩护全军撤退后，在本队后跟进；本队按第 210 师、兵团司令部、军司令部、第 258 师、保安司令部及所属各团之顺序，沿前卫行进路线向商都前进。整个突围行动由第 105 军军长袁庆荣统一指挥。

22 日 22 时许，第 259 师出大境门作试探性攻击，遭解放军第 1 纵队第 3 旅的顽强阻击。23 日 4 时许，骑兵第 5、第 11 旅向张家口以西突围，进至郭磊庄附近，发现孔家庄地区有解放军重兵把守，又得知第 259 师已将大境门外的公路打通，遂擅自改变计划，掉头向大境门方向转移。此时，张家口警备司令靳书科才得知撤退计划，遂令警备司令部人员和保安队直奔大境门。此时，绥远方向国民党军新编第 7 师、暂编第 5 师、骑兵第 13 旅等部也开始向卓资山、凉城方向开进，进行接应。

23 日拂晓，华北第 3 兵团指挥所直接观察到大境门外守军活动情况，又接第 6、第 2 纵队的报告，迅速判明张家口守军全力向北突围，杨成武当即下达了围歼张家口突围国民党军的命令：第 1 纵队第 3 旅坚守西甸子、朝天洼阵地，坚决阻其北逃；第 6 纵队由朝天洼至大境门以北阵地由北向南攻击；东北野战军第 4 纵队 1 个师迅速插到朝天洼、西甸子东南，由南向北攻击，与第 6 纵队形成南北夹击；第 2 纵队（附第 1 纵队 1 个旅）从黄土梁地区向大境门出击；东北第 4 纵队主力与第 2 纵队并肩向张家口以北出击；第 1 纵队另 1 个旅、北岳军区部队及绥蒙 2 个骑兵师，插到五十家子、麻地营子、汉诺坝、甸门口、广土坝及其东南地区，构筑第二、第三道阻击阵地。各部于23日晚10时到达指定位置。

张家口以北是东、西太平山，两山中间夹着一条宽约500米的河滩，出大境门向北延伸约10公里至西甸子、朝天洼。时值寒冬，河道冰封，河滩左侧有一条旧公路，向北一直通往张北。张家口守军5万余人，在炮火掩护下，沿着河滩、公路，以步兵、骑兵轮番攻击前进，倾力向西甸子方向突围。

西甸子是张家口大境门以北河滩大沟左岸上的一个小村庄。村庄两侧是山，旧公路从中间穿过，直通乌拉哈达，是孙兰峰部绕经张北向绥远逃跑的必经之路。该地一线阵地由第1纵队第3旅第8团坚守。23日拂晓，孙兰峰部接近阵地后，便立即发起集团冲锋，尽管有督战队的威逼，但在坚守部队的顽强阻击下，第一轮冲锋很快被击退。接着，孙兰峰部又组织2个师的兵力，疯狂地发起了第二次集团冲锋。第3旅全部投入战斗，与之展开节节抗击、反复拼杀。由于力量相差悬殊，该旅在给其以重大杀伤后，主动退守朝天洼以北和乌拉哈达一带阵地。9时，孙兰峰部进占西甸子。至12时，被第1纵队第3旅、第6纵队第17旅分别阻于朝天洼、乌拉哈达及佛爷山、陶赖庙、黄土窑子一带。当日16时许，第2纵队、东北野战军第4纵队及第1纵队第2旅突入张家口市区，旋即出大境门跟踪追击，并在大境门外将孙兰峰后卫部队拦腰切断，一举俘获万余人。

在第3兵团的前堵后截和侧击下，孙兰峰部数万人被压缩包围在大境门外的西甸子、朝天洼、乌拉哈达、黄土窑子之间，宽不足1公里，长不到10公里的狭窄山沟内。23日夜，天降大雪，被围于该地的孙兰峰部，建制混乱，人马拥挤，饥寒交迫，陷于绝境。24日拂晓，第3兵团和东北野战军第4纵队展开全面围歼，各部勇猛穿插，纵横厮杀，很快就将其分割成若干小块，并各个歼灭。至16时，除孙兰峰率少数骑兵逃脱外，其余1个兵团部、1个军部、5个师、2个骑兵旅及2个保安团等共5.4万余人全部被歼。军长袁庆荣、副军长杨维垣及大部分师、旅长被生俘，缴获各种炮410门，解放军仅伤亡2900余人。

张家口地区守军被迅速歼灭，使傅系部队主力丧失殆尽，平绥路东段全部为解放军控制，张家口重新回到人民手中。25日，东北野战军第4纵队奉命东返北平归建，第3兵团位于张家口以西孔家庄、郭磊庄地区休整。1949年1月4日，华北第2、第3兵团奉命开赴北平郊区，与东北野战军第1、第2兵团会师，严密包围了北平。平津前线指挥部拟给华北部队的任务是：以第2兵团攻击西直门至德胜门段，第3兵团攻击东直门至安定门段，然后两个兵团会攻鼓楼，再与东北野战军第1、第2兵团会攻天安门，解放北平。各部队受领新的任务后，士气高涨，立即着手新的战斗部署，积极进行攻取北平的准备。

三、东北野战军主力攻歼天津国民党军陈长捷部

按照中央军委“先打两头，后取中间”的作战意图，在平张线全歼新保安、张家口傅系部队主力后，平津战役的重心即转至围歼平、津、塘地区蒋系国民党军队。12月26日、27日，为防止平津地区的国民党军冒险突围，中央军委先后指示林彪等：应加强包围平津两敌的兵力，如东北野战军第4纵队归建后仍有不足，“则应调杨成武部甚至杨得志部参加平津作战”；“如果平津两敌确有突围征候，即应断然放弃对两沽之攻击计划，将对两沽主力移至平津之间，只以一部隔断津塘、津沽联系，改变目前平分兵力的形势（这是从平津敌不会突围这一点出发而作的部署）”；“速以必要的兵力控制卢沟桥、静海等处”①，以防止平津守军南逃。根据中央军委的指示精神，平津前线指挥部及时调整了先取塘沽的作战计划，决定改攻天津，同时增兵包围北平。29日，经中央军委批准后，林彪即令华北第2、第3兵团全部参加平津会战，并与东北野战军第1、第2兵团等部共40多个师50余万人，担任包围北平的任务，以阻绝北平国民党军的突围；同时决定除以第12纵队主力位于军粮城监视塘沽守军外，集中第1、第2、第7、第8、第9纵队和特种兵部队大部及第6、

① 《毛泽东军事文集》第5卷，军事科学出版社、中央文献出版社1993年12月版，第445、447页。

第 12 纵队各 1 个师，共 5 个纵队 22 个师 34 万人，配属大口径火炮 538 门、坦克 30 辆、装甲车 16 辆，由参谋长刘亚楼指挥，包围天津，10 天后发起强攻。

天津，人口 200 万，地处渤海之滨的水陆要冲，为南北交通的重要枢纽，有“京畿门户”之称，是华北第二大城市和经济中心，亦是国民党军进攻华北、东北解放区的重要基地，战略地位十分重要。天津市区南北长 12.5 公里，东西宽不足 5 公里，地势低洼，河流交错，市内多高大建筑，郊区地形开阔，城防坚固，易守难攻。守军为第 86、第 62（欠第 157 师）军等部共 10 个师，连同地方部队，约 13 万人。由津塘防区副司令兼天津警备司令陈长捷指挥。为守备天津，陈长捷将市区划分为西北、东北和西南 3 个防守区及 1 个核心阵地。其具体部署是：新开河以南、海河以东为东北防守区，由第 86 军并指挥第 305 师防守；新开河以北及以西、南马路以北为西北防守区，由第 62 军主力防守；海河以西、南马路以南为西南防守区，由第 94 军第 43 师并指挥津南第 1、第 2 支队防守；海河以南、墙子河以北、海光寺以东为核心阵地，由天津警备司令部及宪兵团、特务营及第 94 军留守部队防守。另以重建、新建的第 184、第 326、第 333 师为总预备队，配置在核心阵地及其附近。陈长捷吹嘘：“大天津堡垒化”，并有重兵把守，“可获得绝对之保证”[①]。

1949 年 1 月 2 日，东北野战军各攻城部队先后到达指定位置，达成对天津合围。3 日，发起外围作战。至 12 日，基本扫清了天津外围地带的大小据点，歼国民党军近 5000 人。随即，对攻城作了认真部署和准备。根据天津市区南北长东西窄、守军兵力北强南弱、工事南强北弱的特点，攻城部队按照“东西对进，拦腰斩断，先南后北，先分割后围歼”[②]的方针，进行了具体部署：西面由第 1、第 2 纵队主力担任攻击；东面由第 7、第 8 纵队主力担任攻击；南面由第 9 纵队并附第 12 纵队 1 个师担任助攻；

① 《平津战役亲历记》（原国民党军将领的回忆），中国文史出版社 1989 年 1 月版，第 179 页。

② 《平津战役》，解放军出版社 1991 年 10 月版，第 302 页。

北面由第2、第8纵队各一部及东北野战军警卫团实施佯攻。以第6纵队第17师为预备队。各攻击部队会合点为金汤桥。为确保攻津作战的胜利，参加天津作战的各部队，深入进行政治动员和政策纪律教育，广泛开展了“打仗好，团结好，纪律好”的“三好战士”与“三好连队”活动，力争“军政双胜”；每个第1梯队师均利用夜暗，挖成了3—4条深1.5米、宽1.2米的交通壕及大量单人掩体和营以上指挥所、观察所；按照攻津协同作战计划，各部队利用1周时间，反复进行战术协同演练，明确战斗各时节步、炮、坦、工的协同动作，群策群力研究克服护城河、筑垒区等障碍的办法；采取火力侦察、重炮试射等多种措施，利用守军出城谈判、兵力部署佯动等各种机会，隐蔽主要进攻方向，造成陈长捷的错觉；统一调度东北、华北两区后勤保障力量，在天津周围存储了4373吨炸药，紧急动员33个野战医院，并在秦皇岛集中了数百万公斤的粮、油、肉等。其间，中共天津地下党组织天津工委，还按照华北局有关做好配合、迎接城外部队解放天津的指示，一方面组织天津广大工人、学生和市民，积极开展护厂、护店、护校斗争；另一方面指派地下工作者，大量搜集和获取天津守军的各种情报。其中，国民党军天津城防工事图这一重要情报，就是地下党员冒着生命危险，通过秘密关系获取并及时转送出来的。从而，为天津前线指挥部正确决策，提供了可靠依据。

这时，平津前线司令部与傅作义的代表进行和平解决天津的谈判已进入最后的关键时刻。但傅作义仍未下定最后决心。12日，中央军委致电林彪、聂荣臻：“天津之敌如能接受你们所提限时缴械之条件，你们即可不经攻击而占领天津，如该敌不能接受你们所提条件，则你们应于适当时间内攻占天津。”[①] 同日，平津前线司令部通知傅作义的谈判代表，要傅作义命令天津国民党军须于13日12时前开出城外，听候处理，否则，人民解放军14日即开始攻城。陈长捷经请示傅作义后，决心“在军事上为傅负责到底”，拒绝放下武器。

① 《毛泽东军事文集》第5卷，军事科学出版社、中央文献出版社1993年12月版，第481页。

14 日 10 时，解放军在上千门火炮的轰击下，向天津发起总攻。经 1 小时炮火准备，守军前沿阵地的明碉暗堡和各种障碍物被一举摧毁，并在城墙上炸开了数道豁口。接着，各突击集团在坦克支援下，从东、西、南三面突破守军坚固城防工事，迅速向纵深猛插。15 日凌晨，东西对进的主攻部队在金汤桥会合，完成了第一步战役分割任务。随后，各路纵队采取“先吃肉后啃骨头”的打法，巧妙迂回，穿插分割，将守军分成数块，使其陷入混乱。8 时，攻城部队攻克海光寺、耀华中学等核心据点；10 时，攻占市政府、警备司令部。在市街战斗中，天津市民主动为解放军带路，搜剿国民党军。至 15 时，战斗结束。

人民解放军经 29 小时激战，攻克国民党军重兵守备、坚固设防的天津城，全歼守军陈长捷集团 13 万余人，生俘陈长捷等将级军官 28 名，缴获各种炮 1648 门、轻重机枪 3553 挺、各种枪 5.4 万余支、汽车 800 余辆。攻津部队亦伤亡 2.3 万余人，其中团级干部牺牲 12 人。攻克天津后，塘沽守军第 17 兵团部率第 87 军等部 5 个师乘船南撤，东北野战军第 12 纵队追歼其后尾 3400 余人，于 17 日解放塘沽。

第四节　和平解放北平，华北野战部队进行整编

人民解放军连续取得张家口、新保安和天津、塘沽的胜利，特别是迅速攻克天津，置北平守军于绝境，给傅作义集团以严重警告：任何坚固的城市都不能阻挡人民解放军的进攻，顽抗到底只能自取灭亡。同时，随着蒋介石集团武装力量的骤然衰减，不仅使傅作义失去了与解放军谈判“讲价”的筹码，而且也使其抵抗意志面临崩溃，从而加速了和平解决北平问题的进程。

一、用和平方式解放北平

北平，拥有人口 210 多万，是华北的第一大城市，也是历史悠久的政治、经济、文化都城，集中了闻名世界的名胜古迹和中华民族的历代

瑰宝。天津解放后，人民解放军兵临北平城下，和平解决北平的条件已经成熟。为使这座文明古城免遭战争破坏，中共中央早在解放东北时就有用军事打击和政治争取两手解决北平问题的打算，并为此做了大量工作。

平津战役发起前夕，中共华北局根据中共中央指示，从保全北平工商业基础和文化古迹，减少民众生命财产损失出发，认为傅作义虽然反共甚久，给人民造成了深重灾难，但他曾是抗日爱国将领，与共产党武装有过联合抗日历史，与蒋介石有根深蒂固的矛盾，在国民党反动政府行将覆灭之时，有争取和平解决北平问题的可能性。因此，聂荣臻在致电中央军委和毛泽东，主张"争取和平解放北平"的同时，指示北平地下党应借平津战场有利的军事形势，大胆利用各种社会关系，特别是傅作义的亲信亲属，直接做傅作义的工作，重点放在争取傅作义走和平解放北平的道路上。

北平地下党在各条战线上，大力开展学生、工人运动，积极争取各阶层爱国民主人士反蒋谋和，并在各行各业，包括国民党党、政、军、警各界，甚至傅作义身边，发展地下组织或党员，及时传达中共中央和华北局的指示，随时反馈北平城内各种情况。同时，还给国民党军、警、宪、特和政界头目邮寄散发通令、传单，宣传中国共产党的政策，策动、规劝他们起义、投诚。蒋、傅两系的一些军长、师长、团长，甚至军统北平站站长都表示愿意起义、投诚。12 月中旬，傅作义邀请许德珩、徐悲鸿、周炳琳等 20 多位知名学者、社会名流到中南海座谈，听取对时局的意见。到会人士一致认为：只有和平，别无他途。对此，傅作义深为感慨。之后，主动派出代表，开始与平津前线司令部接触、谈判。

第一次正式谈判。12 月中旬，人民解放军已将傅系部队分割包围于张家口、新保安、北平等地，并直接威逼北平。傅作义深感局势危急，遂派平民日报社社长崔载之于 14 日出城，找中共中央谈判。19 日，在平津前线司令部驻地附近的八里庄，崔载之代表傅作义正式向刘亚楼提出条件：要求解放军让出对南苑机场的控制；将被围的第 35 军放回平市；

不使中央系军队进入北平；成立华北联合政府等。刘亚楼根据中央军委确定的方针，着重阐明了以下几点：和谈必须以傅部放下武器为前提条件；和平解放可以保障傅及其部属的生命财产安全；成立华北联合政府是不切实际的幻想，断不能接受；鉴于傅难以下令让中央军缴械，允许傅系留下2个军逮捕中央军军、师长，尔后宣布起义，或让路给解放军进城解决之。谈判的焦点是：一方要保留军队，一方要解除武装。由于双方条件距离太大，第一次谈判没有任何结果。

第二次正式谈判。1949年1月10日，淮海战役即将胜利结束，傅系主力也在平张线被全歼，天津守军陷入解放军的重围。在蒋介石不断派政要和亲信到北平拉拢胁迫的情况下，傅作义以"剿总"少将处长周北峰为代表，偕民主同盟北平负责人、燕京大学教授张东荪同林彪、聂荣臻举行会谈。双方着重谈论了傅方军队出城改编问题。周北峰提出：傅作义所属军队以团为单位出城整编；怀来、新保安、张家口被俘之傅部人员一律释放；对傅方军队、行政、文教等人员既往不咎，给予生活出路等条件。林彪、聂荣臻根据中央军委指示精神，逐一作了答复，并强调：第一，所有军队一律解放军化，所有地方一律解放区化。首先解决平、津两市问题，把所属军队开赴指定地点，用整编方式改为人民解放军，先头部队须于12日13时前行动。第二，对傅作义不作战犯看待，在政治上给予一定地位，保证其私人财产。第三，怀来、新保安、张家口被俘人员一律释放，傅系部属一律不咎既往，走留自愿，给予优待。当天下午，傅作义致电林彪：部队出城时间，须视准备工作进行之程度及双方细节问题具体商议决定。并借故犹豫或拖延时间。为做到仁至义尽，平津前线司令部通知傅方代表，将原定时限推迟至13日12时，否则14日即总攻天津。但傅作义却指示天津守军：坚定守住，就有办法。中央军委遂决定边打边谈，以打促谈。即：第三次谈判不再包括天津。

第三次正式谈判。1月13日下午，傅作义特派华北"剿总"副总司令邓宝珊偕周北峰等一行4人，来到平津前线司令部驻地通县宋庄附近的五里桥。14日，林彪、罗荣桓、聂荣臻与邓宝珊举行会谈。此时，解放军已开始攻击天津。邓宝珊认为不可能在短期内攻下天津，故再提让出南苑机场和成立联合政府等事。当即得到回答：现在没有别的条件可谈，只有令北平守军开到城外指定地点，接受人民解放军改编这一条路可走。15 日，人民解放军经 29 小时激战，一举攻克天津，全歼守军陈长捷集团。如此形势下，傅作义不得不指示邓宝珊加紧谈判，尽快达成和平协议。16 日，林彪、罗荣桓通过邓宝珊致函傅作义，在指出傅作义及其所部对广大解放区"剿匪戡乱"所犯罪行的同时，"顾念两城数百万人民之生命财产，数千年之文化古迹，国家前途所系之轻重工业及贵属官兵之身家性命，提出和平缴械或出城改编两项办法"。"贵将军身为战争罪犯，如果尚欲获得人民谅解，减轻由战犯身份所应得之罪责，即应在此最后时机，遵照本军指示，以求自赎。"办法如下：（1）自动放下武器，并保证不破坏文化古迹，不杀戮革命人民，不破坏公私财产、武器弹药及公文案卷，以取得人民谅解。（2）如果不愿自动放下武器，而愿意离城改编，则开至指定地点，按照人民解放军的制度改编为人民解放军。上述办法自由选择，时间从 17 日 1 时起，至 21 日 24 时止。否则，将实行攻城。"城破之日，贵将军及贵属诸反动首领，必须从严惩办，决不姑宽，勿谓言之不预。"[①] 当天，傅作义决心接受人民解放军的指示，愿令其所部出城听候改编为人民解放军。此后数日，又经几度接洽，解决了关于双方交接过渡期间的若干问题。21 日，双方代表在《关于和平解决北平问题的协议》上签字。当日，傅作义在中南海怀仁堂会议厅，召集高级军政人员会议，宣读了《协议》条文。会上，除少数中央系将领请求南去外，绝大多数人表示赞同。会后，傅作义征得解放军同意，将不愿留下的李文、石觉及第 13、第 16、第 94 军和第 31 军团以上军官用飞机送往南京，并将《协议》正式下达到所属各部队执行。

22 日，《协议》公布后，广大北平市民欣喜万分，奔走相告，各界群众以喜悦心情迎接解放军入城日子的到来。为使傅作义有充裕的时间

① 《平津战役》，解放军出版社 1991 年 7 月版，第 251—252 页。

部署出城事宜，中央军委指示平津前线司令部：除傅部第 1 个军出城日期仍为22 日外，其余各部可以推迟几天时间。当日，骑兵第 4 师首先出城。其余各部从 26 日起，以师为单位分别向城外开出，听候改编。

与此同时，平津前线司令部报请中央军委批准，成立了北平警备司令部，由东北野战军第 13 兵团司令员程子华任警备司令兼政治委员，第 4 纵队担负进城接防、警备北平的任务。为此，第 4 纵队专门对部队进行了为期一周的政策纪律教育，要求全体干部战士对北平城内的一切城市工商业、市政文化、名胜古迹、国家仓库、财产物资及其一切公共设施，只准看管，不得动用；只准保护，不得破坏；空手进，空手出，切实做到秋毫无犯，并在以后执行警备任务的过程中，赢得了“仁义之师”的盛誉。31 日 12 时 30 分，东北野战军第 4 纵队第 10 师从西直门开入城内，与城内执勤的傅部人员交接防务。北平宣告和平解放，平津战役至此结束。2 月 2 日，第 4 纵队第 11、第 12 师相继入城，北平军事管制委员会及北平市人民政府亦于此日入城办公。3 日，人民解放军举行了盛大的入城式。12 日，北平 20 余万群众在天安门广场隆重集会，庆祝北平和平解放，北平市军管会主任、市长叶剑英在大会上庄严宣告：北平市人民政府成立了，建设人民的新北平开始了。

二、按人民解放军制度改编北平国民党军

按照人民解放军的建军原则和制度，将北平 20 多万国民党军改编为人民解放军，是一项史无前例的复杂工作。中央军委和平津前线司令部，对此非常重视。自傅作义代表在第 2 次谈判中表示愿意接受部队离城改编后，林彪、聂荣臻即根据中央军委的指示，于 1 月 12 日提出改编傅作义部的初步设想：第一步将傅部以军为单位，分散与解放军插驻，以便将其整个力量分散；第二步将团以上军官调出集中管理和训练，愿走者遣散，愿留者进行较长时间的训练，然后依情况留用或遣散；第三步将排、连、营军官集中，其部队与解放军部队合编，以 2 个师融化其 1 个师。并强调，在执行过程中，如有不遵守命令者，即坚决将其缴械解决。

中央军委在复电表示同意的同时，强调指出：“北平二十余万敌军出城改编，你们须令各兵团各纵首长看作一件大事，全军紧张地周密地在你们的统一指挥下对付这一个大事件，达到完满地处理此事件之目的，务必不要有轻敌疏忽之观点。”① 为防止出城国民党军部队发生混乱或叛变，根据中央军委的指示，平津前线司令部决定先以“敌我杂居的办法”，把出城的国民党军加以分散。1 月 22 日至 29 日，平津前线司令部调整了平津地区解放军的部署，将出城后的国民党军分驻其间，并要求各部队在战斗姿态下进行休整。2 月 21 日，平津前线司令部、政治部召开了受编部队师以上军官出席的改编会议。会议指出：此次改编是一种政治的改编。其目的就是要通过从政治性质和思想作风上的彻底转变，使北平原国民党部队成为为了人民利益、解放人民、属于人民的军队。为此，要按解放军的政治制度，尽快实现解放军化。会后，按照“军官集中受训，部队分散合编”的原则，采取以师为单位分编，将各军、兵团、“剿总”取消，将师至连全部拆散与解放军混编步骤与方法，将原国民党军华北“剿总”，第 4、第 9 兵团部和 8 个军部的指挥机构全部撤销，其所有工作人员与直属队分别编入人民解放军平津前线司令部与各兵团部及各军部，其所属的 25 个师则改编为人民解放军独立师，各特种兵部队则与解放军的特种兵部队合编。26 日，林彪、罗荣桓公布了中央军委关于北平部队改编后的隶属关系和受编部队师以上军官任职命令。其中，编入华北部队②的有：傅部第 9 兵团部编入人民解放军第 19 兵团部，第 9 兵团副司令官葛晏春任第 19 兵团副司令员；傅部第 16 军军部编入人民解放军第 65 军军部；傅部第 92 军军部编入人民解放军第 20 兵团部。至此，开出北平的国民党军部队正式结束了原来的指挥系统，隶属于中国人民解放军平津前线司令部建制，完成了与人民解放军的合编。

为进一步教育、融化受编部队官兵，使其逐步实现解放军化，平

① 《北平和平解放前后》，北京市档案馆，第 135 页。

② 此时的华北部队，已按照中央军委《关于统一全军组织及番号》的指示，将华北野战军第 1、第 2、第 3 兵团改称中国人民解放军第 18、第 19、第 20 兵团，下辖各纵队依次改为第 60—第 68 军。

津前线司令部、政治部采取了多种措施和方法。首先是从人民解放军各军挑选大批优秀政治干部，担任各独立师的政治委员、政治部（处）主任、政治教导员和政治指导员，在较短的时间内建立起解放军的政治机关和各种制度。其次是对受编部队官兵进行政治教育，使其通过时事教育、阶级教育和两种军队对比，在本质上实现由国民党军到人民解放军的转变，并采取集中整训的方法，对军官进行思想改造。之后，针对东北、华北人民解放军即将南下和进军西北的作战任务，各独立师番号撤销，士兵分散编入东北、华北、西北解放军各部。其中编入东北部队5万余人，编入华北部队5.3万余人，编入西北部队2.4万余人。另有近6.5万名编余人员留在城内，按照个人志愿作了妥善安置。至此，和平改编北平国民党军的工作圆满结束。

辽沈、淮海、平津战役，是人民解放军在战略进攻阶段与国民党军主力进行的战略决战，对加速解放战争进程具有决定意义。作为三大战役的最后一役，平津战役共历时64天，歼灭和改编国民党军1个“剿总”总部、1个警备司令部、3个兵团部、13个军部、50个师（旅），连同非正规军，共52.1万余人。其中，毙伤3万余人，俘虏23.2万余人，接受投诚8700余人，和平改编25万人；缴获轻武器近20万支（挺），各种炮5537门，坦克158辆，汽车2390辆，飞机46架，以及其他大量军用物资。人民解放军伤亡3.9万余人，其中团以上干部16人。

平津战役的胜利，使华北地区除太原、新乡、安阳等几个孤立据点外，均获解放，并与东北、西北、华东、中原解放区连成一片，形成强大巩固的战略后方，为下一步向全国进军创造了极为有利的条件。平津战役中，人民解放军坚持军事打击和政治争取相结合的原则，创造了“用战斗去解决敌人”的“天津方式”和迫使国民党军用和平方法，按照人民解放军制度彻底进行改编的“北平方式”。这些方式，后来成为新形势下解决国民党残存部队的基本方式，对加速解放全中国的进程具有战略意义。同时，解放平、津两座特大城市，不仅为发展解放区经济、支援解放战争夺取最后胜利奠定了雄厚的物质基础，而且为进一步扩大中国共产党和人民解放军的政治影响，把即将诞生的新中国定都于北平准备了条件。正如中共中央在2月2日贺平津解放电中指出的那样："华北人民解放战争的伟大胜利，连同东北、华东、中原、西北人民解放战争的伟大胜利，以及南方人民游击战争的胜利在一起，已经奠定了人民解放斗争在全国胜利的巩固基础。国民党反动政府无论在军事上、政治上和经济上都已经陷于四分五裂动摇崩溃的绝境，除了彻底接受中国共产党所提出、而为全国人民所拥护的八项和平条件，按照人民的意志和北平的范例实现真正的民主的和平以外，它就将彻底地被歼灭。"①

平津决战之所以取得巨大胜利，原因是多方面的。从战略指导和战役指挥总结，主要有如下经验：第一，抓住战机，果断作出提前发起战役的决策。鉴于华北傅作义集团有可能从平、津地区撤退的情况，为争取就地歼灭，中央军委果断决定改变原定东北野战军主力"先休整一个时期"的计划，令其提前入关，会同华北部队提前发起平津战役。从而抓住了稍纵即逝的战机，顺利达成平津战役目的。第二，采取各种手段，抑留傅作义集团于平、津地区。中央军委从华北战场实际出发，先后采取了撤围归绥、缓攻太原、停攻保定，麻痹傅作义；先从西线开刀，抓住傅系，拖住蒋系；东北野战军主力向平、津、塘、唐之间挺进，隔断傅作义集团南撤通道；实行"围而不打"和"隔而不围"，使傅守退两难；利用谈判保持接触并稳住傅作义；协调淮海战场进行战略配合等一系列重大举措，成功将傅作义集团抑留于平、津地区，并及时完成对该集团的战略包围与战役分割，为尔后各个歼灭创造了有利条件。第三，采取"先打两头，后取中间"的作战部署，集中兵力坚决打下新保安、张家口和天津、塘沽。既堵塞了傅作义集团西退南撤的道路，又彻底打掉了傅作义与解放军谈判讨价的筹码，为和平解放北平创造了条件。第四，军事斗争与政治斗争相结合。为力争和平解放北平，人民解放军在坚决攻取天津的同时，兵临北平城下，充分发挥中共北平地下党组织的作用，展开多方工

① 《人民日报》1949年2月3日《贺平津解放电》。

作，加强对傅作义的政治争取，并通过和平谈判，最终促成北平国民党军接受和平改编。此外，全面整合野战军、地方部队和民兵群众的各种力量，搞好各解放区、各野战军之间的战役配合和各兵种间的战术技术协同，充分发挥各自的优势和作用，也是平津战役取胜的重要因素。

三、依全军统一编制完成华北野战部队整编

为适应战争形势需要，人民解放军在辽沈、淮海、平津战役结束后的休整期间，遵照中央军委1948年11月和1949年1月关于统一全军组织及部队番号的指示，进行了统一整编。全军按西北、中原、华东、东北各野战军的顺序，分别整编为第一、第二、第三、第四野战军，各纵队改称军，旅改称师。华北野战军第1、第2、第3兵团，编为第18、第19、第20兵团，直接归中央军委指挥。兵团下辖各纵队依次改称第60军至第68军，共23.8万余人。另外，将原华北军区第7纵队改称第69军；第14纵队改称第70军；华北军区炮兵第1、第2旅分别改称炮兵第3、第4师，仍属华北军区。按军的顺序，各野战旅依次改为第178—第210师（暂缺第201、第208师）。整编后的序列为：

第18兵团，司令员兼政治委员徐向前（华北军区副司令员），副司令员兼副政治委员周士第，参谋长陈漫远，政治部主任胡耀邦，后勤部部长严俊。下辖：第60军，军长兼政治委员王新亭，辖第178、第179、第180师；第61军，军长韦杰、政治委员徐子荣，辖第181、第182、第183师；第62军，军长刘忠、政治委员袁子钦，辖第184、第185、第186师。

第19兵团，司令员杨得志，政治委员罗瑞卿，副司令员葛晏春，参谋长耿飚，政治部主任潘自力，后勤部部长董永清。下辖：第63军，军长郑维山、政治委员王宗槐，辖第187、第188、第189师；第64军，军长曾思玉、政治委员王昭，辖第190、第191、第192师；第65军，军长邱蔚、政治委员王道邦，辖第193、第194、第195师。

第20兵团，司令员杨成武，政治委员李井泉，副司令员兼参谋长唐

延杰，副政治委员李天焕，政治部主任李志民，后勤部代部长张柱国。下辖：第66军，军长萧新槐、政治委员王紫峰，辖第196、第197、第198师；第67军，军长韩伟、政治委员旷伏兆，辖第199、第200师；第68军，军长文年生、政治委员向仲华，辖第202、第203、第204师。

在整编野战军的同时，中央军委还统一了各级军区的组织系统。即与各中央局同级并受其领导的为一级军区，与中央分局同级并受其领导的为二级军区，与省委或区党委同级并受其领导的为三级军区，与地委同级并受其领导的为军分区。故这次华北军区下属的各地方军区均改为三级军区，军分区均按所在地命名。其整编后的序列为：

华北军区，司令员聂荣臻，政治委员薄一波，副司令员徐向前、滕代远、萧克，参谋长赵尔陆，政治部主任罗瑞卿，副参谋长王世英，政治部副主任蔡树藩，后勤部司令员赵尔陆（兼），后勤部政治委员黄敬。下辖冀中、察哈尔、冀东、冀鲁豫、晋中、太行、太岳、冀南8个军区。

冀中军区，司令员孙毅、政治委员林铁。所属第8、第9、第10、第11军分区分别改称津南、保定、平南、石东军分区。1948年11月，将原第21、第22、第75团编入华北第7纵队后，冀中各军分区除少量县大队外，已无团以上成建制部队。

察哈尔军区（原北岳与冀热察军区合并改称），司令员王平、政治委员杨耕田。所属原北岳第1、第3、第4、第5、第6军分区及冀热察2个军分区分别改称雁北、平西、建平（不久转隶冀中军区，并与石东军分区合并为石家庄军分区）、易水、察南、察北、冀察军分区。地方部队除原北岳各军分区9个独立团外，将原冀热察军区独立第26、第27、第28、第29团依次改为警备第1、第2、第3、第4团，随后编入第四野战军；将察北军分区3个骑兵团编为骑兵第3师，辖骑兵第7、第8、第9团，归属察哈尔军区建制。

冀东军区（由东北军区划归），司令员潘峰、政治委员吴德。所属第12、第15军分区合并，改称唐山军分区，辖独立第1、第2、第19团；第14军分区改称通县军分区，辖独立第13、第14团。原教导第3、第4、第6师分别改为教导第1、第2、第3师。

冀鲁豫军区，司令员赵健民、政治委员潘复生。所属第2—第9军分区分别改称临河、湖西、豫北、鲁西、运东、运西、直南、濮范军分区，并辖独立第2旅。

晋中军区，司令员兼政治委员罗贵波。所属第1、第2、第3军分区分别改称五台、交城、太谷军分区，并辖独立第4、第5、第6旅。

太行军区，司令员赵辉楼、政治委员陶鲁笳。所属第1—第6军分区分别改称邢台、左权、长治、沁河、漳卫、武安军分区，并辖独立第7旅。

太岳军区，司令员曹普、政治委员顾大川。所属第1、第2、第4军分区分别改称岳北、岳南、王屋军分区，并辖有1个警备团。

冀南军区，司令员王光华、政治委员马国瑞。所属第1、第2、第3、第4、第5军分区分别改称临清、夏津、邯郸、南宫、衡水军分区。

华北补训兵团，除原辖的4个俘训旅外，华北军区决定由冀南、晋中、太行、冀鲁豫、太岳军区各组建1个俘训旅，依次为第5—第9补训旅，归华北补训兵团建制。至此，华北补训兵团共编为9个旅，依次为：第1—第9补训旅。此外，第18、第19、第20兵团和冀中军区、原北岳军区也各组建1个俘训旅，分别归各兵团和冀中、察哈尔两军区建制。

经过这次整编，全军统一了编制，充实了各级军政干部，补充了大量兵员，加强了特种兵的建设，使部队向正规化又迈进了一大步。各野战军、地方军根据中央军委的统一部署，结合整编、整训，开展了以“将革命进行到底”为中心内容的形势和政策纪律教育，在此基础上，着手向全国进军的准备。新的番号从1月15日开始实行。

第七章

解放华北全境，参加解放大西北作战

（1949 年 2 月—9 月）

第一节 举行太原战役，歼灭阎锡山集团

经过辽沈、淮海、平津三大战役，国民党军精锐部队已被歼灭，剩余的 204 万人中，能用于作战的部队只有 146 万人，主要分布于长江以南地区和以北残留的孤点上，企图在“和谈”的烟幕下，利用长江防线及残留各点进行喘息和阻止解放军的进攻。而人民解放军自解放东北、华北和长江中下游以北广大地区后，已发展到 400 万人以上，其中野战军 210 余万人。按照毛泽东“将革命进行到底”的号召，在解放军主力向长江以南进军的同时，第 18、第 19、第 20 兵团对残留在太原、大同、安阳、新乡、绥远等地的国民党军，发起了最后的攻势，并首先把矛头指向太原。

一、太原战役发起前双方攻防态势

太原，位于晋中盆地的北部，东依罕山，西临汾河，南依平川，北靠丘陵，地势险要，易守难攻。太原是山西省的省会，又是全国著名的重工业城市，有人口 40 余万及钢铁、机械和兵工厂等 80 余座，能制造山炮和多种常规武器，是封建军阀阎锡山长期经营的反共反人民的基地。为抵御解放军的进攻，阎锡山在太原及其周围大规模增修钢筋混凝土等

各类碉堡，使太原成为国内少有的坚固设防的城市。整个防御体系，由前进阵地、外围要塞阵地、城垣主阵地及核心阵地等多道阵地构成。每道阵地或环绕制高点，或依托村镇，或凭借高大建筑物，构成众多坚固的据点。每个据点有众多的子母堡和屯兵所，以及堑壕、交通壕、小坑道、鹿寨、铁丝网、电网等，构成有绵密交叉火力的支撑点，既能独立作战，又能在各据点之间相互机动兵力、火力。据有关资料显示，在北起周家山、关口，南至武宿、小店，西起石千峰，东达罕山的百里防线内，“共筑有碉堡五千六百余座。控制太原周边全部交通要点，及瞰制地形”①。此外，阎锡山还修建了环城铁路，以利兵力调动。这样，由点连成线，由线构成面，使整个太原形成一个大纵深的环形防御体系。

1948 年 7 月晋中战役后，阎锡山残部被压缩于太原孤城。为死守太原，阎锡山撤销原第 7、第 8 兵团及第 6、第 8 集团军司令部，成立了第 10、第 15 兵团，以地方团队补充正规军，充实基层战力；组建重机枪师、重迫击炮师、飞雷团和冲锋枪团等，以强化火力；将被解放军俘虏后放回的官兵编成“雪耻奋斗团”，以增加其反动气焰。其中，第 10 兵团以王靖国为司令，下辖第 19 军（辖第 68、第 277 师）、第 33 军（辖第 71、第 280、第 275 师，其中第 275 师守大同）和第 43 军（辖第 70、第 276、第 283 师）；第 15 兵团以孙福麟为代司令，下辖第 34 军（辖第 73、第 279 师）和第 61 军（辖第 66、第 69、第 72 师）。为给太原守军打气，蒋介石于 7 月 22 日飞赴太原，面授机宜，并以整编第 30 师 4 个团 1.1 万余人于 7 月 16 日至 8 月 2 日由西安空运太原（后改番号为第 30 军）。阎锡山遂以太原绥署副主任孙楚直接指挥第 30 军（辖第 27 师、第 30 师第 89 团）、第 274 师（即重机枪师）、第 278 师（即重迫击炮师）、独立第 8、第 9、第 10 总队、冲锋枪团、工兵第 21 团、飞雷团、榴弹炮兵营、列车作战队等。经过补编，阎锡山在太原的兵力计 2 个兵团 6 个军 16 个师共 10 万余人，拥有各种火炮 600 余门。

① 《国民革命军战役史第五部——戡乱》第 4 册，第 254 页。

与此同时，阎锡山制定了如下的防御计划："（一）方针：为确保华北据点，控制工业区，培植独立与共匪作战之军事、政治力量，彻底击灭来犯之匪；并相机配合其他地区之国军，全面反攻，恢复政权。（二）指导要领：为实施战略守势，战术攻势起见，以少数兵力，固守要点，大部兵力，保持机动，期凭藉坚固工事，与炽盛火力，予匪以重大损害。尔后适时运用我机动部队，逐次歼灭局部匪军，以达攻势持久之目的。"（三）兵力部署：第 10 兵团"担任城东、城南地区。确保杨家堡、椿树园、马庄、淖马、牛驼寨、风［凤］阁梁之线。机动部队，分别控制于双塔寺、卧虎山附近"。第 15 兵团"担任城西、城北地区。确保阳曲镇、栏岗、呼延村、化土头、白家庄（九院北侧）、南堰镇。机动部队分别控制于新城、东社镇附近"。由孙楚直接指挥之各部为总预备队，"在城垣附近，保持机动"[①]。8 月 23 日，阎锡山发布《告全体同志书》，命令所属严守阵地，企图凭坚恃险，负隅顽抗。

人民解放军关于解放太原的方针、部署，中央军委和华北军区第 1 兵团领导人早在晋中战役结束时，就已着手研究制定。当时，鉴于阎锡山主力被歼，太原空虚，中央军委于 1948 年 7 月 16 日致电华北军区副司令员、第 1 兵团司令员兼政治委员徐向前和兵团副司令员兼副政治委员周士第，要求乘胜夺取太原。徐向前、周士第考虑第 1 兵团部队在晋中战役伤亡较大，战后兵员、物资极不充实，难以连续作战，经请示中央军委同意，部队在取得晋中战役胜利，乘势从外围形成对太原的包围后，即转入休整和进行战前的各项准备。

为举行太原战役，中央军委决定第 1 兵团组成前委，以徐向前为书记，周士第为副书记，统一指挥该兵团第 8 纵队（辖第 22、第 23、第 24 旅）、第 13 纵队（辖第 37、第 38、第 39 旅）、第 15 纵队（辖第 43、第 44、第 45 旅），以及华北军区炮兵第 1 旅、西北野战军第 7 纵队（辖独立第 10、第 12 旅，并指挥西北野战军第 1 纵队独立第 7 旅、第 3 纵队独立第

① 《国民革命军战役史第五部——戡乱》第 4 册，第 254—256 页。

3旅和陕甘宁晋绥联防军区警备第2旅）。此间，由于徐向前因病在石家庄住院治疗，兵团前委其他领导人认真研究制定了攻取太原的作战方案，并于9月28日上报中央军委：“战役指导方针，系以围困、瓦解、攻击，逐步削弱，然后一举攻下。战役拟于十月十八日开始，争取三个月内结束战役。进攻步骤：拟第一步突破敌第一线防御阵地，以火力控制南北机场，断敌外援，便于瓦解工作。第二步攻占东南、东北攻城之必需之据点。第三步攻城。”因东南地区易于展开兵力，“故主要突击方向选于东南，而以有力一部由东北突击河西、东山北、机场以北地区，以地方部队一部活动配合攻城方向”。在战术要求上，对攻城妨碍不大的据点尽量不打，力求连续攻击，分割包围，乘胜扩大战果，结合政治瓦解，歼灭守军。对此，徐向前阅后于10月3日复信华北军区并告毛泽东，认为“首先争取一直连续的打下去，在最快时间内全歼敌人是上策，先打再围带打而下之即消耗较大是中策，下策即必须增加力量再攻下之，即影响别线作战，只是最后之一途”①。

按照作战计划，战役准备主要包括：（一）补充整理部队。通过争取改造俘虏、动员翻身农民参军及伤病员归队充实基层队伍；提拔调整干部，健全各级领导机构，并成立了兵团后勤部；补充调整部队的武器装备，基本达到每连步枪90支，轻机枪6挺；每营重机枪6挺；每团82迫击炮6门；每旅山炮4门，120迫击炮6门；每纵队山炮4门，150重迫击炮6门。至9月底，第1兵团的兵力达7.79万人，加上归其指挥的其他部队，参加太原战役的兵力计1个兵团、4个纵队、17个步兵旅、1个炮兵旅，共约11.5万人。（二）政治整训与军事练兵。针对太原城防坚固的特点和部队思想实际，各部队广泛开展了形势教育和诉苦教育。通过教育，广大指战员特别是解放战士的阶级觉悟和政治觉悟得到极大提高，从而在思想上牢牢地巩固了部队。与此同时，部队结合实际，自8月下旬开始军事练兵。主要是学习训练攻防战术、爆破和土工作业，各纵队约70%

① 《徐向前军事文选》，解放军出版社1993年7月版，第217页。

的人学会了爆破，在训练中体验到钢筋水泥碉堡能被炸垮，土工作业能避免炮火杀伤，从而提高了打太原的胜利信心。(三)进行粮弹等物资准备。各纵队均成立了医疗所、休养所和担架队。华北军区调运弹药400余万公斤，其中，各种炮弹83.5万余发、子弹4825万发、手榴弹78.6万枚、黄色炸药41.3万公斤、黑色炸药6.65万公斤。此外，晋中军区支前司令部组织民工民兵向前线运送弹药，并为部队作战准备了大小檩条30万根、门板32万余块、麻袋30余万条，确保了部队的各种需要。(四）侦察敌情。兵团划分了南、北、西3个侦察区，组织部队和各区的侦察部门及城工部、社会部、敌工部的全部力量，对太原进行全面侦察，基本掌握了守军的兵力部署、碉堡分布及地形等情况。(五）开展政治争取工作。华北军区专门派副参谋长王世英等赴太原前线组成工作组，以争取和平解放太原。在利用各种关系劝降阎锡山无效的情况下，遂将政治工作争取的重点放在下级官兵身上。

二、太原外围地区先期作战

10月1日，为破坏徐向前兵团的进攻准备，并出围抢粮抓丁，阎锡山以攻为守，出动约7个师的兵力，分3路向南进犯。至3日，左路第73、第279（原暂第40）、第283（原暂第49）师和独立第10总队沿同蒲路南下后，进占武宿机场、马连营以东以南地区；中路暂第44、第280（原暂第45）师及第72师1个团，进至小店，南黑窑地区；右路第69师在汾河以西策应，亦进至晋源县之庞家寨；其第66师进至小店以北地区，担任预备队。对此，第1兵团前委决心：乘守军主力脱离坚固防御工事南犯之机，提前发起太原战役，在运动中将其歼灭，为攻取太原城创造条件。

当日20时，徐向前等在向中央军委报告的同时，给部队下达了作战命令。其部署如下：第8、第13纵队歼灭暂编第44师、第280师；第13纵队先以1个旅插入小店东北切断其归路；西北野战军第7纵队以1个旅自汾河西强渡，切断小店阎军退路；第8、第13纵队得手后，再歼第73、第279师；第15纵队留1个旅监视进犯东山阎军，主力歼灭第283

师，得手后，插入武宿机场以北，断其退路，配合主力歼灭武宿附近阎军；第 7 纵队主力歼灭第 69 师，得手后，相机渡河向东、向北发展；第 7 纵队独立第 12 旅及陕甘宁晋绥联防军区警备第 2 旅于城北袭占阳曲镇以东之前后李家山，以炮火控制北机场。战役定 10 月 5 日 5 时发起。

10 月 5 日，第 1 兵团等部对进抵小店一带的阎锡山部发起攻击。第 8 纵队以神速的动作包围了小店、巩家堡暂编第 44 师；第 13 纵队从东南方向插到小店东北的城西村，并包围了驻南黑窑、南畔村的第 280 师 2 个团和第 72 师 1 个团；第 15 纵队由东向西占领了砖井，并直插岗头、武宿一线；晋中军区独立第 6 旅进到高中村、马连营和武宿机场，保证主力翼侧安全；第 7 纵队和晋中军区独立第 5 旅轻装涉水，东渡汾河，直插小店以北的嘉节、小马、大小吴村一线，切断了暂编第 44、第 280 师后路。经一昼夜激战，6 日晨，全歼阎军暂编第 44、第 280 师和第 72 师 1 个团、第 283 师 2 个营。之后，第 1 兵团拟以第 13、第 15 纵队配合，于 6 日晚力求歼位于武宿地区之第 73、第 279、第 283 师等部。但由于未及时断其退路，该部在铁甲列车掩护下向北逃脱，仅歼灭第 73 师 1 个团及第 283 师一部。与此同时，第 7 纵队独立第 12 旅、警备第 2 旅及晋中独立第 4 旅等部自 5 日晨发起攻击后，经连续 6 天奋战，占领太原东北重要据点风阁梁和李家山大部阵地，歼灭守军第 68 师“老虎团”全部及 2 个营，以炮火封控了城北新城机场，并挫败阎锡山第 30 军的向南反扑。至 13 日，第 1 兵团等部先后扫清了大马村、北张及城东南石咀子等据点，占领和控制了守军的南北机场，从南北两面突破了阎锡山所谓的“百里防线”，打开了东山的门户，歼灭国民党军 2 个师又 3 个团另 7 个营共 1.2 万余人，其中俘师长以下 5000 余人，彻底粉碎了阎锡山部的南犯企图。

太原外围初战获胜后，根据中央军委“连续作战”的指示，第 1 兵团决心乘势夺取东山，为攻取太原城创造有利条件。东山为太原城东的天然屏障，南北宽约 15 公里，东西长约 30 公里，经由孟家井的公路与太原城相连，其主峰罕山高出太原城 500 米，可俯瞰整个市区。阎锡山有个比喻：“太原形式像人样，东山好比太原头，手是南北飞机场，两脚伸在汾河西，太原城内是五脏。”即守住东山，就能保住太原。因此，为固守东山，守军在东山西麓建有牛驼寨、小窑头、淖马、山头四大要塞，并与城东北的卧虎山和城东南的双塔寺相呼应，构成太原以东地区的筑垒防区。各要塞内筑有大、小碉堡3000余座及大量永久性工事，每个山头都有10余个水泥堡垒拱卫于外壕劈坡上；每个劈坡均依山岩削成，有的多达13层，每层高约3米；外壕深达10米，并有坑道与各个碉堡连通，使各山头、碉堡间构成严密火网。阎锡山曾吹嘘其东防区的四大要塞“足抵精兵十万”。

为攻取东山，抱病返回太原前线的徐向前考虑严冬将至，部队攻击困难增大，时间也不宜久拖。所以，在第1兵团前委会议上，他明确指出：“从太原的自然地理形势和敌人防御重点来看，进攻城区，首先必须攻破城东的群山防线，坚决占领并控制牛驼寨、小窑头、淖马、山头这四大要点”，主张“由南北两个方向，直接插入东山四大要塞，坚决攻占这条南北8公里长的阵地，把太原与东山主峰从中间一下切断”，这样，“就等于割断了他的咽喉”。并强调，“目前，我军刚刚在城南、城北发起了猛攻，敌人正集中力量在这两处顽抗，我们要乘敌不备，采取突然袭击，坚决夺取牛驼寨，进而一举拿下四大要点”①。10月13日，第1兵团作出如下部署：第7纵队并指挥晋中军区部队一部，由小店以北经榆次，秘密揳入东山纵深，袭取牛驼寨，并以炮火控制新城机场，另一部袭占大北尖，与南面第15纵队连接，切断罕山、孟家井守军退路，并歼灭之；第15纵队由石咀子向淖马攻击，得手后继续向大东门攻击，并以一部袭占大窑头，衔接第7纵队切断守军退路；第13纵队首先夺取南坪头、马庄，得手后向双塔寺和城东南角发展进攻；晋中军区部队除一部在汾河西积极活动外，主力对太原城南各据点作牵制性攻击；第8纵队第24旅为第7纵队预备队，另2个旅为兵团总预备队。

15日，各部队相继展开对东山的攻击。17日，第7纵队主力在柳沟

① 《徐向前军事文选》，解放军出版社1993年7月版，第219—220页。

村地下党支部书记赵炳玉带领下，从守军东、北两个防区接合部秘密揳入牛驼寨，歼灭第 276 师 1 个团，攻占牛驼寨 8 个阵地，随后连续击退阎军 10 余次的反扑；另一部同时攻占了大小北尖等据点，并以炮火再次控制了城北新城机场。第 15 纵队于 17 日攻占南坪头、千家坟及石咀子全部阵地，18 日攻占石儿梁、道巴沟等地，与第 7 纵队南插之部队会合，切断了东山与太原的联系。当日，守军“雪耻奋斗”部队除第 106、第 112、第 113 团和保安第 9 团先期逃回太原外，被包围于孟家井以东之罕山、张家河地区的第 108 团及保安第 14 团一部，在第 108 团团长李佩膺率领下投降。与此同时，第 13 纵队进攻马庄受阻。晋中军区部队攻占了太原以南的南坞城、南堰。至此，东山主峰大部阵地为解放军占领。

21 日，阎锡山为拼死夺回牛驼寨，集中第 30 军及独立第 10 总队主力，在近百门大炮的掩护下，再次发起疯狂反扑，终于当日 13 时复占牛驼寨。此后，为全力固守四大要点，阎锡山专令第 30 军及第 279 师等部队担任反扑任务，并组织城东一线各炮兵群，集中火力予以支援。针对这一情况，第 1 兵团于 23 日调整部署：第 7 纵队附重炮 30 门攻取牛驼寨，第 8 纵队攻取小窑头，第 15 纵队附重炮 19 门攻取淖马，第 13 纵队附重炮 13 门攻取山头。26 日 16 时后，第 1 兵团等部除 4 个团，阎锡山部除守备城西山 3 个师、城南城北各 1 个师外，双方均以全部主力，并动用火炮 800 余门，投入对四大要点的激烈争夺。

淖马，位于东山西麓中段，太原城正东偏南 2 公里处，山顶为主阵地，环绕四周有 5 层劈坡和 1—9 号阵地，并以各式碉堡组成坚固防御体系。守军为第 30 军和第 8 总队各一部。战斗打响后，第 15 纵队以第 43 旅第 128 团及第 129 团 2 个营向主阵地攻击，同时以第 44 旅一部及第 129 团 1 个营向主阵地左右两侧攻击，以第 127 团为预备队。守军在“执法队”威逼下拼命顽抗，第 15 纵队进攻受阻。午夜，攻击部队以爆破手段冲上第 1 层劈坡，与守军相持在第 2、第 3 层劈坡之间。27 日拂晓，第 129 团一部以连续爆破突入主阵地，后续部队乘势将其攻占，并以第 127 团一部转入防守。27 日、28 日，阎军以第 279 师 1 个团和第 8 总队大部共 4000

余人，在猛烈炮火掩护下，连续反扑 19 次，均被击退。31 日至 11 月 1 日，第 44 旅乘胜攻占主阵地以西的 6 个阵地。10 日，第 127 团又在炮火掩护下以连续爆破、连续突击手段，激战 5 小时攻克炮堡，歼守军 1 个营。次日，阎军第 8 总队竟日反扑，均未得逞。当夜，该总队司令赵端在政治争取下，率部 500 余人起义。至此，淖马阵地全部为第 15 纵队占领。

牛驼寨，位于东山西麓北端牛驼山，太原城东北 5 公里处，由 10 个土碉支撑 3 个集团阵地构成环形防御。其中，10 号炮碉位于阵地中心和最高点，有 11 层劈坡，炮碉正北有 8、9 号碉，西面至南面有 1、2、3 号碉，正北偏东有 5、6、7 号碉，东南有 4 号指挥碉（因与一庙相连，又称庙碉）。守军为独立第 10 总队主力和第 68 师。26 日、27 日，第 7 纵队两度进攻失利后，遂于 31 日夜，以独立第 12 旅第 36 团秘密插入守军纵深，并成功地实施了连续爆破，顺利攻占 3、8、10 号碉，迫使 2 号碉守军投降、9 号碉守军逃窜，接着又攻占了 1 号碉。独立第 3 旅攻占 7 号碉。11 月 1 日后，独立第 12 旅在对方使用毒气弹的情况下，虽然击退了守军的 5 次反扑，但却陷入了正面受庙碉守军攻击，退路被 5、6 号碉守军切断的危急处境。为改变该旅的不利局面，第 7 纵队立即令警备第 2 旅投入战斗，接替独立第 3 旅续攻 5、6 号碉。经连日激战，5、6 号碉守军千余人被迫麇集庙碉，依托有利地形拼命固守。至 12 日，独立第 7 旅接替独立第 12 旅续攻庙碉。经过 9 次爆破 5 次攻击，于次日将其占领。至此，经过 10 余次反复激烈的争夺，第 7 纵队全歼守军并最终攻占了牛驼寨。

山头，位于东山西麓南端，太原城东南 5 公里处，由山头主阵地及以东的大脑山阵地组成，两阵地之间有交通壕连接。主阵地又有 1—5 号骨干阵地组成，周围有劈坡 2—6 层，每层高 4—6 米。守军为第 9 总队全部、第 73 师 1 个团、第 276 师和第 8 总队各 1 个营。26 日至 28 日，第 13 纵队首先以第 38 旅发起攻击，并连续攻占大脑山 3 个阵地，31 日开始转攻山头主阵地。之前，由于误以为该地为次要阵地，仅用 1 个团攻击，故两次进攻均受挫。11 月 1 日，第 38 旅将兵力增至 2 个团、3 个团再攻，亦未奏效。此时，为配合兵团策动阎军第 30 军军长黄樵松率部起义，第38旅奉命停止进攻后，阎锡山乘隙将刚从榆林空运太原的整编第10师第83旅（后改番号为第83师）约4500人，调至山头要塞，接替了原守军的防务。9日，黄樵松起义失败后，第38旅集中3个团同时对主阵地发起总攻。第112、第114团两次进攻均未得手，仅第113团于当日攻占5号阵地。次日凌晨，第113团袭占3号阵地，但在守军第83师的反扑下，3号阵地得而复失，总攻失利。第13纵队遂以第37旅接替第38旅继续攻击。当日晚，第37旅第110团出其不意，袭占3号阵地，11日2时又经2、3号阵地之间的暗道突然袭占2号阵地。1、4号阵地守军在猛攻之下纷纷逃窜。至此，山头主阵地被攻克。

小窑头，位于东山西麓中段，太原城正东4公里处，阵地建在山岭上，由1—15号阵地组成，其中11—15号阵地位于最高处的支撑点，各阵地均有3—10米劈坡，劈坡上沿和各死角筑有水泥碉堡，整个阵地交错连环。守军为第279师1个团、第10总队1个连及保安第6团一部。26日，第8纵队第24旅附第22旅第64团发起攻击，至27日下午，全部占领1—6号阵地。28日上午，继续发展进攻，又占8、13、14、15号阵地。中午，阎锡山以第30军2个团及第279师1个团在剪子湾、淖马、双塔寺、黄家坟、东城门等处炮兵群的支援下，发动大规模反扑，并施放毒气弹、燃烧弹，第24旅被迫放弃当日夺占的各号阵地。次日后，第22、第24旅各1个团再次发起攻击，苦战3天，夺回8、15、14号阵地。31日，第8纵队调第23旅第68团攻取13、11号阵地，当日16时30分，该团第3营在炮火掩护下，以连续爆破突入13号阵地，全歼守军2个连，11号阵地守军见状，弃守逃跑。9日，第72团一部乘势攻占小窑头北侧的四亩圪洞，俘守军300余人。至此，小窑头一线阵地被该纵队全部占领。

为配合主力攻打四大要点，晋中军区部队先后攻占了城北的青龙镇、北留、黄寨镇、周家山、会沟梁，城南之高中、马连营、千家坟、许坛、北营西车站，汾河西岸之南北堰、赵家山等据点，歼灭守军保安第6、第13团，第69师第205团及第70师第208团各一部，以及北山区守备司令部、保警队一部等。同时，为配合军事打击，第1兵团还积极开展了政治争取工作。其中，为争取黄樵松率部起义，第1兵团把从平汉战役起义的原西北军将领高树勋调到太原前线，劝其率部起义。11月3日，正当黄樵松等决心弃暗投明，准备里应外合，接应解放军进占太原城时，却被其第27师师长戴炳南告发而被捕，并于7日押往南京处死。戴炳南因向阎锡山告密有功，升为第30军军长。黄樵松等起义虽未成功，但在守军内部产生很大影响。据统计，仅太原外围作战，守军共有5400余人起义或投诚。

至11日，太原地区外围作战，第1兵团等部共歼灭国民党军5万余人，占领了城南和东山各要点，紧缩了对太原城垣的包围。第1兵团等部也伤亡2万余人，急需休整。这时，中央军委考虑到太原过早攻克，有使位于平津地区傅作义集团感到孤立，而自动放弃北平、天津、张家口、唐山向江南撤退，或分别向绥远、江南撤退，增加尔后歼灭的困难。因此，决定第1兵团停攻太原，待东北野战军主力入关会同华北军区第2、第3兵团包围歼灭傅作义集团后，再会攻太原。据此，11日以后，第1兵团主力，一方面加强与巩固东山既得之阵地；另一方面调整部署，在抗击阎锡山部反扑的战斗中，转入围城休整。

三、第18兵团转入对太原城围困

太原战役自1948年10月上旬发起，到11月中旬扫清外围作战，原华北野战军第1兵团、西北野战军第7纵队（1949年1月后华北野战军第1兵团改称第18兵团，所属纵队、旅均改称军、师；原西北野战军第7纵队改称第一野战军第7军）等部圆满完成了战役第一阶段的任务，并将国民党阎锡山残部压缩围困于太原孤城之内。由于太原外围作战，特别是攻克东山四大要点后，原华北第1兵团等部，共减员2万余人，有的部队元气大伤，急需休整补充，加上阎锡山趁两军于东山鏖战之际，已在汾河西之红沟、圪了沟、万柏林、三角村、城北炼铁厂附近抢修了5个新机场，其外援通道一时难以切断，速克太原已不可能。据此，为配合平津决战，按照中央军委的指示，太原战役的方针调整为对守军实施军事围困和政治瓦解，部队即转入围城休整。

在军事围困中，根据第 1 兵团的统一部署，在城东的第 8、第 13、第 15 纵队（后分别改称第 18 兵团第 60、第 61、第 62 军）于 11 月下旬先后攻占松庄、淖马 9 号碉、松树坡等据点；在城北的第 7 纵队（后改称第一野战军第 7 军）攻占苏村、板柏、关口、阳曲镇、兰村等据点，逼迫凤阁梁、李家山守军撤退；为掩护炮兵进入有利阵地，封锁河西诸机场，在城西的晋中军区部队攻占了化七头、红沙梁部分阵地，第 13 纵队主力于 12 月 1 日渡汾河西进，4 日、5 日攻占赵家山、高家河等阵地，使兵团炮兵进入高家河阵地。至此，除红沟机场无法控制外，其他机场已被完全封锁。20 日，第 13 纵队返回河东后，阎锡山为确保空中运输，以其第 69、第 83 师等部，在 8 辆坦克、2 辆装甲车的配合下，对晋中军区部队反扑 40 余次。晋中军区部队歼其 2500 余人，击毁坦克 2 辆。26 日，第 13 纵队第 37 旅再次西渡，夺回西邱沟阵地，保障了炮兵阵地的安全。此后，各部队即对太原守军实行严密的封锁和监视，并以小部队不断袭扰。另外，在前沿的部队中，开展冷枪运动、神枪手运动，不断零星射杀守军。

在整训休整中，围城主力部队从 12 月底转入整训后，针对部队在四大要点争夺中暴露出的问题，兵团提出了 10 个战术原则：充分准备，精心计划；进攻防御，都要精通；军事民主，命令服从；主要方面，力量集中；隐蔽突然，敏捷机动；坚决顽强，果敢勇猛；发挥爆破，步炮协同；插入切断，连续进攻；互相援助，一致行动；全歼敌人，建立战功。据此，各部队对照检查，展开有针对性的军事练兵。中高级干部主要是在周密侦察基础上，结合沙盘讨论研究作战方案；部队主要以外壕战、登城战及巷战为内容，进行连、排战术训练和外壕、城墙的爆破训练。此外，还结合战斗任务，以守军阵地为目标进行进攻战斗演习，以守军碉堡枪眼为目标练习射击，开展冷枪、神枪手运动，使学与用、练与战有机统一，一举两得。

在政治瓦解中，兵团专门成立了由华北军区副参谋长王世英、第 1 兵团政治部主任胡耀邦负责的“对敌斗争委员会”，专司政治攻心战的组织指导工作。兵团以下各级党委（支部）均成立了相应的政治攻势组织机构，并针对“黄樵松事件”后，阎锡山对内部控制更加严密的实际，号召从干部到战士，人人动手，个个开口，广泛开展群众性的政治攻心运动。其中，印发各类宣传品40多种50万余份，宣传共产党的政策、揭破阎锡山散布的谣言，消除守军起义、投诚或被俘后的顾虑。通过散发传单、战场喊话、动员守军亲属规劝等活动，使大批守军纷纷弃暗投明。至1949年3月底，共瓦解守军1.2万余人。

围城休整期间，部队补充了兵员，先后从华北补训兵团及济南战役俘虏中接收解放战士约7000人，从华北地区征接新兵1万余人，使每个纵队人数均在2万人以上；整顿了党支部，大力发展了党员，使党员总数占到了1/3以上。

四、第19、第20兵团开赴太原前线

平津战役后，华北地区的国民党军只剩太原、大同、安阳、新乡等地及绥远的董其武部。而董其武部受傅作义的影响正酝酿起义，被困于太原城的阎锡山集团已陷入孤立无援境地。1949年2月15日，中央军委决调第19、第20兵团和第四野战军炮兵第1师西进，与第18兵团等部一起会攻太原，歼灭阎锡山集团。为统一指挥并协调各部行动，3月17日中央军委决定：成立太原前线司令部，以徐向前为司令员兼政治委员，周士第为副司令员，罗瑞卿为副政治委员，统一指挥第18、第19、第20兵团，第18兵团司令部为太原前线司令部。同时，成立以徐向前为书记，罗瑞卿、周士第为副书记，杨得志、杨成武、陈漫远、胡耀邦、李天焕组成的太原战役总前委，各兵团前委均受其领导。3月上旬，第19兵团及第四野战军炮兵第1师经石家庄、娘子关，第20兵团经大同以南地区分头开进，月底先后到达太原城下。这样，解放军攻打太原的兵力达到3个兵团、10个军、36个步兵师、3个步兵旅、2个炮兵师，共32万余人，拥有各种火炮1150余门。3月28日，解放军副总司令兼第一野战军司令员、政治委员彭德怀，在参加中共七届二中全会后，来到太原。为加强对战

役的指挥，中央军委决定彭德怀留在前线，与正在抱病工作的徐向前一同指挥攻城作战。

此时，太原城已被解放军围困3月有余。守军在太原这座狭长的孤城内，仅凭空运接济维持，处境越来越困难。平津战役后期，蒋介石曾指示阎锡山放弃太原，迅速率部向西突围、退往西安，但阎锡山执意坚守到底。他明里仍要其所部与太原共存亡，暗中却在为自己找退路。随着北平的解放和第18、第19兵团主力西转，太原的包围圈越来越小，双方接触性作战已从外围发展到太原市近郊，南、北郊机场已被解放军控制，新开辟的西门外红沟临时机场也在解放军的炮火射程之内。阎锡山眼见空中运输线将全部切断，同时又闻第18、第19兵团主力已进抵太原，并准备发起总攻，自感大势已去，遂于29日下午，召集要员开会，宣读了时任代理总统李宗仁让其赴南京商讨“议和”的电文，并将离开期间的指挥权，交与梁化之、王靖国、孙楚、赵世玲、吴绍之组成的五人小组。之后，乘飞机逃离太原。

阎锡山逃至南京后，继续遥控指挥太原守军，并严厉督促“五人小组”拒绝一切和谈，顽抗坚守到底。在阎锡山的授意下，孙楚、王靖国等将独立第8、第9、第10总队残部，保安团、民卫军等编入正规军，强抓市民、学生组成“铁血师”“神勇师”“坚贞师”，使太原守军仍保持近10万人，拥有各种火炮900门。并以太原内城为核心，将整个防御按城北、东北、东南、南和西划为5个防区：北区以第33军率第71、第276、第280师，防守太原城北及汾河以东的阳曲镇、向阳店和新城地区；东北区以第19军指挥第68、第279师和第30军1个团、第280师1个团，防守城东北的西岭、丈子头、牛驼村、剪子湾、卧虎湾地区；东南区以第43军率第70、第283师，防守城东南的双塔寺、五龙口、郝家沟地区；南区以第34军率第73、第66师，防守城南、汾河以东的亲贤村、椿树村、杨家堡地区；西区以第61军指挥第69、第72师和工兵师、“坚贞师”，防守城西的万柏林、大小王村地区。太原内城以第30军指挥“神勇师”“铁血师”守备城垣，第27师和第83师为机动部队；以日本战犯今村中将、岩田少将指挥亲训炮兵团、榴弹炮团和以原日军为骨干的今村炮兵队及6个独立炮兵营，组成10个炮兵群，分置城东南、大东门、双塔寺、卧虎山、剪子湾、丈子头、黄家坟等处，企图依托坚固堡垒，内外结合、节节抵抗，大量消耗解放军，然后在城郊与解放军决战。

根据守军兵力部署和作战企图，为彻底围歼太原城及四周守军，太原前线司令部决心："首先集中第19、第20两兵团主力、晋中部队全部及第18兵团与7军[①]各一部，割裂太原外围之敌，争取歼灭其一部、大部或全部，占领攻城有利阵地，尔后集中全力攻城"[②]。3月30日，总前委将太原作战方案上报中央军委："第一步打外围据点，争取歼灭敌人六至八个师，占领攻城有利阵地。第二步攻城。"其具体部署：第20兵团及第7军1个师（第19师）由城东北及西北突破，"切断北机场以北之敌而歼灭之"。第19兵团及晋中军区3个独立旅，一路由城西南汾河以西攻击，配合第20兵团"切断河西之敌而歼灭之"，另一路由城西南汾河以东攻击，在第18兵团1个师的配合下，"切断双塔寺与大营盘以南之敌而歼灭之"。第18兵团及第7军主力于城东，"第一步暂不攻击，而以佯动配合南、北、西等区作战，待以上地区攻击得手和被切断之敌基本被消灭时，即以十八兵团及第七军由城东大东门方向，十九兵团由城南守义门方向，二十兵团由城北工厂区三面攻城，晋中部队留河西配合攻城。攻击时间定于四月十五日开始，争取半个月攻下太原城，现仍作一个月之作战准备。以上方案彭总已同意"[③]。4月3日，中央军委在复电同意时还指出："请你们注意和平解决的可能性，如有接洽机会应利用之。"[④]

此时，国共"和谈"已经开始。4月5日，中央军委致电彭德怀、徐向前、周士第、罗瑞卿："阎锡山已离太原，李宗仁愿出面交涉和平解决太原问题。我们已告李宗仁代表（本日由平去宁），允许和平解决，重要

① 7军：第一野战军第7军。

② 《华北第三次国内革命战争史资料选编》第15册，第29份，北京军区档案馆。

③ 《华北第三次国内革命战争史资料选编》第15册，第28份，北京军区档案馆。

④ 《毛泽东军事文集》第5卷，军事科学出版社、中央文献出版社1993年12月版，第526页。

反动分子许其乘飞机出走，其余照北平方式解决，部队出城两星期至三星期后开始改编等语。你们应即派人进城，试行接洽，求得于十五日前谈妥。”[①]据此，太原前线司令部派原阎锡山第7集团军司令赵承绶、炮兵司令高斌和第33军参谋长曹近谦进城试谈。8日，赵承绶等进入赵恭第61军防区，与赵恭所派代表进行了面谈，并将有关信件交转孙楚、王靖国，并要求务于10日12时前作复。11日，中央军委电示太原前线，根据国共谈判进展情况，“请将攻击太原的时间推迟至二十二日。那时，如能签订和平协定，则太原即可用和平方法解决；如和谈破裂或签订后反悔不执行，则用战斗方式解决，对我亦无多大损失。”[②]这时，太原前线自与守军赵恭代表会面后，对方不仅无回音，而且封城不能再进。一方面宣称：国共和谈已得协议，要围城部队让出一条路，由孙楚率太原守军开赴西安；另一方面利用太原广播仍宣传其坚强意志、战斗到底的方针，并频繁调整其部署，加紧备战。鉴于这种情况，太原前线司令部在组织炮兵进入阵地、完成坑道作业及各种准备后，14日，请示中央军委：“如十六日与南京谈判无大效果，可否提前攻击太原，时间如何？”17日，中央军委复电：“你们觉得何时发起打太原为有利，即可动手打太原，不受任何约束。”[③]据此，太原前线司令部将总攻太原的时间确定为4月20日。

五、突破城外防御体系

19日夜，东线第18兵团左集团一部，首先向东南方向的阎家坟、郝家沟阵地插入，与从南线同时插入的第19兵团一部会合，切断了马庄守军退路。20日凌晨，总攻太原开始。解放军按照预定部署，分10路向太原发起攻击，先后突破守军前沿，继以勇猛动作向纵深发展，守军城外防御体系顿时土崩瓦解。

在城北，第20兵团及第7军2个师于20日2时分三路向南攻击。

① 《毛泽东军事文集》第5卷，军事科学出版社、中央文献出版社1993年12月版，第530页。

② 《毛泽东军事文集》第5卷，军事科学出版社、中央文献出版社1993年12月版，第535页。

③ 《毛泽东年谱》下卷，中央文献出版社2002年8月版，第482—483页。

第 68 军及第 7 军第 19 师由城西之兰村沿汾河两岸直插新城、新店、芮城及芮城以东之汾河大桥，其中第 68 军第 202 师沿汾河东岸向南进攻，于 19 日夜穿过守军前沿堡垒群，直插纵深新城镇，炸开寨门，歼守军第 30 军第 89 团 1 个营 500 余人，20 日进占了南、北固碾和下兰村；第 203 师攻占南北下温、赵道峪、东留庄和向阳店；第 204 师及第 202 师一部攻占陈家窑、栏岗、南寨。第 66 军沿同蒲路南下，先以第 198 师在峰西、蔡家岗间突破，迫使阳曲湾守军第 71 师第 212 团投降，然后以第 197 师与之并肩突击，相继攻占黄花园、沟南、新店、杜家坟、石坛，歼灭守军第 276 师大部。第 67 军及第 7 军第 20 师由城东北之西岭向西攻击，于 20 日晨攻占五岔、松树、大垴、下岭、高家场和西岭，打垮守军第 68 师的反扑，并连克太原城东北的要点丈子头、南窊、七府坟和飞机场。至 11 时，第 20 兵团的 3 个军会合于北机场、光社村地区，当日夜即肃清了城北十里铺以北残部，北区守军 4 个师全被歼灭。21 日，各路部队又攻占城北工厂区及上北关、小北关等地，并以第 67 军协同第 7 军包围了卧虎山。

在城南，第 19 兵团及晋中军区 3 个独立旅亦分三路于 20 日 5 时发起攻击。该兵团第 64 军及晋中军区部队在上百门火炮的支援下，沿汾河西岸向北突击，攻占南屯、南上庄、新庄、沙沟等点，打开西区守军防御缺口后，13 时继续进占了大、小王村，并一举端掉国民党守军第 69 师师部和第 61 军军部，击毙第 61 军军长张恭，15 时进至万柏村地区，与第 7 军第 19 师会合，接着包围歼灭了汾河以西守军，至当日 21 时，汾河以西守军除第 83 师于解放军发起攻击前逃入太原城外，其第 61 军军部、第 69 师、第 72 师、工兵师及“坚贞师”悉数被歼；第 65 军沿汾河东岸向北攻击，在杨家堡及其以东一线，连续攻占杨家堡、老军营、西寇村、大小南关，控制了汾河水泥大桥后，进到西寇村、北寇村、中坞城、北坞城，歼灭了亲贤村、大营盘守军第 66 师；第 63 军于 20 日攻占黄家坟、椿树园和千佛寺，进至狄村、什方院地区，在守军第 73 师施放毒气的情况下，歼其一部。当日 17 时，第 63 军与攻占郝庄的第 62 军第 186 师包围了位于城东南的双塔寺要点，并肃清了该寺以南、以东守军，21日占领面粉公司、民众市场等地。

在城东，第18兵团和第7军于20日下午发起攻击，首先集中所有炮火，对太原绥靖公署和大东门等地的炮兵阵地进行了压制射击，随后于18时各部展开猛烈进攻，第7军攻占山庄头、牛驼村，并会同第67军包围了卧虎山；第62军攻占了大把沟、郝家沟；第60军攻占剪子湾、黑土港；第61军攻占照壁坟、郝庄，歼守军第70师和第279师大部，直逼太原城下。

经一昼夜战斗，太原城外防线均被突破，外围各点守军大部被歼，只有卧虎山、双塔寺两个要点的守军仍在凭坚据守，负隅顽抗。卧虎山位于太原城东北2公里处，筑有大小碉堡160多个，守军以东北防区第19军军部、“铁血师”和第279、第68师各一部防守。21日18时，第67军第199师各部均以夜袭手段，利用交通壕勇猛向纵深穿插，将各碉堡群分割包围，以火力压制、爆破作业和政治攻势相结合，逐个夺取守军阵地。第199师第596团秘密深入守军纵深阵地，搭人梯爬上峭壁，插至守军“人”字碉堡的死角，经一番政治攻势，该碉堡守军投降。接着向纵深发展，又连占数座碉堡，并乘胜对卧虎山主阵地展开全面进攻。至22日晨，在第67军第199师和第7军第20师的顽强攻击下，太原东北区守军总指挥第19军军长曹国忠以下5000余人被俘，卧虎山阵地全部占领。

双塔寺是太原城东南的屏障，东、南、西三面有自然沟围绕，在东西1000米、南北400米的阵地上，筑有3层工事、48个碉堡。守军为第43军军部、第283师、第72师1个团和第70师一部。21日夜，第189师第566团向守军展开政治攻势，以战场喊话和火力打击结合，争取了东南角堡垒守军1个连投降。22日6时，第187师从北、东两面，第189师从西、南两面，发起总攻。首先以炮兵第1师准确的炮火轰击守军碉堡、压制其火力，尔后各部乘势突破外壕，以连续爆破的方式，摧毁其地堡群，并攻占了双塔寺南部阵地。接着，大胆迂回分割，直捣守军核心阵地。经仅一个半小时的战斗，双塔寺要点即被完全占领，全歼守军4000余人，东南区总指挥第43军军长刘效曾被俘。至此，太原城外作战胜利结束，解放军运用集中兵力、分割包围、各个歼灭战法，将太原城外5个军部、13个步兵师、1个工兵师，约占太原守军总数80%的兵力全部歼灭。22日，太原前线司令部向城内守军发出立即投降的最后通牒。但守军顽固不化，决心顽抗到底。当天，太原前线司令部颁发了缉拿梁化之、孙楚、王靖国和日本战犯今村、岩田的命令。

六、多路会攻太原城

24日5时30分，前线司令部发出攻城信号，1300门火炮同时轰击太原城。各突击部队以连续爆破扫除障碍，奋勇登城。在城北，第66军第197师第589团的第1、第3连，在小北门以东200米处，乘浓烟各以1架近14米高的云梯，于6时15分最先登城，并把一面红旗插在太原城墙上。后续部队立即集中火力，摧毁小北门和附近火力点，掩护登城部队巩固了200米宽的突破口。第196师的部队在小北门以西也登上城墙，向北肖墙、东缉虎营进攻。在城南，第63军第188师第563、第562团于6时30分并肩登上城墙，并夺取了首义门。第187师也由首义门以东登城。两师突破城垣后，分路迅速向后边街、鼓楼街进攻。在城西，第64军第574团于6时40分在水西门和旱西门间登城，打开了水西门，使军主力得以迅速冲入城内，向半坡北巷、水西门街和麻市街发展攻击。第65军第193师第579团于6时50分在大南门以东登城；第577团以40人组成的爆破队，用625公斤炸药炸开大南门，并掩护军主力分多路突入城内，向米市街、估衣街进攻。

东面第18兵团集中强大炮火，把城墙轰开多道缺口。7时10分，第7军、第60军在大东门以北，第61、第62军在大东门以南，分路突入城内，向西发展进攻。第68军第204师7时40分炸开大北门，第203师也在大北门以西架梯登城。至此，攻城部队分12路，从四面八方攻入太原城。

24日8时，各部队以小型爆破开辟道路向守军纵深猛插。9时，将其残部团团包围在市中心煤山和太原绥靖公署、省政府一带。9 时 30 分，第 62 军第 185 师第 553 团经过激烈巷战，攻入太原绥靖公署，并立即利用刚缴获的 3 辆坦克，向守军指挥中心的办公大楼发起冲击。在攻城部队强大的武力威慑下，守军纷纷放下武器，战犯孙楚、王靖国在内的 380 多人俯首就擒。梁化之畏罪自杀。至 10 时，太原全部解放，守军阎锡山部 8.4 万余人全部被歼，包括原侵华日军战犯今村中将、岩田少将以下日本人 500 余名。

为了有秩序地做好太原的接收工作，根据华北军区 4 月 20 日的命令，由晋中军区组成太原警备司令部，负责维持治安，安定社会秩序，守卫和保护工矿企业、公共设施与国家机关的安全；监督入城部队与国家工作人员执行城市政策与纪律；拆除工事与障碍物，打扫战场；收容处理散兵游勇和俘虏。各警备部队在人民群众的支持协助下，迅速恢复了社会秩序，使整个太原市呈现出一派解放后的新景象。

太原战役从 1948 年 10 月 5 日开始，至 1949 年 4 月 24 日止，历时 6 个多月。解放军共歼灭国民党军 1 个绥靖公署、2 个兵团部、6 个军部、17 个师及地方武装 13.5 万余人，其中毙伤 3.3 万余人、生俘 9.7 万余人。缴获各种火炮 6283 门，各种机枪 6943 挺，长短枪 37784 支，各种子弹 236.5 万发，各种炮弹 5.4386 万发，手榴弹 20.5 万枚，坦克 9 辆（以上数不含仓库库存），骡马千匹。解放军伤亡 3.2 万余人。

在太原战役中，华北、晋绥两区党政军民全力以赴，展开规模巨大的支援前线工作，仅粮食和燃料就供应 20 万吨，输送弹药和攻坚器材 3 万吨。晋中人民不分昼夜修桥补路，运粮运弹，磨面做鞋，供应物资，直接在前线服务的民工就达 17 万人，仅构筑工事一项，就拿出门板 50 万副、檩条 34 万根、麻袋 50 万条。太原市民，在炮火中为攻城部队带路，报告情况，送饭送水，帮助解放军克服了重重困难，保证了战役的胜利。

太原战役，是典型的大城市攻坚战。解放军以较小代价全歼太原守军，在战役指挥方面的主要经验是：第一，制定了正确的战役指导方针。在战役初期，解放军采取围困、瓦解和攻击相结合的作战方针，经过外围作战和围城斗争，攻占了战役战术要点，逐批消灭了守军力量，瓦解了守军士气，为尔后作战创造了有利条件。在战役后期，解放军在占绝对优势的情况下，采取先分割围歼城外守军大部或全部，占领攻城阵地，后一举攻城的战役指导方针，从而使守军猝不及防、顷刻崩溃。第二，采取了灵活的战法。根据太原的地理特点和守军的兵力部署，战役第一阶段，首先攻占东山四大要点，扫除攻城的重要障碍，同时控制飞机场，断绝守军的空中外援和逃路，然后转入较长时间的围困，使守军陷入极度困境。战役第二阶段，集中绝对优势兵力、火力，密切协同各种力量，综合运用土工、爆破作业和炮火轰击等手段，广泛实施多路突破、连续攻击、穿插分割、迂回包围等战术，从而一举攻克太原。第三，开展政治攻势，瓦解守军。充分利用和平解放北平的大好形势，紧密结合军事打击，积极采取各种有效方式，不失时机地开展政治瓦解工作，使大批守军纷纷弃暗投明，从而加快了战役胜利的进程。

第二节　和平解放大同、绥远，肃清豫北国民党军残部

4 月 20 日，国民党反动政府拒绝在和平协定上最后签字，坚持与人民为敌。中央军委遂于 21 日发布了“向全国进军的命令”，命令人民解放军“奋勇前进，坚决、彻底、干净、全部地歼灭中国境内一切敢于抵抗的国民党反动派”[①]。在全国战场，自人民解放军百万雄师横渡长江，一举占领南京，并转入战略追击后，国民党的反动统治迅速土崩瓦解。在华北战场，太原解放之后，国民党军仅残留于大同、绥远及豫北 3 个孤立的地区，按照中央军委关于继续歼灭国民党军残余力量的指示，华北军区部队乘势进逼上述地区。

① 《毛泽东军事文集》第 5 卷，军事科学出版社、中央文献出版社 1993 年 12 月版，第 549 页。

一、和平解放大同

大同地处山西北端，位于平绥、同蒲铁路交会处，东接平张，西贯绥宁，南达太原，北连内蒙古草原，交通便利，位置重要，是晋北的军事重镇，一直为阎锡山部据守。自 1948 年 5 月雁北 13 县解放后，大同便成为一座孤城。守军主要有：阎锡山的嫡系部队第 275 师（原暂编第 38 师）第 883、第 884、第 885 团，及直系雁北支队、山炮营和战防炮营等，大同军事指挥部的保安司令部的第 2、第 8、第 12、第 15、第 19 团，坦克大队（12 辆坦克）、教导总队，大同、阳高、天镇、广灵保警大队等，总兵力约 1.3 万人，统归大同军事指挥官于镇河指挥。国民党大同行署主任孟祥祉则握有该市的党务和行政权。

1948 年 12 月下旬张家口解放后，第 19、第 20 兵团（原华北第 2、第 3 兵团）东进，参加解放平、津地区的作战。为防止大同守军撤逃绥远，中央军委于 1949 年 1 月 3 日决定，由第 20 兵团政治委员李井泉统一指挥第一野战军第 8 军（原西北野战军第 8 纵队）、察哈尔军区部队（原北岳军区部分）和晋绥军区部队，监视大同、归绥的国民党军。根据兵团的指示，第 8 军主力部署于大同以北的集宁、丰镇地区；察哈尔军区部队由察南军分区司令员纪亭榭率独立旅 3 个团，部署于大同以东及以北地区；由雁北军分区司令员赖富率独立第 1、第 2 团，分别部署于大同南面和西面；绥蒙军区司令员姚喆率晋绥部队，部署在大同以西之云冈地区。另有绥蒙军区骑兵师部署在丰镇、集宁一线。其任务是围困大同守军，等候主力兵团到达后聚歼。如守军向绥远方向突围逃窜，立即堵截歼灭。5 日后，各部到达以上位置。

13 日，为逼退围城的解放军并出外抢粮，大同守军由第 275 师师长田尚志率所部 2 个团及保安团第 7、第 8 大队，共 1800 余人，出犯城东三十里铺、王千户村、牛家堡一带村庄，遭纪亭榭率独立旅和雁北军分区部队的坚决迎击，出犯守军一部 600 余人被包围歼灭，余部逃回城内。此后，守军再不敢轻举妄动。

鉴于大同守军已经内外交困，且于镇河、田尚志两人掌握军事大权，在守军中有举足轻重的作用，围城部队在实施监视的同时，对守军展开政治攻势，并把重点放在于镇河、田尚志两人身上。1月下旬，华北军区敌工部从太原前线派遣刚被解放过来的国民党第33军中将军长沈瑞、少将参谋长张西柱、隰县专员孙海丞及于镇河旧部第19军副参谋长李又唐、第68师副师长秦炯等，来到大同城东的驾遇皂村，做于镇河等的工作。2月初，李又唐、秦炯二人携带华北军区的信件，潜入大同面见于镇河，进行劝降。此时，阎锡山得知沈瑞等赴大同后，立即电令于镇河、孟祥祉：如果沈瑞、孙海丞等人进城，立即拿获枪决，并将李又唐押解太原。于镇河遂一面为李又唐等人开脱，一面叫李、秦二人转告沈瑞等不要进城。此事，充分反映了于镇河既不敢违抗上峰的命令，又怕得罪共产党的矛盾心理，说明他已与阎锡山离心。此间，在强有力的政治攻势下，仅1个月的时间，守军已有580余人向解放军投诚，但除个别是成连排建制外，多数为零星散兵。其中“左云开展工作队”80余人，携长短枪支60余、小炮5门，在支队长的率领下，于2月3日潜出城外投诚；第275师辎重营等40余人，于5日向围城部队缴械投诚。3月，华北人民政府财政部部长戎子和征得华北军区同意，动员正在北平上学的于镇河的儿子于澜沧、孟祥祉的弟弟孟祥祚以及于、孟旧部王达三、刘仪亭等7人，携带他的信去大同继续做于、孟的工作。但此时，第一野战军第8军已北返绥远作战，围城部队仅剩察哈尔军区等地方部队6000余人，守军遂对和平解放大同持应付态度。

4月24日，太原解放后，第20兵团奉命从太原兼程北上，进逼大同；第一野战军第8军第22师、绥蒙军区骑兵第1师也迅速向大同集结，并于25日赶至新堂西南榆树林、亳切一线，向围城的察哈尔军区等部队会合。守军自知顽抗无望，即撤退外围据点，企图分路西逃。当晚，守军一部开始从南门出逃。其先头部队到达十里河时，与察哈尔军区骑兵师第1团相遇，因惧歼又被迫返回城内。在大兵压境、内无粮草、外无救兵、突围又不成的情况下，守军被迫同意与解放军谈判。

26日，守军第275师师长田尚志、副师长王元令作为正式代表到城东围城部队处求和。初步接洽后，解放军提出放下武器、接受改编的原则，并令其将城周地雷悉数除尽。田当即表示翌日上午与于镇河、孟祥祉亲自到三十里铺，进行正式谈判。27日12时，于镇河推说身体有病，让其参谋长陈泮喜代他与孟祥祉、田尚志等人来到谈判地点，与王平司令员、赵汉书记、纪亭榭旅长等会面。谈判中，王平揭露了对方过去之罪恶，并企图突围逃走、故意拖延和平解决的事实，重申了“放下武器，改编为人民解放军”的原则。确定次日12时，“先撤去北关之驻军”，“俾我之铁甲车于同时开入北关车站，责令彼等保护各部队、机关之文卷资料，不得有任何破坏，拆除交通要道上之工事等”①。并同时在西坟村正式签订文件，解决问题。于镇河、孟祥祉、田尚志等代表大同守军表示无条件接受全部条款。29日12时，双方按照商定，在协议上正式签字。察哈尔军区副司令员詹大南根据华北军区对大同守军请降所作的具体指示，向于镇河、孟祥祉、田尚志等提出：保证人民生命财产安全，不许骚扰群众；保证不许破坏城市建筑和各项设备；全体投降人员一律就地待命，不许遣散；枪械弹药全部清缴，不许毁坏和藏匿；文件档案全部封存，等待移交，不许销毁或转移五项要求。是日，解放军接防北关，铁甲车也同时开进城北车站。指挥机关进驻操场城东营盘北面几个院落，于镇河正式下令，宣布大同守军投诚，接受改编。之后，驻大同的广灵大队和梁化之保警大队拒绝投降，并擅自拉走队伍，被城周部队截住，全部用武力解决。5月1日，大同宣告解放。于镇河率部1万余人开赴城外指定地点，接受解放军改编，其他杂色武装一律按规定缴械遣散。2日，围城部队进入城内。同日，《晋察冀日报》发布了题为《山西北部重镇大同和平解放》《大同军事管制委员会及大同人民政府于当日宣告成立》的报道。至此，山西全境获得解放。

---

① 《山西省大同军分区大事记述》，2001年4月内部印刷，第116页。

二、解放安阳、新乡

安阳、新乡位于平汉路中段，是豫北地区的两座重镇，南北相距不足 100 公里，人口均在 10 万左右。驻守安阳的国民党军为“冀豫边区清剿指挥部”及其保安第 1、第 2、第 3 旅，河南自卫军第 9 纵队和第 40 军第 337 师等，共 1.4 万余人；驻守新乡的国民党军为第 40 军军部及所辖第 106、第 264 师，河南自卫军第 10 纵队等，近 2 万人，由副军长李辰熙指挥。其中，守军第 40 军原系国民党西北军庞炳勋部，自平汉战役被歼重建后，主力一直驻守新乡。2 月下旬，经华北军区政治争取，该部第 106 师第 316 团团长庞庆振率部起义，在守军上下引起很大震动，加之粮食供应发生危急，该部军心更加动摇，士气更加低落。为保证安、新两地的国民党军伺机南逃，安阳守军将保安第 1、第 2 旅及自卫军第 9 纵队增派新乡，以配合第 40 军解除被围之困境。3 月初，新乡守军奉命从第 106 师及保安第 1、第 2 旅中抽调近 1000 名军官，空运至武汉，企图恢复重建第 39 师，并于 3 日、7 日、8 日分乘 11 架飞机运走 400 余人。同时，部分守军亦开始做向南突围逃跑的准备。

平津战役后，安阳、新乡地区的国民党军一直被华北军区第 70 军（原第 14 纵队）和太行军区独立第 7 旅（原太行第 4 军分区部队）及独立第 2 旅（原太行第 5 军分区部队）等部队所监视和包围。太原战役期间，华北第 70 军等部按照中央军委和华北军区的指示，除以第 210 师 1 个团（原第 42 旅第 126 团）担任黄河铁桥守备外，主力重点部署于新乡以南的小冀地区，并以每天 2 个连至 1 个营的兵力在新乡东南及西南地区活动，对守军实施不间断地警戒接触和广泛打击。3 月上旬，为进一步防止守军南逃信阳，制止该部空运，第 70 军决心集中力量，以土工作业、稳扎稳打的方式，向新乡飞机场逼近，占领机场西、南两面之村庄，以火力控制守军空运。其部署是：第 209 师以 1 个团占领沈家营、王固城、同固城、张固城、中马砦，1 个团占领路庄、洛丝滩、丁固城、姚河林，另 1 个团于南北大召；第 210 师（欠 1 个团）以 1 个团占领朱赵、八里铺、堡儿、牛任旺、杨任旺、梁任旺，另1个团位于高清庄、常兴铺、任小营；太行独立第7旅以1个团占领十里铺、袁庄、高庄，1个团占领水南营、东水洞、刘庄，另1个团配合新乡独立营于新乡城北地区，依托块村营、陈堡、大小黄屯，积极向新乡逼近。军炮兵营在中照寨与丁固城之间构筑阵地。同时，要求“部队进到哪里，交通沟挖到哪里，占领哪里，即迅速构筑工事，巩固起来”①，以逼迫引诱守军进攻，依靠有利地形和阵地工事，有组织地予以火力杀伤和野战歼灭。

3月10日19时，部队开始出动，21时相继到达指定地点，并立即开始土工作业。至次日5时，在十里铺、沈家营、丁固城、堡儿等点上，完成了由60余个地堡组成，以上万米交通壕相沟通的阵地地带。7时40分，守军第106师2个团企图进占八里营，掩护南来飞机的降落。控制该村的第209师一部，连续击退守军3次冲锋后，撤至沈家营。10时许，守军进占八里营，并向路庄村北阵地攻击。11时30分，守军在道清路一线阵地受挫后，又在3架飞机和炮火的掩护下，向路庄发起猛攻，并与第209师的部队展开反复争夺。至13时，临空的国民党军飞机未敢着陆，旋即向南飞离，守军只得回撤，18时窜回新乡，八里营复被解放军占领。与此同时，守军另以自卫军第9纵队1个团的兵力，向朱赵、八里铺进攻，均被第210师部队击退，18时该团回窜孟家营。当日夜，第209师继续向堡儿以北推进，并完成了阵地构筑。太行独立第7旅协同第209师，完成了沈家营至十里铺间主阵地的交通壕连通，使阵地连成一体。同时，考虑国民党军将调整和组织新的进攻，第70军还令第210师派出得力部队控制唐家营。

12日6时，守军一路由第40军集中约3个团的兵力，向八里营全力进攻，经激战进占该村。9时继攻路庄，至11时30分，5次冲锋均被击退。一路由保安第2旅2个团的兵力，向唐家营、朱赵、八里铺同时发起连续攻击，付出重大伤亡后，于10时30分占领以上各村。另一路

① 《华北第三次国内革命战争史资料选编》第15册，第66份，《第70军司令部关于解放新乡战役的总结报告》，1949年6月5日，北京军区档案馆。

由自卫军第 9 纵队 1 个团的兵力，经抬头向李村、赵村，实施迂回攻击，被右翼阵地的部队击退。战至 17 时，第 70 军等部先后 4 次击退多路国民党军的配合攻击，并通过各级有力的反击，使八里营、唐家营、朱赵、八里铺等地失而复得，迫使守军回窜新乡。

守军经过两次攻击失利后，士气大挫。14 日晚，第 70 军等部乘势全线推进，并完成或巩固了阵地工事。太行独立第 7 旅进至高村村西之窑上高地，第 209 师巩固八里营，第 210 师巩固唐家寨、朱赵、八里铺。这样，飞机场不但处于解放军的炮火控制之下，而且也处于机步枪的火力范围之内，守军空逃通道被完全切断。17 日，国民党军改变战术，集中全力向第 210 师右翼进行攻击。一路以约 1 个团的兵力，于 2 时由孟家营出发，经抬头、贾村、八里铺，4 时许穿过第 210 师团阵地接合部，偷渡新黄河，迂回至朱赵、八里铺后方，通过交通沟摸进八里铺村，并占领该村西南之一段平汉路，截断了朱赵与八里铺之联系。第 210 师部队发觉后，迅速以左翼团 2 个连驱逐占领八里铺的国民党军，以 1 个连扼守八里铺东南桥口，以 1 个连由朱赵向铁路方向出击，同时以右翼团 2 个连在堡儿以北阵地实施夹击配合，向偷袭的国民党军发起反击。经短时激战，夺回八里铺及平汉路段，将偷袭守军击溃至孟家营，并在新黄河以南地区将其后尾百余人全部截获缴械。另一路国民党军以 1 个团附工兵营，采取正面攻击、两侧包抄的战术，分别通过金郭营、平汉路、道清路 3 点，向唐家营阵地进攻。其中，两侧包抄的国民党军进到铁路大桥时，遭到八里营、路庄阻击部队的火力封锁，前进受阻。6 时，担任正面攻击的国民党军，在炮火掩护下，开始向唐家营阵地冲锋，连续 5 次均被击退。至 12 时，国民党军遗尸 200 余具，由金郭营回窜新乡，两侧配合的国民党军亦行告退，第 70 军等部随即展开追歼。13 时，第 210 师部队将其一部用火力截住，经政治争取无效，遂出击将其歼灭。其间，为策应南面的攻击行动，驻东高村的国民党军第 264 师一部 500 余人，于 7 时分三路向太行独立第 7 旅的水洞以东阵地攻击，3 次冲锋均被击退，并于 12 时遗尸 30 具回窜。之后，守军保安第 1、第 2 旅及自卫军第 9 纵队北窜安阳，第40军主力等部收缩新乡，困守城关及城周据点。3月下旬，守军粮荒至极，自卫军第10纵队先后东窜延津、阳武地区抢粮，分别被太行独立第2旅在塔小庄、骆驼湾歼灭400余人。从此，新乡守军再不敢轻易出动。

1949年3月底，根据中央军委向全国进军的统一部署，第四野战军主力将于4月11日开始，由平津地区向中南进军。为扫除大军南下道路上的障碍，第四野战军决定：以第13兵团司令员程子华指挥第42、第47军及第38军炮兵团，会同华北军区第70军等部共13万人，发起安（阳）新（乡）战役，先由第42军在太行军区地方武装的配合下围歼安阳守军，再由跟进的第47军会同第70军攻歼新乡守军。4月16日，安新战役开始。第42军采取奔袭手段，由磁县及临漳、成安地区出发，直扑安阳，并立即展开外围攻势。至27日，攻占四关，肃清全部外围据点，转入攻城准备。为减少破坏和伤亡，第42军向安阳守军发出最后通牒，但守军拒绝投降。5月5日18时，攻城部队采取有重点的多路突击部署，以第42军第124、第125师各加强1个炮兵团在城西担任主攻，以第126师在城北，第155、第47军第160师、军警卫团、太行军区第5军分区2个步兵团，分别在城东、城南实施助攻，向安阳城发起了攻击。战至翌日8时许，全歼守军，无一漏网。

当安阳守军被围后，新乡守军李辰熙等见大势已去，即向第70军表示了愿经谈判接受改编的意向，条件是：以和平名义，民主改编，不交武器。当即，遭到第70军的拒绝。鉴于此种情况，4月17日，程子华电示第70军领导：目前仍按你们意见，要新乡之敌放下武器，待安阳之敌解决后主力转到新乡时，再考虑用北平方法解决。因目前我力量不占优势，即使用北平方式解决，恐你们力量不够，但与敌保持谈判联系仍属必要。4月29日，第四野战军第47军到达磁县以南地区，和平解决新乡守军的条件日趋成熟。为此，第70军按照第13兵团首长的指示，明确警告李辰熙：兵团正指挥歼灭安阳守军，随后即解决新乡。必须保证特务和一切反动武装不逃散一个，保护武器、弹药、物资、建筑等之完整，作为兵团到后商谈之基本条件。但李辰熙不愿等包围后再谈，希望尽快解决。30日，第70军参谋长高厚良与守军李辰熙代表进行和平谈判，因对方以“该军有历史，编散可惜”为由，不愿放下武器，谈判未能取得应有结果。

5月1日，第四野战军第47军先头部队进抵新乡城北山彪、陈堡。当天，第四野战军首长致电第13兵团：新乡之敌如能做到放下武器则最好，如不能放下武器，则许可其出城改编。如两者皆无效，则坚决攻歼之。为增加对守军的军事压力，第13兵团指示第47军除留1个师于安阳配合第42军作战外，主力向新乡城逼近，并做攻城准备。3日，第47军主力从新乡以北压下，与城南第70军等部对新乡守军形成包围之势。迫于形势压力，新乡守军召开团（独立营）以上军官会议，一致认为，以不流血求得和平处理为妥。同日，程子华与守军李辰熙举行谈判，达成了允许国民党军第40军军部率2个师计1.7万人出城改编，地方武装、保安团队放下武器的协议。当日夜，守军第10纵队千余人，由会门头子杨普合率领，经关堤南窜原阳、阳武地区。5日，新乡守军在和平改编协议上正式签字，6日，第40军所部开出城外接受改编。其他地方团队，除自卫军第10纵队千余人及部分土匪武装逃窜外，余部共500余人，由副司令常相时、参谋长黄冠卿率领，到达指定的岗头（新乡西南二十里）缴械投降。其间，为防止个别顽匪乘机继续逃跑，第70军特令第210师及独立第2旅等部队进到城东及东南地区设伏，7日3时得悉第10纵队第3团300余人，由原阳、阳武地区回窜新乡东南之西抬头，即以第210师1个团实施包围，迫其放下武器投降。

至此，安新战役胜利结束。共歼灭国民党军3.3万余人。其中，生俘1.36万人、毙伤2500余人、改编1.7万余人。扫清了第四野战军主力南下的障碍，打通了平汉路，使华北与中原地区完全连成一片。

三、和平解放绥远

太原、大同、安阳、新乡相继解放后，华北仅剩傅作义原部属董其武部驻守绥远地区。主要有：第111军（第258、第320、第326师）；第

7、第319、第310师；骑兵第11、第12、第13旅；骑兵第5旅、骑兵独立第3旅、保安第2旅、保安第4旅、保安第6旅等部。此外，还有原第22军军长左协中率第86师在榆林起义后重新组建的第22军（第228、第86师），共计16个师（旅）6.5万余人。分驻归绥、包头地区，处境十分孤危。特别是北平的和平解放，在绥远国民党军内部产生了巨大影响，广大中下层官兵渴望和平，不愿再战，上层分子也开始发生分化。董其武等人主张走和平解决的道路，但也有些人员仍主张向西撤退，极少数人则主张以武力顽抗。尽管绥远一隅国民党军队的成分比较复杂，对和平解决的态度不一，但毕竟都是傅作义的旧部，在傅作义已接受和平解放的影响下，争取和平解决绥远问题的条件是客观存在的。对此，根据中共中央的决策，解放军对该部国民党军，既没有用战斗方式解决，也没有在实行军事包围下迫其接受改编，而是采取维持现状、等待时机、促其起义、和平合作、团结改造的方针，通过各方面的工作，最终达到将其改编为人民解放军的目的，即毛泽东在中共七届二中全会上所提出的“绥远方式”。这样，既便于集中解放军主力，尽速消灭国民党军残余的主要反动力量，又符合绥远守军有极大可能起义的实际，对进一步促使傅作义、邓宝珊等完全站到共产党一边，争取国民党军其他派系乃至蒋系将领率部起义，加速解放战争进程等均有重要意义。

根据中共中央和中央军委确定的“绥远方式”，3月23日，与傅作义、董其武开始正式谈判。起初由贺龙主持，后改由聂荣臻、薄一波负责。与此同时，解放军绥远前线部队停止了向董其武的进攻，主力部队由归绥城东的陶卜齐、旗下营一线后撤60公里；停止了瓦解敌军工作，并改称友军，以便于绥远当局进行内部工作；将北平和平解放的一部分军官派回绥远，加强对董其武部的争取工作。经过1个多月的谈判，双方就划界、交通、金融、派遣驻绥联络机构及驻军等问题取得一致意见。之后，又经过傅作义的工作，并征求董其武意见后，双方于6月8日正式签订《绥远和平协议》。其主要内容为：双方同意以陶卜齐与白塔间之古立板乌素为中点，向南、向北划定界线，停止一切冲突，并尽可能撤退沿线驻军，和平相处；恢复平绥路交通，包头至白塔段之平绥铁路，由中国人民革命军事委员会铁道部统一管理，对董部之公用运输，在过渡期予以特殊之优待及便利；恢复商业贸易往来，并根据自由贸易原则进行，严禁携带违禁品；银圆、银圆券与人民币在董之辖区内均得自由流通，货币兑换由中国人民银行在绥远设一办事处办理；由华北人民政府在归绥设立联络处，协同执行协议；解放区书刊可在董之辖区内自由流通，董应对所部进行思想改造，应令特务分子停止活动并离绥。从6月中旬开始，双方着手履行《绥远和平协议》的各项条款。

为适应绥远的新形势，根据中央军委决定，5月29日将中共绥蒙区党委和绥蒙人民政府改名为中共绥远省委和绥远省人民政府，取消解放军第8军番号，将第8军与绥蒙军区合编为绥远省军区，以高克林为省委书记兼省军区政治委员，以杨植霖为省政府主席，以姚喆为省军区司令员，统归中共中央华北局、华北人民政府和华北军区领导。6月20日，中共中央华北局、华北人民政府作出关于“执行绥远和平协议的决定”：建立党的归绥工作委员会，以潘纪文为书记；成立华北人民政府驻绥联络处，对内为归绥工委机关，对外为华北人民政府驻归绥的代表机关；设立华北贸易总公司驻归绥办事处，办理各项贸易工作；设立中国人民银行总行驻归绥办事处，进行各项金融工作；设立铁道部平津区张家口分局平绥路两段办事处，接管白塔至包头段铁路及有关人员；归绥工委的工作方针是，扩大党的影响，争取广大群众团结在共产党的周围，通过各项工作，达到对董部的争取、教育、团结的目的。

但是，绥远守军毕竟成分复杂，上层人物政见各异，情势很容易发生突变。3月间，为破坏绥远的和平解放，国民党政府曾令董其武率部西撤，遭拒绝后，遂以停发董部各种军费及一切补给向董施压。阎锡山也利用绥远与山西的历史、地缘关系，派人入绥拉拢收买、威胁利诱个别军官，企图策动部队哗变逃跑和制造武装叛乱。同时，蒋介石也派中统特务张庆恩至包头建立中心据点，组织“华北反共救国军”等特务组织，与国民党绥远省党部潘秀仁、张遐民以及军地顽固分子勾结在一起，不断进行破坏和恐怖活动。《绥远和平协议》签订后，他们又不断制造谣言，组织和煽动不明真相的人上街游行示威；砸毁宣传进步言论的《奋斗日报》报馆；并阴谋破坏铁路交通等，企图阻挠协议的实现。在此形势下，董部第111军军长刘万春又对宣传和执行和平协议进行公开抵制。

面对上述局势，傅作义感到董其武难以驾驭，遂于7月14日致信毛泽东："为免除问题拖延夜长梦多计，我的意见：绥归问题必须迅速彻底解决，俾能在最近时期内成为解放区、解放军之一部。"[①]16日，毛泽东在聂荣臻、薄一波的陪同下接见傅作义、邓宝珊，表示允许绥远守军编2个军，绥远2个省政府合并。这时，董部有些部队也开始向解放军防区袭击骚扰，直至发生了武装枪杀华北人民政府驻绥办事处人员的事件。7月下旬，蒋介石派政务委员徐永昌和空军司令王叔铭乘飞机抵达绥西陕坝，约董其武、孙兰峰、刘万春分别谈话，并以拨给巨额黄金和封官许愿为诱饵，劝董率部西撤，对和平解放绥远加以阻挠和破坏。30日，聂荣臻、薄一波致电姚喆等：绥远问题现在作明朗化之解决，唯敌内部不一，加以阎、马匪（指马步芳、马鸿逵所部）从中勾引破坏，敌有一部积极对我进袭，以达破坏我解决绥远问题。过去所发生敌向我进袭之行为，须具体记录，以作以后提出处理之材料。自己部队与地方政权及群众，均需提高警惕，加强戒备，如敌来袭时，则坚决击灭之，不要主动出击乌兰花，暂作忍耐，以便彻底解决绥远问题。

鉴于绥远和平解放困难多，阻力大，毛泽东决心请傅作义出面加快解决进程。8月初，中共中央决定组织绥远军政委员会，以傅作义为主席，高克林为副主席，傅部委员占多数；以傅部5万人与姚喆、王平两部2万人合编为2个军，董其武等为军长，实行人民解放军的军政制度，进行逐步改造；原国共绥远省政府合二为一，以董其武为主席，杨植霖为副主席。同时，为推动绥远守军起义，中国人民银行拨出现洋15万元，傅作义也从原部队积蓄基金中拿出现洋5万元，由其带去绥远，慰问董部

① 董其武：《戎马春秋》，中国文史出版社1993年3月版，第287页。

官兵。至 9 月中旬，经过傅作义等在归绥、包头等地，对守军所做的一系列工作，绥远和平起义已人心所向，大势所趋。9 月 19 日下午，董其武、孙兰峰将军等 39 人联名通电毛泽东、朱德、聂荣臻、薄一波，宣布率全体官兵 6.5 万人起义。随后，傅作义被任命为绥远省军政委员会主席、绥远省军区司令员，董其武为绥远省主席、绥远省军区副司令员。原绥远国民党军改编为中国人民解放军第 36、第 37 军和骑兵第 4 师。至此，绥远及华北全境获得解放。

第三节　第 18、第 19 兵团调归第一野战军，参加解放大西北作战

1949 年 4 月下旬，人民解放军开始对残余国民党军实施战略追击，至 5 月中旬，第二、第三野战军解放了苏南、皖南、浙江广大地区和江西中部、福建北部地区；第四野战军一部解放了武汉及江西北部地区，主力进抵湖北长江以北地区，准备南渡长江。第一野战军正在进行陕中战役，准备解放西安。此时，西北地区的国民党军西安绥靖公署胡宗南部和西北军政长官公署马步芳、马鸿逵部仍有 40 万之众，而第一野战军只有 15.5 万余人。为了尽早解决该地区国民党的“胡马联军”（胡宗南及马步芳等部），解放陕、甘、宁、青、新五省，中央军委在赋予第一野战军向西北进军的同时，于 4 月 25 日决定，将第 18、第 19 兵团调归第一野战军建制，并迅速由晋入陕，参加解放大西北的作战。

一、第 18、第 19 兵团进抵陕西，参加扶郿战役

西北地区包括陕西、甘肃、宁夏、青海和新疆等省区，面积 320 多万平方公里，人口 2300 余万。该地区横跨青藏、内蒙古、黄土三大高原，平均海拔在 2000 米以上，山川纵横，地域辽阔，土地贫瘠，人烟稀少，交通相对闭塞。1949 年春，盘踞西北地区的国民党军共有 25 个军、61 个师（旅）约 40 万人。其中，西安绥靖公署主任胡宗南集团有 13 个军

（第1、第3、第17、第27、第30、第36、第38、第57、第65、第69、第76、第90、第98军），共33个师及若干直属团队，计17万余人，除2个军在四川整补外，其余均在陕中及渭河流域；西北军政长官公署副长官马步芳、马鸿逵、马鸿宾集团及蒋系部队共8个军（第11、第81、第128、第82、第129、第120、第91、第119军），共22个师，计14万人，驻守甘、青、宁三省；新疆警备总司令陶峙岳部3个整编师（整编第42、第78师，整编骑兵第1师）及2个独立骑兵旅，共7万人，驻守新疆省；晋陕绥边区总司令邓宝珊部1个军（第22军）2个师约1万人，驻守陕西榆林地区。尽管上述国民党军分属不同派系，相互之间争权夺利、各自为政、彼此猜疑、互不合作等矛盾较深，但国民党政府仍企图利用这支“联合”的军事力量，在西北一隅继续顽抗。

自从西北野战军转入战略进攻以后，经过近一年的积极作战，不仅解放了渭河以北广大地区，歼灭国民党军11万余人，有力地配合了其他战场上的作战，而且自身力量也得到长足发展。至1949年春，西北野战军改称第一野战军，下辖7个军共18个师及2个骑兵旅，计15.5万人，“已经造成全歼胡马匪军，解放大西北更好的条件”，“西北战场上最困难的时期，已经过去了”[①]。此时，第一野战军的主要作战任务是：向西北进军，消灭西北地区之国民党军，解放并经营陕、甘、宁、青、新五省，年底前占领甘肃、宁夏、青海，然后分兵两路，一路由彭德怀率领位于西北，解放并经营新疆；一路由贺龙率领入川，与第二野战军协作，解决贵州、四川、西康三省。

4月23日，为尽早解决西北地区国民党军，在太原战役行将结束之时，彭德怀于太原前线就战役结束后的布置致电毛泽东：“十八兵团拟位于徐沟、榆林休整，准备从陕区潼关线渡黄河。十九兵团、七军，拟位于太谷及以南休整，准备从荣河、韩城线入陕。二十兵团（杨成武同志）等希望同往。如三个兵团全部入陕，估计今冬可占南郑、兰州、西宁，相

① 《贺龙军事文选》，解放军出版社1989年2月版，第428页。

机解决宁夏。明年分两路入川入疆。”4月25日，毛泽东回电指出：“杨成武兵团需留华北暂不入陕，该兵团如损伤不大可迅开平绥线夺取大同，尔后即控制于该线，准备将来配合西北我军解决绥、宁问题。”①同日，中央军委电示徐向前、周士第、罗瑞卿：“十八及十九兵团改隶第一野战军建制，尔后行动整训及补给等统听彭德怀同志指挥区处。”②至此，第18、第19兵团共6个军25个师，连同归建第一野战军的第7军和第1军第3师、第3军第18师，共20万人，即开始做加入西北作战的各项准备。

第18、第19兵团等部加入西北地区作战，使第一野战军的兵力由原来的15万人增加到35万人，连同地方部队，总兵力已达40余万人。从而扭转了西北战场两军众寡悬殊的状况，给西北地区的国民党军以极大震慑。5月上旬，位于陕西中部地区的胡宗南集团，按照国民党军的退守部署，开始实施战略退却。其意图是：与青、宁“二马”相配合，以陕中、陇东为防御重点，确保西北，屏障西南，迫不得已时退据陕南、川北。第一野战军抓住这一有利态势，不待华北2个兵团入陕，即于5月中旬发起了陕中战役，对胡宗南部发起追击作战。20日，解放了陕西省会西安，至5月底，虢镇以东，渭河南北广大地区均获解放，迫使胡宗南部主力撤至宝鸡及秦岭西段。第一野战军攻势行动及胡宗南集团的退却，使陇东地区直接暴露在解放军的进攻面前。宁、青“二马”深感处境孤危，立即以陇东、陇南兵团及宁夏援陕兵团和胡宗南的5个军（共20万人）相配合，向第一野战军主力大举反扑，企图夺回西安，形势十分严峻。

5月26日，第18兵团在司令员兼政治委员周士第、副司令员兼副政治委员王新亭率领下，从太原出发，经风陵渡西渡黄河；6月5日，第19兵团在司令员杨得志、政治委员李志民率领下，自晋中地区出发，经禹门口西渡黄河，分别向陕西关中地区进发。7日，第18兵团先头第61军第182师到达西安，接替第6军防务。9日，兵团主力和第7军按照彭

① 《毛泽东年谱》下卷，人民出版社、中央文献出版社1993年12月版，第488页。

② 《毛泽东军事文选》第5卷，军事科学出版社、中央文献出版社1993年12月版，第554页。

德怀“尽速运动”，“以便不失时机参战”的指令，以每天40公里以上的行程向陕西疾进，并于14日、15日相继进抵咸阳、长安、坝桥、临潼地区。第19兵团渡过黄河后，经韩城、合阳、蒲城，于7月3日全部到达指定地区。

向第一野战军主力反扑的“胡马联军”，遭到第一野战军的沉重打击，当其发现第18、第19兵团向陕西进军的行动后，甚为恐慌，即撤回原地转入防守。其部署是：“二马”部在西兰公路两侧的永寿、麟游地区守备；胡宗南部在武功以西渭河两岸的袋形地带守备。企图各自借助对方力量，互为掎角，实施联合抗击，以阻止解放军西进。第一野战军根据国民党军的企图和兵力部署，决心采取“钳马打胡”的方针，发起扶郿战役。

7月10日，担任“钳马”任务的第19兵团首先行动，按计划进入乾县、礼泉以北高地构筑工事，形成对马部展开攻击之势，使其不敢轻举妄动；担任卫戍西安的第61军（欠第183师），当晚向子午镇地区胡宗南部第17军第12师残部发起攻击，歼其第34团全部、第35团及师直属队各一部，共2000余人。在第19兵团和第61军先期行动的掩护下，第2兵团经一夜强行军，于11日拂晓攻占青化镇、益店镇，尔后猛然由北向南迂回至胡部侧后，并一举攻占罗局镇、郿（眉）县火车站，截断了胡宗南部第38、第65、第119军的西逃退路。同日，第18兵团（欠第61军2个师）附第7军，由兴平地区兵分三路，沿咸（阳）凤（翔）公路和陇海铁路西进，第60军在绛帐地区击溃胡部第119军第247师，歼灭其第65军第187师主力；第62军于12日歼胡部第224师一部，攻克武功；第7军进至绛帐的南大营寨地区。第1兵团向周至、郿（眉）县攻击前进，在子午镇、黑山寺地区歼胡部第36军第123师一部，12日拂晓，又于哑柏镇、横渠镇及以南地区歼灭第24师和第61师2个团，俘6000余人，并进占郿（眉）县以西地区。至此，将胡宗南部第18兵团及3个军压缩在罗局镇以东、午井镇以南的渭河滩上。

12日拂晓，胡宗南部第65、第38军集中全力向罗局镇突围，连续发起10余次集团冲锋，均被第4军部队阻退。下午，第2兵团与第18

兵团乘国民党军混乱动摇之际，前后夹击，对其发起总攻，战至20时，除胡部第65军一部泅渡渭河被南岸的第1兵团俘获外，其余全部就地歼灭。至14日，第一野战军部队又攻克宝鸡、凤翔、益门镇，战役胜利结束。此役，共歼灭国民党军4万余人，解放了陕中地区，隔裂了胡、马联防部署，为尔后作战创造了有利条件。

一、第18兵团突破秦岭防线，策应野战军主力夺取兰州

秦岭，西起甘肃、青海交界的西倾山，东至河南省西部的伏牛山，北连关中平原，南抵岷山、米仓山、大巴山和武当山，东西绵延约1500公里，南北宽100余公里。岭内山高谷深，人烟稀少。仅有一条川陕公路自宝鸡以南之益山镇进入峡谷，经大散关、二林关盘旋过岭，地势极为险峻，为关中平原南部之天然屏障，战略地位极为重要。为阻止第一野战军入川，胡宗南集团退守秦岭后，在陕西安康至甘肃天水之间地区构筑工事，控制要点，破坏通往陕中道路，设置各种障碍，构成了“秦岭防线”，企图利用天险护卫汉中，继续进行抵抗。其部署是：第38军防守观音堂、东河桥、黄牛铺之线及其两侧秦岭主脉阵地；第1军位于两当、成县及其以南地区，沿天水至双石铺公路两侧组织防御；第36军位于川陕公路以东之嘴头镇、江口镇、旧佛坪地区，并防守斜谷、骆谷两条古道；第5兵团部率第214、第78师和第90军为机动部队，位于凤县、双石铺、留坝地区。

扶郿战役结束后，依据中央军委关于解决西北、西南问题的整体部署，第一野战军以第18兵团主力于宝鸡、西安一线钳制胡宗南部，以第19兵团会同第1、第2兵团追歼“二马”部，以第18兵团第62军为野战军总预备队随主力西进。为阻止解放军继续西进，国民党军曾决定在甘肃平凉地区进行决战，并在兵力上作了部署。但“二马”为保存各自实力，都不愿使自己的部队首当其冲，故解放军尚未迫近，已各自后撤。所以，第一野战军主力乘势在陇东地区展开追击战。20余天内，前进千里，歼敌万余，直捣兰州城下。8月初，第一野战军决定发起兰州战役。中旬，

在野战军主力攻取兰州的同时，担任牵制任务的第 18 兵团，乘胡宗南集团向西和、宝鸡、虢镇进攻之际，以第 60、第 61 军发起秦岭攻势，策应兰州地区作战。

8 月 15 日，第 18 兵团召开会议，进行了具体部署：以第 60 军和第 61 军 2 个师攻歼东河桥、黄牛铺地区守军，并相机攻占凤县、双石铺。东河桥距宝鸡西南约 50 公里，位于秦岭主脉与川陕公路交会处，是控扼关中与汉中的门户。22 日，第一野战军主力逼近兰州后，胡宗南为支援兰州马步芳部作战，除令第一线部队积极准备策应外，又将其第 27 军从汉中调至两当、双石铺间地区作为预备队。26 日，胡宗南又令其第 18 兵团指挥第 1、第 65 军和第 90 军，由成县、徽县和两当地区，沿公路向天水进犯；第 38、第 36 军及骑兵第 2 旅统归第 38 军军长李振西指挥，分三路向宝鸡进犯。27 日，胡部第 1 军先头进至成县以北之傅家坝、大山坝、大门镇及关峡口地区；第 90 军一部进至徽县北之党家川、观音殿；第 65 军残部及第 167 师则进占西和县城。同日，沿川陕公路进犯的胡部第 177 师附骑兵第 2 旅 1 个团，进至马头镇以南之七里沟地区时，遭解放军阻击，被迫停止前进；沿公路北进胡部第 55、第 123 师和第 28 师 1 个团，进至荞麦山地区，28 日被解放军第 61 军第 181 师第 541 团阻击于高家河、杨家岭地区；沿马峪河向宝鸡以东进犯的胡部第 28 师被阻击于虢镇以南之白雀寺、小寨子地区。

由于胡宗南部首先发起进攻，解放军第 18 兵团根据新的情况，遂调整了战役部署，以第 60 军首先攻歼伸入七里沟地区之第 177 师及骑兵第 2 旅等部，尔后向川陕公路咽喉东河桥、黄牛铺地区发展；以第 61 军 2 个师并附兵团炮兵团，位于宝鸡、益门镇、虢镇地区暂取守势，准备从正面出击，配合第 60 军行动。29 日 14 时，第 60 军向七里沟之胡宗南部第 177 师展开攻击。次日拂晓，该军第 178 师攻占七里沟以西秦岭要点，第 180 师和第 179 师分别占领汉王丞、狗头寨、隘口、庙儿沟、罗家山，歼胡部第 177 师及骑兵第 2 旅各一部，迫使其向黄牛铺及北星街地区逃窜。第 60 军遂即沿川陕公路发起追击，至 30 日晚，各部先后占领东河桥和宽滩、北星街、黄牛铺，一部攻占清风寺和红花铺，胡部第177师继向新厂和老厂方向逃窜。第61军2个师及配属的炮兵，于30日拂晓对川陕各要点展开攻击，胡部第38军第55师和第36军分别据险抵抗。10时许，第61军先后攻占观音堂和秦岭主峰东河桥隘口，以及大王岭阵地，歼胡部第38军第55师和第36军各一部，余部逃往沙坝、进口关。至此，胡宗南精心设置的秦岭防线被第18兵团全面突破。

31日，第18兵团第60、第61军部队在东河桥会合后，兵团决定第60军率第178、第179师继续沿川陕公路及公路以西向凤县、双石铺方向追击；第61军指挥第181、第183师和第60军第180师，经河口洞、安河寺、沙坝、甘草沟、天台山，分向核桃坝、进口关、咀头镇方向追击。各部队接令后，在秋雨连绵、山路崎岖、后方供应不济的情况下，很多部队以生马铃薯和苞谷充饥，不少干部战士打着赤脚扛着迫击炮和重机枪，翻山越岭，连夜进行猛追。至9月1日，经10余小时的连续追击，部队分别进至核桃坝、进口关、王家塄、黄李园、王家台和唐藏以北，一部进至白石铺。2日，第60军1个团攻占凤县城北凤凰山后，胡宗南由两当紧急车运第27军一部至凤县实施反击，并与退守王家塄、黄李园、丁家坪的第36军联手进行顽抗。此时，第18兵团鉴于战役目的已胜利达成，遂于6日下达停止进攻命令，结束战斗。此役，第18兵团以伤亡789人的代价，歼灭胡宗南部4900余人，有力地保障了野战军主力在兰州地区的作战，并摧毁了胡宗南集团的“秦岭防线”，打开了通向汉中的门户，为尔后配合第二野战军解放西南地区创造了有利条件。

其间，参加兰州战役的第19兵团（欠在固原及其以北地区对“宁马”防御的第64军），于8月9日率第63、第65军和骑兵第2旅由隆德、静宁地区出发，沿西兰公路西进。至20日从东南方向逼近兰州。21日后，第63、第65军各一部开始对兰州东南之马家山、古城岭发起进攻，经数日艰苦攻坚，占领守军南山诸阵地。26日拂晓，第19兵团会同第1、第2兵团一举攻入兰州城内，并与守军展开激烈巷战，至中午，歼灭马步芳部主力2.7万余人，被马步芳称为“金城汤池”的兰州遂告解放。

三、进军宁夏，解放银川

宁夏是马鸿逵、马鸿宾的老巢，主要被马鸿逵控制。兰州战役后，“二马”自感命危旦夕，即率部退守宁夏，并以银川为中心，凭踞黄河天险，组成了景泰、中卫、灵武3道防线。此时，“二马”在宁夏尚有4个军约7.6万人。其中，马鸿逵部3个军约6万人，马鸿宾部1个军约1.6万人。虽然，“二马”同出一宗，是叔伯兄弟，但历来关系紧张。马鸿逵长期追随蒋介石反共反人民，思想比较反动，而马鸿宾则有所不同，他长期受马鸿逵排挤，不愿为蒋介石打内战，并深知以其现有力量，无法抗拒解放军的进攻，因而在解放军的政治争取下，已有起义意向。9月1日，马鸿逵被蒋介石电召重庆后，再未返回。临行前他将军政大权交给他的儿子宁夏兵团司令马敦静。

在这种情况下，第一野战军决定第19兵团稍事休整，即向宁夏进军，给“二马”以军事打击，促使宁夏问题的和平解决。据此，第19兵团确定第一步首先截歼中宁守军，尔后以打促谈。具体部署是：以第63军1个团并附军工兵营和第65军工兵营组成先遣队，于9月2日出发，负责扫清残匪、整修道路、筹集粮秣；以第63军主力于7日出动，以4日行程进至靖远以北地区，尔后以一部向北经陡城堡、水泉扫清残敌后，沿公路东进，主力经打拉池向中宁攻击前进，第188师于7日沿黄河北岸，在军主力左侧向中卫推进；以第65军（欠工兵营）8日经贡马井地区、郭城驿、黑城子、靖远、打拉池，随第63军后跟进；第64军待兵团主力进至靖远地区后，军主力经红寺堡向中宁东北推进，截断中宁守军退路，协助第63军夹击中宁地区国民党军。

5日，第63军第187、第189师沿黄河南岸，第188师沿黄河北岸，成钳形之势向宁夏进击，沿途马部守军均成惊弓之鸟，不战而逃。15日，第188师进占景泰县城，守军新编骑兵第1旅旅长张钦武率部千余人投诚，16日，继向中卫进击；第187师冒着狂风暴雨翻过香山，在小炉子、靖远两地区歼守军700余人后，又于常乐堡、枣林子地区截歼马部第81军第294师第881团和第35师第103团全部，共2000余人，当日攻占高家滩渡口，从河南接近中卫。

9月10日，第64军并指挥西北军区独立第1、第2师，由固原、七营、海原地区北进，行进中独立第1、第2师由于麻痹，在豫旺堡、下马关地区遭马部第128军第257师及骑兵第10旅等部袭击，受到较大损失。12日拂晓，第64军第190师在击溃守军骑兵第20团后，解放同心县城。13日，第191师由同心城向北，通过百余里的荒漠草原，翻过2000余米的高山，于14日进占中宁以北重镇鸣沙洲和黄旗营、薛旗营，守军贺兰军闻风西逃。当日中午，第190师进占中宁。至此，第19兵团突破马鸿逵部第1道防线，从黄河南北西岸进入河套地区。

9月17日，黄河南岸的第64军炮兵团向对岸守军第81军的碉堡和公路上往来的汽车发动猛烈的炮火袭击。同日，在人民解放军的强大军事压力和政治争取下，马鸿宾到包头，与前来做争取工作的傅作义进行了详谈，表示只要不打能和，无论采取何种方式使第81军成为人民军队，他均乐于接受。第63军第188师进占中卫沙坡头附近的黄家庙、迎水桥地区后，即做好进攻中卫的准备，并利用守军撤逃时未及拆除的电话线，劝告第81军军长马惇靖认清形势，弃暗投明。在强大军事压力和政治攻势下，马惇靖表示愿意起义，并于18日派少将师长马培清为代表前往中宁县城，同第64军联络部长牛连璧商谈，草拟了和平起义协议条文。19日，马惇靖到中宁，与第64军军长曾思玉在《和平解决协议》上签字，宣布起义。第81军的起义，使马鸿逵组织的第2道防线宣告瓦解，并沉重打击和孤立了马鸿逵集团。

为挽救败局，宁夏兵团司令马敦静遂将所属的3个军11个师重新调整部署：将贺兰军（欠保安第1师）和第11军（欠第256师）撤向银川、灵武和宁塑地区，并在黄河以东分4个地区组织防御；以第128军附第256师位于灵武；保安第3师位于吴忠堡；第356师及骑兵第20旅位于金积地区；保安第1师位于金积以西及牛首山、老山地域。据此，第19兵团决定首先歼灭金积、灵武地区的马鸿逵部第128军。其部署是：以第

64 军附兵团机械化营、战车队，并指挥第 65 军第 195 师、西北军区独立第 1、第 2 师为主攻，歼灭金积、灵武地区守军；第 63 军和第 65 军主力由中宁地区北渡黄河，对贺兰军发动攻击，策应第 64 军在河东作战。第 64 军的攻击部署是：以第 191 师首先攻取牛首山，尔后从西、南两个方向向金积攻击，力求迅速分割围歼守军；第 192 师指挥兵团野炮营经滚泉，从南和东南两个方向向金积攻击，协同第 191 师歼灭金积守军；独立第 1 师及第 571 团沿豫（旺）灵（武）公路攻击前进，迂回吴忠堡；以第 190、第 195 师为军第二梯队，随主力后跟进。

18 日晚，第 64 军第 191 师第 573 团袭占东寺，占领并控制了金积、灵武的锁钥之地。19 日 11 时，第 64 军按计划发起攻击，12 时第 191 师攻占青铜峡口，至 16 时又先后占领养马渠南岸、于家桥和黄营，迫使守军退缩金积。20 日，第 192 师击退马部骑兵第 38 团的阻击，攻占王家桥、田家桥，逼近金积外围，并将其第 356 师围困城内。接着，第 191 师和第 192 师除各留一部兵力继续围困金积外，主力转向吴忠堡，第 190 师兼程向金积推进，接替第 191 师和第 192 师的围困任务。21 日 6 时，第 64 军集中优势兵力兵器，以勇猛动作，由东南门和清水河地域突破守军防御，于 11 时攻占吴忠堡，歼保安第 3 师大部。随后，第 192 师主力又转向灵武攻击，17 时攻占东关和南关并于仁存渡俘守军一部，19 时突入灵武城内，守军第 256 师 5000 余人缴械投降。金积被围之第 356 师在援兵无望、退路被切断的情况下，亦全部投降。金积、灵武作战，歼灭了马鸿逵集团主力第 128 军，俘 7300 余人，缴获各种火炮 124 门及大批的军用物资，使马鸿逵的防线彻底崩溃，首府银川完全暴露在第 19 兵团的进攻面前。宁夏兵团司令马敦静见大势已去，遂步其父后尘乘飞机逃离银川，马家军陷入一片混乱。

面对人民解放军强大的军事压力，宁夏马鸿逵部高级将领进行了紧急磋商，确定由贺兰军军长马全良、第 128 军军长卢忠良、第 11 军军长马光宗等领衔向毛泽东、朱德、彭德怀等发出要求停战听候改编的通电。23 日，第 19 兵团司令员杨得志、政治委员李志民遵照彭德怀的电示，与宁夏方面军政代表卢忠良、马光天、马廷秀分别在《和平解决宁夏问题之协议》上签字。其间，驻银川及大小坝地区之第 11 军、贺兰军相继溃散，散兵游勇在银川城内骚扰滋事，四处抢劫，社会秩序十分混乱。在此情况下，马鸿宾紧急致电彭德怀，要求第 19 兵团迅速派兵进驻宁夏。据此，彭德怀即令第 19 兵团先派 1 个师进驻银川城，维持社会秩序，安定民心。23 日晚，第 64 军第 191 师第 572 团由仁存渡过黄河，乘宁夏代表带来的 40 余辆汽车，连夜进驻银川城，控制了市区。24 日，第 64 军军部率第 191 师主力进入银川，迅速稳定了社会秩序。

宁夏战役从 9 月 2 日开始，至 23 日结束，历时 22 天，消灭国民党军 4 万余人。其中，毙伤 780 人，俘虏 2 万余人，争取起义和投诚 2 万余人。其余马鸿逵残部四下溃散。第 19 兵团伤亡 700 余人。到 9 月底，宁夏全境 16 个市、县、旗全部获得解放。之后，第 18 兵团越过秦岭，南下川北，配合第二野战军全歼胡宗南集团于成都地区，并参加了解放川鄂黔的作战，为解放大西南作出了重要贡献。

第八章

剿灭华北境内残匪，保卫新生政权

（1949年10月—1951年12月）

第一节　参加城市接管，迎接新中国成立

人民解放军转入战略追击后，相继解放了包括南京、上海、武汉、西安、福州、南昌、长沙、广州、桂林、昆明、成都、重庆、兰州、银川等100余座大中城市和1000余座县城。这些城市，多为地区性的政治、经济、文化中心和交通枢纽，一方面对新中国的建立影响重大；另一方面长期受国民党统治，情况十分复杂。为了顺利地接收和管理好这些城市，中共中央先后制定了一系列的方针、政策。按照中共中央和中央军委关于接管华北各大中城市的指示，华北军区在实施军事占领的同时，重点在保护城市设施、恢复生产生活、加强社会治安、维护正常秩序等方面，实施了有效的军事管制。

一、接管华北各大中城市

华北完全解放后，除部分国民党军盘踞较久的地区残存个别股匪外，已经没有大的作战行动。按照中共中央和中央军委《关于军事管制问题的指示》，各主力部队均先后进驻华北各大中城市与交通要道，主要以戒严的方式，对城市实施军事管制，担任警备任务。具体展开了9个方面的工作，即：完全肃清一切残余的敌人和散兵游勇，以及任何进行武装

抵抗的分子；接收一切公共机关、产业和物资，并加以管制和保护；恢复并维持正常的秩序，消灭一切混乱现象；收缴一切隐藏在民间的反动分子的武器及其他违禁物品；解散国民党、三青团、民社党、青年党及南京政府系统下的一切反动党派和团体，并收缴其各种反动证件，登记其各级负责人员，对登记后的少数反动分子实行管制；逮捕那些应该逮捕的战犯及罪大恶极的反动分子，没收那些应该没收的官僚资本；建立系统的革命政权机关，建立革命的警察、法庭和监狱，建立物资及生产的管制机关与监督机关，建立临时的各界代表会；在各种工人职员中、在青年学生中，进行切实的宣传组织工作，在可靠的基础上，建立工会、学生会及青年团等，作为城市革命政权可靠的群众基础；整理共产党在城市中的秘密组织，并建立党的组织。

为做好这些工作，中共中央华北局早在 1948 年 10 月 22 日就发出《关于入城政策的指示》，要求各部队在建立健全组织、进行普遍教育的基础上，着重对接管人员和入城部队进行城市政策纪律教育和生活常识教育，使全体人员尽快适应城市的工作和生活方式。为此，华北各大中城市解放后，首先成立军事管制委员会（简称军管会），由军队高级领导干部和地方党政负责人组成，适当吸收在该城市起义的原国民党军政人员参加，并担任一定的领导职务。之后，各省市中央委员会、人民政府、卫戍（警备）区、省军区相继成立，具体领导各地的城市接管工作。担任城市接管、警备、卫戍任务的部队，针对由长期的农村环境转入城市生活后可能产生的贪图安逸、追求生活享受、不愿再过艰苦生活的思想情绪，反复认真地进行了发扬人民解放军艰苦奋斗优良传统、防止和克服资产阶级思想腐蚀以及城市领导乡村、城乡互动发展等教育，许多部队开展了比入城纪律、比执行政策、比管理水平的立功竞赛活动，并进行了城市执勤演练。此外，还积极为所管城市筹集货币和市民急需的粮食、煤炭等物资，为管好城市打下良好的组织、思想和物质基础。

接管过程中，各级接管人员依靠人民群众，严格执行了中共中央、中央军委和华北军区规定的各项方针、政策，对反动党团组织和特务机关采取“组织一律解散，公产、档案全部没收”的办法，予以彻底取缔，并强令其成员到军管会指定的专管机关进行登记；对各种敌对分子的破坏活动，进行严厉打击，坚决维护社会治安；对原有国民党各级政府机构，按原体系部门分别接收的原则，进行统一取缔；对旧政府公务人员，根据“清除少数首要坏分子，改造多数有用人员”的原则，在普遍进行登记、审查、组织学习的基础上，除少数劣迹昭著者得以清洗及依法处理外，多数人员得到了留用和妥善安置。与此同时，积极协助人民政府恢复和发展生产。在工商企业中，严格区分民族资本与官僚资本的界限，对民族资本及中小工商业和手工业给予坚决保护和扶持，对官僚资本及一些所有权性质暂时不明的企业，原则上依托原有组织体系，分别采取派驻军代表督导或实行军管、监理和代管的办法，保障生产继续进行，并坚决打击奸商投机，以稳定市场物价；在文教卫生部门，除封闭反动报刊，禁演内容极其反动的电影、戏剧，撤换个别思想顽固反动的负责人外，均采取严格保护、暂维现状、逐渐改良的方针，争取这些部门能尽快恢复正常运转。

参加城市接管和担任警备任务的人员和部队，在军管会的统一领导下，模范地执行城市政策和纪律，处处为市民利益着想，做到了不入不住民宅、商店，不扰市民；骡马均不进城，部队所需物资大部由人工运输，并控制在城里随便购买物品，以免与群众利益发生冲突；负责工厂、仓库等地警卫任务的部队，宁愿冒雨站岗、赤脚巡逻、挨饿执勤，也不随便动用商店、库房中闲置的雨衣、油布、鞋子和食品。住在少数民族聚居城市和担任外事机构、外侨较多地区警备任务的部队，严格执行党的民族政策和外事纪律，尊重少数民族和外国侨民的风俗习惯，对遇有违反人民政府法令，有意进行破坏、挑衅的人和事，妥善交由政府有关部门处理。各部队还利用执勤、训练的间隙，帮助市民群众建设家园，修复被国民党军逃跑和作战时毁坏的房屋、校舍、商店等，在广大人民群众中树立了文明之师、仁义之师的良好形象，赢得了人民群众的赞誉和支持。由于各地市军管会和接管部队严格执行了中共中央、中央军委的方针、政策和接管原则、方法，使得华北各大中城市均在解放后1个月左右的时间内，顺利地完成了对城市的接收、军管和移交地方人民政府的任务。

二、参加开国大典，接受新中国检阅

解放战争经过3年的艰苦奋战，即将在全国取得胜利，一个新的人民共和国就要诞生。7月1日后，中共中央成立了以周恩来为主任，彭真、聂荣臻、林伯渠、李维汉等同志为副主任的开国大典筹备委员会，并拟定在典礼中举行隆重的阅兵仪式。阅兵仪式由“检阅式”和“分列式”2个部分组成，它作为开国大典的一项重要活动，在人民解放军的历史上尚属首次。对此，中央军委十分重视，专门成立了组织机构，由朱德总司令任阅兵司令员，聂荣臻代总参谋长任阅兵总指挥，杨成武、唐延杰、唐永健、刘仁、萧明、萧松等为副总指挥，并以华北军区为主设立阅兵指挥所，由杨成武兼任指挥所主任，唐延杰兼任副主任。

为圆满完成受阅任务，在中央军委的指导下，阅兵筹备人员充分借鉴莫斯科红场阅兵模式，由杨成武主持起草了包括受阅部队选调、编组，阅兵程序、礼乐以及受阅前训练等内容的《阅兵典礼方案》，并得到毛泽东、朱德、刘少奇、周恩来、任弼时等中央领导的首肯和中央军委的批准。依据《阅兵典礼方案》和中央军委领导的指示，阅兵指挥所的工作人员大多从华北军区、平津卫戍区抽调，受阅部队大部分来自第20兵团和平津卫戍部队，主要是第67军第199师、骑兵第1师、坦克第1师、炮兵第1师以及空军、海军、民兵等，总计1.64万人。

7月底，按照总参谋部和阅兵指挥所的要求，受阅部队分别集结于北平市郊，开始了紧张的训练。阅兵训练以军种划分场地，由各部队负责组织实施。在步兵训练场，第20兵团第199师的部队，把宿营帐篷搭在天坛围墙外的训练场地边沿，每天除了吃饭休息，就是在队列场地上拔慢步，酷暑烈日下站军姿，表现出了人民军队经过长期浴血奋战，所特有的英雄气概和优良品质。在骑兵训练场，受阅的骑兵第1师官兵大多来自内蒙古，他们克服了远离草原、练兵驯马带来的重重困难，集结在市郊沙河镇，由第 68 军参谋长宋学飞组织训练。在空、海军训练驻地，受阅飞行大队中有哈尔滨航校培养出来的新中国第一代飞行员，也有原国民党空军的驾机起义者；海军分队中有刚穿上海军军服的陆军战士，也有海校的教员，还有原国民党海军起义的官兵。此外，还有刚刚从战场硝烟中抽调而来的炮兵、装甲兵以及民兵等，所有部队都围绕一个目的——向新中国展示人民军队的崭新风貌，而进行刻苦训练。经过 1 个多月的训练，各军兵种均完成了受阅部队的分训与合练。其中，阅兵指挥所还利用夜间，在天安门广场，专门组织地面部队进行了 2 次现地合练。此外，在阅兵筹备过程中，为确保万无一失，阅兵指挥所对仪式过程的每一个步骤乃至每一细节，均进行了充分预见和准备，特别是对可能出现的美蒋飞机空袭、车辆行进熄火、骡马失蹄排便等情况，均一一制定了应对方案和措施。

新中国成立前夜，为统一翌日庆典上阅兵仪式的行动，阅兵指挥所按计划正式下达命令，规定了各部队的入城路线、集结待阅地点、各指挥分所的位置，并重申了有关规定和注意事项。午夜，各部队开始入城，在指定位置集结。10 月 1 日，天气不很晴朗，日光不强，云影朦胧。14 时，中央人民政府委员会第一次会议在中南海内举行，宣布了国家正、副主席就职。15 时，毛泽东、朱德、刘少奇、周恩来、任弼时等党和国家领导人，先后登上天安门城楼就位，开国大典正式开始。毛泽东庄严宣布："中华人民共和国中央人民政府成立了！"并亲自按动电钮，升起了中华人民共和国第一面五星红旗。此时，礼炮轰鸣，鼓乐喧天，聚集在天安门广场上的 30 万军民与遍地的旗帜、彩绸、鲜花、灯饰，汇成了喜庆的海洋。随后，阅兵仪式开始。

首先由阅兵总指挥聂荣臻陪同朱德总司令，乘车检阅了肃立的受阅部队。接着，朱德总司令下达了中国人民解放军总部命令，命令人民解放军迅速肃清国民党一切残余武装，解放一切尚未解放的国土，同时肃清土匪和其他一切反革命匪徒。分列式开始后，最先通过天安门主席台前的是代表人民海军的水兵方队。这支年轻勃发的队伍，以"八一"军旗为前导，身着崭新水兵服，在通过天安门主席台时，引起全场的热烈欢呼。紧接着是代表陆军的各兵种方队。其中，在战场上屡建奇功的步兵方队，迈着整齐的步伐，雄赳赳、气昂昂地向前行进；在“大反攻”中建立起来的炮兵、战车方队，带着“钢铁”队伍独有的威风，沿着长安街，浩浩荡荡地驶过天安门广场；驰骋疆场的骑兵方队，由 3 个骑兵团共 1920 余骑组成，战士们握枪挎刀，威风凛凛，以 6 路纵队前进。其间，新成立的人民空军的机群，分别以三机和双机编队，呼啸飞经天安门上空，与地面受阅部队构成了一幅立体、恢宏的进军画面。检阅式和分列式历经 2 个多小时，展示了新中国的国威和人民解放军的军威，也浓缩了人民解放军光辉的战斗历程。

阅兵仪式后，欢腾的群众游行队伍通过天安门前，向新的中央人民政府领导人致意，向高高飘扬的五星红旗致意。入夜，广场上火树银花，首都军民载歌载舞，欢度了新中国的第一个国庆之夜。

第二节　军地密切协同，清剿华北境内土匪

1949 年 7 月 28 日，华北人民政府委员会决定：撤销原有的行政区划，以旧省界为基础，将华北划分为河北、山西、平原、察哈尔、绥远 5 省。华北军区下属的各军区亦按新的区划组成 5 个省军区，部队也陆续进行了整编。此时，华北地区虽已全部获得解放，境内大批的反动武装已全部肃清，但仍有成股的国民党军残匪在各地活动，加之在华北解放前后，国民党有组织、有计划地潜伏和豢养了大批的特务、土匪，组成所谓“地下军”“敌后游击军”等，其中已发现的武装土匪、特务就有 3 万余人，成股（每股数百或数十人不等）活动的有 9000 余人。这些匪徒在国民党特务系统的策划操纵下，进行各种破坏活动，扰乱社会秩序，妄图颠覆新生的人民政权。其中，从匪患性质上分，主要为解放战争中被打乱的国民党军散兵游勇或叛变部队组成的股匪；长期从事抢劫破坏活动并投蒋反共的惯匪；潜入城市、农村或打入共产党内部，专门进行造谣惑众、

暗杀破坏等活动，并发展地下组织的特务；以宣传迷信欺骗群众，组织暴动形式进行反征粮、反参军、反土改、反妇女解放等反动会道门；以及不务正业的流氓地痞或以偷盗、路劫为生的经济性土匪5种。从匪患分布上看，河北、北京、天津周围和太原、新乡、安阳附近地区多为小股土匪，而绥远、察哈尔、平原省的部分地区，因解放较晚，则多为以国民党残余部队为基础的大股土匪。此外，大量杂散的逃兵、特务、地痞、流氓等遍布华北各地。

为迅速剿灭残余匪特，华北军区根据中共中央、中央军委关于坚持军事打击、政治争取、发动群众三者紧密结合的剿匪方针，实行军民联合，城乡兼顾，武力镇压与宽大处理并举，在匪情严重地区以军事打击为主，对一般匪情地区则以政治争取为主的基本方针和政策。1949年5月，华北军区召开军区剿匪工作会议，对全区的剿匪工作进行专门部署，要求各地在依靠与发动群众的基础上，以政治攻势争取瓦解成股土匪；发动和组织群众与军事清剿相结合，摧毁匪特的社会基础；对土匪实行“首恶者必办，协从者不问，立功者受奖”的政策，对作恶多端、死不改悔者坚决镇压，给立功自赎、悔过自新者宽大处理，以达到瓦解、分化、争取的目的。6月，聂荣臻又特别指示军区所属部队，剿匪绝不是单纯依靠军事力量所能完成的任务，必须从发动群众着眼，做到人人肃匪，村村防匪，军队与政府、民兵密切协同，才能彻底肃清匪患。同时还指出，剿匪要有灵通而确切的情报，兵力不宜过大，宜小部队轻装奔袭。华北军区剿匪部队，按照聂荣臻等指示和军区部署，在地方党委统一领导和各级人民武装及群众的协助下，全区城乡统一行动，组织武装工作队，以绥远、平原和察北地区为重点，灵活采取时集、时分的方式，用大包围、暗掏窝等方法，对活动猖獗的股匪实施清剿。从1949年下半年开始，全区上下开展了大规模的剿匪肃特斗争。

一、河北省肃匪斗争

河北省从平津战役结束后的三四月起，潜伏于北平、天津、保定地区的特务组织及反革命分子，就与当地大量的散兵游勇、惯匪地痞、地富恶霸等反动分子勾结串联，聚集为患，展开各种捣乱破坏活动。5月初，河北省军区将匪特活动猖獗的津北、津南和大清河北地区划为重点清剿区，并组织各军分区独立营、县大队，投入清剿残匪的斗争。仅1个月就剿灭较大股匪12股，歼灭匪徒240余人，捕捉匪首窦同义、李国栋等17人。8月，随青纱帐起后，津南地区三五成群活动的小股匪患增多，仅天津地区就发现有11股（每股5—10人），新城民兵曾4次遭匪袭扰，同时受天津、沧县、唐山等地的水灾影响，偷盗路劫者剧增，仅天津、沧县、保定、石家庄、衡水、通县6地，在共发生的3259起各种匪患案件中，偷盗案就占1926起，拦路抢劫303起，分别占59%、9%。为此，河北省军区结合剿匪，专门部署了夏防工作。要求各地以分区、县、区三级武装为核心，重点在匪患重灾区、在城乡接合部、在各交通要道，以排为单位作为基干武装力量，建立县与县、区与区、村与村的联防组织。据天津、通县、保定军分区统计，夏防期间共建联防区827个，带动并建起联防村6653个。8月底，永清、固安、霸县三地接合部发生40余名股匪公开索取粮、款的骚扰事件，三县部队闻讯后，立即带民兵进行了围剿；新城、定兴地区继发匪患，该地军分区组织部队连续实行了5次拉网合围，对匪特给予了及时镇压；冀东、密云地区，在广大民兵组织中建立了广泛的联防制度，实行村村放哨，重点巡逻，一村发现匪情，各村鸣锣呐喊，全力包围追捕，在一次联防作战中，歼灭叛匪骑兵60余人。由于各地联防组织的建立，给反动“道”“门”活动、偷盗路劫分子等以重大打击和震慑，至9月，股匪破坏活动明显下降。

1950年3月，活动在定县留村一带的“大佛教”，在国民党特务许广才、靳如成的操纵下，纠集教徒80余人，进行反革命暴乱，企图杀害村干部，捣毁村政权。当地民兵高度警惕，及时识破了他们的反革命阴谋，配合公安部门逮捕了首要分子和国民党特务，驱散了受骗群众，平息了这场暴乱，稳定了社会秩序。9月，武安县北窑、山根、宋家井、马家庄一带“皇兵道”发动反革命暴乱，扬言“世界快要变了，出了真龙天子，赶快起来造反，保朝坐天下”。在道首马光旺的煽动下，暴徒们佩戴袖章，高举黄旗，手持大刀、长矛、土枪等武器，抓捕村干部、干部家属和革命群众多人。事发后，马家庄等村民兵300余人，在县人民武装部部长和县公安局局长亲自指挥下，以政治瓦解和军事打击相结合，镇压了反动道首和罪大恶极分子，取缔了“皇兵道”，教育和稳定了群众，迅速将暴乱平息。

12月，奉中央军委命令，原绥远起义的国民党军编为中国人民解放军第23兵团后，作为抗美援朝的第二线兵团，该部由绥远移驻河北省衡水、景县地区，进行整训补充。在部队移防、人生地异情况下，少数潜藏在部队内部的反革命分子乘机活动，策动部队哗变、逃跑。1951年1月20日24时，驻景县之骑兵第4师独立旅第2团机枪连29人，在排长侯殿臣、副排长李云卿的策动下，发生武装叛变，并乘马携枪向北逃窜，叛兵所在部队当即派兵急速追击。河北省军区迅速组织附近部队与民兵，封锁铁路、山口，实施沿途堵截，以防叛匪过路进山。21日16时，叛匪窜至交河县大江庄，原部追击部队赶至，捕获排长侯殿臣等17人，其余向西北方向逃窜。至23日14时，叛匪副排长李云卿等12人，先后在献县、清苑县、易县境内，被追击阻歼的省军区独立第3团部队及民兵陆续擒获。2月7日24时，该旅再次发生武装叛变。其第1团第4连79人，在连长范庆隆策动下，乘带马90匹、携各种枪械62支、60迫击炮1门，整队向西北山区流窜。河北省军区遂令定县、沧县、保定、石家庄军分区迅速组织力量，由民兵在定县、保定铁路沿线上路巡逻，封锁山口，以各县公安队骑车进行沿途阻截、追击。同时，华北军区令驻冀野战军出动2个营归省军区指挥，铁道兵1个连乘铁甲列车，并分别进至定县、清风店待机；河北省调省公安队2个排、保定专区公安队1个排、石家庄市公安队240余人及驻石家庄市公安师1个营参加堵截战斗；令满城、完县、唐县、易县、涞源公安队封锁各相关山口。此外，驻石家庄的华北军区汽车团、河北省运输公司、省军区后勤部、保定车站等单位，也抽调汽车、机车等予以保障。9日6时许，叛兵窜至安国、蠡县一带时，被围追堵截的部队、民兵、公安队击毙9人，俘获31人。余部分两股突围向西北方向逃窜。当日下午，一股逃至清风店车站、南章村时被捕获；另一股于当夜由望都以南的新街、齐店间过路，继续向唐县方向逃窜。该股叛兵因仓皇失措，夜间失去联系，潜宿于黑堡的15人，于次日10时为当地民兵俘获。其他过路之叛兵，在失去领导的情况下，经唐县东北高昌镇至南、北放水，继续向西北逃窜。有的慌不择路，被追兵所俘；有的丢掉马枪，换便装潜逃。此时，追剿部队及民兵立即封锁附近地区的山沟、道路，控制要点，展开全面搜捕。至10日上午12时，剩余散逃的叛兵在清风店车站、南章村及望都车站、崔庄（望都西南）被悉数捕获。叛乱被平息后，第23兵团对部队进行了深入的思想教育，并通过开展民主运动和思想、组织、制度整顿，让广大指战员彻底认清革命与反革命的界限，从而使这支部队发生了根本性的转变。至1951年初，全省共歼灭匪特7600余人，较为彻底地清除了河北省境内的匪害。

二、平原省肃匪斗争

平原省的匪患，在淮海战役后主要是国民党军漏网的残匪溃兵，流窜于陇海路以北黄河两岸的民权、曹县、考城地区，菏泽、东明地区，安阳、新乡附近地区，有的“插枪”隐匿，有的聚集活动，为社会造成了极大危害。经过人民政府的政治争取和地方部队的集中清剿，虽歼灭土匪1200余人，登记自首320余人，情况略有好转。但到了1949年5月，安阳、新乡解放前后，匪首张敬忠乘双方谋求以和平方式解决新乡之际，将伪专署及杂牌保安团内罪大恶极分子及其亲信2000余人，加上新乡、汲县、辉县、获嘉、武陟5县伪匪人员共约万余人，分遣隐蔽于城乡接合部及附近农村，准备在豫北地区与共产党作长期斗争。新乡和平解放后，大批国民党军还乡人员流散于各地，造谣生事，为非作歹，有的甚至混入村级政权机构，并勾结当地匪特，进行破坏活动。在这一时期，平原省的匪患主要集中于安阳、新乡附近地区，而且相当严重。其特点是：以时聚时散、化整为零的隐蔽形式，进行暗杀抢劫、破坏交通，组织偷盗、爆炸仓库，威胁恫吓、造谣惑众，组织封建“门”“会”活动等，对新生的人民政权构成了很大威胁。

9月1日，平原省军区发出清剿匪特的指示，明确提出部队今后将以剿匪为主要任务，在老区、半老区以政治争取瓦解为主；在新区则必须政治、军事双管齐下。同时，以独立第2、第7旅和6个地方团队，与地方政府工作人员一起，组成大批武装工作队（组），深入农村，发动群众，展开肃匪斗争。太行军区独立第7旅奉命进入匪患最为严重的豫北地区，与各地委共同组成剿匪联合指挥部，统一指挥剿匪工作。部队分成4个工作队，分驻新乡、汲县、辉县、获嘉、武陟各县， 在各县党委的一元化领导下，组织了近2万人的剿匪队伍。其中，第一工作队在汲县、辉县，第二工作队在新乡，第三工作队在获嘉，第四工作队在武陟，分别进驻重点村开展工作。首先是深入社会调查，召集群众大会，掀起群众性的肃匪运动。尔后，在各级党政军民的感召、劝说下，使匪伪人员逐渐登记投诚，并把企图长期潜伏和隐匿的匪特、枪支等清查出来。同时，对个别顽固不化的股匪和反动分子，进行了有效的抓捕和镇压。10月，湖西军分区派作战股长鲁胆打入匪特内部，将分散潜伏在徐州一带的匪首全数捕获，并一网打尽了以文宪章为首、分散潜伏在21个县的“地下军”股匪特务。经过一个时期的清剿、瓦解，至11月20日，剿灭了在解放安阳、新乡时漏网逃窜的国民党第10纵队300多人、保安队1000多人、其他零散匪特1100多人；争取土顽军队官兵、伪政府工作人员登记自首1.0475万人，其中土顽军队官兵约占总数的90%；另有尚未登记的250余人，分布在新乡、获嘉、武陟三县。

1950年上半年，平原省共发现股匪321股，计2200余人，消灭182股，捕获949人；破获抢劫、杀人、放火等案件千余起，其中破获匪特有组织的抢粮、割电线等较大案件10余起；有重点地取缔会道门组织33种， 登记处理道首千余人。7月、8月两月，平原省军地联合又破获特务组织5起，分别是：“河南省豫北剿匪司令部”，捕匪首李安国等以下48人；“豫北东区纵队”，捕匪司令、副司令以下19人；“豫北独立总队”，捕主犯32人；“老母龙华圣会”，捕首犯李大龙等7人；“苏鲁豫皖剿匪总司令部”，捕匪犯60人。9月中旬，又将企图于当月18日在濮阳县暴动的“日阳三罗大同龙华会”破获，捕王永贵等12人，同时在聊城捕获其同伙范廷华等7人，搜缴龙华会10支旗子等证件；寿张“人民自卫大队”400余人与封丘八区的会门60余人，在“人民自卫大队”大队长刘传忠的组织下，企图于农历九月初七暴动后到河南打游击，23日，各县人民政府和武装工作队联手行动，分别在寿张、封丘、菏泽等地将刘传忠、刘连甲等18人及会门分会长、书记、干事等47人抓获，及时粉碎平息了大股匪徒和反动会门的暴动图谋。之后，各地按匪患活动区域，进行划区清剿。至1951年，平原省共歼匪特3300余人，登记悔过处理者1.3万余人，全省匪患基本被肃清。

三、山西省肃匪斗争

山西原为阎锡山老巢。全省解放后，蒋介石、阎锡山残留在山西的反动军政人员、特务及其他反革命分子，不甘心自己的失败，先后建立了“护国讨逆军汾北纵队”“晋南纵队”“中条山闪击军”“中国先进革命委员会”“反共抗苏救济总会”“红福道”和“大明清军”等地下组织，收纳各种匪特2000余人，并遍布山西各地，继续与人民为敌。这些组织，虽名目繁多、派别不一，但性质反动，并在“中国大同社会党护国讨逆军山西复省兵团”头目、前阎锡山部第34军军长王乾元的组织下，到处进行抢劫、暗杀、投毒，甚至暴乱等反革命活动。特别是运城、临汾、榆次、介休和太原附近地区，由于遣散战俘数量多（计有7万多人）、匪特政治基础深厚，会道门组织众多，匪性更为凶残，活动更为猖獗，情况更为复杂。

鉴于各地匪患，山西省军区在1949年底集中剿灭大股匪帮和镇压反革命分子的基础上，从1950年初开始，把公开清剿与隐蔽斗争、军事打击与政治瓦解、部队行动与地方行动紧密结合，抽调各级党、政、公、武部门干部，组成若干工作组、武工队，有重点地开展剿匪工作。对团伙类土匪活动频繁的地区，工作组深入基层，教育启发群众检举匪首、密报匪情，以掌握股匪行踪和活动规律，然后组织地方部队、武装民兵和公安部门，进行集中、公开的清剿和镇压；对抢劫类土匪出没无常的地区，以公安部门为主，根据劫匪多为本地流氓、环境熟悉、行踪不定、作案突然等特点，按照受害人提供的线索，进行多方侦查、收取物证、跟踪抓捕；对散匪特务易隐匿的地区，主要是发动群众，通过建立大众密报网、布置潜伏耳目、对可疑分子进行监视等方法，实施政治瓦解和武装抓捕。

1950 年初，潜伏在太原的特务头子杨子乘窜入运城，与原国民党军阎部副师长杜启明密谋策划，成立了“中国国民志愿军晋南纵队”，并在稷山、新绛、荣河、解州、夏县、临晋等地组织了 300 余人的反革命武装，还在稷山县秘密建立了“县政府”。同年 11 月 19 日夜，杜启明等乘当地人民政府集中全力取缔“一贯道”、没有解放军驻扎、县与县缺乏联系之际，纠集匪徒 130 余名，在 4 名混入县人民政府的特务策应下，首先洗劫了 10 余个村庄，抢粮万余斤，尔后包围袭击了稷山县五区政府，残杀代区长等 8 人，抢走武器 47 件、货币 570 余万元，并携轻机枪及长短枪支等武器，向稷山县城进袭。当晚 11 时，匪徒先是攻打县公安局，企图劫狱，遭抵抗后，又改袭县政府，并绑走 8 名干部，残杀 2 人。县人民武装部部长王怀仁闻讯后，带领人民武装干部及公安队立即抢占制高点，进行了坚决反击。暴徒见状，不敢恋战，遂放弃绑架人员及抢劫财物，向城北山地逃窜，并企图盘踞乡宁县玉皇顶，在陈家山、白沿山一带进行游击活动。21 日，省军区接到匪情报告后，迅速指示运城、临汾军分区分别成立联防指挥部，并立即从省军区的部队中，派出 1 个连的兵力前往追剿。随后，按照省军区的指示，中共运城地委和运城军分区，在以运城盐务大队 1 个连先行追剿的同时，迅速调集稷山、运城、绛县、夏县等县 10 个民兵连相配合，从南北两面进行迂回围剿。至 12 月 12 日止，捕获运城区匪首李彦祥、杜辛酉，及纵队长、支队长、大队长等 30 余人，并争取匪徒自首 40 余人。经过运城、临汾两地连续搜查清剿，将参与暴乱及相关的334名匪徒全部缉拿归案，缴获各种武器75件以及弹药、反动文书等，彻底平息了稷山的反革命暴乱。先后潜逃西安、介休等地的匪特首要分子杜启明等，也于1951年5月8日被抓获、镇压。

1949年八九月间，在阎锡山的授意下，其旧部第34军军长王乾元和第2师师长刘垣，在太原附近地区组织成立了“中国大同社会党护国讨逆军山西复省兵团”，并经过半年多的发展，建起了晋中、晋北、晋南3个“复省纵队”及“宪兵队”“先天道”等反动组织。其主要任务是：发展“地下军”“地下党”“地下政权”，伺机开展“敌后游击战争”，并逐渐向交通线扩大活动。其中，“晋南纵队”以匪徒王敏轩、曹玉贵为首，下属各总队长、支队长、大队长分兼专员、县长和区长之职，是一个军政合一的反动地方武装。该武装主要在晋南交通沿线、复杂城镇，以各种职名作掩护，建立情报联络据点，大肆发展流散顽匪，拉拢利诱人民政府中的村干部、民兵及历史不纯人员，以逐步掌控基层政权与武装，破坏人民正常的生产生活。为打掉这一反动组织，太原市公安局和临汾、运城专区公安处，在省公安厅的统一领导下，经过数月侦查，于1950年6月16日、17日，在太原、临汾、运城三地统一展开“捕首”行动。在太原市，抓获了“晋南纵队”司令王敏轩、副司令曹玉贵；在临汾、汾城、曲沃、新绛等县，抓获了副司令曹富山、李怀珍，参谋长魏子明及县支队长、区大队长以上主要分子47人，并击毙临汾县支队长张士杰，仅有汾城县支队长冯士英漏网；在运城地区，抓获了新绛、闻喜、垣绛、平芮、荣河、稷山、河泽等县支队长、区大队长26人，从而将“晋南纵队”组织一举消灭。此外，运城公安处、军分区、铁路公安段等部门协同行动，对“宪兵队”“先天道”等地下组织也进行了同时查破。通过设伏，相继捕获“宪兵队”匪首李宗贤、关希忠等8人；“先天道”首要分子雷雨亭、郭万喜等4人；太谷、平遥、祁县、榆次的交通员彭华山、李玉昌等7人。该地的反动组织也随之瓦解。

在全省人民武装的反复清剿、打击下，至1951年底，各地股匪、反动会道门头目相继落网，各种匪特、道徒纷纷自首，除尚有零散匪特藏匿消沉外，各类反动组织基本被消灭。据1951年11月21日山西省军区《两年来剿匪工作点滴经验之整理》统计，省军区部队系统“两年中毙、伤、俘匪徒七一六人，缴获与清查出长短枪六三五支，小炮三七门，机枪二四挺”[①]。加之与公安部门和广大人民群众配合，共平息或破获各类反革命暴乱7起，毙、伤、俘武装匪特人员750余名，争取投诚与瓦解匪特人员330余名，缴获各种武器720余件、子弹1万余发及部分军用物资。仅1950年就剿灭反革命武装4伙，捕获县支队长以上重要匪首69人，一般匪特351人；部队协助公安部门捕获社会性匪特770人；民兵、群众促使匪特自首50余人，并缴获轻机枪11挺、长短枪近80支。山西匪患基本被清除。

四、察哈尔省肃匪斗争

察哈尔省的匪患，多由绥远、大同地区流窜的国民党军残余部队与察北的惯匪相勾结，组成的股匪武装所为。这些土匪主要活动于察北的商都、尚义，察南的万全、宣化、怀安和雁北的天镇、阳高、浑源、左云、右玉、广灵一带。1949年5月—11月，察哈尔省军区以军区警备第1、第2团担任张家口市的警备和市郊的剿匪任务；以军区骑兵第3师和绥远军区2个骑兵师部署于察绥、察蒙边界地区，在各县独立营和民兵配合下，对股匪进行了集中围剿。经过半年多的清剿，共歼灭匪特3200余人，将大股土匪基本消灭。但在全省尚有股匪39伙，计300余人，另有散匪100余人，分别活动于各地县交界处、城乡接合部以及剿匪工作薄弱的地区，致使个别地方匪特破坏、抢劫与杀人的事件不断发生。

1950年初，为彻底消灭散残匪特，察哈尔省委于1月26日专门对剿匪工作下发指示，要求各级党政军组织，结合发动群众和土改生产等工作，建立联防、巡逻、隐蔽哨等制度，对会道门和还乡地富等不法分子依法进行处理；各地方武装要积极协同民兵和公安组织，限期瓦解、歼灭本

① 《山西省军区两年来剿匪工作点滴经验之整理》，北京军区档案馆全宗11号，1951年第1卷第11份。

地境内的土匪武装,消灭城乡接合部的治安死角。为此,省军区提出了“村村防匪”“人人捕匪”的口号，并发动与组织群众，在重点县、区、村实行了联防联治，建立了500多个情报站，计有1500多个情报员。3月底，活动在阳高、天镇一带的王殿阁股匪，号称“八虎弟兄”，在天镇县三十里铺村长和村财政两个蜕化分子的掩护隐匿下，一直躲避着政府的清剿，并经常四处流窜作乱。为剿灭该股土匪，当地人民政府在策反股匪内部人员苗芮文后，对该股匪的动向和行踪进行了暗中监视和掌握。4月3日晚，雁北军分区副参谋长郑耀林指挥阳高、天镇两地铁路警察、公安队与民兵武装一齐出动，把该股匪层层包围于天镇县三十里铺村内，经彻夜搜查压缩，至次日拂晓，将匪首王殿阁以下7名匪帮及匪妻3人一举抓获。之后，在省地方武装和广大民兵群众的内外包剿下，又相继将股匪何大头、赵成功等，一一捉拿归案。据察哈尔省军区1950年剿匪工作总结中统计，全年共捕匪376人（毙伤匪11人），争取与瓦解29人，共405人，缴长短枪90支、马8匹。此外，1—6月，各地方部队配合公安部门破案65起，其中仅在破获“华分联军”案时，活擒其总司令、副总司令、参谋长、秘书长及纵队司令等以下62人；7月，平息了匪特散播几乎遍及全省的“割蛋”谣言，捕捉造谣及放毒有据者37人，等等。这些行动，基本上巩固与保障了社会秩序的良好。

但是，就全省整个剿匪工作，布置要求多检查督导少，匪患地区多肃匪数量少的问题还比较明显，特别是在战术指导上缺乏具体措施，“联防联剿”的组织,因缺乏领导力度,往往流于形式,致使不少地区形成“匪来我赶，到处喊打”，而实际效用不大的局面；一些被迫分散隐蔽的土匪，再集股重起的问题还比较突出；个别落后村庄与匪帮和平共居，为其所控的现象客观存在；已逮捕的匪特重要分子，因看押不严或解送途中麻痹，导致逃脱而反扑报复，“这就公开地大大打击了群众积极检举与告发匪情的情绪，或因受胁不敢配合我剿匪行动。反映是：‘人民政府是有天无法’或‘宽大无边’。因此，即凡捕匪后，也不愿上送——恐怕政府释放或逃跑后，再受匪徒劫难，而施以‘就地正法’。由此而来的，也发生了一些乱打乱杀的过左事件。如察北之康保、沽源两县，仅在 7、8 两月的捕特灭谣中，打死或活埋九人，其中就有七人无据。这样，就破坏了宽大政策的正确执行，同时，也妨碍了争取瓦解工作的正确实施。不分轻重地‘捉而杀之’会使群众不满，使匪特更加死心地抵抗”[①]。10 月初，省委召开冬季工作会议后，在认真总结经验教训的基础上，省军区提出“剿匪就是打蒋、捕特就是抗美”的行动口号，要求各级武装必须贯彻一元化的剿匪精神，以党委为领导核心，加强各部门的协同，统一行动；端正政策，严格镇压反革命活动，该杀者必杀，已逮捕的匪特不经彻底改造，不能轻易释放；增加侦情费用，建立大众性的情报网。同时，对剿匪工作重新划定范围，区分责任，推出实行了“包打包剿”的责任制，并在 1951 年的工作任务中，予以了重点明确。

1951 年初，活动于察北地区股匪周喜顺等 40 余人，与绥远匪首张汉琏勾结，不时在商都、尚义与阳高北部山区流窜作案，以杀人烧房威胁群众，并封锁行人出入，使群众不敢向政府靠拢；察南涿鹿县以韩学五为首的土匪 10 余人，结伙上山与政府对抗，公开叫嚣：“宁死于山头，不死于监狱”，并妄图借青纱帐起之际，进行暴乱。同时，许多以往漏网外逃的匪特，也随之转变方式，开始集结和回窜原籍，与当地潜匿残留的反革命分子联系结伙，所到之处，造谣、抢劫、暗杀等破坏事件连续发生，甚为嚣张。据统计，全省境内主要的股匪除察北原有的股匪周喜顺外，又有新结伙的土匪 8 股，共 63 人，分别为察南地区的薛焕德、王占奎、沈春库、韩学五、刘师、白育才、侯金相等，察北地区的孟五、侯头等。他们南北呼应，到处行凶作案，使案发最高的 1 个月各种案件累计达 381 起。

为扭转察哈尔省剿匪工作的被动局面，尽快剿灭匪患，新春伊始，全省大张旗鼓地掀起了镇压反革命的高潮。各地股匪迫于形势，纷纷化整为零，四处潜逃、躲藏。在察北，部队和民兵以消灭股匪周喜顺为主，集中力量对其经常出没的地区，按照“分片驻剿、围拢搜捕、突击围剿”

① 《察哈尔省军区 1950 年剿匪工作总结》，北京军区档案馆，1950 年 12 月。

的方式，将“内地联剿”与“外出包剿”相结合，进行“包打包剿”。春节前夜，察北组织力量对察汗、淖尔两地进行围剿，捕匪 39 人（毙伤各 1 人），捕窝藏、勾结土匪者 5 人及其他反革命分子 58 人；4 月，组织察北与雁北地区干部、民兵赴绥远地区实施“包剿”，一次就捕回活动于察北数十年、作恶多端的潜逃匪首 20 人；万全县人民武装部协助公安局一举破获国民党“反共自卫军”案，捕获匪连长李万发等 5 人。在察南，各地民兵、部队、公安密切协同，结合整顿偏远落后且不纯之村级组织，采取控制匪属、截断匪源、打掉匪特耳目等措施，堵塞土匪在当地作乱的空隙；宣化、怀安、阳原、蔚县、涿鹿、阳高、天镇等县，组织了 111 名公安、人武干部，除在本县结合生产自救、突击落后村、侦捕内地土匪外，先后派出 12 个行动小组，分赴绥远等地抓捕外逃匪特，其中阳高县 20 天就捕获土匪 43 人及其他反革命分子 54 人。至 11 月，全省共消灭土匪 854 人，其中，毙伤匪 25 人（匪首 2 人），俘匪 787 人（匪首 55 人），争取瓦解匪徒 42 人。从而，最大限度地遏制了匪特的活动，使其残余在到处遭受歼灭或打击的环境里，不得不“插枪丢马，分散隐匿”，作案率也由此大大减少。经过近 3 年的剿匪斗争，察哈尔全省的匪患基本消除，共歼匪特 4480 余人。

五、绥远省肃匪斗争

绥远地区历来匪患众多。解放后，国民党起义部队中又先后发生多次叛乱，大部流窜为匪。匪患以西部地区最为严重。在伊克昭盟乌审旗境内，有由叛变部队与该旗叛匪组成的“乌审保安司令部”，共集骑匪 1200 余人；乌兰察布盟西部有由宁夏窜来的股匪 1600 余人；包头、萨拉齐有叛变部队 600 余人，黄河后套地区有“华北反共自卫救国军”400 余人；武川、固阳地区有原来隐藏在北部草原边界的惯匪与叛变部队组成的“剿共救国自卫军”400 余人；岱青山、丰镇、凉城、商都等地，有分散流窜的小股土匪共百余人。1950 年 2 月后，绥远军政委员会在制定剿匪方案的基础上，先后联合发布《关于彻底肃清残余土匪特务的联合布告》和《关于目前剿匪肃特治安工作的指示》，要求驻绥远所属部队，立即展开剿匪斗争。3 月后，绥远军区奉命组成“剿匪指挥部”，统一指挥绥远军区步兵第 22 师、骑兵第 1 师、3 个骑兵支队，内蒙古军区（1949 年 12 月由东北军区改归华北军区）骑兵第 4、第 5 师，察哈尔军区骑兵第 3 师和第 68 军第 202 师等部，发起了大规模的剿匪作战。

在伊克昭地区，匪患主要为乌审旗的叛匪奇玉山部及张廷芝、高怀雄、张世华、宗文耀、雷聚岐、邬四儿等股匪。这些股匪，以反动王爷奇玉山为首，相互勾结，煽动驻地起义部队叛乱，四处进行破坏活动，甚至捣毁旗人民政府，将旗委人员驱逐出旗。4 月 1 日，内蒙古骑兵第 5 师，伊克昭军分区第 2、第 3、第 4 支队，榆林军分区 2 个团奉命进至乌审旗王府东侧集结，准备首先剿灭位于营盘寨子的股匪奇玉山部。18 时，骑兵第 13、第 14 团从两翼包围了营盘寨子，并迅速发起攻击。守匪依托工事进行抵抗，发现攻击部队兵力较大后，遂弃城向沙漠逃窜。黄昏后，骑兵第 5 师部队进占乌审旗王府。根据匪情变化，剿匪指挥部当即决定由伊克昭军分区司令员王悦丰率榆林军分区 2 个步兵团和所属第 2、第 3 支队留守王府及交通沿线，保障后勤运输和清剿散匪；由骑兵第 5 师师长吴广义率骑兵第 13 团和第 1 支队组成右路军，沿乌审召、木克召和鄂托克旗北部搜剿；军分区副司令员高平率骑兵第 14 团、第 4 支队组成左路军，追歼股匪奇玉山部。2 日，左路军沿海流图、五十里明沙、纳林河直插只芨滩，切断了股匪奇玉山部向陕北靖边的逃路，股匪见势不妙，掉头沿大小石砭、城川一线溃退。7 日 16 时，右路军第 13 团先头第 3 连赶到鄂托克东部黑圪塔一带，发现正在集结的奇玉山部骑兵 300 余人，当即发起猛攻。该股匪徒仓促应战，并在驻周围村庄匪徒的支援下，边打边退。这时，剿匪主力部队赶到，对撤逃的奇玉山部紧追 10 余公里，歼其一部。12 日，左路军追至哈拉呼一带时，与另一股土匪贺永禄部遭遇。贺永禄部一触即溃，向西南方向窜逃，见剿匪部队紧追不舍，遂抢占高地准备抵抗。左路军即以第 4 支队从左侧迂回，骑兵第 14 团实施正面攻击的动作，迅速突入匪阵，并毙匪数十人，余匪四下逃散。16 日，右路军追剿股匪高怀雄、张廷芝部300余人于巴彦淖、大小那林、早稍地区。18日，骑兵第13团搜索前进，在贡干吉尔罕与股匪张廷芝部接触，股匪不战自溃，四散奔逃，张廷芝仅率少数匪徒逃向大青山，骑兵第13团等部即转入追击。途中，骑兵第5师警卫连将鄂托克“保安司令”奇孟克所率保安队30余人，全部俘获。20日，高怀雄股匪与奇玉山股匪约700余人会合后，向呼拉呼脑包逃窜。骑兵第5师第14团与骑兵第4支队跟踪追剿20余里后，对占领有利地形进行顽抗的股匪，采取以主力从正面攻击，用少部兵力向翼侧迂回的战术，对股匪发起攻击，并在击退股匪的反击后，连夜对退逃股匪继续追剿。追击中，奇玉山、高怀雄两股匪在塔木哈来被追散，其中有300余人窜抵哈拉哈图地区，被骑兵第5师第13团及骑兵第1支队歼灭；余部于5月5日被剿匪部队追到哈拉哈图南部地区后，在沙梁一带展开交战，经剿匪部队的军事、政治攻势，股匪纷纷缴械投诚。至7月，仅在乌审旗境内，就歼灭土匪800余人。其间，伊克昭地区部分起义部队出现叛变，伊克昭军分区抽调部分兵力以连排为单位展开清剿，歼灭刘保才等股匪及捕获国民党特务刘郁文、刘孝贤等164人，破获“华北反共义勇军”在伊克昭盟的组织，收缴枪1200余支，弹药40余箱。

在大青山地区，内蒙古军区骑兵第4师奉命于1950年1月末开赴固阳，接替绥远省军区骑兵第4师（起义部队）防务，展开剿匪。4月，以萨嘎拉为首的300余人和以格瓦拉西为首的150余匪徒，逃到百灵庙以南地区。17日，内蒙古骑兵第4师第10、第12团由乌兰花进剿，有百余匪徒被迫投降。5月8日，绥远骑兵第4师（鄂友三部）第2团迫击炮连连长带领4个连300余人叛变后，内蒙古骑兵第4师第10团奉命在水神庙、召塔等地实施追剿，毙伤50余人，其余叛匪投降。9日，该师第12团与师直一部进抵百灵庙，迫使匪首格瓦拉西率残部158人投降，萨嘎拉带余匪100余人向宁夏方向逃窜。30日，内蒙古骑兵第4师第10团由百灵庙出发，在高壁一带剿灭原西公旗伪保安团长卢万惠以下170余名叛匪。

7 月初，绥远军区令步兵第 22 师一部与骑兵第 1 师第 2 团、内蒙古骑兵第 4 师第 10 团组成剿匪部队，由第 22 师参谋长白炳勋、骑兵第 1 师政治部主任王弼臣、骑兵第 4 师参谋长赵英组成大青山剿匪指挥部，指挥剿匪作战。10 日，第 22 师以第 64 团搜索圪膝盖沟、喇嘛洞、阿善沟东南山，发现众匪向北逃窜，即展开追击。股匪退到哈拉盖沟，利用山脊进行抵抗，使剿匪部队先头 1 个连攻击受挫。第 22 师随即以炮兵进行压制，以师直警卫营增援，并对溃乱的匪阵发起攻击，将股匪大部歼灭。随后，该师第 65、第 66 团一部和内蒙古骑兵第 4 师第 10 团、绥远骑兵第 1 师第 2 团又转进大榆滩附近，对活动在该地区的郭宝达匪部进行清剿。14 日，剿匪部队在翁格尔沟山梁上将郭匪包围，经 1 个小时战斗，除张廷芝率 10 余人脱逃外，其余全部被歼。至 7 月底，剿匪部队先后在百灵庙、召塔、高壁、包头、萨拉齐等地歼灭叛匪及股匪 1000 余人。12 月，大青山剿匪中漏网的张廷芝等匪首，收罗旧部，又重建武装组织。22 日后，绥远军区抽调各师部队一部，用 20 余天时间，组织搜剿股匪作战 22 次，毙匪 200 余人，缴获一批武器弹药和马匹。同时，剿匪部队结合地方减租反霸和镇反斗争，采取建立武装工作队、军民联防的组织形式，全面清剿散匪，至 1951 年 4 月，大青山地区的匪患被基本肃清，张廷芝等主要匪首及特务均被抓获或击毙。

在河套地区，1950 年 6 月始，国民党原第 110 师叛变之连长张德颜、第 111 师营长董钊等匪 400 余人，在特务头子崔正春的指使下，组成“华北反共义勇军第一支队”，由秘密转入公开，由山地进入平川，在米仓、狼山县一带，进行反革命破坏活动。同时，以李戴为首的骑匪 70 余人，以齐俊德为首的骑匪 70 余人，以张希尧为首的骑匪 200 余人，亦流窜于后套蒙汉杂居地区及绥、宁边境，大肆活动。9 月上旬，绥远军区遣内蒙古骑兵第 4 师第 10、第 12 团进入后套地区，配合起义部队第 37 军第 109 师第 327 团与西公旗支队、中公旗旗队和陕坝军分区独立营及骑兵连、蒙骑第 5 师第 13 团一个连，组成剿匪部队。3 日，张希尧股匪占据奎素。骑兵第 10 团第 2 连、中公旗旗队、西公旗支队分别占领庆达门口、同义隆、扬满圪旦渡口等地追堵股匪。19日，在义泰奎地区的齐俊德匪部70余人窜到牛厂湾，剿匪部队分路追击，除王耀武、甲木苏等小股匪乘隙脱逃外，齐俊德以下57人就歼。22日，张希尧股匪200余人在太阳庙海子西段之沙梁地区活动。23日，骑兵第10团进至达善丹庙堵击，股匪转移，被第109师第327团在铁匠圪旦附近歼灭，张匪经太阳庙、乌素台口窜入山区。30日，骑兵第10团第2连及中公旗旗队，在西泥乌素台口西北沙梁，发现刘少三匪部200余骑后，部队立即行动，经4个小时追歼，歼匪58人。10月7日，刘少三、贾效起等残匪70余人，由乌素台出山，窜到信义昌牛犋，被陕坝军分区骑兵连与独立营歼灭38名。同日，从宁夏窜入后套地区的包喜财股匪，由善丹庙向东逃跑，刘少三残部从阿贵庙北山向东窜犯，被骑兵第4师第10团和各旗队大部堵歼。此后，追剿部队分散搜剿零散股匪，在米仓县什沁庙后山、十八台等地歼灭包喜财股匪，搜捕和瓦解匪首张希尧、张德颜、王如意、贺洪荣等25名，摧毁“华北反共义勇军”，破获“绥西边闻通讯社”“西北边疆青年训练班”等反革命武装组织，搜出一批匪特隐藏的武器弹药和器材，散匪亦纷纷向政府登记悔过。至1951年底，河套地区匪患被基本肃清。

绥远省经近3年的剿匪斗争，共计歼匪7200余人，收容散匪480人。

华北地区的剿匪斗争，从1949年5月开始，至1951年底止，全区匪患基本被消灭，使巩固新生政权、完成土地改革、恢复生产生活，以及支援抗美援朝等各项工作得以顺利进行。但少数伙匪和潜伏的散匪、特务、地主、恶霸、反动会道门，以及其他反革命分子依然存在，暂现消沉，转入长期隐蔽待机。据1951年12月《华北军区三年来剿匪工作总结》[①]中记载:3年来,全区共发现各种土匪2.8809万人，被剿灭2.7813万人，尚有986名（其中5人以上20人以下的伙匪27伙）残存。其分布为:河北省303人，平原省41人，山西省115人，绥远省96人（含内蒙古7人），察哈尔省431人。

---

① 《华北第三次国内革命战争史资料选编》第17册，第36份，北京军区档案馆。

第三节　组织渤海设防，加强国防建设

新中国成立后，人民解放军主力继续南下、西进，中国大陆即将获得全面解放。但蒋介石集团并不甘心其失败的命运，在美帝国主义的支援下，多次对东南沿海各大城市进行轰炸，并有空袭京津要地，以海军袭击天津、塘沽、秦皇岛沿海一线的企图。在这种形势下，中央军委考虑塘沽、天津及所处的渤海湾方向，是帝国主义历次侵略中国的主要方向，现平津地区和渤海湾沿岸解放军兵力薄弱，首都北京所受威胁程度增大等因素，为预防美国协同国民党对解放区大后方的袭扰，决定华北军区第 20 兵团暂不执行进军大西北的任务，立即由大同地区转向京、津、唐、塘、秦等地进行布防。

一、转入滨海防御，保卫首都北京

大同和平解放后，由太原北上，暂住大同、包头，准备向宁夏、甘肃方向挺进的华北第 20 兵团，于 1949 年“5 月 28 日接军委令：紧急迅速布防渤海湾，准备对付国民党及美帝国主义可能的袭扰。随即，军委决定第 20 兵团解除西进任务，留驻华北，担任海防”[①]。6 月 25 日，第 20 兵团及所属第 66、第 67、第 68 军调往天津、溏沽、秦皇岛地区及张家口，执行防止美蒋袭扰、保卫京津安全的防卫任务。其部署是：第 66 军军部驻天津以西王庆坨，3 个师分别驻天津附近的杨柳青、杨村、东局子；第 67 军军部驻唐山，3 个师分别驻秦皇岛、唐山、塘沽；第 68 军作为第二梯队，在宣化、康庄、张家口一线；兵团部设在天津，兵团直属炮兵团位东局子。7 月上旬，第 20 兵团各部到达新的防地后，在各级组织地形勘察的基础上，兵团党委召开会议，具体研究制定了海防兵力部署方案和应变的防御计划。经过 20 余天的准备，至 8 月 1 日，各部

① 《杨成武军事文选》续集，解放军出版社 1999 年 7 月版，第 30 页。

队迅速展开完成了滨海布防。

布防后，根据作战预案，第20兵团等部组成左、右翼2个兵团，左翼兵团由2个军组成，主要担任山海关以西秦皇岛、北戴河、金山嘴、洋河口、大清河口沿线及以北以西地区的防御作战任务；右翼兵团由5个军2个海岸炮兵营组成，主要担任东引河以西塘沽、天津、岐口地区的防御作战任务。其中，第66、第67军作为一线部队，担负山海关至岐口一线的守备任务，考虑地域特点和沿海社情，抽调了部分步、骑兵和迫击炮分队，组成精干的警戒巡逻部队在前沿巡逻，岐口方向归第198师负责，秦皇岛方向归第200师负责，同时明确天津市的警卫任务由第66军第587团担任。另外，京津卫戍区为加强本区海防，分别成立天津、秦唐2个警备司令部，分驻天津、唐山，并划定从山海关至大口河海岸线及该地区北宁路、津浦路沿线地区为警备区域。其区分是：东引河、潘庄、梅厂、杨村线以南，杨柳青至泊镇段南运河线以东，冀鲁省界至大口河口以北地区及海岸线归天津警备司令部；山海关至东引河海岸线至北宁线以北、以西20公里以内地区归秦唐警备司令部。

为防止美蒋从海上进行大规模的偷袭，按照中央军委"积极防御""重点守备""重点设防"的方针原则和现代战争要求，结合平原沿海地区作战地域狭小、城市集中、人口稠密、岸滩低平等地形特点，华北军区在地方政府的支持下，从1950年初开始，组织驻渤海湾的部队，有计划地对滨海及纵深地区的各种国防工程，进行了逐步构筑和改造。为统一领导京津地区的海防建设，华北军区组成国防建筑工程指挥部，并直接组织各工区进行施工。其中，通过掘开式和坑道式等工程作业，进行了由各种工事和城区高大建筑组成的岸城整体防御施工，构建了海岸带、纵深阵地和市内要点的梯次环形防御体系，在环渤海各重点城市展开了集"能打、能藏、能机动、能生活"于一体的人防工程建设，并于1950年10月8日，专门成立华北军区机场修建委员会，在华北之唐山、杨村、保定、涿县、太原、新城、运城等地开工新建6个军用机场。

为加强首都地区的防空作战力量，1949年8月，华北军区在组织修复和利用南苑机场原有10余架飞机的基础上，又从各地调集12名飞行员和10架飞机，组成歼击机飞行中队，经过短期训练，于9月5日开始，担负平津地区领空的昼夜防空作战任务。1950年2月6日，国民党空军出动飞机17架，对上海进行了轮番轰炸，炸毁房屋2000多间，死伤市民1400余人，并使发电厂遭受严重破坏，人民财产蒙受重大损失。12日，国民党当局在台湾草山召开军政要员会议，决定以北京、天津、上海等特大城市为主要目标，继续扩大轰炸范围。此间，美国空军也不断派飞机对大陆沿海和纵深地区进行封锁、挑衅、侦察和骚扰活动。为此，中央军委决定加强各大城市要地防空兵力，命令各大军区在主要城市及工业区设立防空司令部，负责警报、灯火管制，实行统一指挥。按照中央军委的指示，华北军区于2月19日召开防空会议，专门研究京津地区的防空问题，并责成杨成武着手组建京津卫戍防空司令部。从2月20日开始，以华北军区高射炮团（1949年2月由原傅作义部高炮部队改编扩充而成，辖日制八八式75毫米口径高射炮2个营、德制37毫米口径高射炮1个营，另1个40毫米高射炮连和3个高射机枪连）及新组建的高射炮团（1949年9月由原第207师第616团改编，装备苏制85毫米口径高射炮1个营、苏制37毫米口径高射炮2个营），经过突击训练，担负首都地区的防空任务。为便于歼击机分队与高射炮部队协同，军区还分别制定了战斗机和高射炮部队预定的作战方案和京津地区空炮协同作战计划，并于3月7日颁发作战命令，提出和规定了“按划分区域协同动作”的原则。7月，华北军区司令部召开会议，专门部署京津地区的情报侦察工作，并对京津地区已有25个防空情报站和各部队环渤海湾开设的各类侦察站（哨），进行了进一步的分工组网和加密扩建，同时，与地方建立密切联系，充分利用渔船出海、铁路运营等渠道，加强海上、空中和异地的情报侦察和获取。

二、进行整编训练，加强正规化建设

随着华北地区的全面解放，部队因长期频繁作战，体制编制、教育训练不正规；部队无仗可打，官兵离队思想滋长等问题凸显。针对这些情况，华北军区根据中央军委的指示，从1949年4月开始，就在全区上下展开了新一轮的整编训练。

首先，将若干部队按正规师编制加以合并整编。25日，在原第69军番号撤销后，将其所属3个师整编为2个独立师，分别为华北军区步兵第205、第206师；将第四野战军拨来的2个师（第160、第165师）改称华北军区步兵第207、第208师；将察哈尔、冀东军区部队编组为2个师，分别为华北军区步兵第209、第210师。该6个独立师均直属军区指挥。7月，华北军区步兵第210师调归第20兵团第67军，改称第201师；9月，中央军委决定撤销第70军番号，将其所辖第209、第210师缩编为1个师，番号为华北军区步兵第207师；10月，由第四野战军拨来改称的华北军区第207师调归军委公安部，番号为公安第1师。至此，直属华北军区的步兵师有第205、第206、第207、第208、第209师，共5个师。1950年12月1日，中央军委决定以董其武起义部队改编之第36、第37军及骑兵第4师编为中国人民解放军第23兵团，董其武任司令员，高克林兼政治委员。13日，中央军委电示华北军区及第23兵团："二十三兵团调出绥远后，为便于继续整训，决定仍归华北军区指挥并改驻华北地区，兹规定该兵团驻地即以衡水为中心，向南北延伸驻扎。"①

其次，加强了特种兵部队的建设。1949年4月24日，华北军区决定成立平津卫戍区防空司令部，由杨成武兼任司令员。5月，成立华北军区特种兵司令部，辖机动炮团、高射炮团、战车团和铁甲列车纵队等特种兵部（分）队。12月，第207师改编为高炮部队，充实到华北军区特种兵部队。1950年1月，华北军区特种兵司令部改称华北军区炮兵司令部。10月8日，华北军区成立首都高炮师，辖高炮第15、第16团和暂编高炮第1、第2、第3团，担负首都地区的防空任务。其中，高炮第15团系原华北军区高射炮团，高炮第16团由原华北军区新编高射炮团改称，

① 《二十三兵团仍归华北指挥并驻衡水地区》，全宗第2号1950年第41卷第14份，北京军区档案馆。

暂编高炮第1、第2、第3团分别由第205师第613、第615团和平原省警备第4团改编。28日，以华北军区航空处和第205师师部为基础，组建华北军区空军司令部。1951年1月21日，中央军委决定撤销首都高炮师番号，将该师5个高炮团调归京津卫戍区防空司令部建制，师机关一部调军区炮兵司令部。2月，京津卫戍防空司令部改称华北军区防空司令部。9月，成立华北军区装甲兵部。其间，除了调整组织领导机构、改扩编相应的兵种部队外，还从苏联进口了大批苏制新式武器，使各类特种兵部队的装备条件，得到了有效改善。

最后，对地方部队进行了调整。随着华北行政区域之重新划分，华北地区遵照中央军委的指示，撤销原有的军区，成立了各省的省军区，并对原来的军分区和部队进行了适当调整。1950年1月3日，中央军委决定：原东北军区之“内蒙军区移张家口后，为着工作便利，决定改归华北军区领导”[①]。调整后的华北军区由聂荣臻任司令员，薄一波任政治委员，徐向前任副司令员，唐延杰任参谋长，朱良才任政治部主任，张南生、张致祥任副主任。下辖河北、山西、平原、察哈尔、绥远、内蒙古6个省级军区。

河北军区，1949年8月1日在河北省省会保定成立，以原冀中、冀东、冀南军区全部和太行、察哈尔军区各一部组成，司令员孙毅，政治委员林铁（兼）。辖唐山、通县、天津、沧县、邯郸、衡水、保定、石家庄、邢台、定县军分区；警备第1、第2团。

山西军区，1949年9月1日在山西省省会太原成立，以原晋中、太岳军区全部和太行军区一部合并组成，司令员萧文玖（代），政治委员赖若愚。辖长治、运城、临汾、忻县、汾阳、榆次、兴县军分区；警备第1、第2团。

平原军区，1949年8月20日在平原省会新乡成立，以原冀鲁豫军区为主及太行军区一部组成，司令员刘志远，政治委员潘复生（兼）。辖聊

① 《内蒙军区改归华北领导》，全宗第2号1950年第41卷第2份，北京军区档案馆。

城、安阳、新乡、菏泽、湖西、濮阳军分区；警备第1、第2、第3、第4、第5团。另有4个独立团分属新乡、菏泽、湖西、濮阳军分区。

察哈尔军区，1949年8月1日在察哈尔省省会张家口成立，司令员王平，政治委员杨耕田。辖雁北、察南、察北军分区；骑兵第3师，警备第1、第2团。

绥远军区，已于1949年5月29日由原西北军区所辖之绥蒙军区与西北野战军第8军合并组成，归华北军区建制。绥远和平解放后，随着对起义部队改编和形势发展需要，中央军委决定调整绥远军区领导人，由傅作义任军区司令员，薄一波兼军区政治委员。辖第22师（1949年10月由原第22、第23师合并组成）、骑兵第1师和内蒙古骑兵第4、第5师，以及起义部队改编的第36军（第106、第107、第108师，暂编骑兵旅）、第37军（第109、第110、第111师，暂编骑兵旅）和骑兵第4师；伊盟（内蒙古骑兵第5师兼）、乌盟（内蒙古骑兵第4师兼）、陕坝、萨县、集宁军分区和包头、归绥警备司令部。

内蒙古军区，1950年1月3日，由东北军区调归华北军区，司令员兼政治委员云泽（即乌兰夫）。辖骑兵第1、第2、第3师。

此外，随着战争的不断发展，1949年7月，中央军委决定补训兵团结束训练任务。华北补训兵团所属各旅分别调归各野战军，执行南下作战任务。其中，补训第1、第3、第5、第8旅调归第二野战军；补训第6、第7、第9旅调归第四野战军；补训第2、第4旅分别并入华北军政大学和北平纠察总队；兵团机关调归公安部。华北补训兵团自成立以来，先后举办集训3期，为各战略区和野战军培训输送新战士83623名，解放的国民党军士兵和初级军官61947名，共计145570人。

在整编的同时，各部队结合战备任务，按照军区明确的“正规系统、按部就班、从头学起”的方针，广泛开展了教育训练，以代替过去频繁战争环境下曾是正确的“用什么突击什么”的原则。在军事训练上，首先进行制式教练和内务教育，养成集中统一整齐、严肃活泼紧张的正规作风，然后逐步提高技术、战术，以达部队完全正规化。朝鲜战争爆发后，华北野战军在部队移防调动频繁、整编改装头绪多、新兵陆续补充、中下级干部大量提升、随时准备入朝作战的情况下，突击开展了以美军为主要作战对象、以干部轮训为重点的战备训练，在3个多月的时间里，干部进行了朝鲜作战经验、诸兵种使用原则、现代作战协同动作等内容的学习；战士完成了射击、土工作业、爆破、防空、伪装等课目的教练。各省军区部队结合剿匪、警备等任务，重点对班至团级干部骨干进行了轮训，主要完成了射击、投弹、爆破、刺杀、马术、军体及战术、夜间行动等课目的教练。在政治教育上，首先在部队过去经诉苦运动提高了阶级觉悟的基础上，进行中国革命基本问题及前途的系统教育和人民军队的本质与传统教育，以基本理论知识和政策路线的掌握，提高其思想觉悟。其次是深入进行了爱国主义、国际主义教育，不断激发广大官兵抗美援朝、保家卫国的战斗积极性。在文化生活上，以消灭文盲与培养干部自学能力为重点，并辅以必要的科学知识；组织基层连队开展兵演兵、兵唱兵活动，并积极发展适合于军事要求的群众性体育运动。经过教育训练，严格了军风军纪，游击习气逐渐克服，部队生活有了初步正规的制度；大多数干部做到了会教、会讲、会做，官兵普遍养成了读书学习的习惯。据统计，仅军区直属部队就办文化补习学校10个分校，吸收机关干部及文化较高战士学员1300余人。在院校建设上，平津战役后，华北军政大学相继以原第5、第2大队为基础成立了第1、第3总队，以补训兵团第2旅成立了第2总队，分别训练从平津地区招收的青年和原傅作义部起义的军官以及天津、太原战役被俘的国民党军官；以第1大队为基础成立校直属大队，以第3、第4、第6、第7、第8大队组成干部总队；扩建了高干队和妇女学校等；原校直步兵学校调出一批干部，组成第18兵团随营学校。1950年底，华北军政大学一部与华东军政大学一部组建军事学院，其余部分改为第6高级步兵学校。此外，在石家庄以华北军区军官学校一部扩建为第30步兵学校；在山西祁县以第66军一部、河北军区教导大队组建了第31步兵学校；在石家庄以第67军一部与平原军区教导大队组建了第32步兵学校。同年，在总参谋部、总后勤部的直接领导下，还先后于张家口、北京、大同、石家庄、宣化等地，建起了工程学校、气象学校、华北军区供给学校、第6汽车学校、华北军区医科大学、华北军区通信学校、化学兵学校等。这些军事和技术院校的建立与发展，为部队培养了大批的优秀人才，对提高人民解放军的整体素质，加强部队现代化、正规化建设，起到了巨大作用。

三、积极参加国民经济恢复和生产建设

1949年12月，人民革命军事委员会发布《关于1950年军队参加生产建设工作的指示》，指出：当解放战争在全国范围内取得基本胜利的形势下，全国人民的任务是恢复与发展生产，进行政治、经济、文化及国防建设，以医治长期战争遗留的创伤。人民解放军在和平时期不仅是一支戍边国防军，而且应成为一支生产大军，在不妨碍军事任务的条件下，应有计划地参加农业和工业生产。华北军区部队在建设和加强诸军兵种及各种军校的同时，根据这一指示，一面执行整训、剿匪两项主要任务，一面积极参加国家经济的恢复与建设，展开了大规模的生产运动。

1950年初，各部队研究部署了生产任务，明确了长期打算、以农业生产为主的方针，在渤海滩及察哈尔地区展开了大规模的垦荒生产，以克服战争遗留的困难。经过一年的生产劳动，获得很大成绩。第20兵团在渤海湾大量开荒，种植水田5.3万余亩，旱田7.17万余亩，完成开挖潮白河渠和修路、建港等土石工程共610万立方米；绥远军区部队种地20余万亩，参加黄河河坝修建完成土石工程325万立方米；平原军区部队种地3万余亩，水利工程完成30余万土方。华北各地驻军在参加生产、支援国家建设中，垦荒种田数十万亩，组织了几十个农场，并且参加了永定河、滹沱河、海河等23条河流的挖河、修堤、开渠、筑坝等工程。在紧张的生产劳动中，全体官兵发扬人民解放军艰苦奋斗的优良传统，克服重重困难，为国家增加了财富，节约了开支，改善了部队生活。广大干部、战士在劳动中也得到了锻炼，官兵之间、军民之间关系更加密切。

1950 年 10 月，华北军区受命组成首批中国人民志愿军奔赴朝鲜战场，投入抗美援朝战争。之后，华北野战部队在新的历史时期，一直肩负着保卫祖国、保卫华北、保卫首都的特殊使命，并沿着革命化、现代化、正规化建设的道路不断前进。

结 束 语

全国解放战争，是中国共产党领导下的中国人民解放军同全国人民一道，为推翻以国民党蒋介石为代表的帝国主义、封建主义、官僚资本主义在中国的反动统治，夺取新民主主义革命彻底胜利而进行的一次伟大的革命战争，是新民主主义革命进程中革命力量与反革命力量之间的大决战。

华北战场是全国解放战争的主要战场之一。由于华北地区处于连接东北、华东、中南和西北的特殊地理位置，具有极为重要的战略地位，所以抗日战争一结束，国民党蒋介石就在华北陆续展开了大量兵力，图谋控制华北各战略要地，分割华北解放区，以打开进入东北的通道并进而抢占东北。这就决定了华北战场的军事斗争必然是艰苦的、激烈的，也是极其复杂的。华北军区、华北野战部队在中共中央、中央军委和毛泽东主席的正确领导下，在聂荣臻、薄一波、徐向前等主要领导者的直接指挥下，在晋绥军区、晋冀鲁豫军区和第四野战军的大力协同配合下，紧紧围绕本战略区肩负的巩固热察战略基地、支援东北及邻近地区作战、歼灭华北国民党军主力并解放华北的战略任务，英勇转战于华北战场，同国民党军傅作义集团、阎锡山集团及孙连仲部进行了殊死搏斗。从国民党军队向华北解放区发动大规模进攻起，到华北全境解放止，华北军区暨华北野战部队在 3 年 2 个月的时间内，先后实施重大战役战斗 20 余次，总计歼灭和改编国民党军 101.3 万余人，缴获大量枪支、火炮、汽车及其他军用物资。随后，遵照中央军委的指示，又以第 18、第 19 兵团加入第一野战军，转战西北、西南地区，为取得解放战争的最后胜利作出了重要贡献。

华北军区暨华北野战部队之所以能够取得如此辉煌的胜利，首先是由于以毛泽东为首的中共中央、中央军委正确地判断了战争形势，制定了正确的战略方针和各项作战原则与作战方法，实施了正确的战略指导。特别是1947年以后，中共中央工作委员会、中央委员会和毛泽东主席先后来到华北，使华北地区的工作得到了更加及时而具体的指导。许多重大斗争和战役，如著名的石家庄战役、太原战役和协同第四野战军进行的平津战役等，都得到了毛泽东、刘少奇、周恩来、朱德及彭德怀等中央和军委领导同志亲自参与和直接指挥。这一点，同其他战略区相比，华北具有得天独厚的条件。

其次是由于人民群众的积极拥护和大力支援。毛泽东指出："人心的向背，是经常起作用的因素，人民解放军的战争所具有的爱国的正义的革命的性质，必然要获得全国人民的拥护。"① 华北解放战争的实践，充分证明了这一论断的正确。华北解放区是抗日战争初期创建的老根据地，建立了巩固的人民政权，进行了普遍的土地改革，人民群众的政治觉悟很高。在整个解放战争期间，大量翻身农民踊跃参加解放军，使解放军获得了源源不断的兵员补充。解放军每次战役的胜利，都是在人民群众的支援配合下取得的。华北野战军部队发起清风店战役时，冀中人民在地方党委领导下，全力以赴支援战争，出动了近10万民兵和民工，3400余辆大车和1万余副担架。平津战役时，华北人民动员一切人力、物力保障前线的需要，仅供应粮食就达五六亿斤，有30多万民兵担任一线警戒，150多万民工执行战勤任务。

再次是由于各友邻战略区及兄弟部队的密切配合。华北解放战争作为全国解放战争有机整体的一个重要组成部分，与各个战场战局发展始终是互相联系的。因此，华北部队的作战，既在战略上始终得到了各友邻战略区及兄弟部队的积极支援和策应配合，更有一些重要作战，如绥远战役、晋北战役、大同集宁战役、太原战役，是与兄弟部队联合行动、

① 《毛泽东选集》第4卷，人民出版社1991年6月版，第1246页。

并肩战斗夺取胜利的。特别是战争后期，第四野战军入关作战，共同发起平津战役，加速了华北全境解放。

最后是华北部队全体指战员英勇作战的结果。在华北解放战争中，华北部队为了人民的利益而战，充满了革命信念，士气高昂，英勇顽强，前仆后继，涌现出众多的英雄集体和模范人物，同时也付出了沉重的代价。在作战中，华北野战部队有 4.15 万多人英勇牺牲，19.8 万多人负伤。这些为中国人民解放事业献出鲜血和生命的人民子弟兵，将永垂青史，受到人们的敬仰。

在多年的战争实践中，华北军区、华北野战部队积累了丰富而宝贵的经验。

一、胸怀全局，坚决贯彻中共中央、中央军委制定的战略方针和决策指示

解放战争规模空前巨大，战场深远广阔，形势复杂多变，人民解放军的战略指挥权必须集中于以毛泽东主席为首的中共中央、中央军委手中。为此，华北部队从战争初期到最后决战，始终高度自觉地把自己置于中共中央、中央军委的绝对领导和统一指挥之下，一切从大局利益出发，一切为了全局需要，发挥高度的积极性和主动性，为确保中共中央和中央军委战略意图实现，夺取全国胜利作出了历史性的贡献。

抗日战争胜利后，中共中央为实现“向北发展，向南防御”“全力控制东北”的战略意图，要求各解放区抽调力量，完成占领东北的任务。当时，晋察冀解放区尽管面临国民党军优势兵力的强大压力，但晋察冀军区毅然把支援东北作战放在了重要位置。从 1945 年 8 月苏联对日宣战起，晋察冀军区出兵支援东北比较大的行动共有 3 次，先后划归东北的部队就有 3 个纵队和 6 个独立旅，总兵力有十几万人。此外，还有 14 个军分区的地方武装。在全面内战爆发、敌强我弱的严重形势下，中共中央确定晋察冀和晋绥军区部队 1946 年下半年的基本任务是：保卫地方与夺取“三路”（平汉路北段、正太路、同蒲路）“四城”（保定、石门、太原、大同）。

在当时特定的历史条件下，要实现这一计划是非常困难的。但为了战略全局需要和粉碎国民党军的进攻，晋察冀和晋绥军区密切协同，坚决执行中共中央的部署，以积极的行动，克服一切困难，于6—9月连续进行了晋北战役和大同集宁战役。在解放战争的各个阶段及关键时刻，华北部队遵照中共中央、中央军委的指示，立足全局，多次圆满完成了与友邻战区战略配合的任务。1947年五六月间，东北民主联军展开强大的夏季攻势，中央军委5月8日指示晋察冀军区："必须钳制关内敌军，不使东调，使东北取得胜利。"[①] 为达此目的，华北部队出兵津浦路，发起青沧战役，从而威胁天津，震动北平，迫使原拟增援东北的国民党军不敢出关，有力地配合了东北民主联军的夏季攻势作战。1948年，为了继续削弱、歼灭国民党傅作义集团有生力量，配合东北人民解放军的攻势作战，华北野战部队根据中央军委指示，于三四月间进行了察南、绥东战役，随后又于5—7月转战热西、冀东，再战保北，所向皆捷，取得了歼灭国民党军4.8万余人的胜利，调动和牵制傅作义集团无法抽调兵力增援东北，有力地保障了东北人民解放军作战任务的完成。其间，华北野战部队第1兵团以保卫麦收为中心任务，发起晋中战役，取得了歼灭阎锡山部正规军7.4万余人及保警队、民卫军2.2万余人的辉煌战绩。这时，华北部队尚能集中使用，是可以打大仗的。但在全国的棋盘上，中共中央、中央军委深谋远虑，把与国民党进行战略决战的突破口选在东北，把华北置于战略配合地位，即华北部队的任务是全力控制华北国民党军，不使其出关，以支援东北野战军夺取辽沈战役的胜利。为此，华北军区遵照中央军委的部署，以第2兵团楔入热西、冀东反复扭击国民党军，第3兵团西出绥远发动猛烈攻势，两支部队在东西两个方向上相互配合，协同作战，使傅作义部的机动兵团徒劳往返，疲于应付，无力增援东北。不仅胜利地完成了策应辽沈战役的战略牵制任务，而且也有效地发展了华北战局，进一步削弱了傅作义集团，为尔后解放平、津创造了更加有

① 《毛泽东年谱》下卷，中央文献出版社2002年8月版，第188页。

利的条件。

实践证明，正确把握和处理全局与局部的关系，从全局出发，服从全局需要，在任何时候、任何情况下都坚决听从中共中央、中央军委的集中统一领导和指挥，这既是华北部队坚强的组织纪律观念和优良作风的体现，也是华北部队在解放战争中逐步取得主动地位，不断发展壮大，夺取辉煌胜利的根本保证。

二、结合战略区实际，以正确的作战方针和原则为指导，力争战场主动权

解放战争中，华北战场具有两个鲜明的特点：一是华北军区、华北野战部队面对国民党军重兵集团，双方兵力对比悬殊，敌强我弱的态势持续时间比较长；二是华北野战部队长期在本区域内作战，肩负巩固扩大解放区，打击、钳制和逐次消灭华北国民党军，遂行对全国战局的战略配合及邻近战区的作战支援等任务。基于这种情况，华北军区、华北野战部队从自己所处的地位和应起的作用出发，发扬敢于斗争敢于胜利的精神，努力把中共中央、中央军委制定的基本作战原则、作战方针应用于实践，在战争中学习战争，逐步取得了华北战局中的主动，打了不少好仗，总结积累了丰富的经验。

（一）在作战指导上，必须贯彻运动战、歼灭战的方针。1946 年 7 月，毛泽东明确提出："战胜蒋介石的作战方法，一般地是运动战。"[①] 此后，中央军委进一步指明："集中兵力各个歼敌的原则，以歼灭敌军有生力量为主要目标，不以保守或夺取地方为主要目标。"[②] 在战争初期，晋察冀军区部队对运动战、歼灭战的方针领会得不够，因此在大同和集宁战役中，部队虽然打得英勇顽强，却未能达到大量歼灭国民党军之目的，被迫放弃绥东，撤围大同。这不仅直接影响了部队的情绪，而且更重要

① 《毛泽东选集》第 4 卷，人民出版社 1991 年 6 月版，第 1178 页。

② 《毛泽东选集》第 4 卷，人民出版社 1991 年 6 月版，第 1199 页。

的是造成了初期作战的被动，影响了战局的发展。以后，虽在保定南北诸战役中，运动中歼敌的思想逐步明确，打了几个胜仗，但仍“有些仗是在被动情况下打的”，战果并不理想。1947年3月，晋察冀中央局安国会议后，进一步明确了运动战的思想，坚决实行大踏步进退，在运动中歼灭敌人的方针，这才在华北战场上纵横自如。此后，晋察冀野战部队南下正太、东取青沧，再战保北，三战三捷，以后又连续取得清风店歼灭战、解放石家庄和庄疃歼灭傅作义王牌军等一系列光辉战绩。华北战局的曲折进程生动地说明，解放军由被动转入主动，由劣势变为优势，关键在于作战指导上必须贯彻打运动战、歼灭战的思想。只有正确处理好歼灭敌人有生力量同保守或夺取地方的关系，在运动中大量地歼灭敌人，才能够把战场的主动权牢牢地掌握在自己手中。

（二）先打弱敌，后打强敌，你打你的，我打我的。在国民党军兵力、装备占据优势的情况下，晋察冀野战部队为开创战场新局面，于1947年4月向国民党军守备薄弱分散的正太路出击，使之成为晋察冀野战部队由被动转入主动作战的转折点。当时，在平、津、保三角地带，国民党军聚集了30多个师的兵力，是个强点；而正太、津浦及平绥路国民党军的兵力则相对薄弱和分散。当晋察冀野战部队主力指向正太线，孤立了石门守军时，北平国民党军出动7个师的兵力，企图牵制解放军战役行动。面对变化，晋察冀野战部队不为所动，只以地方部队在保北与国民党军周旋，主力仍旧按照计划西出正太线，造成平津保地区国民党军数十万重兵无用武之地，使其一筹莫展，而野战军则全部实现了预定计划，取得了正太战役的圆满成功。当时，中共中央对于正太战役的部署给予了充分肯定，称“这是很正确的方针”，“这即是先打弱的，后打强的，你打你的，我打我的（各打各的）政策，亦即完全主动作战政策”[①]。

（三）大踏步进退，在运动中寻求主动，捕捉战机。清风店战役之前，晋察冀野战部队出击保北，围城打援，由于国民党援兵5个师猬集一团，

① 《毛泽东年谱》下卷，中央文献出版社2002年8月版，第184页。

无法分割消灭，战役计划未能实现，形成对峙局面。这时，蒋介石命令罗历戎的第3军从石家庄出动北援，企图南北夹击解放军。面对战场情况的突然变化，晋察冀军区和野战军指挥员抓住国民党第3军孤军北上的有利时机，当机立断，决定留下4个旅的兵力阻击可能由保北南下增援的国民党军，其余部队日夜兼程，向南疾进，一昼夜连续行军100多公里，在清风店地区一举包围并歼灭国民党军第3军主力1.4万余人，为尔后解放石家庄创造了条件。清风店战役，是晋察冀野战部队寻求主动，捕捉战机的一次成功范例，对扭转华北战局起了关键的作用。

（四）遂行宽大机动作战，以我之长，击敌之短。解放战争进入第二年时，在华北战场上，人民解放军接连取得胜利，歼灭大量国民党军，使整个战场形势发生了重大变化。但这时国民党军仍拥有兵力上的优势和进攻能力。1947年底傅作义统揽华北军事指挥大权后，实行“以主力对主力”“以集中对集中”的战法，其主力猬集在平、津、保铁路沿线地区，依托北平、天津，控制平津保三角区域，并常以30个团左右的兵力堆在一起，这就使晋察冀野战部队割它不开，咬它不烂，很难求得歼灭战的机会。针对这一情况，晋察冀野战部队在中央军委的指导下，转变战略思想，一反过去的行动规律，于1948年春分成两个集团，实行宽大机动作战，转战察南、绥东和热西、冀东，调动敌人，取了许多中小规模的运动战。在战役指导上，依据战场的实际情况，机动灵活，有时避实就虚，击其薄弱；有时则迫其分散，各个击破；有时又避其重兵，围城打援。在整个战场上，晋察冀野战部队外线和内线互相配合，攻势此起彼伏，迫使国民党军在漫长的战线上拖来拖去，疲于奔命，陷于不利地位。1948年5月，晋察冀和晋冀鲁豫两大军区合并为华北军区后，由晋冀鲁豫部队编组的华北野战军第1兵团，在晋中战役中，紧紧掌握“力求在运动中歼灭敌人”的原则，实行高度机动作战，充分发挥了主动性和灵活性，成功地把阎锡山部主力调离设防地带，拖向预设战场，给予干净、彻底歼灭，创造了以劣胜优的光辉战例。

（五）勇敢加技术，提高攻坚战本领，夺取城市。解放战争转入战略反攻后，攻取城市成为一项重要任务。这时，华北部队在既无飞机，又无坦克，连山炮、野炮也有限的情况下，如何突破国民党军固守的坚城，如何以劣势装备占领有国民党军重兵设防的大城市，困难显而易见。在石家庄战役中，朱德总司令亲临指导，提出了“勇敢加技术”的号召，并与野战军指挥员一起拟定了具体作战方案。这次战役，攻城部队为“不打无准备之仗”，战前进行了充分的攻坚准备。经过周密的侦察，摸清了国民党军防御配置，并根据其工事特点、火力配系、地形状况，开展军事民主，对作战中的战术、技术难点，进行了反复研究演练。同时，根据实战特点，强化了土工作业和爆破技术，创造了一系列成功的方法，使指战员的作战信心和能力得到有效提高。石家庄战役的胜利，受到了中央军委的特电嘉奖。朱德总司令称赞这次战役是“夺取大城市的创例”，并对攻坚技术作了科学总结，形成了连续爆破、坑道作业、集中兵力火力、突破一点、穿插分割等一整套攻坚战术原则。这些原则，在以后攻克临汾、太原等坚城战役中，得到了进一步的贯彻和提高。

三、积极做好瓦解敌军的工作，有效配合军事斗争

毛泽东指出：“我们的胜利不但是依靠我军的作战，而且依靠敌军的瓦解。”[①] 紧密配合军事斗争，从政治思想上、战斗意志上、组织体系上瓦解敌军，是中国共产党领导下的人民军队政治工作的一项重要原则。在解放战争过程中，中共华北各级组织和华北部队的敌军工作，做的是成功的，成果是辉煌的。

1945 年 10 月，中共中央书记处发出《关于成立国军工作部的指示》后，中共中央晋察冀局及其所属各级党委、晋察冀军区及其所属部队政治机关，分别成立了敌军工作部门或设立专职敌工干部，在不同范围内，采取不同方式，开展敌军工作。1948 年 1 月，中央工委敌工会议后，根据刘少奇的意见，华北局、华北军区把地方党委联络部和部队敌工部合

① 《毛泽东选集》合订本，人民出版社 1967 年 7 月版，第 350 页。

为一个部门，在地方党委统一领导下，以部队为主，有组织、有计划地开展工作，使军地这项工作更加协调一致，政策和策略更加明确，工作重点和地位作用更加突出。同时，也使从事敌军工作的队伍建设得到进一步加强，各级部门、各类干部的工作积极性得到充分发挥。

第一，在战役战斗中广泛开展对敌政治攻势，动摇瓦解国民党军人心士气。石家庄攻坚战期间，晋察冀野战军结合强大的军事攻势，通过战场宣传与喊话，有计划、有组织地释放俘虏，发挥解放战士政策攻心、战场劝降等多种行之有效的方法，开展火线政治攻势，对取得战役胜利起到了重要配合作用。如第3纵队第7旅第20团的2个班，于战役进行间随机应变，边打边施以积极有力的政治瓦解，各俘敌1个营；战役后期的范村之战，解放军利用政治争取，使千余国民党军缴械投降。华北野战兵团包围太原阶段，普遍持续地开展火线宣传喊话、派遣打入分化、给阎锡山部军官写劝降书等政治争取工作，半年瓦解国民党军2万余人；总攻太原时，守卫南北两处重要据点卧虎山、双塔寺的国民党军，在解放军强大的政治攻势下，均未能组织起像样的抵抗即退出阵地。

第二，在处理俘虏工作方面严格执行政策，缓和矛盾，消解敌对，为我所用。战争初期，华北部队有些单位在敌军工作中曾出现过一些“左”的倾向，1947年春季以后，遵照中共中央指示，逐步检查纠正了存在问题，打开了新的工作局面。其做法是：对广大干部深入进行敌军工作政策策略思想教育，使各级明确敌军工作的方针任务及方式方法；正确地理解掌握俘虏政策，坚决执行俘虏纪律，变“不杀、不放、不用，单纯看管”为教育改造后大部释放、少量留用，并注重利用俘虏进行瓦解国民党军的工作。据1948年华北军区统计，3年共释放俘虏8.55万余人，其中军官1.05万余人，派遣返回原国民党军队1561人。这些经教育改造的被俘或遣返人员，普遍为共产党、解放军起到了政策宣传作用，甚至有不少人员在战场上带头缴枪，保存武器。如西北野战军举行的宜川战役城破之时，国民党军城防司令曾下令炸毁弹药库，太岳军区释放回去的俘虏数十人，立即出面阻止，经过一番宣传规劝，使百吨弹药得以保全。

第三，利用强大的军事压力，通过和平谈判的方式，促使国民党军接受和平改编。平津战役中，根据中共中央、中央军委的指示，人民解放军在实施强大军事打击的同时，平津前线指挥部会同中共北平地下党，通过各种渠道和方式，反复做促使傅作义走和平道路的工作。在有关各方的积极争取下，傅作义终于顺应历史潮流，签署了《关于和平解决北平问题的协议》，下令25万守军全部开出城外，接受改编，使北平得以和平解放。接着，又以和平的方式解放了绥远。“北平方式”和“绥远方式”的实现，对于人民解放军解决残余的国民党军产生了极为深刻的影响，对加速全国解放的进程有着重要的意义。

四、注重加强部队的政治建设，不断巩固与提高整体战斗力

在解放战争中，华北部队发扬人民解放军政治工作的优良传统，为巩固与提高部队的战斗力，保证战争的胜利，发挥了巨大作用。为了加强党对军队的绝对领导，遵照中共中央的指示，改变了抗战时期由军政委员会指导工作的方式，在团以上部队建立了中共党的委员会，实行党委集体统一领导下的首长分工负责制。这种领导制度，对贯彻中国共产党的路线、政策，加强集体领导，巩固军内外团结，保证各项工作和战斗任务的完成，发挥了重要作用。同时，在部队中进一步加强了党的基层建设，强调以连队党支部为领导核心，充分发挥共产党员的模范作用，使每个连队都成为打不烂、拖不垮的坚强战斗集体。

在各级党组织的领导下，部队政治工作的战斗性有了进一步加强，群众性更为广泛，形式更为鲜活多样。解放战争时期，政治工作最突出的成就和经验，就是结合战争和部队实际，普遍开展以诉苦、“三查”为主要内容的新式整军运动。解放军中的诉苦、“三查”和解放区轰轰烈烈的土地改革同时展开，在当时的历史条件下，成为加强人民军队建设的一项有力措施，是政治工作的一个重要发展。运用诉苦、回忆、对比、查整等方法，通过群众的亲身经历，揭露旧社会阶级剥削、压迫的本质，来进行共产党的路线、政策和解放军作战目的的教育，大大提高了广大

官兵的阶级觉悟，使主要来自翻身农民的解放军士兵，懂得了为谁当兵，为谁打仗，从而成为具有高度觉悟的阶级战士，同时，也极有成效地加速了改造大批被俘国民党士兵的过程。在新式整军中，还广泛地、有秩序地开展了包括政治民主、经济民主和军事民主的三大民主运动。实行政治民主，有效地清除了军阀主义残余和官僚主义作风，增强了官兵团结，调动了官兵遵守纪律的自觉性和完成各项任务的积极性。实行经济民主，加强了部队的财、物管理，改善了基层的物质生活。实行军事民主，在训练中实行“官兵互教，兵兵互教”的新式练兵方法，部队的战术技术水平迅速得到提高；在执行作战任务而又情况许可的条件下，把上级决心交给群众讨论，集思广益，开展群众性的战评活动，解决了战场上遇到的种种难题，大大丰富了解放军的作战经验。华北军区部队在各级党委的领导下，通过强有力的政治思想工作，有针对性地解决了官兵在特定时期、不同情况下产生的各种认识偏差，较好地把全区部队的意志，统一在了党中央提出的路线、方针和战略任务上来，使广大指战员的战斗热情空前高涨，革命英雄主义精神大为振奋，部队打大仗、打恶仗的整体战斗力明显提高。

五、适应战争发展需要，及时改进和完善后勤保障体系

后勤工作是保障军队建设和作战胜利不可或缺的重要组成部分。后勤保障得好坏，直接影响着战争的进程和结局。解放战争中的华北军区后勤保障工作，在战役战斗十分频繁，物质条件非常困难的情况下，着眼适应战争发展的需要，紧紧依靠地方政府和人民群众，不断改进和完善后勤供应体系，全面组织后方支前和各种保障，最大限度地满足前线部队的物资供应和作战需要，为保证部队拥有持续的作战能力，打下了坚实的物质基础。

巩固的革命根据地和人民群众的全力支援，为军队后勤保障工作提供了坚实可靠的基础。在整个解放战争中，虽然国民党军一直垂涎晋察冀根据地，但在北岳、冀中、冀东以及平北、平西等地广大军民的英勇

抗击下，多次粉碎了国民党军对解放区腹地的进攻，始终保持了根据地的稳定，成为华北军区及所属部队巩固的后方基地和战略依托。华北军区部队按照党的号召，积极参加解放区的土改运动，惩奸除恶，投入生产，保护群众利益，减轻人民的负担，与人民同甘共苦，使军政军民关系更加密切，解放区民众参战支前的积极性更加高涨。部队在内线作战时期，根据地民众克服困难，倾囊相助，要人出人、要物给物，并协同主力部队，积极开展破路、袭扰等游击活动，全力支援和配合野战军作战；深入国统区外线作战后，又以大量民兵、民工随军远征，运弹药、送粮草、救伤员，担负起了各项战争勤务，与野战部队并肩战斗。这就使人民战争的优势得到了极大发挥，成为解放军克敌制胜的一个重要法宝。

逐步建立与健全系统完整的后勤工作体制，为满足适应大兵团作战的要求提供了条件。随着战争规模的不断扩大，大兵团运动作战愈益成为主要的作战形式。解放军在长期游击环境中采取的分散动员和取给的办法，已不能适应大规模运动作战的需要，使统一后勤供应体制成为迫切需要解决的问题。为此，华北军区结合整军，对整个野战后勤系统的编制体制进行了有效调整。首先在组织上，军地合一，联合组成各级支前机构，并以分方向、按区域的方式，担负作战部队的供应保障任务，强调在工作中统一计划、统一调度、统一支配。其次在编制上，各野战部队团以上单位统一设立后勤部门，相对独立地与地方各级沟通联系，专司部队的供应保障工作，并按照部队的实际需求，提供及时、到位的服务保障。通过党、政、军、民各自系统和渠道，调动一切可以调动的力量和资源，优先集中满足前线部队的需要，从而使整个后方保障工作的效率大大提高，综合保障的整体效能得到充分发挥，野战部队也能够集中全力于作战和训练。

“以俘获敌人的全部武器和大部人员，补充自己”，成为作战补给的重要来源。“我军人力物力的来源，主要在前线。”这是战争年代解放军后勤补给的重要原则之一。随着战争的发展和战场缴获数量的不断增加，部队的兵员补充、武器装备改善和物资器材供应等，除了来自根据地外，相当一部分来自战场，取之于敌。华北军区始终坚持以战养战，通过多打胜仗来不断发展壮大自己的保障思路，强调“一切缴获要归公”，自上而下，有计划、有重点地分配和使用“战利品”，以及新解放城市的各种资源。特别是进入国统区作战后，普遍采取了随缴随用、就地取给的政策，不仅弥补了根据地供应的不足，减轻了老区人民的负担，而且使战场新缴获的武器装备和反正兵员能在较短的时间内，迅速生成新的战斗力。

在后勤工作人员中强化“一切为了前线，一切为了战争胜利”的思想，是保证为部队提供优质服务的前提。在整个解放战争中，无论是战争初期的晋察冀还是后来的华北，由于长期不断的战争，解放区的各种作战物资供应十分紧张。在这种情况下，奋战在华北后勤供应线上的各类工作人员，想为部队所想，急为部队所需，深入各地，协调方方面面的关系和力量，千方百计地筹措物资，动员组织民众力量和专业队伍，成立运输队、担架队，开设救护所、供给站等，全心全意地为部队服务。如平津战役，为保证东北和华北数十万大军的食物供应，华北军区后方勤务系统仅动员粮食就达 3 亿多公斤，全体民众人均担负 12 公斤。数量如此多的粮食，都是各级各地后方工作人员不分昼夜，从各家各户一点点征得的，工作量之大是难以想象的。正是由于广大后勤工作者的忘我工作，才满足了部队的供应和保证了战争的胜利。

附　录

解放战争时期华北野战部队军事大事记

（1945 年 8 月—1950 年 6 月）

1945 年

8 月

13 日　晋察冀军区部队按照朱德总司令关于“解放区人民军队向日伪军展开全面反攻”的命令，开始向平、津、保、石等大中城市和铁路交通线进军。另一部向东北挺进，以接受日伪军投降，对收复之城镇要塞实施紧急军事管制。

14 日　冀晋军区部队解放兴和县城。

16 日　冀察军区部队一部在张北与由蒙古人民共和国南下的苏蒙联军会师。

17 日　冀中军区部队解放雄县、安国、容城县城。

19 日　冀中军区部队解放束鹿县城。

22 日　冀中军区部队解放献县县城。

23 日　冀中军区部队解放霸县县城；冀察军区部队解放张家口市。

24 日　冀晋军区部队解放集宁、丰镇、阳高县城；冀中军区部队解放博野县城。

26 日　冀热辽军区部队解放卢龙县城；冀中军区部队解放蠡县城。

27 日　冀中军区部队解放永清县城。

28 日　冀热辽军区部队解放乐亭县城；冀中军区部队解放深县县城。

29 日　冀中军区部队解放安新、安次县城。

30 日　李运昌率冀热辽军区挺进东北先遣纵队，与苏联红军在绥中地区会师。

△　冀热辽军区部队解放山海关；冀察军区部队解放涞水县城。

31 日　冀热辽军区部队解放绥中、宁河县城。冀察军区部队解放怀安县城。

本月　为了对侵华日军举行战略反攻，保证抗日战争胜利，根据中共中央指示，晋察冀军区决定将 38 个小团扩编为大团，将 8 个地区队、65 个县游击支队、39 个县大队整编为团。

9 月

1 日　冀热辽军区部队解放秦皇岛。

2 日　冀中军区部队解放无极县城。

3 日　冀晋军区部队解放行唐、曲阳县城。

4 日　冀晋军区部队解放唐县、易县县城；冀中军区部队解放固安县城。

5 日　中共中央晋察冀分局改为中共中央晋察冀局，聂荣臻任书记，刘澜涛、罗瑞卿任副书记。

7 日　冀晋军区部队解放完县县城。

9 日　聂荣臻司令员兼政治委员，萧克副司令员，刘澜涛、罗瑞卿副政治委员等由延安返回晋察冀军区。

10 日　冀察军区部队在柴沟堡打退国民党军向张家口的进犯，歼东北挺进军骑兵第 5 师大部，收复兴和、尚义县城。

12 日　冀热辽军区部队解放蓟县县城；冀中军区部队解放高阳县城。

13 日　冀热辽军区部队解放平谷县城。

19 日　冀热辽军区部队解放兴隆县城。

20 日　冀热辽军区部队解放三河县城。

21 日　晋察冀军区根据中共中央书记处关于“扩大与补充兵员”的指示，对部队体制进行调整，编成野战军和地方军，集中所属主力部队编成野战纵队。

△　以冀察军区部队编成 2 个野战纵队。冀察（郭天民）纵队，辖第 6、第 7、第 9 旅和骑兵旅；冀察（刘道生）纵队，辖第 8、第 10 旅。11 月，该 2 个纵队归晋察冀军区第 1 野战军建制。

△　以冀晋军区部队编成 2 个野战纵队。冀晋（陈正湘）纵队，辖第 3、第 4 旅；组建冀晋（赵尔陆）纵队（又称热河纵队），辖第 1、第 2、第 3 旅。11 月，该 2 个纵队分别归晋察冀军区第 1、第 2 野战军建制。

△　以冀中军区部队编成 2 个野战纵队。冀中（杨成武）纵队，辖第 11、第 12、第 13 旅和第 40、第 41 团；冀中（黄寿发）纵队，辖第 1、第 2 旅。11 月，该 2 个纵队分别归晋察冀军区第 1、第 2 野战军建制。

△　以冀热辽军区部队编成 2 个野战纵队。以八路军独立第 3 游击支队和从延安调来的教导第 2 旅等部队组建热辽（黄永胜）纵队（又称辽西纵队），辖第 22、第 27、第 30 旅和炮兵混成旅；以冀热辽军区部队组建冀东（詹才芳）纵队，辖第 12、第 13、第 14 旅。11 月，该 2 个纵队归晋察冀军区第 2 野战军建制。

△　冀察军区部队解放延庆、怀来县城；冀热辽军区部队解放玉田县城。

25 日　冀热辽军区部队解放青龙县城。

26 日　冀热辽军区部队解放香河、丰润县城。

27 日　晋察冀军区奉中央军委命令，以炮训队为基础组建晋察冀军区炮兵团。

30 日　冀晋军区部队解放阳原县城；冀热辽军区部队解放宝坻县城。

本月　晋察冀军区决定，成立张家口卫戍司令部。

10月

4日　冀察军区部队解放龙关县城。

7日　冀中军区部队解放藁城县城。

9日　晋察冀军区命令，成立晋察冀军区兵站部，以管理军队交通运输。

10日　冀中军区在天津市设立办事处。

12日　冀晋军区部队解放浑源县城。

14日　冀察军区部队解放赤城县城。

17日　冀热辽军区部队攻克迁安县城。

18日　晋察冀、晋绥两军区部队发起绥远战役。

△　冀中军区驻津办事处被驻天津美军官兵30多人包围搜查，捕5人（后放回），并强占房子。

20日　冀中军区部队再克安次县城。

21日　冀晋军区部队攻克丰镇县城。

24日　冀中纵队占领集宁城。

25日　晋绥军区部队在卓资山歼国民党军新编第26师4000余人。

26日　冀热辽军区部队解放抚宁县城。

27日　冀中纵队解放广灵县城。

30日　临榆县海阳镇遭驻秦皇岛美军及国民党军第94军一部200余人进犯，地方游击队18人被解除武装。

本月　冀热辽军区辖第14、第15、第16、第17、第18军分区和独立第16、第17旅，由晋察冀军区划归东北人民自治军建制。11月，冀热辽军区又调归晋察冀军区建制，所辖第16军分区直属东北人民自治军总部。

11月

3日　冀中纵队攻克蔚县县城。

4日　晋察冀军区以9个野战纵队组建第1、第2野战军。第1野战军由聂荣臻兼任司令员、政治委员，耿飚兼任参谋长，辖冀察（郭天民）纵队、冀察（刘道生）纵队、冀中（杨成武）纵队、冀晋（陈正湘）纵队，共10个步兵旅、1个骑兵旅。第2野战军由萧克兼任司令员，罗瑞卿兼任政治委员，彭寿生任参谋长，辖晋冀鲁豫第1（杨得志）纵队（该纵队在进军东北到达晋察冀军区后，因情况变化，奉命于12月调归晋察冀军区建制）、冀中（黄寿发）纵队、冀晋（赵尔陆）纵队、冀东（詹才芳）纵队、热辽（黄永胜）纵队，共14个步兵旅、1个混成炮兵旅。

6日　察哈尔省人民政府在宣化成立，张苏任主席。

7日　晋绥军区部队占领萨拉齐。

9日　中共中央决定，中共中央冀热辽分局由原属中共中央东北局改属中共中央晋察冀局领导，冀热辽军区亦同时由东北人民自治军划归晋察冀军区。

10日　冀察纵队攻克武川县城。

13日　热河省人民政府在承德成立，李运昌任主席。

25日　内蒙古西部地区人民代表大会在张家口召开，决定成立“内蒙古自治运动联合会”，乌兰夫任主席兼军事部长。

本月　晋察冀军区决定，以冀热辽军区机关一部为基础成立冀东军区（为三级军区），归冀热辽军区建制。将冀热辽军区所辖第14、第15、第16、第17、第18军分区及由第14军分区第16、第53、第54团合编组成的第11旅，划归冀东军区建制。

△　晋察冀军区组建教导师，辖教导第1、第2团和警卫团，归

晋察冀军区建制，由张家口卫戍司令部指挥。

12 月

13 日　冀中军区和冀南军区部队解放衡水县城。

14 日　晋察冀军区部队和晋绥军区部队撤围归绥，结束绥远战役。

15 日　根据中央军委决定，撤销晋察冀军区第 1、第 2 野战军番号。2 个野战军所辖纵队，由晋察冀军区直接指挥。晋察冀军区第 2 野战军指挥机关并入冀热辽军区，萧克任该军区司令员，程子华、罗瑞卿任政治委员，辖热河军区和新成立的冀东军区。

31 日　第 1 纵队和冀东军区部队解放遵化县城。

本月　根据中共中央 9 月 19 日关于从各解放区抽调部队和干部（含拟组建 100 个架子团的干部）速赴东北的指示，晋察冀军区的冀热辽军区机关及直属第 15、第 46、第 47 团，第 14 军分区及第 13、第 16 团，北进支队，第 15 军分区及第 11、第 51 团，第 16 军分区及第 12、第 18 团，朝鲜义勇队，冀中军区独立第 3 旅，军区直属第 31、第 62、第 71 团，共 1 万余人，先后进入东北。

1946 年

1 月

15 日　冀晋纵队收复浑源、丰镇县城。

17 日　冀晋纵队及晋绥军区部队歼灭抢占集宁之傅作义部新编第 4 师 1200 余人，收复集宁城。

18 日　冀东军区部队收复玉田县城。

30日　晋察冀军区命令，将军区供给部、卫生部、军事工业部、兵站部合并为军区后方勤务部，设供给部、卫生部、军事工业部、兵站部、军械处。

2月

30日　冀热辽军区部队歼灭侵占平泉以南桲罗树之国民党军第94军第5师1300余人。

下旬　晋察冀军区军事政治干部学校经中共中央批准成立，聂荣臻兼校长和政委，朱良才任副校长兼副政委。机关设政治部、校政部、供应处、卫生处，辖第1、第2、第3大队和教训队、工训队及第1、第2、第3、第4、第6随营学校。

3月

1日　中共中央晋察冀局发布《关于复员工作的通知》和精简整编部队的指示。据此，晋察冀军区于3月至6月进行精简整编，野战部队由9个纵队整编为4个纵队。以原晋冀鲁豫第1纵队整编为第1纵队，辖第1、第2、第3旅；将冀察（郭天民）、冀察（刘道生）纵队整编为第2纵队，辖第4、第5旅；将冀中（杨成武）纵队和冀中（黄寿发）纵队（该纵队第2旅撤销）一部整编为第3纵队，辖第7、第8旅；将冀晋（陈正湘）、冀晋（赵尔陆）纵队一部整编为第4纵队，辖第10、第11旅。均归晋察冀军区建制。撤销冀察（郭天民）、冀察（刘道生）、冀中（杨成武）、冀晋（陈正湘）、热辽（黄永胜）、冀东（詹才芳）、冀晋（赵尔陆）、冀中（黄寿发）纵队番号。同时将原热河军区的热中、热北（又称昭乌达军分区）、热辽（新组建）军分区合编，组成热辽军区（三级军区，6月13日正式成立），归冀热辽军区（二级军区）建制；以冀东、热辽、冀晋、冀中、冀察纵队部分部队和各军区（二级军区）部分部队为基础，组建 13 个独立旅；将晋察冀军区教导师与冀晋纵队第 1 旅旅部及第 1、第 2 团合编为教导旅，辖教导第 1、第 2 团。原教导师警卫团改归晋察冀军区直属。6 月，教导旅改归张家口卫戍司令部建制。

4 月

本月　晋察冀军区根据中共中央晋察冀局 3 月 1 日指示，于 4 月对军分区进行整编。整编后，军区辖冀察、冀晋、冀中、冀东、热河、热辽 6 个三级军区和 21 个军分区，另辖张家口卫戍司令部、承德卫戍司令部（1945 年 11 月成立，1946 年 8 月撤销）。

5 月

3 日　冀中军区部队解放泊镇。

14 日　冀热辽军区司令部发表声明，抗议国民党军大规模调动，向热河发起进攻。

19 日　冀热辽军区部队于 12 日发起的热东反击战役，当日，控制叶柏寿至赤峰间铁路，歼灭国民党第 13 军第 54 师之第 162 团全部及炮兵营大部。

30 日　冀中军区部队经 9 天作战，击退国民党军第 94 军第 121 师及伪保安队向胜芳的进攻，毙伤俘敌 1500 余人，击毁坦克 3 辆。

6 月

1 日　晋察冀军区司令员兼政治委员聂荣臻就国民党军进犯冀中、冀东向国民党当局提出严正抗议。

24 日　冀晋军区部队解放山阴县城。

7月

1日　中共中央晋察冀局发出《关于传达与执行中央“五四”指示的决定》，在全区展开土地改革运动。

4日　第4纵队第11旅及冀晋军区部队会同晋绥军区部队发起晋北战役，第11旅当天攻克繁峙县城。

5日　第4纵队第11旅解放代县县城。

10日　晋察冀军区政治部发布《关于参加乡村发动群众解决土地问题的训令》。

14日　冀晋军区部队解放五台县城；第4纵队第11旅解放原平镇。

17日　冀晋军区部队解放定襄县城。

19日　第4纵队第10旅围攻应县县城。

29日　天津美军出动空军和炮兵配合国民党军侵占冀东香河县安平镇，这是驻华美军卷入中国内战的突出事例。

31日　晋察冀、晋绥两军区部队，发起扫清大同外围的战斗。

8月

2日　晋绥军区和晋察冀军区在阳高召开作战会议，确定了攻打大同的方针和部署；大同前线部队解放怀仁县城。

9日　中共中央晋察冀局发出指令，号召晋察冀全体军民紧急动员起来，坚决勇敢地投入自卫战争中去，彻底粉碎国民党军队的进攻。

13日　张家口市遭国民党军飞机空袭。

15日　晋北战役结束，晋绥军区和晋察冀军区参战部队解放山阴、岱岳、宁武、繁峙、代县、崞县、原平、五台、忻口、定襄10余座城镇，歼灭阎锡山部8000余人，控制同蒲铁路北段250多公里。

28日　冀热辽军区部队主动撤出承德市。

9月

11日 晋察冀、晋绥军区部队在集宁城郊歼国民党军暂编第11师大部、暂编第17师第3团共5000余人。

13日 晋察冀、晋绥军区部队撤出集宁城。

16日 晋察冀决定撤围大同，大同战役遂告结束。

19日 晋察冀、晋绥军区部队撤出丰镇县城。

21日 冀东军区部队反击国民党军进攻，半个月歼灭敌军5000余人。国民党军先后侵占迁安、乐亭、青龙、抚宁、丰润、遵化、玉田、宁河、蓟县、宝坻、武清、平谷、三河、香河、兴隆15座县城。

29日 国民党军向张家口进攻，张家口保卫战开始。为配合保卫张家口作战，晋察冀野战军一部在平汉铁路北段发起攻势。

本月 晋察冀军区奉命恢复野战军指挥机构，萧克任司令员，罗瑞卿任政委，耿飚任参谋长，潘自力任政治部主任。下辖第1、第2、第3、第4纵队及张家口卫戍司令部。

10月

3日 平汉前线晋察冀野战军一部经4天作战，攻克望都、徐水、容城、定兴4座县城和高碑店至漕河及于家庄到清风店的全部火车站，歼国民党军8000余人。

△ 晋察冀野战军第1纵队在平绥东线歼灭国民党军第16军第109师第325团全部及327团1个营。

8日 晋察冀野战军在平绥前线歼灭国民党军第43师第127团。

9日 冀中军区部队解放赵县县城；冀东军区部队收复宁河、乐亭县城。

10日 晋察冀军区部队在平绥东线怀来东南的山神庙地区，歼国民党第94军第121师1000余人。

11日　晋察冀军区部队撤离张家口，张家口保卫战结束。此役共歼国民党军2.2万余人。

12日　晋察冀军区部队撤出怀来阵地转入察南地区作战。

22日　中共中央晋察冀局在涞源召开扩大会议，总结3个月来作战的经验教训，作出《关于张垣失守后的形势与任务的决定》。

25日　晋察冀军区部队在平汉铁路线北段歼灭国民党军暂编第3总队3个团。

月末　撤销热河军区，成立冀热察军区。

11月

2日　晋察冀野战军发起易（县）涞（水）战役。

4日　第3纵队及冀察军区部队在易县南、北秋兰歼灭国民党军第94军第121师4个营。

△　晋察冀军区决定，将冀察军区与张家口卫戍司令部合并为察哈尔军区，机关设司令部、政治部、供给部、卫生部；将第4纵队第11旅，原冀察军区第4、第6军分区，冀察军区独立第4旅，新成立的第22军分区，划归察哈尔军区建制；将张家口卫戍司令部所辖教导旅调归第4纵队建制，改称第4纵队教导旅。

16日至19日　晋察冀野战军第2、第3、第4纵队及冀晋军区部队，在易县以东二十里铺、门敦山、刘家沟地区，歼灭由涞水向易县进犯之国民党军第94、第53军3800余人。

20日　中共中央晋察冀局决定动员4万新兵补充野战军。

25日　冀热察军区部队解放沽源县城。

12月

3日　晋察冀野战军指挥机构撤销，其人员并入晋察冀军区机关，所辖第2、第3、第4纵队，由晋察冀军区直接指挥。

9日　中共中央晋察冀局召开财经会议，确定1947年开展大生产运动及整理财政、厉行节约、调整军队供给标准、整理战争勤务等项工作。

11日　冀东军区部队攻克宝坻县城。

15日　晋察冀军区第1纵队及所辖第1、第2旅，调归晋冀鲁豫野战军建制。

20日　晋察冀军区第3、第4纵队发起满城战役，至21日全歼国民党军第53军第130师第388团及第2总队2个团。

1947年

1月

8日　冀东军区部队攻克武清县，歼国民党武清保安大队等部2000余人。

20日　第4纵队在冀中、冀晋军区部队配合下，发起保南战役。

21日　第4纵队及冀中、冀晋军区部队解放望都县城及王京车站等地。

24日　第4纵队及冀中、冀晋军区部队在新乐县十家町全歼国民党军第5纵队第13团及第32师第95团2个营，并解放新乐县城。

28日　第4纵队攻克定县县城，保南战役结束。此役共歼国民党军8000余人，解放县城3座，控制平汉铁路方顺桥至东长寿段100余公里。

本月　冀晋军区独立第2旅调归晋察冀军区第4纵队，改称第12旅；察哈尔军区第11旅（原晋察冀军区第4纵队第11旅）

调归晋察冀军区第 3 纵队改称第 9 旅。

2 月

7 日　冀东军区部队收复宝坻县城。

10 日　冀东军区部队攻入通县县城，歼国民党军 1000 余人。

14 日　第 2 纵队攻占平汉线漕河、徐水、田村铺等车站，歼国民党军 1700 余人。

17 日　第 3、第 4 纵队在易县姚村地区歼国民党军第 94 军 2100 余人。

3 月

18 日　晋察冀军区召开政治工作会议。检查了工作中存在的问题，研究制定了改进措施，确定在团以上各级建立党的委员会。

19 日　冀东军区部队收复宁河县城。

29 日　中共中央晋察冀局在安国召开扩大会议。检查执行军事斗争、土地改革和生产三大任务中存在的问题，作出了《关于执行中央二一指示的决定》。

29 日　中共中央决定冀热辽分局、军区归东北局领导。

4 月

4 日　冀东军区部队袭入新河机场，焚毁由美军陆战队看守的 4 个军火库。

5 日　察哈尔军区部队在察南大斜阳附近歼国民党军第 16 军第 280 团大部，毙伤俘 700 多人。

8 日　晋察冀军区部队发起正太战役。

△　冀热察军区部队攻克赤城县独石口、平定堡，歼国民党军绥东保安旅全部和第 11 战区补充兵总队直属队和 1 个团共 2400 余人。

△　冀晋军区部队攻克定襄县城。

10日　　正太前线第4纵队攻克栾城，全歼国民党守军，俘800人。

12日　　正太前线第2纵队、第3纵队攻克正定县城，歼国民党军6000余人。

14日　　晋察冀军区部队向进犯大清河北地区的国民党军第94军2个师，第16、第92军各1个师发起攻击，经七昼夜作战，歼国民党军2300余人。

15日　　正太前线晋察冀军区第3、第4纵队攻克获鹿县城。

16日　　正太前线晋察冀军区第3纵队攻占井陉县城及矿区。

25日　　正太前线晋察冀军区第3纵队攻克要隘娘子关。

27日　　正太前线晋察冀军区第3纵队攻克平定县城。

28日　　正太前线晋察冀军区第2纵队攻克盂县城及宗艾、解愁两镇。

△　　冀中军区部队为配合正太战役向大清河北国民党军出击。

29日　　正太前线晋察冀军区第2纵队攻克寿阳县黄丹沟煤矿及上湖车站。

△　　正太前线晋察冀军区第4纵队及第2纵队一部在寿阳东北地区歼国民党军暂编独立第8总队5个营大部。

30日　　热河军区部队收复凌源县城。

5月

3日　　朱德、刘少奇率党中央工作委员会来到晋察冀，进驻平山县封城村。

4日　　正太前线晋察冀军区野战部队在测石驿、芹泉及盂县南地区，歼灭阎锡山部第33军暂编第46师、独立第10总队各2个团及第71师2个团的大部，并解放阳泉和寿阳县城。

△　　正太战役结束，总计歼国民党军3.54余人，解放县城7座，控制正太铁路180余公里及平汉铁路一段。晋察冀和晋冀鲁豫解放区连成一片。

中旬　　中共中央晋察冀局在行唐县上碑镇召开扩大会议，刘少奇、朱德亲临指导。会议着重检查土改复查工作，纠正了“左”倾错误。

25 日　晋察冀军区为统一管理、训练和使用炮兵，决定以军区炮兵团和第 2、第 3、第 4 纵队炮兵营为基础，组建军区炮兵旅，辖炮兵第 1（野炮）、第 2（重迫混编）、第 3（山炮）团及教导团。6 月 1 日该旅组建完毕。9 月，该旅组建第 4 团（重迫击炮）。

△　中央军委批准，重建晋察冀野战军，杨得志任司令员，罗瑞卿兼任第一政治委员，杨成武任第二政治委员，耿飚任参谋长，潘自力任政治部主任，机关设司令部、政治部，辖第 2、第 3、第 4 纵队及炮兵旅，归晋察冀军区建制。

△　冀东军区部队收复迁安县城。

6 月

10 日　朱德总司令视察冀中军区部队，并作了重要指示。

12 日　晋察冀野战军发起青沧战役。

15 日　青沧战役胜利结束，歼国民党军 1.3 万余人，攻克青县、沧县、永清 3 座县城，占领津浦铁路 80 余公里。

25 日　晋察冀野战军发起保北战役。

26 日　第 2 纵队攻克徐水县城，全歼国民党军第 16 军第 325 团。

28 日　第 2、第 3 纵队各一部攻克固城镇，歼国民党军第 94 军第 121 师第 362 团。

30 日　晋察冀军区根据中共晋察冀中央局武装工作会议决定，由冀晋军区重建独立第 2 旅（原独立第 2 旅已编入第 4 纵队），辖第 4、第 5、第 6 团。由冀中军区重建独立第 8 旅（原独立第 8 旅于 1946 年 12 月调归第 2 纵队），辖第 22、第 23、第 24 团。将冀晋军区独立第 1、第 2 旅合编组建冀晋纵队（又称冀晋兵团）。

7月

6日　晋察冀野战军6月25日发起的保北战役胜利结束，歼国民党军8200余人。

△　晋察冀军区司令部公布一年来战绩：共作战3364次，歼敌19.77万余人，收复县城39座。

8月

24日　晋察冀野战军第4纵队再克正定县城，歼国民党军2000余人。

9月

12日　晋察冀野战军及冀中军区部队向大清河北出击，在昝岗、吴家台、开口、霸县城等地歼灭国民党军第16军5000余人。

24日　冀中军区部队收复青县及津浦路北段子牙镇，并再度收复栾城。

10月

3日　晋察冀边区土地会议开幕。

4日　冀晋军区部队在寿阳县宗艾镇歼国民党军1500余人。

11日　晋察冀野战军第2、第3、第4纵队和察哈尔、冀中军区部队，向保定以北平汉铁路沿线出击。

15日　冀中军区部队收复霸县县城。

21日　冀中军区部队收复雄县县城。

22日　晋察冀野战军发起的清风店战役结束。此役，全歼国民党军第3军军部、第7师和第16军之第66团，共1.4万余人，俘军长罗历戎。

25日　中共晋察冀野战军前线委员会在驻地固安县召开旅以上党

员干部参加的扩大会议，讨论和决定攻取石门的战役计划和准备工作。朱德总司令亲临指导并提出“勇敢加技术”的号召。

11 月

6 日　晋察冀野战军发起石门战役。

9 日　晋察冀边区土地会议历时 37 天胜利闭幕。

12 日　晋察冀野战军攻克石门，全歼国民党守军 2.2 万余人。

17 日　晋察冀军区发布命令，将全区划分北岳、冀中两个军区。其中，冀晋军区与察哈尔军区合并，成立北岳军区。将原各军区的独立旅抽出，组建新的野战纵队。

29 日　晋察冀军区组建第 1、第 6、第 7 纵队。

12 月

1 日　中共晋察冀野战军前委在晋县召开扩大会议，总结历次战役的经验教训，研究部署整党、整军和参加土地改革工作。

△　石门前线晋察冀野战军攻克元氏县城，全歼国民党军 5000 余人。

6 日　以原察哈尔军区机关一部和冀中军区独立第 7、第 8 旅，察哈尔军区、冀晋军区 3 个独立团、5 个独立营编组为晋察冀野战军第 6 纵队。

27 日　晋察冀野战军发起平汉线北段战役。

△　晋冀鲁豫军区部队攻克运城。此次战役共歼国民党军 1.38 万余人。

本月　以原冀晋军区独立第 1、第 2 旅和原察哈尔军区独立第 4 旅组成晋察冀军区第 1 纵队。

1948 年

1 月

10 日　　晋察冀边区政府颁布《惩治贪污条例》。

11 日　　冀热察军区部队在永宁以东之大石岭歼灭国民党军暂编第 3 军 1 个团。

13 日　　晋察冀军区第 1 纵队和野战军第 3 纵队分别在涞水县温辛庄和庄疃村歼国民党第 35 军军部和新编第 32 师大部，第 35 军中将军长鲁英麟自杀，少将参谋长田世举被击毙，傅作义部主力遭歼灭性打击。

27 日　　晋察冀野战军第 1、第 2、第 3、第 4 纵队和北岳、冀中军区地方部队，自 19 日起出动，于 27 日 18 时统一行动，分别对平汉铁路北段和平绥铁路东段交通实施破击，至 30 日，破坏铁路总长约 400 公里，并攻克雄县、霸县县城及沿线据点多处，使平、津、保、张间的铁路交通陷入瘫痪。

△　　晋察冀军区部队开始新式整军运动。

2 月

本月　　以冀中军区独立第 9 旅和军区所属各分区 6 个团组成晋察冀军区第 7 纵队。

3 月

7 日　　晋冀鲁豫军区第 8、第 13 纵队在太岳、吕梁军区部队配合下，发起临汾战役。

20 日　　晋察冀野战军发起察南、绥东战役。

25 日　　察南、绥东战役晋察冀野战军左翼兵团在攻克阳高、天镇后，控制永嘉堡至周士庄间铁路 50 余公里。右翼兵团攻克广灵、蔚县、阳原县城，歼国民党军 1.5 万余人，解放察南广大地区。

27 日　察南、绥东战役晋察冀野战军左翼兵团西出绥远，第 1 纵队收复丰镇县城。

下旬　晋察冀军区补训兵团在石门组建，辖第 1 至第 4 补(俘)训旅。

4 月

1 日　冀中军区部队收复雄县、霸县二城。

2 日　晋察冀军区第 1 纵队攻克天城村。

3 日　晋察冀军区第 1 纵队解放新堂县城。

4 日　晋察冀野战军第 6 纵队与晋绥军区部队攻克凉城。

6 日　晋察冀野战军第 6 纵队解放和林县城。

8 日　出击察南的晋察冀野战军右翼兵团占领怀安、天镇，第 8 旅在滹沱店歼国民党军整编骑兵第 11 旅一部。

10 日　察南、绥东战役胜利结束。

5 月

9 日　晋察冀野战军第 6 纵队和冀晋军区部队在盂县附近歼灭国民党军第 43 军暂编第 49 师大部。

△　中共中央和中央军委决定，晋察冀、晋冀鲁豫军区合并，成立华北军区。中央军委命令原晋冀鲁豫军区前方指挥所改称华北军区第 1 兵团，机关设司令部、政治部、供给部、卫生部，辖第 8、第 13、第 14 纵队。原晋察冀野战军机构改称华北军区第 2 兵团，机关设司令部、政治部，辖第 2、第 3、第 4、第 6 纵队。

10 日　晋察冀野战军第 6 纵队解放寿阳县城。

11 日　毛泽东主席率中共中央机关到达晋察冀。

13 日　晋察冀野战军第 4 纵队及冀热察军区部队攻克延庆县城。

16日　为配合东北解放军夏季攻势，晋察冀野战军杨得志司令员、罗瑞卿政治委员率第3、第4纵队及第2纵队第4旅向热西、冀东进军；野战军第二政治委员杨成武指挥其余部队于保北地区作战。

17日　晋冀鲁豫军区和晋绥军区部队经72天作战，攻克临汾城，全歼国民党守军2.5万余人。

18日　华北军区第2兵团第3纵队和第2纵队第4旅在沙河镇以西上、下店，全歼国民党军第92军第142师2个团。

20日　晋察冀、晋冀鲁豫两大解放区合并，称华北解放区，中共中央华北局成立，刘少奇任第一书记，薄一波任第二书记，聂荣臻任第三书记；华北军区正式成立，聂荣臻任司令员，薄一波任政治委员，徐向前任第一副司令员，滕代远任第二副司令员，萧克任第三副司令员，赵尔陆任参谋长兼后勤司令员，罗瑞卿任政治部主任，黄敬任后勤政治委员。机关设司令部、政治部、后勤司令部。原晋冀鲁豫军区所属冀鲁豫、冀南、太行、太岳军区和独立第1、第3旅，原晋察冀军区所属的冀中、北岳军区和第1、第2、第3、第4、第6、第7纵队及补训兵团，原晋冀鲁豫野战军第8、第13、第14纵队均划归华北军区建制；原晋冀鲁豫军区炮兵旅、晋察冀军区炮兵旅，分别改称华北军区炮兵第1、第2旅。华北军区下辖第1、第2兵团共有9个纵队、2个炮兵旅，野战军总兵力达23万余人；共有6个二级军区，地方武装有18万余人。原晋冀鲁豫军区军事政治大学与晋察冀军区军政干部学校合并组成华北军区军事政治大学，叶剑英任校长兼政治委员，萧克兼副校长，朱良才任副政治委员兼政治部主任。晋察冀军区电讯工程专科学校与晋冀鲁豫军区通信学校、中央军委第3局无线电通信训练队、气象通信训练队合并组成华北军区电讯工程专科学校；晋察冀军区供给学校与晋冀鲁豫军区供给学校合并组成华北军区供给学校；晋察冀军区白求恩医科大学与晋冀鲁豫军区北方大学医学院合并组成华北军区医科大学；以晋察冀军区各纵队随营学校为基础，成立华北军区步兵学校。

25日　华北军区第1纵队攻克应县县城，全歼国民党守军2400余人。

28日　华北军区第2兵团第3、第4纵队和冀察热辽军区部队对平承铁路鞍匠屯至怀柔段展开破击。

6月

1日　华北军区和边区政府发出护麦斗争的联合指示。

11日　华北军区第1兵团发起晋中战役。

12日　晋中前线太岳军区部队解放灵石县城。

14日　晋中前线吕梁军区部队在孝义西北地区歼国民党军第43军第70师等部1200余人。

15日　第2兵团第4纵队及第2纵队第4旅攻克丰润县城及榛子镇等国民党军据点，歼其5300余人。

△　《晋察冀日报》和晋冀鲁豫《人民日报》合并称《人民日报》，在石门创刊。

19日　第2兵团第3纵队攻克密云县石匣镇、小营，歼国民党军2000余人。

21日　晋中前线第1兵团第8纵队和太岳军区部队，在平遥西南张兰镇一带歼国民党军第72师（即“亲训师”）及亲训炮团大部。

24日　晋中前线第1兵团第13纵队和吕梁军区部队，于平遥以西洪善地区全歼国民党军第19军军部、暂编第40师2个团及“民卫军”等共4000余人。

25日　第2兵团第4纵队及第2纵队第4旅攻克昌黎县城及据点30余处，歼国民党交通警察第3支队第5、第8总队等部共

4800 余人。

7 月

1 日　冀中军区部队再克胜芳镇。

7 日　晋中前线第 1 兵团第 8 纵队攻克祁县县城，歼国民党军第 19 军暂编第 37 师大部及保警队全部；吕梁军区部队解放交城县城。

9 日　晋中前线部队解放清源县城。

10 日　晋中前线部队在榆次、太谷间完成对国民党军山西省野战军总司令部及其主力各部的包围，开始发起总攻；同日，解放徐沟县城。

11 日　晋中前线部队解放平遥县城。

12 日　晋中前线第 1 兵团第 8、第 13 纵队在榆次西南大常、南庄歼国民党军第 34 军军部、第 73 师、暂编第 44 师全部及暂编第 10 总队大部共 6000 余人。

13 日　晋中前线部队解放太谷县城。

14 日　晋中前线吕梁军区部队和第 8 纵队一部在太原、交城之间歼灭国民党军第 43 军军部、第 70 师等部共 8000 余人，先后解放介休、孝义、汾阳、文水等县城。

15 日　第 2 兵团第 2、第 6 纵队和北岳、冀中军区部队，发起保北战役；第 2 纵队攻克涞水县城。

16 日　晋中前线部队在榆次西南小常镇全歼国民党军山西省野战军总司令部、第 33 军军部、第 71 师、暂编第 46 师等部；保北前线的冀中军区部队攻克新城县城。

17 日　第 2 兵团第 6 纵队再克定兴县城，全歼国民党守军。

19 日　晋中前线部队解放榆次、晋源县城。

20 日　第 2 兵团第 4 纵队和第 2 纵队第 4 旅攻克香河县城。第 2 纵队攻克徐水县城，全歼国民党军新编第 2 军暂编第 31 师第

3 团等部。

△ 保北战役胜利结束，歼国民党军 1.2 万余人，解放县城 4 座。

21 日 晋中前线部队在忻县以南之豆罗镇地区，全歼国民党军第 43 军暂编第 39 师等部 7400 余人，解放忻县县城。

△ 晋中战役胜利结束，歼灭阎锡山部 10 万余人，解放县城 14 座。

22 日 第 2 兵团第 4 纵队攻克武清县城。

26 日 华北军区部队再克怀安县城。

8 月

7 日 第 1 兵团第 14 纵队和冀鲁豫军区部队解放封丘县城。

15 日 以太岳军区部队组成第 15 纵队，归第 1 兵团建制；第 1 兵团第 14 纵队改归华北军区直辖。

△ 晋中军区成立，罗贵波任司令员兼政委，萧文玖任副司令员。

19 日 第 14 纵队解放原武、阳武县城。

本月 根据中共中央决定，华北军区以第 1 纵队（又称北岳纵队）、第 2 兵团第 2 纵队（欠第 4 旅）、第 6 纵队为基础，组建华北军区第 3 兵团，杨成武任司令员，李井泉兼政治委员，李天焕任副政治委员兼政治部主任，机关设司令部、政治部、供给部、卫生部。8 月下旬，该兵团在河北易县正式组成。

9 月

4 日 第 3 兵团与北岳军区 5 个团由朔县、代县、山阴地区出发，向绥远进军。

7 日 第 2 兵团和冀察热辽军区部队，为掩护第 3 兵团西出绥远和配合东北作战，向平承铁路及平北地区出击，攻克三河县城和密云县石匣、小营等据点，控制平承铁路古北口至密云段。

24 日 进军绥远的北岳军区部队攻占丰镇县城。

25日　绥远前线部队攻克凉城、和林格尔、清水河县城。

27日　绥远前线第1纵队和晋绥军区第8纵队攻克集宁城，全歼国民党守军2000余人。

28日　绥远前线第3兵团和晋绥军区部队经4天作战，解放绥远东部和南部广大地区，歼国民党军5600余人，控制平绥铁路200余公里，形成合围归绥之势。

30日　中央军委决定缓攻归绥，前线部队主动撤出集宁。

10月

1日　冀鲁豫军区部队解放菏泽县城。

2日　第3纵队在宣化以东贾家湾，全歼国民党军暂编第31师2个团2000余人；冀热察军区部队收复崇礼、尚义县城，歼国民党军800余人。

3日　冀中军区部队于新城县板家窝歼国民党河北保安第1旅2000余人。

5日　第1兵团发起太原战役。

6日　第1兵团于太原城南小店镇附近歼国民党军暂编第44、第45、第49师和第72师各一部。

9日　第2兵团第3纵队攻克沙城。

11日　中共第3兵团前委扩大会议在丰镇召开，决定主力向绥西、绥北进军。

12日　太原前线部队攻占武宿机场和北营车站，全歼国民党军第73师第218团和保安第18团。

13日　第2兵团第4纵队和第4旅于延庆县康庄东北郭家堡歼国民党军第16军第380团。

16日　绥远前线部队攻克陶林县城。

19日　冀中军区部队攻克固安县城。

20日　绥远前线部队解放乌兰花、毕克齐、托克托等城镇。

22 日　华北人民政府与华北军区司令部决定，在华北统一组织后勤机构。二级军区以上以部队为主，军分区以下以地方为主组织，负责军政后勤保障工作。部队原有供给、卫生、军械等部门归后勤部建制。各兵团相应建立统一的后勤部（即华北军区后勤部的分部），辖供应、卫生、兵站、军械、民运等部门，由华北军区后勤部和兵团首长双重领导。

△　绥远前线部队解放萨拉齐县城。

23 日　绥远前线部队解放包头市。

24 日　第 14 纵队和冀鲁豫军区部队占领黄河铁桥；冀鲁豫军区部队解放封丘县城。

26 日　第 14 纵队和太行军区部队解放焦作煤矿和修武、武陟县城，在修武西南郇封、雁门等地歼国民党军第 40 军补训团及河南省保安团等部共 5000 余人。

△　冀鲁豫军区部队解放民权县城。

28 日　国民党第 94 军、第 101 军的第 22 师、骑兵第 12 旅、新编骑兵第 4 师等部由保定南犯，企图偷袭石家庄。

29 日　遵照中共中央指示，中共中央华北局决定抽调 1.7 万名干部到南方新解放区工作。

30 日　绥远前线部队于绥西哈拉忽洞追歼国民党军新编第 11 旅第 1 团全部。

31 日　绥远前线部队解放安北县城。

11 月

1 日　中央军委下达《关于统一全军组织及部队番号的规定》。华北野战军第 1、第 2、第 3 兵团依次改称中国人民解放军第 18、第 19、第 20 兵团，各纵队和旅改称军和师（新番号从 1949 年 1 月 15 日启用）。

2 日　第 2 兵团由平绥线兼程南下，迫使企图偷袭石门之傅作义部窜回保定。

△ 第 70 军和太行军区部队解放获嘉县城，歼国民党河南省保安团等部 4000 余人。

6 日 第四野战军先头部队入关。

7 日 第 8 纵队组成，隶属第 2 兵团建制。

△ 第 14 纵队和冀鲁豫军区部队解放汲县县城，歼国民党地方“人民自卫队”1000 余人。

12 日 冀热辽军区部队收复热河省省会承德，热河全境解放。

15 日 第 3 兵团奉命撤围归绥城。

16 日 冀中军区部队收复胜芳镇。

22 日 华北军区部队解放保定市。

28 日 华北军区部队收复平承铁路上长城要隘古北口。

29 日 平津战役开始。华北第 2、第 3 兵团和东北先遣兵团向平绥路东段发起进攻。

30 日 华北第 3 兵团攻占柴沟堡、万全、怀安，歼国民党军 2200 余人，切断了傅作义部主力西逃道路。

12 月

3 日 东北野战军主力经冷口、喜峰口跨过长城，进入冀东迁安、丰润、遵化、玉田、蓟县地区。

6 日 华北军区第 2 兵团解放涿鹿县城。

7 日 第 7 纵队解放涿县县城；冀东军区部队解放顺义县城。

8 日 华北军区第 2 兵团将国民党第 35 军包围于新保安。

10 日 华北军区命令，以太行军区第 4 军分区第 47、第 46 团和修武等 4 个独立营为基础，组建华北军区独立第 7 旅，归太行军区建制。

13 日 华北军区命令，为准备接受被俘国民党兵的训练任务，决定冀南、晋中、太行、冀鲁豫、太岳军区各组建1个俘（补）训旅，分别称第5、第6、第7、第8、第9旅，均归华北补训兵团建制。第1、第2、第3兵团各组建1个俘（补）训旅，分别归各兵团建制。28日，华北军区命令，冀中、北岳军区各组建1个俘（补）训旅，分别暂归各军区建制。各俘（补）训旅于1949年1月组建完毕。

△ 中央军委决定，成立平津卫戍司令部，由华北军区兼，聂荣臻、薄一波分别任司令员和政治委员；成立北平市军事管制委员会，叶剑英任主任；成立天津市军事管制委员会，黄克诚任主任。同月，将华北军政大学所属步兵学校人员组建的第1、第2（负责天津地区纠察任务）纠察总队，划归平津卫戍司令部建制。1949年2月1日，第1纠察总队改为北平纠察总队，归北平军管会领导。

15日 北岳军区部队及骑兵第3、第4、第5师攻克张北县城，歼守军1500余人。

18日 北平前线解放军部队占领北平南苑飞机场、石景山发电厂及门头沟煤矿区。

22日 华北军区第2兵团在新保安全歼国民党军第35军军部及其所属第101、第267师及保安部队等部1.9万余人，军长郭景云自毙，副军长王雷震和师长冯梓、温汉民被生俘。

24日 华北军区第3兵团和东北野战军第4纵队解放张家口，全歼国民党军第11兵团部和1个军部、5个步兵师、3个骑兵旅及保安部队等共5.4万余人，军长袁庆荣、副军长杨维垣及部分师（旅）长被生俘。

29日 冀热察军区部队解放宝昌县城。

1949 年

1 月

4 日　华北军区第 2、第 3 兵团进军至北平北郊，进行攻城准备工作；冀热察军区部队解放商都县城。

10 日　中央军委决定，由林彪、罗荣桓、聂荣臻组成中共平津战役总前线委员会，林彪任书记。

上旬　冀东军区由东北军区划归华北军区建制，下辖第 12、第 14、第 15 军分区。

14 日　华北军区组织力量配合东北野战军主力强攻天津。

15 日　经 29 小时激战，人民解放军全歼天津国民党守军陈长捷集团，天津解放。天津市军事管制委员会和天津市人民政府成立，黄克诚任军管会主任、黄敬任市长兼军管会副主任、张友渔任副市长。

△　根据中央军委决定，华北军区开始启用全军统一的新番号，第 1、第 2、第 3 兵团等部队正式改称第 18、第 19、第 20 兵团，纵队和旅改为军和师。

17 日　解放塘沽。

20 日　傅作义接受和平改编方案，令其所属驻北平 2 个兵团部、8 个军部、25 个师和特种兵、保安部队等 20 余万人，按照指定地点，开出城外，听候改编。

23 日　第 70 军于滑县以北汲津铺、道口等地，歼国民党军第 40 军第 316 团和第 362 团、保安第 1 旅第 3 团各一部，共 2500 余人。

29 日　原北岳军区与冀热察军区合并组成察哈尔军区，王平任司令员、杨耕田任政治委员。

31 日　人民解放军进驻北平城，北平宣告和平解放。平津战役历时 64 天，歼灭与和平改编国民党军 52 万余人。

2 月

3 日　　人民解放军在北平举行庄严的入城式。

△　　北平市军事管制委员会、平津卫戍司令部成立。叶剑英任军事管制委员会主任兼北平市市长，彭真任北平市委书记，聂荣臻任平津卫戍司令员，薄一波任政治委员。

4 日　　第 70 军和地方部队解放辉县县城。

12 日　　北平市 20 余万人在天安门前召开各界庆祝北平解放大会。

13 日　　华北军区领导机关进驻北平。

21 日　　前国民党华北“剿总”所属部队接受和平改编，编入华北军区部队的有：1 个兵团部、2 个军部和 7 个师，其他部队编入第四野战军。

3 月

1 日　　华北军区决定，炮兵第 2 旅野榴炮兵第 1、第 2 团，分别调归第 19、第 20 兵团建制，编为兵团直属炮兵团。炮兵第 2 旅山炮第 2 团、新 2 团和炮兵第 3 团与第 19、第 20 兵团各军的炮兵分队合编组建 6 个炮兵团，分别调归第 63、第 64、第 65、第 66、第 67、第 68 军建制，编为军属炮兵团。

11 日　　第 19、第 20 兵团和第四野战军炮兵第 1 师分别在 8 日、11 日由北平附近出发，进军太原。

17 日　　中央军委决定组成中共太原前线总前委，徐向前任书记，罗瑞卿、周士第任副书记。并以第 18 兵团司令部、政治部为太原前线司令部、政治部，徐向前任司令员兼政治委员，周士第任副司令员，罗瑞卿任副政治委员。

21 日　　中央军委命令，撤销第 69 军番号，所辖步兵第 205、第 206、第 207 师整编为 2 个师，分别称华北军区独立步兵第

205、第206师。独立步兵第205师辖步兵第613、第614、第615团。独立步兵第206师辖步兵第616、第617、第618团。均归华北军区建制。撤销步兵第207师番号。

△ 中央军委复第四野战军，将东北军区步兵第160师改称步兵第207师，步兵第165师改称步兵第208师，划归平津卫戍司令部建制。

25日 中共中央、中国人民解放军总部迁至北平。华北军区在西苑机场举行盛大阅兵式，接受毛泽东主席、朱德总司令检阅。

28日 中国人民解放军副总司令兼第一野战军司令员彭德怀到达太原前线，与徐向前一同负责总攻太原的作战指挥。

4月

20日 华北军区第18、第19、第20兵团等部队向太原发起总攻。

22日 各路攻击部队攻占太原守军外围5个防区，逼近城垣。

24日 5时30分开始攻城，至10时太原城全部解放。全歼国民党太原绥靖公署司令部、第10兵团司令部、第15兵团司令部、山西省保安司令部、6个军部、17个师共8.4万余人。

25日 中央军委命令华北军区第18、第19兵团拨归第一野战军建制。

△ 中央军委复华北军区，同意察哈尔、冀东军区部队分别组成华北军区独立步兵第209、第210师。

29日 人民解放军解放大同，国民党守军第275师等部1.1万余人接受人民解放军改编。

5月

5日 第四野战军第13兵团和冀鲁豫、太行、冀南等军区部队解放安阳城，全歼国民党守军第40军第337师等部1.5万余人。

△ 新乡市解放，国民党守军第40军2万余人投诚。

26 日　拨归第一野战军的第 18 兵团从太原地区出发向西北进军。

△　华北军区成立特种兵司令部，下辖高射炮团、战车团、机动炮团和铁甲列车纵队。

29 日　绥蒙军区与第 8 军合并，改称绥远军区，姚喆任司令员，高克林任政治委员。归华北军区建制。

6 月

5 日　拨归第一野战军的第 19 兵团从平遥、介休地区出发，向西北进军。

8 日　《绥远和平协议》签字生效。

13 日　绥远省人民政府成立。

15 日　第 20 兵团进驻天津，担负保卫海防任务，并开始练兵。

28 日　天津警备区成立。第 20 兵团司令部兼天津警备司令部，杨成武兼任司令员、王世英任副司令员。

7 月

15 日　华北军区各部队开始建立新民主主义青年团的组织。

28 日　华北人民政府委员会决定：撤销原有行政区划，华北地区划为河北、山西、察哈尔、平原、绥远 5 个省。

8 月

1 日　华北军区各部队举行授军旗典礼，中国人民解放军副总参谋长兼华北军区司令员聂荣臻代表军委授予北平警卫部队军旗。

△　中共河北省委员会、河北省人民政府、河北军区在省会保定成立。

20 日　中共平原省委员会、平原省人民政府、平原军区在省会新乡成立。

9 月

1 日　中共山西省委员会、山西省人民政府、山西军区在省会太原成立。

8 日　叶剑英调任中共中央华南分局第一书记，聂荣臻继任北平市长兼军事管制委员会主任。

19 日　前国民党军将领董其武率部正式通电起义，绥远全境和平解放。

10 月

1 日　中华人民共和国成立，首都北京隆重举行开国大典，华北军区部分部队参加了庆典的阅兵仪式。

31 日　华北人民政府奉命结束工作。

12 月

20 日　华北军区发出《1950 年工作指示》，指出 1950 年的任务是：进一步加强整训，开展生产运动，继续肃清残余匪特。

27 日　绥远省军政委员会在省会呼和浩特成立。

1950 年

1 月

1 日　绥远起义部队编为中国人民解放军第 36、第 37 军和骑兵第 4 师。

19 日　华北军区发表 1949 年剿匪战绩：全区毙、伤、俘和投诚、悔过登记的残匪共计 2.45 万余人。

5 月

3 日　中央军委决定，原东北军区内蒙古军区改归华北军区领导。

6 月

10 日　华北军政大学改组为华北陆军军官学校。

解放战争时期华北野战部队战斗序列表（1）

（1945 年 9 月）

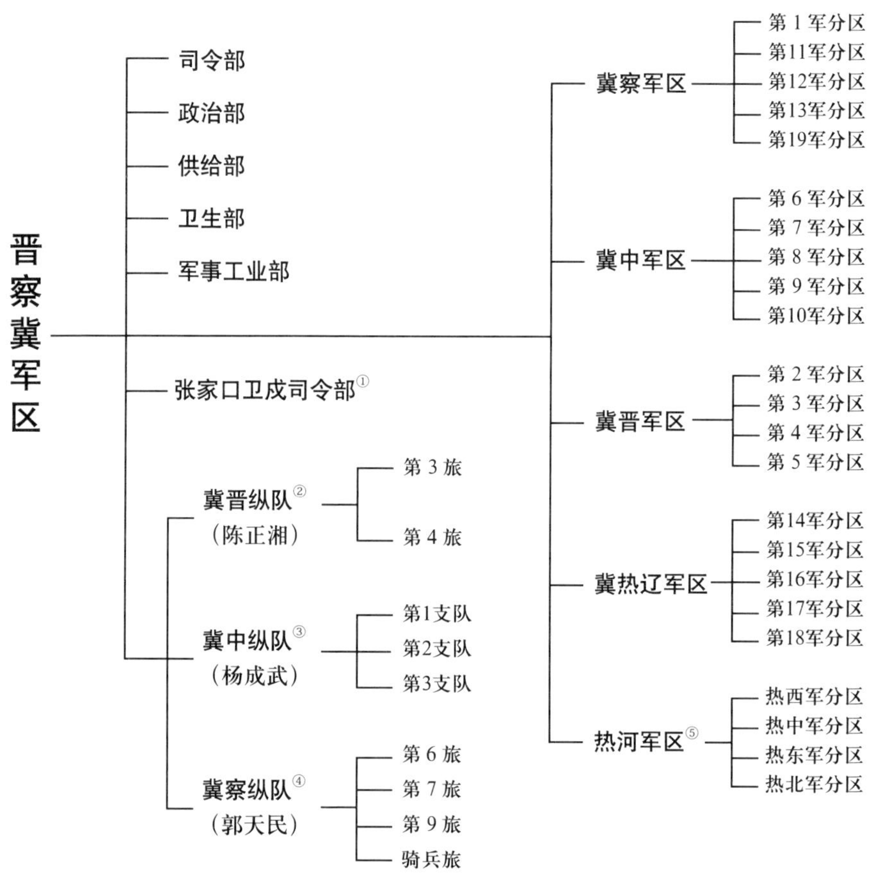

---

① 1945 年 9 月，张家口卫戍司令部成立，直属晋察冀军区建制。

② 1945 年 9 月 21 日，晋察冀军区根据中共中央书记处指示，组建冀晋纵队。

③ 1945 年 9 月 21 日，晋察冀军区根据中共中央书记处指示，组建冀中纵队，辖第 1、第 2、第 3 支队。10 月，各支队依次改称第 11、第 12、第 13 旅。

④ 1945 年 9 月 21 日，晋察冀军区根据中共中央书记处指示，组建冀察纵队。

⑤ 1945 年 9 月 20 日，冀热辽军区决定，成立热河军区。10 月，该军区随冀热辽军区划归东北人民自治军建制。11 月，归建晋察冀军区。

解放战争时期华北野战部队战斗序列表（2）

（1945 年 12 月）

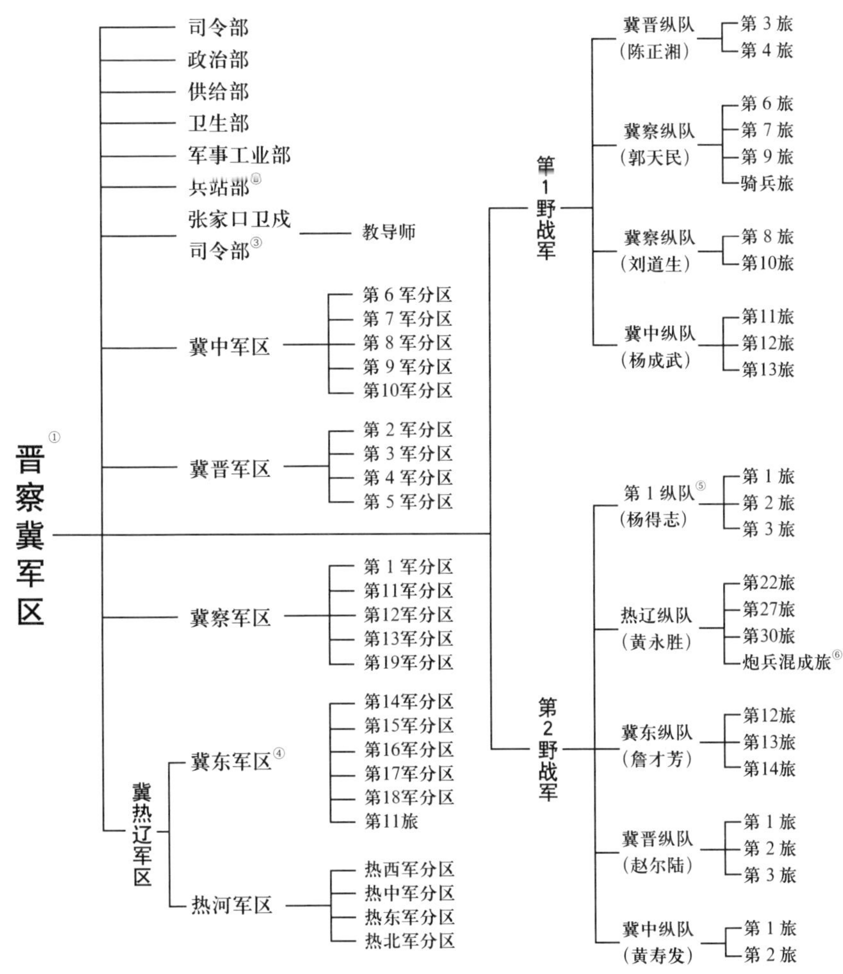

① 1945 年 11 月 4 日，晋察冀军区根据中共中央指示，组建 9 个野战纵队，分编为第 1、第 2 野战军。12 月 7 日，中央军委决定撤销第 1、第 2 野战军番号，各纵队由晋察冀军区直接指挥。

② 1945 年 10 月 9 日，晋察冀军区兵站部成立。

③ 1945 年 11 月，晋察冀军区组建教导师，归张家口卫戍司令部指挥。

④ 1945 年 11 月，冀东军区成立，归冀热辽军区领导。

⑤ 1945 年 11 月 10 日，晋冀鲁豫第 1 纵队开赴东北。12 月，该队调归晋察冀军区领导。

⑥ 1946 年 4 月，炮兵混成旅缩编为炮兵团。

解放战争时期华北野战部队战斗序列表（3）

（1946 年 8 月）

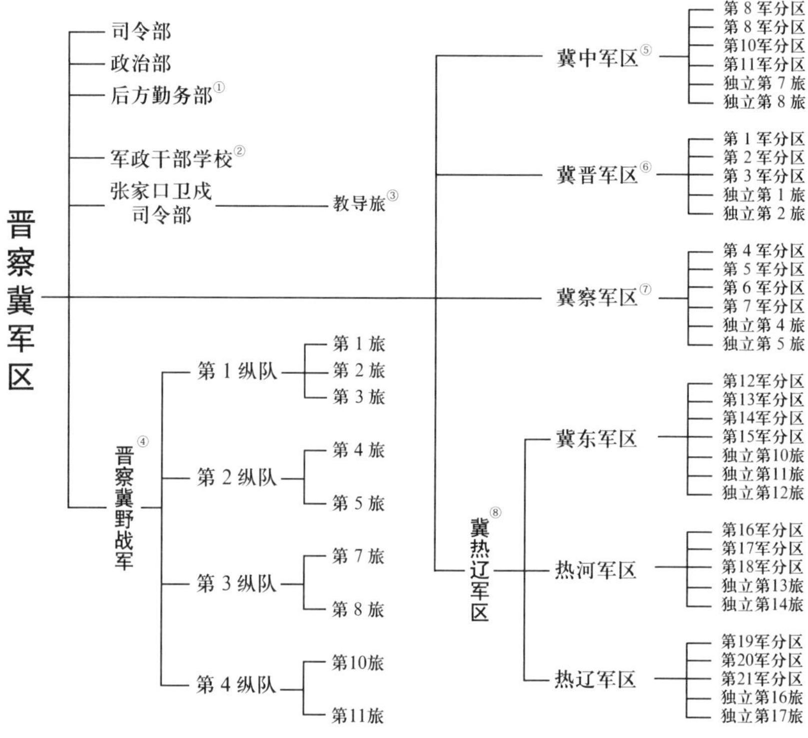

---

① 1946 年 1 月 30 日，晋察冀军区命令，成立后方勤务部，辖供给部、卫生部、军事工业部、兵站部。

② 1946 年 2 月，中共中央批准，成立晋察冀军区军政干部学校。

③ 1946 年 3 月，张家口卫戍司令部教导师与冀晋纵队第 1 旅合编为教导旅。11 月 4 日（张家口失陷后），该旅归第 4 纵队建制。

④ 1946 年 3 月，晋察冀军区进行整编，9 个野战纵队整编为第 1、第 2（2 个晋察纵队合编）、第 3（2 个冀中纵队合编）、第 4（2 个冀晋纵队合编）纵队。6 月，晋察冀军区奉中央军委命令，成立晋察冀野战军，辖第 1、第 2、第 3、第 4 纵队。

⑤ 1946 年 3 月 1 日，第 8、第 9 军分区合并称第 8 军分区，第 7、第 6 军分区改称第 9、第 11 军分区，组建冀中军区第 14、第 11 旅，7 月依次改称独立第 7、第 8 旅（12 月调归第 2 纵队，改称第 6 旅）。

⑥ 1946 年 3 月，冀晋军区第 5 军分区改称第 1 分区，第 3、第 4 军分区合并为第 3 军分区。组建独立第 1、第 2 旅。

⑦ 1946 年 3 月，冀察军区第 1、第 11 军分区合并为第 4 军分区，第 12、第 13、第 19 军分区依次改称第 5、第 6、第 7 军分区。

⑧ 1946 年 3 月 1 日，中共晋察冀中央局决定，热河军区热西、热中、热东、热北军分区依次改称第 16、第 19、第 18、第 20 军分区。在热北及辽西成立热辽军区，辖第 19、第 20、第 21 军分区，归冀热辽军区建制。

解放战争时期华北野战部队战斗序列表（4）

（1947 年 3 月）

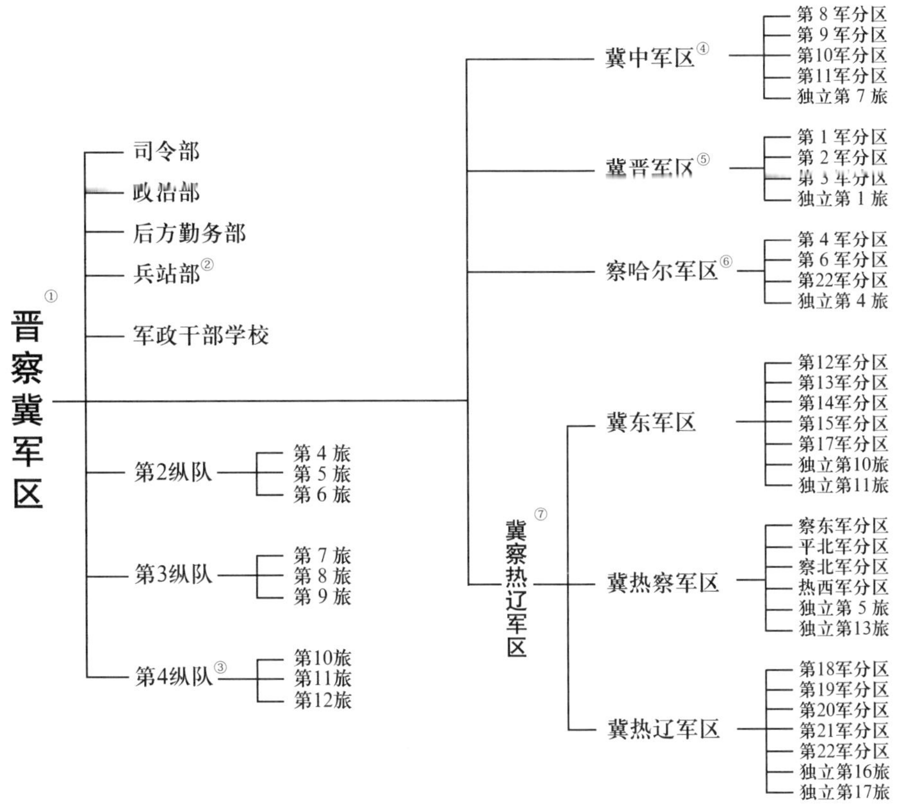

---

① 1946 年 12 月 3 日，野战军指挥机关撤销，所辖各纵队直接归晋察冀军区指挥。12 月 15 日，第 1 纵队归建晋冀鲁豫军区。

② 1947 年 1 月 6 日，后方勤务部兵站部归晋察冀军区直接领导。

③ 1946 年 11 月，第 4 纵队第 11 旅调归察哈尔军区。12 月，该纵队教导旅改称第 11 旅。

④ 1946 年 12 月 11 日，原冀中军区独立第 8 旅调归第 2 纵队建制，改称第 6 旅。

⑤ 1947 年 1 月，冀晋军区独立第 2 旅调归第 4 纵队建制，改称第 12 旅。

⑥ 1946 年 11 月 4 日，冀察军区与张家口卫戍司令部合并为察哈尔军区。原第 4 纵队第 11 旅（1947 年 1 月调归第 3 纵队，改称第 9 旅）、冀察军区第 4、第 6 军分区，独立第 4 旅（1947 年 11 月编入北岳军区第 1 纵队）及在平西地区新成立的第 22 军分区划归该军区。

⑦ 1946 年 11 月，冀热辽军区改称冀察热辽军区，辖热察、冀热辽、冀东军区。1947 年 4 月 20 日，该军区划归东北民主联军建制。

解放战争时期华北野战部队战斗序列表（5）

（1947年8月）

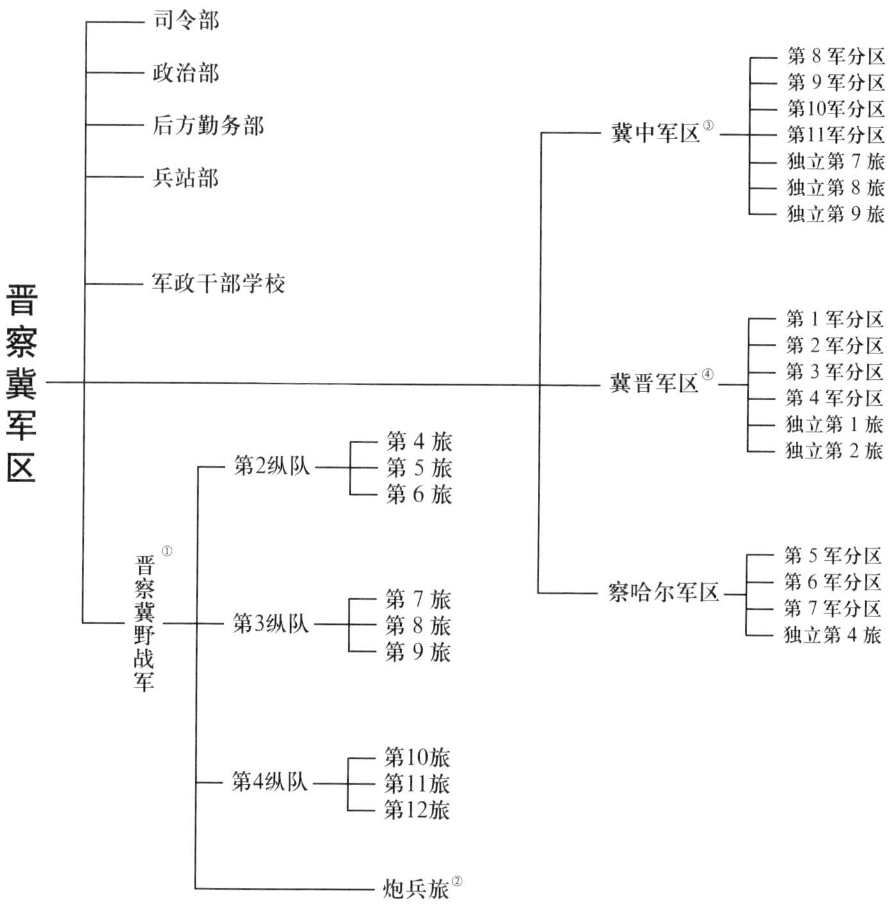

① 1947年5月下旬，中央军委批准，重新成立晋察冀野战军，辖第2、第3、第4纵队及炮兵旅。

② 1947年5月25日，晋察冀军区炮兵团扩编为炮兵旅。

③ 1947年7月，冀中军区重建独立第8、第9旅。

④ 1947年7月，冀晋军区重建独立第2旅。

解放战争时期华北野战部队战斗序列表（6）

（1948 年 3 月）

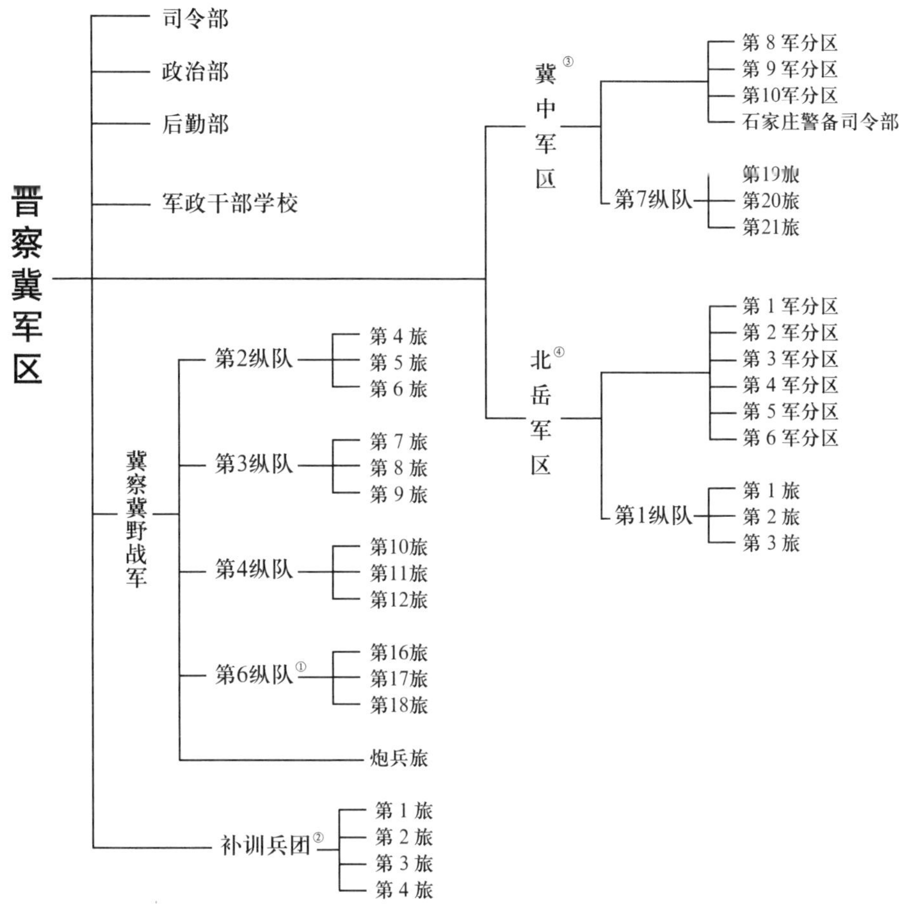

① 1947 年 11 月 16 日，晋察冀军区决定组建第 6 纵队，所辖第 16、第 17、第 18 旅分别由冀中独立第 7、第 8 旅和 3 个独立团编成。

② 1948 年 3 月 12 日，晋察冀军区组建补训兵团。所辖各旅由各野战纵队补训团编成。

③ 1947 年 11 月 16 日，冀中军区组建第 7 纵队，辖第 19、第 20、第 21 旅，分别由独立第 9 旅及各军分区部队编成。第 11 军分区改称石家庄警备司令部。

④ 1947 年 11 月 16 日，晋察冀军区将冀晋、察哈尔军区合编为北岳军区，所辖军分区整编为第 1、第 2、第 3、第 5、第 6 军分区，并成立第 4 军分区。同时组建第 1 纵队（北岳纵队），辖第 1、第 2、第 3 旅，分别由冀晋军区独立第 1、第 2 旅和察哈尔军区第 4 旅改称。

解放战争时期华北野战部队战斗序列表（7）

（1948 年 5 月）

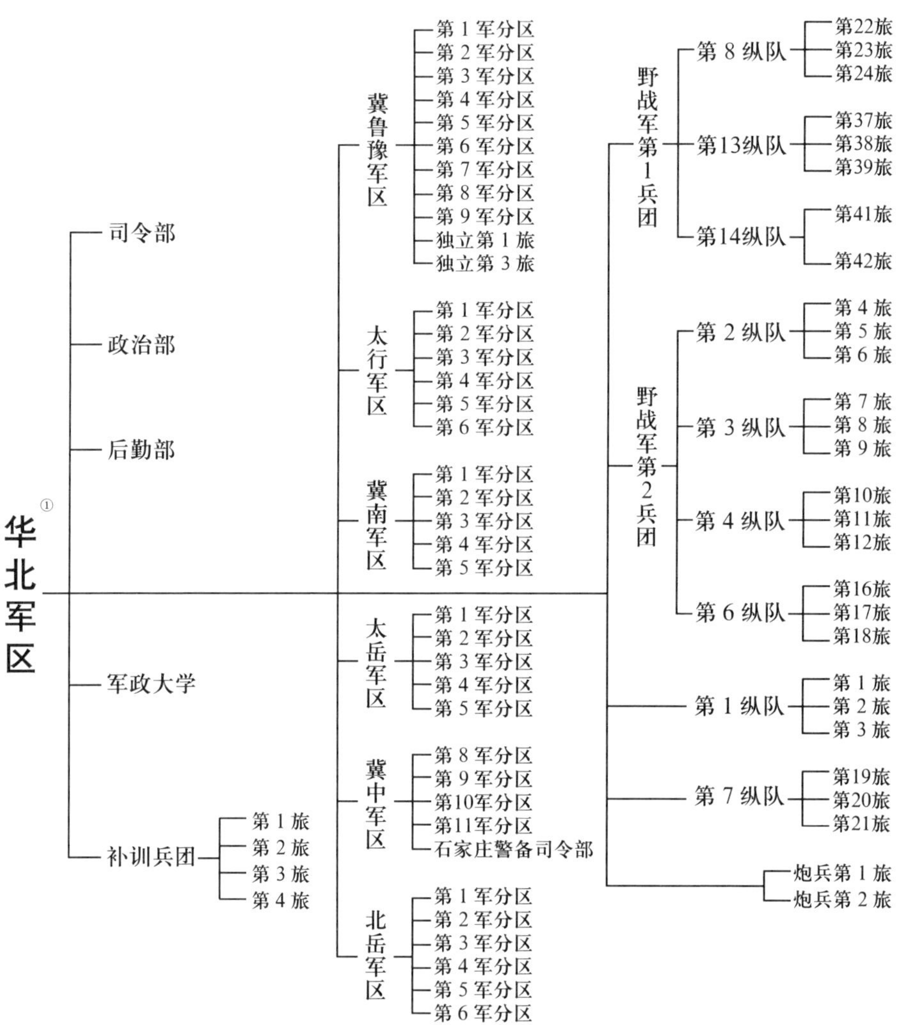

① 1948 年 5 月 9 日，中央军委决定，晋察冀军区与晋冀鲁豫军区合并，成立华北军区。辖第 1（原晋冀鲁豫军区前方指挥所和所辖第 8、第 13、第 14 纵队组成）、第 2（原晋察冀军区野战军第 2、第 3、第 4、第 6 纵队组成）兵团；冀鲁豫、太行、冀南、太岳、冀中、北岳军区等。晋冀鲁豫、晋察冀军区炮兵旅分别改称华北军区炮兵第 1、第 2 旅。两区军政干校（大学）合编为华北军政大学。北岳军区第 1 纵队、冀中军区第 7 纵队直属华北军区领导。

解放战争时期华北野战部队战斗序列表（8）

（1948 年 9 月）

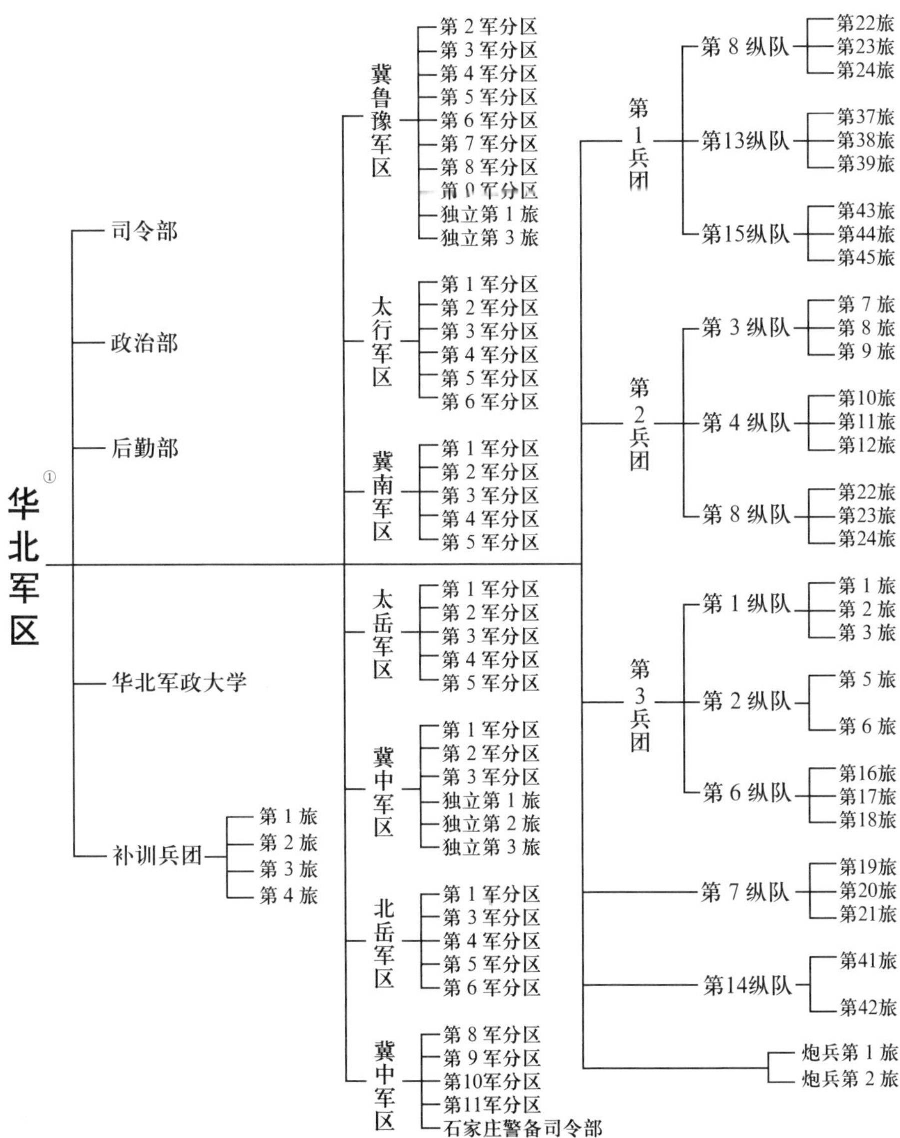

解放战争时期华北野战部队战斗序列表（9）

（1949 年 3 月）

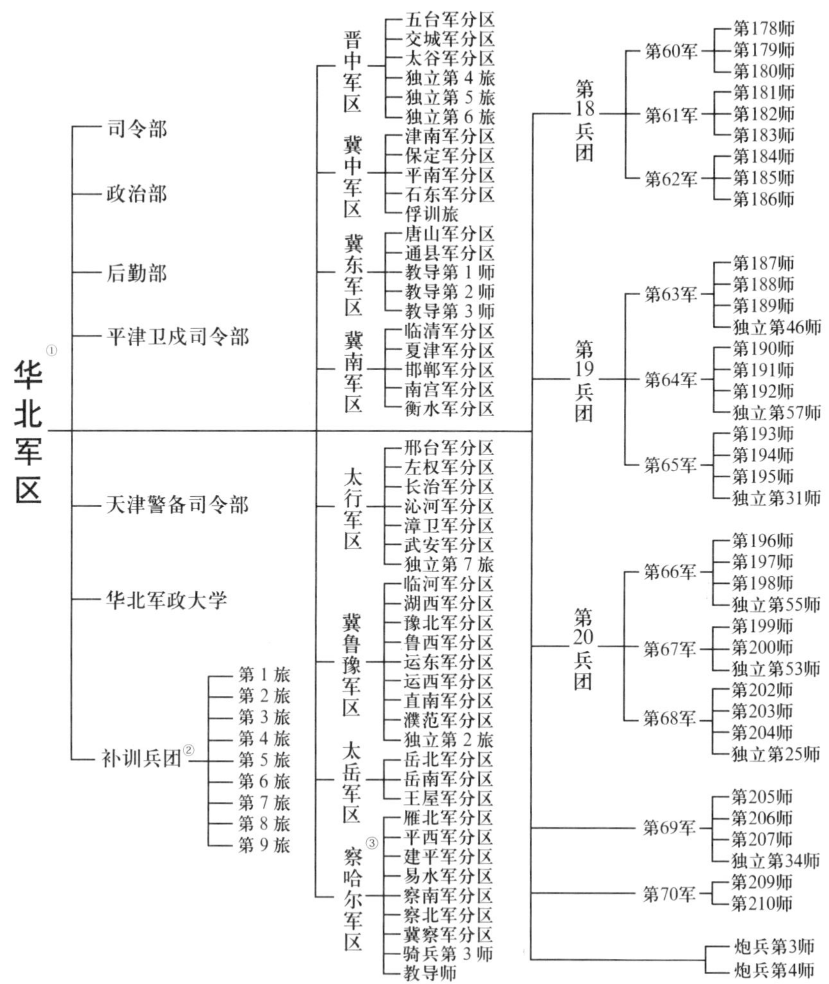

① 1949 年 1 月 15 日，第 1、第 2、第 3 兵团依次改称第 18、第 19、第 20 兵团，所属纵队、旅改称军、师。军分区序号改为所在地名。第 7、第 14 纵队分别改称第 69、70 军。2 月 13 日，成立天津警备司令部（6 月改称天津警备区）。26 日，由北平国民党军改编后的独立第 46、第 57、第 31、第 55、第 53、第 25、第 34 师，依次划归第 19、第 20 兵团各军和第 69 军建制。3 月 21 日，第 69 军番号撤销。

② 1949 年 1 月，组建冀南、晋中、太行、冀鲁豫、太岳军区俘训旅，并依次改称第 5、第 6、第 7、第 8、第 9 旅，划归补训兵团建制。

③ 1949 年 1 月 31 日，冀热察与北岳军区合编为察哈尔军区，原北岳军区俘训旅（1948 年 12 月组建）改称教导师。2 月组建骑兵第 3 师。

解放战争时期华北野战部队战斗序列表（10）

（1949 年 7 月）

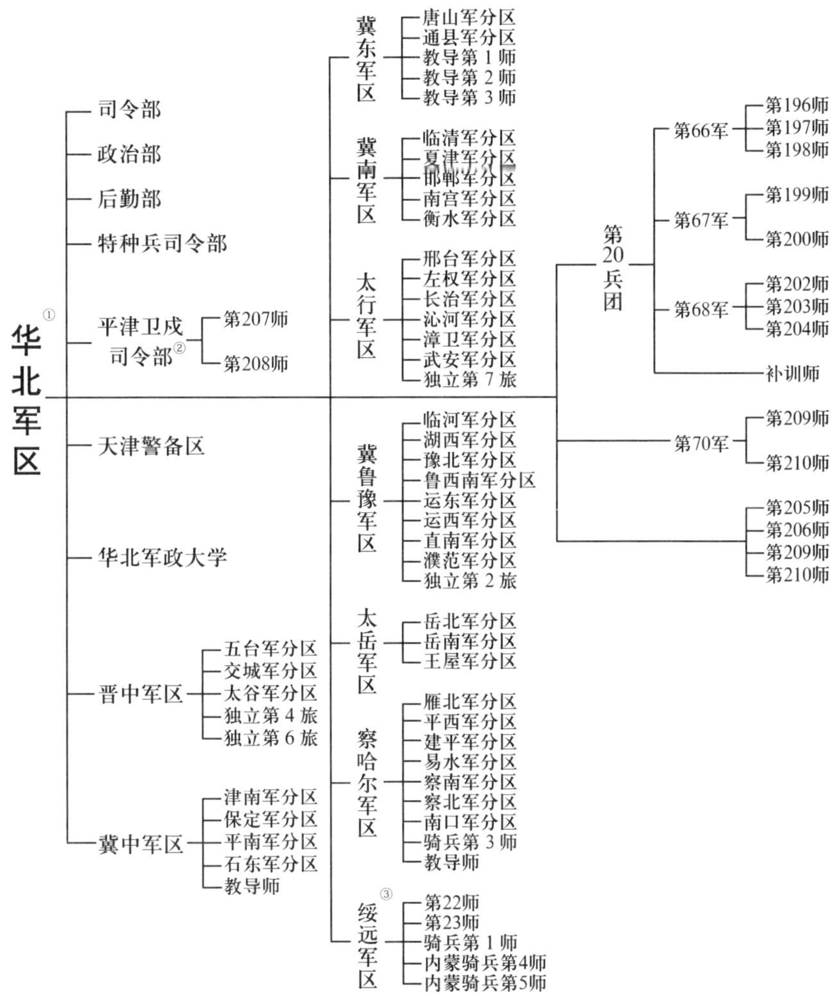

① 1949 年 4 月，第 18、第 19 兵团调归第一野战军。原第 69 军部队编为第 205、第 206 师，察哈尔、冀东军区部队分别组成第 209、第 210 师（7 月 25 日调归第 67 军改称第 201 师），直属华北军区。7 月，补训兵团撤销，机关调归公安部，4 个旅调归第二野战军，3 个旅及察哈尔军区教导师调归第四野战军，2 个旅并入华北军政大学和北平纠察总队。其间，炮 3 师划归一野，炮 4 师改为特种兵司令部。

② 1949 年 3 月下旬，第四野战军第 160、第 165 师拨归华北军区平津卫戍司令部建制，并改称第 207（7 月调归公安部）、第 208 师。

③ 1949 年 6 月 22 日，绥蒙军区机关与第 8 军军部合并为绥远军区，辖第 22、第 23 师，骑兵第 1 师，指挥内蒙骑兵第 4、第 5 师。

解放战争时期华北野战部队战斗序列表（11）

（1950 年 5 月）

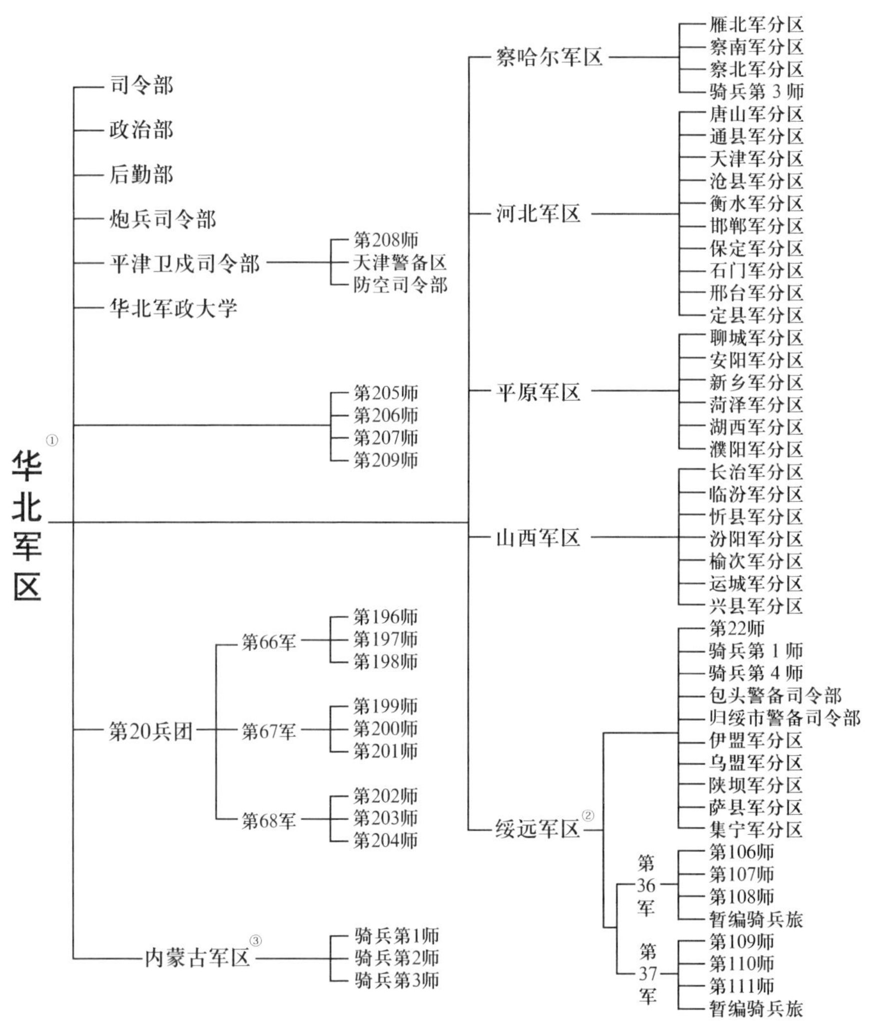

① 1949 年 8 月 1 日，华北军区所辖军区整编为河北、山西、平原、察哈尔、绥远省军区。8 月 5 日，冀东军区教导第 1、第 2 师调归第二野战军。9 月，第 70 军缩编为华北军区第 207 师。

② 1949 年 10 月，绥远军区第 22、第 23 师合并为第 22 师。1950 年 1 月，建立归绥、包头 2 个警备司令部及 5 个军分区。其中，伊盟、乌盟军分区分别由内蒙骑兵第 5、第 4 师兼。同时，将绥远国民党军起义部队改编为第 36、第 37 军（各辖 3 个师、1 个暂编旅）和骑兵第 4 师（12 月，该部编组为第 23 兵团）。

③ 1950 年 1 月，中央军委决定，原属东北军区的内蒙古军区改归华北军区领导。辖骑兵第 1、第 2、第 3 师。

解放战争时期华北野战部队战绩统计表

（1945 年 11 月至 1949 年 10 月）

类别		总计
歼敌	俘虏（人）	577014
	毙伤（人）	356965
	起义（人）	14841
	和平改编（人）	64343
	合计（人）	1013163
缴获武器装备	长短枪（支）	333212
	轻重机枪（挺）	27077
	各种炮（门）	16307
	六〇炮（门）	1591
	掷弹筒（个）	5201
	枪榴筒（个）	979
	各种子弹（发）	32904821
	各种炮弹（发）	387271
	手榴弹（枚）	689686
	汽车（辆）	4007
	电台（部）	538
	电话机（部）	5985
	电线（斤）	586995
	坦克（辆）	34
	骡马（匹）	26494
附注	1. 此表依据现有统计资料制成。1947 年 6 月以后，包括原晋冀鲁豫军区战绩。 2. 1949 年 9 月，绥远董其武部 40000 余人宣布起义，1949 年至 1950 年，剿灭匪特 29000 人。均未统计在内。 3. 我军伤亡失踪情况：牺牲 41597 人，负伤 198150 人，失踪 10979 人，合计 250726 人。	

附　图

解放战争时期华北野战部队重要战役战斗要图

全国内战爆发前晋察冀军区战略态势图

1946 年 7 月

图 1

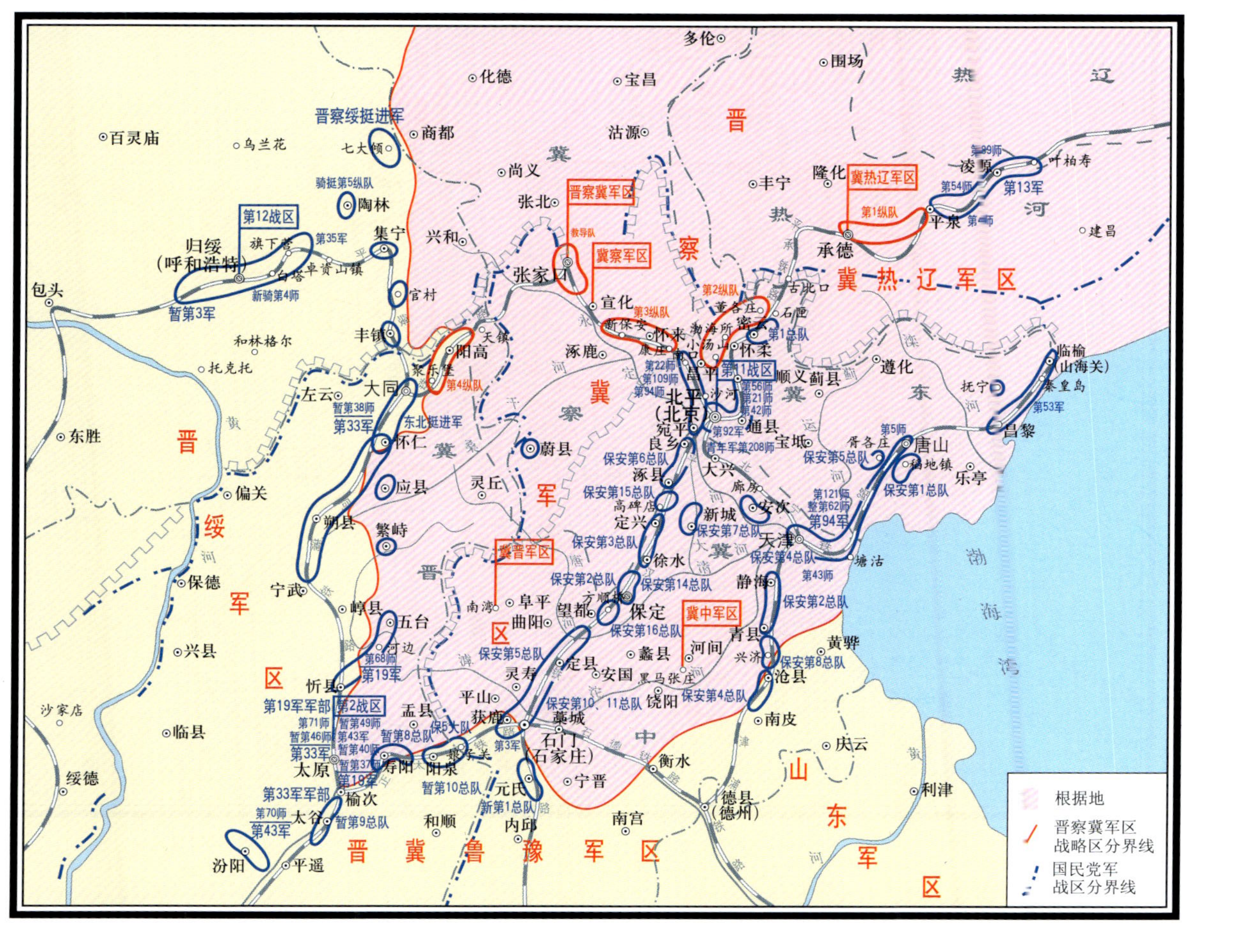

挺进东北路线略图

1945 年 8 月—11 月

图 2

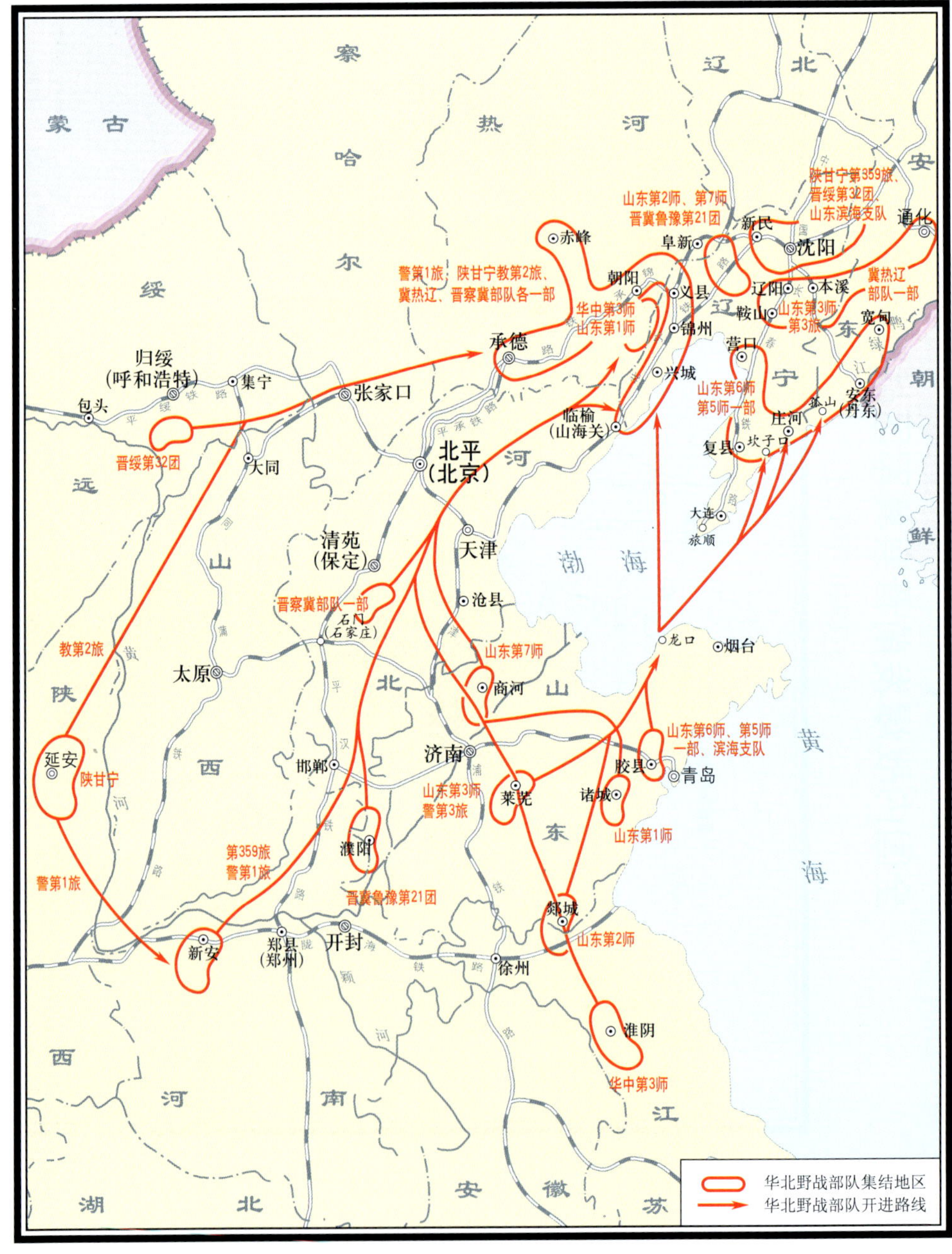

晋北战役经过要图

1946 年 6 月 16 日—8 月 11 日

图 6

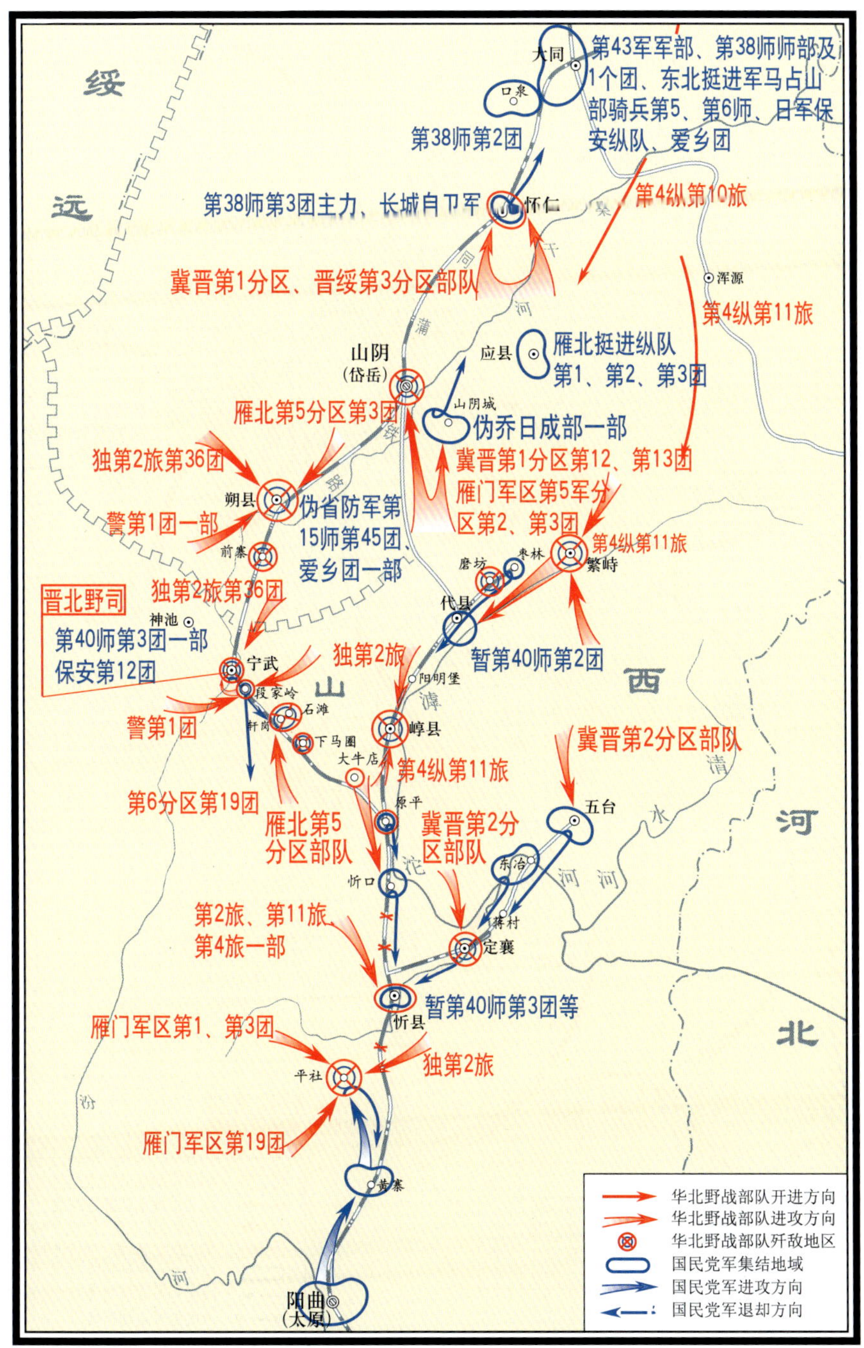

围攻大同作战经过要图

1946 年 7 月 31 日—9 月 16 日

图 7

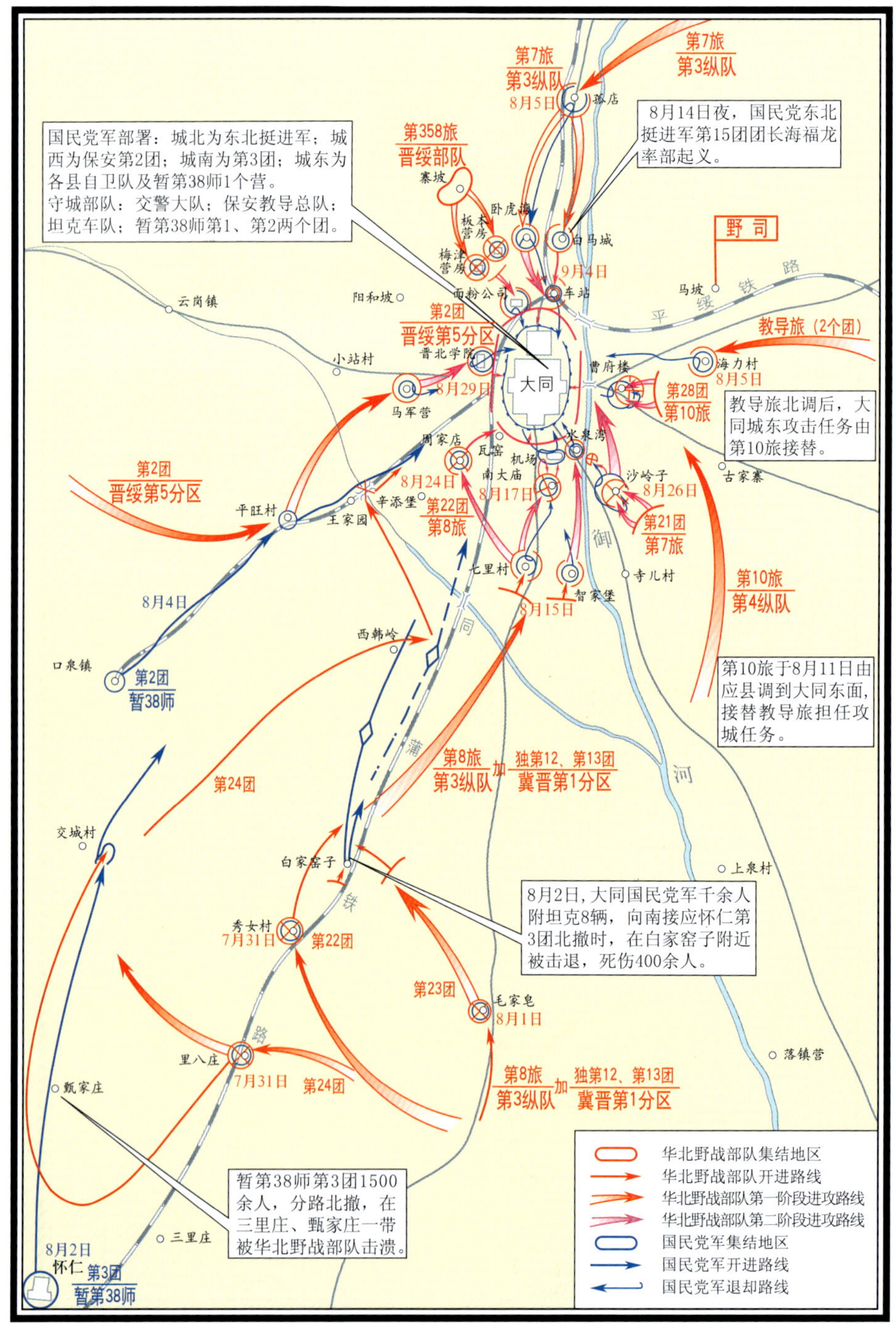

保卫集宁作战经过要图

1946 年 9 月 3 日—13 日

图 8

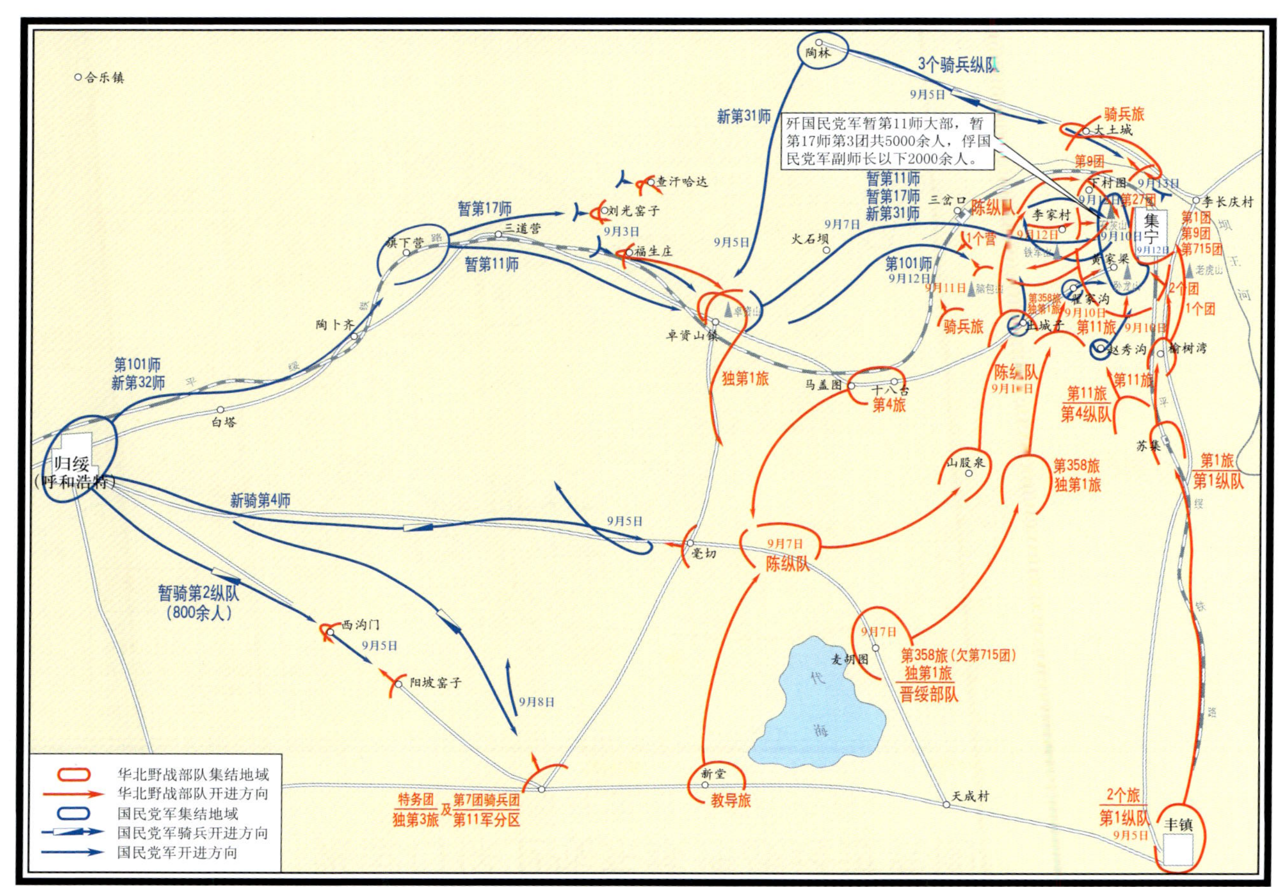

张家口保卫战东线作战经过要图

1946 年 9 月 29 日—10 月 12 日

图 9

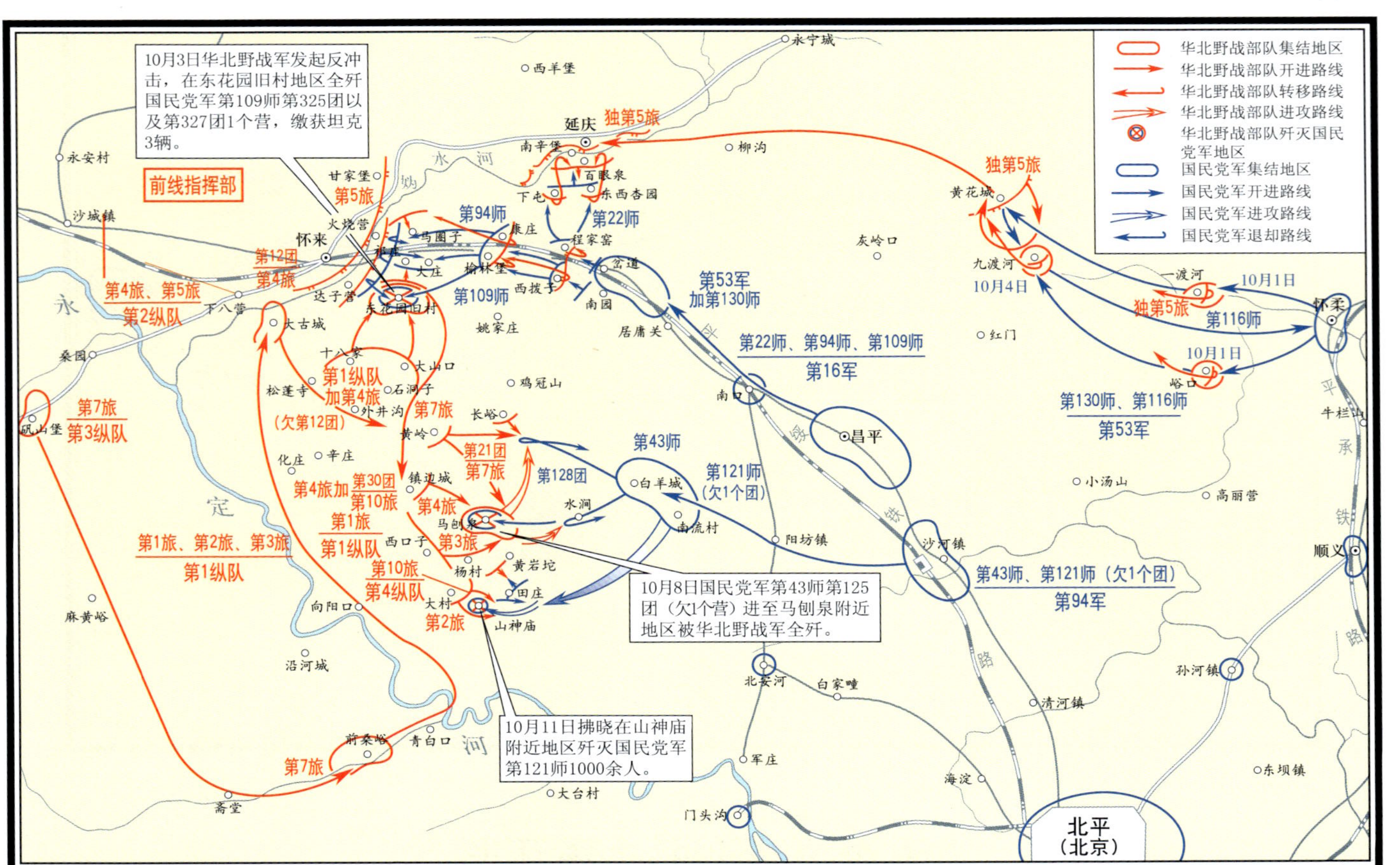

张家口保卫战西线作战经过要图

1946 年 9 月 29 日—10 月 12 日

图 10

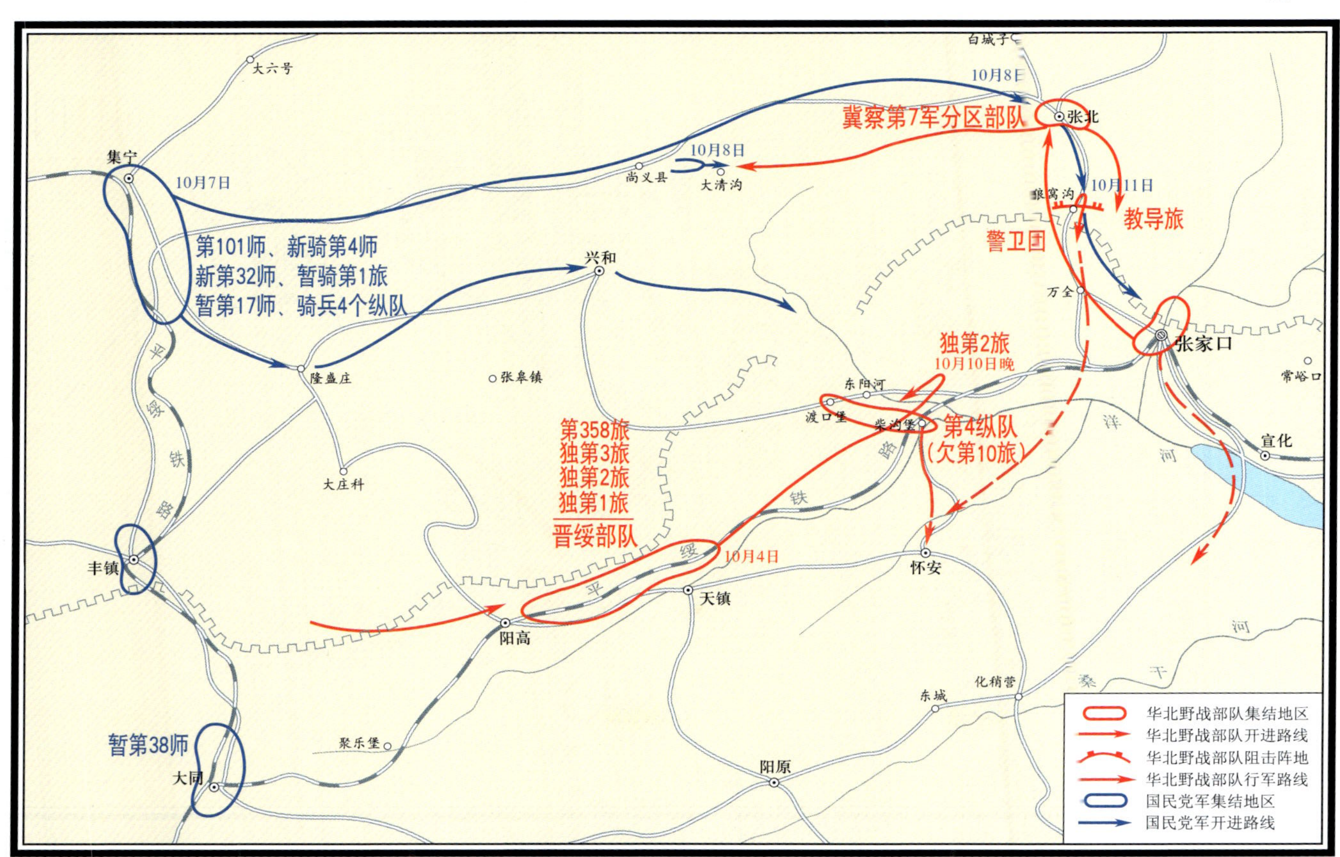

易满战役经过要图

1946 年 11 月 2 日—12 月 21 日

图 11

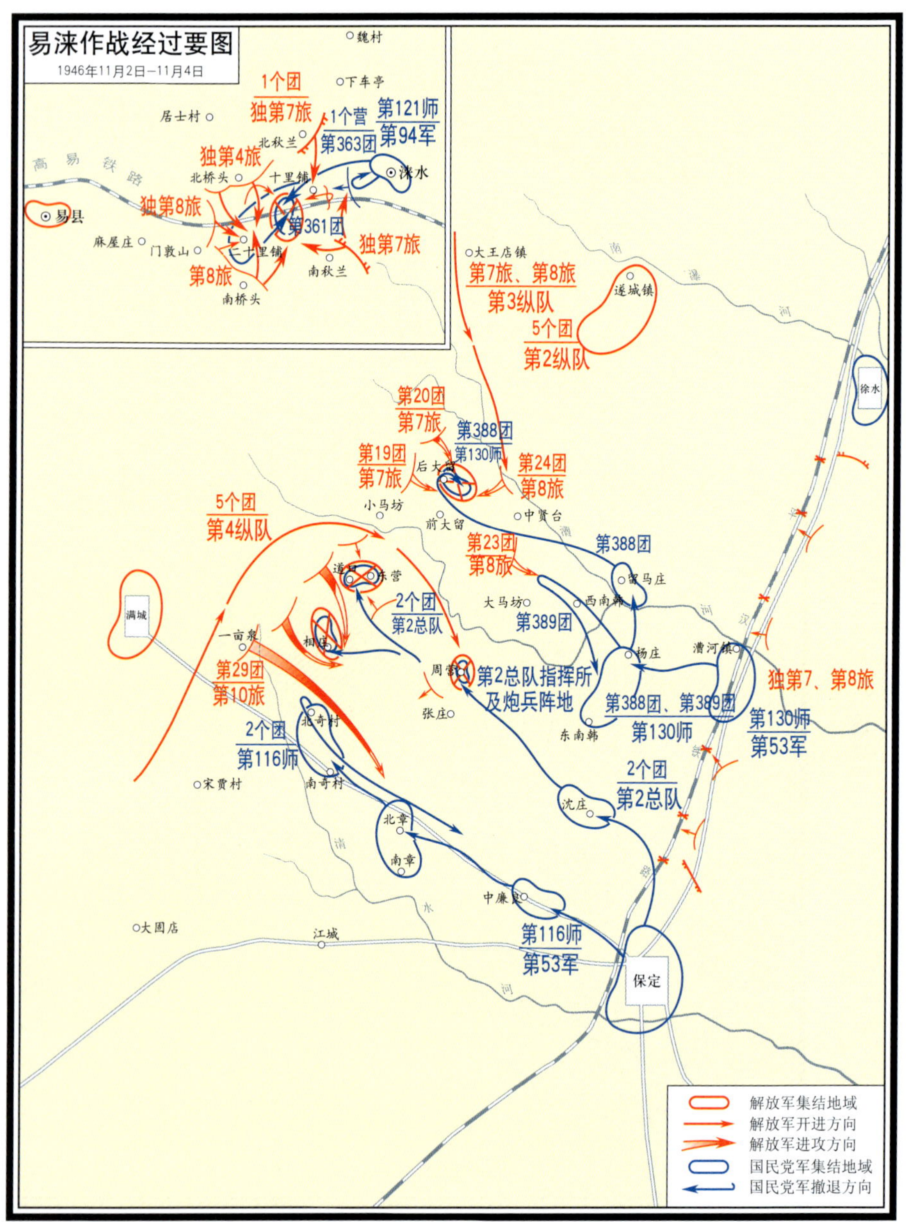

保南战役经过要图

1947 年 1 月 20 日—28 日

图 12

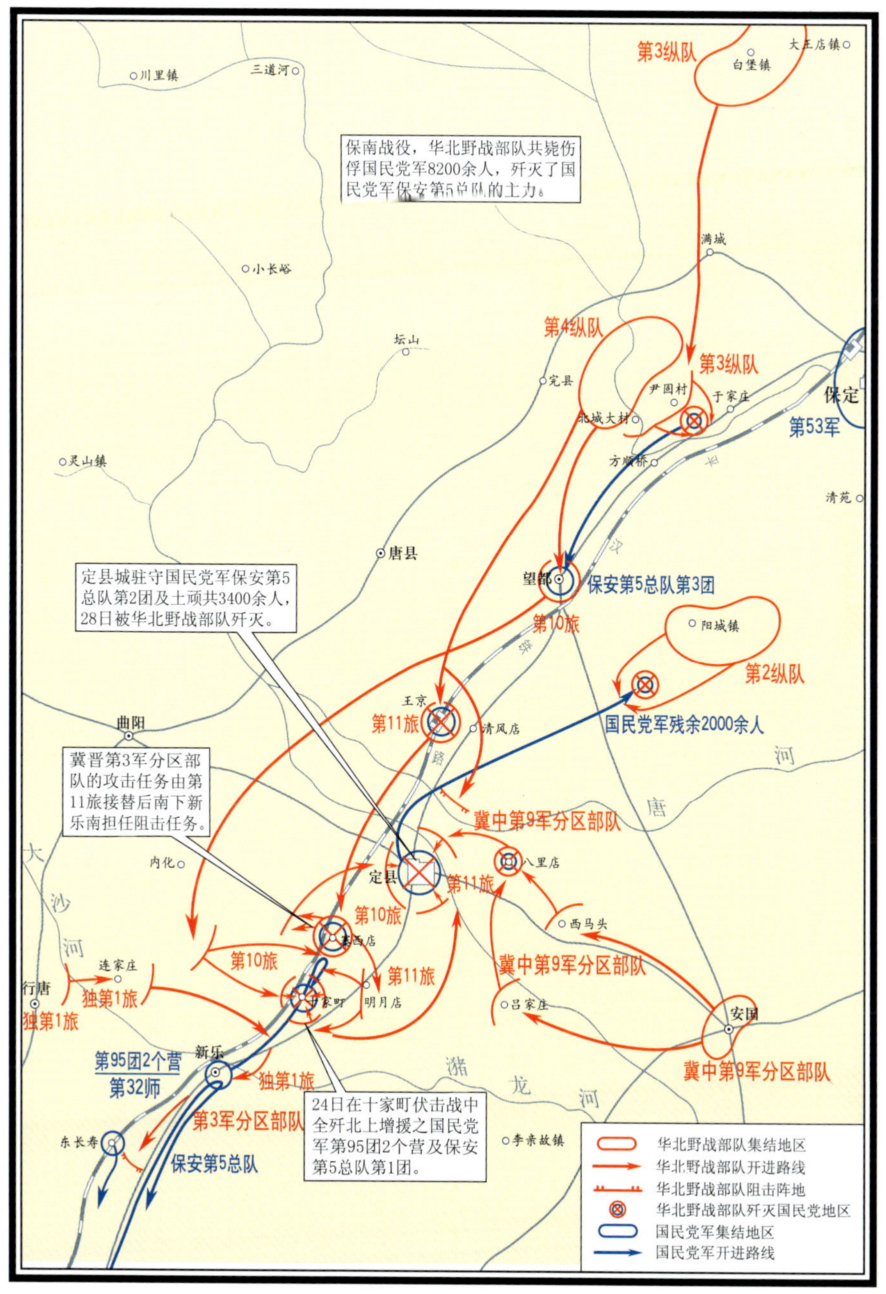

青沧战役经过要图

1947 年 6 月 12 日—16 日

图 14

保北战役经过要图

1947 年 6 月 25 日—7 月 6 日

图 15

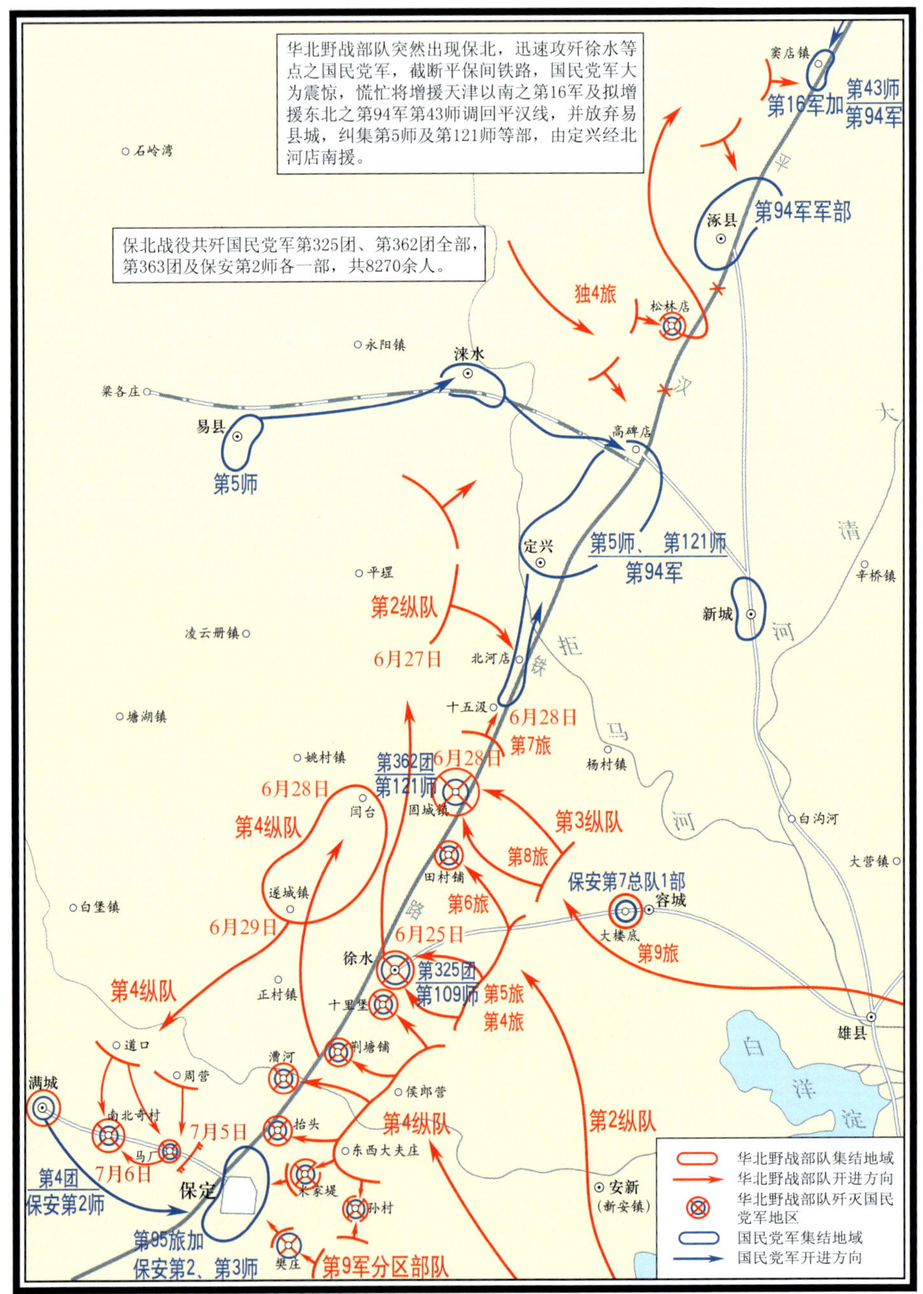

华北野战部队战略进攻阶段形势图

1947 年 7 月—1948 年 7 月

图 16

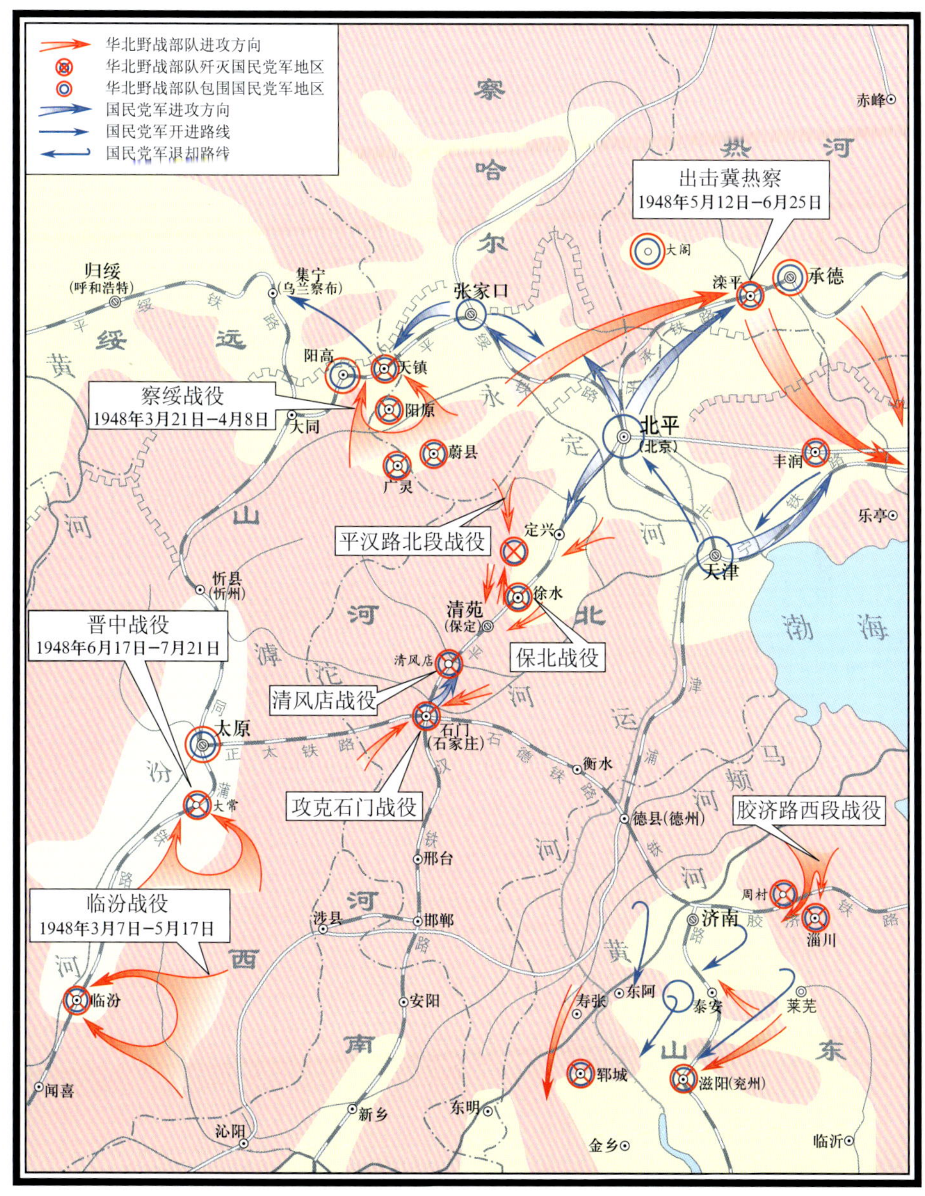

攻克石门战役经过要图

1947 年 11 月 6 日—12 日

图 18

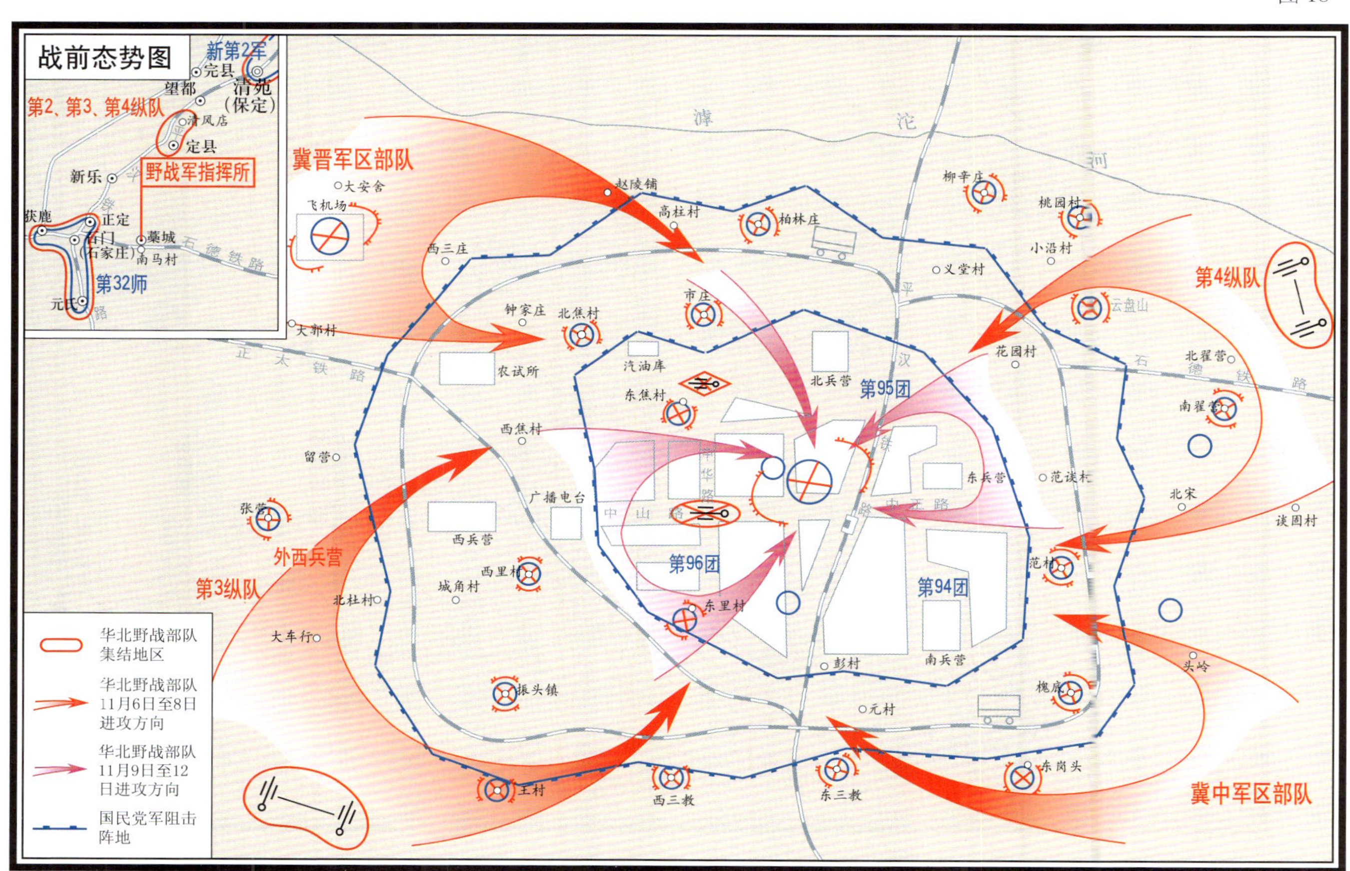

平汉铁路破击战经过要图

1947 年 12 月 27 日—1948 年 1 月 20 日

图 19

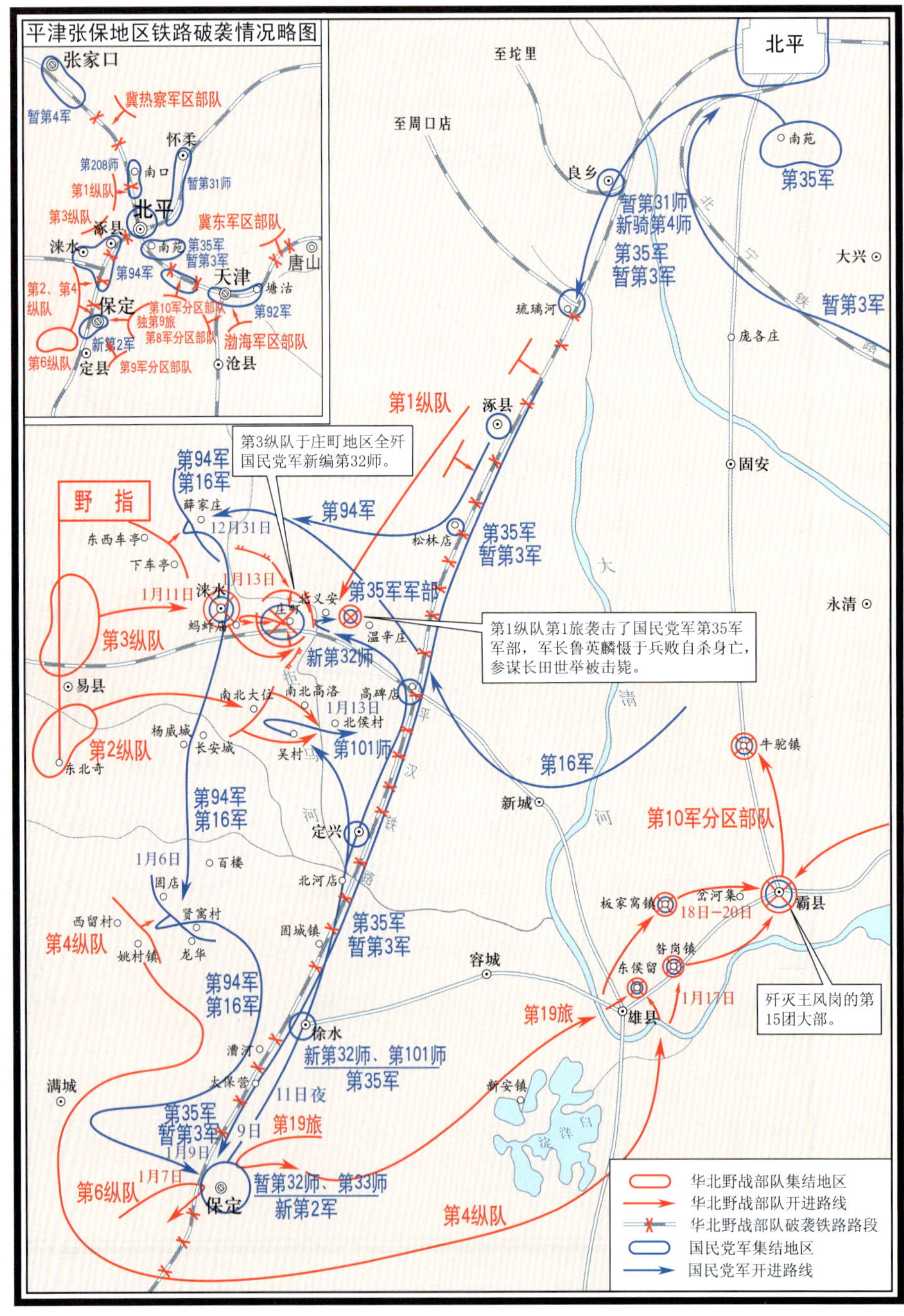

临汾战役经过要图

1948 年 3 月 7 日—5 月 17 日

图 21

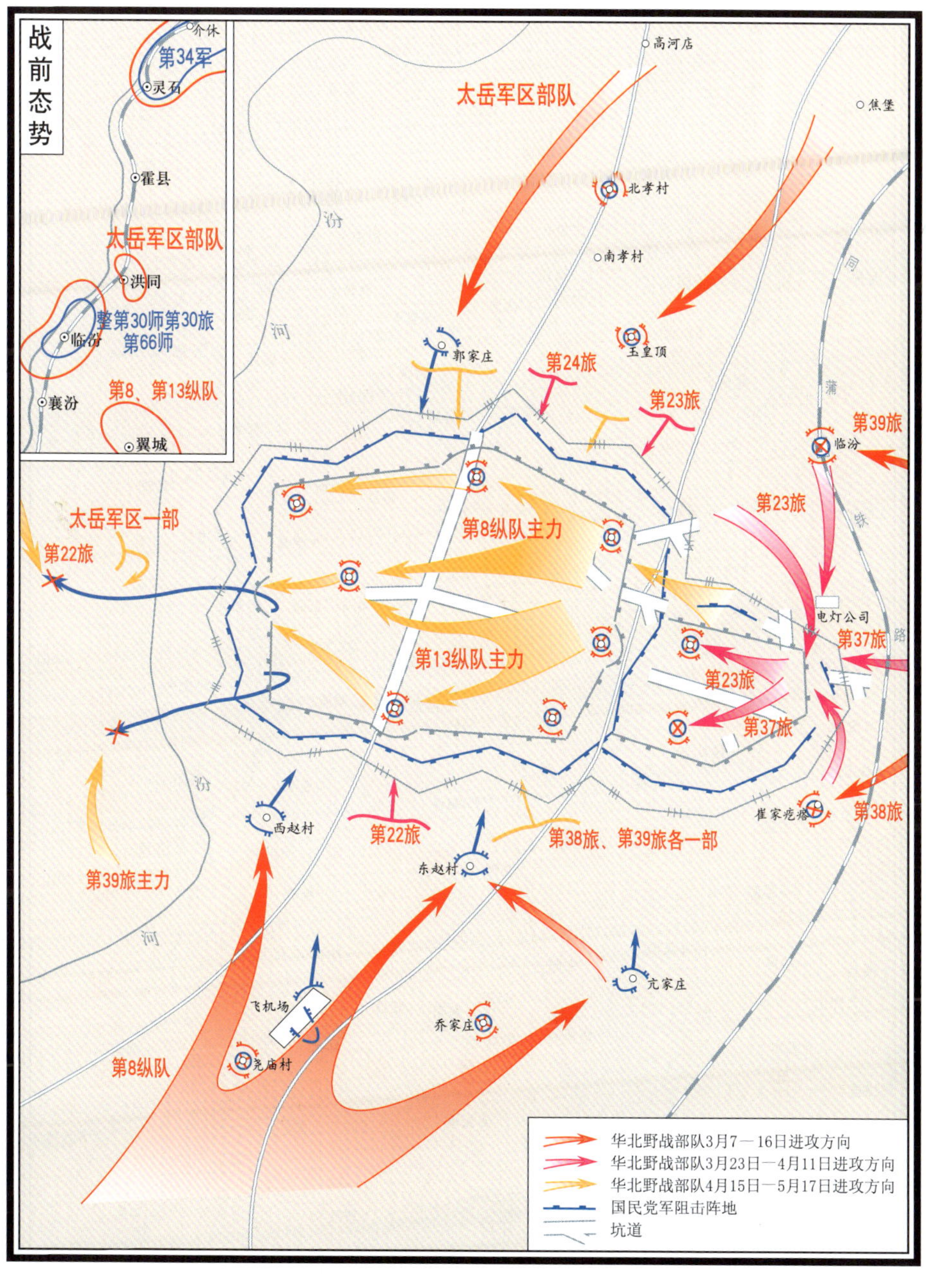

华北解放区行政区划略图

1948 年 8 月

图 22

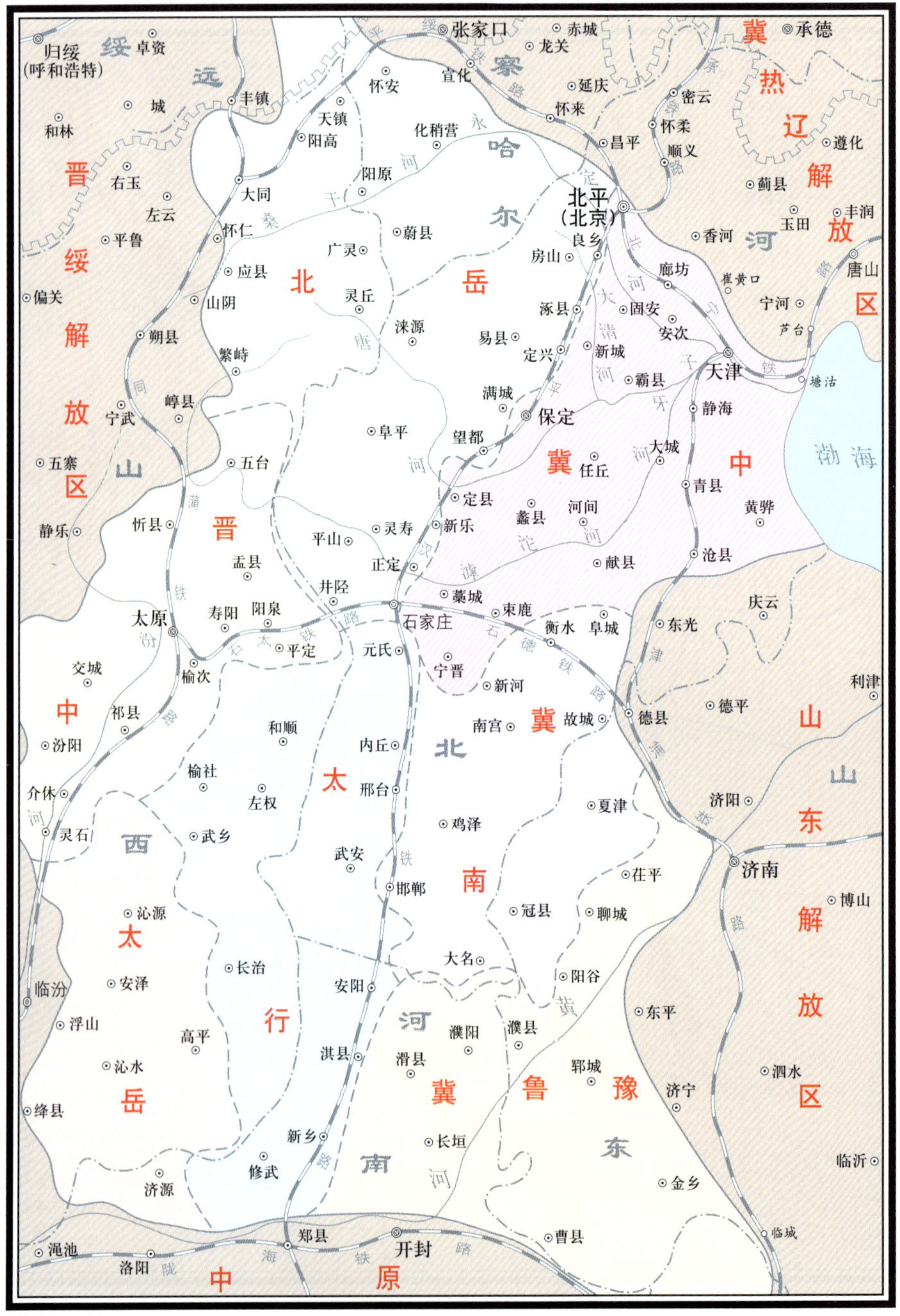

晋中战役经过要图

1948 年 6 月 11 日—7 月 21 日

图 24

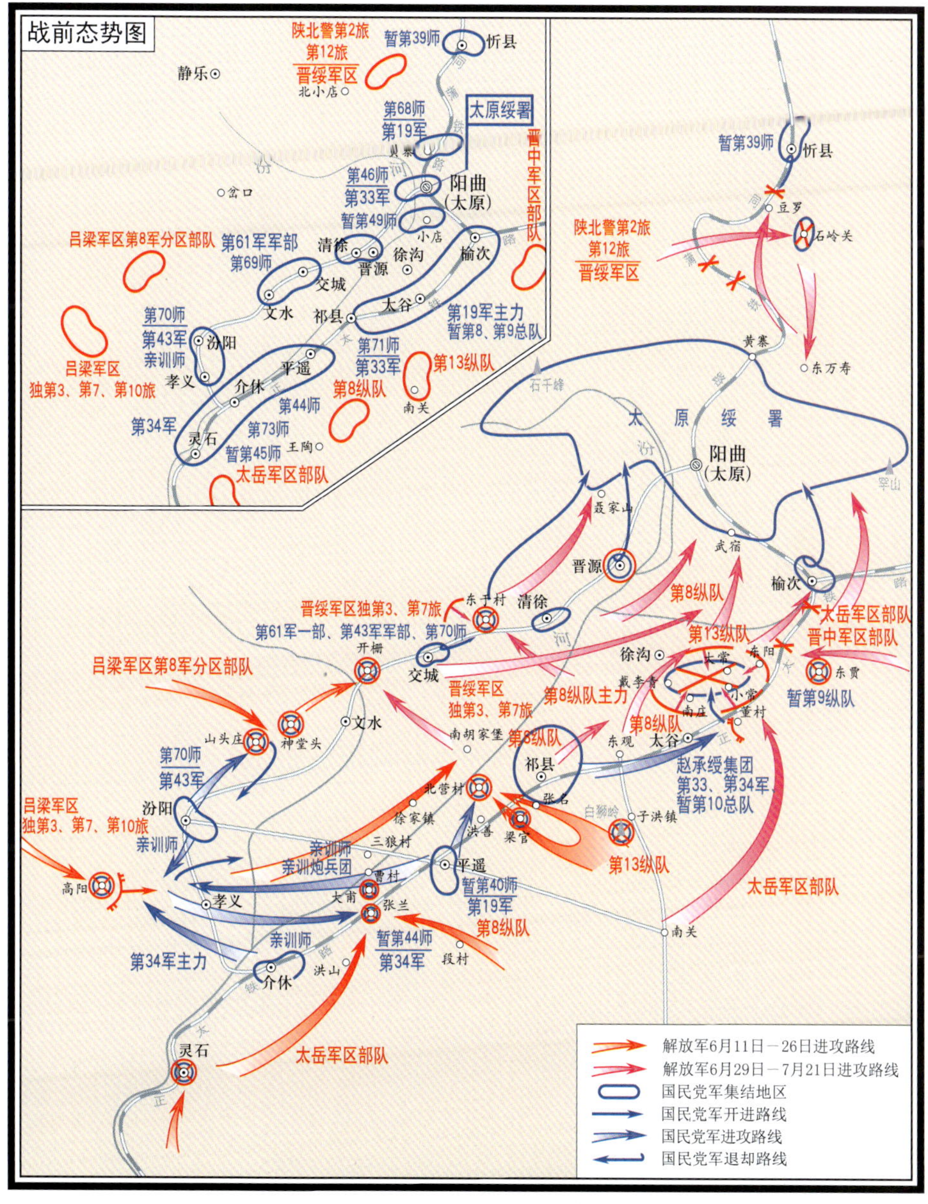

华北野战部队战略决战阶段形势图

1948 年 8 月—1949 年 1 月

图 26

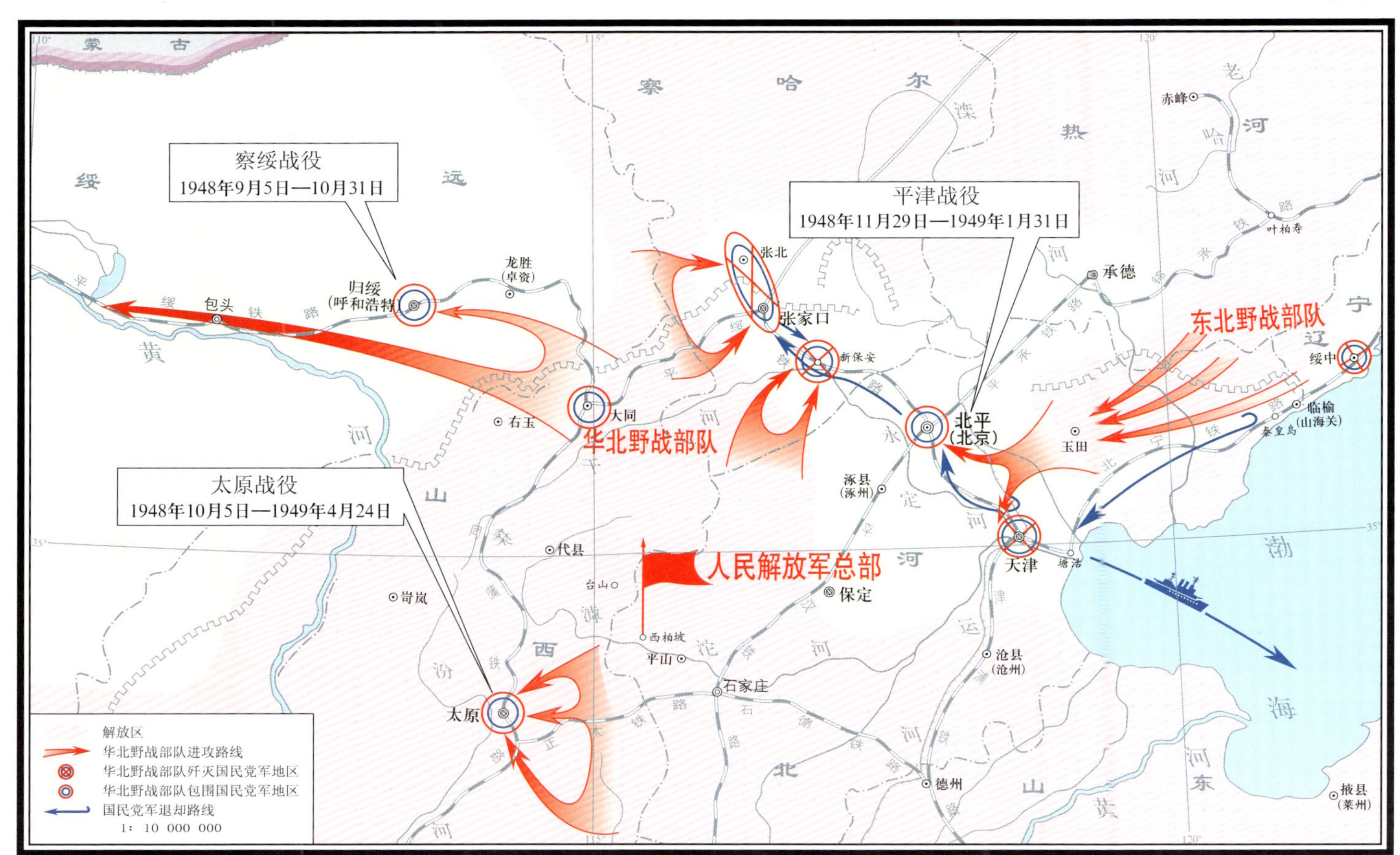

平津战役平张线作战经过要图

1948 年 11 月 29 日—1949 年 1 月 31 日

图 28

太原战役经过要图

1948 年 10 月 5 日—1949 年 4 月 24 日

图 29

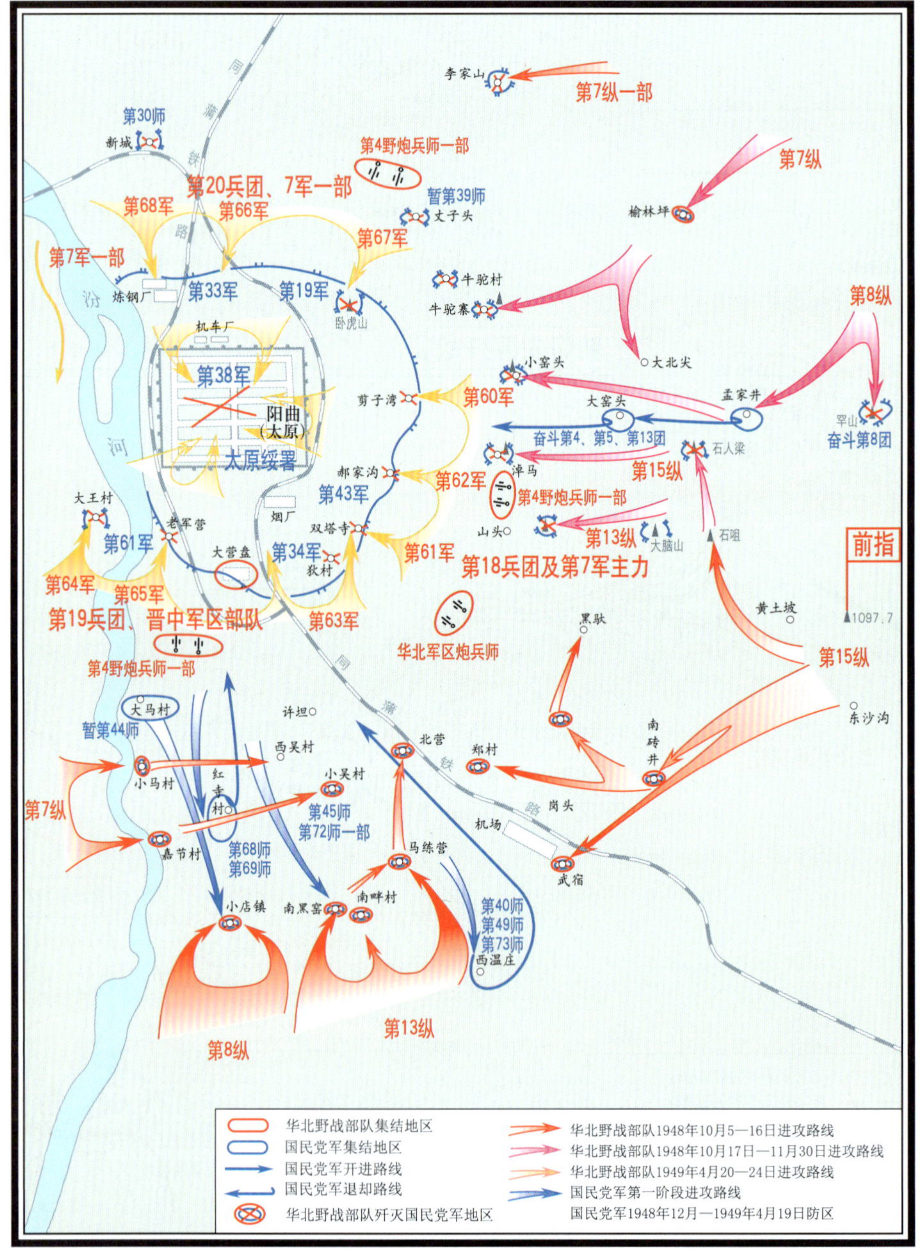